秘傳

四主奇門遁甲大全

諸葛孔明 原著
韓 重 洙 編譯

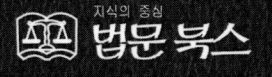

지식의 중심
법문 북스

秘 傳

四主奇門遁甲大全

諸葛孔明 原著
韓 重 洙 編譯

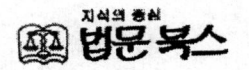

지식의 중심
법문북스

奇門遁甲法은 옛날 전쟁에서 활용하던 戰術學이오、글자 그대로 遁身遁甲術의 秘

笈이다。옛날에는 이 寄門遁甲法에 통철한 사람은 능히 바람을 일으키고 비가 내리

게 하며、자신의 몸을 자유자재로 變化해서 짐승도 되고 날으는 새도 되며、연기로

도 化하는 등 神出鬼沒하였다。이 遁甲術이 과연 얼마만큼 神秘莫測하였는지는 오

늘에 사는 우리들로서는 그 眞否을 알 수 없는 일이지만 中國 漢나라때의 張子房

과 蜀漢時의 諸葛孔明、그리고 우리나라 인물로는 舊韓末 高宗때의 奇正鎭(號는 蘆

沙、性理學者) 같은 분이 이 둔갑법을 쓸 줄 알았다고 한다。

遁身法이야 어쨌던지 이 奇門遁甲法은 엄연히 體係 갖춘 戰略書(兵書)다。때문에 漢

의 張良(子房)은 奇門八門陣으로 敵을 물리쳤고、蜀의 孔明은 劉備를 도와 魏・吳

와 싸울때 동짓달 추운 겨울에도 東南風을 빌어 曹操의 백만대군을 깨뜨렸고、吳의

陸遜은 孔明이 돌을 모아 설치된 八陣圖 奇門陣에 갇혀 半日 死境에서 헤메다가 孔

明의 丈人인 黃承彦의 구원으로 간신히 살아났으며、魏將 司馬懿와 싸울때는 木牛

遊馬(나무로 깎아 만든 말)로 軍糧을 운반했다는 이야기가 三國志에 기록되었다。

한 나라의 훌륭한 將帥가 되려면 반드시 兵法에 의한 戰略이 밝아야 一當百으로

大功을 세울 수 있고、오늘의 經營人은 經營學과 處世術에 능해야만 大成할 수 있

는 것이므로 지혜로운 사람들은 經營術을 옛날 兵法에 소개된 戰略을 현실에 맞게

引用하므로서 큰 成果를 얻고 있는 것이다.

나라를 위한 싸움이건 經營面의 싸움이건 개개인의 행복과 발전을 위한 싸움

이건 싸우면 이겨야 하고, 이기려면 힘과 策略이 있어야 한다. 때문에 이 奇門遁

甲秘笈은 戰爭을 위한 兵法으로 소개하는데 목적이 아니라 개개인의 人生經營과

삶의 경쟁에 이길 수 있는 秘訣로서의 가치가 있기 때문이다.

本 奇門遁甲秘笈大全은 布局法 및 文意가 심히 難解하여 淺才薄識한 譯者로서는

많은 어려움이 있었으나 가급적 讀者들이 理解에 용이하도록 編譯에 온갖 정성과

努力을 기울였다. 하지만 얼마만큼 諸賢들에게 도움이 될는지 두려운 마음 禁치

못하나 부끄러움을 무릅쓰고 江湖에 내 놓아 여러 學者들의 指導鞭撻과 聲援이 있

기를 간절히 바라면서 序文을 代한다.

戊辰年 (黃龍歲) 孟秋

雲鳳 韓 重 洙 謹識

＝ 目 次 ＝

(3)

— 28 —

第一篇 作局

奇門遁甲法으로 布局하는데는 여러가지가 있다。 첫째 平生四柱를 보기위한 布局、둘째 당년의 身數를 보기위한 布局、셋째 당월의 운수를 보기위한 布局、넷째 당일의 吉凶을 점치기 위한 布局이다。

平生四柱를 보기위한 布局을 四柱布局、一年身數를 보기위한 布局을 身數布局、當月의 운수를 보기위한 布局을 月局、當日의 占을 위한 布局을 日局이라 칭한다。그러나 兵事에 관한 일이나 기타 중대한 일을 행하고자 할때는 日局으로 보지 않고 年月日時로 布局한다。

四柱布局 = 주인공의 生年 生月 生日 生時의 干支로 布局한다。

身數布局 = 流年太歲(당년의 甲子年 乙丑年의 例、出生年이 아님)와 주인공의 生月 生日 生時로 당년의 月日時에 해당하는 干支로 布局한다。가령 甲午 五月 二十七日 戊時 生이 戊辰年의 身數를 본다면 실지 출생한 四柱의 干支는 甲午年 庚午月 甲寅日 甲戌時가 되지만 布局은 戊辰年 己未月(本生月은 五月 二十七日이지만 六月節이 시작되는 小署가 五月 二十四日 六時三十三分에 들어 이미 小署가 지난뒤라서 戊辰年 六月의 月建 己未를 적용한다。) 丙寅日(戊辰年 五月 二十七日은 丙寅日이다) 戊戌時(丙辛夜半 生 戊子로 따져 戊戌時다)로 布局한다。

月局=當月의 운수만을 보기 위한 것은 月局으로 布局하는데 주인공의 出生　年月은

넣지 않고 오직 당년에 해당하는 本月의 月建과 主人公의 生日　生時를 취한다。　가령

甲午年　五月　二十七日　戊時生이　戊辰年　十月의 운을 본다면　戊辰年　癸亥日　甲午日（本生

日　甲寅日이 아니고　戊辰年　十月　二十七日의　日辰　甲午를　取用한다）　甲戌時로　布局한

다。

日局=當日의 운수만을 보는데는　日局으로　準한다。　가령　甲午年　五月　二十七日　戊時

生이　戊辰年　九月　十日의 운을 본다면　당년　太歲와　當月　月建인　戊辰年　壬戌月에다　당

일　일진　戊申을 취용하고、　본　生時가　戊時이므로　戊癸夜半生壬子의　원칙에　따라　壬戌

時가 되니　이 주인공의　戊辰年　九月　十日의　日局은　戊辰年　壬戌月　戊申日　壬戌時로　布

局하는　것이다。

年月日時局은 이　作局法은　主人公의　生年月日과　관계없이 그냥 어떤 일을　行하고자 할

때 무조건　占치는　현재의　年月日時로　布局한다。　이　布局을 하게 되는 경우는 예를 들

어 지금 갑자기 어떤 중대한 일에 부딪쳤거나、　어떤 중대한 일을 결행하려는데　向하는

방위라든가 유리하고 불리한 방위、　또는 일의　成敗、　상대와 나 둘 사이에 어느쪽이 유

리하며 어떻게 하면 성취 또는　有利한가를 알아 보는데 필요한　作局이다。

一、四柱定法

年月日時의 干支 즉 年柱 月柱 日柱 時柱를 四柱라 한다. 平生運을 보려면 주인공이 출생한 生年、生月、生日、生時에 해당하는 干支를 定해야 하고, 身數를 보려면 당년 태세와 주인공의 生月、生日、生時로 당년에 해당하는 月日時의 干支로 四柱를 定해야 하며, 占을 보기 위한 作局은 점을 치는 당년의 年月日時에 해당하는 干支로 四柱를 定해 야 한다. 그러므로 어떤 목적으로 作局하거나를 막론하고 四柱干支를 내는 요령은 마찬가지이니 四柱、身數、占을 이 항목의 원칙에 같이 따르면 되는 것이다.

① 年柱 정하는 법

그 해의 太歲(年의 干支)를 年柱라 한다. 萬歲曆을 보면 西紀 몇년도의 干支가 무엇 인가를 쉽게 알 수 있다. 단 十二月과 正月生에 한해서는 무조건 그해 年度의 太歲(年 의 干支)로 年柱를 定할 것이 아니라 반드시 立春이 언제 들었는가를 살필 필요가 있 다.

우리가 그냥 日數上으로 쓰는데는 매년 正月初一日 子正에 太歲가 바뀌는 것이지만 陰陽과 五行의 生克作用 原理에 準하는 命學(命理學 奇門學 등)은 節氣를 기준하여 年

柱(月柱도 同一함)를 정해야 한다。 즉 立春은 新舊의 太歲가 바뀌는 기준점인 것이므
로 아직 新年이 바뀌지 않은 十二月일지라도 立春이 이미 지났으면 新年太歲로 年柱를
정해야 하고、 이미 新年이 지난 正月일지라도 아직 立春이 지나지 않았으면 前年의 太
歲로 年柱를 정해야 한다。

예를 들어 丁卯年(一九八七) 十二月 十八日生이라면 丁卯年 十二月 十七日 午後 十一
時 四十三分에 이미 立春이 들었으므로 이날 午後 十一時 四十三分부터는 丁卯가 아닌
戊辰年의 太歲로 年柱를 정해야 하니 丁卯年 十二月 十八日生은 당연히 戊辰으로 年柱
가 되고、 또한 예로 丁卯年 正月 初五日生이라면 日字上으로는 이미 丁卯年에 들었으나
新舊年의 기준점인 立春이 正月初七日 午後 五時 五十二分에 들어 아직 立春이 못되었
으므로 前年 太歲인 丙寅으로 年柱를 정해야 한다。

立春은 또 新舊의 太歲가 바뀔뿐 아니라 月建(月柱)이 바뀌는 기준도 된다。 즉 十
二月生일지라도 立春이 이미 지났으면 新年 正月의 月建을 쓰고、 正月生일지라도 아직
立春이 지나지 못했으면 前年 十二月의 月建으로 정해야 한다。 그러므로 立春은 新
舊의 太歲와 十二月과 正月이 바뀌는 기준점이라는 것을 알아두어야 한다。

● 立春(日時)

前은　前年太歲와　前年十二月의　月建
（正月中에 있을지라도）

後는　新年太歲와　新年正月의　月建
（十二月中에 있을지라도）

- 42 -

一九〇一 辛丑、 一九〇二 壬寅、 一九〇三 癸卯、 一九〇四 甲辰、 一九〇五 乙巳、

一九〇六 丙午、 一九〇七 丁未、 一九〇八 戊申、 一九〇九 己酉、 一九一〇 庚戌、

一九一一 辛亥、 一九一二 壬子、 一九一三 癸丑、 一九一四 甲寅、 一九一五 乙卯、

一九一六 丙辰、 一九一七 丁巳、 一九一八 戊午、 一九一九 己未、 一九二〇 庚申、

一九二一 辛酉、 一九二二 壬戌、 一九二三 癸亥、 一九二四 甲子、 一九二五 乙丑、

一九二六 丙寅、 一九二七 丁卯、 一九二八 戊辰、 一九二九 己巳、 一九三〇 庚午、

一九三一 辛未、 一九三二 壬申、 一九三三 癸酉、 一九三四 甲戌、 一九三五 乙亥、

一九三六 丙子、 一九三七 丁丑、 一九三八 戊寅、 一九三九 己卯、 一九四〇 庚辰、

一九四一 辛巳、 一九四二 壬午、 一九四三 癸未、 一九四四 甲申、 一九四五 乙酉、

一九四六 丙戌、 一九四七 丁亥、 一九四八 戊子、 一九四九 己丑、 一九五〇 庚寅、

一九五一 辛卯、 一九五二 壬辰、 一九五三 癸巳、 一九五四 甲午、 一九五五 乙未、

一九五六 丙申、 一九五七 丁酉、 一九五八 戊戌、 一九五九 己亥、 一九六〇 庚子、

一九六一 辛丑、 一九六二 壬寅、 一九六三 癸卯、 一九六四 甲辰、 一九六五 乙巳、

一九六六 丙午、 一九六七 丁未、 一九六八 戊申、 一九六九 己酉、 一九七〇 庚戌、

一九七一 辛亥、 一九七二 壬子、 一九七三 癸丑、 一九七四 甲寅、 一九七五 乙卯、

一九七六 丙辰、 一九七七 丁巳、 一九七八 戊午、 一九七九 己未、 一九八〇 庚申、

一九八一　辛酉、一九八二　壬戌、一九八三　癸亥、一九八四　甲子、一九八五　乙丑、

一九八六　丙寅、一九八七　丁卯、一九八八　戊辰、一九八九　己巳、一九九〇　庚午、

一九九一　辛未、一九九二　壬申、一九九三　癸酉、一九九四　甲戌、一九九五　乙亥、

一九九六　丙子、一九九七　丁丑、一九九八　戊寅、一九九九　己卯、二〇〇〇　庚辰。

② 月柱 정하는 법

月柱란 月建이니 生月 또는 그 달의 干支를 말한다. 매년 正月은 寅、二月 卯、三月 辰、四月 巳、五月 午、六月 未、七月 申、八月 酉、九月 戌、十月 亥、十一月 子、十二月은 丑月이라 한다. 즉

正月 寅、二月 卯、三月 辰、四月 巳、五月 午、六月 未、

七月 申、八月 酉、九月 戌、十月 亥、十一月 子、十二月 丑

이상은 月支로서 어느 해를 막론하고 일정하다. 그러나 月建(月의 干支)은 태세에 따라 다르게 된다. 예를 들어 正月은 寅月이지만 丙寅 戊寅 庚寅 壬寅 甲寅月의 구분이 있는 것이므로 이 가운데 어떤 寅月에 해당하는가를 알아야 한다.

이를 아는 법은 아래와 같다.

甲己年丙寅頭　乙庚年戊寅頭　丙辛年庚寅頭　丁壬年壬寅頭　戊癸年甲寅頭

예를 들어 太歲가 甲年(甲子 甲戌 甲申 甲午 甲辰 甲寅年)이나 己年(己巳 己卯 己丑 己亥 己酉 己未年)이라면 正月을 丙寅부터 시작하여 六十甲子 순서로 二月이 丁卯、三月戊辰、四月己巳、五月庚午、六月辛未、七月壬申、八月癸酉、九月甲戌、十月乙亥、十一月丙子、十二月丁丑이 된다。 이하 乙庚年 丙辛、丁壬、戊癸年의 月建도 甲己年의 요령과 같다。

○ 月建早見表

年干 / 月別	甲己年	乙庚年	丙辛年	丁壬年	戊癸年
(寅) 正	丙寅	戊寅	庚寅	壬寅	甲寅
(卯) 二	丁卯	己卯	辛卯	癸卯	乙卯
(辰) 三	戊辰	庚辰	壬辰	甲辰	丙辰
(巳) 四	己巳	辛巳	癸巳	乙巳	丁巳
(午) 五	庚午	壬午	甲午	丙午	戊午
(未) 六	辛未	癸未	乙未	丁未	己未
(申) 七	壬申	甲申	丙申	戊申	庚申
(酉) 八	癸酉	乙酉	丁酉	己酉	辛酉
(戌) 九	甲戌	丙戌	戊戌	庚戌	壬戌
(亥) 十	乙亥	丁亥	己亥	辛亥	癸亥
(子) 十一	丙子	戊子	庚子	壬子	甲子
(丑) 十二	丁丑	己丑	辛丑	癸丑	乙丑

甲年＝甲子　甲戌　甲申　甲午　甲辰　甲寅

乙年＝乙丑　乙亥　乙酉　乙未　乙巳　乙卯

丙年＝丙寅　丙子　丙戌　丙申　丙午　丙辰

丁年＝丁卯　丁丑　丁亥　丁酉　丁未　丁巳

戊年＝戊辰　戊寅　戊子　戊戌　戊申　戊午

己年＝己巳　己卯　己丑　己亥　己酉　己未

庚年＝庚午　庚辰　庚寅　庚子　庚戌　庚申

辛年＝辛未　辛巳　辛卯　辛丑　辛亥　辛酉

壬年＝壬申　壬午　壬辰　壬寅　壬子　壬戌

癸年＝癸酉　癸未　癸巳　癸卯　癸丑　癸亥

그런데 이 月建도 날자상으로 가령 三月生이라 해서 三月의 月建을 적용해서는 안된다。반드시 節氣를 기준해야 되는 것이므로 그달에 出生이라도 節氣가 이르지 않았으면 前月의 月建을 쓰고、달이 지나지 않았더라도 節氣가 이미 지났으면 다음달의 月建을 써야 한다。아래를 참고하라。

○ 正月節　立春　｛前이면　正月生이라도　前年　十二月　月建
　　　　　　　　　後면　前年　十二月生이라도　新年　正月의　月建

○ 二月節 驚蟄 { 前이면 二月生이라도 正月의 月建 / 後면 正月生이라도 二月의 月建 }

○ 三月節 淸明 { 前이면 三月生이라도 二月의 月建 / 後면 二月生이라도 三月의 月建 }

○ 四月節 立夏 { 前이면 四月生이라도 三月의 月建 / 後면 三月生이라도 四月의 月建 }

○ 五月節 芒種 { 前이면 五月生이라도 四月의 月建 / 後면 四月生이라도 五月의 月建 }

○ 六月節 小暑 { 前이면 六月生이라도 五月의 月建 / 後면 五月生이라도 六月의 月建 }

○ 七月節 立秋 { 前이면 七月生이라도 六月의 月建 / 後면 六月生이라도 七月의 月建 }

○ 八月節　白露　{前이면　八月生이라도　七月의　月建 / 後면　七月生이라도　八月의　月建}

○ 九月節　寒露　{前이면　九月生이라도　八月의　月建 / 後면　八月生이라도　九月의　月建}

○ 十月節　立冬　{前이면　十月生이라도　九月의　月建 / 後면　九月生이라도　十月의　月建}

○ 十一月節　大雪　{前이면　十一月生이라도　十月의　月建 / 後면　十月生이라도　十一月의　月建}

○ 十二月節　小寒　{前이면　十二月生이라도　十一月의　月建 / 後면　十一月生이라도　十二月의　月建}

③ **日柱 정하는 법**

日柱란 日辰으로 生日 또는 그 날의 干支를 말한다。 이 日柱 정하는 법은 간단하다。

節氣 등에 관계없이 生日 또는 그 날에 해당하는 日辰(日의 干支)만 알아 기록하면 된

다。 그런데 당년의 日辰은 당년에 발행되어 나오는 曆書(官曆 및 民曆、册曆이라고

함) 으로 日字만 찾으면 日辰이 기록되어 있으므로 그대로 기록하면 되는 것

이지만 過去年度의 生日의 日辰을 알려면 반드시 萬歲曆을 참고해야 한다。 만세력에

는 두가지로 編輯되어 있는데 在來式 만세력은 매일매일 일진대조가 없이 음력으로

月之大小 밑에 初一日 十一日 二十一日 日辰만 기록되어 있고 근래 새로 편집된 만세

력은 음양력 대조와 매일매일 日辰을 수록하여 놓았다。 새로 편집된 만세력은 生日

만 찾으면 年日 옆에 日辰이 같이 있어 그대로 적으면 된다。 단 재래식 만세력은 그

렇지않으므로 아래에 그 한가지 예를 기록하여 日辰 따지는 요령을 설명한다。

例

七月小

庚辰 (初一日) 二日 辛巳、三日 壬午

庚寅 (十一日) 十二日 辛卯、十三日 壬辰

庚子 (二十一日) 十四日 辛丑、十五日 壬寅

예를 들어 七月初五日生이면 初一日이 庚辰이니 庚辰부터 六十甲子 순서로 따져 初

五日에 해당하는 것이 日辰(日柱)이다。 즉 初一日庚辰、初二日辛巳、初三日壬午、初四日

癸未、初五日甲申이니 七月初五日은 甲申이 되는 것이다。 또 七月十六日生이면 十一

日의 日辰 庚寅부터 따져 十二日이 辛卯、十三日이 壬辰、十四日이 癸巳、十五日이 甲

午、生日인 十六日이 乙未가 된다。 그리고 二十一日 이후의 日字는 二十一日의 日辰

인 庚子부터 해당하는 날자까지 六十甲子 순서를 짚어 나가면 된다.

④ 時柱 정하는 법

時柱란 출생한 時 또는 해당되는 時의 干支다。 이 時柱도 하루 일정불변한 시간(十二支時)이 있고、 日辰의 干에 따라 예를 들어 같은 子時라도 甲子時 혹은 丙子時가 될 수도 있고 戊子、庚子、壬子時도 될 수 있으므로 반드시 시간 짚어나가는 원칙에 따라야 한다。

우선 十二支時부터 알아보자。

零時~一時前＝子時、 一時~三時前＝丑時、 三時~五時前＝寅時、 五時~七時前＝卯時、 七時~九時前＝辰時、 九時~十一時前＝巳時、 十一時~午後一時前＝午時

午後一時~三時前＝未時、 午後三時~五時前＝申時、 午後五時~七時前＝酉時、 午後七時~九時前＝戌時、 午後九時~十一時前＝亥時、 午後十一時~明日零時前＝子初

◉ 初와 正에 각각 四刻으로 분류되는바 一刻은 현재의 十五分에 해당하고 分은 현재 시간과 마찬가지다。 그러므로 가령 寅初二刻 十三分이라면 午前三時 四十三分이 된다。

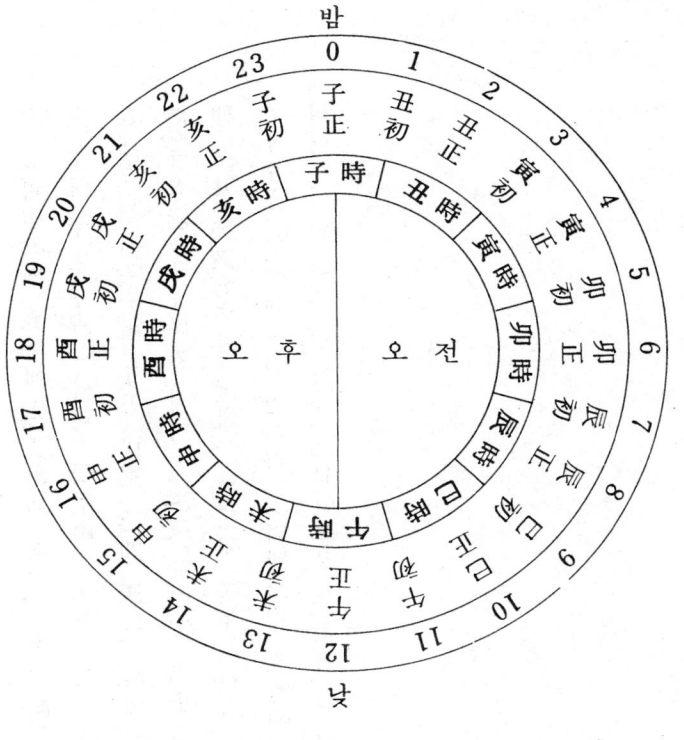

○ 遁時法(時間 돌려짚는 법)

甲己日甲子時、乙庚日丙子時、丙辛日
戊子時、丁壬日庚子時、戊癸日壬子時

干支까지 붙여 時間따지는 법에 日干
(日辰의 天干)이 甲(甲子 甲戌 甲申 甲
午 甲辰 甲寅)이나 己(己巳 己卯 己丑
己亥 己酉 己未)로 된 날에는 子正(그
날 새벽 零時)에 甲子부터 시작하여 丑
時는 乙丑、寅時는 丙寅、이렇게 붙이면
亥時에 乙亥가 되고、밤 子時(子初)에
丙子가 되며、乙(乙丑 乙亥 乙酉 乙未
乙巳 乙卯)이나 庚(庚午 庚辰 庚寅 庚
子 庚戌 庚申)으로 된 날에는 子正에다
시 丙子부터 시작하여 丁丑、戊寅 己卯
식으로 돌려나가 亥時에 丁亥가 되고、

밤 子時(子初)에 戊子가 되며、丙(丙寅 丙子 丙戌 丙申 丙午 丙辰)이나 辛(辛未 辛巳

辛卯 辛丑 辛亥 辛酉)으로 된 날에는 子正에 戊子時부터 시작하여 己丑 庚寅 辛卯ー이렇

게 돌려짚으면 亥時에 己亥時가 되고、밤 子時(子初)에 庚子時가 되며、丁(丁卯 丁丑 丁

亥 丁酉 丁未 丁巳)이나 壬(壬申 壬午 壬辰 壬寅 壬子)으로 된 날에는 子正에 다시

庚子부터 시작하여 丁丑 戊寅 己卯 庚辰、이렇게 돌려나가면 亥時에 丁亥가 되고、밤 子

時(子初)에 壬子時가 되며、戊(戊辰 戊寅 戊子 戊戌 戊申 戊午)나 癸(癸酉 癸未 癸巳 癸

卯 癸丑 癸亥)로 된 날에는 子正에 壬子부터 시작하여 癸丑 甲寅 乙卯 丙辰 丁巳식으로

六十甲子 순서대로 시간따라 돌려짚으면 亥時에 癸亥가 되고、밤 子時(子初)에 甲子時가

된다。다음 날은 甲이나 己日이므로 子正에 다시 甲子時부터 시작되는 것이다.

○ 時間早見表

戊癸日	丁壬日	丙辛日	乙庚日	甲己日	日干＼時
壬子	庚子	戊子	丙子	甲子	零時　子正
癸丑	辛丑	己丑	丁丑	乙丑	一時　二時　丑
甲寅	壬寅	庚寅	戊寅	丙寅	三時　四時　寅
乙卯	癸卯	辛卯	己卯	丁卯	五時　六時　卯
丙辰	甲辰	壬辰	庚辰	戊辰	七時　八時　辰
丁巳	乙巳	癸巳	辛巳	己巳	九時　十時　巳
戊午	丙午	甲午	壬午	庚午	十一時　十二時后一時　午
己未	丁未	乙未	癸未	辛未	二時　三時　未
庚申	戊申	丙申	甲申	壬申	四時　五時　申
辛酉	己酉	丁酉	乙酉	癸酉	六時　七時　酉
壬戌	庚戌	戊戌	丙戌	甲戌	八時　九時　戌
癸亥	辛亥	己亥	丁亥	乙亥	十時　十一時　亥
（甲子）	（壬子）	（庚子）	（戊子）	（丙子）	零時前　夜子時

子時는 반드시 子正과 子初를 구분해서 時柱를 정해야 한다。 가령 甲己日에는 甲子時라 하여 子正과 子初를 막론하고 무조건 甲子時로 정하면 큰 잘못이다。 왜냐하면 日辰은 반드시 밤 十二時 즉 새벽 零時인 子正에야 비로소 바뀌는 것이지 전날 十

一時인 子初에 바뀌는게 아니다。 甲己日의 子時에 모두 甲子時가 되려면 밤十一時 子
初에 日辰이 이미 다음날로 들어서야 한다。 太陽의 위치상으로 보아도 二十四時요、 새
날의 零時라야 다음날로 바뀌는 것이므로 이에 따라 日辰도 零時 子正에 바뀌어야 한
다。 때문에 甲己日이라면 새벽 零時(子正)에 甲子時가 되고、 乙丑 丙寅 丁卯、 이렇게
진행되다가 오후 十一時 子初에 丙子時로 접어든다。 즉 甲己日의 子正에 해당되면
甲子時이고、 한바퀴 돌아 밤 十一時 子初가 들면 丙子時로 바뀌는 것이다。

甲己日	子正은	甲子時	子初 (夜子時)는	丙子時
乙庚日	子正은	丙子時	子初 (夜子時)는	戊子時
丙辛日	子正은	戊子時	子初 (夜子時)는	庚子時
丁壬日	子正은	庚子時	子初 (夜子時)는	壬子時
戊癸日	子正은	壬子時	子初 (夜子時)는	甲子時

○ 일광절약시간제 (日光節約時間制) 및 서머타임 및 시간조절에 대하여

서기 一九六二年 八月 十日부터 낮 十二時를 三十分 앞당겨 현재까지 사용하고 있으
므로 원리상 이를 조절해야 한다。 원래 우리나라는 東經 百二十七度五分인 서울지방 중
심으로 時間을 맞춰 사용해왔으나 三十分을 앞당긴 까닭에 百二十七度五分에 太陽이 南
中하려면 十二時三十分이라야 한다。 그러므로 一九六一年 八月 十日 이후부터는 十二時

三十分을 正午(午正)로 보아야하고 이에 준하여 밤十二時 三十分(새벽 零時三十分)이라

야 日辰이 바뀌며、또는 밤 十一時三十分이 되어야 비로소 子初에 드는 것이다。게다가

一九八七年 五月十日부터 十月十日까지 서머타임제가 실시되어 밤 十一時를 한 시간 앞

당겨 十二時子正으로 다음날로 시계를 맞추도록 하였으므로 이 기간(서머타임)중에는 한

時間三十分을・더 가산해야 사실상의 十二支時가 된다。즉 새벽 한時三十分이라야 日辰

이 바뀌는 子正으로 들어선다。

또는 서기 一九四八年부터 서머타임이 시작되어 한 時間씩 앞당겨 사용했고、一九五四

年에는 도리어 三十分 줄여 사용하기도 했다。이에 서머타임이 실시된 연도와 기간을

아래에 기록하는바 적절히 시간을 실지대로 조절하여 時 정하는데 차질이 없기 바란다

● 一九五一年 五月 六日~九月 八日까지

● 一九五○年 四月 一日~九月 二十三日까지

● 一九四九年 四月 一日~九月 二十三日까지

● 一九四八년 五月 三十一日~九月 十二日까지

이상은 十一時를 十二時로 한 시간 앞당겨 사용했다。

● 一九五四年 三月 二十一日~一九五五年 四月 五日까지는 十二時 三十分을 十二時로

一時間 늦추어 사용했다。

⊙ 一九五五年　四月六日~九月二十一日까지

⊙ 一九五六年　五月二十日~九月二十九日까지

⊙ 一九五七年　五月五日~九月二十一日까지

⊙ 一九五八年　五月四日~九月二十一日까지

⊙ 一九五九年　五月四日~九月十九日까지

⊙ 一九六〇年　五月一日~九月十七日까지

이상 기간중에는 十一時를 익일 〇時로 一時間 앞당겨 사용했다.

⊙ 一九六二年　八月十日부터 현재까지 十二時를 十二時三十分으로 三十分 앞당겨 사용했다.

⊙ 一九八七年　五月十日~十月十日까지

⊙ 一九八八年　五月八日 ~十月九日까지

이상은 밤 十一時를 다음날 새벽 零時로 서머타임 기간중에 一時間 앞당겨 사용했다.

二、四柱布局法

四柱의 天干(年月日時干)에 의해 布局하는 것을 天盤이라 하고、年月日時의 地支에 의해 布局하는 것을 地盤이라 한다。요령은 年月日時의 天干數를 총합해서 九로 나누어 나머지 숫자를 中宮에 넣고 離宮으로 나와 艮・兌・乾・中・巽・震・坎으로 숫자순서를 九宮順逆으로 記入하고 다음에는 年月日時의 地支數를 총합하여 九로 나눈 나머지 숫자를 역시 中宮에 넣고 坎宮으로 나와 坤・震・巽・中・乾・兌・艮・離로 숫자 차례를 九宮순서로 記入한다。단 天干 地支를 막론하고 九로 나누어 나머지가 없을 경우는 九로 정한다。

○ 天干地支의 數

甲一 乙二 丙三 丁四 戊五 己六 庚七 辛八 壬
九 癸十

子一 丑二 寅三 卯四 辰五 巳六 午七 未八 申九 酉
十 戌十一 亥十二

九宮圖

巽四	離九	坤二
震三	中五	兌七
艮八	坎一	乾六

八	三	十
九	二	五
四	一	六

八	三	六
七	四	一
二	五	十

가령 四柱가 下元甲 戊辰年(一九八八) 四月 十四日 戊時이라면 戊辰月 丁巳月 甲申日 甲戌時가 된다.

天干 戊五 丁四 甲一 甲一을 총합하니 合이 十一인데 이 숫자를 九로 除하니 나머지가 二다. 이 二란 숫자를 中宮에 넣고 離宮으로 나와 九宮을 逆布하니 中二 離三 艮四 兌五 乾六 中에 七이 隱伏되고, 巽八 震九 坤十 坎一로 위 보기와 같이 天盤이 布局된다

다음에는 地支로 地盤을 포국한다. 例의 四柱가 辰年 巳月 申日 戌時이니 즉 辰五 巳六, 申九, 戌十一을 총합한즉 三十一이오 이를 九로 除하니 四가 남는다. 이 四를 中宮에 넣고 이번에는 坎으로 나와 九宮을 順布하면 中四, 坎五, 坤六, 震七, 巽八, 中은 九數가 隱伏이오, 乾十、兌一、艮二、離三으로 分布된다. 天干 地支를 각각 총합한 數에서 九로 除한 나머지 數를 먼저 中宮에 넣으면 다음번 中宮에 닿는 數는 記入하지 않고 그냥 中宮에 몇 數가 隱伏되었다는 것만 알아두면 된다. 예의 四柱는 天盤에 七이 隱伏이고 地盤은 九가 隱伏되었다.

天干合數 十一이오 九로 除하니 二가 남아 二를 入中하고 地支合數 三十一이오 九로 除하니 四가 남아 四數入中인데 干의 天盤

5	戊辰 5
1	丁巳 6
1	甲申 9
1	甲戌 11

八八	三三	十六
九七	二四	五一
四二	一五	六十

○ 天盤入中圖

은 出離逆布하고 支의 地盤은 出坎 順布한다.

七數入中 (二數隱伏)		
三	八	五
四	七	十
九	六	一

四數入中 (九數隱伏)		
十	五	二
一	四	七
六	三	八

一數入中 (六數隱伏)		
七	二	九
八	一	四
三	十	五

八數入中 (三數隱伏)		
四	九	六
五	八	一
十	七	二

五數入中 (十數隱伏)		
一	六	三
二	五	八
七	四	九

二數入中 (七數隱伏)		
八	三	十
九	二	五
四	一	六

九數入中 (四數隱伏)		
五	十	七
六	九	二
一	八	三

六數入中 (一數隱伏)		
二	七	四
三	六	九
八	五	十

三數入中 (八數隱伏)		
九	四	一
十	三	六
五	二	七

七數入中（二數隱伏）

一	六	九
十	七	四
五	八	三

四數入中（九數隱伏）

八	三	六
七	四	一
二	五	十

一數入中（六數隱伏）

五	十	三
四	一	八
九	二	七

八數入中（三數隱伏）

二	七	十
一	八	五
六	九	四

五數入中（十數隱伏）

九	四	七
八	五	二
三	六	一

二數入中（七數隱伏）

六	一	四
五	二	九
十	三	八

九數入中（四數隱伏）

三	八	一
二	九	六
七	十	五

六數入中（一數隱伏）

十	三	八
九	六	三
四	七	二

三數入中（八數隱伏）

七	二	五
六	三	十
一	四	九

② 六儀와 三奇

다른 四柱法은 年月日時에 의한 干支(年柱 月柱 日柱 時柱)에 의해 음양 및 生克比和 관계로서 직접 추리하는 것이지만 이 기문둔갑은 六甲이 모두 이 六儀속에 숨겨져 있으므로 이를 둔갑(遁甲—六甲이 숨어 있음)이라 명칭하였다.

六儀란 戊己庚辛壬癸의 여섯개 干을 칭함이고 三奇는 乙丙丁을 말한다. (단 甲字만 六儀三奇 가운데서 빠져있다)

이 六儀三奇를 붙이려면 먼저 出生日이 어느 節氣의 몇 局에 속하는가를 먼저 알아야 한다. 아래와 같다.

○ 陰陽三元局

陽局 (冬至後 夏至前 日字)

冬至一七四 小寒二五八、 大寒三九六、 立春八五二、 兩水九六三、 驚蟄一七四、

春分三九六、 清明四一七、 穀雨五二八、 立夏四一七、 小滿五二八、 芒種六三九、

夏至九三六、 小暑八二五、 大暑七一四、 立秋二五八、 處暑一四七、 白露九三六、

秋分七一四、 寒露六九三、 霜降五八二、 立冬六九三、 小雪五八二、 大雪四七一

局이란 뜻이다. 아래 一覧表를 참고하라.

가령 冬至一七四란 冬至後 上元日은 冬至一局、中元日은 冬至七局、下元日은 冬至四

芒種	小滿	立夏	穀雨	清明	春分	驚蟄	雨水	立春	大寒	小寒	冬至	節＼三元	陽遁
六	五	四	五	四	三	一	九	八	三	二	一	上元	遁
三	二	一	二	一	九	七	六	五	九	八	七	中元	
九	八	七	八	七	六	四	三	二	六	五	四	下元	
大雪	小雪	立冬	霜降	寒露	秋分	白露	處暑	立秋	大暑	小暑	夏至	節＼三元	陰遁
四	五	六	五	六	七	九	一	二	七	八	九	上元	遁
七	八	九	八	九	一	三	四	五	一	二	三	中元	
一	二	三	二	三	四	六	七	八	四	五	六	下元	

陰陽局을 막론하고 六十甲子日은 上元 中元 下元으로 각각 소속되어 있는데 定局은 아래와 같다.

甲己子午卯酉日—上元符頭
甲己寅申巳亥日—中元符頭
甲己辰戌丑未日—下元符頭

甲子、己卯、甲午、己酉日은 모두 上元符頭다. 그러므로 甲子에서 戊辰日、己卯에서 癸未日 甲午에서 戊戌日、己酉에서 癸丑日까지 각각 五日은 上元日에 속한다.

己巳、甲申、己亥、甲寅日은 모두 中元符頭니 己巳에서 癸酉日、甲申에서 戊子日、己亥에서 癸卯日、甲寅日까지 各各 五日간은 中元日에 속한다.

甲戌、己丑、甲辰、己未日은 모두 下元符頭니 甲戌에서 戊寅日、己丑에서 癸巳日、甲辰에서 戊申日、己未에서 癸亥日까지 각각 五日간은 下元日에 속한다.

上 元					中 元					下 元				
甲子	乙丑	丙寅	丁卯	戊辰	己巳	庚午	辛未	壬申	癸酉	甲戌	乙亥	丙子	丁丑	戊寅
己卯	庚辰	辛巳	壬午	癸未	甲申	乙酉	丙戌	丁亥	戊子	己丑	庚寅	辛卯	壬辰	癸巳
甲午	乙未	丙申	丁酉	戊戌	己亥	庚子	辛丑	壬寅	癸卯	甲辰	乙巳	丙午	丁未	戊申
己酉	庚戌	辛亥	壬子	癸丑	甲寅	乙卯	丙辰	丁巳	戊午	己未	庚申	辛酉	壬戌	癸亥

가령 甲子、乙丑、丙寅、丁卯、戊辰日과 己卯 庚辰 辛巳 壬午日과 甲午 乙未 丙申 丁酉

戊戌日과 己酉 庚戌 辛亥 壬子 癸丑日은 모두 上元日에 속한다。 이하 中元 下元도 같은

예로 보면 된다。

○ 六儀三奇　天地盤　配置法

三奇 ＝ 乙・丙・丁

六儀 ＝ 戊・己・庚・辛・壬・癸

甲子戊 ― 甲子旬中은　戊

甲戌己 ― 甲戌旬中은　己

甲申庚 ― 甲申旬中은　庚

甲午辛 ― 甲午旬中은　辛

甲辰壬 ― 甲辰旬中은　壬

甲寅癸 ― 甲寅旬中은　癸

甲子旬中이란 甲子에서 癸酉까지요、甲戌旬中은 甲戌에서 癸未까지、甲申旬中은 甲申에

서 癸巳、甲午旬中은 甲午에서 癸卯、甲辰旬中은 甲辰에서 癸丑、甲寅旬中은 甲寅에서 癸

亥까지 각각 十位를 포함한 말이다。

六儀三奇 天盤 地盤 布局하는 요령은 아래와 같다。

① 生日이 多至後 夏至前인가、 夏至後 多至前인가로 陽局 또는 陰局을 결정한다。

② 生日이 어느 節氣에 속하였나를 살핀다。

③ 生日 日辰이 上・中・下局 가운데 어느 局인가를 알아둔다。

④ 위 三元局 早見表에서 소속된 節과 日辰에 의한 上中下局으로 대조 陰陽 무슨 局인가

⑤ 節을 막론하고 九宮數에 속한 宮에 六儀符頭인 戊를 붙여 九宮順을 陽局이면 順으로

（例를 들어 小寒節 上元이면 「陽二局」이라 한다)를 알아둔다。 단 乙・丙・丁 三奇는 乙丙丁의 順으로 하지 않고

丁丙乙의 순서로 기록해야 한다 (戊・己・庚・辛・壬・癸・丁・丙・乙)

⑥ 예를 들어 小寒陽二局이면 坤에 戊를 붙여 九宮을 順布하는 것이니 震에 己、巽에 庚、

배치하고 陰局이면 逆으로 배치한다。

③庚	⑧丙	①戊
②己	④辛	⑥癸
⑦丁	⑨乙	⑤壬

陽二局

⑤壬	⑨乙	⑦丁
⑥癸	④辛	②己
①戊	⑧丙	③庚

陰八局

中에 辛、乾에 壬、兌에 癸、艮에 丁、離에

丙、坎에 乙이 배치되고、 陰八局이면 八의 艮

에 戊를 붙여 九宮順을 逆行하는바 兌에 己、

乾에 庚、中에 辛、巽에 壬、震에 癸、坤에 丁、

坎에 丙、離宮에 乙奇가 배치된다。 (이를 地

盤이라 한다)

다음에는 六儀三奇 天盤을 布局해야 하는바

이는 時間을 기준한다 (煙局)

主人公의 時間符頭(가령 丁酉時라면 甲午旬中이오 甲午辛이니 辛을 時間符頭라 칭한다) 글자를

生時天干 (가령 丁酉時라면 丁字)위에 붙여(辛을 丁字 위에 올려 쓴다) 地盤에 배열된 八方순서

대로 옮겨 쓴다. 가령 地盤六儀가 坤戊 兌癸、乾壬 坎乙 艮丁、震己 巽庚、離丙이고 丁酉時

라면 丁酉는 甲午旬中이오 甲午辛이니 辛을 時干이 있는 艮宮 丁字 위에 기록하고 震에 癸、巽

에 壬、離에 乙、坤에 丁、兌에 己、乾에 庚、坎에 丙子를 기록한다.

만약 時干이 中宮에 있으면 坤宮으로 이끌어 내는 법이므로 이 예는 辛이 入中하여 坤으로

이끌어 낸 것으로 간주함이다. 그리고 또 六甲時만은 伏吟局이니 九宮內에 없으므로 地盤六儀

·三奇 그대로를 겹쳐 기록하면 된다.

아래 例示를 참고하라.

○ 六儀三奇 布局例示

이상에서 설명한 六儀三奇 배치하는 요령을 四柱로서 例示한다.

●戊辰(一九八八年)四月十四日 戊時生

이 例를 四柱 정하는 법칙에 의하면 戊辰年 丁巳月 甲申日 甲戌時다。 小滿이 初六日 午前六

時에 들었으니 이는 符頭보다 節氣가 앞서 接氣에 해당한다。 上元符頭인 己卯가 初九日에 들고、

生日 甲申은 中元日이니 三元局表에 의하면 小滿五二八이라 陽二局에 해당한다。 그러므로 坤宮

에(坤은 二宮) 戊를 붙여 九宮을 順布하면(陽局) 위 보기와 같이 震에 己、巽宮에 庚、中宮에 辛

乾宮에 壬、兌宮에 癸、艮宮에 丁、離宮에 丙、坎宮에 乙

이 配置된다。(이상은 地盤)

戊辰	戊 戊	癸 癸	壬 壬
丁巳	丙 丙	辛	乙
甲申	庚 庚	己 己	丁
甲戌	庚	己	丁

이 四柱는 甲戌時라 甲戌句中 戊로 戊字를 生時干이 있는 甲字 위에 붙여야 하나 단 이 例는 時干 甲이 六儀 三奇에 없다。 六甲時(甲子 甲戌 甲申 甲午 甲辰 甲寅時)는 어느 四柱를 막론하고 九宮內에 없으므로 伏吟局이라 하여 地盤六儀 그대로 겹쳐 기록하면 되는 것이다。

● 丁卯 (一九八九) 九月 八日 巳時의 例

이를 四柱干支로 정하면 丁卯年 庚戌月 壬子日 乙巳時로 天干合數가 二十二요、地支合 數도 二十二다。각각 九로 除하면 三이 남으니 三을 中宮에 넣고 天盤은 離宮으로 나와 九宮을 逆行하고 地支는 坎으로 四가 九宮을 四行하면 위 보기와 같은 天地盤이 구성된 다。

다음은 六儀와 三奇를 붙여보자。

丁卯	癸己　十八	辛癸　五三	丙辛　二六
庚戌　壬子	己庚　一七	癸戊　四四	乙丙　七一
乙巳	庚丁　六二	丁壬　三五	壬乙　八十

이 四柱는 霜降節 上元 陰五局이다。五는 中宮이니 中宮에 六儀戊를 붙여 九宮을 逆行하면 巽에 己、震에 庚、坤에 辛、坎에 壬、離에 癸、艮에 丁、兌에 丙、乾에 乙이 된다。(中宮 戊는 坤宮으로 나간다)

이상이 六儀와 三奇의 地盤布局法이다。

다음은 天盤六儀三奇를 布局해야 하는바 乙巳時라、乙巳는 甲辰旬中이오 甲辰符頭는「甲辰壬」하여 壬이다。이 壬字를 生時干이 있는 乾宮 乙字(乙巳時) 위에 붙이고 地盤의 八方配置인 壬丁庚己癸辛 丙乙의 순서로 옮겨 쓰면 坎宮에 丁、艮宮에 庚、震宮에 己、巽宮에 癸、離宮에 辛、坤宮에 丙、兌宮에 乙이 배치된다。

● 甲申年（一九四四）二月 二十日 卯時의 例

이 四柱는 甲申年 丁卯月 丁丑日 癸卯時로 天干數 一이 入中이오 地支數도 一이 入中이다。그리고 이 四柱는 驚蟄節 下元 陽四局이니 四의 巽宮에 戊를 붙여 九宮을 順行하면 中에 己、乾에 庚、兌에 辛、艮에 壬、離에 癸、坎에 丁、坤에 丙、震에 乙로 地盤六儀三奇가 布局되는 것이며、癸卯時는 甲午旬中이니「甲午辛」으로 辛이 時間符

庚 (己) 丙 丁 辛 壬 庚	甲申	丁卯辛癸	丁丑	癸卯
	九 三	己 二 十	二 十	丙 戊 七 五
	四 八	乙 一 一	一 一	戊 八 四
	五 七	丁 十 二	十 二	乙 戊 壬 三 九

頭다。이 辛을 出生時干이 있는 離宮 癸字 위에 붙이고 庚丁壬乙戊癸丙辛의 순서로 八方을 돌리면 艮에 庚、兌에 丁、乾에 壬、坎에 乙、坤에 戊、震에 癸、巽에 丙이 배치된다。

● 辛丑 (一九六一) 五月 十一日 亥時

위 예는 辛丑年 甲午月 丁亥日 辛亥時다。天干合數가 二十一 (辛八 甲一 丁四 辛八) 이니 九로 除한 나머지가 三이다。三을 中宮에 넣고 離宮으로 나와 九宮을 逆行하면 艮에 五、兌에 六、乾에 七、中宮에는 八數가 隱伏되고、巽에 九、震에 十、坤에 一、坎에 二數가 배치되는바 이것이 天盤이오、다음은 地支合數가 三十三 (丑二 午七、亥十二 亥十二) 이니 九로 除하면 六이 남는다。이 六을 中宮에 넣고 坎으로 나와 九宮을 順行 (干은 逆行하고 支는 順行) 하면 坎이 七、坤에 八、震에 九、巽에 十、中에 一數가 隱伏되고、乾에 二、兌에 三、艮에 四、離에 五數가 配置된다。

五月 十一日은 夏至節 (夏至가 五月 十日 零時三十分) 이오 夏至後는 陰遁이라 위「節

	戊巳		
辛丑	乙癸辛丁 一 八	六 三	七 二
甲午	壬 辛	丙 己	庚 乙
丁亥	四 五	三 六	二 七
辛亥	九 十	十 九	五 四
	丁 戊	癸 壬	

氣와 三元局」을 보면 夏至九三六이니 丁亥日은 中元으로 夏至中元 陰三局이다. 陰局은 逆行하는 법칙으로 三宮인 震에 戊를 붙여 陰局이므로 九宮을 逆行하면 坤에 己, 坎에 庚, 離에 辛, 艮에 壬, 兌에 癸, 乾에 丁, 中에 丙, 巽에 乙이 位置한다.

다음은 出生時를 기준 天盤六儀三奇를 붙이는바 이 例의 四柱는 辛亥時이니 辛亥는 甲辰旬中이오, 「甲辰壬」으로 壬이 時間符頭다. 이 壬을 生時干이 있는 離宮 辛字 위에 붙이고, 地盤이 己癸丁庚壬戊乙辛으로 八方에 위치하였으므로 이 순서대로 八方에 옮겨 쓴다. 즉 離에 壬, 坤宮에 戊, 兌宮에 乙, 乾宮에 辛, 坎宮에 己, 艮宮에 癸, 震宮에 丁, 巽宮에 庚을 배치한다.

○ 陰陽遁과 三元論

紫白九星法과 奇門遁甲法等에 있어 陰陽遁과 上中下元을 적용하게 되는데 각각 다른 법식이 있으나 上中下元法만 다르고 多至後는 陽遁이 夏至後는 陰遁이 되는 것은 마찬가지의 原則이다.

紫白九星法은 多至後 첫번째 드는 甲子日부터 癸亥日 까지를 陽遁上元이라 하고、두번째로 드는 甲子日부터 癸亥日까지 陽遁中元、세번째 드는 甲子日부터 癸亥日까지 陽遁下元이라 하고, 冬至후 네번째 드는 甲子日부터 癸亥日까지 陰遁上元、冬至後 첫번째 드는 甲子日부터 癸亥日까지 陰遁中元、夏至後 세번째 드는 甲子日부터 癸亥日까지 陰遁下元이며、夏至後 네번째 드는 甲子日은 冬至後 첫번째 드는 甲子日에 해당하여 다시 陽遁上元符頭가 시작되는 것이다.

구 분	冬至後	夏至後
첫번째 甲子日부터	陽遁 上元 冬至	陰遁 上元 夏至
두번째 甲子日부터	陽遁 中元 雨水	陰遁 中元 處署
세번째 甲子日부터	陽遁 下元 穀雨	陰遁 下元 霜降

그런데 이상의 공식과 차질이 생기는 예가 많은 것이니 반드시 多至後라야 陽遁上元甲子가 되는 것만 아니라 多至前에도 陽遁上元甲子가 되는 수가 많고 반드시 夏至後甲子日이라야만 陰遁上元이 시작되는게 아니라 夏至前에도 陰遁上元으로 이르는 경우가 많기 때문에 꼭 多至後 甲子日이라야 陽遁上元符頭를 삼고 夏至後 甲子日이라야 陰遁上元符頭를 삼아야 된다고 고집해서는 안된다. 왜냐하면 가령 多至日에서 다음 해 多至日까지의 日數는 약 三百六十五日이 약간 넘는다.

이는 太陽曆一年 (三百六十五日 四分之一) 과 거의 비슷한 週期가 되는바 陽

曆은 매년 약 四分之一이라는 時間이 남는 관계로 이 남는 時間을 조절하기 위해 四年

마다 二月 二十八日을 二十九日로 閏日을 두고 있다 (西紀 年代 숫자를 四로 나누어 남

는 數가 없이 떨어지는 年度가 閏年이며、단 百으로 나누어지는 해는 四로 나누어져도

平年으로 하고、四百으로 나누어지는 해는 閏年이다)

陰曆은 平年이면 대략 一年週期日數가 三百五十三・四・五日이다. 고로 매년 太陽曆

度數보다 十・二日 부족하므로 역시 이를 조절하기 위해 二十年에 七차례의 閏月을

둔다.

二十四節의 度數는 地球가 太陽을 한바퀴 도는 (公轉) 時間과 같다. 즉 三百六十五

日 남짓 걸리므로 陰曆으로는 맞출수 없고 太陽曆과 거의 同一한 週期로 運行된다. 그

러므로 예를 들어 今年 冬至가 陽曆十二月 二十二日이라면 다음해 冬至도 반드시 十二

月二十二日이나 二十三日에 들게 된다. 때문에 가령 冬至日에 甲子 陽遁上元符頭가

들었다면 一年後 冬至日은 己巳나 庚午日이 되어 符頭 (甲子)가 節氣 (冬至) 보다 五・

六日 먼저 이른다. 이렇게 符頭가 먼저 이르는 것이 해를 지날수록 節氣에 앞서 符頭

의 日次가 멀어지는 것이니 만일 閏을 두지 않으면 符頭와 節氣의 오차가 점점 많이

생겨 소용이 없게 되는 것이다.

왜냐하면 一年 節氣의 週氣는 太陽週期 (公轉) 와 같은 三百六十五日이 넘고、반면에

陰陽三元의 週期는 三百六十日（陰陽上中下元 즉 各 三元이오、一元이 甲子에서 癸亥까지 六十日）이므로 자연 一年에 五日 四分之 一 정도가 남기 때문이다.

紫白九星法은 冬至나 夏至前에 陰陽遁 上元符頭（甲子日）가 二十九日이나 三十日 혹은 三十一・二日 앞당겨 이르면 閏을 두어 度數를 調整하는데 週期는 十一年 半（百三十八個月）에 들고 혹 十一年만에도 閏을 두게 되는 수도 있다.

다음은 紫白九星의 閏이 드는 年月日을 明示한다.

◉ 一八八二年（壬年）冬至前 ┌十月 十一日 甲子 陰遁閏
　　　　　　　　　　　　　└十一月 十二日 甲午 陽遁閏

◉ 一八九四年（甲午）夏至前 ┌四月 十八日 甲午 陽遁閏
　　　　　　　　　　　　　└五月 十八日 甲午 陰遁閏

◉ 一九〇五年（乙巳）冬至前 ┌十月 廿五日 甲子 陰遁閏
　　　　　　　　　　　　　└十一月 廿五日 甲午 陽遁閏

◉ 一九一六年（丙辰）冬至前 ┌十月 廿八日 甲子 陰遁閏
　　　　　　　　　　　　　└十一月 廿九日 甲午 陽遁閏

◉ 一九二八年（戊辰）夏至前
四月 初六日 甲子 陽遁閏
五月 初六日 甲午 陰遁閏

◉ 一九三九年（己卯）冬至前
十一月 十三日 甲子 陰遁閏
十月 十三日 甲午 陽遁閏

◉ 一九五一年（辛卯）夏至前
五月 十九日 甲子 陰遁閏
四月 十九日 甲午 陽遁閏

◉ 一九六二年（壬寅）冬至前
十一月 廿六日 甲子 陰遁閏
十月 廿六日 甲午 陽遁閏

◉ 一九七四年（甲寅）夏至前
閏四月 初一日 甲子 陽遁閏
五月 初三日 甲午 陰遁閏

◉ 一九八五年（乙丑）冬至前
十一月 初十日 甲子 陰遁閏
十月 初十日 甲午 陽遁閏

◉ 一九九七年（丁丑）夏至前
四月 十六日 甲子 陽遁閏
五月 十七日 甲午 陰遁閏

그런데 이 奇門遁甲法에서 사용하는 陰遁上元 陽遁上元 陰遁中元 陽遁中元이니 하는

것은 甲子日을 上元符頭로 하지 않고 十五日에 三元 (上中下元)이 交替되는 것이므로 紫

白九星에서 적용하는 上中下元法과는 다르다。紫白九星法에서는 一元의 週期가 되는 것

에서 癸亥日까지 六十日間이므로 一年에 六元(陰陽遁 各 上中下元)으로 週期가 되는 것

이지만 이 奇門學에서 적용하는 三元은 五日에 一元에 해당하여 十五日이면 上中下元의

週期가 끝나고 다음 節氣에서 다시 上中下元으로 交替된다。그러므로 一年 二十四節에

每節氣마다 三元이 있어 一年이면 二十四차례 上元符頭가 있고 一節에 三元(上元·中元

·下元) 씩이니 七十二번의 上中下局이 交替되는 셈이다。

紫白九星에 적용되는 陰陽遁上中下元은 二十九日~三十日을 招過 (上元符頭가 冬至나

夏至보다 앞서 이르는 것) 하는 夏至나 冬至前에 閏을 두므로 이렇게 되려면 一年에 約

五日超過로 十一年半 (百三十六個月) 에 閏을 두게 되는 것이나 奇門法에 적용하는 陰陽

局 上中下元은 約 九日~十一日이 招過 (招神—上元符頭가 節氣보다 먼저 이르는 것) 하

는 芒種이나 大雪後(夏至나 冬至前)에 閏奇를 두어야 하므로 一年에 約 五日招過(上元符

頭가 五日 먼저 이르는 것)이니 二年 後면 九日~十一日이 招過로 二年만에 閏奇를 두어

야 한다。

이에 대해서는 다음 招神接氣에 자세히 수록한다。

◉ 招神接氣와 置閏法

招神이란 符頭가 節氣보다 먼저 이른것이오、接氣란 節氣가 符頭보다 먼저 이른 것으

로 바꿔 말하면 節氣가 符頭보다 늦게 이른 것을 招神이라 하고、符頭가 節氣보다 늦게

이른 것을 接氣라 한다。

符頭란 매 上元이 시작되는 日辰으로서 즉 甲子 己卯 甲午 己酉日이다。가령 甲子日

(符頭)에서 戊辰日까지 五日간이 上元、己巳日에서 癸酉日까지 五日간이 中元、甲戌日

에서 戊寅日까지 五日간이 下元이고、下元 다음이 다시 上元이니 戊寅 다음날 己卯(符

頭)日에서 癸未日까지 五日간이 上元、甲申日에서 戊子日까지 五日간이 中元、己丑日에

서 癸巳日까지 五日간이 下元、甲午日(符頭)에서 戊戌日까지 五日간이 上元、己亥日에

서 癸卯日까지 五日간이 中元、甲辰日에서 戊申日까지 五日간이 下元이며、己酉日(符頭)

에서 癸丑日까지 五日간이 上元、甲寅日에서 戊午日까지 五日간이 中元、己未日에

서 癸亥日까지 五日간이 下元이오、癸亥日 다음 다시 甲子日이 시작되면 上元符頭가 또

시작되어 六十甲子日 동안에 上中下元이 각각 세번씩 돌아간다。

招神(符頭가 節氣보다 먼저 이르는 것)이 생기는 원리는 이러하다. 가령 立春에서 다

음해 立春이 되는 기간은 약 三百六十五日 四分之一정도의 日字가 소요된다. 예를 들어

多至에 甲子 上元符頭가 시작되었다면 다음해(一年後) 多至는 戊辰日이나 己巳日이 되며

따라서 上元符頭인 甲子가 多至 五日이나 六日전에 먼저 이르게 된다. 왜냐 하면 一年

은 三百六十五日이 넘고 甲子에서 癸亥까지는 六十日이므로 一年 二十四節이 한바퀴

도는데는 三百六十五日이 걸리지만 三元(上中下)의 週期는 三百六十日(六十日이 六곱)이

걸리므로 남는 日數가 五日 혹은 六日이 되기 때문이다. 이러한 관계로 符頭와 節氣가

같이 돌아가다 보면 점점 符頭가 節氣보다 먼저 이르게 되어 약 二年쯤 지나면 符頭가 節

氣보다 十日가량 超過(앞당겨 이르는 것) 하고, 三年쯤 지나면 一節기간(約 十五日)이

남게 되므로 이를 바로잡기 위해 閏奇를 두게 되는 것이다. 만약 閏氣를 두지 않으면

가령 多至무렵에 多至上元이 시작되었던 것이 三年이 지난 뒤에는 多至 먼저 節氣인 大

雪에 이미 多至上元이 시작되어야 하는 것이므로 이렇게 되면 奇門度數에 어긋나 時日이

지날수록 立春上元이니 혹은 夏至下元局이니 하는 적용원리가 맞지 않아 아무 소용이 없

게 된다. 그러므로 반드시 閏奇를 두어 이를 바로잡아야 하는바 법칙은 芒種이나 大雪

後(多至・夏至前)에 한해서 九日에서 十一日이 超過(符頭가 多至나 夏至보다 九~十一日

먼저 이름)될 경우라야 閏奇를 두는 것이다.

接氣(符頭보다 節氣가 먼저 이르는 것)는 반드시 閏奇를 둔 뒤라야만 하는바 招神은

다음 節氣를 앞당겨 쓰지만 接氣되면 折局補局(남은 日數는 끊고 부족한 日數는 補充함)해야 되는데 五日이 不足하면 (時間까지 計算할 필요가 있다) 補充하고、 五日이 넘으면 끊어 다음 節氣의 日數에 포함시켜야 한다。

招神의 例

正月

一日 戊寅		
二日 己卯		符頭先到
三日 庚辰		
四日 辛巳		立春上元
五日 壬午		
六日 癸未		
七日 甲申		**立春**
八日 乙酉		
九日 丙戌		
十日 丁亥		立春中元
十一日 戊子		
十二日 己丑		
十三日 庚寅		
十四日 辛卯		立春下元
十五日 壬辰		
十六日 癸巳		
十七日 甲午		符頭先到
十八日 乙未		
十九日 丙申		雨水上元
二十日 丁酉		
二十一日 戊戌		
二十二日 己亥		**雨水**
二十三日 庚子		
二十四日 辛丑		雨水中元

十六日　己未　冬至下元

十一月十七日　庚申　小寒

十八日　辛酉

十九日　壬戌

二十日　癸亥　小寒下元(一日不足)

廿一日　甲子

廿二日　乙丑

廿三日　丙寅　小寒上元

廿四日　丁卯

廿五日　戊辰

廿六日　己巳　小寒中元

廿七日　庚午

廿八日　辛未

廿九日　壬申　小寒下元(一日不足補充)

正月
初一日　癸酉

初二日　甲戌　大寒

初三日　乙亥

初四日　丙子　大寒下元(一日不足)

初五日　丁丑

初六日　戊寅

初七日　己卯　大寒上元

初八日　庚辰

初九日　辛巳

初十日　壬午

十一日　癸未　大寒中元

十二日　甲申

十三日　乙酉

十四日　丙戌

十月十八日 辛卯 大雪
十九日 壬辰 大雪下元
二十日 癸巳
廿一日 甲午 符頭가 十一日 先到로 置閏
廿二日 乙未
廿三日 丙申 大雪上元
廿四日 丁酉
廿五日 戊戌
廿六日 己亥 大雪閏中元
廿七日 庚子
廿八日 辛丑 大雪閏下元
廿九日 壬寅
三十日 癸卯
十一月初一日 甲辰 大雪閏下元
初二日 乙巳 冬至
初三日 丙午
初四日 丁未
初五日 戊申 冬至下元(一日不足)

初六日 己酉
初七日 庚戌
初八日 辛亥 冬至上元
初九日 壬子
初十日 癸丑
十一日 甲寅
十二日 乙卯 冬至中元
十三日 丙辰
十四日 丁巳
十五日 戊午
十六日 己未 冬至下元 (위不足보충)
十七日 庚申 小寒下元

이상의 例와 같이 招神(符頭先)에는 補局折局할 필요가 없이 계속 五日씩 上中下元의
차례로 바뀌면서 符頭를 앞당겨 사용하나 閏奇를 둔 接氣(節氣先)는 반드시 折局補局을
해야 한다. 단 日數上으로 五日이 못되더라도 節氣時間까지 따져(六十時間—一日 十二
時로 計하여 五日은 六十時間)에 가까우면 五日이 된 것으로 보고、日數上으로 五日이
되었더라도 時間으로 五十五時가 넘지 못하면 五日不足이라 計한다.

原文에는 招神이 十日을 못한다 하였으나 실지로는 十一日을 符頭가 先到할때 閏奇를
두게 될 경우가 많다.

이상과 같은 原理가 있으므로 무조건 甲己子午卯酉는 上元이오、甲己寅申巳亥는 中元、
甲己辰戌丑未는 下元이니 節氣와 日辰만 대조하여 어느 節氣의 무슨 局(上中下局)이라
속단하지 말고 奇門에 便利하도록 萬歲曆에 節氣 및 符頭를 表示해두고 奇門學 專用으로
사용해야 착오가 없을 것이다. 고로 看命上 學術原理가 誤錯이 있다 하지 말고、招神
接氣法을 잘 이해하여 正確을 도모하는게 바람직한 일이라 하겠다.

③ 八門神將定局

八門神將은 生門(생문)、傷門(상문)、杜門(두문)、景門(경문)、死門(사문)、驚門
(경문)、開門(개문)、休門(휴문)을 칭한다.

杜門	景門	死門
傷門		驚門
生門	休門	開門

본래 八門은 일정한 위치가 있는 것으로 위 그림과 같이 艮에 生門(생문), 震에 傷門(상문), 巽에 杜門(두문) 離에 景門(경문), 坤에 死門(사문), 兌에 驚門(경문), 乾에 開門(개문), 坎에 休門(휴문)을 司令하고 있다. 다시 말하면 東北方은 生門이오, 東方은 傷門, 東南方은 杜門, 南方은 景門, 西南方은 死門, 西方은 驚門, 天門인 西北(戌亥)方은 開門, 北方은 休門 이 맡고 있는 것이나 이 八門은 항시 일정한 위치에 고정되어 있는 것이 아니라 日辰과 時間의 변동에 따라 八門의 위치도 바뀌게 되는 것이므로 본래 生門이 死門으로 변하기도 하고, 死門이 生門이나 開門으로 바뀌기도 하여 그 변화 작용의 妙는 실로 헤아릴 수 없이 많은 것이다.

○ 日家八門의 위치

生門의 本位置인 艮宮에 甲子를 붙여 三日씩 머무른 뒤에 陽局(冬至後出生)이면 兌·巽·離·坎·乾·震·坤·兌(이상의 方位를 계속 遁行한다)의 順序를 順行하되 반드시 三日씩 머물렀다가 위치를 옮기고, 陰局(夏至後出生)이면 역시 生門자리인 艮에 甲子를 붙여 三日을 머무른 뒤에 坤·震·乾·坎·離·巽·兌·艮(이상의 方位를 계속 遁行한다)의 순서를 陽局의 정반대로 逆行하되 한 宮에서 三日씩 머무른 뒤에 다음 자리로 옮긴다.

● 陽局(冬至後 夏至前) 日辰 配置

③ →④   ⑧
⑦ →②
① ⑤ →⑥

陽局(冬至後 夏至前) 日辰 配置

戊午 己未 庚申	甲午 乙未 丙申	庚午 辛未 壬申	辛酉 壬戌 癸亥	丁酉 戊戌 己亥	癸酉 甲戌 乙亥	己酉 庚戌 辛亥	乙酉 丙戌 丁亥
丙午 丁未 戊申	壬午 癸未 甲申	陽遁(冬至後 夏至前)		乙卯 丙辰 丁巳	辛卯 庚辰 辛巳	丁卯 戊震 己巳	
甲子 乙丑 丙寅	戊子 己丑 庚寅	壬子 癸丑 甲寅		丙子 丁丑 戊寅	庚子 辛丑 壬寅	己卯 庚辰 乙巳	癸卯 甲辰 乙巳

— 83 —

○ 陰局 (夏至後 冬至前) 日辰 配置

```
 ⑦ ←── ⑥       ②
          ↑
 ③        ⑧
 ①     ⑤ ←── ④
```

丙午 丁未 戊申	壬午 癸未 甲申	己卯 庚辰 辛巳	癸卯 甲辰 乙巳		乙卯 丙辰 丁巳	辛卯 壬辰 癸巳	丁卯 戊辰 己巳
戊午 己未 庚申	庚午 辛未 壬申	甲午 乙未 丙申	陰遁 (夏至後 冬至前)			乙酉 丙戌 丁亥	己酉 庚戌 辛亥
壬子 癸丑 甲寅	甲子 乙丑 丙寅	庚子 辛丑 壬寅	丙子 丁丑 戊寅	戊子 己丑 庚寅	辛酉 壬戌 癸亥	癸酉 甲戌 乙亥	丁酉 戊戌 己亥

이상의 요령으로 日辰을 배치하면 生日辰이 어느 宮에 닿는가를 알 것이다. 요령은

日辰이 머무르는 곳에 生門을 붙여 傷門, 杜門, 景門, 死門, 驚門, 開門, 休門의 八門神將

順을 陽局 (冬至後 夏至前에 出生한 者) 이면 위 圖表 陽局의 방향을 따라 배치 (順) 하고

陰局 (夏至後 冬至前에 出生한 者) 이면 위 도표 陰局에서 표시된 방향을 따라 배치 (逆)

한다.

〔陽局配置〕

生門在乾

驚門	開門	杜門
傷門		死門
景門	休門	生門

生門在巽

生門	傷門	驚門
死門		休門
開門	杜門	景門

生門在坎

開門	休門	景門
杜門		驚門
死門	生門	傷門

生門在離

休門	生門	死門
景門		開門
驚門	傷門	杜門

生門在艮

杜門	景門	休門
開門		傷門
生門	死門	驚門

生門在坤

景門	死門	生門
休門		杜門
傷門	驚門	開門

生門在震

死門	驚門	傷門
生門		景門
杜門	開門	休門

生門在兌

傷門	杜門	開門
驚門		生門
休門	景門	死門

生門在乾

景門	杜門	開門
休門		死門
驚門	傷門	生門

生門在巽

生門	休門	景門
死門		傷門
杜門	開門	驚門

生門在坎

杜門	傷門	驚門
開門		景門
死門	生門	休門

生門在離

傷門	生門	死門
驚門		杜門
景門	休門	開門

生門在艮

開門	驚門	傷門
杜門		休門
生門	死門	景門

生門在坤

驚門	死門	生門
傷門		開門
休門	景門	杜門

生門在震

死門	景門	休門
生門		驚門
開門	杜門	傷門

生門在兌

休門	開門	杜門
景門		生門
傷門	驚門	死門

○例示

四柱: 甲戌 甲申 丁巳 戊辰

⑤ 庚庚 死 八八	⑥ 丙丙 驚 三	② 戊戊 傷 十六
① 己己 生 九七	辛辛 二四	④ 癸癸 景 五一
③ 丁丁 杜 四二	⑦ 乙乙 開 一五	⑧ 壬壬 休 六十

● 戊辰 四月 十四日 戊時生의 例

生日이 甲申日이오 冬至後 夏至前에 出生하여 陽局
이라 한다。
그러므로 艮에 甲子를 붙여 兌·巽·離
·坎·乾·巽·坤·艮으로 三日씩 옮겨 짚으면 震宮
에 生日인 甲申이 닿는다（圖表 陽局 參考）이 甲申

門、兌에 景門、巽에 死門、離에 驚門、坎에 開門、乾에 休門이 위치한다.

● 丁卯 九月 八日 巳時의 例

壬乙 景 ④ 八十	乙丙 休 ⑧ 七一	丙辛 傷 ② 二六戊
丁壬 死 ⑤ 三五	己庚 杜 ③ 四四	辛癸 驚 戊 ⑥ 五三
庚丁 生 ① 六二	己庚 杜 ③ 一七	癸巳 開 ⑦ 十八

丁卯
庚戌
壬子
乙巳

日이 머무는 震宮에 生門을 붙여 順布(陽局圖表 上圖와 같이)하면 坤에 傷門、艮에 杜門、兌에 景門、巽에 死門、離에 驚門、坎에 開門、乾에 休門이 위치한다.

夏至後 冬至前 사이에 出生하였으니 이 例는 陰局이다. 艮에 甲子를 붙여 三日씩 머물다가 陽局의 반대로 坤・震・乾・坎・離・巽・艮(이 방향을 逆布라 한다)으로 六十甲子를 배치하면 艮宮에 生日인 壬子가 닿는다. 이 生日 壬子가 머무는 艮宮에 生門을 붙여 이번에는 陰局이므로 傷・杜・景・死・驚・開・休의 八門神將 順을 陽局의 반대방향인 坤・震・乾・坎・離・巽・兌로 배치해 나간다(위 圖表 陰局의 上圖 참고) 즉 이 四柱는 艮에 生門、坤에 傷門、震에 杜門、乾에 景門、坎에 死門、離에 驚門、巽에 開門、兌에 休門이 위치하는 것이다.

● 甲申 二月 二十日 卯時의 例

丙戊 七五 ⑦ 開	辛癸 二十 ⑧ 休	庚丙 九三 (己)④ 景
癸乙 八四 ③ 杜	己 一一 ①	丁辛 四八 ⑥ 驚
戊壬 三九 ⑤ 死	乙丁 十二 ① 生	壬庚 五七 ② 傷

庚乙 九十 ⑧ 休	壬辛 四五 ⑦ 開	戊己 一八 ③ 杜
丁戊 十九 ④ 景	三六	乙癸 六三 ① 生
癸壬 五四 ② 傷	己庚 二七 ⑥ 驚	辛丁 七二 ⑤ 死

二月 二十日은 冬至後 夏至前에 해당하여 이는 陽局이다. 甲子에서 三日씩 艮에 붙여 兌・巽・離・乾・震・坤・坎의 방향으로 三日씩 順布하면 坎宮에 生日인 丁丑이 머무른다 (陽局日辰配置圖 참고) 日辰 닿는 곳에 生門을 붙여 (이것이 原則이므로) 八門神將順을 順行(陽局)하면 乾에 傷門、兌에 杜門、坤에 景門、艮에 死門、兌에 驚門、巽에 開門、離에 休門이 위치하는 것이다.

● 辛丑 五月 十一日 亥時의 例

夏至가 五月十日에 들어 夏至後 冬至前에 해당하니 이 命은 陰局이니 逆局이다. 甲子를 艮에 붙여 坤・震・乾・坎・離・巽・兌・艮으로 三日間씩 逆行(陰局이므로)하면 兌宮에 生日인 丁亥가 닿는다. 이 生日인 丁亥가 닿는 兌宮에 生門을 붙여 逆으로 八門神將順을 배치하면 艮에 傷門、坤에 杜門、震에 景門、

乾에 死門、坎에 驚門、離에 開門、巽에 休門이 위치하는 것이다。

이상과 같은 법식을 例로 들어 상세히 설명하였으므로 하나하나 살피면서 연구하면

이해가 되리라 믿는다。 그러나 구체적인 例로서 설명하다 보니 잘 整理가 안될가 하는

생각에 이를 간단히 요약해 본다。

○ 陽局(冬至後 夏至前)은 艮・兌・巽・震・坎・乾・震・坤으로 順行

○ 陰局(夏至後 冬至前)은 艮・坤・震・乾・坎・離・巽・兌・艮으로 逆行

맨 먼저 甲子를 艮에 붙여 陽局은 위 순서를 順行하고 陰局은 逆行하되 每宮에 三日

씩 배치하여 生日辰 닿는곳에 生門을 붙여 傷・杜・景・死・驚・開・休의 八門神將을

陽順陰逆으로 배치한다。
八門神將順ー生・傷・杜・景・死・景・開・休

(陽順)
陽　　局布

(陰逆)
陰　　局布

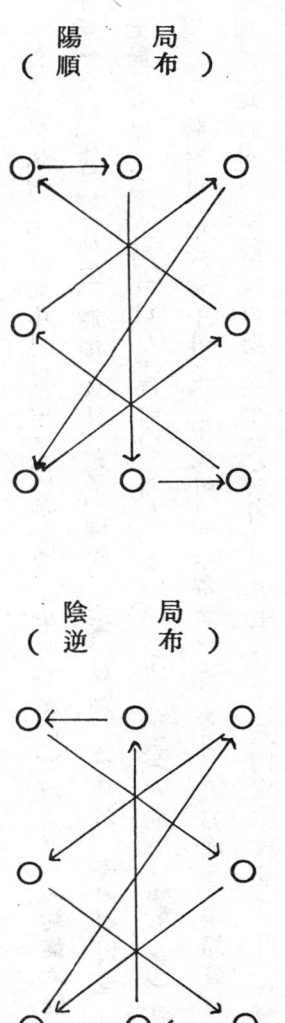

○ 時家八門의 위치

生時符頭(가령 甲子旬中이면 甲子戊로 戊가 生時符頭임) 가 있는 (地盤六儀三奇의 天干字) 八門定位神(艮生、震傷、巽杜、離景、坤死、兌驚、乾開、坎休)이 무엇인가를 알아 두고、三元局(가령 小寒上局이니 中局이니 하는 것) 에 해당하는(六儀를 起한 宮) 에 旬中符頭(가령 壬午時라면 甲戌旬中이오、甲戌이 旬中符頭) 를 붙여 九宮順을 陽局이면 順行하고 陰局은 逆行하여 生時 (가령 壬午時)까지 이르는 곳에 八門定位神을 붙여 八門神將의 순서대로 八方에 順布한다。단 生時가 中宮에 들면 坤으로 이끌어 坤宮에 해당하는 八門定位神을 붙인다。

〔例〕

		戊戊 十六(辛) **傷** 傷	癸癸 五一 (**杜**) 景	壬壬 六十 (**景**) 休
	丁巳	丙丙 三三 (**生**) 驚	辛 二四	乙乙 一五 (**死**) 開
甲戌	甲申 戊辰	庚庚 八八 (**休**) 死	己己 九七 (**開**) 生	丁丁 四二 (**驚**) 杜

이 例는 小寒中元陽三局에 甲戌時의 符頭가 己다。甲戌時 符頭 己(地盤)가 震宮에 있고、震宮은 八門定位로 傷門이다。本命은 陽二局이니 二의 坤에 甲戌(生時)를 붙이니 그참 坤이 生時宮이다。그러므로 坤에 傷門을 붙여 八方을 順行하게 된다。즉 坤傷門、兌에 杜門、乾에 景門、坎에 死門、艮에 驚門、震에 開門、

巽에 休門、離에 生門이 임한다。

四柱: 丁卯 / 乙巳 / 庚戌 / 壬子

癸巳 十八 杜	壬乙 八十 景	辛癸 五三 死
丙辛 二六 傷	四四	乙丙 七一 驚
庚丁 六二 生	丁壬 三五 休	己庚 一七 開

이 四柱는 上元陰五局이다。乙巳時는 甲辰 旬中이오 甲辰符頭가 壬인데 이 壬이 坎宮(地盤)에 있고 坎宮은 八門定位로 休門이다。本命은 陰五局으로 五는 中宮에 들어 坤에 이끌어내는 法則에 의하여 坤宮에 乙巳時의 符頭(旬中符頭) 甲辰을 붙여 九宮을 逆行(陰局이므로) 하면 坎에 生時乙巳가 닿는다。이 坎에 休門을 붙여 八方에 八門神將을 배치하면 艮에 生門、震에 傷門、巽에 杜門、離에 景門、坤에 死門、兌에 驚門、乾에 開門이 위치하는 것이다。

四柱: 辛亥 / 丁亥 / 甲午 / 辛丑

戊己 一八 杜	己庚 二七 景	辛丁 七二 死
己癸 六三 傷	三六 丙	丁戊 十九 驚
癸壬 五四 生	庚乙 九十 休	壬辛 四五 開

이 四柱는 夏至 中元陰三局이다。辛亥時는 甲辰旬中이오、甲辰旬中은 壬이다。이 壬이 艮宮에 있고 艮宮의 八門基本位는 生門이다。陰三局이라 震宮에 時間符頭 甲辰을 붙여 九宮을 逆行하면 坤에 乙巳、坎에 丙午、離에 丁未、艮에 戊申、兌에 己酉、乾에 庚戌、中宮에 生時인 辛亥가

닿는다。 中宮은 出坤하는 원칙에 의하여 坤에 生時가 닿는 것과 마찬가지로서

이곳에 艮宮의 生門을 붙여 八方에 배치한다。 즉 坤에 生門、 兌에 傷門、 乾에 杜門、

坎에 景門、 艮에 死門、 震에 驚門、 巽에 開門、 離에 休門이 위치한다。

이상의 時家八門 붙이는 요령을 간단히 정리해서 다시 설명해 본다。

甲子戊 甲戌己 甲申庚 甲午辛 甲辰壬 甲寅癸

가령 甲子旬中에 속한 時間에 出生하면 時符頭가 戊라는 뜻이다。

① 六儀三奇 地盤宮 天干字 가운데 時間符頭 (가령 時間이 甲子旬中에 있으면 甲子戊

로 戊字가 時間符頭다) 에 해당되는 天干字가 어느 宮에 있는가를 찾고、

② 時間符頭가 있는 宮이 八門神將 定位(艮生、 震傷、 巽杜、 離景、 坤死、 兌驚、 乾開、

坎休門) 로 무엇인가를 알아두며、

③ 六儀符頭가 시작되는 곳(예를 들어 二局이면 坤宮、 六局이면 乾宮) 에 時間이 속

한 旬中符頭 (가령 壬午時라면 甲戌旬中이니 甲戌을) 를 붙여 九宮順을 陽局(冬至後)

이면 順行하고 陰局(夏至後)이면 逆行으로 해당되는 時間까지 짚어 時間에 닿는 곳에

②에서 설명한 八門定位神을 붙여 八門神將 순서로(生傷杜景死驚開休) 八方에 배치한다

(가령 時間符頭의 天干字가 坎宮에 있으면 八門定位가 休門이오、 時間이 巽宮에 닿으

면 巽에 休門을 붙여 離에 生門、 坤에 傷門、 兌에 杜門식으로 배치하는 것이다。 위 例

를 자세히 연구하라)

太乙九星은 太乙(태을) 섭제(攝提)、軒轅(헌원)、招搖(초요)、天符(천부)、靑龍(청룡)、咸池(함지)、太陰(태음)、天乙(천을) 이다.

陽遁(冬至後 夏至前에 出生)이면 艮宮에、陰遁(夏至後 冬至前 出生) 이면 坤宮에 甲子를 붙여、九宮順을 陽遁은 順行하고 陰遁이면 逆行으로 生日 日辰 닿는곳까지 돌려 짚어 生日辰 머무는 곳에 각각 太乙을 起하여 위 九星의 순서를 九宮方位로 陽遁은 順布하고 陰遁은 逆行하면서 배치한다.

다음은 太乙九星 배치하는 요령을 四柱의 例로 설명한다.

戊辰
丁巳
甲申
甲戌

陽遁 二局

招搖 八八 庚庚 死門	天乙 三二 丙丙 驚門	攝提 十六 戊(辛) 傷門
軒轅 九七 己己 生門	天符 二四 辛	咸池 五一 癸癸 景門
太陰 四二 丁丁 杜門	太乙 一五 乙乙 開門	靑龍 六十 壬壬 休門

이 四柱는 陽遁 甲申日이다。陽遁이므로 艮宮에 甲子를 붙여 九宮을 順行해 본다。

즉 艮이 甲子 離에 甲戌、坎에 甲申인데 甲申은 바로 生日辰으로 이곳에 다시 太乙을 붙여 九宮을 順行하면 坤에 攝提、震에 軒轅、巽에 招搖、中에 天符、乾에 青龍、兌에 咸池、艮에 太陰、離에 天乙이 위치한다。

이 四柱는 陰遁 壬子日이다。陰遁이므로 坤宮에 甲子를 붙여 九宮順을 逆行하면 坎에 甲戌、離에 甲申、艮에 甲午、兌에 甲辰이오、乾에 乙巳、中에 丙午、巽에 丁未、震에 戊申、坤에 己酉、坎에 庚戌、離에 辛亥、艮에 生日인 壬子가 닿는다。

丁卯
庚戌
壬子
乙巳

陰遁五局

癸己 十八 天符 開門	辛癸 五三 天乙 驚門	丙辛(戊) 二六 咸池 傷門
己庚 一七 青龍 杜門	戊 四四 招搖	乙丙 七一 攝提 休門
庚子 六三 太乙 生門	丁壬 三五 太陰 死門	壬乙 八十 軒轅 景門

이、壬子가 머무는 艮宮에 太乙을 붙여 九宮을 逆行하면 兌에 攝提、乾에 軒轅、中에 招搖、巽에 天符、震에 青龍、坤에 咸池、坎에 太陰、離에 天乙이 위치한다。

甲申
丁卯
丁丑
癸卯

陽遁四局

庚丙 (己) 九三 **天乙**	景門	辛癸 二十 **咸池**	休門	丙戊 七五 **攝提**	開門
丁辛 四八 **天符**	驚門	己 一一 **軒轅**		癸乙 八四 **太乙**	杜門
壬庚 五七 **招搖**	傷門	乙丁 十二 **太陰**	生門	戊壬 三九 **靑龍**	死門

이 四柱는 陽遁 丁丑日이다.

陽遁이므로 艮宮에 甲子를 붙여 九宮을 順行하면 離
에 甲戌、坎에 乙亥、坤에 丙子、震에 生日인 丁丑이오、이 生日 丁丑이 닿는 震宮에
太乙을 붙여 九宮을 順行하면 巽에 攝提、中에 軒轅、乾에 招搖、兌에 天符、艮에 靑龍
離에 咸池、坎에 太陰、坤에 太乙이 위치한다.

이 四柱는 陰遁 丁亥日이다.

陰遁이므로 坤宮에 甲子를 붙여 九宮을 逆行하면 坎에
甲戌、離에 甲申이오、艮에 乙酉、兌에 丙戌、乾에 生日인 丁亥가 닿는다. 이곳
乾宮(生日宮)에 太乙을 붙여 九宮을 逆行하면 中에 攝提、巽에 軒轅、震에 招搖、坤
에 天符、坎에 靑龍、離에 咸池、艮에 太陰、兌에 天乙이 위치한다.

陽局（冬至後生日）順

丙丁戊己 申亥寅巳 癸甲乙 亥寅巳	壬癸乙甲 辰未丑戌 己庚辛 未戌丑	甲乙丙丁 午酉子卯 辛壬癸 酉子卯
乙丙丁戊 未戌丑辰 壬癸甲 戌丑辰	丁戊己庚 酉子卯午 乙丙 卯午	己庚辛壬 亥寅巳申 丁戊 巳申
辛壬癸甲 卯午酉子 戊己庚 午酉子	癸甲乙丙 巳申亥寅 庚辛壬 申亥寅	戊己庚辛 戌丑辰未 丙丁 辰未

〇 陰陽局　日辰分布圖

陰局（夏至後生日）逆

戊己庚辛 戌丑辰未 丙丁 辰未	癸甲乙丙 巳申亥寅 庚辛壬 申亥寅	辛壬癸甲 卯午酉子 戊己庚 午酉子
己庚辛壬 亥寅巳申 丁戊 巳申	丁戊己庚 酉子卯午 乙丙 卯午	乙丙丁戊 未戌丑辰 壬癸甲 戌丑辰
甲乙丙丁 午酉子卯 辛壬癸 酉子卯	壬癸甲乙 辰未戌丑 己庚辛 未戌丑	丙丁戊己 申亥寅巳 癸甲乙 亥寅巳

辛　丁　甲　辛
亥　亥　午　丑

陰遁三局

九 十 **軒 轅**	庚 乙 休 門	四 五 **咸 池**	壬 辛 開 門	一 八 **天 符**	戊 己 杜 門
十 九 **招 搖**	丁 戊 景 門	三 六 **攝 提**	丙 景 門	六 三 **天 乙**	乙 癸 生 門
五 四 **太 陰**	癸 壬 傷 門	二 七 **青 龍**	己 庚 驚 門	七 二 **太 乙**	辛 丁 死 門

— 96 —

○ 太乙九星　陰陽局別　配置圖

陽局（冬至後　夏至前）―順局

太乙在坎圖

招搖	天乙	攝提
軒轅	天符	咸池
太陰	太乙	青龍

太乙在巽圖

太乙	青龍	太陰
軒轅	攝提	招搖
天符	天乙	咸池

太乙在兌圖

天乙	太乙	天符
招搖	太陰	軒轅
攝提	青龍	咸池

太乙在坤圖

軒轅	太陰	太乙
攝提	招搖	青龍
咸池	天乙	天符

太乙在中圖

天乙	天符	咸池
太陰	太乙	軒轅
招搖	青龍	攝提

太乙在艮圖

青龍	攝提	招搖
天符	咸池	天乙
太乙	軒轅	太陰

太乙在震圖

攝提	咸池	天乙
太乙	軒轅	天符
青龍	太陰	招搖

太乙在乾圖

青龍	招搖	太陰
攝提	天乙	咸池
太乙	天符	軒轅

太乙在離圖

軒轅	太乙	天符
太陰	青龍	招搖
咸池	攝提	天乙

太乙在坎圖

咸池	攝提	天乙
太陰	青龍	招搖
軒轅	**太乙**	天符

太乙在巽圖

軒轅	天符	**太乙**
咸池	天乙	攝提
太陰	招搖	青龍

太乙在兌圖

招搖	太陰	青龍
天符	軒轅	**太乙**
天乙	咸池	攝提

太乙在坤圖

太陰	軒轅	**太乙**
天符	咸池	天乙
招搖	攝提	青龍

太乙在中圖

攝提	青龍	招搖
軒轅	**太乙**	太陰
咸池	天符	天乙

太乙在艮圖

天符	天乙	咸池
青龍	招搖	攝提
太乙	太陰	軒轅

太乙在震圖

天乙	招搖	攝提
太乙	太陰	青龍
天符	軒轅	咸池

太乙在乾圖

軒轅	咸池	天符
招搖	攝提	天乙
太陰	青龍	**太乙**

太乙在離圖

青龍	**太乙**	太陰
咸池	天符	軒轅
攝提	天乙	招搖

生氣、天宜、絕體、遊魂、禍害、福德、絕命、歸魂(즉 本宮)을 生氣八神이라 한다。

地盤의 中宮數로 本宮을 삼는 것이므로 一이 入中이면 坎卦가 本宮이오、二가 入中이

면 坤卦、三이 入中이면 震卦、四가 入中이면 巽卦、五數도 또한 巽卦로 本宮을 삼고、

六이 入中이면 乾卦、七이 入中이면 兌卦、八이 入中이면 艮卦、九가 入中이면 離卦로

本宮을 삼는다。

乾三連 ☰	兌上絕 ☱	離虛中 ☲	震下連 ☳
巽下絕 ☴	坎中連 ☵	艮上連 ☶	坤三絕 ☷

요령은 擇日의 生氣福德 따져나가는 것과 同一하다。 예를들어 一이 入中이면 本宮

이 坎이니 坎中連(☵)으로 시작하여 一上生氣 부르면서 上指를 붙이면 巽下絕(

☴)이 되니 巽宮에 生氣요、二中天宜 부르면서 中指를 떼면 艮上連(☶)이 되니

艮宮이 天宜요、三下絕體 부르면서 下指를 붙이면 離虛中(☲)이 되니 離宮이 絕體요、四

中遊魂 부르면서 中指를 붙이면 乾三連(☰)되니 乾宮이 遊魂이오、五上禍害 부르면

서 上指를 떼면 兌上絕(☱)이 되니 兌宮이 禍害요、六中福德 부르면서 中指도 떼면

震下連(☳)이 되니 震宮이 福德이오、七下絕命 부르면서 下指도 떼면 坤三絕(☷)

이 되니 坤宮이 絕命이오、八中歸魂 부르면서 中指를 붙이면 坎中連(　)이 되니 坎

宮이 歸魂이며 즉 本宮이다（이하 二數入中 三數入中등도 모두 이와 같은 요령으로 生

氣八神의 위치를 정한다。

○ 本宮卦

一數入中―坎卦、二數入中―坤卦、三數入中―震卦、四・五數入中―巽卦

六數入中―乾卦、七數入中―兌卦、八數入中―艮卦、九數入中―離卦

○ 生氣八神 配置早見表

中宮＼八神	生氣(생기)	天宜(천의)	絕體(절체)	遊魂(유혼)	禍害(화해)	福德(복덕)	絕命(절명)	歸魂(귀혼)
一入中	巽	艮	離	乾	兌	震	坤	坎
二入中	艮	巽	乾	離	震	兌	坎	坤
三入中	離	乾	巽	艮	坤	坎	兌	震
四入中	坎	坤	震	巽	乾	離	艮	巽
五入中	坎	坤	震	兌	乾	離	艮	巽
六入中	兌	震	坤	兌	巽	艮	離	乾
七入中	乾	離	艮	坎	坎	坤	震	兌
八入中	坤	坎	兌	震	離	乾	巽	艮
九入中	震	兌	坎	坤	艮	巽	乾	離

위 表에서 地盤中宮數만 찾으면 生氣八神의 위치를 쉽게 알 수 있는 것이니 따지는 요령을 모르면 직접 이 早見表를 참고하라。

戊辰 丁巳 甲申 甲戌

庚 八八 招搖 歸魂 死門	丙 三三 天乙 福德 驚門	戊(辛) 十六 天宜 傷門
己 九七 軒轅 絕體 生門	辛 二四 天符	癸癸 五一 遊魂 咸池 景門
丁 四二 太陰 絕命 杜門	乙乙 一五 生氣 開門	壬壬 六十 靑龍 禍害 休門

丁卯 庚戌 壬子 乙巳

癸己 十八 歸魂 天符 開門	辛癸 五三 天乙 福德 開門	丙辛 二六 天宜 咸池 傷門
己庚 一七 絕體 靑龍 杜門	己戊 四四 招搖 杜門	乙丙 七一 遊魂 攝提 休門
庚丁 六二 絕命 太乙 生門	丁壬 三五 生氣 太陰 死門	壬乙 八十 禍害 軒轅 景門

이 命造는 巽宮數 四數入中이다. 그러므로 巽卦가 本宮이니 巽下絕에서 生氣法式대로 붙여 보면 坎宮이 生氣, 坤宮에 天宜, 震宮에 絕體, 兌宮에 遊魂, 乾宮에 禍害, 離宮에 福德, 艮宮에 絕命, 巽宮에 歸魂 즉 本宮이 되는 것이다.

이 命은 地盤四가 入中이니 巽卦가 本宮이다. 生氣法에 의하여 坎에 生氣, 坤에 天宜, 震에 絕體, 兌에 遊魂, 乾에 禍害, 離에 福德, 艮에 絕命, 巽에 歸魂을 배치한다.

癸卯	丁丑 丁卯	甲申
七五 攝提	丙戊 二十 咸池	庚丙 九三 (己) 天乙
生氣 開門	辛癸 休門 絶體門	絶命 景門
癸乙 八四 太乙	己 一一 軒轅	丁辛 四八 天符
福德 杜門		禍害 驚門
戊壬 三九 青龍	乙丁 十二 太陰	壬庚 五七 招搖
天宜門	生門 歸魂	遊魂 傷門

辛亥	丁亥 甲午	辛丑
庚乙 九十 軒轅	壬辛 四五 咸池	戊己 一八 天符
禍害 休門	絶命 開門	絶體門 杜門
丁戊 十九 招搖	丙 三六 攝提	乙癸 六三 天乙
天宜 景門		生氣門 生
癸壬 五四 太陰	己庚 二七 青龍	辛丁 七二 太乙
福德門 傷門	遊魂 驚門	死門 歸魂

이 命造는 地盤數 一이 入中이다。 그
러므로 坎卦가 本宮인데 이를 生氣法으로
따져나가면 巽에 生氣、艮에 天宜、離에 絶
體、乾에 遊魂、兌에 禍害、震에 福德、坤
에 絶命、坎에 歸魂이 위치한다。

이 命盤은 六이 入中이다。六은 乾宮
數이므로 乾卦가 本宮이다。乾卦에서 生
氣法으로 짚어나가면 兌에 生氣、震에 天
宜、坤에 絶體、坎에 遊魂、巽에 禍害、艮
에 福德、離에 絶命、乾에 歸魂이 위치한
다。

天蓬(천봉)、天芮(천예)、天冲(천충)、天輔(천보)、天禽(천금)、天心(천심)、天柱(천주)、天任(천임)、天英(천영)의 아홉 星神을 합칭 天蓬九星이라 한다.

基本位置圖

天輔	天英	天芮
天冲	天禽	天柱
天任	天蓬	天心

이 天蓬九星은 命盤의 상황에 따라 변동되는 것이지만 본래의 기본 위치는 坎에 天蓬、坤에 天芮、震에 天冲、巽에 天輔、中宮에 天禽、乾宮에 天心、兌에 天柱、艮에 天任、離宮에 天英이다.

붙이는 요령은 生時符頭(가령 辛卯時라면 甲申旬中이오、「甲申庚」으로 辛卯時의 符頭가 庚이 있는 곳의 기본위치에 해당하는 天蓬九星 定位神 (기본도 참고) 地盤의 生時干이 있는 곳에 옮겨놓고 九星次序를 음양 둔을 막론하고 八方으로 順行 배치한다.

○ 天蓬九星 變位圖

① 기본도

天輔	天英	天芮
天冲	天禽	天柱
天任	天蓬	天心

②

天冲	天輔	天英
天任		天芮
天蓬	天心	天柱

③

天任	天冲	天輔
天蓬		天英
天心	天柱	天芮

⑦		
天芮	天柱	天心
天英		天蓬
天輔	天冲	天任

④		
天蓬	天任	天冲
天心		天輔
天柱	天芮	天英

⑧		
天英	天芮	天柱
天輔		天心
天冲	天任	天蓬

⑤		
天心	天蓬	天任
天柱		天冲
天芮	天英	天輔

中宮에든경우

天英	天芮	天禽
天輔	(天柱)	天心
天冲	天任	天蓬

⑥		
天柱	天心	天蓬
天芮		天任
天英	天輔	天冲

○ 四柱의 例

이 四柱는 甲戌符頭요 甲戌時는 「甲戌戊」로 戊가 時間符頭다. 이 戊字가 坤에 있으므로 坤宮의 定位神이 天芮星을 生時干 (地盤六儀三奇字 가운데서) 이 있는 곳에 옮기라 하였으니 이 例는 生時干이 甲字이므로 甲이 없다. 이런 경우는 (甲子·甲戌·甲申·甲午·甲辰·甲寅 時 모두 포함)

乙 巳	壬 子	庚 戌	丁 卯		
十八	癸己	五三	辛癸	二六	丙辛
天英	歸魂 天符 開門	天芮	福德 天乙 驚門	天柱	天宜 咸池 傷門
一七	己庚	四四	戊	七一	乙丙
天輔	絕體 青龍 杜門	招搖		天心	遊魂 攝提 休門
六二	庚丁	三五	丁壬	八十	壬乙
天冲	絕命 太乙 生門	天任	生氣 太陰 死門	天蓬	禍害 軒轅 景門

甲 戌	甲 申	丁 巳	戊 辰		
八八	庚庚	三二	丙丙	十六	戊 (辛) 戊
招搖	歸魂 天輔 死門	天乙	福德 天英 驚門	攝提	天宜 天芮 傷門
九七	己己	二四	辛	五一	癸癸
軒轅	絕體 天冲	天符		咸池	遊魂 天柱 景門
四二	丁丁	一五	乙乙	六十	壬壬
太陰	絕命 天任 杜門	太乙	生氣 天蓬 開門	青龍	禍害 天心 休門

그냥 六儀符頭(陽二局이니 二의 坤宮에
六儀戊를 起하였다)가 있는 곳에 時干符
頭의 九星定位神을 옮기는 법이므로 坤宮
에 天芮를 붙여 八方을 順布하니 즉 兌에
天柱, 乾에 天心, 坎에 天蓬, 艮에 天柱,
震에 天冲, 巽에 天輔, 離에 天英이 위치
한다. 기타 甲時는 모두 이 例에 준하여
무조건 六儀符頭에 生時符頭가 있는 定位
神을 옮기면 된다.

이 例는 乙巳時요, 乙巳는 甲辰旬中이
며, 「甲辰壬」으로 時間符頭가 壬이다.
六儀三奇 天干字 가운데 壬이 坎宮에 있
고, 坎의 天蓬九星 기본위치는 天蓬이니
이 天蓬을 生時干(乙巳時)이 있는 乾에
붙여 八方을 배치하면 坎에 天任, 艮에
天冲, 震에 天輔, 巽에 天英, 離에 天芮
坤에 天柱, 兌에 天心이 닿는다.

辛丁甲辛　　　　　　　　　　癸丁丁甲
亥亥午丑　　　　　　　　　　卯丑卯申

九十 庚乙	四五 壬辛	一八 戊己
軒轅 天蓬 生氣 休門	天任 絕體 咸池 開門	天冲 絕命 天符 杜門
十九 丁戊	三六 丙	六三 乙癸
天心 福德 招搖 景門	攝提	天輔 禍害 天乙 生門
五四 癸壬	二七 己庚	七二 辛丁
天柱 太陰 天宜 傷門	天芮 青龍 歸魂 驚門	天英 太乙 遊魂 死門

七五 丙戊	二十 辛癸	九三 庚(己)丙
攝提 天芮 生氣 開門	咸池 天柱 絕體 休門	天心 絕命 景門
八四 癸乙	一一 己	四八 丁辛
太乙 天英 福德 杜門	軒轅	天符 天蓬 禍害 驚門
三九 戊壬	十二 乙丁	五七 壬庚
青龍 天輔 天宜 死門	太陰 天冲 歸魂 生門	招搖 天任 遊魂 傷門

이 命造는 癸卯時요 癸卯는 甲午旬中이며 「甲午辛」으로 時間符頭가 辛이다. 地盤 辛이 兌宮에 있고, 兌宮의 天蓬九星 기본위치는 天柱다. 이 天柱를 다시 主人公의 生時干인 癸(地盤으로) 가 있는 곳을 찾아 붙이는바 離宮에 있으므로 이 天蓬을 離宮에 天柱를 붙여 坤에 天心 兌에 天蓬 乾에 天任, 坎에 天冲, 艮에 天輔, 震에 天英, 巽에 天芮를 기록해나간다.

이 四柱는 辛亥時요, 辛亥는 甲辰旬中인데 「甲辰壬」으로 時門符頭 壬이 艮宮에 있다. (中宮에 들면 出坤하는 법이다) 즉 艮에 壬이 있고, 이 艮은 天蓬九星 기본위치가 天任이니 이 天任을 다시 生時干이 있는 辛字 위에 붙여 八方을 배치한다.

즉 辛이 離宮에 있으니 離에 天任를 붙이면 坤에 天沖、兌에 天輔、乾에 天英、坎에 天芮、艮에 天柱、震에 天心、巽에 天蓬이 위치한다。

⑦ 直符九星定局

直符九星의 명칭과 순서는 直符(직부)、騰蛇(등사)、太陰(태음)、六合(육합)、백호(白虎)、현무(玄武)、九地(구지)、九天(구천)이다。

時間符頭(가령 丁酉時면 甲午旬中이오 「甲午辛」이라 辛이 時間符頭)가 있는 곳에 直符星을 붙여 騰蛇・太陰・六合・白虎・玄武・九地・九天의 순서를 陽局이면 八方을 順布하고 陰局이면 八方을 逆布한다。

○ 直符九星 配置圖

〔陽局〕—順行—

直符在乾

白虎	玄武	九地
六合		九天
太陰	騰蛇	直符

直符在坎

六合	白虎	玄武
太陰		九地
騰蛇	直符	九天

直符在艮

太陰	六合	白虎
騰蛇		玄武
直符	九天	九地

直符在震

騰蛇	太陰	六合
直符		白虎
九天	九地	玄武

直符	九天	九地
騰蛇		玄武
太陰	六合	白虎

直符在巽

白虎	六合	太陰
玄武		騰蛇
九地	九天	直符

直符在乾

直符	騰蛇	太陰
九天		六合
九地	玄武	白虎

直符在巽

騰蛇	直符	九天
太陰		九地
六合	白虎	玄武

直符在離

玄武	白虎	六合
九地		太陰
九天	直符	騰蛇

直符在坎

九天	直符	騰蛇
九地		太陰
玄武	白虎	六合

直符在離

太陰	騰蛇	直符
六合		九天
白虎	玄九地武	九地

直符在坤

九地	玄武	白虎
九天		六合
直符	騰蛇	太陰

直符在艮

九地	九天	直符
玄武		騰蛇
白虎	六合	太陰

直符在坤

六合	太陰	騰蛇
白虎		直符
玄武	九地	九天

直符在兌

九天	九地	玄武
直符		白虎
騰蛇	太陰	六合

直符在辰

玄武	九地	九天
白虎		直符
六合	太陰	騰蛇

直符在兌

◉ 直符九星 (二法)

直符星 붙이는 법이 또 있다. 위 法은 八星인데 이 法은 九星으로 되어 있다. 즉 直符・騰蛇・太陰・六合・白虎・太常 (이 星이 추가 되었음) 玄武다. 붙이는 法은 三元局 (예를 들어 三局이면 震局, 六局이면 乾宮) 에 直符星을 붙여 위 順序를 陽局이면 九宮을 順布하고, 陰局이면 九宮을 逆布한다. (붙이는 例는 省略함)

◉ 例

甲戌	甲申	丁巳	戊辰

庚 庚 歸魂 八八 招搖 天輔 九地 死門	丙 丙 福德 三一 天乙 天英 九天 驚門	戊 戊 天宜 十六(辛) 攝提 天芮 直符 傷門
己 己 九七 軒轅 天冲 玄武 生門	辛 二四 天符	癸 癸 遊魂 五一 咸池 天柱 騰蛇 景門
丁 丁 絕命 四二 太陰 天任 白虎 杜門	乙 乙 生氣 一五 太乙 天蓬 六合 開門	壬 壬 禍害 六十 青龍 天心 太陰 休門

이 命은 甲戌時요 甲戌旬中戊로 戊가 時間符頭다. 坤宮에 戊가 있으니 이곳에 直符를 붙여 順布하면 (陽局) 兌에 騰蛇, 乾에 太陰, 坎에 六合, 艮에 白虎, 震에 玄武, 巽에 九地, 離에 九天이 위치한다.

癸卯	丁丑	丁卯	甲申

十七 生氣 丙戊 攝提 天芮玄武	二十 絕體 辛癸 咸池 天柱九地	九三(己) 絕命 庚丙 天乙 天心九天 景門
八四 福德 癸乙 太乙 天英白虎 杜門	一一 己 軒轅	四八 禍害 丁辛 天符 天蓬符門 驚門
三九 天宜 戊壬 青龍 天輔六合 死門	十二 歸魂 乙丁 太陰 天冲陰門 生門	五七 遊魂 壬庚 招搖 天任騰蛇 傷門

乙巳	壬子	庚戌	丁卯

十八 歸魂 癸己 玄武 天英符門 開門	五八 福德 辛癸 白虎 天芮乙門 驚門	二六 天宜 丙辛 六合 天柱咸池 傷門
一七 絕體 己庚 九地 天輔青龍 杜門	四四 戊 招搖	七一 遊魂 乙丙 太陰 天心攝提 休門
六二 絕命 庚丁 九天 天冲乙門 生門	三五 生氣 丁壬 直符 天任陰門 死門	八十 禍害 壬乙 騰蛇 天蓬軒轅 景門

이 四柱는 乙巳時로 甲辰旬中이니 「甲辰壬」하여 乙巳時의 符頭가 壬이다. 壬은 坎宮에 있으니 이곳에 直符를 붙여 이번에는 陰局이므로 逆布한다. 즉 乾에 白虎, 兌에 太陰, 坤에 六合, 離에 玄武, 巽에 九地, 艮에 九天이 위치한다.

이 四柱는 癸卯時로 甲午旬中이오, 時間符頭는 辛(甲午旬中辛)이니 이 辛字가 있는 兌宮에 直符를 붙여 陽局이므로 八方을 順布한다. 즉 兌에 直符, 乾에 白虎, 巽에 玄武, 坎에 太陰, 艮에 六合, 震에 九地, 離에 九天이 위치한다.

辛亥		
甲午		
丁亥		
辛丑		
庚乙 生氣 九十 太陰 軒轅 天蓬 杜門	壬辛 絕體 四五 六天合 杜開門 天任 咸池	戊己 絕命 一八 白虎 天冲
丁戊 福德 十九 騰蛇 招搖 天心 景門	丙 三六 攝提	乙癸 禍害 六三 玄武 天輔 天乙 生門
癸壬 天宜 五四 直符 太陰 天柱 傷門	己庚 歸魂 二七 天芮 青龍 驚門	辛丁 遊魂 七二 九地 天英 太乙 死門

이 例는 陰局 辛亥時다. 辛亥는 甲辰旬中이오,「甲辰壬」하여 辛亥時의 符頭가 壬이다. 地盤六儀로 壬이(中宮에 있으면 出坤하게 되어 坤에 中宮六儀가 居한다.) 艮宮에 있으므로 艮에 直符를 붙여 逆行(陰局이므로)하면 震에 騰蛇, 巽에 太陰, 離에 六合, 坤에 白虎, 兌에 玄武, 乾에 九地, 坎에 九天星이 위치한다.

⑧ 六親定局

六親이란 父母 兄弟 妻子를 칭함인데 學術的으로는 正印、偏印、食神、傷官、偏財、正財、偏官、正官을 말한다. 즉 偏印과 正印은 父母요、食神 傷官은 子孫이며、偏財와 正財를 妻財라 한다. 그리고 偏印을 梟印(효인) 또는 梟神(효신)이라 하고、正印을 印綬(인수)라고도 하며、偏官을 七殺이라 칭하기도 한다.

이 六親은 己身(이를 世라 한다)의 五行을 기준 生克比和의 관계로 정해지는데 이 六親을 定하려면 먼저 己身宮이 어디에 위치하며、己身의 五行은 무엇인가를 알아야 한다.

○ 己身宮 (世位)

日支를 기준하여 日支에 속한 八卦位가 곧 己身宮이며 世位다. 子는 坎宮、卯는 震宮、辰巳는 巽宮、午는 離宮、未申은 坤宮、酉는 兌宮、戌亥는 乾宮이니 己身宮이오 丑、寅日生은 艮宮、卯日生은 震宮、辰巳日生은 巽宮、午日生은 離宮、未申日生은 坤宮、酉日生은 兌宮、戌亥日生은 乾宮이 己身宮이다.

巳辰 (巽)	午 (離)	未申 (坤)
卯 (震)		酉 (兌)
寅丑 (艮)	子 (坎)	戌亥 (乾)

甲子 丙子 戊子 庚子 壬子日 ∥ 坎水宮이 己身宮 (世)

乙丑 丁丑 己丑 辛丑 癸丑日 ∥ 艮土宮이 己身宮 (世)

丙寅 戊寅 庚寅 壬寅 甲寅日 ∥ 艮土宮이 己身宮 (世)

丁卯 己卯 辛卯 癸卯 乙卯日 ∥ 震木宮이 己身宮 (世)

戊辰 庚辰 壬辰 甲辰 丙辰日 ∥ 巽木宮이 己身宮 (世)

己巳 辛巳 癸巳 乙巳 丁巳日 ∥ 巽木宮이 己身宮 (世)

庚午 壬午 甲午 丙午 戊午日 ∥ 離火宮이 己身宮 (世)

辛未 癸未 乙未 丁未 己未日 ∥ 坤土宮이 己身宮 (世)

壬申 甲申 丙申 戊申 庚申日 ∥ 坤土宮이 己身宮 (世)

癸酉 乙酉 丁酉 己酉 辛酉日 ∥ 兌金宮이 己身宮 (世)

甲戌 丙戌 戊戌 庚戌 壬戌日 ∥ 乾金宮이 己身宮 (世)

乙亥 丁亥 己亥 辛亥 癸亥日 ∥ 乾金宮이 己身宮 (世)

○ 己身數

己身宮에 있는 地盤數가 己身數며 곧 世다。 가령 己身宮의 地盤數가 一이면 一水가

世요、 四라면 四金이 世며、 七이라면 七火가 世다。

○ 六親法

生我者父母=世數를 生하는 者가 父母(正·偏印)다。

我生者子孫=世數의 生을 받는 者가 子孫(食神·傷官)이다。

克我者官星=世數를 克하는 者가 官星(正·偏官)이다。

我克者妻財=世數의 克을 받는 者가 妻財(正·偏財)다。

比和者兄弟=世數와 五行이 같은 者가 兄弟(比肩·劫財)다。

가령 震宮(卯日生)에 己身宮이 닿고 震宮 地盤數가 四라면 이는 四九金으로서 四의 陰

金이다。 四金을 生하는 者 五十土니 五가 正印이오、 十이 偏印이고、 四金이 生하는 者

一六水니 一이 傷官이오、 六이 食神이며、 四金을 克하는 數가 二七火니 二가 偏官이오、

七이 正官이며、 四金이 克하는 數가 三八木이니 三木이 正財요、 八木이 偏財며、 四金과

五行이 같은 者가 兄弟니 같은 數 四九金으로 四가 世와 同이오 九金이 兄弟다。

偏正은 陰陽관계로 따지는바 世를 生하는 者 印星이니 음양이 같으면 偏印이오 다르

면 正印이며、世가 生하는자 食傷인데 음양이 같으면 食神이오、다르면 傷官이며、世를 克하는자 官星인데 음양이 같으면 偏官이오、다르면 正官이며、世가 극하는 數가 妻財인데 음양이 같으면 偏財요、다르면 正財라 한다。 그리고 世와 五行이 같고 음양도 같으면 比肩 또는 世同이라 하고、음양이 다르면 兄弟 또는 劫財라 한다。

아래는 이를 쉽게 알아볼 수 있도록 早見表로 작성한 것이니 위 설명이 쉽게 이해되지 않거든 직접 아래 조견표를 참고하기 바란다。

土 十五	金 九四	木 八三	火 七二	水 六一	己身 世	他宮行
正官 偏官	偏印 正印	傷官 食神	偏財 正財	兄弟 世	一	水
偏官 正官	正印 偏印	食神 傷官	正財 偏財	世 兄弟	六	
食神 傷官	正財 偏財	偏印 正印	兄弟 世	偏官 正官	二	火
傷官 食神	偏財 正財	正印 偏印	世 兄弟	正官 偏官	七	
正財 偏財	偏官 正官	兄弟 世	食神 傷官	正印 偏印	三	木
偏財 正財	正官 偏官	世 兄弟	傷官 食神	偏印 正印	八	
偏印 正印	兄弟 世	偏財 正財	正官 偏官	食神 傷官	四	金
正印 偏印	世 兄弟	正財 偏財	偏官 正官	傷官 食神	九	
兄弟 世	食神 傷官	正官 偏官	偏印 正印	正財 偏財	五	土
世 兄弟	傷官 食神	偏官 正官	正印 偏印	偏財 正財	十	

○　行年

이 法은 四柱나 命盤 陰陽局을 막론하고 단순히 男女를 구분하여 行年의 연령을 배치한다.

남자는 一歲를 離宮에 붙여 八方을 順行하되 단 二歲만은 坤宮을 넘어 兌에 붙이고 三歲 乾、四歲 坎、五歲 艮、六歲 震、七歲 巽、八歲 離、九歲 坤、十歲 兌、이렇게 계속 時計방향으로 배치해 나가면(二歲 이후는 坤을 넘지 않음) 二十歲 坎、三十에 震、四十에 離、五十에 兌、六十에 坎、七十에 震、八十에 離宮에 이른다. 가령 四十七세 남자라면 四十에 離宮이니 四十一에 坤、四十二에 兌、四十三에 乾、四十四에 坎、四十五에 艮、四十六에 震、四十七세는 巽宮에 닿는다。(아래 연령배치표 참고)

여자는 一세를 坎宮에 붙여 八方을 逆行(時計 반대방향) 하되 단 八세만은 艮宮을 건너 뛰어 坎에 붙인다. 즉 一세 坎、二세 乾、三세 兌、四세 坤、五세 離、六세 巽、七세 震、八세 (艮宮을 건너) 坎、九세 乾、十세 兌、이렇게 계속 逆行하면(八세 이후부터는 艮宮을 넘지 않음) 二十에 離、三十에 震、四十에 兌、五十에 坎、六十에 離、七十에 震、八十에 坎宮에 이른다. 가령 三十六세 여자라면 三十에 震宮이니 三十一에 艮、三十二에 坎、三十三에 乾、三十四에 兌、三十五에 離、三十六세는 巽宮에 머무른다。

7	39	71	1	32	64			33	65
15	47	79	8	40	72		9	41	73
23	55	87	16	48	80		17	49	81
31	63	95	24	56	88		25	57	89
6	38	70					2	34	66
14	46	78		남			10	42	74
22	54	86		자			18	50	82
30	62	94					26	58	90
5	37	69	4	36	68		3	35	67
13	45	77	12	44	76		11	43	75
21	53	85	20	52	84		19	51	83
29	61	93	28	60	92		27	59	91

6	37	69	5	36	68	4	35	67
13	45	77	12	44	76	11	43	75
21	53	85	20	52	84	19	51	83
29	61	93	28	60	92	27	59	91
7	38	70				3	34	66
14	46	78		여		10	42	74
22	54	86		자		18	50	82
30	62	94				26	58	90
	39	71	1	32	64	2	33	65
15	47	79	8	40	72	9	41	73
23	55	87	16	48	80	19	49	81
31	63	95	24	56	88	25	57	89

○ 計年法

己身宮의 地盤數에 나이를 붙여 九宮을 順布한다。 그리하여 九宮이 한바퀴 돌면 반드시 四十五세에 끝나고、다음 四十六세부터는 己身宮의 天盤數에 계산하여 逆行으로 九宮을 배치하면 九十세가 된다。(만일 數가 十이면 九宮에는 본래 十數가 없으므로

九（70）	四（85）	一（79）
十（37）	五（12）	八（27）
十（78）	三（61）	六（51）
九（36）	六（43）	三（ 3）
五（90）	二（81）	七（58）
四（ 7）	七（19）	二（45）

中宮에 隱伏된 數로 계산한다。

가령 己身宮이 兌宮이라면 地盤數가 三이니 이곳이 三세까지요。 다음은 艮宮이니 三세에 四를 더하면 艮宮에 七세、離宮（五）에 十二세、坎宮（七）에 十九세、坤宮（八）에 二十七세、震宮（九）에 三十六세、巽宮（一、十은 九宮數에 없으므로 中宮 隱伏數 一로 計함）에 三十七세、中宮（六）에 四十三세、乾宮（二）에 四十五세로 地盤數가 끝났으니 다음은 己身宮의 天盤數로 계산해야 한다。 즉 兌宮 己身의 天盤數가 六이니 五十一세 逆으로 乾宮（七）에 五十八세、中宮（三）에 六十一세、巽宮（九）에 七十세、十이 九宮數에 없으므로 中宮隱伏數 八을 計함） 七十八세、坤宮（一）에 七十九세、坎宮（二）에 八十一세、離宮（四）에 八十五세 艮宮（五）에 九十세로 天地盤의 九宮數를 다 계산된 것이다。

이상과 같은 例에 의하면 兌에 四세까지 운을 지배하고、艮에 五세부터 七세、離에 七세부터 十二세까지의 운을 지배하는 것이라 보며、기타도 연령이 기록된 숫자대로 운을 작용한다고 추정하라。

⑩ 合冲 및 神殺

○ 合·冲·刑·破·害

支合＝子丑合(一十合)、寅亥合(三六合)、卯戌合(八五合)、辰酉合(五四合)、巳申合(二九合)、午未合(七十合)

支三合＝申子辰(九一五)合、巳酉丑(二四十)合、寅午戌(三七五)合、亥卯未(六八十)合

干冲(七殺)＝甲庚(三九)冲、乙辛(八四)冲、丙壬(七一)冲、丁癸(二六)冲、戊己(五十)冲

準干冲＝甲戊(三五)冲、乙己(八十)冲、丙庚(七九)冲、丁辛(二四)冲、戊壬(五一)冲、己癸(十六)冲

支六冲＝子午(一七)冲、丑未(十十)冲、寅申(三九)冲、卯酉(八四)冲、辰戌(五五)冲、巳亥(二六)冲

三刑＝寅巳申(三三九)刑、丑戌未(十五十)刑、(寅은 巳를 刑하고 巳는 申을 刑하고 申은 寅을 刑한다。)

相刑＝子卯(一八)相刑(子는 卯를 刑하고 卯는 子를 刑한다)

自刑＝辰午酉亥(辰은 辰을 刑하고、午는 午를 刑하고、酉는 酉를 刑하고、亥는 亥를 刑한다)

六害＝子未(一十)害、丑午(十七)害、寅巳(三二)害、卯辰(八五)害、申亥(九六)害、酉戌(四

三) 害

六破＝子酉(一四)破、丑辰(一五)破、寅亥(三六)破、卯午(八七)破、巳申(二九)

破、戌未(五十)破

怨嗔＝子와 未(十)、丑과 午(十七)、寅과 酉(三四)、卯와 申(八九)、辰과 亥(

五六)、巳와 戌(二五)

伏吟＝子子(一一)、丑丑(十十)、寅寅(三三)、卯卯(八八)、辰辰(五五)、巳巳(

二二)、午午(七七)、未未(十十)、申申(九九)、酉酉(四四)、戌戌(五五)、亥亥(

六六)

○ 天乙貴人

日干을 기준한다。

甲戊庚日ー丑未(十十)、乙己日ー子申(一九)、丙丁日ー亥酉(六四)、辛日ー寅午(三

七)、壬癸日ー巳卯(二八)

○ 正祿

日干을 기준한다。

甲日—寅（三）、乙日—卯（八）、丙戊日—巳（二）、丁己日—午（七）、庚日—申（九）

辛日—酉（四）、壬日—亥（六）、癸日子（一）

○ 羊刃

日干을 기준하는바 綠前一位가 즉 羊刃이다。여기에서는 陽干만 적용한다。

甲日—卯（八）、丙戊日—午（七）、庚日—酉（八）、壬日—子（一）

○ 空亡

旬中空亡이니 甲에서 癸까지 六十甲子로 따져 빠져 있는 地支를 말한다。

甲子旬中—戌亥（五六）가 공망
甲戌旬中—申酉（九四）가 공망
甲申旬中—午未（七十）가 공망
甲午旬中—辰巳（五二）가 공망
甲辰旬中—寅卯（三八）가 공망
甲寅旬中—子丑（二十）이 공망

甲子旬은 甲子에서 癸酉까지 十位인데 이 가운데 地支 戌亥가 없어 空亡이라 한다。

甲戌旬中이란 甲戌에서 癸未까지 十位인데 이 가운데 地支 申酉가 없어 空亡이라 한다.

甲申旬中이란 甲申에서 癸巳까지 十位로서 이 가운데 午未가 없으므로 이를 공망이라 한다.

甲午旬中이란 甲午에서 癸卯까지 十位인데 이 가운데 辰巳가 없어 이를 空亡이라 한다

甲辰旬中이란 甲辰에서 癸卯까지 十位인데 이 가운데 寅卯가 없어 이를 空亡이라 한다

甲寅旬中이란 甲寅부터 癸亥까지인데 이 가운데 子丑이 빠졌으므로 이 子丑을 空亡이 라 한다.

○ 總空

總空은 空亡된 支가 소속된 宮의 地盤數가 中宮에 든 것이니 아래와 같다.

坎宮空亡에 一이 入中(坎은 子요 子는 一數가 되는 까닭임)

艮宮空亡에 十이나 三이 入中 (艮은 丑이오、丑은 十數、寅은 三數가 되는 까닭임)

震宮空亡에 八이 入中 (震은 卯요 卯는 八이되는 까닭임)

巽宮空亡에 五나 二가 入中 (巽은 辰巳宮이니 辰이 五요、巳가 二數)

離宮空亡에 七이 入中(離는 午요 午는 七數다)

坤宮空亡에 十이나 九가 入中(坤은 未申宮이오 未는 十、申은 九다)

兌宮空亡에 四가 入中 (兌는 酉요、酉의 數는 四가 된다)

乾宮空亡에 五나 六이 入中(乾은 戊亥宮이오 戊은 五、亥는 六이 되는 까닭이다)

○ 居空

居空이란 地盤數가 제자리(本位置)에 앉아 旬中空亡을 만난 것으로 가령 三數(寅)가

艮宮(丑寅宮)에 들어 空亡되면 이에 해당한다.

居空에 해당되는 것으로는 아래와 같다.

一數(子)가 坎宮에서 逢空

二數(巳)가 巽宮에서 逢空

三數(寅)가 艮宮에서 逢空

四數(酉)가 兌宮에서 逢空

五數(辰戌)가 巽宮이나 乾宮에서 逢空

六數(亥)가 乾宮에서 逢空

七數(午)가 離宮에서 逢空

八數(卯)가 震宮에서 逢空

九數(申)가 坤宮에서 逢空

十數(丑未)가 艮이나 坤宮에서 逢空

孤方은 空亡이 든 宮이오、虛方은 空亡의 對冲方이니 다음과 같다。

甲子旬中―戌亥가 孤、辰巳가 虛方

甲戌旬中―申酉가 孤、寅卯가 虛方

甲申旬中―午未가 孤、子丑이 虛方

甲午旬中―辰巳가 孤、戌亥가 虛方

甲辰旬中―寅卯가 孤、申酉가 虛方

甲寅旬中―子丑이 孤、午未가 虛方

○ 胞胎十二神

胞・胎・養・生・浴・帶・冠・旺・衰・病・死・葬을 胞胎十二神이라 한다。맨 첫자리 인 胞를 起하여 위 순서대로 陽遁(冬至後 夏至前 出生)은 順行하고、陰遁은 逆行한다。

一六水와 五土=陽局은 二(巳)、陰局은 七(午)에 胞를 일으킨다。

二七火와 十土=陽局은 六(亥)、陰局은 一(子)에 胞를 일으킨다。

三八木=陽遁은 九(申)、陰局은 四(酉)에 胞를 일으킨다。

四九金=陽局이면 三(寅)、陰局이면 八(卯)에 胞를 일으킨다。

己身宮(즉 世宮)의 地盤數를 기준하여 이상의 원칙으로 胞를 붙여 胎·養·生의 순서로 陽遁은 十二支順을 順行하고 陰局은 十二支順을 逆行한다.

아래 早見表를 참고하라.

陰 局				陽 局				구분 地盤 己身 十二神
四九金	三八木	十二七土火	五一六土水	四九金	三八木	十二七土火	五一六土水	
卯八	酉四	子一	午七	寅三	申九	亥六	巳二	胞
寅三	申九	亥六	巳二	卯八	酉四	子一	午七	胎
丑十	未十	戌五	辰五	辰五	戌五	丑十	未十	養
子一	午七	酉四	卯八	巳二	亥六	寅三	申九	生
亥六	巳二	申九	寅三	午七	子一	卯八	酉四	浴
戌五	辰五	未十	丑十	未十	丑十	辰五	戌五	帶
酉四	卯八	午七	子一	申九	寅三	巳二	亥六	冠
申九	寅三	巳二	亥六	酉四	卯八	午七	子一	旺
未十	丑十	辰五	戌五	戌五	辰五	未十	丑十	衰
午七	子一	卯八	酉四	亥六	巳二	申九	寅三	病
巳二	亥六	寅三	申九	子一	午七	酉四	卯八	死
辰五	戌五	丑十	未十	丑十	未十	戌五	辰五	葬

三、身數布局

四柱를 보는데는 主人公의 生年 生月 生日(日字와 生日干支) 生時로 布局하는 것이지

만 一年身數를 보는데는 流年太歲와 主人公의 生月、生日(日字와 干支) 生時로 當年에

해당하는 生月干支、生日干支 生時干支를 기준하여 布局한다。예를 들어 丙午年(一九

六六) 三月十六日 巳時生이라면 四柱構成은 丙午年 壬辰月、乙未日、壬午時로 布局하고、

이 四柱의 主人公이 戊辰年의 身數를 본다면 戊辰太歲의 戊辰과 戊辰年 三月 月建인 丙

辰과 生日인 三月十六日 丙辰과 生時인 巳時의 癸巳로써 布局해야 한다。

① 天地盤數 布局

甲一、乙二、丙三、丁四、戊午、己六、庚七、辛八、壬九、癸十

子一、丑二、寅三、卯四、辰五、巳六、午七、未八、申九、酉十、戌十一、亥十二

年月日時 天干數를 다 합해서 九로 除한 나머지 數를 中宮에 넣고 離宮으로 나와 九宮

순서를 逆으로 배치한다。

다음은 年月日時 地支數를 총합하여 九로 除한 나머지 數를 中宮 天干數 아래에 붙이

고 坎으로 나와 九宮順을 順으로 배치한다。

위의 天干數를 天盤이라 하고、아래의 地支數를 地盤이라 한다。

● 丙午 三月十六日 巳時生이 戊辰年 身數布局의 例

5	戊辰	5
3	丙辰	5
3	丙辰	5
10	癸巳	6

五七	十二	七五
六六	九三	二十
一	八四	三九

戊五、丙三、癸十을 총합하여（十八） 九로 除하면 나머지가 없이 떨어진다。나머지의 數가 없을 때는 九를 用하니 九를 中宮에 넣고 離宮으로 나와 九宮을 逆布한다。즉 九가 中宮、十이 離宮、一이 艮宮、二가 兌宮、三이 乾宮、四가 中宮이나 九가 먼저 차지하여 四는 기록하지 않고 隱伏數로 定하며、五가 巽宮、六이 震宮、七이 坤宮、八이 艮宮에 배치되니 이것이 天盤數다。

辰五、辰五、辰五、巳六을 총합하여（二十一） 九로 除하면 三이 남는다。이 三을 中宮에 넣고 坎宮으로 나와 이번에는 九宮을 順行하니 坎에 四、坤에 五、辰에 六、巽에 七、中에 八이 되나 이미 三이 먼저 入中되어 八數는 記入하지 않고 그냥 隱伏數로 定하고、乾에 九、兌에 十、艮에 一、離에 二數가 배치된다。

● 辛卯 十月 十九日 午時 坤命의 己巳年 身數布局

(辛卯)　6　己巳　6
(己亥)　2　乙亥　12
(己酉)　7　庚辰　5
(甲午)　9　壬午　7

二七	七二	四五
三六	六三	九十
八一	五四	十九

天干合數 二十四를 九로 除하여 남은 數가 六이니 六을 中宮에 넣고 離宮으로 나와 九宮을 逆行하면 離에 七、艮에 八、兌에 九、乾에 十、一은 中宮에 隱伏이오、巽에 二、震에 三、坤에 四 坎에 五數가 배치된다 (天盤)

地盤合數 三十을 九로 除하면 남은 數가 三이다。三을 中宮에 넣고 坎으로 나와 九宮을 順行하면 坎에 四、坤에 五、震에 六、巽에 七、中宮은 八이 隱伏이오、乾에 九、兌에 十、艮에 一、離에 二數가 配置된다、(地盤)

② 六儀・三奇 붙이는 법

地盤을 먼저 붙인 뒤라야 天盤을 붙일 수 있으므로 地盤 붙이는 요령부터 설명한다。

우선 三元소속궁과 六十甲子 上中下元부터 알아야 하니 아래에 이를 기록한다。

○ 二十四節　三元局

陽局(多至後　夏至前)　　陰局(夏至後　多至前)

陽局		陰局	
多至一七四	春分三九六	夏至九三六	秋分七一四
小寒二八五	清明四一七	小暑八二五	寒露六九三
大寒三九六	穀雨五二八	大暑七一四	霜降五八二
立春八五二	立夏四一七	立秋二五八	立多六九三
雨水九六三	小滿五二八	處暑一四七	小雪五八二
驚蟄一七四	芒種六三九	白露二五八	大雪四七一

맨 위의 숫자는 上元, 가운데는 中元, 아래는 下元이란 뜻이다. 예를 들어 驚蟄 一七四는 上元이 陽一局, 中元이 陽七局、下元이 陽四局이오, 白露二五八은 上元이 陰二局, 中元이 陰五局, 下元이 陰八局이란 뜻이다.

○ 六十甲子　上中下元

〔上元〕甲子乙丑 丙寅 丁卯、戊辰
〔中元〕己巳 庚午 辛未 壬申 癸酉
〔下元〕甲戌 乙亥 丙子 丁丑 戊寅
〔上元〕己卯 庚辰 辛巳 壬午 癸未
〔中元〕甲申 乙酉 丙戌 丁亥 戊子
〔下元〕己丑 庚寅 辛卯 壬辰 癸巳
〔上元〕甲午 乙未 丙申 丁酉 戊戌
〔中元〕己亥 庚子 辛丑 壬寅 癸卯
〔下元〕甲辰 乙巳 丙午 丁未 戊申

〔上元〕己酉 庚戌 辛亥 壬子 癸丑 〔中元〕甲寅 乙卯 丙辰 丁巳 戊午 〔下元〕己未

庚申 辛酉 壬戌 癸亥

○ 六甲符頭

六儀가 六甲旬中에 숨어 있다。

甲子旬中戊 甲戌旬中己 甲申旬中庚 甲午旬中辛 甲辰旬中壬 甲寅旬中癸

(甲子戊 甲戌己 甲申庚 甲午辛 甲辰壬 甲寅癸 이렇게 暗記한다)

○ 六儀・三奇 붙이는 법

먼저 地盤 六儀・三奇를 붙여야 그에 따라 天盤 六儀도 붙일 수 있다。

地盤은 生日字로 陰陽 몇○局인가를 알아 해당되는 곳 (二局・三局 등)에 戊를 붙여

己・庚・辛・壬・癸・丁・丙・乙의 순서로 陽局이면 九宮을 順布하고 陰局이면 九宮을

逆布한다。

天盤 六儀三奇는 時間符頭 (가령 丁未時라면 「甲辰壬」이라 壬이 丁未時의 符頭

임)를 地盤六儀・三奇 가운데 時干 글자(丁未時면 丁字) 위에 붙이고、地盤의 時間符頭

가 八方으로 배치된 順序 그대로 옮겨 배치한다。 (아래 例示를 참고하라)

그런데 만일 六甲時(甲子 甲戌 甲申 甲午 甲辰 甲寅時)는 六儀三奇 글자에 빠져 있으므로 어떻게 時干에 時間符頭를 붙이느냐의 문제인데 이 六甲時에 한해서는 伏吟局으로 다루어 地盤字 그대로를 위에 기록하면 된다. 가령 地盤 戊字위에 天盤도 戊를 붙이고, 己字위에 天盤도 己字를 쓰면 된다. 즉 己己 庚庚 辛辛 壬壬 癸癸 丁丁 丙丙 乙乙로 기록한다.

○ 例 示

戊辰　穀雨中元

丙辰　陽二局

丙辰

癸巳　先頭보다 四日 (節氣가 符頭보다 先到)

五七 乙庚	十二 丁丙	七五 己戊
六六 壬己	九三 辛	二十 庚癸
一一 癸丁	八四 戊乙	三九 丙壬

三月丙辰日은 穀雨節 中元 陽二局(穀雨는 冬至後 夏至前이므로 陽局임) 인데 二局은 二의 坤宮이라 坤에 六儀 戊를 붙여 陽局이므로 九宮을 順布하면 震에 己, 巽에 庚, 中에 辛, 乾에 壬, 兌에 癸, 艮에 丁、離에 丙、坎에 乙(三奇 乙丙丁은 丁丙乙順으로 逆行한다. 陰局도 同法) 이 위치하고、다음 癸巳時는 甲申旬中이오、「甲申庚」이니 巽宮의 時間符頭 「庚」을 兌宮의 癸字(癸巳時이므로) 時干위에 옮겨 놓고、離宮의 丙을 乾에、坤宮의 戊를 坎에、兌宮의 癸를 艮에、乾宮의 壬을 震에、坎宮의 乙을 巽에、艮宮의 丁을 離에、震宮의 己를 坤宮에 八方順으로 보기와 같이 옮겨 쓴다。

— 130 —

己巳　小雪上元

乙亥　陰五局

庚辰

壬午　（己卯符頭가 節보다
　　　　七日先到）

壬 辛	四 五	乙 癸	七 二	丙 己	二 七
丁 丙	九 十	戊	六 三	庚	三 六
庚 乙	十 九	己 壬	五 四	癸 丁	八 一

이 例는 陰五局이니 五의 中宮에 戊를 붙여 九宮을 逆行하면 巽에 己, 震에 庚, 坤에 辛, 坎에 壬, 離에 癸（이상은 六儀）艮에 丁, 兌에 丙, 乾에 乙로 地盤六儀三奇가 배치된다.

壬午時는 甲戌旬中이오 「甲戌己」라, 이 時間符頭가 있는 巽宮의 己를 時干（壬午）이 있는 坎宮의 壬字 위에 옮겨 쓰고, 己字 다음 離宮의 癸를 艮에, 坤宮의 辛을 震에, 兌宮의 丙을 巽에, 乾宮의 乙을 離에 坎宮의 壬을 坤에, 艮宮의 丁을 兌에, 八方順으로 天盤六儀三奇를 배치하는 것이다.

③ 八門神將 붙이는 법

八門神將은 生門 傷門 杜門 景門 死門 驚門 開門 休門으로 기본 위치는 艮에 生門, 震에 傷門, 巽에 杜門, 離에 景門, 坤에 死門, 兌에 驚門, 乾에 開門, 坎에 休門이다.

이 八門神將은 日辰으로 붙이는 日家八門法과 時家八門法이 있다.

基本圖

杜門	景門	死門
傷門		驚門
生門	休門	開門

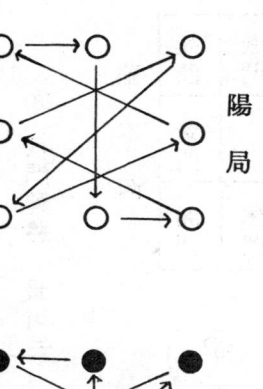

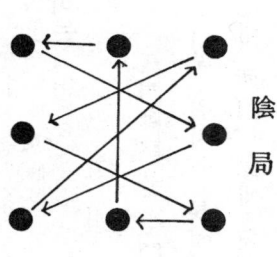

○ 日家八門 붙이는 법

陽局(冬至後 生日)이면 艮宮에 甲子를 붙여 乙丑 丙寅 丁卯 三位를 머무른 뒤 다음

三位씩은 兌·巽·離·坎·乾·震·坤·艮(다시)·兌로 해당 日辰까지 돌리곳(이

는 順行이다) 陽局(夏至後)이면 역시 甲子를 艮宮에 起하여 陽局의 반대방향인 坤

·震·乾·坎·離·巽·兌·艮(다시)·坤의 방향으로 三位씩 붙여(이는 역행이다)

日辰이 닿는 자리에 生門을 붙여 傷門 杜

門 景門 死門 驚門 開門 休門의 순서대로 冬至後日 陽局은 위 陽局 進行하는 방향으로

順布하고、夏至後日 陰局은 陰局 進行方으로 逆布한다。

○ 日家八門 붙이는 例

乙庚 傷 五七	丁丙 杜 十二	己戊 開 七五
壬己 驚 六六	辛 九三	庚癸 生 二十
癸丁 休 一一	戊乙 景 八四	丙壬 死 三九

陽局

戊辰
丙辰
丙辰
癸巳

艮宮에 甲子를 붙여 三日씩 위 법식대로 順行(陽局이므로)하면 丙辰이 兌宮에 닿는다。이 兌宮에 生門을 일으켜 順行(陽局이므로)하면 巽에 傷門 離에 杜門、坎에 景

― 132 ―

門、乾에 死門、震에 驚門、坤에 開門、艮에 休門이 위치한다。

己巳
乙亥
庚辰
壬午

陰局

壬辛死 四五	丁丙杜 九十	庚乙開 十九
乙癸生 七二	戊 六三	己壬休 五四
丙己傷 二七	辛庚驚 三六	癸丁景 八一

陰局이므로 艮에 甲子를 起해 三日씩
坤·震·乾·坎·離·巽·兌·艮으로 逆
行하면 離에 日辰、庚辰이 닿고 이곳에
生門을 붙여 逆布하면 巽에 傷門、兌에
杜門、艮에 景門、坤에 死門、震에 驚門
乾에 開門、坎에 休門이 위치한다。

○ 時家八門 붙이는 법

地盤 六儀三奇 글자 가운데 時間符頭(가령 丁酉時라면 甲午旬中이오 「甲午辛」이니
이 辛字가 時間符頭)가 있는 곳의 八門定位神을 三元局 소속궁(가령 二局이면 坤宮)
에 甲子를 붙여 九宮을 陽局은 順行、陰局은 逆行으로 돌려 時間 머무는 곳에다 옮겨
놓고 이번에는 陰陽局을 막론하고 八方順序로 배치한다。

○ 例 示

癸巳時는 甲申旬中이오、甲申符頭는 庚이며 地盤六儀三奇 가운데 庚字가 巽宮에 있다

戊辰
丙辰
丙辰
癸巳

陽二局

五七 乙庚 杜傷	十二 丁丙 景杜	七五 己戊 死開
六六 壬己 傷驚	九三 辛	二十 庚癸 驚生
一一 癸丁 生休	八四 戊乙 休景	三九 丙壬 開死

이 巽宮의 八門定位神은 杜門이다.

한편 이 例는 陽二局이니 坤에 甲子를 붙여 順行하면 震에 甲戌 巽에 甲申、中에 乙酉、乾에 丙戌、兌에 丁亥、艮에 戊子、離에 己丑 坎에 庚寅、坤에 辛卯、震에 壬辰、巽에 癸巳時가 닿는다. 이 癸巳時가 닿는 巽宮에 時間符頭 庚이 있는 巽宮에 옮겨놓고 八方을 順行하니 위 보기와 같이 離에 景門、坤에 死門、兌에 驚門、乾에 開門、坎에 休門、艮에 生門、震에 傷門이 위치한다.

己巳
乙亥
庚辰
壬午

陰五局

二七 丙己 生傷	四五 乙癸 杜生	壬辛 死
三六 辛庚 休驚	九十 戊 景	丁丙 杜
八一 癸丁 開景	五四 己壬 休驚	十九 庚乙 死

壬午時는 甲戌旬中이오 「甲戌己」로 己가 巽宮이며 이곳의 八門定位는 杜門이다. 다음 陰五局이라 五는 中宮이니 中宮에 甲子를 起하여 九宮을 逆行하면 巽에 甲戌이오, 震에 乙亥, 坤에 丙子, 坎에 丁丑, 離에 戊寅, 艮에

己卯、兌에 庚辰、乾에 辛巳、中에 時間 壬午가 닿는다。 이 時間이 닿는 곳에 時間符頭

글자가 있는 八門定位神을 붙이는 것이나 中宮에는 붙이지 않는 법이므로 中宮은 出坤하

는 원칙을 따라 坤에 時干이 닿는 것으로 간주한다。 고로 坤宮에 時間符頭 글자(己)가

있는 八門定位神 柱門을 坤에 붙여 八方을 돌리면 兌에 景門、乾에 死門、坎에 驚門、艮

에 開門、震에 休門、巽에 生門、離에 傷門이 배치된다。

④ 太乙九星 붙이는 법

咸池 天乙의 차서대로 陽局은 九宮을 順行하고 陰局은 逆行한다。

에 甲子를 起하여 九宮을 逆行 日辰 닿는 太乙을 붙여 太乙 攝提 軒轅 招搖 天符 青龍

陽局은 艮宮에 甲子를 起하여 九宮을 順行 日辰 닿는 곳에 太乙을 붙이고 陰局은 坤宮

○ 例 示

陽局이므로 艮宮에 甲子를 起하여 九宮을 順行하면 離에 甲戌、坎에 甲申、坤

에 甲午、震에 甲辰、巽에 甲寅、中에 乙卯、乾에 日辰 丙辰이 닿는다。 이 乾

宮에 다시 太乙星을 붙여 九宮을 順行하면 兌에 攝提、艮에 軒轅、離에 招搖、

坎에 天符、坤에 青龍、辰에 咸池、巽에 太陰、中에 天乙이 위치한다。

戊戊
辰辰
丙丙
辰辰
癸丙
巳辰

陽
二
局

己戊 七五 死門 青龍	丁丙 十二 杜門 招搖	乙庚 五七 杜門 太陰
庚癸 二十 攝提 驚門	辛 九三 天乙 驚門	壬己 六六 咸池 傷門
丙壬 三九 太乙 死門	戊己 八四 天符 休門	癸丁 一一 軒轅 生門

壬庚乙己
午辰亥巳

陰
五
局

壬辛 四五 死門 軒轅	乙癸 七二 傷門 天符	丙己 二七 生門 太乙
丁丙 九十 景門 咸池	戊 六三 天乙 驚門	辛庚 三六 攝提 休門
庚乙 十九 開門 太陰	己壬 五四 招搖 驚門	癸丁 八一 青龍 開門

이 四柱는 陰局이므로 坤宮
에 甲子를 起하여 日辰까지
九宮을 逆行하면 坎에 甲戌、
離에 乙亥、艮에 丙子、兌에
丁丑、乾에 戊寅、中에 己卯、
巽에 庚辰、(日辰)이 닿으니
이곳에 太乙을 붙여 九宮을
逆行하면 震에 攝提、坤에
軒轅、坎에 招搖、離에 天符
艮에 青龍、兌에 咸池 乾에
太陰、中에 天乙이 위치한
다。

— 136 —

地盤 中宮數로 本宮卦를 만들어 擇日의 生氣福德 붙이는 요령과 똑같이 한다.

一入中—坎中連卦、二入中—坤三絕卦、三入中—震下連卦、四・五入中—巽下絕卦
六入中—乾三連卦、七入中—兌上絕卦、八入中—艮上連卦、九入中—離虛中卦

○ 例 示

戊辰
丙辰
丙辰
癸巳

陽二局

絕體 乙庚 太陰 五七 柱門 傷門	生氣 丁丙 招搖 十二 景門 杜門	禍害 己戊 青龍 七五 死門 開門
歸魂 壬己 咸池 六六 傷門 驚門	辛 九三 天乙 驚門	絕命 庚癸 攝提 二十 生門 驚門
遊魂 癸丁 軒轅 一一 生門 休門	福德 戊乙 天符 八四 景門 休門	天宜 丙壬 太乙 三九 死門 開門

中宮이 三數니 三의 震下連이 本宮이다. 그러므로 震下連卦로 生氣八神을 부르면서 作卦하면 離에 生氣、乾에 天宜、巽에 絕體、艮에 歸魂、坤에 禍害、坎에 福德 兌에 絕命、震에 遊魂이 배치된다.（四柱布局의 生氣八神 早見表 참고）

己巳
乙亥
庚辰
壬午

陰五局

丙乙 傷門 絶體 太乙 二七 生門	乙癸 生門 生氣 天符 七二 傷門	壬辛 死門 禍害 軒轅 四五 杜門
辛庚 驚門 歸魂 攝提 三六 休門	戊 六三 天乙	丁丙 杜門 絶命 咸池 九十 景門
癸丁 景門 遊魂 青龍 八一 開門	己壬 休門 福德 招搖 十九 死門	庚乙 開門 天宜 太陰 五四 驚門

이 四柱도 三數가 入中이니 震下連으로 本宮을 삼는다. 震下連부터 一上生氣 二中天宜 三下絶體 四中遊魂 五上禍害 六中福德 七下絶命、八中歸魂을 부르면서 붙은 것은 떼고 뗀 것을 붙이면 위 例圖가 같은 生氣八神이 위치하는 것이다.

⑥ 天蓬九星 붙이는 법

地盤의 時間符頭(가령 丁巳時면 甲寅旬中이니 「甲寅癸」하여 癸가 時間符頭)가 있는 곳의 天蓬九星 定位神을 地盤의 時干字가 있는 곳에 붙여 陰陽局을 막론하고、八方을 順布한다.

天蓬九星 기본 위치는 坎에 天蓬、艮에 天任、震에 天冲、巽에 天輔、離에 天英、坤에 天芮、兌에 天柱、乾에 天心이다. 그리고 天蓬九星의 순서는 蓬・任・冲・輔・英・芮・柱・心이다. 時間符頭 地盤字가 있는 곳의 天蓬九星 定位神을 地盤時干(戊子時면 戊字) 宮에 붙여 八方을 順行하는데 단 六甲時(甲子、甲戌、甲申、甲午、甲辰、甲寅時)는 六儀

天芮　天柱　天心

天英　　　天蓬

天輔　天冲　天任

三奇字 가운데 甲이 없으므로 그냥 時干符頭(甲辰時면 壬字)가 있는 곳의 定位神 그대로 배치하니 결과적으로 六甲時 伏吟局은 天蓬九星 定位神과 똑같이 배치되는 것이다.

○ 例 示

戊辰　丙辰　丙辰　癸巳

陽二局

五 七 乙 庚 **天蓬** 杜門 太陰 傷門 絕體	十 二 丁 丙 **天任** 招搖 生氣 傷門 景門	七 五 己 戊 **天冲** 禍害 開門
六 六 壬 己 **天心** 咸池 歸魂 傷門 驚門	九 三 辛 天乙 攝提 驚門	二 十 庚 癸 **天輔** 攝提 絕命 生門 驚門
一 一 癸 丁 **天柱** 軒轅 遊魂 生門 休門	八 四 戊 乙 **天芮** 天宜 福德 休門 天符	三 九 丙 壬 **天英** 太乙 死宜 開門 景門

이 身數命盤은 癸巳時의 符頭(甲申庚)인 庚이 巽宮에 있고, 巽宮의 天蓬九星 定位神은 天輔로서 이 天蓬九星을 生하고, 時干 癸가 있는 兌宮에 붙여 八方을 順行하면 乾에 天英, 坎에 天芮, 艮에 天柱, 震에 天任, 巽에 天蓬, 離에 天心, 坤에 天冲이 위치한다.

己巳
乙亥
庚辰
壬午

陰五局

丙己	乙癸	壬辛
天柱 二七 傷門 絕體 生門 太乙	天心 七二 傷門 天符 生門 生氣	天蓬 四五 死門 禍害 杜門 軒轅
辛庚	戊	丁丙
天芮 三六 休門 攝提	天乙 六三 驚門 歸魂	天任 九十 景門 咸池 杜門 絕命
癸丁	己壬	庚乙
天英 八一 開門 青龍 景門 遊魂	天輔 五四 驚門 招搖 景門 福德	天冲 十九 死門 太陰 休門 天宜

이 身數布局은 壬午時의 符頭(甲戌己)인 己字가 巽宮에 있고、巽宮의 天蓬九星 定位는 天輔이니 이 天輔를 生時干、壬이 있는 坎宮에 붙여 八方을 順行하면 艮에 天英震에 天芮、巽에 天柱、離에 天心、坤에 天蓬、兌에 天任、乾에 天冲이 위치한다。

⑦ 直符九星 붙이는 법

時間符頭(癸巳時면 甲申旬中이니 甲申庚하여 庚이 時間符頭)가 있는 곳(內盤으로)에 直符를 붙여 騰蛇・太陰・六合・白虎・玄武・九地・九天의 차서대로 陽局이면 八方을 順布하고、陰局이면 八方을 逆布한다。

陽二局

戊辰　丙辰　丙辰　癸巳

巽	離	坤
乙庚　五七　天蓬　**直符**　杜門　太陰　絕體　傷門	丁庚　十二　天任　**騰蛇**　景門　招搖　生氣門	己戊　十五　天冲　**太陰**　死門　青龍　禍害　開門
壬己　六六　天心　**九天**　傷門　咸池　歸魂　驚門	九三　辛　天乙	庚癸　二十　天輔　**六合**　攝提　驚門　絕體　生門
戊丁　一九　天柱　**九地**　生門　軒轅　遊魂　休門	戊乙　八四　天芮　**玄武**　休門　福德　景門	丙壬　三九　天英　**白虎**　開門　太乙　死門　天宜

이 例는 癸巳時로 時間符頭가 庚(甲申庚)이니 地盤 庚이 있는 巽宮에 直符를 붙여 八方을 順行(陽局)하면 離에 騰蛇, 坤에 太陰, 兌에 六合, 乾에 白虎, 坎에 玄武, 艮에 九地, 震에 九天이 위치한다.

陰五局

己巳　乙亥　庚辰　壬午

巽	離	坤
丙己　二七　天柱　**直符**　生門　太乙　絕體　傷門	乙癸　七二　天心　**九天**　傷門　天符　生氣門	壬辛　四五　天蓬　**九地**　杜門　軒轅　禍害　死門
辛庚　三六　天芮　**騰蛇**　休門　攝提　歸魂　驚門	六三　戊　天乙	丁丙　九十　天任　**玄武**　景門　咸池　絕命　杜門
癸丁　八一　天英　**太陰**　開門　青龍　遊魂　景門	己壬　五四　天輔　**六合**　驚門　招搖　福德　休門	庚乙　十九　天冲　**白虎**　死門　太陰　天宜　開門

生時符頭인 己字가 巽宮에 있으므로 이곳에 直符를 붙여 八方을 逆行(陰局)하면 震에 騰蛇, 艮에 太陰, 坎에 六合, 乾에 白虎, 兌에 玄武, 坤에 九地, 離에 九天이 위치한다.

子生—坎宮、丑寅生—艮宮、卯生—震宮、辰巳生—巽宮、午生—離宮、未申生—坤宮、酉生—兌宮、戌亥生—乾宮。

己身宮 즉 世宮의 內盤數의 陰陽과 五行으로 各宮에 배치된 內盤數 陰陽五行을 대조 生克比和에 의해 六親을 정한다.

가령 數가 一이면 壬陽水로 보고 二면 丁陰火로 본다. 이하 같은 例로 推定한다.

一壬、二丁、三甲、四辛、五戊、六癸、七丙、八乙、九庚、十己

刑冲破害 및 空亡 神殺등은 四柱布局下의 收錄된 것을 참고하되 數를 다음과 같이 支로 추정해본다.

一子、二巳、三寅、四酉、五辰戌、六亥、七午、八卯、九申、十丑未

身數를 보는데는 또 月을 정해야 한다. 즉 艮宮에 正月・十二月、震宮에 二月、巽宮에 三・四月、離宮에 五月、坤宮에 六・七月、兌宮에 八月、乾宮에 九・十月、坎宮에 十一月을 본다.

四、月局

月局의 目的은 어떤 주인공이 當月에 대한 運을 보기 위해 布局하는데 있다. 요령은 주인공의 生日 生時로 當日(當年에 해당하는 出生日)의 日辰과 當日辰에 의한 出生時를 取用하고、年月의 當年太歲와 當月의 月建으로 한다. 가령

● 庚子年 五月 十五日 卯時生이 戊辰年 四月의 月局을 布局한다면、

본 四柱는 庚子年 壬午月 丁卯日 癸卯時 陽六局이 되지만 月局은 戊辰年 四月 十五日 (年日만 적용) 卯時로 四柱를 내어 戊辰年 丁巳月 乙酉日 己卯時로 定하되 冬至後 陽 二局이다.

戊辰 = 生年이 庚子年이지만 流年太歲를 적용

丁巳 = 本 五月生이나 戊辰年 四月局이므로 戊辰年 四月의 月建 丁巳를 用한다.

乙酉日 = 庚子年 五月十五日은 丁卯日이지만 四月局이므로 그냥 戊辰年 四月 十五日의 日辰을 쓰므로 乙酉가 된다.

己卯時＝本 癸卯時나 戊辰年 四月十五日 乙酉日을 準하며 己卯時가 된다.

된다.

陽二局＝本 四柱는 陽六局이지만 戊辰年 四月十五日은 小滿節의 中元이므로 陽二局이

이와 같이 年月日時를 月局위주로 定하여 이하 天盤·地盤數와 六儀·三奇, 日家八門

時家八門, 生氣八神, 天蓬, 直符, 太乙九星등의 附法은 모두 四柱布局 및 身數布局과 同

一한 원칙에 의한다.

五、日局

日局은 當日 하루의 運 및 吉凶用事를 알아보는데 쓰이는 布局法이다.

日局은 오직 每日 日辰과 生時로 作局한다. 가령

● 庚子年 五月十五日 卯時生이 戊辰年 十月三日의 布局을 하려면,

본 四柱는 庚子年 壬午月 丁卯日 癸卯時 陽六局이 되지만 戊辰年 十月三日의 日局은

戊辰年 癸亥月 庚午日 己卯時 陰九局으로 作局한다.

戊辰＝庚子生이지만 占日의 太歲가 戊辰이므로 當年太歲를 적용

癸亥＝本 生月이 五月 壬午月이지만 占日에 속한 달이 戊辰年 十月이므로 戊辰年 十

月의 月建인 癸亥를 적용。

庚午=本四柱 庚子年 五月十五日은 丁卯日이나 占日이 戊辰年 十月三日이므로、占日의 日辰을 取用 庚午日로 定한다。

己卯=本 出生時가 癸卯時나 戊辰年 十月三日이 庚午日이므로 단 時만 取用 己卯時로 정한다。

陰九局=本 四柱는 冬至後 芒種 上局이니 陽六局이지만 本命의 日局은 戊辰年 十月 三日이 夏至後 立冬 中局이니 陰九局이 된다。

其他=이상의 四柱와 陰陽 몇 局을 정하여 天地盤의 九宮配置와 六儀・三奇・八門(日家・時家)・生氣八神・天蓬・直符・太乙九星 등은 모두 四柱 및 身數布局의 요령과 同一하게 한다。

六、年月日時局

이 年月日時局은 主人公의 四柱에 따르지 않고 그냥 吉凶을 알고자하는 當年 當月 當日 當時의 年月日時로 作局한다。 가령 戊辰年 八月十六日 午時에 用事한다면 戊辰年 辛酉月 甲申日 庚午時 秋分 陰一局으로 布局한다。 기타는 모두 四柱布局法과 同一한 법으로 모든 星을 배치한다。

直符星과 八門 붙이는 법이 또 한가지 있어 상호 대조하면 차이가 많다. 그러므로 다른 方法을 추가해서 기록하는 바이니 참고하기 바란다.

○ 直符九星法

地盤 戊儀(甲子戊)가 있는 곳에 直符를 붙여 騰蛇・太陰・六合・白虎・太常・玄武・九地・九天의 차서로 九宮順을 陽局이면 順行하고 陰局이면 逆行한다.

○ 八門起法

冬至後 陽局은 坎宮에 夏至後 陰局은 離宮에 각각 甲子日을 붙여 一宮에 三日씩 머무르면서 九宮을 돌려나가되 陽局은 順行하고 陰局은 逆行하여 (단 中宮은 건너뛴다) 日辰 닿는 곳에 다시 休門을 起하여 生・傷・杜・景・死・驚・開門의 차서대로 八方을 陽日이면 順布하고 陰日이면 逆布한다.

가령 冬至後 辛未日이라면 震宮에 닿으니(坎에 甲子 乙丑 丙寅三日、坤에 丁卯 戊辰 己巳의 三日、震에 庚午 辛未 壬申) 震宮에 休門을 붙여 艮에 生門、坎에 傷門、乾에 杜門、兌에 景門、坤에 死門、離에 驚門、巽에 開門을 붙여나가고、(辛未日은 陰日이므로 八門을 逆行함이다) 또 가령 夏至後 丙子日이라면 離에 甲子를 붙여 三日을 머무른

뒤 九宮逆行이니 巽宮에 닿는다。 고로 이 巽에 休門을 起하여 八方을 順行（丙子日은 陽日이므로 順行） 하면 離에 生門、 坤에 傷門、 兌에 杜門、 乾에 景門、 坎에 死門、 艮에 驚門、 震에 開門이 위치한다。

※ 「諸葛武侯金函玉鏡圖」를 참고하라。

一、應用前　常識

이상 第一篇 作局에서 四柱를 보기 위한 布局法、身數를 보기 위한 布局法、當月의 吉凶을 보기 위한 月局法、當日의 吉凶을 보기 위한 日局法、그리고 당시의 現實에 임하여 用事의 吉凶 및 秘方을 알기 위한 年月日時局法 등、어떤 문제에 임하든지 이를 풀어볼 수 있는 여러가지 布局法、즉 四柱는 어떻게 세우고、天盤 地盤數는 어떻게 계산해서 어떻게 배치하며、六儀와 三奇、八門、直符、太乙、天蓬九星 및 生氣神 붙이는 요령、등등의 방법을 早見表 및 實例를 들면서 상세하게 설명하였으므로 이해가 될줄로 믿는다.

그러나 奇門秘法을 應用하는데는 그렇게 단순하지 않아 副隨的으로 참고하는 여러가지 음양 五行의 生克원리와 神殺狀況、그리고 述語의 理解、各 吉凶星의 主宰力과 作用、應驗등 여러가지를 먼저 理解하고 기억한 뒤에라야 本論의 說明을 쉽게 받아들일 수 있으므로 이에 대하며 우선 收錄하는, 바다。혹 諸賢들이 이미 알고 계시리라 믿는 刑冲이라든가、空亡 神殺도 記錄順次의 體係를 세우기 위해 여기에도 再收錄하는 바이니 이점 讓解를 구하는 바이며、本文에 간혹 重復된 內容이 있는 것은 本 秘笈의 原文도 그러하

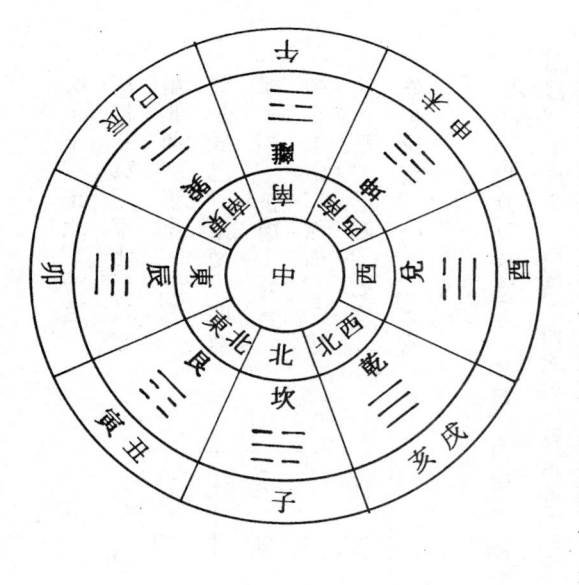

(1) 九宮八卦오 方位

① 天地定方位와 九宮八卦

方位의 基本은 東西南北 四正方이다. 東과 北 중간의 東北間方, 東과 南 중간의 東南間方, 西와 南 중간의 西南間方, 西와 北 중간의 西北間方이 合하여 八方으로 정해 이 八方位마다 八卦가 소속되었다. 그러므로 正北을 坎方, 東北間을 艮方, 正東을 震方, 東南間을 巽方, 正南을 離方, 西南間을 坤方, 正西를 兌方, 西北間을 乾方이라 한다.

辰巳 ☴ 巽	午 ☲ 離	未申 ☷ 坤
卯 ☳ 震	中	酉 ☱ 兌
寅丑 ☶ 艮	子 ☵ 坎	戌亥 ☰ 乾

坎＝子、正北、一宮

艮＝丑寅、東北、八宮

震＝卯、正東、三宮

巽＝辰巳、東南、四宮

離＝午、正南、九宮

坤＝未申、西南、二宮

兌＝酉、正西、七宮

乾＝戌亥、西北、六宮

또는 正北의 坎宮을 一宮、西南의 坤宮을 二宮、正東의 震宮을 三宮、東南의 巽宮을 四宮、中央을 五宮、西北의 乾宮을 六宮、正西의 兌宮을 七宮、東北의 艮宮을 八宮、正南의 離宮을 九宮이라 한다。

이상이 모두 八卦와 十二支와 九宮의 소속이니 原理는 **洛書**와 **文王後天圖**에서 나온 것이다。

② 五行

五行이란 木火土金水다。天干과 地支 그리고 八卦와 九宮과 方位는 각각 그에 소속

四巽	九離	二坤
三震	五中	七兌
八艮	一坎	六乾

된 五行이 있다。

○ 干支五行

甲乙寅卯木、丙丁巳午火、戊己辰戌丑未土、庚辛申酉金、壬癸亥子水

이 가운데 甲과 寅은 陽木이오、乙과 卯는 陰木이다。丙과 午는 陽火요、丁과 巳는 陰火다。戊와 辰戌은 陽土요、己와 丑未는 陰土다。庚과 申은 陽金이오、辛과 酉는 陰金이다。壬과 亥는 陽水요 癸와 亥는 陰水다。

○ 八卦五行

乾金 兌金 離火 震木 巽木 艮土 坤土 坎水

乾은 陽金이오、兌는 陰金이라。離는 陰火、震은 陽木이오、巽은 陰木이다。坎은 陽水、艮은 陽土요、坤은 陰土다。

○ 九宮五行

一은 坎宮의 水、二는 坤宮의 土、三은 震宮의 木、四는 巽宮의 木、五는 中宮의 土 六은 乾宮의 金、七은 兌宮의 金、八은 艮宮의 土、九는 離宮의 火에 속한다。

○ 五行의　生克比和

相生＝木生火、　火生土　土生金　金生水　水生木

相克＝木克土　土克水　水克火　火克金　金克木

比和＝木比木　火比火　土比土　金比金　水比水

○　化五行

干合＝甲己合土　乙庚合金　丙辛合水　丁壬合木　戊癸合化

三合＝申子辰化水　巳酉丑化金　寅午戌化火　亥卯未化木

六合＝子丑合土　寅亥合木　卯戌合化　辰酉合金　巳申合水　午未合不變

○　五行의　方局

方＝寅卯辰全은　木方、　巳午未全은　火方、　申酉戌全은　金方、　亥子丑全은　水方

局＝申子辰全은　水局、　巳酉丑全은　金局、　寅午戌全은　火局、　亥卯未全은　木局

○　五行定數

一六水　二七火　三八木　四九金　五十土

一은　壬・子의　陽數요、　二는　丁・巳의　陰火、　三은　甲・寅의　陽木、　四는　辛・酉의　陰

金、 五는 戊・辰戌의 陽土、 六은 癸・亥의 陰水、 七은 丙・午의 陽火、 八은 乙・卯의 陰

木、 九는 庚・申의 陽金、 十은 己・丑未의 陰土다。 이를 다음과 같이도 부른다。 (즉

後天數)

壬子一、 丁巳二、 甲寅三、 辛酉四、 戊辰戌五、 癸亥六、 丙午七、 乙卯八、 庚辛九、 己丑未

十、

(2) 合冲과 刑破害・怨嗔

① 合 冲

六合＝子丑 (一十) 合、 寅亥 (三六) 合、 卯戌 (八五) 合、 辰酉 (五四) 合、 巳申 (二

九) 合、 午未 (七十) 合。

三合＝申子辰 (九一五) 合、 巳酉丑 (二四十) 合、 寅午戌 (三七五) 合、 亥卯未 (六八

十) 合。

干冲＝甲庚 (三九) 冲、 乙辛 (八四) 冲、 丙壬 (七一) 冲、 丁癸 (二六) 冲、 戊己 (五十)

冲。

干合＝甲己 (三十) 合、 乙庚 (八九) 合、 丙辛 (七四) 合、 丁壬 (二二) 合、 戊癸 (五

六) 合。

三刑=寅巳申(三二九)、丑戌未(十五十)　寅(三)은 巳(二)를、巳(二)는 申(九)
을 申(九)、寅(三)을 刑하고、丑(十)은 戌(五)을、戌(五)은 未(十)를、未(十)는
丑(十)을 刑한다.

② 刑·破·害·怨嗔

相刑=子卯相刑(子는 卯를 刑하고、卯는 子를 刑한다) 一八、八一

自刑=辰·午·酉·亥(辰은 辰、午는 午、酉는 酉、亥는 亥를 刑한다) 五七四六、五五、七七、四四、六六

破=子酉破、丑辰破、卯午破、寅亥破、巳申破 一四、十五、八七、三六、二九

害=子未害、丑午害、寅巳害、卯辰害、申亥害、酉戌害 一十、十七、三二、八五、九六、四五

怨嗔=子-未、丑-午、寅-酉、卯-申、辰-亥、巳-戌 一十、十七、三四、八九、五六、二五

즉 쥐(子)는 양(未)의 뿔을 싫어한다. (鼠忌羊頭角)

소(丑)는 말(午)이 발갈이 아니하고 노는것을 미워한다. (牛嗔馬不耕)

범(寅)은 닭(酉)의 부리가 짧은 것을 미워한다 (虎憎鷄嘴短)

토끼(卯)는 원숭이(申)의 등이 굽은것을 원망한다 (兎怨猴不平)

용(辰)은 돼지(亥)의 낯짝이 검은 것을 혐오한다. (龍嫌猪面黑)

뱀(巳)은 개(戌) 짓는 소리에 놀랜다 (蛇驚犬吠聲)

상대방이 미워하면 자연적으로 자신도 그를 미워하게 되는 것이 常理이므로 쥐와 양,
소와 말, 범과 닭, 토끼와 원숭이, 용과 돼지, 뱀과 개는 서로 싫어하는 원진관계라 한다.

(3) 神殺定局

① 天乙貴人

甲戊庚日 ‖ 丑未 （十十）　乙己日 ‖ 子申 （一九）　丙丁日 ‖ 亥酉 （六四）　辛日 ‖ 寅午 （三七）　壬癸日 ‖ 巳卯 （二八）

歲干을 기준하면 歲干貴人、日干을 기준하면 日貴라 한다。

	甲	乙	丙	丁	戊	己	庚	辛	壬	癸
陽貴	未	申	酉	亥	丑	子	丑	寅	卯	巳
陰貴	丑	子	亥	酉	未	申	午	巳	卯	

② 建祿

甲日—寅 （三）　乙日—卯 （八）　丙戊日—巳 （二）　丁己日—午 （七）　庚日—申 （九）　辛日—酉 （四）　壬日—亥 （六）　癸日—子 （一）

歲干 기준이면 歲祿이오、日干 기준이면 日干祿이라 한다。

③ 天月德貴人

天德貴人 ‖ 正月—丁、二月—申、三月—壬、四月—辛、五月—亥、六月—甲、七月—癸、八月—寅、九月—丙、十月—乙、十一月—巳、十二月—庚

月德貴人＝正五九月─丙、　二六十月─甲、　三七十一月─壬、　四八十二月─庚、

④　驛馬

申子辰年日─寅、　巳酉丑年日─亥、　寅午戌年日─申、　亥卯未年日─巳

年支를 기준한 것을 歲馬라 하고、 月支를 기준하면 그냥 驛馬、日支를 기준하면 日馬라 한다.

⑤　羊刃

祿前一位가 羊刃이니 다음과 같다.

甲日─卯　乙日─辰　丙戊日─午　丁己日─未　庚日─酉　辛日─戌　壬日─子　癸日─丑

⑥　空亡

甲子旬中─戌亥空、　甲戌旬中─申酉空、　甲申旬中─午未空

甲午旬中─辰巳空、　甲辰旬中─寅卯空、　甲寅旬中─子丑空

― 156 ―

○ 居空

居空이란 數와 宮이 같은 자리에서 空亡됨을 칭한다. 가령 甲子旬中은 戌亥가 空亡인데 數는 五와 六이오, 宮은 乾宮이니 乾宮에 五나 六이 들어 空亡되면 바로 居空이다. 居空은 다음과 같다.

坎宮　空亡에　一數를　만난것

艮宮　空亡에　十이나　三數를　만난것

震宮　空亡에　八數를　만난것

巽宮　空亡에　五나　二數를　만난것

離宮　空亡에　七數를　만난것

坤宮　空亡에　十이나　九數를　만난것

兌宮　空亡에　四數를　만난것

乾宮　空亡에　五나　六數를　만난것

○ 總空

總空이란 空亡宮에 해당되는 支數(가령 戌亥宮이 空亡이면 五나 六數)가 中宮에 든 것이니 간단히 말하면 中宮數가 空亡되면 이에 해당한다. 가령 甲戌旬中이면 申酉가 空亡인데 申酉는 坤宮과 兌宮이다. 未의 十數와 酉의 四數가 中宮에 들면 바로 總空이다.

坎宮(子) 空亡에 一數가 中宮

艮宮(丑寅) 空亡에 十數나 三數가 中宮

震宮(卯) 空亡에 八數가 中宮

巽宮(辰巳) 空亡에 五數나 二數가 中宮

離宮(午) 空亡에 七數가 中宮

坤宮(未申) 空亡에 十數나 九數가 中宮

兌宮(酉) 空亡에 四數가 中宮

乾宮(戌亥) 空亡에 五數나 六數가 中宮

○ 孤虛方

孤는 空亡方이오, 虛는 空亡 對冲方이다. 고로 가령 甲子旬中이면 戌亥方이 空亡方인데 즉 孤方이오、對冲方인 辰巳方이 虛方이다.

甲子旬中＝孤가 戌亥、虛는 辰巳方、

甲戌旬中＝孤가 申酉、虛는 寅卯方、

甲申旬中＝孤가 午未、虛는 子丑方

甲午旬中＝孤가 辰巳、虛는 戌亥方

甲辰旬中＝孤가 寅卯、虛는 申酉方、

甲寅旬中＝孤가　子丑、虛는　午未方

⑦　劫殺

申子辰年日—巳二、巳酉丑年日은—寅三、寅午戌年日은—亥六、亥卯未年日은—申九、

⑧　桃花

申子辰年日은　酉四、巳酉丑年日은　午七、寅午戌年日은　卯、亥卯未年日은　子、

⑨　喪門·吊客

喪門은　子에　寅、吊客은　子에　戌을　붙여　順行한다。즉　太歲前　二位가　喪門이오、太歲後　二位가　吊客이다。

(年支)	子	丑	寅	卯	辰	巳	午	未	申	酉	戌	亥
喪門	寅	卯	辰	巳	午	未	申	酉	戌	亥	子	丑
吊客	戌	亥	子	丑	寅	卯	辰	巳	午	未	申	酉

① 干冲論

干冲은 甲庚 乙辛 丙壬 丁癸 戊己가 正冲이다。 冲의 본의는 가령 甲과 庚이 對冲宮에서 相戰하는 상이어서 이를 冲이라 한다。 그러나 冲突하는 것은 對冲關係로만 이루어지는게 아니라 陽對陽、陰對陰이 相克관계를 이루어도 성립되므로 甲과 庚、甲과 戊 乙과 辛、乙과 己、丙과 壬、丙과 庚、丁과 癸、丁과 辛을 모두 干冲으로 다루기도 한다。 그러나 甲戊 乙己 丙庚 丁辛은 對冲宮이 아니므로 正冲이 못되고 準冲으로 보아야 하나 七殺的인 작용은 거의 비슷하다。 단 戊己冲은 比和의 冲이므로 작용력이 미약하다。

己身이 弱하고 冲神이 강하면 不吉하다。 단 己身이 偏官七殺(이를 鬼라 한다) 의 克을 당해야 不吉로 본다。 그러나 己身이 乘旺、乘生、居生旺、受生、兼旺(이 乘旺이니 居旺이니 하는 述語는 다음에 설명이 있음) 하여 旺할 때는 도리어 발전한다。 己身이 약할때 七殺의 克을 받거나 旺神의 冲擊을 받으면 官災、질병、손재、화액 생리사별 등 凶事가 이른다。

② 支冲論

地支相冲의 원리는 對冲宮끼리의 충돌이니 子午 丑未 寅申 卯酉 辰戌 巳亥가 冲이다。 역시 冲관계에 있더라도 克冲받아야(가령 午가 子의 冲克 당하는 例) 피해가 크다。

이 支冲을 一名 反吟이라고도 하는데 매사에 발전이 없고, 환경이 막히므로 辛苦하게 된다. 喪妻, 이별, 失物, 損財, 訟事, 口舌 등의 액이 따른다. 그러나 貴人이 生助하거나, 己身이 貴人方에 임하여 吉門 吉卦를 만나면 도리어 發福이 빠르다. 고로 冲하나로 吉凶을 決斷하지 말아야 한다.

③ 三刑論

寅巳申(寅刑巳、巳刑申、申刑寅) 丑戌未(丑刑戌、戌刑未、未刑丑)가 三刑이오、子卯(子刑卯 卯刑子)가 相刑이오、辰午酉亥(辰刑辰、午刑午、酉刑酉、亥刑亥)가 自刑이다.

그러나 이 모두 합칭해서 三刑 또는 그냥 刑이라 한다.

三刑은 刑厄, 즉 官災와 刑傷을 생각할 수 있다. 사소한 일이 크게 일어나 관재구설、송사 등의 골치아픈 일이 생겨나거나 自身이 어떤 사고 등으로 負傷될 수 있다는 凶격이다. 부부불화 우환 잦고、破家 등의 허무한 厄難을 가져다준다. 특히 이 가운데 自刑은 自作之孽로 禍를 초래하니 是非로 곤경에 이르고 가정불화 傷心 家出 등으로 安定을 잃는다.

④ 怨嗔論

怨嗔은 子未 丑午 寅酉 卯申 辰亥 巳戌이 만남인데 부부간에 情이 없어 不和를 초

래한다는 것이다。 부부가 질투、의심、의견대립 등으로 가정불화가 생기고、심한 경우 生

離死別도 있게 된다고 한다。 사회적으로는 남의 사랑을 받지 못하고 도리어 不信과 疾

視를 당하여 소외되므로서 매사에 순조롭지 못하며 善無功德이어서 항시 탄식으로 불

우한 생애를 지낸다는 것이다。

⑤ 天乙貴人論

甲戊庚日에 丑未、乙己日에 子申、丙丁日에 亥酉、辛日에 寅午、壬癸日에 巳卯가 貴人

이다。 이 귀인성이 己身宮에 있거나 己身을 生助하면 아무리 어려운 일을 당해도 강

력한 구원자가 생겨 순조롭게 풀려나가며 禍厄이 이르지 않는다는 大吉星이다。 특히

金錢上의 융통이 잘되고、 立身하는데 長上이 提拔하여 순조로우며、婚姻 科擧등 기쁜

경사가 연달아 이른다。

⑥ 建祿論

甲日에 寅、乙日에 卯、丙戊日에 巳、丁己日에 午、庚日에 申、辛日에 酉、壬日에

亥、癸日에 子가 祿이다。

이 祿을 己身에서 만나면 건강하고 기초가 튼튼하며 運이 강하여 四通八達한다。 매

사를 圖謀함에 은연중 도움이 크고 官職이 비약적으로 오르며 경영은 크게 창성한다。

⑦ 天月德貴人

己身宮에서 이 貴人星을 만나면 항시 숨은 人助가 있고、어려움을 만나도 轉禍爲福되는 吉星이다。妻財宮에서 만나면 賢妻를 얻고 財가 興發하며、官宮에 있으면 능력자의 천거를 받아 좋은 관직이 알선되고 재직자는 영전한다。

⑧ 驛馬論

財宮에 임하면 貿易業 및 기타 상업에 大吉하고、官宮에 있으면 外職、外交官이오、己身에 있으면 天地四方으로 出入과 活動이 빈번하다。그러나 역마가 空亡되면 도리어 遍踏江山으로 一身이 곤고하다。역마는 寅申巳亥宮에 있어야 作用力이 더 강화된다。

⑨ 羊刃論

祿前一位가 羊刃인데 陽日干에만 적용 甲日이 卯、丙戊日이 午、庚日이 酉、壬日이 子를 만남을 작용의 원칙으로 한다。

羊刃殺이 中和되면 大成하는 수도 있으나 대개는 殺의 작용을 한다。羊刃이 一六水宮에서 凶動하면 酒色으로 敗家亡身하거나 溺死할 우려가 있고、二七火宮에서 凶神을 만나 動하면 風疾에 걸리나 勛動하면 文卷으로 인한 官訟이 생기고、三八木宮에서 凶神을 만나 動하면 傷身이 두렵고、四九金宮에서 凶神을 만나 動하면 劍刃에 傷하거나 교통사고、및 기타의 횡액으로 惡死할 우려가 있고, 五十土宮에서 凶神을 만나 발동하면 外地에서 도적을 만나 봉변하거나 客中에서 病死、打殺(自身이 남을) 사고가 발생하기 쉽다.

⑩ 桃花論

桃花는 咸池殺 또는 敗殺이라고도 한다. 命에 桃花宮이 旺하거나 발동하거나 己身宮에서 桃花를 만나면 好飮好色하고 사치를 즐기므로서 祖業을 탕진한다. 桃花가 吉星과 만나면 艶福이 있어 男女를 막론하고 異性이 잘 따르며 異性交際에도 좋은 결과를 만나지만 만약 凶神과 같이 만나면 잘못 外道에 빠지거나 詭譎(궤휼)한 異性을 만나 곤경을 당함은 물론 一生을 망치는 경우가 있으니 주의해야 한다.

⑪ 空亡論

命宮이 공망이면 모든 것이 열매가 맺지 않는 虛花格이다. 言語行動에 거짓이 많고 게으르며, 마음의 안정을 못하고 항시 들떠 있다. 그러므로 主體意識이 박약하고 허황되다.

父母宮이 空亡이면 부모를 여의지 않으면 父母와 별거한다. 뿐 아니라 육친과 不和로 집을 나가 떠돌게 되며, 문서상의 詐欺、陰害、관재구설、명예훼손이 있고, 계약 매매에 손해가 크다.

兄弟宮이 공망이면 刑厄을 당하거나 손재가 빈번하고 방탕하여 술꾼들과 어울리며

無위도식 하거나 유랑생활로 허송세월 한다.

妻宮이 공망이면 아내와 이별하거나 別居하므로서 空房생활로 고독하게 지내고、재

운이 불길하며、남에게 돈을 빌려주면 받지 못한다.

子孫宮이 공망이면 자손이 낙상하여 크게 다치거나 심하면 불구자가 되거나 자

손에게 질병이 따르고、그 자녀가운데 家出하여 나쁜 친구들과 어울려 다니며 못된 짓

을 하거나、자손이 유괴당하거나 불초하고 흉폭한 행동을 하게 된다.

官宮이 공망이면 관직운이 불길하다. 그러므로 관직을 얻기가 어렵고、관직에 있더

라도 변동이 있어 한곳에 오래 있지 못한다. 신수나 관직점에 공망을 만나면 失職할

우려가 있으나 吉門과 吉卦가 같이 임하면 그런데로 무마된다. 그리고 官厄에 걸렸

거나 被告의 입장에 관살이 공망이면 면책되고 승소한다.

年月宮이 공망이면 부모에 결점이 있다. 父母가 크게 다치거나 사망하거나 나와 멀리

떠나가고、형제가 이산하며 아니면 자신이 부모형제를 떠나 타향에서 쓸쓸히 지낸다.

生日이 空亡이면 상처하거나 자식의 손실이 있고、육친의 덕이 없다. 매사 성패가

많아 허망되고 도와주는이가 없다. 아무 계책이 없이 두 손을 묶인듯이 공연히 세월

만 보내기가 쉽고、심한 경우 厭世自殺하는 수도 있다.

生時가 공망이면 생시는 말년운이니 노년에 홀아비 과부의 신세가 되기 쉽고、항시

마음의 안정을 못하여 큰 일을 성취하지 못한다. 그리고 말년 질병과 신액으로 편할

날이 없다.

○ 總空論

가령 坎一宮이 空亡되고 一이 入中하거나 乾六宮이 空亡되고 六이 入中한 것 등을 말하는데 總空이 든 사람은 평생에 재물의 소모가 많고, 매사에 有頭無尾가 되니 아무리 높고 遠大한 뜻을 세웠다해도 중도에 좌절당하며, 가정운도 나쁘고 인덕이 없어 일마다 실패한다.

○ 虛方論

空亡의 對冲宮이 虛方이다. 軍士를 이끌고 敵과 싸우거나, 현대 스포츠에서 상대방을 攻擊하는데 空亡方을 등지고 虛方을 치면 반드시 승리한다고 한다. 가령 庚戌日生이라면 甲辰旬中이오、甲辰旬中은 寅卯가 空亡이오 孤方이다. 이 寅卯方을 등지고 對冲宮 虛方인 申酉方을 공격하면 길한 것이다.

⑫ 中宮論

中宮은 一局의 우두머리로서 모든 宮을 통솔하는 宮으로서 일의 성취하고 패하는 關鍵이 中宮에 의해 거의 결정된다고 보아도 좋다.

父母가 中宮에 들어 發動하면 반드시 부모관계에 의한 사건이다。 즉 길흉간에 부모

문제가 발생한다。

妻財가 中宮에서 動하면 착한 아내가 가정을 잘 다스리고、재물이 생긴다。

子孫이 中宮에 들어 발동하면 자손에 관한 특별한 일이 있게 된다。

正官이 中宮에 들어 발동하면 관직관계에 좋은 일이 생긴다。 즉 실업자는 직업을 얻

고 在職者는 승진한다。

官鬼(偏官)가 中宮에 들어 발동하면 질병이 이르거나 官災訟事가 발생한다。

歲干數가 中宮에 들어 발동하면 歲는 君王이오 父親이니 君父의 일이 있다。

歲支數가 中宮에 들어 발동하면 母親의 일이 있거나 官爵에 대한 일이 있을 것이다。

月干이 中宮에 들어 발동하면 兄弟 및 朋友나 方伯의 일이 있다。

月支數가 中宮에 들어 발동하면 姉妹에 관한 일이거나 賓客에 관한 일이다。

日干數가 中宮에 들어 발동하면 自身의 일이다。

日支數가 中宮에 들어 발동하면 妻妾 또는 女人에 관한 일이거나 가정 내부에 관한

일이다。

時干數가 中宮에서 발동하면 아들(男兒)에 관한 일이다。

時支數가 中宮에 들어 발동하면 딸(女兒)이나 婢僕에 관한 일이다。

丙이 中宮에 들어 발동하면 심란한 일이 생기거나 우환이 발생한다。

官事에 대한 占에 子孫이 中宮에 들면 관직에 불길하다。 그러나 子孫數의 旺相休囚와

生剋 및 空亡 등을 따져 확실한 것을 論할 일이다. 관직점에 子孫이 入中하면 不吉이

로되 歲나 月이 官을 生扶해주고 官이 旺地에 居하면 도리어 좋다.

또는 官職을 爲한 占에 官이 中宮에 들면 실업자는 관직을 얻고 在職者는 승급된다.

財物占에 子孫이 中宮에 들면 子孫은 財를 生해주므로 財數大吉이라 한다.

재물점에 財가 入中하면 재수가 대길인데 만일 歲나 月이 財를 克하면 좋지 않다. 대

개 用神이 歲를 克하거나 歲가 用神을 극하면 모두 成就가 없다.

一六水가 入中이면 음식이 생기고, 외국에 왕래할 일이나 기타 遠行할 일이 생기거나

도둑을 맞거나 酒色을 가까이할 일이 생긴다. 水는 海洋이오、玄武요、酒요、淫亂之事

에 비유되므로 이상과 같은 일이 있게되는 것이다. 火는 朱雀이오、朱雀

二七火가 入中하면 口舌 訟事 및 文書에 관한 말썽이 생긴다.

은 官災口舌을 맡은 까닭이다.

三八木이 入中하면 布木、紙物 및 舟車에 관한 일이다.

四九金이 入中하면 兵馬에 관한 일이거나 金錢에 관한 일이다.

五十土가 入中하면 山에 관한 일、土地에 관한 일、穀物이나 藥에 관한 일이다.

이와 같이 中宮은 모든 事物의 변화하는 祖宗으로서 八方과의 生克比和 관계와 全局上

의 종합 판단하는데 가장 중요한 열쇠를 쥐고 있는 곳이라 하겠다. 그러므로 먼저 中

宮을 자세히 살피고 다음에는 太歲數가 든 宮을 살필것이며、다음은 世宮을 보아 中宮

과 太歲와 世宮의 吉凶을 잘 파악하면 全局의 吉凶을 정확 분명하게 추리 판단할 수 있

게 되는 것이다.

⑬ 五十土論

五와 十을 土라 하는데 五는 陽土요、十은 陰土다。
奇門法 五의 戊陽土는 一六水의 起胞陰과 같은 자리에서 胞를 起하고、十의 己陰土는
二七火의 起胞宮과 같은 자리에 胞를 起하도록 되었다。이를 구체적으로 설명한다면
陽局의 五陽土는 一六水 起胞宮인 巳에 胞를 起하고、十陰土는 二七火 起胞宮인 亥에
胞를 起하여 順行하고、陰局의 五陽土는 역시 一六水 起胞宮인 午에 胞를 起하고、己陰
土는 二七火 起胞宮인 子에 胞를 起하여 逆行한다。(己身宮數로 기준)
이상과 같이 오직 五十의 土는 他(一六水 및 二七火)의 五行에 붙어 起胞하여 胎・養
・生・浴・帶・冠・旺・衰・病・死・葬의 十二神을 배치한다는 것을 알아두어야 한다。

⑭ 胞胎十二神論

己身宮의 地盤數 五行으로 胞를 起하여 胎・養・生・浴・帶・冠・旺・衰・病・死・葬
의 十二神 차서를 陽局은 順行하고 陰局은 逆行한다。
胞胎法의 원칙에는 몇가지가 있는데 하나는 陰陽을 막론하고 水土는 巳宮、木은 申宮
火는 亥宮、金은 寅宮에 胞를 붙여 順行하는 법이고、하나는 위와 같이 胞를 붙이되(陰

陽을 莫論） 胞 자리에서 陽은 十二支를 順行하고、陰은 十二支를 逆行하는 법이며、또 하나는 胞를 붙이는데도 반드시 음양을 구분하여 起胞法을 달리하는 법식이다。그런데 이 奇門法에서는 五行의 陰陽을 막론하고、같은 五行으로 다루되 음양 구분을 陽局 陰局으로 기준하여 陽局이면 一六水와 五陽土는 巳에、二七火와 十土는 亥에、三八木은 申에、四九金은 寅에 胞를 붙이고、陰局은 一六水와 五土는 午에、二七火와 十土는 子에、三八木은 酉에、四九金은 酉에 胞를 붙여 十二支차서를 陽局은 順行하고、陰局은 逆行한다。그리고 陽局은 寅申巳亥가 胞宮이고 陰局은 子午卯酉가 胞宮이며、이를 十二長生法으로 따지면 陽水長生申、陰水長生卯、陽火長生寅、陰火長生酉、陽木長生亥、陰木長生午、陽金長生巳、陰金長生子하여 陽順陰逆한 것과 같은 定局이다。

○ 胞胎十二神配置圖

世宮 地盤數의 五行으로 기준한다。

〔 陽 局 〕

〔陰 局〕

世宮一六水 五土

(辰)養	(巳)胎	(午)胞	(未)葬	(申)死
(卯)生				(酉)病
(寅)浴	(丑)帶	(子)冠	(亥)旺	(戌)衰

世宮一六水 五土

(辰)葬	(巳)胞	(午)胎	(未)養	(申)生
(卯)死				(酉)浴
(寅)病	(丑)衰	(子)旺	(亥)冠	(戌)帶

世宮二七火 十土

(寅)衰	(丑)旺	(午)冠	(未)帶	(申)浴
(卯)病				(酉)生
(寅)死	(丑)葬	(子)胞	(亥)胎	(戌)養

世宮二七火 十土

(辰)帶	(丑)冠	(午)旺	(未)衰	(申)病
(卯)浴				(酉)死
(寅)生	(丑)養	(子)胎	(亥)胞	(戌)葬

世宮三八木

(辰)帶	(巳)浴	(午)生	(未)養	(申)胎
(卯)冠				(酉)胞
(寅)旺	(丑)衰	(子)病	(亥)死	(戌)葬

世宮三八木

(辰)衰	(巳)病	(午)死	(未)	(申)胞
(卯)旺				(酉)胎
(寅)冠	(丑)帶	(子)浴	(亥)生	(戌)養

世宮四九金

(辰)葬	(巳)死	(午)生病	(未)衰	(申)旺
(卯)胞				(酉)冠
(寅)胎	(丑)養	(子)生	(亥)浴	(戌)帶

世宮四九金

(辰)養	(巳)生	(午)浴	(未)帶	(申)冠
(卯)胎				(酉)旺
(寅)胞	(丑)葬	(子)死	(亥)病	(戌)衰

이상과 같이 世宮의 地盤數로 八方十二宮에 胞胎十二神을 붙이기도 하지만 地盤數와 他宮數로도 胞胎十二神을 배치하기도 한다. 예를 들어 地盤數가 一六水이고 陽局이라면 二數宮에 胞、七數宮에 胎、十數宮에 養、九數宮에 生、四數宮에 浴、五數宮에 帶、六數宮에 冠、一數宮에 旺、十數宮에 衰、三數宮에 病、八數宮에 死、五數宮에 葬이 되는 것이다.

一	子
三	丑
八	寅
五	卯
二	辰
七	巳
十	午
九	未
四	申
五	酉
六	戌
	亥

단 十數는 丑도 되고 未도 되며 五數는 辰도 되고 戌도 되는 것이니 요령껏 응용하기 바란다.

胞는 絕이니 父母宮에 들면 父母 이별이오、兄弟宮에 들면 獨身이거나 兄弟 無德하고 子孫宮에 들면 子孫을 두지 못하거나 두더라도 실패하고、처재궁에 들면 傷妻數에 재물이 궁핍하고、관록궁에 들면 官職을 얻지 못하거나 罷職、혹은 左遷되고 여자는 剋夫하며、世宮에 들면 運이 否塞하거나 病弱하다.

이 胞에 대해서 이런 理論도 있다. 胞란 絕이니 四柱에 胞가 있으면 홀연히 막혀서 일이 풀려나기 어려운 것이지만 胞가 一位뿐이면 絕로 보기 어렵다. 이 胞가 得氣(旺한 것) 하면 도리어 발전하고、만일 破剋되면 妻子宮이 나쁘고、家業이 빈궁하여 東西奔走하나 실속이 없다. 욕심만 지나쳐서 분수에 맞지 않게 탐욕만 일삼는 무리다. 그러나 胞神이 相生되고 中和를 이룬 가운데 四柱에 墓庫가 있으면 財穀을 쌓아두고 쓸

줄 모르는 守錢奴라 한다.

胎는 氣가 쇠약한 상태이긴 하나 胞보다 훨씬 進化된 상태 모든 것이 활발히 움직이지는 못하나 進就의 可能性을 보여주는데는 충분하다. 비교적 平穩無事라 하겠다.

養은 養父母 즉 親父母 아닌 他人에 의탁하여 成長된다는 의의가 있는 神이므로 혹 養子 되어가는 運이라고 한다.

四柱中에 養이 있으면 半凶半吉이라 한다. 吉神이 會合하거나 生助하면 福을 누리고 凶神이 중첩되면 재앙이 생긴다. 養은 胎兒가 母胎에서 무럭무럭 자라고 있는 時期에 비유할 수 있다.

命에 長生을 얻으면 榮華를 누린다. 生이 時와 日에 거듭되면 主人公의 성품이 영특하고 총명하다. 여기에 다시 時候의 旺相을 얻으면 少年에 登科及第하여 朝廷에 出入하는 重職을 맡는다.

世宮이나 中宮에 長生이 임하면 어려서부터 좋은 家庭에서 자라게 되며 六親과의 이별이 없이 安樂한 생애를 누린다. 長生은 비유하건대 萬物이 蘇生하는 時期라 할 수 있다.

浴은 沐浴이오 桃花요 敗神이니 成敗의 번복이 많다. 남자는 孤獨하고 여자는 生離死別을 먼키 어렵다. 沐浴은 五行生克原理로 볼때 旺한 편에 속하나 萬物이 成長하는 過程에 한때 受難을 당하는 時期를 겪어야 하는 것과 같고, 人間이 出生한 뒤 沐浴시키는 것에도 비유된다. 沐浴은 凶神이로되 喜神을 만나면 讀書하여 과거에 及第하니 凶하다고만 단정할 수 없다.

日月時에 **沐浴殺**이 모이면 義理 없고 人倫을 어지럽히는 淫亂을 범하거나 酒色으로 敗家亡身한다.

帶는 冠帶라 하는바 少年에 貧寒할지라도 中年부터 발전하고 貴人星을 만나면 大功을 세워 부귀한다. 帶는 吉神으로서 父母 妻子의 운이 좋고 日就月將한다. 그러나 帶가 破尅당하면 吉神으로서의 效力이 상실된다.

冠을 臨官이라 하는바 家運이 창성하고 자신도 크게 발전하는 吉神이다. 己身宮에 冠이 있으면 萬人의 우두머리에 올라 통솔한다. 대개 吉格四柱는 이 臨官이 있으므로서 官祿이 높고, 當當한 威權을 누린다. 그러므로 冠이 있고 吉星이 加臨되면 立身揚名하여 四海에 권세를 떨친다.

冠은 사람에 비유하면 長成하여 成人으로서의 品位를 갖추는 때라 할 수 있다.

旺은 帝旺으로서 우두머리를 뜻하니 男子는 大貴하나 女子는 남편을 잃고 戶主가 된다는 의미가 있다.

旺은 人生의 一生中 全盛期에 해당하며, 能力있는 大臣이 明君을 도와 國家를 復興시키므로서 名聲을 天下에 떨치는 상이다. 그러므로 己身宮에 旺이 臨하면 財官이 双美하고 家業을 계승하여 祖業을 발전시키게 된다. 이러한 命을 가진 主人公은 비록 出仕를 사양하고 間居할지라도 그 名聲을 떨치게 된다.

旺은 활동력이 가장 왕성한 시기다.

衰가 作力하는 의미는 出生後 幼兒時는 富裕한 家門에서 호강하나 中年에 衰敗하며、

再婚의 징조가 있고 生涯가 不遇하다.

그리고 衰는 萬事의 最盛期가 끝나고 점차 衰運으로 後退하는 星이니 前進해도 이익

이 없다. 그러므로 作事에 발전이 없이 不振하고、소극적이며 활동력이 약하여 자신

도 모르는 사이에 모든 것이 減退되고 있다. 衰는 둥근 보름달이 차츰 기울어가는 時

期에 비유된다.

病은 萬物이 旺盛하였다가 쇠약해지고 病든 상태이다. 그러므로 사람에 비유하면

壯年期를 지나고 늙어 病든 것과 같다. 때문에 發展은 고사하고 현장유지에도 힘겹다.

己身宮에 病이 임하면 재운이 없어 빈한하고 妻子無德하며 매사에 병통이 생기거나 身

病으로 항상 고생한다.

死는 子孫의 손실、부모 형제와의 死別 六親과의 인연이 없는 것 등의 운세가 작용

된다.

死는 萬物이 靜寂속에 들어가 움직이지 않는 상태이니 己身宮에 死가 임하면 매사에

발전이 없고、기회를 만나지 못하며 千辛萬苦의 풍상을 겪어 生不如死의 신세가 된다.

命에 死를 만나고 凶神이 加臨되면 늙어 의지할 곳이 없다. 一生에 奔走努力하나 성

공 한번도 못하고 恨을 남긴채 세상을 떠난다.

死는 病들어 죽는 것에 비유된다.

葬은 父親凶厄、勞苦、子女와의 이별、女子는 남편 刑亡 등이 작용되는 凶神이다.

葬은 또 藏神이니 一位의 正印이 있으면 相生과 相順으로 命을 生扶하므로 점차적으로 발전하여 富貴도 누릴 수 있다.

葬은 墓庫이니 모든 것을 蓄藏한다는 의미가 있어 吉命에는 財穀을 차곡차곡 蓄積해 두고 出庫를 아니하는 格이어서 대개 守錢奴가 이러한 命에서 나온다.

葬은 사람이 죽어 무덤을 쓰는 형상에도 비유된다.

⑮ 丙庚論

七數는 陽火이니 丙이오 九數는 陽金이니 庚이다.

丙은 一名 熒惑星이라하고 庚은 太白殺인데 丙은 만사를 어지럽게하는 작용력이 있고 庚은 대개 禍害를 惹起시키는 星이다.

丙庚이 凶星이로되 天盤의 庚이 더욱 凶하고 地盤의 庚은 凶厄이 가볍다.

丙庚이 歲干에 加臨하면 父母에게 凶하고, 月干에 加臨하면 兄弟의 厄이 있으며 官界에도 厄이 있다.

丙庚이 日干에 있으면 身病이 있고 時干에 加臨되면 男兒에게 厄이 있다.

丙庚이 直符와 같이 있으면 官災가 따르고 사업도 부진하다.

丙庚이 時支에 있으면 女兒와 婢僕에게 厄이 있다.

丙火는 亂이오 庚金은 災禍의 神이다. 九金은 원래 生氣가 없으므로 凶神가운데 가장 흉하다. 주로 刑厄, 질병 死傷등의 凶事가 거의 九金으로 인해 발생하고, 口舌, 心

亂、傷害 등은 七火로 인해 작용된다。

四九金이 鬼(七殺)가 되어 旺하면 兵亂이 일어난다 단정하라。

四九金이 申酉宮에 居하고 太歲가 旺하거나 發動하거나 또는 中宮에 든 日辰이 動하면 當旺이라 한다。

二七火가 鬼가 되어 當旺하면 叛逆之事가 있다 단정한다。

太白(九庚)이 歲上에 거하여 日貴가 되면 반드시 兵亂이 일어난다。

二七火가 二七宮에 居하거나 巳午宮에 거하고 歲가 中宮에 들면 반란이 일어난다。

太歲宮이 中宮을 生助하고 中宮이 官鬼면 兵火와 叛逆이 일어난다。金이 加歲되면 틀림없는 兵亂인데 이 경우 官鬼가 空亡되면 虛驚이다。단 官鬼가 兼旺하면 空亡되어도 空亡이라 할 수 없다。그리고 兵亂이 일어났을 경우 官鬼가 受克되는 해에 전쟁 또는 반란이 끝난다。

金은 兵火요 火는 반역인데 만약 火金官鬼가 中宮에서 動하면 陽年에는 반역이 일어나고、陰年에는 人口가 많이 死亡한다。

太歲는 國家요 父母로 보는바 太歲가 受克되면 國家에 어려움이 이르거나 父母의 우환이 발생한다。

雙金이란 天盤、地盤이 모두 四九金으로 된 것인데 雙金이 命에 있으면 반드시 六親이 死亡하는바 父母宮이면 父母요 妻子宮이면 妻子의 厄이다。

火金이 太歲에 이르거나 中宮에 火金이 들어 上下가 싸우면 國家에 亂이 생긴다。

① 八門의 意義

生門은 丑寅 즉 艮土宮에 위치한다. 一年이 끝나는 十二月(丑)과 다시 一年의 처음이 시작되는 正月(寅)에 해당하는바 新陳代謝가 이루어지는 때다. 그리고 艮宮이 지배하는 시기는 嚴冬末에서 바야흐로 봄이 시작되는 變節期로서 꽁꽁 얼었던 흙(丑土)이 서서히 풀려 萬物이 胎動하려 준비단계에 있는 때로서 生意가 暗動하는 때이므로 이름하여 生門이라 한다. 때문에 마음속으로 매우 바쁘고 意慾的이어서 무조건 突進하려는 마음이 간절하나 아직 갖나온 새싹과 같이 柔弱하여 조심스러운 感이 있다. 한편 艮은 少男으로서 生氣發發하게 자라나는 少年이 무서운 줄 모르고 躍進하려하나 아직 완전한 成年이 되기 前이어서 經驗이 부족하고 思慮가 깊지 못하여 의욕만 가지고는 成功하기 어려운 것에 비유된다. 그러므로 이 生門運은 이런저런 經驗을 쌓아본 나이 지긋한 사람에게는 大吉하고 年少者는 氣分과 意慾만 가지고 他人의 干涉없이 제멋대로 行動하므로서 失敗할 우려가 없지 않다.

어쨌든 生門은 正月의 生動力이 있는 吉門이다. 비록 正月은 새봄이 시작되는 三陽의 때라 하겠으나 아직 남은 추위로 인해 森羅萬象은 위축상태에 있다. 草木으로 말하면 그 外形이 凋落枯死한듯이 보이지만 그 裏面에는 장차 아름다운 싹이 돋고 꽃을 피

기 위하여 이미 生動力이 치솟고 있다. 人事에 비유하면 장차 大成을 目的으로 착착準

備단계가 거의 完了되고 있는 것이니 榮華는 時間문제라 하겠다.

이러한 까닭에 生門은 쓰러졌던 者가 다시 일어나고 病든이가 蘇生하며, 잃었던 용기

를 振作하여 장차 大成을 目前에 두고 있는 吉門이다.

傷門은 卯宮 즉 震木宮에 해당하는바 節氣는 四陽이 進하는 仲春二月이다. 지금까지

地下工作의 만반태세를 끝내고 地上으로 上昇하여 활동을 展開코져하나 아직도 남은 눈

과 남은 추위가 불의에 침범하므로서 마음놓고 싹터나오던 새싹이 그만 날벼락을 맞고

상하는 수가 있다. 해서 傷門이라 한다. 그리고 卯는 震卦의 長男宮이니 長成人은 사

회의 一線에 서서 분주히 활동해야 한다. 때문에 사회에서 때로는 여러가지 어려움을

겪지 않을 수 없는 것이니 잘 되어가던 일이 장애에 부딪히기도하고、남의 重傷과 謀略

을 당하기도 하여 傷心됨이 적지 않다. 또는 사회경쟁에서 남과 치고 받고 싸우다보면

自身이 얻어 맞기도 하고 내가 상대를 치기도하여 몸을 다치고 관재구설에 걸리기도 하

니 몸과 마음의 상처를 많이 입기도 한다.

그러나 運勢만은 强하여 끝까지 싸워 이겨야겠다는 각오로 나간다면 큰 成果를 얻을

수 있다. 二月節이 저물어갈 무렵이면 추위따위는 자취를 감추고 大地는 완전히 풀리

게 된다. 그리하여 모든 草木은 싹이 쑥쑥 솟고 發揚하여 마침내는 萬和方暢한 아름다

운 世界를 꾸민다.

즉 이 傷門의 作用은 血氣旺盛한 青壯年이 社會에 進出 鬪爭하다가 傷處도 받고 敗北

도 당하는 등 험난한 과정을 겪어야하는 것이므로 爭鬪와 投機와 冒險的인 성질이 내포되어 있다。

그리고 傷함과 敗함을 두려워 아니하고 끝까지 싸우고 힘껏 活動하다가 때로는 負傷、落傷、陰害、迫害、損傷、浪費、疾厄 등과 만나게 되는 爭鬪、破傷의 門이다

杜門은 辰巳位 巽木宮의 門이오、節候는 三四月이니 三月 辰土에 癸水가 伏藏되어 있고、四月 巳火의 庚金이 隱伏되어 있어 濕冷과 溫燥한 기운이 부딪히는 變節期다。그러나 날이 감에 따라 濕冷은 물러가고 熱燥한 기운이 장차 이르고야 만다。

杜門이란 「杜字」를 破解하면 木과 土의 配合으로 木土가 相克하고 있다는 의미의 글자로서 비록 木土가 相克이지만 木은 土가 아니면 뿌리를 박지 못하는 이치가 있어 相克中 오히려 기쁨이 있는 것이므로 凶한 듯 하면서도 吉兆가 내포되어 있어 杜門을 小凶門이라 한다。

뱀(巳ー蛇)이 변하여 용(辰ー龍)이 되는 형상、뱀이 용이 되는 것은 最高의 理想이지만 뱀이 용이 되려면 千年의 긴 歲月을 두고 道를 닦아야 한다。때문에 대개 道를 닦아가다가 도저히 통과할 수 없는 關門에 부딪히고 만다。(關門이 튼튼히 잠겨 있다)

그래서 이 형상을 비유하여 辰巳宮을 杜門(門이 막히다)이라 한다。

그러나 군게 잠겼던 門도 언젠가는 열리는 法、時間的인 문제만 남아 있다。그래서 杜門은 外面으로 凶하면서도 內面에는 吉이 감추어진 象이니 일이 막혔다가 장차 트인다는 점을 말해주고 있다。

巽은 長女에 속하는 宮이니 內助의 의미가 있다。長男인 震宮의 傷門처럼 치고 누르

고 싸우는 門이 아니고 그냥 굳게 닫혀 잘 열리지 않는 門이니 일종의 退步的、 保守的

休息的인 門이므로 마음을 가라앉혀 조용히 休養하면서 힘과 실력을 길렀다가 일단 門

이 열리면 社會의 第一線에 進出할 수 있다. 그리고 이 杜門의 支配期는 春末夏初로서

萬花는 활짝 피었다가 시들고 枝葉은 茂盛하기 직전이니 꽃과 枝葉의 盛衰가

交替되는 때다. 고로 靜과 動、 二樣相을 含有하고 있는 미묘한 門이라 겉보기에는 닫혔

어도 시간이 지나면 자연 열리게 된다는 뜻이 있는 門이다. 즉 先凶後吉의 門이다.

景門은 午位 離火宮의 門이다. 離卦三 의 모양을 보면 外實內虛로 외면은 호화스러운

풍채가 있어 보이나 內面(ㅡㅡ)은 虛하고 無實하여 겉치레만 힘쓰는 奢侈와 人氣 虛

名 등의 의미가 있는 門이나. 고로 景은 風景이란 뜻이니 離宮의 門은 실속보다는 눈

으로 보기에 좋은 것만 注力한다는 암시라 하겠다.

節候는 盛夏炎天의 五月이다. 離卦는 中女이니 二八靑春, 한껏 사랑의 설레임에 부푼

處女에도 비유된다. 고로 한번 情熱이 타오르기 시작하면 水火를 가리지 못하고 愛情

에 도취되므로서 이를 自制할만한 理性을 상실한다. 그래서 잘잘못과 좋고 나쁜 것을

판단할만한 여유가 없이 氣分내키는대로 행동하다가 얼마 못가서 失意에 빠지게 된다.

마치 잔치를 당하여 마음껏 먹고 마시고 춤추면서 흥겨워하는 모습이니 외면적으로는

最上의 樂園인듯 보이지만 내면에는 遊興費로 쓰이는 消耗가 많아 財産上의 損失, 精神

的인 後遺症이 있어 얼마 안가서는 이로 인한 타격을 받게 되니 先吉後凶한 상이다.

즉 景門은 樂極生悲의 門이니 경계하고 自重하라는 점을 가르쳐주는 門이다.

또 景門은 실속이 없이 虛勢를 부리는 형상이니 우선은 誤樂등에 도취되어 즐겁지만

머지않아 否塞한 運을 맞게된다는 점으로 보아 外華보다는 內實에 注力해야 할 것이다

뿐 아니라 주위의 질투와 미움을 받기 쉬우므로 자칫 是非가 벌어지고 중상모략을 당할

우려가 있다. 그러나 景門은 결코 凶門이라 할 수는 없다. 비유하건대 한껏 둥근 보

름달과 같은 운세여서 장차는 기울지언정 보름달이 뜨고 있는 순간까지는 天地를 明朗

하게 비추는 것이므로 현재는 나쁘지 않다고 評해도 좋다. 다만 지금이 最上의 榮華

요 장차 衰退하는 의미가 있다는 점을 깨닫고 있으면 된다.

死門은 未申位인 坤土宮의 門이다. 未는 六月의 燥土이니 草木은 未土를 만나면 枯

渴상태에 이르지만 한편 未中에는 乙木이 暗藏되어 있어 未를 木庫라 한다. 그리고 申

은 七月의 金으로 申에 壬水가 隱伏되어 있는데 여름에서 가을로 교체되는 變節期다.

이때는 草木이 한껏 茂盛하였다가 盛長을 멈추고 한걸음씩 후퇴하는 때요 이미 三陰이

進하는 時期로 아침 저녁으로 찬 바람이 간간이 불기 시작한다.

死門의 본위치요 未申의 坤卦는 사람에 비유하면 老母라 나이 많은 老母는 世波를 겪

어왔으며 老境에 들어와서는 活動의 제한을 받으므로서 慾望이며 꿈 등 人生의 設計圖가

산산조각으로 부서져감을 직감하게 되는 人生의 黃昏期라 매사에 의욕이 없이 장차 주

검이 다가오고있음을 느끼게 되는 입장이라 할 수 있다. 어찌 전과 같이 의욕을 두고

발전을 기대할 수 있으랴. 때문에 모든 것을 서서히 縮少하면서 마무리짓는 상황이다.

人生도 草木도 全盛期를 지나면 力量이 盡하여 萬事를 諦念하고 自然에 順應해야 한다.

즉 死門의 支配力은 前進할래야 前進할 수 없도록 앞길이 遮斷되어 있다。다만 열매를 남기고、썩썩하던 모든 事物들이 장차 病들어 元氣가 상실되고、싱싱하고 潤澤하던 모습들이 凶相스럽게 낡아빠지며、損失 退敗一路로 急降下하고、또는 補給線이 막히고 힘이 다하여 最終의 死海로 빠져들어가는 주검의 凶門이다。

驚門은 酉位인 兌金宮의 門이다。節候는 八月로서 冷陰한 기운이 六合(天地四方)에 가득차니 肅殺之氣라 한다。고로 만물이 놀라고 막바지에 부딪혀 숨이 막히는 형상이다。節候의 寒冷에 경각심이 생겨 이에 대한 대비책으로 숨어서 待避하려는 준비상태라 하겠다。고로 活動을 정지하고 不意의 厄을 驚戒하면서 元氣를 保하여 延命策을 강구한다。외부에서 활동하던 物體가 寒氣의 侵襲을 막기 위하여 外面을 감싸고 덮어서 保溫을 꾀하며 耐寒體制로 변경하는 변동상태다。

兌는 少女이니 부모 슬하에서 세상의 風霜을 모르고 꿈과 이상을 그리며 즐거운 꿈에 陶醉되다가 만약 의지하던 父母를 잃게 되면 이리저리 방황하며 의지할 곳을 찾으려는 심정이리니 불안과 초조와 슬픔과 절망에서 고민하는 처지요、자칫하면 타락 실패、염세감에 빠질 우려가 많다。정신을 가다듬어 냉철하게 환경에 적응하도록 개척해나가면 앞날의 幸福을 기약할 수 있다。그러므로 驚門은 竿頭岐路에 처하여 마음가짐에 따라 幸福이냐 不幸이냐를 결정하게 되는 改革變動의 門이다。

開門은 戌亥位인 乾金宮의 門이다。戌中에는 丁火가 隱伏되고 亥中에는 甲木이 있어 木火通明을 이루고 있다。節氣로 보면 戌은 가을의 마지막인 九月이오 亥는 겨울의 첫

달이오 水氣가 왕성하는 十月이다。 草木은 봄에 꽃피고 여름에 자라며 가을에 열매가

익어 알찬 收穫을 거두는 것은 自然한 이치라, 이 알차게 익은 열매가 있기 까지에는

가뭄도 겪어야 했고 거쎈 風雨와 病虫害 등으로 시달려야 했다。 그리하여 收穫期인 가

을에 와서야 비로소 지난날의 고생한 보람을 느끼게 되고, 이 즐거운 結實을 貯藏해 두

려면 倉庫門을 활짝 열어야 한다。

또 乾宮의 開門은 老父宮이니 老父는 과거에 숱한 風霜을 겪어본 나머지다。 經驗과

修練으로 긴 歲月동안 닦아온 智識은 完熟할대로 완숙해져 百戰百勝의 老練이 되어 있

다。 이제야 바야흐로 自信있게 再出發 할 수 있는 機會가 온 것이니 첫 門을 열고 나

설 刹那이다。 그래서 戌亥를 開門이라 한 것이다。 또는 戌亥는 天門의 位置이니 天

門은 門 가운데서 가장 高貴한 곳으로 들어서는 門이다。 때문에 이 門을 만나면 開運

됨이 틀림없으니 開運으로 向하는 門이라는 뜻도 있다。 그리고 辰巳 巽宮에 있는 門은

杜門이오、 杜門의 맞은편 戌亥位 乾宮의 門은 開門이다 門은 언제나 閉鎖(杜門)할 수만

없고 언제나 열어놓기만(開放)할 수도 없다。 한번 닫으면 한번 여는법、 巽宮에서 닫혔

던 門은 乾宮에서 열린다。 고로 八方의 門은 生死門(艮生、坤死)이 相對되고 開杜門(乾

開 巽杜)이 相對되며 傷驚門(震傷、兌驚)이 마주보고、 景休門(離景、坎休)이 相對되었으

니 死門을 보면 生門方을 알고、 杜門을 보면 開門方을 알수 있는 것이나 이는 各門의

기본위치가 변하지 않았을 때에 한해서이고、 陰陽遁과 日辰의 用으로 八門이 한번 動

辰巳 杜	午 景	未申 死
卯 傷		酉 驚
寅丑 生	子 休	戌亥 開

하게 되면 實로 變幻이 妙하여 어느 곳이 生門이고 開門인
지 奇門遁甲을 모르고서는 알기가 어렵다.

休門은 子位인 坎水宮의 門이다. 節候로는 十一月의
冷寒期로서 北風雪寒이 몰아쳐오면 萬物은 추위에 몸을
움추리며 옴싹달싹도 못하는 형편이다. 그러므로 이 같
은 환경에서는 前進하기는 고사하고 현위치를 지키는 일
만도 벅찬 일이니 차라리 깊히 蟄居하여 때(봄)를 기다리
는 수 밖에 없다. 무리한 활동을 삼가고 조용히 休息하
면서 내일의 출발을 위해 힘을 저축하는 것만이 最善이다. 그리하여 萬物은 죽은듯이
靜寂에 묻혀 있지만 天道는 언제나 쉬지않고 循環하는지라 生命을 포기하지 않고
강인한 의지력으로 견디느라면 解凍하는 봄이 원하지 않아도 자연 이른다. 人事에 비
유하면 休門은 일단 하던 일을 멈추고 表面的인 休息으로 들어 가더라도 암암리에 貴人
을 만나 접촉하고 同志를 모으며 資金을 준비하는등 地下工作을 물샐틈없이 해두었다
가 일단 機會가 오면 활발히 움직이려는 暗動의 門이다.

그러나 어쨌든 坎宮의 休門은 활동이 정지되고 발전이 불능하는 門이니 吉門이라 할
수 없고 다만 子에 一陽이 始生이니 陰極狀態에 陽和한 方向으로 향하고 있는 것만은
分明하므로 머지않아 吉運을 맞이할 수 있다는 希望的인 門이므로 현재의 沈滯도 곧 열

린다는 期待가 능히 挫折하지 않고 견뎌낼 수 있다는 점이 他의 凶門과 다르다.

② 八門의 主宰力

生門＝生活을 主管하는 吉神으로 生氣를 作用한다. 모든 일이 生動力있게 진전된다

傷門＝傷殘함을 주장하는 凶神이다. 매사에 중상과 陰害가 있고 남을 비방 훼방하며 치고 받고 억누르는 따위 시비투쟁으로 자칫 殺傷을 범하기 쉽고, 出行함에는 落傷負傷 당하는 등의 凶門이다.

杜門＝遁藏을 주장하는 神이니 무엇을 숨겨두고 저장하고, 숨는데는 吉하나 杜는 「막히다」의 뜻이 있으므로 經營에는 순조롭지 못하여 막히고 발전이 없는 小凶門이다.

景門＝文章과 宴樂을 의미하는 門으로 文章에 關한 일에는 大吉하나 이면에는 文書事件 즉 投書, 告訴 등의 골치거리도 생기며, 誤樂에 빠져 많은 財物과 귀중한 시간을 소비할 수 있다는 小吉門이다.

死門＝死亡을 주장하는 凶門이다. 萬物이 죽으면 活動을 정지하는 법, 그래서 매사가 최악의 상태에 陷入하게 된다. 그러나 九死一生이라는 의미도 있어 거의 절망적인 상태에 이르렀다가 回生하여 비약적인 발전을 하는 수도 있다.

驚門＝安心할 수 없는 상태, 예기치도 않은 어떤 놀라운 일에 봉착하여 어쩔줄을 모르게 된다. 靜하면 무방하고, 動하면 갑작스런 驚慌之事를 당한다는 小凶門이다.

－ 186 －

開門॥ 막혔던 길이 열리고, 머리가 열리고 運이 열린다는 大吉門이다. 그러므로 환경이 불우했다가 좋아지고, 低調한 위치에서 일하다가 좋은 자리로 승진되며, 빈곤에서 富貴도 영전된다.

休門॥休息과 休職 休業을 의미하는 神으로 하던 일을 일단 멈추고 물러나와 休息하면서 能力을 기르고, 몸과 지식을 닦아 後日의 大活動에 예비하는데는 매우 길하나 慾心을 버리지 못해 이러한 順理를 모르고 계속 前進하려다가는 災殃을 자초하는 결과를 빚고 만다.

간단히 정리해서 生門은 生氣요、傷門은 損傷、杜門은 막힘、景門은 歡樂、死門은 死亡、驚門은 驚慌、開門은 開明、休門은 休息、停止라 하겠다.

③ 八門適應

生門॥生活의 吉祥이 응하는데 建築、家屋修理、入宅하는 일과 무슨 일을 새롭게 시작하는 일、婚姻、遠行、患者治療등에 大吉하다.

傷門॥몸의 負傷이 있다. 出行、上官、葬埋 등에 불리하고 오직 盜賊을 討伐하는 일과 고기잡고, 짐승 사냥하는데는 좋다.

杜門॥숨고 감추는 것을 주장하니 敵으로부터 몸을 숨기는 일、기타 隱遁生活을 하는 것과 防御、防備 등에 길하며、莎草、葬埋、藥달이는 일 등에 大吉하다.

景門=文章과 宴樂을 주관한다. 계책을 들이는 일、人才를 求하는 일、財物 구하는 일에 여의하다.

死門=死喪을 주관한다. 杜文不出과 捕捉、고기잡이 狩獵、등에 길하고 기타는 다흉하다.

驚門=놀라고 해괴한 일이 발생한다. 남을 위협하고 위엄을 떨치며 服從시키는 일과 革命을 일으키는데 마땅하고 그 외는 다 凶하다.

開門=榮達 開運을 주관한다. 開業、出行、投書、獻策、出庫 등에 길하고 葬埋、暫草、破土 등은 불리하다.

休門=休息과 修養을 주장한다. 그러므로 모든 일에 손을 떼고 安靜하는것과 어떤일을 위해 謀策을 세우는 일에는 길하고 그 외는 다 불리하다.

④ 八門取用

生門=난리를 피해 가려면 生門方을 택하라. 생문방은 壽와 福을 누리는데 좋고 人生의 向上發展을 기약할 수 있다. 재앙을 피하고 福을 만나는 門이니 戰亂이나 기타의 위기에 처했을 때 生門方으로 향하면 凶化爲吉이라 한다.

傷門=이 門은 마음이 상하여 들뜬 상태에 中心을 잃고 어디엔가 하소연이라도 하며 위안을 받고 싶은 심정이다. 옆에서 같이 근심해주는이가 있어 위안의 말 한마디 해

주면 그에게 마음을 팔리게 되는 위험스런 처지에 있다。고로 모험심과 투기심이 발

작한다。負債上 좋은 기회의 門이니 빚을 얻으려거든 이 門으로 出行하라。

杜門=自身의 몸을 숨기려거나 귀중한 물건을 隱慝하려거나 어떤 사람을 숨겨 두려거

든 杜門方을 선택하라。杜門은 무슨 일이 잘 진행되다가도 문득 답답하게 막혀 울화가

생겨난다。병들거나 마음의 指標를 잡지 못하는이는 앞길이 희미해져 불가하고、무엇을

남에게 탄로나지 않게 하려는데는 유리한 門이다。

景門=誤樂과 酒食을 얻고자하면 景門方으로 가라、이 門은 宴樂之事、즉 마시고 춤

추며 즐겁게 노는 일에는 탄탄대로를 가는것같이 순조롭다。때문에 慶事、희소식、蕩

情 사치로운 일로 교제함에는 이보다 더 좋은 門은 없다。

死門=江이나 바다에서 물고기를 잡으려거나 山에 가서 畋獵하는데는 死門方으로 향

하랴。死門은 주검이 있는 門이니 生命을 보전하고 도망하기가 어렵다。이 門은 鬼卒

이 門에 지키고 있어 生命을 빼앗는고로 魂이 萬里靑山에 돌아가는 것이니 하물며 물

고기、새、짐승 따위에 있어 어찌 목숨을 살리겠는가、엄청나게 많은 고기와 짐승들을

잡게 될 것이다。

驚門=도둑이나 犯人을 잡으려거든 驚門方으로 향하랴。이 門은 놀라고 급하고 心思

가 어지러워져서 두서를 못차리고 갈팡질팡하는 상태이니

開門=먼 곳으로 旅行하려면 開門方으로 떠나라。開門은 天地가 개벽하여 비로소 日

月이 明朗하다。고로 萬里를 달려도 꺼리낌이 없이 가는곳마다 뜻을 이룬다。따라서

萬物이 咸亨함에 瑞氣가 빛나고 병들었던 者가 즉시 일어나며 침체되었던 사업은 日益 발전한다.

休門＝高貴한 신분을 만나보려면 休門方으로 향하라. 休門方은 聖人이 萬事萬物을 보고 人間休咎의 哲理를 깨달은고로 天人相合의 大德이 生生發展하는 方位이니 매사에 여의한 가운데 특히 貴人을 상봉하여 相濟之功이 있다. 따라서 開門方으로 가서 活動하면 財名을 막론하고 구하는대로 얻는다 할 것이다.

⑤ 八門과 六親論

○ 生 門

己身宮에 生門이 임하면 주로 生活의 기반이 튼튼하고 家業이 발전하며 安樂한 가정을 누린다.

兄弟宮에 生門이 임하면 兄弟間에 誼가 좋고 兄弟德이 있다.

父母宮에 生門이 임하면 재물이 풍부하고 富貴榮達한다.

官祿宮에 生門이 임하면 관록을 얻고 官職人은 榮轉된다.

疾厄宮에 生門이 임하면 病者라도 快差해진다.

妻妾宮에 生門이 임하면 夫婦가 화목하고 아내는 貞潔하다.

子孫宮에 生門이 임하면 자손이 효도하고 의리가 있다.

財帛宮에 生門을 만나면 재운이 좋고, 금전의 流通이 잘된다.

○ 傷門

己身宮에 傷門이 임하면 남의 음해와 모략을 당하고 爭鬪가 일어나며, 發動되면 몸을 크게 다친다.

子孫宮에 傷門이 들면 자손을 刑克하거나 不具된 子女를 두기 쉽거나 크게 다치거나 그 子孫들이 不孝한다.

父母宮에 傷門이 임하면 父母가 愛情이 없이 냉정하거나 父母代에 家業이 敗한다.

兄弟宮에 傷門이 들면 兄弟無情하여 誼가 없거나 兄弟姉妹로 인해 손해를 입는다.

官祿宮에 傷門이 들면 威權은 있으나 官職中 冒害를 입어 失職될 우려가 있다.

疾厄宮에 傷門이 임하면 질병이 따르는데 骨折痛으로 고생하거나 心火病이 생긴다.

妻妾宮에 傷門이 들면 부부간에 不和가 잦거나 生離死別한다.

財帛宮에 傷門이 들면 奔走多事한데 근근히 노력하여 生計를 꾸려나간다.

○ 杜門

己身宮에 杜門을 만나면 환경이 막히고 일이 어긋난다. 先凶後吉이니 때를 기다려 活動하면 좋다.

兄弟宮에 杜門이 임하면 서로 단꿈을 꾸며 말만 앞세우고 실천이 없다.

父母宮에 杜門이 들면 큰 일 한번 이루어보지 못하고 항시 집안만 지키고 있을 뿐이다.

子孫宮에 杜門이 들면 자손 두기가 순조롭지 못하거나 두더라도 기르는데 애로가 있으며 또는 子女의 德이 없다.

官祿宮에 杜門을 만나면 좋은 職位를 얻기 어렵고 막힘이 있어 功 세우기가 어렵다

疾厄宮에 杜門이 들면 잔병이 따르고 사소한 재난이 있으며 大事는 성취하기 어렵다.

妻妾宮에 杜門이 임하면 心性은 한가로우나 무엇을 하겠다는 熱意가 없어 매사에 活發한 進展이 없다.

財帛宮에 杜門이 들면 젊어서 빈궁하고 晩年에 의식이 족하다.

○ 景 門

己身宮은 허풍치고 誇張을 좋아하며 誤樂과 사치에 떠서 실속이 없다.

父母宮에 景門이 들면 실속이 없이 겉치레에 힘을 써서 필요없는 浪費를 많이 한다.

子孫宮에 景門이 들면 人氣를 노리는 演藝人 音樂歌 書畵家 등에 大吉하고 기타는 出世는 빠르지만 큰 職位는 오르지 못한다.

兄弟宮에 景門이 들면 형제간에 情誼는 있어도 서로 신용이 없고、 內面的으로는 불만을 품고 있다.

妻妾宮에 景門이 들면 아내가 총명하고 슬기로우나 거짓이 있고 사치스럽다.

官祿宮에 景門이 들면 少年에 등과하나 직위에 오르기도 쉽고、내려가기도 쉬우므로 결정적인 성공은 못한다.

財帛宮에 景門이 들면 外富內貧한 격이어서 금전의 융통은 잘되지만 제자리 걸음을 면치 못한다.

疾厄宮에 景門이 들면 心火로 인한 질병과 風症이 잘 생긴다.

○ 死 門

己身宮에 死門이 들면 失敗하고 杜絕되어 百事無成이라 한다.

父母宮에 死門이 들면 父母의 우환이 끊기지 않고、매사 꼼짝 못할 궁지에 잘 처하며

父母가 死亡한 뒤라야 相續받는다.

兄弟宮에 死門이 들면 兄弟姉妹가 南北으로 분리되거나 刑厄등의 재앙을 당한다.

官祿宮에 死門이 들면 功名을 바라기 어렵고 도리어 壽限이 부족한바 미천한 직업에 종사하면 命이 길어진다.

疾厄宮에 死門이 들면 難治病으로 고생하다가 결국 本病으로 사망한다.

子孫宮에 死門이 들면 悖逆無道한 자식을 두게 되므로 차라리 자식을 두지않는 것만 못하다.

妻妾宮에 死門이 들면 初婚의 아내와는 死別하고 後妻와 일생 同居한다.

財帛宮에 死門이 임하면 재산의 得失이 빈번하고 헛된 곳의 소모가 많아 家業이 준다.

○ 驚 門

己身宮에 驚門을 만나면 갑자기 놀라운 일이 자주 발생하여 一身이 불안하며 虛荒된 일이 많다.

妻妾宮에 驚門이 임하면 妻妾이 말이 많고 거짓이 많아 가정이 不和하다.

財帛宮에 驚門이 들면 一成一敗의 운이니 재물의 出入이 빈번하여 모이지 못한다.

父母宮에 驚門이 들면 평생에 원한이 많고 부모 형제 등 육친간에 不和하다.

兄弟宮에 驚門이 들면 동기간 가운데 詐欺로 종사하는이가 있다.

子孫宮에 驚門이 들면 그 자식이 재주를 뽑내어 경솔한 짓을 저지르고 信義를 배반하는 불량아라 하겠다.

疾厄宮에 驚門이 임하면 갑작스런 병에 걸려 생명이 위험해질 우려가 있다.

官祿宮에 驚門이 임하면 사업상의 변동이 심하고 관직은 한곳에 오래 있지 못한다.

○ 開 門

己身宮에 開門이 임하면 윗사람에 귀염을 받아 出世하고, 작은 것으로 큰 것을 바꾸는 운이다.

兄弟宮에 開門이 임하면 서로 功을 다투니 榮達하나 兄弟간에 友誼가 있는듯 하면서도 그렇지 않다。

子孫宮에 開門이 임하면 총명하고 力量이 있으며 귀인의 도움으로 貴顯한다。

妻妾宮에 開門을 만나면 정직하고 어진 아내를 얻어 家門을 발전시킨다。

財帛宮에 開門이 들면 財運이 길한데 쉽게 모이고 쉽게 소모되는 결점도 있다。

官祿宮에 開門이 들면 功名이 赫赫하고 직위가 높이 오른다。

疾厄宮에 開門을 만나면 大人은 권세를 얻고、小人은 小成하나 약간의 질병이 따른다。

○ 休門

己身宮에 休門이 들면 心神을 修養하면서 때를 기다려 活動하려는 뜻이니 晩年에 성공한다。

父母宮에 休門이 들면 덕망있는 父母를 섬기고 自身 또한 효도하니 和氣가 가정에 가득하여 매사가 순조롭게 성취된다。

兄弟宮에 休門이 들면 兄弟간에 진심으로 愛敬하며 서로 도와준다。

子孫宮에 休門이 들면 몸을 닦고 분수를 지키니 재앙이 없다。그리고 子孫과는 和合을 이룬다。

官祿宮에 休門이 들면 귀인의 도움이 있으니 職位가 안전할 뿐 아니라 功名을 성취한다。

疾厄宮에 休門이 들면 평생 나타나지 않는 질병이 몸에 따른다。 그러나 큰 질병은 없

다。

妻妾宮에 休門이 들면 가도가 한가하고 조용하여 풍파가 없고 부부간에 和合한다。

財帛宮에 休門이 들면 재운이 더욱 興旺하여 아무리 써도 마르지 아니한다。

⑥ 八門과 天蓬九星

生門과 天任星이 同宮이면 家宅이나 기타의 建物을 築造하는데 좋고、入宅에도 좋다。고귀한 身分이나 윗사람을 拜謁하는데 마땅하고 出兵에도 모두 좋다。生門에 丙戊나 戊丁의 儀奇(六儀·三奇)를 만나면 특히 用兵에 大吉하다。

傷門과 天冲星이 같은 자리에 있으면 上官을 만나보는데 흉하고 葬埋에도 不可하다。출행하면 도적을 만나 失物하는데 다만 犯人을 잡거나 도망간 사람을 잡는 일、고기 잡고、사냥하는 등 捕捉하는 일에는 모두 좋다。

杜門과 天輔星이 같은 자리에 있으면 外部로부터 침입을 막기 위한 담장、성곽 營寨를 세우는 일、등에 길하고 또는 葬埋、莎草 등에도 좋다。즉 杜門은 外部나 남의 눈에 띄지 않도록 무엇을 감추거나 自身을 보호하고 숨기는 일 따위에 가장 마땅하다。

景門과 天英星이 同宮에 임하면 자기의 아이디어를 제출하거나、글이나 論文따위를 발표하는데 좋고、또는 여러 사람을 모아 놓고 무엇을 相議決定하는데도 좋다。

死門에 天芮星을 만나면 目的을 이루기 어려우니 아무래도 나가지 않는게 좋다。 오직 吊問하는 일과 屠殺 狩獵등 죽음과 관계 있는 일에는 무방하다。

驚門에 天柱星이 임하면 討伐、逮捕、檄文、裁制、祭祀、營寨등 국가에서 오랑캐를 토벌하고 반역자、도적의 무리를 체포하며、天下에 격문을 발포하여 記綱을 세우는 일、국가적인 차원의 제사、營地 설치 등 도적이나 他國에 위엄을 떨치려는 일은 모두 좋다。

開門에 天心星이 임하면 백사에 대길하다。 出行에 귀인을 만나거나 기쁜일이 많고、무엇을 구하거나 계책하면 순조롭게 얻고 달성하며 기타의 모든 소원을 성취한다。

休門에 天蓬星이 임하면 화합하고、모임을 갖는 일、장차 國亂을 대비하여 군사를 훈련하는 일、大事業을 목적으로 준비하는 일、心神을 休養하면서 能力을 길러 때를 기다리는 일 등에 길하다.

⑦ . 八門과 太乙九星

休門이 靑龍을 만나면 매사 형통한다。 그러므로 이익을 꾀하고 재물을 구하면 백배나 얻고、出軍에는 장병들이 용기 백배하여 적의 銳鋒을 꺼으며、退軍에는 적군이 감히 추적하지 못한다。 뿐 아니라 개인적으로는 큰 뜻이 성취되고 경사와 희소식이 이른다。

休門에 太乙星을 만나면 백사가 대길하다。 將兵을 이끌고 敵과 싸움에는 軍卒들이 용기를 떨치고、軍士를 주둔하고、營寨를 설치함에 순조로우며、戰勢가 유리하게 전개되어 마침내는 大勝한다。 귀인을 상봉하거나 관직생활에 있어 기쁜일이 중중하며 大業을 성

성취한다.

休門에 天乙星이 임하면 出入과 求財에 大吉하여 마음 먹은대로 재물이 손에 들어오고 생각지도 않은 재물도 생긴다. 또는 귀인을 만나 궁박한 일과 근심하던 바가 해결되고 근심속에서도 기쁨이 있다. 남북 어느곳에 가거나 가는곳마다 즐거움과 酒食을 만나고 일이 잘 해결된다.

生門에 靑龍이 임하면 가장 길하다. 귀인을 拜謁하는 등 백사에 형통하여 일사천리로 시원시원히 이룩되며, 商業에는 천배의 이익이 생긴다. 出入에는 추호도 나쁜 일이 없어 항시 기쁜 빛이 넘쳐 흐른다.

生門과 太乙星이 同宮이면 福德이 발동하여 큰 재물이 손에 들어온다. 收金과 매매가 잘 되고, 매사에 自信이 생겨 氣를 펴고 활동한다. 大將이 만일 군사를 이끌고 行軍함에는 지체됨이 없이 하루에 千里를 간다.

生門과 天乙이 同宮되면 出入이 大通하여 가는곳마다 열광적인 환영을 받는다. 將帥로서 布陣하고 軍士를 駐屯함에 有利요, 싸우면 반드시 이긴다.

開門이 靑龍과 같이 있으면 경영하는 일에 귀인을 만나 도움을 받고 이익이 풍성하며 고귀한 신분을 만나면 총애를 받는다. 관직에서는 상관의 귀여움을 받아 직위와 녹봉이 껑충 뛰어 오르고, 出入에는 헛걸음이 없이 반드시 所得이 있다. 물고기가 변하여 용이 되는 격이다.

開門과 太乙星이 같이 있으면 특히 將帥가 軍士를 이끌고 敵과 싸우면 大勝하고 敵의

陣營을 攻略 분쇄시키는데 유리하다. 그런데 開門은 安寧함을 주관하는 門이니 休戰한

뒤 兵士를 訓練시키는데 더욱 길하다.

開門과 天乙이 同宮이면 百事를 꾀함에 나쁜바가 없어 成功을 기약하고 利益이 크며

관직자는 귀인의 도움으로 직위와 녹봉이 오른다. 將帥는 出軍하여 敵을 무찌르면 승

승장구로 큰 공을 세울 것이다.

⑧ 八門吉凶訣

休門의 本位置가 北方의 坎一宮인데 氣가 집안에 가득하여 자손창성에 부귀가 이르고

田土事(농사)에도 길하다.

祭祀、修造、移徙、遷官(관직을 옮기는 것) 逃亡、妳産 등에 다 길하다. 北에

旺하고 겨울에도 旺하며 그 數는 一六水다. 六畜도 旺하고 실업자는 관직을 얻고, 재

직자는 직위가 오르는 吉門이다.

生門의 위치는 八의 艮土宮으로 生氣가 가득하여 凶殺이 모두 없어진다. 女人의 재물

을 얻고, 사람이 진귀한 물건을 보내준다. 이러한 일이 있은 후로부터 발복하여 치부하

고 자손이 흥왕하며, 三年에는 귀자를 낳는다. 집을 나서서 外地에 왕래하며 많은 돈을

벌어들이기도 한다. 혼인과 造作하면 재앙이 사라지고 복록이 이를 것이다.

傷門은 東方의 震三宮이다. 고로 傷門이 寅卯宮에 있으면 旺方이라 한다. 고기잡고,

사냥하고、도둑을 체포하고、도적이나 반역군을 청벌하고、숨은 빗쟁이를 찾아내는데 가

장 좋고、賭博은 돈을 따며、죄를 짓고 도망간 자를 찾아내는데도 마땅한 門이다。그러나

구설이 이르고 喪을 당할 우려가 있으며、심지어는 六畜까지 병에 걸려 죽고、화재수와

도난수에 부부간에 血光(피를 보는것)의 액이오、眼疾도 생긴다。뿐 아니라 三旬(三十

日)에 産厄을 만나고 癩病환자가 발생하며、가족중에 뱀이나 범 등 맹수에 물려 화를 당

한다。

杜門은 본시 四宮 즉 巽宮의 木神이다。타의 星이 凶하면 집을 기준하여 寅卯方의 둑

이 무너져 물이 침입하거나 食水가 끊겨 고생한다。邪惡한 마음을 물리치고 盜僻心을

없애며、욕심을 끊고 숨어 생활하는 형식을 취하면 액이 없다。다시 말하여 간교하고

망녕된 생각과 陰邪한 마음을 버리고 마음을 올바르게 가져 德을 닦으면 전화위복 된다。

활동하면 도둑과 사기꾼의 해가 있으리니 주의할 것이며、官厄과 刑罰로 재산을 날린

다。뿐 아니라 瘟疫에 걸리고、火災와 뱀에 물리고、벼락에 액을 당하리니 조심해야

한다。

景門은 南方의 九離宮에 속한다。紫氣가 盈이니 巳午에 旺하고 寅戌과 局을 이룬다。

이 景門은 使臣을 보내고 나라에 글을 올리는데 用하고、謀事와 혼인、심방、葬埋、건

축하는데 길하다。또는 功이 있는 官吏에게 施賞하고、計策을 上部에 올리는 일、명예를

언거나 科擧에 응시해도 효험이 좋다。

死門은 坤二宮의 土神이다。凶星이 坤艮과 戊己中央에 旺한데 고기를 잡거나、수렵하

여 짐승을 잡는 일, 屠殺 등에 마땅하고 또는 喪을 치르고, 問喪하고 埋葬하는 등 凶事에 좋은데 死門은 주검과 관계있기 때문이다. 집을 짓거나 수리하는데도 무방하다. 그러나 경영에는 재수가 없고 遠行하면 몸이 위태로우며, 무슨 일이건 동하면 손해보고, 직장은 罷免되거나 좌천당한다.

驚門은 七宮의 兌金에 속하므로 庚辛申酉를 만나면 肅殺之氣가 旺이라 한다. 他를 制壓하고, 拘束力을 발하는데 마땅하므로 죄인을 체포하거나 刑罰을 엄하게 다스리는데 用한다. 擊刑을 만나면 도망친 사람을 잡는데 功을 세운다. 賣買와 修營·訟事에 불리요, 이 驚門을 범하면 질병과 허황한 일이 생기고 家畜이 죽는다.

開門은 六宮의 乾金宮에 소속된 神이다. 귀인을 拜謁하여 請願하는 일, 재물을 구하고, 경영을 성취시키는데 有利요, 修造에도 길하다. 이 開門을 用하면 출행과 求官·求職에 가장 좋은 기회요, 名利가 双全하고 財帛이 풍융해진다.

(6) 生氣八神論

生氣는 萬物이 始生하는 형상, 즉 매말랐던 草木이 단비를 맞아 生動하고, 절망의 구렁에서 용기를 잃었던이가 再起할 마음이 생겨나며, 의욕이 없이 無心狀態에 있던 者가 기회를 포착하여 무엇인가 해보고 싶다는 충동이 생겨나는 형상이다. 또는 重病이 들어 거의 죽게된이가 回生될 自信이 생기는 大吉神으로서 開拓하고 再起하는데 더할나위 없이 좋은 運勢가 작용된다.

天宜=岐路에 서서 向方을 모르고 갈팡질팡하던 사람이 바른 길로 들어서고、 산란했던 心神의 安定을 찾아 正常的인 狀態로 돌아서며、 어두운 밤에 燈火를 밝힌듯이 智慧가 열리고、 길이 열린다。 즉 天宜는 모든 것이 正道로 돌아온다는 의의를 지닌 吉神이므로 만사에 이롭지 않음이 없다。 不和하던 가정이 화목해지고、 病의 원인을 몰라 藥을 쓰지 못하는 患者가 확실한 진단이 나와 藥效를 보며、 불분명하던 訟事가 明明白白하게 밝혀지게 된다。

絶體=萬事萬物은 계속 前進하고 發展하는 것만은 아니다。 草木도 얼핏 보기는 끝임 없이 무럭무럭 자라기만하는 것 같으나 자라는 과정에는 가뭄도 만나고 거센 비바람에 시달리기도 하며、 虫害、 病害 등으로 成長을 방해한다。 人生도 마찬가지 아무리 智慧가 총명한 사람이라 할지라도 人生을 경영해나가다 보면 前進만이 있을 수 없고 때로는 눈물을 머금고 後退도 해야 하는 것인데 이 絶體가 의미하는 運勢는 前進과 後退를 반복하는 형태、 그리고 사람이 完成된 人格을 기르려면 修身齊家治國平天下 하는 사이에 喜怒哀樂과 得失과 成敗를 되풀이하면서 人格이 단련된다。 즉 絶體는 進退와 成敗와 可否의 갈림길에서 苦惱하는 時點에 비유된다。

遊魂=萬事萬物은 活動하다가 쉬고、 쉬었다가 다시 活動한다。 그리고 어떤 일을 계획하고 進行해나가는 中途에서 어려움이 逢着하게 되는데 自身이 계획한 일이 권태롭기도 하고、 成功할지 아니할지 確信이 없어 의심하고 망서리고、 마음이 흔들리게 되는바 遊

魂은 이러한 時點에 비유될 수 있다. 또는 遊魂은 한걸음 뒤로 물러나서 靜에 돌입하여 때를 기다렸다가 기회가 오면 즉시 활동하려는 才士로서 장차는 立身揚名하여 國家에 大功을 세우는 義도 내포되어 있는 星神이라 하겠다. 자다가 일어나고 쉬었다가 前進하며, 아무 생각이 없었던 이가 문득 무엇을 해보겠다는 의욕과 용기가 생기므로서 마음이 들떠 바쁘게 서두르는 모습이라 할 수도 있다.

禍害＝사람은 좋은 方向으로 나가기보다 나쁜쪽으로 빠지기가 일쑤다. 그것은 魔의 유혹이 훨씬 강렬하기 때문이다. 위 遊魂의 상태에서 마음이 흔들리고 있을 때 대개는 正道를 잃고 邪道에 이끌리고 만다. 그러나 魔의 邪道는 재앙의 근본, 注意없이 이끌려가다보니 온갖 가시덤풀과 낭떨어지 깊은 함정뿐이니 온몸은 傷處만 입게 된다. 즉 상하고 병들고, 끊기고 빠지며, 관재 구설 중상모략 뿐이다. 그래서 禍害神이라 이름한 것이다. 이러한 禍害神을 만나면 질병, 손재, 구설, 화재, 도난 등 온갖 재앙이 중첩되어 이른다.

福德＝世上의 이치는 興盡悲來요, 苦盡甘來, 또는 陰極生陽하고 陽極生陰이라 한다. 禍害의 경지에서 惡戰苦鬪、온갖 苦難을 받다가 苦盡甘來로 하루 아침에 光明이 스며들기 시작한다. 그리하여 몰리던 戰爭은 勝機를 잡고、資金難에 허덕이던 事業은 活發해지며 지금까지 外面하던 모든 사람들이 앞을 다투어 도와주니 사업은 융창하고 관직은 영전되며 가정은 평화로와 福祿을 한껏 누리게 된다는 의미의 吉神이다.

絶命＝世上事는 좋은 일만 오래 持續될 수 없고 萬物은 항시 旺盛할 수 없는 것이므로 興盡悲來라 하는 것이니 福德의 旺盛하던 運에서 不幸이 싹트게 되는 것이다. 다시

말하여 만물은 처음에 싹이 터서 日就月將하다가 中途에 시련을 겪게 되고, 이 시련의

고 비를 넘기면 눈부신 發展을 한다. 그러다가 다시 一進一退의 갈림길에 서게 되고, 이

경지를 슬기롭게 넘기면 最高의 榮光을 누리는 것이며, 萬物은 盈虛와 消息의 이치가 있

어 다시 絕望의 수렁에 빠져드는 것이니 이 時點이 바로 絕命이라 하겠다. 生物에 비유

하면 壽命이 끝난 때요, 事業上으로 보면 막바지 실패에 부딪혀 아예 門을 닫아버리는

상태며, 만사가 앞이 막히고 進路가 끊어지는 最惡最後의 絕望的 환경이 바로 絕命이 作

用하는 운세다.

歸魂=萬物이 근본으로 돌아가는 것이 歸魂이다. 萬物은 본래 無에서 有를 創造하는

것이므로 無의 狀態가 곧 근본지라 할 수 없다. 無는 吉凶과 苦樂이 없는 靜的인 경지

라서 運命上의 作用力도 吉도 아니오 凶도 아니지만 多幸하다면 苦가 아닌 것이오 못마

땅하다면 生動하는 맛이 없다는 점이다. 그러나 萬事萬物은 根本이 있으므로서 胎動하

고 靜에서 動하며, 無에서 有를 創始하는 것이니 將次 無限한 可能性을 감추고 있는 것

이 歸魂이라 할 수 있는가 하면 活潑히 움직이면 萬象이 근본 靜無로 돌아와 停止되고

있는 것도 歸魂이라 할 수 있으니 어쨌던지 답답하고 시원치 않은 맛이 있다. 그러므로

이 歸魂이 운명상 나타내고 있는 것은 매사에 확고한 信念이 없어 이럴가 저럴가 망서리

다가 좋은 機會를 잃는 일이 허다하며, 집을 나가 떠돌아다니던 나그네가 가정(근본)으

로 돌아오고, 家出하여 行方不明이 되었던 가족이 스스로 돌아오며, 들뜬 마음이 원상태

로 가라앉고, 動하였던 마음이 安定을 찾는데는 가장 적합하다. 다만 前進과 動的인 것

이 아니므로 현재로선 發展이 없다는 점이 불만스럽다. 그러므로 立身出世를 꿈꾸다가 失意에 빠지고、事業을 경영하다가 크게 실패하며、官職에 있던이는 罷職、流配되어 세상을 등지고 隱遁生活을 하게 되는 作用을 유도한다.

이상의 生氣八神 가운데 生氣禍害는 上宮(一上生氣 五上禍害)이고、天宜 遊魂은 歸魂은 中宮(二中天宜、四中遊魂、八中歸魂)에 들며 絕體、絕命은 下宮(三下絕體、七下絕命)에 위치하는데 上中下 가운데 中宮은 그 變化가 無雙하므로 吉凶의 關鍵이 되는 것이다.

八門의 卦가 모두 中宮에 든 뒤에 변화하는 것이므로 一局이 九局으로 변하고、九局이 八十一局이 되며 八十一局이 七百二十九局이 된다. 뿐이랴 七百二十九局이 또 변하고 변한데서 거듭변하여 헤아릴 수 없이 많은 변화를 하는 것이니 九宮속에 또 九宮이 있고、八門가운데 또 八門이 있으니 이 모두 推理할 수 있다면 萬象의 休咎를 단정치 못함이 없겠으나 실로 어려운 일이다.

(7) 天蓬九星論

① 總論

天蓬＝坎宮의 一白水星이오 六戊의 斗之柄인데 招搖와 凶厄을 起動시키는 凶星이므로 八方에 轉動함에 이르는 곳마다 남을 이용하고 禍根을 일으켜서 그 사이에 교묘한 수

단으로 利益을 얻어낸다。 좋은 일에 魔가 많고 官災口舌 등의 어려움에 봉착하면 혼란

을 일으켜 頭緖를 잡지 못하고 쩔쩔 맨다。 社交面에 다된일이 뒤집혀서 破局에 처하는

등의 재난을 면치 못한다。

天芮=坤宮의 二黑土星과 同宮이오、六己의 斗之戈라 兵革과 盜難을 유도한다。 일에

임하여 사기와 남 이용 하는 것으로 일삼고 혼잡한 틈을 노려 盜賊을 하며 殺伐을 좋

아하므로 殺傷을 잘 일으킨다。 자연히 손재가 많으며 남녀간의 애정에 끼어들어 이간

질로 자신의 淫行을 채우는데 능하여 파렴치한 행동을 예사로 한다。 뿐 아니라 남을 충

동질하여 誘惑하고、 대인상대에 간사한 꾀를 부리지만 이로 인한 禍를 초래하여 口舌是

非 손재가 연달아 일어나는 凶星이다。

天冲=震宮의 三碧木星과 同宮이오、六庚의 斗之搖光이니 兵戈와 殺弑를 유발한다。 人

情的인 면으로는 남을 구제하고 은덕을 곧잘 베풀지만 한번 성질이 나면 水火를 가리

지 않고 쳐부수고 마는 猛暴性이 있어 이로 인한 비난도 적지 않게 든는다。 活動力이

왕성하면서도 소걸음처럼 느림보를 곧 잘 부린다。 두뇌가 명민하고 용맹과감하여 만약

敵과 싸움에 임한다면 목숨을 아끼지 않고 용진하면서 무자비한 殺生도 한다。 고로 이

星辰은 善惡을 겸한 것이므로 天冲은 小吉星에 속한다。

天輔=巽宮의 四祿木星과 同宮이오、六辛의 斗之闔陽이니 주로 五穀과 倉廩을 맡은 神

이다。 臨事에 충돌이 없이 온화한 분위기를 조성하며 일을 잘 처리해 나가므로서 有終

의 美를 거둔다。 능숙한 수완과 비범한 재능으로 어떠한 어려운 일도 어렵지 않게 처

리해 나간다。 게다가 인덕이 있어 유능한 사람의 협조를 받으니 不可能한 일이 거의 없

다。 金錢의 유통이 잘되고 財運도 좋아 積財가 수월한데 단 사치성이 심해 소비가 많

을 우려가 있다。

天禽=中宮의 五黃土星이오、 六壬의 斗之衡인데 攻伐을 주관한다。 外柔內剛한 성품에

支配力이 강하고、 의협심이 있어 正義로운 일을 보면 惡을 征伐하고 難民을 구제한다。

이 天禽星은 본위치인 中宮을 지키면서 중추적인 위치에 서서 大衆을 敎化하고 指導

한다。 貪官汚吏를 보면 가차없이 屠戮해서 世上을 바로잡고、 약하고 선량한 백성들의

편에 서서 惡을 응징하는 것을 즐겁게 여긴다。 大人이 만일 이 吉星을 만나면 四方의

난을 평정하고 그 명성을 天下에 떨치니 衆望을 한몸에 받는다。

天心=乾宮의 六白金星과 同宮이오、 六癸의 斗之權이므로 이를 殺星이라 한다。 勸

善懲惡을 주장하는 神으로 정직하고 강건하며 굽히지 않는 지조가 있다。 창조력이 발

달하고 끊임없는 노력가이며 불의를 보면 응징하고 抑强扶弱한다。 일단 목적을 세우면

잠시도 쉬지 않고 성실히 노력하므로서 눈부신 발전으로 위대한 업적을 달성한다。 그

러면서도 하늘의 뜻을 순히 받들고、 자연의 섭리에 어긋나지 않는 中正의 길을 걸으니

뭇사람들의 존경과 신망의 대상이 된다。

天柱=兌宮의 七赤金星과 同宮이오、 六丁의 斗之璣니 殃禍를 號令하는 상이다。 쾌활한

성격에 활동적인 반면에 變節을 잘하므로 일을 당하여 결단력으로 끝고나가지 못

하고 중도에서 회의가 생겨 곧잘 남의 유혹에 흔들리고 만다。 즉 본심은 악하지 못하면

서도 本意아니게 타와 어울리며 나쁜 짓을 하다가 뒷감당을 못하고 궁지에 빠지곤 한다

安逸과 쾌락에 도취되어 현실을 망각하므로서 재물의 낭비 실패를 당하고 질병도 따르게 된다. 모든 일에 인내력과 初志一貫한다는 마음가짐으로 활약한다면 작지 않은 成果도 거둘수 있는 小凶星이라 하겠다.

天任=艮宮의 八白土와 同宮이오 六丙의 斗之璇인데 陰刑과 女主掌 주관하는 神이다. 예민한 두뇌에 실행력이 강하여 기회만 잡으면 즉시 포착해서 과감히 진행시킨다. 나아갈줄도 알고 물러설줄도 아는 임기응변하는 재간이 능하나 한번 마음이 뒤틀리면 참지 못하고 갑작스레 하던 일을 집어치우는 수도 많다. 한편 주위환경과 호흡이 잘 맞지 아니하고, 경쟁자가 많아 이로 인한 실패도 비일비재하다. 그러므로 이 天任星을 小吉星이라 한다.

天英=離宮의 九紫火와 同宮이오 六乙의 斗之樞인데 慾心을 주장한다. 午月의 日光이 쟁쟁하듯이 밝고 찬란하지만 장구하게 지속되지 못하고 곧 衰運에 접어든다. 즉 일시적 興盛이오 일시적 쇠망하는 운이며 또한 욕심도 많고 정감도 많아 이로 인한 실패도 많다.

② 九星吉凶訣

天蓬은 오직 訴狀을 내는 일과 邊方에 侵入하는 도적을 막아 근심을 없애는데만 유리한데 秋冬은 功이 없고 春夏라야만 作用力이 있다. 天蓬은 凶星으로 嫁娶는 凶하고 移

徙는 火災를 만나며, 赴任으로 떠나면 道中에서 액을 만나고, 商賈와 葬埋에도 不利하다.

天任은 四時와 百事에 다 有利한 吉星이다. 집을 짓거나 고치는 일, 葬埋, 官門에 出入하는 일, 귀인을 심방하여 어떤 일을 청탁하는 것, 賣買와 혼인, 이사에 길하고 邊方의 근심을 없애는 일 등에 좋다.

天冲은 報恩하는데는 春令에 大利요, 만리에 위세를 떨쳐 적으로 하여금 두려움을 갖게 하는 일이며, 出行·商賈·移徙, 혼인, 分娩, 葬埋事에 有利한데 春夏는 길하고 秋多에는 좋지 않다.

天輔는 修身에 이롭고 도적을 征伐하면 승리한다. 春夏에는 地開(앞길이 열림)하여 罪刑이 평탄해지고 天赦을 만나면 죄인은 풀려 나온다. 遠行과 任官, 혼인에 여의하고 이사 경영 매매 청탁하는 일 등은 無益하다.

天英은 天衢라. 遠行과 마시고 노는데 기쁨이 있고 出行, 혼인, 이사, 葬埋에도 좋다. 軍事에는 敵이 움직이기 전에는 먼저 공격하지 말고 기다려야 한다.

天芮는 道를 전수하는 일, 벗과 사귀는 일에는 가합하나 출행, 경영은 좋지 않다. 위험과 놀라움을 만나고, 어린이에 액이 있으며 訟事로 인해 관청에 불려가 심문을 받는 등 불길하다. 비록 三奇와 吉門을 만날지라도 福이라 하지 못한다.

天禽은 주로 四時를 통하여 奇功이 있으니 智謀를 써서 活用하면 神이 감응하여 도준다. 출행, 혼인, 관직에 나아가는 일, 집짓고 수리하는데 大利하다. 天禽에 奇와 吉門을 加하면 만사 형통한다.

天柱는 修造(집을 수리하고、짓는 일) 祭祀・祈福・혼인에 吉하고、몸을 숨기는 데는 조심스럽게 守己해야 좋다。이사하거나 遠行、경영 등에는 불상사가 있다。

天心은 神仙을 구하고、良藥을 구하는 일과 上官、혼인、이사、建屋、安葬、出行、行兵、祭祀 등 만사에 다 吉利하다。

③ 天蓬九星取用

天輔・天心・天禽은 大吉星이오、天冲・天任은 小吉星이며、天蓬・天芮는 大凶星이오、天英・天柱는 小凶星이다。

天蓬이 子位에서 水星과 짝하면 邊方을 安撫하고 城廓을 修築하는 일 등에 좋고、春夏에는 將兵이 크게 승리하고 秋冬은 싸움에 불리하다。또는 主人에게는 길하고 客은 불길하다。

天芮星이 子位에서 土星과 配合하면 宗敎를 숭상하거나 修道하는 사람이오、朋友와 더불어 結義하고 사귀거나 스승을 찾아 學業을 닦는데 마땅하며、단 군사를 내어 敵을 攻伐하거나 군사를 이동하는 일 등에는 마땅치 않다。

天冲星이 子에 거하여 三八木과 만나면 군사를 내어 피롭히는 敵을 치는데 마땅하다。

단 春夏節은 모든 將兵들이 크게 勝捷하나 秋冬이면 戰功을 세우지 못한다。

天輔星이 子位에서 一六水와 만나면 道를 닦고 學問을 닦는데 가장 좋다。또는 將兵

敎練하는데 길하며, 만일 春夏節에 用兵한다면 大勝하여 千里의 넓은 땅을 취한다. 그리고 入營과 修營에도 春夏節이 유리하다.

天禽星이 子位에서 五十土星과 만나면 祭祀、求福、祈禱、求財에 길하며, 用兵은 四時가 다 길하고, 論功行賞하는 일과 官職就任、移徙 등에도 길하다.

天心星이 子位에서 土星과 配하면 질병을 치료하거나 合藥、用藥에 길하며, 敵과 싸우면 大勝하여 千里之地를 얻는다. 春夏는 入宮이 마땅치 않고, 建屋、祭祀 등은 秋多節이 吉하다. 단 君子는 吉하고 小人은 不吉하다.

天任星이 子位에서 土星과 배합되면 재수가 대통하고、用兵은 四時가 다 길하므로 萬神이 복종하고 敵兵이, 항복해온다. 이사、上官、祭祀 등도 역시 길하다.

天柱星이 子・申宮에서 金과 배합되면 軍士를 駐屯하는데 좋고、숨고、숨기고 踪跡을 감추는 일에 마땅하다. 만약 모르고 用兵한다면 車馬가 傷하리니 주의할 것이며 移徙하는 일에 마땅하다.

天英星이 子・戌位에서 火星과 배합하면 멀리 出行하는 일、飮食、作業에 좋지 않다.

就任、祭祀 등도 좋지 않다.

뿐 아니라 軍士를 陣門밖으로 出軍시키지 말아야하고、移徙 築屋、祭祀등도 마땅치 않다.

天蓬星＝動人事
天冲星＝漁獵事
天禽星＝貴人事

天芮星＝民事
天輔星＝助人事
天心星＝官人事

－ 211 －

(8) 直符九星論

直符＝六甲에 속하여 일명 靑龍이니 尊貴를 주장하며 또는 金銀財帛과 寶物을 주장한다.

螣蛇＝추하고 비루하며 괴이함과 空虛함을 작용하며、 쓸모없는 物에 비유된다.

太陰＝彫刻이나 琢鏤 및 文書、字跡 혹은 羽毛가 있는 飛動하는 물건에 비유된다.

六合＝布木이나 錦帛의 織物、및 二物로 合成된 물건에 비유된다.

白虎＝燥烈하고 損傷되는 물건이오 혹은 鐵石之物로서 반드시 타를 파괴시키는 성질이 있다.

玄武＝물속에 있는 魚類、뱀、계란 또는 字跡이나 屈曲된 물건、겉보기에는 紋彩가 많아서 현혹되기 쉬운 물건에 비유된다.

九地＝傳來되어온 神象、佛象 그리고 반죽해 만든 물건 또는 침침하고 어두운 물건에 비유된다.

九天＝끝이 날카로운것、움직이면 소리를 發하고 旋動하는 물건으로서 발이 있는 것인데 光亮하여 영롱한 광채가 나는 물건이다.

直符星은 가장 존귀한 星神이다. 그러므로 이 直符星이 命宮이나 父母宮、兄弟宮、子孫宮에 임하면 반드시 부귀영화를 누리게 된다.

騰蛇星은 매사에 충동적이어서 변동、이동하는 일에 拍車를 加하게 된다。

白虎星이 加臨하면 반드시 질병이 발생하거나 爭鬪가 일어나고 是非口舌이 분분하다。

太陰星은 만사가 調和되어 順成되는 吉星이다。 오직 妻財宮에 임하면 은연중 淫行의

일이 露出되어 추문이 멀리 퍼져나간다。

六合星은 吉星이니 어느곳에 있어도 다 大吉하다。 특히 異性과 交際하는데 더욱 좋

다。

玄武星은 각 宮이 거의 마땅치 않은데 단 疾厄宮에 있으면 종신토록 병액이 적고 財

帛宮에 있으면 날로 재물이 들어와 부자가 된다。

九地星은 幽暗하고 閉藏하는 것이니 모든 宮이 다 불길하다。 특히 疾厄宮에 있으면

반드시 死亡하고、財帛宮에 있으면 金銀이 가득하여 새여나가지 아니한다。

九天星은 성질이 맹렬하여 他宮은 다 불리하나 오직 官祿宮에 있으면 功名을 높이 떨

치고、직위가 껑충 뛰어올라 영화를 누리게 되며 本命宮에 있으면 기쁜 경사가 있다。

(9) 太乙九星訣

① 定 局

陰陽遁을 구분하여 多至後 陽局은 艮宮에 甲子를 붙여 九宮을 順行하고、夏至後 陰局

은 坤宮에 甲子를 붙여 九宮을 逆行하여 日辰 닿는 宮에다 다시 太乙을 붙여 攝提 軒

轅 招搖 天符 靑龍 咸池 九地 九天의 차서를 陽局은 九宮을 順布하고 陰局은 九宮을 逆

冬至後　陽局　順布

太乙在巽	太乙在離	太乙在坤
丙申 丁亥　癸亥 戊寅　甲寅 己巳　乙巳	壬辰 癸未　己未 甲戌　庚戌 乙丑　辛丑	甲午 乙酉　辛酉 丙子　壬子 丁卯　癸卯

太乙在震	太乙在中	太乙在兌
乙未 丙戌　壬戌 丁丑　癸丑 戊辰　甲辰	丁酉 戊子　甲子 己卯　乙卯 庚午　丙午	己亥 庚寅　丙寅 辛巳　丁巳 壬申　戊申

太乙在艮	太乙在坎	太乙在乾
辛卯 壬午　戊午 癸酉　己酉 甲子　庚子	癸巳 甲申　庚申 乙亥　辛亥 丙寅　壬寅	戊戌 己丑　乙丑 庚辰　丙辰 辛未　丁未

夏至後　陰局　逆布

太乙在巽	太乙在離	太乙在坤
戊戌 己丑　乙丑 庚辰　丙辰 辛未　丁未	癸巳 甲申　庚申 乙亥　辛亥 丙寅　壬寅	辛卯 壬午　戊午 癸酉　己酉 甲子　庚子

太乙在震	太乙在中	太乙在兌
己亥 庚寅　丙寅 辛巳　丁巳 壬申　戊申	丁酉 戊子　甲子 己卯　乙卯 庚午　丙午	乙未 丙戌　壬戌 丁丑　癸丑 戊辰　甲辰

太乙在艮	太乙在坎	太乙在乾
甲午 乙酉　辛酉 丙子　壬子 丁卯　癸卯	壬辰 癸未　己未 甲戌　庚戌 乙丑　辛丑	丙申 丁亥　癸亥 戊寅　甲寅 己巳　乙巳

太乙在離	太乙在艮	太乙在兑	太乙在乾	太乙在中	太乙在巽	太乙在震	太乙在坤	太乙在坎	太乙
離	艮	兑	乾	中	巽	震	坤	坎	乙太
坎	離	艮	兑	乾	中	巽	震	坤	提攝
坤	坎	離	艮	兑	乾	中	巽	震	轅軒
震	坤	坎	離	艮	兑	乾	中	巽	搖招
巽	震	坤	坎	離	艮	兑	乾	中	符天
中	巽	震	坤	坎	離	艮	兑	乾	龍青
乾	中	巽	震	坤	坎	離	艮	兑	池咸
兑	乾	中	巽	震	坤	坎	離	艮	陰太
艮	兑	乾	中	巽	震	坤	坎	離	乙天
離	艮	兑	乾	中	巽	震	坤	坎	乙太
艮	兑	乾	中	巽	震	坤	坎	離	提攝
兑	乾	中	巽	震	坤	坎	離	艮	轅軒
乾	中	巽	震	坤	坎	離	艮	兑	搖招
中	巽	震	坤	坎	離	艮	兑	乾	符天
巽	震	坤	坎	離	艮	兑	乾	中	龍青
震	坤	坎	離	艮	兑	乾	中	巽	池咸
坤	坎	離	艮	兑	乾	中	巽	震	陰太
坎	離	艮	兑	乾	中	巽	震	坤	乙天

冬至後（陽局）（上半表）

夏至後（陰局）（下半表）

1圖와 2圖를 참고하라. 가령 多至後 戊申日이라면 太乙이 在兌(1圖)이니 2圖

의 太乙在兌를 보면 艮에 攝提、離에 軒轅、坎에 招搖、坤에 天符、震에 靑龍、巽에 咸

池、中에 太陰、乾에 天乙이 임하고, 夏至後 辛卯日이라면 太乙이 坤宮(1圖 逆局 참고)

이니 2圖(夏至後)를 보면 攝提가 坎宮、離에 軒轅、艮에 招搖、兌에 天符、乾에 靑龍

中에 咸池、巽에 太陰、震에 天乙이 위치한다.

太乙方은 財物구하는데 가장 좋고、만사 대통이오、攝提는

은 出外하여 놀랍고 두려운 일을 만나며、招搖는 가는곳마다 血光(피를 보는 것)의 액이

있다. 天符는 물고기나 산짐승 잡는데 적합하고、靑龍은 名利를 구하는데 여의하고、

咸池는 가는곳마다 官災에 걸리고、太陰은 남모르게 풍족한 재물이 생기고、天乙은 酒

食을 얻고 귀인의 도움이 있다.

② 太乙九星論

太乙=太乙은 五行이 水요、吉星중에도 가장 吉한 星神이다. 사교상에는 사람을 방문

하여 모든 일을 결정하는데 유리하므로 經營、매매、혼인 등이 순조롭게 이루어지고、일

마다 귀인의 도움이 있다. 특히 재물 구하는데 유리하나 사업 賭博、投機에도 매우 좋

으며 門을 나서면 거리낌이 없어 만나는 사람마다 賢良하여 목적을 무난히 달성한다.

攝提=五行은 土에 속한다. 凶星으로 매사 불리한데 게다가 死門까지 만나면 凶한

중에도 가장 흉하여 재앙이 형언할 수 없다。悲鳴소리와 哭聲이 끊길날이 없고、農民은 農牛가 상하거나 農器具가 망가져 농사를 망친다。단 局이 生을 만나면 큰 厄은 면할 수 있으나 克을 받으면 災禍와 危難이 이르러 생명까지 위태롭다。求財에 한푼도 얻지 못하고 혼인도 깨지고 만다。그러므로 만사가 마땅치 않고 오직 무엇을 숨기거나 저장해 두는 것만 좋다。

軒轅은 五行이 土요 平星이다。出入에는 官災 口舌 등 말썽과 소란한 일을 만나고 作事에는 얽힘이 생겨 될듯 하다가 안되고 다 된 일도 공교롭게 틀어져 버린다。相生되면 재난이 늦게 오고 相克되면 급히 온다。出行은 목적한 일이 어긋나고、만날 사람을 더디 만나며 매매는 매우 늦거나 손해본다。도박이나 投機 등에는 돈 대기가 바쁘고 매사에 장애가 따른다。

招搖＝五行은 木인데 이 招搖가 動하는 곳에 血光이 비친다。그러므로 爭鬪와 陰害가 따르고 凶夢에 사로잡히며 憂患疾苦 등으로 가정이 불안해진다。백사에 되는 일이 없으니 相克되면 旅程이 막히고 凶人을 만나 陰害와 口舌에 싸이거나 詐欺나 盜難을 당한다。그러나 招搖가 相生地에 있으면 남을 누르고 投機的 방면에는 의외의 人氣的으로 成事하는 수가 있다。

天符＝五行은 土인데 凶星이다。陰女의 모략에 빠지기 쉽고 疾厄이 침노하며 관재구설도 따른다。出行에는 旅程이 순조롭지 못하고 初喪집에 왕래하면 災禍를 당할 염려가 있다。食滯나 酒滯로 고생할 수가 있고 經營은 실패요 매매문서에 말썽이 생기리니 手票去來 및 保證、알선을 하다가 이용만 당하리니 신중해야 한다。단 交戰과 敵을 防御하거나 軍糧米 운반하는 일에는 유리하다。

靑龍=五行은 金이오 大吉星이다。병자는 良醫를 만나고 매매나 求財는 큰 이익이 있다。喜事가 중중하니 酒席에는 고귀한 신분과 자리를 같이 하고、경영에는 큰 사업이 성취된다。靑龍이 相生地에 있으면 錢財를 橫財한다。人口가 늘고 土地가 늘며 관직도 높이 오르니 사람마다 우러러보고、범이 날개돋힌 형상으로 계획한 일을 크게 성취한다。博奕(도박)은 크게 따고 戰鬪는 승리하니 만사 안되는 일이 없다。

咸池=五行은 金、大凶星이다。관재구설이 항시 따르고 질병이 떠나지 않으니 고난이 중중하다。吊問을 크게·꺼리고 慶事에 나쁜일이 발생하며 남의 음모에 빠져 곤경을 치른다。相生宮에 있으면 흉액이 감소되어 큰 재앙을 면할수 있으나 相克되면 危難이 극심하다。도박 따위에 손댄다면 밑빠진 독에 물붓기요、은밀한 일이 발각되어 망신당한다 재운은 헛수고에 그치고 매사 불성이니 신선의 비결을 쓸지라도 소용이 없다。軍士를 충동하여 적과 싸우는 일은 생각지도 마라 敗走하기도 용이치 않다。

太陰=五行은 土요 陰助의 吉星이다。집을 나와 六七里쯤 가면 반드시 어린이가 羊을 끌고 오는 것을 보게 되는데 이 징조는 求財에 크게 연을 수 있다 함이다。世宮에 太陰星을 만나면 백가지 재앙이 침범치 못하며、여행중에는 어진 벗을 만나게 되며、설사 뇌물을 먹었다해도 탄로나지 않고 무사하다。異性이 따르고 경사스러운 잔치에 초대를 받아 즐기기도 한다。단 將帥가 군사를 이끌고 回軍한다면 길 옆에 伏兵이 반드시 있을 것이다.

天乙＝五行은 火요 吉星이다. 집을 나와 三十里쯤 가면 婦人이 채색옷을 입은 어린이를 안고 오는 것을 보게 될 것이다. 이 징조는 만사가 순조로움을 상징함이다. 相生地에 있으면 일마다 이루어지고, 고량진미에 名酒의 대접을 받는다. 혼인에 대길하며, 請婚이 성립되고 재물 구하는 일은 귀인이 도운다. 그리고 立身出世 하는데 더 없이 좋으니 日就月將한다. 또 行兵과 營寨를 설치함에도 大吉하다.

二、四柱 및 身數評

◎ 五行의 旺衰에 의한 述語

무릇 九宮에는 天盤과 地盤數가 布局되어 있는데 이 數란 따지고 보면 陰陽別 五行을 나타내어 月令과 宮에 의해서 生克比和를 따져 旺衰를 논하기 위함이다. 즉 一六은 水요、二七은 火、三八은 木、四九는 金、五十은 土인데 一三五七九는 陽에 속하고 二四八十은 陰에 속하여 가령 一數라면 陽水로 보고 二數라면 陰火로 본다.

이 數에 의한 五行은 月令(節侯)의 生克比和 관계와 數가 임한 宮의 五行과 本數와의 生克比和관계、그리고 同宮의 天盤과 地盤數의 生克比和로 乘生이니 居生、혹은 受

生 受克 등의 述語로 表示해서 論하게 된다.

居生॥五行이 生宮에 든 것이니 가령 三八木이 坎宮에 들고、二七火가 震木이나 巽木
宮에 든 것、五十土가 離火宮에 든 것、四九金이 艮土나 坤土宮에 든 것、一六水가 乾
金이나 兌金宮에 든 것은 모두 居生이라 한다.

居衰॥五行이 衰宮 즉 泄氣宮에 든 것이다.

三八木이 離火宮(木生火)、二七火가 坤土、艮土宮(火生土)、五十土가 乾金이나 兌金
宮(土生金)、四九金이 坎水宮(金生水)、一六水가 震木이나 巽木宮에 든 것을 모두 居
衰라 한다.

居克॥五行이 克당하는 곳에 든 것.

三八木이 乾金이나 兌金에 (金克木)、二七火가 坎水宮(水克火)、五十土가 震木이나
巽木宮(木克土)、四九金이 離火宮(火克金)、一六水가 艮土나 坤土宮(土克水)에 든 것
등은 모두 居克이라 한다.

受生॥天盤數가 地盤數를 生하는 것、

三八木이 地盤一六水에 、天盤二七火에 地盤五十土、天盤三八木에 地盤二七火、天盤
五十土에 地盤四九金、天盤四九金에 地盤一六水면 이를 受生이라 한다.

受克॥天盤數가 地盤數를 克하는 것이니 다음과 같은 경우다.

天盤四九金에 地盤三八木(金克木)

天盤一六水에 地盤二七火(水克火)

天盤三八木에　地盤五十土(木克土)

天盤二七火에　地盤四九金(火克金)

天盤五十土에　地盤一六水(土克水)

乘旺＝月令(月支)과 己身宮數가 比和된 것을 乘旺이라 하는바 다음과 같다.

己身數一六水가 亥子月逢 （水가 得令）

己身數四九金이 申酉月逢 （金이 得令）

己身數五十土가 辰戌丑未月逢 （土가 得令）

己身數二七火가 巳午月逢 （火가 得令）

己身數三八木이 寅卯月逢 （木이 得令）

乘生＝己身數가 月令의 生을 받는 것이니 다음과 같다.

己身數三八木이 亥子月逢 （水生木）

己身數二七火가 寅卯月逢 （木生火）

己身數五十土가 巳午月逢 （火生土）

己身數四九金이 辰戌丑未月逢 （土生金）

己身數一六水가 申酉月逢 （金生水）

乘克＝己身數가 月令의 克을 받는 것이니 다음과 같다.

己身數三八木이 申酉月逢 （金克木）

己身數二七火가 亥子月逢 （水克火）

己身數五十土가 寅卯月逢 (木克土)

己身數四九金이 巳午月逢 (火克金)

己身數一六水가 辰戌丑未月逢 (土克水)

乘衰＝己身數가 月令에 泄氣되는 것이니 다음과 같다.

己身數三八木이 巳午月逢 (木生火)

己身數二七火가 辰戌丑未月逢 (火生土)

己身數五十土가 申酉月逢 (土生金)

己身數四九金이 亥子月逢 (金生水)

己身數一六水가 寅卯月逢 (水生木)

居死＝五行이 胞胎法으로 死宮에 든 것이니 다음과 같다.

三八木이 離火宮、二七火가 兌金宮入

五十土가 震木宮、四九金이 坎水宮入

一六水가 震木宮入

冠旺＝五行이 十二運星(胞胎法 및 長生法) 으로 冠帶와 帝旺宮에 든 것이니 다음과 같

다.

三八木이 艮、震宮、二七火가 巽、離宮、

五十土가 坤·艮·中宮、四九金이 坤·兌宮、

一六水가 乾·坎宮

居庫＝五行이 庫墓宮에 든 것이니 다음과 같다。

三八木이 未宮、二七火가 戌宮、五十土가 辰宮、四九金이 丑宮、一六水가 辰宮、(즉 節侯가 世數를 克함)

乘囚＝世數(己身)가 官殺節에 出生한 것이니 다음과 같다。

三八木이 申酉戌月生、 (金克木)

二七火가 亥子丑月生、 (水克火)

五十土가 寅卯辰月生、 (木克土)

四九金이 巳午未月生 (火金克)

一六水가 辰戌丑未月生(土克水)

兼旺＝天盤數와 地盤數의 五行이 比和된 것이니 다음과 같다。

天盤三八木에 地盤도 三八木 (木兼旺)

天盤二七火에 地盤도 二七火 (火兼旺)

天盤五十土에 地盤도 五十土 (土兼旺)

天盤四九金에 地盤도 四九金 (金兼旺)

天盤一六水에 地盤도 一六水 (水兼旺)

五行＼구분	居生	居衰	居克	居死	居庫	受生	受克	乘旺	乘生	乘克	乘衰	乘囚	冠旺	兼旺
三八木	坎宮	離宮	乾兌宮	離宮	未宮	天盤一六	天盤四九	寅卯月	亥子月	申酉月	巳午月	申酉戌月生	艮震宮	天盤三八
二七火	震巽宮	坤艮中宮	坎宮	兌宮	戌宮	天盤三八	天盤一六	巳午月	寅卯月	亥子月	辰戌丑未月	亥子丑未月生	巽離宮	天盤二七
五十土	離宮	乾兌宮	震巽宮	震宮	辰宮	天盤二七	天盤三八	辰戌丑未月	巳午月	寅卯月	申酉月	寅卯辰月生	坤艮中宮	天盤五十
四九金	坤艮中宮	坎宮	離宮	坎宮	丑宮	天盤五十	天盤二七	申酉月	辰戌丑未月	巳午月	亥子月	巳午未月生	坤兌宮	天盤四九
一六水	乾兌宮	辰巽宮	艮坤中宮	震宮	辰宮	天盤四九	天盤五十	亥子月	申酉月	辰戌丑未月	寅卯月	辰戌丑未月	乾坎宮	天盤一六

雙印(天地盤이 모두 印綬)이 中宮에 動하여 太歲와 같으면 비록 他에 凶格을 이루었더라도 惡殺을 化하여 吉이 되게 한다。權力과 威嚴이 있고 長壽富貴하는 것이니 雙印이 中宮에 動하면 모든 格 가운데서 上格으로 본다。

雙九 雙七은 丙庚殺이 兼殺된 것이니 雙金 雙火가 있으면 双印되어도 귀격이라 칭할 수 없다。

年月日時에 모두 生門 開門 景門이 닿고 겸하여 生氣·福德·天宜의 吉神만 임하면 역시 모든 凶殺을 制化한다。

日辰에 生門 景門 開門 가운데 하나와 福德 天宜 가운데 하나를 겸하면 비록 天上의 凶格일지라도 凶殺을 化하여 길해진다。

歲宮에 生門 開門과 福德 天宜를 만나면 官職에 大吉하고 殺을 制化한다。

官星이 日辰에 임하고(예를 들어 己身宮 地盤이 五土이고 八木이 天盤에 임하면 正官이 日에 臨하였다 한다)歲宮에 開門 福德을 만나면 凶殺을 化하여 吉로 변한다。

歲宮의 貴祿(正官과 正祿)이 中宮을 生助하거나、中宮의 貴祿이 歲宮을 生助하면 모두 凶殺을 制化한다。

七火와 九金이 歲나 日辰宮에 있어 居旺하거나 兼旺하거나 受生되고、혹은 七九金이 日辰에 임하여 歲나 中宮을 도우면 크게 凶한데 이런 경우라도 歲宮과 日辰宮에 吉

門(生·開·景)과 吉卦(生氣·福德·天宜)를 만나면 化殺된다.

歲宮 및 日辰宮에 絶命을 만나면 당년의 災殃을 피하기 어려우나 日辰數(世)가 當

年支의 生旺되면 化殺하여 무방하다.

太歲나 日辰宮에 死門·絶命만 없으면 비록 凶格이라도 크게 나쁘지 않다.

官鬼(偏官七殺)가 中宮에 居하여 發動한 가운데 受生되고 日辰은 乘旺하거나, 歲宮이

中宮에 있는 官鬼를 生助할 지라도 日辰이 乘旺하거나, 歲宮에 開門, 福德이 있고 官鬼

가 居生, 居旺한 것 등은 모두 化殺格이다.

中宮이 歲를 助하여 歲가 日을 극하거나 歲가 中宮을 生助하여 日辰을 극하면 大凶하

다. 그러나 이 경우 日辰이 乘旺이면 크게 나쁘지 않다.

歲宮의 生門, 生氣가 日辰의 雙火(七七) 雙金(九九)를 生助하거나, 日辰宮에 生門 生

氣가 있고, 日辰數가 雙火나 雙金을 生助하면 비록 死病에 걸렸더라도 살아난다.

이상을 간단히 정리하면 双印이 中宮에서 動하여 歲를 生하거나 生·景·開門의 吉門

과 生氣·福德·天宜가 임하면 능히 凶殺을 制하게 된다는 뜻이다.

四柱平

(1)

① 己身論

日辰數(가령 甲子日이면 坎宮이 己身宮인데 坎宮의 地盤數가 己身數)가 乘旺(月令과

比和)、居旺(宮과 比和、가령 一數가 坎宮에 든것)、兼旺(天盤과 地盤의 五行이 比和
된것、가령 地盤三八木이 天盤 三八木을 만난것)、受生(地盤이 天盤의 生을 받음、가
령 地盤三八木에 天盤一六水를 만난것) 되면 물에 들어도 빠지지 않고 불에 들어도 타
지 않을만큼 튼튼한 길격이다. 겸하여 吉門(開・休・生門)과 吉卦(生氣・福德・天宜)를
만나면 壽福을 겸비한 命이다.

中宮이 歲宮을 도와 日(己身)을 生하거나 歲宮이 中宮을 도와 己身을 生하면 壽와 貴
를 누린다. 生은 陽數가 陰을 生하거나 陰數가 陽을 生함이 眞生이고 陽生陽 陰生陰은
眞生이 아니다.

己身이 太歲宮(가령 戊辰年生이면 辰巳 巽宮이 歲宮)이나 中宮의 生扶를 받아도 吉
命이라 한다.

歲宮이 月宮을 生하고、月이 日을 生하거나、歲가 月을 生하여 日
과 時를 生하거나、時가 日을 生하여 日이 月과 時를 生하거나、時와 日이 같이 歲를
生하거나、日과 月이 같이 歲宮을 生하는것 등은 모두 壽福을 누리는 命이라 한다.
雙印(天地盤이 모두 印綬)이 歲나 中宮에서 己身을 生하면 大富하고、雙印이 他局에
만 있어도 中富는 누린다.

印이 歲나 中宮에만 있어도 財足하고 發旺한다.
己身에 五十土가 天盤과 같이 만나거나 天盤 戊己가 己身에 임해도 大富라 한다.
年月日時가 모두 受生 兼旺이면 크게 부귀하고、年月日、月日時宮이 모두 受生되거나

年月日時에 모두 開門 景門 福德으로 되어 있으면 극히 貴한 신분이오、年月日時가 모

두 絕命이거나 雙鬼가 中宮에서 動하면 凶極生吉之相이 되어 도리어 귀히 된다.

日辰이 吉格을 놓고 胞胎法으로 養이 임하면 훌륭한 집안으로 養子되어 들어간다.

天地盤과 日의 干支에 길격을 얻으면 부귀한다.

歲宮은 月宮을 克하고、月宮은 日宮을、日宮은 時宮을 克하여 年月日時 차례로 克하여

내려오면 大凶하다。단 陽이 陽을 克하고 陰이 陰을 克함이 더욱 凶하고、陰이 陽을 克

하거나 陽이 陰을 克하면 凶이 감소된다.

歲宮이 中宮을 生助하여 日을 克하거나 中宮이 歲君을 助하여 日을 克하면 흉격이다.

또는 日이 歲를 克하거나 中宮이 受克되어도 吉이라 하지 못한다.

歲가 月을 克한 가운데 月이 時를 克하거나、時는 日을 克하고 月은 歲를 克하거나、時

와 月이 함께 歲를 克하거나、月과 日이 같이 歲君을 극하면 모두 吉命이 아니다.

官鬼가 己身宮에 있고 絕命을 만나면 평생 질병과 고생이 많다.

日에 七九(丙庚)가 있고 歲나 中宮에서 모두 도와주면 이는 凶神이 生扶받은 관계로

평생 곤고하며 이렇다할 큰 일 한번 이루어보지 못한다.

日이 病宮에 들면 반드시 질병이 있게 된다 (己身數 陰陽으로 胞를 起하여 陽順陰逆으

로 돌려짚되 반드시 寅申巳亥와 子午卯酉에 病이 닿는다)。亥는 머리、寅은 발、申은

다리、巳는 손、水土는 濕瘡、火는 熱燒、金은 傷折、木은 風氣도 보는데 干數에 病이 임하면

少年과 壯年時에 病이 있고、支數가 病에 해당하면 老年의 질병이라 한다。 그리고 門과

卦가 凶하면 重病이고、吉하면 가벼운 병이라 한다。

運이 己身宮에 長生 帝旺 冠帶 建祿을 만나면 吉인데 다시 生門 生氣 開門 福德 景門

天宜가 임하면 더욱 길하다。

이와 반대로 死・絶・墓(大凶)나 衰、沐浴・胎・病宮에 임하거나 死門・絶命・丙庚・天

芮・天柱 등 凶門卦와 凶神이 임하면 不吉한 命이다。 단 庫葬宮은 凶이나 絶處逢生의

의미가 있어 半凶半吉로 본다。

運이 絶體宮에 임하면 주로 우환과 服制數가 이른다。

年月日時 作局으로(原命) 歲干이 닿는 곳에 吉神이 吉運에 떨어지면 그 宮이 비록 凶

格일지라도 凶한 작용이 감소된다。 그러나 만일 歲干이 凶運에 들면 그 宮이 비록 吉格

을 이루었을지라도 그 吉한 작용이 무효된다。

數(行年)가 吉門 吉卦에 임하면 吉하고 空亡에 들면 되는 일이 없다。

行年宮이 受克되면 苦厄이 많고 受生宮이면 유익한 일이 많다。 그리고 上이 下를 克

하면 凶이나 下가 上을 克하는 것은 吉하다。

中宮은 一局의 우두머리요、中央官舍며、家宅宮이 된다。 歲와 中宮 己身宮이 가장 중

요하다。

② 兄弟論

日辰數와 比和된 것이 兄弟인데 陽數는 男兄弟요 陰數는 姉妹로 본다。

兄弟宮의 多少는 五行으로 보는가 兄弟宮의 數가 水면 一이오、火면 二、木이면 三、金

이면 四、土면 五라 한다。 또는 陽土는 水에 속하여 一로, 陰土는 火에 속하여 二라고도 한다。

兄弟數가 居生 居旺(本宮의 生扶)하면 동기간이 많고、乘生、受生되어 生門과 生氣를

만나면 只弟가 많고 모두 창성한다。

日辰의 上下가 双九나 双四로 되면 이복형제가 있고、兄弟宮에 養이 들면 남의 養子로 들어가는 동기간이 있다。

兄弟宮이 天地盤의 月干과 月支가 乘旺 居旺、兼旺하거나 乘生 居生 受生되거나、吉門

吉卦를 만나거나、歲가 中宮을 도와 兄을 生하거나、中이 歲를 도와 兄을 生하거나、歲

나 中宮이 직접 兄을 生助하면 兄弟宮 大吉이라 한다。

兄弟宮에 死墓가 임하면 독신이오、兄弟數가 受克되어도 독신이며、胎가 임하면 간신

히 一을 만나고、休門이 임하면 子子單身이오、死門 絶命이 임하면 비록 二三형제 있더

라도 慘傷을 면치 못한다。

門이 宮을 克하거나(迫) 空亡되거나、九金이나 庚이 임하여 旺하면 이 모두 독신격이

다。 아니면 異腹兄弟가 있다。

③ 父母論

己身數를 生하는 者가 父母인데 陽數는 父로 보고 陰數는 母로 본다.

父母가 長生宮에 있으면 長壽하고 生旺宮에 들면 巨富이며 壽富를 함께 누린다.

父母數가 四九金이면 異父母를 섬길수 있다.

父母數가 乘旺 居旺 受生된 가운데 吉門과 吉卦를 만나면 大吉하다.

父母數가 死門·傷門과 禍害·絕命이 같이 임하거나 乘克 受克 居克되면 早失父母요 空亡되어도 그러하다.

父母數가 歲宮에 있어 天盤 五十土를 만나면 부모의 우환이며 七九가 임하여도 역시부모의 우환이다.

父母數 가운데 陽數가 더 吉하면 부친이 장수하고, 陰數가 陽數보다 吉하면 부친보다 모친이 더 장수한다.

歲干에 庚이나 死門을 만나거나 絕命을 만나면 부모의 근심이오, 父母宮에 雙庚이 있고 死門·絕命이면 父母의 喪을 당하고, 丙庚이 모인 가운데 死門·絕命을 만나도 그러하다. 그러나 이 宮이 空亡되면 차라리 喪厄은 면할 수 있다.

④ 財物論

巳身宮이 克하는 數가 財星인데 음양이 같으면 偏財요 음양이 다르면 正財라 한다.

財가 乘旺 居旺 兼旺되거나 乘生 居生 受生되면 財運이 大吉하여 富命이라 하고 이와

반대되면 빈궁하다.

歲宮에 財가 있고 日에 임하거나, 歲가 旺한 財를 生하거나, 歲가 兼旺한 財를 生扶하면 天下의 大富라 한다.

月이 歲宮의 財를 生하고, 그 財가 月令의 生扶되거나 宮의 生扶되면 富者의 命이다.

日數가 居旺 居生되거나 居庫되거나 月令의 生旺이라도 부격이니 財運은 먼저, 世가 生旺된 뒤라야 좋은 것이지 世가 休囚되면 아무리 財旺이라도 소용이 없어 세상만사는 그림의 떡이다.

雙印이 中宮이나 歲宮에 있거나, 財가 中宮에서 動한 가운데 局中에 雙印이 있으면 一生 財發한다.

中宮의 双子孫이 財를 生하면 大吉하고、單子孫이 中宮에 있어 財를 生하여도 有餘하다.

日과 財가 모두 受生되면 타가 不吉이라도 貪窮은 면한다.

財가 日辰의 旺生 및 庫가 되면 유족하니 비록 死門・絕命이 임하더라도 日이 受生되면 貪窮은 면한다.

財宮에 生門과 福德이 임하면 財物이 떨어질 날이 없고、財가 日에 임하여 吉門 吉卦를 만나도 그러하다.

財가 空亡이면 平生 재운이 없다.

財가 乘死 居死 受克이면 終身토록 굶주리고、財가 旺하더라도 日이 受克되면 역시 빈궁박복하다.

日辰 上下가 六冲되거나 財와 日이 冲破되면 재물은 모이기 어렵다.

年月日時에 雙三의 火金이 相戰하면 재물이 없어 굶주림을 면치 못한다.

日辰에 桃花가 있고 財宮에 禍害를 만나면 色에 방탕하며 재산을 탕진하고 빈궁해진다

財가 空亡이면 비록 月令이나 宮의 生扶가 있을지라도 버는대로 재물이 나가 모일 수가 없다.

財宮에 死門이 임하면 손재를 많이 당한다.

⑤ 妻妾論

日數(가령 庚午日生이면 離宮의 地盤數가 日數)가 克하는 數가 妻妾인데 음양이 같으면 正妻요、음양이 다르면 妾이나 情婦로 본다.

妻財數가 乘生 居生 受生되면 부부가 해로하고 乘旺 居旺 兼旺되면 妻妾이 다 있는 상이다.

日辰宮에 生氣·福德이 임하면 남녀간에 좋은 배우자를 만나고、財가 中宮에 들면 어진 아내가 가정사를 관장하여 가업을 부흥시킨다.

妻財數가 中宮에 들어 吉格을 이루면 財는 官을 生하므로 財富는 물론 官職도 大吉하

다。 이 경우 아내의 덕으로 出世하는 수도 있다。

財가 五十土이고 天盤도 五十土(兼旺)가 되거나、天盤 戊己가 妻財되면 妻德과 財福을 겸비한 命이다。

妻財數가 乘死・居死 受克되면 중년에 상처수요、日辰이 受克된 가운데 死門・絕命・禍害를 만나면 남자는 상처하고 여자는 상부한다。

日辰이 乘死 居死된 가운데 吉門 吉卦를 만나면 初婚은 실패하나 좋은 배필을 얻어 再娶한다。

日辰이 孤虛(孤는 空亡・虛는 空亡의 對宮)되면 孤寡의 명인데 이 경우 財가 쇠약이거나 凶門・凶卦를 만나면 종신토록 홀아비신세를 면치 못한다。

장가드는 해를 알려면 妻數를 中宮에 넣고 九宮을 逆行하여 日辰宮에 닿는 數로 추정한다。 즉 一은 壬年、二는 丁年、三은 甲年、四는 辛年、五는 戊年、六은 癸年、七은 丙年、八은 乙年、九는 庚年、十은 己年이라 한다。

妻妾이 死亡하는 해를 알려면 역시 妻數를 中宮에 넣고 九宮을 逆行하여 日辰의 冲宮에 임한 數로 推理하되 一은 壬、二는 丁年으로 計하는 것은 위 요령과 마찬가지다。

妻財宮에 禍害・絕命이 임하면 상처하거나 아내가 大手術을 받게 된다。 여기에 庚이 加하거나 死門・傷門을 加하면 더욱 그러하다。

財數가 月令에 旺相된 가운데 官의 生扶와 受生 兼旺되면 財와 妻가 太强이므로 妻에 있어 도리어 惡妻를 얻을 가능성이 있다。

日支는 妻財로 보는바 日干이 日支를 克해도 상처수라 한다。

正財가 은복되고 偏財가 中宮에서 丙庚을 만나면 妾을 숨겼다가 발각되어 가정이 발칵

뒤접한다。

天盤의 財가 有氣하고 旺하면 財旺運에 妾을 얻기 쉽다。

六水가 旺한 宮에 禍害가 임하면 酒色으로 많은 재산을 날린다。

妾宮에 乙庚이 있고 咸池와 劫殺이 임하면 外道하다가 남의 女人에게 임신시켜 관재구

설을 당한다。

乙辛이 同宮이고 景門과 遊魂이 또 임하면 妾과 짜고 달아난다。

⑥ 官職論

日辰을 克하는 數가 官星인데 음양이 같으면 正官(官職)으로 보고 음양이 다르면 官

鬼 또는 七殺이 된다。

大貴는 用財하되 官을 用하지 않고、大權을 누리는자는 殺은 用하되 印은 用하지 않

는다。

一六水가 官星이면 一品官이오、二七火과 官星이면 二品官、三八木은 三品、四九金은 四

品、五十土는 五品官이다。 그러나 무조건 이러한 官品이 주어지는게 아니고 貴格을 놓

은 뒤라야 이를 적용한다는 것을 알아야 한다。

木官은 商工官이오、火官은 禮曹(지금의 文公部)요、木은 行政官이오、金은 兵曹(軍人國防)요 土官은 財政官(財務)이라 한다。단 品職의 高下에 따라 重職과 末職으로 나눈다。

또는 中宮에 動한 것으로 職種을 論하기도 한다。一六이 動하면 財務、經理出納官이고 二七이 動하면 文職、一般行政이오、三八이 動하면 建設職이오、四九가 動하면 兵職軍人警察이오、五十이 動하면 農業、財務職이다。

歲上에 禍害를 만나면 戒門職(國境을 지키는 임무인듯)、生氣가 임하면 一等官、天宜는 生殺權、福德은 一等官、絕體는 보통 官吏、歸魂은 관직을 그만두고 歸家하게 되고、絕命은 특별한 관직、遊魂은 出入 활동을 많이하는 직업이라 한다。

官宮이 生氣・福德이면 一品이오、天宜와 絕命은 二品、絕體와 歸魂은 三品、遊魂과 禍害는 列品이라 한다。

開門은 一品、生門은 財政官(또는 國民의 食糧과 生活을 맡은 직품)、景門은 文職、死門은 秘書職、杜門은 警備職、休門은 休官되며 警門은 刑法을 맡은 직책이다。 그러나 대개 杜門 休門 傷門 驚門은 官數宮에 닿는 것을 꺼린다。

歲가 日을 生하거나 歲貴가 日에 임하면 一品職이다。

陽年生이 陽貴는 出世가 빠르거나 名聲이 높고、陰年의 陰貴는 크게 발달하기는 어렵다。

財가 中宮에서 動하고 歲官이 日에 임하면 벼슬하여 大任을 맡는다。双財가 中宮에 있어도 관직에 유리하다.

官星이 乘旺 居旺 兼旺하거나, 乘生 居生 受生하면 大吉한 命인데 이에 吉門 吉卦를 만나면 더욱 出世한다. 그러나 이와 반대되면 不吉하다.

官星에 歲貴·歲祿·歲馬가 임하여 休囚되지 않으면 大吉하다.

官星은 休囚되거나 空亡을 만나거나 休門·死門이 임하면 末職도 얻기 어렵다.

財는 이 경우 馬라 한다. 財가 動하여 歲貴가 되고, 또는 日에 임하면 大貴한다.

財가 世에 임하고, 日貴가 歲宮에 있으면 官의 旺衰를 막론하고 귀히 된다.

歲上의 官星이 中宮을 助하여 日을 生하거나(官印相生임), 中宮의 官星이 歲를 生하여 다시 日을 生하거나, 歲宮의 官星이 月宮을 生하여 다시 日을 生하거나, 歲月의 官星이 함께 中宮을 生하여 다시 日을 生하는것 등은 모두 일찍 青雲(벼슬)에 오른다. 이에 吉門과 吉卦를 加하면 더욱 아름답다.

官이 乘旺 居旺된 가운데 歲와 中宮이 官星을 生하며 年月日時宮에 모두 吉門 吉卦를 만나면 王侯의 命이다. 그러나 이 가운데 하나라도 나쁘면 아무리 旺하여도 壽를 못하고 短命하다.

年月日時 가운데 二三의 吉門 吉卦를 만나면 高官이오, 一二의 吉門과 吉卦를 만나면 下品官이다.

歲官과 中宮이 모두 官을 生하고, 官이 乘旺 居旺, 乘生 居生되며 다시 年月日時 가운데 杜門·禍害가 있으면 將帥格이다. 年月日時에 四九와 庚辛金이 모두 있어도 大將

의 命이다。 왜냐하면 金은 西方의 肅殺之氣로 역시 殺星으로 보기 때문이다。

歲宮이 中宮의 官을 生하고 官이 日辰宮을 克하되 日이 乘旺生되거나、歲宮에 生門

과 福德을 만나고、官이 居旺、居生되거나、日이 乘旺된 가운데 中宮의 鬼가 受生된 것

등은 化殺爲貴(鬼가 官으로 化함)로 將帥格이다。

歲宮이 開門 福德을 만나 中宮을 克하고 또 二七火가 임하면 生殺權을 잡는 武官이나

刑官이다。

歲宮이 官宮을 克하고 日宮이 官宮을 生助하면 한때 수난을 당하지만 뒤에 다시 세

력을 잡는다。 또는 官數가 天盤의 생(受生)을 받으면 삭탈관직을 당할지라도 다시 복

직된다。

官星이 生旺되어 中宮에 居하면 앉아서 사방을 진압하는 상이니 大權을 잡는다 (물론

己身宮이 吉한 뒤라야 이에 해당한다는 뜻이다。)

歲에 있는 官星이 歸魂을 만나면 관직을 파면당한다。

月宮에 生門·開門·景門이 임하면 관직에 유리하고、月干에 三奇가 加하여도 吉格이

오、月干이 旺하고 生旺地에 거하면 역시 벼슬운이 좋다。

年月日時에 모두 絕命을 만나고 双鬼가 中宮에 들면 不吉인데 극히 곤경에 처하게 되

면 凶極生吉의 원칙이 적용되어 갑자기 귀히 된다。

月年日時宮이 모두 受生 乘旺 兼旺되면 大貴한다。

雙印이 九宮內에 있으면 達人(모든 재능이 뛰어난 사람)이 된다。

官이 日宮에 임하여 乘旺하면 평생 관직이 떠나지 않는다.

歲가 受生되고 日도 受克되면 관운이 좋고、歲支가 日의 天乙貴人이 되고 歲宮에 開

門과 福德이 들면 과거에 급제한다.

歲貴가 歲宮이나 中宮에 있으면 관직에 길하고、日馬가 歲宮에 있거나、歲馬가 日辰이

나 中宮에 있거나、官星이 歲祿에 해당하는것 등은 모두 관직운이 좋다.

日祿이 歲宮에 있거나、歲祿이 日辰이나 中宮에 임한것도 관운이 좋다.

歲가 官을 克하면 不利한데 이렇더라도 官이 兼旺되면 무방하고、官이 居死되어도 受

生이면 해가 없다。또는 官이 居死 受克될지라도 歲가 開門을 만나면 허물이 없다。

歲가 日辰에 임한것、日貴가 歲宮에 임한것、官이 日에 임한것、歲宮이 日辰을 生한것

등은 비록 官이 居死·居克일지라도 지장이 없다.

開門에 歸魂이 임하면 직위가 위태로운듯 하나 관계 없다。비록 官이 空亡일지라도 歲

宮이 官을 生해주면 파면에 까지는 이르지 않는다。그리고 官星이 歲支宮에서 生旺되어

있고 日辰도 吉하면 일생 관운이 大昌한다.

天盤 日干宮이 直符를 만난것、天盤의 日干에 開門을 만난것、日干이 吉門을 만난것

은 벼슬이 一品이다.

月支가 生門을 만난것、月干에 福德을 만난것 官이 居生、居旺 受生된것、月干에 三

奇를 加한것 등은 모두 관운이 좋다.

官星이 月令에 休囚死絕 된것、官星이 居死、受克된것、歲支가 絕·墓된것、官星이 空

亡된것、官星이 杜門 休門 歸魂 絕命을 만난것、歲宮에 杜門 休門 歸魂 絕命을 만난것

歲와 日이 모두 受克된것、殺이 중첩된것 등은 모두 관운이 없고、혹 관직을 얻더라도

얼마 가지 못하고 그만두게 된다。

月干에 傷門 및 杜門을 만나거나、門이 宮을 克하거나(迫格)、丙庚이 加臨하거나 官

이 居死、受克되면 불길이니 아예 名利를 구하려 하지 마라。

太歲나 官星이 日의 空亡에 들면 반드시 파면당하거나 애당초 얻지 못한다。

天任이 官星에 임하면 변동수가 있는데 이 天任이 歲에서 杜門 歸魂을 만나면 관직을

내놓게 된다。

官이 長生地에 앉으면 受克 空亡되거나 歲에 杜門 休門이 있을지라도 허물이 없다。歲

와 中宮이 受生 兼旺되어도 지장이 없다。

고로 官이 兼旺이면 지위가 一品에 오른다。

官이 月令에 生旺된 가운데 十二運星의 冠帶 帝旺이 임하면 벼슬이 一品까지 오르고、

胎養이면 어렵게 出世한다。

본래 太歲는 官을 主管하는 神이다。 그러므로 太歲宮에 開門과 天宜를 같이 만나면

급제한다。 月支에 開門과 天宜를 만나도 급제한다。

歲支에 있는 六儀가 月이나 宮의 生扶되면 길하고、衰弱되면 불리하다。

官數가 本儀(가령 官이 一六水면 壬癸儀를 만난것)를 만나면 벼슬이 뛰어 오르고、儀

가 旺宮에 들면 門卦의 吉을 얻지 못하여도 무방하다。

九天이 歲支 혹은 歲干이나 月干宮에 임하여도 높은 관직이다。

月建이 日辰의 符頭(壬午日이면 甲戌旬中이오 甲戌己가 日辰符頭이니 月建이 己丑 己

巳 등이 되는 것) 이거나, 月干이 時의 直符甲(즉 時의 符頭로 丙寅時면 甲子旬中이오

甲子戊로 戊가 月干인것) 이면 벼슬이 將相에 이른다.

또는 歲干이 吉門과 吉卦를 얻지 못하면 관운이 없는 사람이오, 두가지 가운데 一이라

도 만나면 무방하다. 만일 天盤이 地盤 歲干字를 克하면 길흉이 자주 번복된다.

⑦ 子孫論

日辰數가 生해주는 五行數가 子孫인데 陽年生은 陰數로 子를 삼으니 陽數가 女요、陰

男은 이와 반대다.

子孫數가 一六水면 一이오 二七火면 二、三八木이면 三、四九金이면 四、五十土면 五

子女라 한다。(陰陽數로 男女의 數를 계산하라)

時宮의 上下數가 陽이면 먼저 男兒를 낳고 陰이면 먼저 女兒를 낳는다。

子孫宮이 天盤과 相生이면 子女가 많고 相克되면 낳더라도 기르기 어려우며 子孫宮이

受克 居克 休袞되면 역시 불리하다。 孫이 空亡이면 애당초 낳지 못하거나 낳더라도 기

르지 못한다。 혹 空亡이라도 旺地에 있으면 養子를 두어 代를 잇게 되며、孫이 月의 養

宮에 닿아도 養子를 들일 가능성이 높다。

孫宮에 休門이 임하면 子女가 不旺하고 子孫이 休門(本 位置 즉 坎宮인듯)에 들어도

— 241 —

男兒를 낳기 어렵다.

孫宮에 官(天盤)이 임하고 死門·絶命을 만나면 낳아도 夭壽하고、總卦와 子孫宮이 相

克되면 종내 자손의 덕을 보기 어렵다.

孫宮에 傷門·禍害가 임하면 많이 손실하고、孫宮이 受克이면 기르기 어렵다. 子孫을

克하는 五行이 乘生 乘旺이면 生子하나 단명하고、孫을 克하는 五行이 失令되면 액이 감

소된다.

孫宮이 受生이라도 時干이 死絶地에 놓인 가운데 天盤의 克을 받으면 기르다가 잃는

다. 이 경우 門卦가 吉하면 厄을 면할 수 있고 門卦가 凶하면 가망이 없다.

孫宮이 居死면 많이 잃고、空亡이면 질병이 따르며 혹은 父母곁을 떠난다. 고로 孫

宮은 乘生·乘旺、居生 居旺 受生 兼旺이라야 실패없이 잘 키울 수 있다.

子孫宮의 生旺으로 多少를 추정한다. 生旺이 一이면 培로 하여 二요、生旺이 二位면

四、生旺이 三이면 六이라 한다.

孫宮이 生旺되면 똑똑하고 착한 자식을 두고、쇠약되면 어리석거나 悖倫하는 자손을

둔다.

孫宮의 天地盤이 四九金이면 異腹의 子女를 두리니 庶子나 私生兒를 두기 쉽다. 그리

고 胎上의 數가 一六水면 私淫에 의한 子女를 孕胎한다.

孫宮이 日의 長生宮이면 孫宮이 비록 月의 休囚되거나 受克될지라도 반드시 代를 계

승하는 자손을 두게 된다.

時干은 子女를 主管한다。天盤 財가 時干을 克하면 不吉인데 이 경우 孫宮이 月令의

生旺되고、天盤의 生을 받으면 처음 한두차례 실패를 보나 늦게 二三子를 둘 수 있다。

어느 해에 得男하는가를 알려면 子孫數를 中宮에 넣고 九宮에 배치하여 生氣宮에 어떤

數가 닿는가를 본다。만일 生氣宮에 닿는 數가 一六이면 壬癸年이오、二七이면 丙丁年

三八이면 甲乙年、四九면 庚辛年、五十이면 戊己年이라 추리한다。다음 아들은 生門宮을

본다。

또는 子孫數가 生旺되는 年에 生子하고、空亡이면 空亡이 나가는 年에 生産한다。

生女하는 年을 알려면 子孫數를 中宮에 넣고 逆行하여 生門宮에 닿는 數로 年을 推知

한다。즉 一六水면 亥子年 二七火면 巳午年이라 한다。次女는 같은 방법으로 九宮을 짚

어나가되 이번에는 生氣宮에 닿는 數로 의거한다。

또 時干은 男兒에 속한다。時干이 死絕・墓。空亡에 떨어지면 비록 數가 旺하고 受生

될지라도 자손을 두기 어렵다。

時干上에 만일 生門과 生氣를 만나면 비록 絕鄕에 있더라도 生育한다。

時干字의 地盤六儀가 天盤의 克을 받으면 月令과 宮의 旺衰를 불문하고 불길이라 한

다。반대로 地盤이 天盤을 克하면 旺相休死를 막론하고 代를 이을 자손은 두게 된다。

孫宮이 旺相이면 일찍 生男하고、休地에 居하면 中年에 生男이오 居休되면 매우 늦게

太白(九金 및 庚金)이 日支宮에 加하면 初年에 生産을 못하고、孫이 兼旺、居旺하고

두거나 자식이 없다。

孫宮이　流年의　旺相을　만나고　歲月宮이　生門　生氣면　당년에　得男의　경사가　있다.

日數에서　起胞하여　胎에　이르는　곳에　日鬼가　되면　낙태하거나　死胎된다.

⑧ 人品論

五行이　구비되고　年月日時와　中宮에　음양이　배합된　命은　賢人이오、五行이　구비된　가운데　寅申巳亥　辰戌丑未　子午卯酉가　年月日時에　고루　갖추어져　각각　相生되어　나가면서　純陰이면　聖人　또는　天子의　人品이다.

年月日時上에　貴와　祿이　임하고、歲數는　月干의　貴요、月數는　日干貴、日數는　時干貴　時數는　歲干貴로　모두　이루어지면　이는　極品의　인물로서　天子라야만　이러한　命을　타고　난다.

五行이　구비되고、孟·仲·季로　年月日時가　이루어진　가운데　각각　聯珠로　順生되어　純陽이면　聖人의　夫人이나　王妃의　命造다.

歲數는　月干貴요、日數는　時干貴에　月數는　歲干祿이오、時數는　日干祿이　되면　이는　王子의　象이다.

歲貴가　歲祿으로　化한　가운데　財가　動하여　官을　生하고　官旺이면　公侯의　象이다. 그러나　官이　衰하거나　財가　動하지　않으면　不然하다.
―

日辰 數가 歲干貴가 되고 中宮의 財가 兼旺 居旺 乘旺하면 재상의 자격이오, 또는 歲支

數가 日干貴요 財가 日辰에 임하여도 재상이 될만한 人品이다.

中宮의 재성이 아니더라도 官이 旺相한 命에 歲宮은 開門 福德을 이

루면 一品貴를 누리는 인물이라 할 수 있다.

金貴가 乙己 丙丁宮에 있고(乙己貴는 申 丙丁貴는 酉가 되어 日辰의 貴) 歲宮에 開門

福德을 만나며 官害가 임하면 武將이 될 命이다.

貴人이 金(申酉)이 되어 歲와 中宮을 生하고, 中宮이 日을 克하되 日이 月令의 生扶를

받으며, 또는 歲宮이 中宮을 生하고, 居旺하면 化殺爲權이니 장수의 명이다.

또는 歲宮이 中宮의 鬼를 生하고, 日宮이 乘旺되어도 將帥의 명이다.

鬼가 中宮에 受生되어 動하고 日辰宮이 乘旺하거나 兼旺하면 역시 將帥가 될 인물이다

月鬼가 日에 임하고 日鬼는 月에 임한 가운데 中宮에서 財가 動하거나 歲宮에 開門 福

德이 임하여 日을 生하면 長官의 命이다.

官星이 歲干貴 및 歲官祿이 되면 一品官의 命이오, 歲가 日을 生하고 기타의 길격을

이루면 급제하여 계속 영전해 나간다.

乙丙丁 三奇가 年月日時宮에 모두 있으면 奇士요, 歲宮에 開門 福德이 임하면 上品之

人이다.

二火는 丁인데 丁은 幻術을 주장하므로 二火가 年月日時에 加하면 幻士라 할 수 있다

水는 智慧之神이다. 一六水가 年月日時에 多臨하면 才士요 단 水가 日宮에만 임하여도

— 245 —

才士다。

年月日時宮에 杜門 休門 死門 絕體 絕命이 중첩되면 隱士의 명이다。

日辰이 華蓋면 術士가 되기 쉽고、 中宮과 歲宮에 鬼가 임하거나 歲宮이 中宮의 鬼를 克하면 鬼神을 부리는(박수 무당 등) 사람이다。 日辰宮이 艮宮에 居하여 歸魂 杜門 生門 등이 많이 임하면

艮은 山이오 鬼의 窟이다。

山에 隱居하는 사람이다。

天宜 遊魂이 중첩되면 名士가 못된다。

双三의 火金이 相戰하는 局이나 官星이 空亡되고 休門이나 歸魂을 만나면 名利를 얻지 못한다。

日이 受生된 가운데 財가 受生되어 歲의 生助를 받으면 富命이오、 日이 受生된 가운데 官이 受生되어 歲의 生助를 받으면 官貴의 命이다。

財가 日辰宮에 임하면 財物이 궁핍할 때가 없고 (財不離身) 官이 日辰宮에 임하면 官職이 몸에서 떠나지 않는다。

年月日時가 함께 生하고 化殺된 가운데 日辰宮이 旺하여 吉格을 이루면 일생 평탄히 지낸다。

年月日時가 모두 生을 받고 旺으로 化하여 貴人과 祿을 年月日時에서 만나면 大富大貴한다。단 年月日時中 年月日、 月日時、 年月時 등 三辰만 生을 받아 旺하여도 역시 富貴 兼全한 命이라 한다。

日辰에 生門 生氣를 만나거나、時宮이 兼旺하고 歲宮이 居旺하여、中宮을 生하고 中宮

이 다시 日을 生하거나、中宮이 歲를 生하고 歲가 日을 生하고 月은 日을 生하는 命이다。

또는 歲와 月이 함께 日을 生하거나、歲가 月을 生하고 月이 日을 生하면 장수한다。

日辰에 生門 生氣요、受生되며 中宮이 日을 生하면 百歲長壽한다。

歲와 中宮이 같이 日을 生해주고、凶門 凶卦를 만나지 않으며、月令이 休囚死絶되지 않

으면 長壽한다。

己身數가 受生된 가운데 生門이 임하거나 中宮의 生을 받거나、日辰이 兼旺하고 吉門

吉卦를 만나면 장수한다。

대저 日辰數가 時令(月)의 生旺을 만나면 불에 들어도 타지 않고、물에 들어도 빠지

지 않는다。 그만큼 身命이 튼튼하다。

日辰에 死門 絶命이 임하고 겸하여 乘死・居死된것、歲가 中宮을 生하여 中宮이 日을

克하거나、歲와 月이 함께 日을 克하거나、日辰이 受克된 가운데 死門 絶命 禍害가 임

하면 이 모두 短命한 命이다。 만일 長壽한다면 일생 지극히 고생하며 살아간다。

歲와 中宮이 합세하여 日辰을 克하는 중에 死門 등 凶門을 만나고 生氣宮이 生助를 받

지 못하면 大凶하다。

日辰에 絶命을 만나면 夭壽의 命이다。 그러나 時令의 生旺을 얻으면 간신히 위기를

넘기면서 살만큼 산다.

中宮이 歲宮에 든 官鬼를 克하면 日辰에 絕命이 닿더라도 夭壽를 免하는데 受生乘生이면 장수한다.

絕命을 만난 歲宮이 日을 克하면 비록 生氣를 만날지라도 夭壽한다.

中宮이 歲宮을 克하면 사는 것이 살지 않는 것만도 못하다.

歲宮에 七九가 있어 年月日時가 相戰하면 극히 단명하고, 歲가 中宮을 克하면 日에 生氣가 있더라도 壽命이라 칭할 수 없다. 七九가 乾·巽·艮·坤 四維에서 相戰하고 있어도 夭壽한다.

日時가 旺하고 門과 卦가 吉하면 비록 日辰數가 月의 休衰라도 장수한다. 그러므로 日이 乘旺됨을 가장 좋게 여기나니 비록 大厄을 당할지라도 무사히 넘긴다. 그러므로 凶格中에는 雙金(九九) 雙火(七七)가 가장 흉하다. 歲宮이나 中宮에 들고 日辰이 無氣하면 大凶하다. 특히 官鬼宮에 七七 丙丙 九九 庚庚이 있는것을 크게 꺼리는바 雙金을 더 凶惡으로 여긴다. 그러므로 官鬼宮이나 歲宮 中宮에 雙金이 있으면 惡死하거나 夭死한다. 즉 燒死·溺死·打殺死、自結 등으로 생명을 잃는다. 雙金이 中宮에 動하여 日을 克하거나 歲宮에 官鬼가 임하여 日을 克해도 모두 위의 흉격에 해당한다.

몇살에 死亡하는가를 알려면 天干數를 中宮에 넣고 逆布하여 絕命宮에 닿는 數로 추리한다. 絕命에 一數가 닿으면 一세、二數는 二세 등으로 본다. 단 十二세 二十二세 三十二세 등 나이가 끝자리에 이르는 때의 危命이라 하는 것이지만 만일 絕命宮數가 兼旺되거나 受生되면 絶命으로 보지 않는다.

生氣가 死門과 같이 임하면 絶命宮의 日辰으로 보고、歲宮에 絶命이면 支局의 生氣數로 결단하며、日辰數에 生氣를 만나면 絶命數로 결정하고、日辰에 生氣가 닿고 歲宮이 絶命이면 歲宮數로 몇살에 危命인가를 가늠한다.

絶命과 死門이 對冲宮으로 되거든 死門으로 기준하고、乘克과 受克된 가운데 兼旺이면 歲支宮의 數로 결단한다.

이상 모두 天壽의 命이면 單數를 取用하고 長壽命이면 十數로 取用하며 天壽命이 가령 一六이면 一을 取하고、長壽命이 가령 一六이면 六을 取하여 六十歲라 한다.

日辰에 生氣가 임하였으면 干數를 넣고 돌려볼 필요 없이 그냥 絶命宮의 數를 취하고 歲나 月宮에 絶命이 임하여도 역시 干數入中하여 逆行할 필요없이 生氣宮의 數로 결단한다.

生氣가 居克되어 兼旺이면 歲支宮數로 보고、歲宮에 開門 福德이 임하거든 歲의 冲宮數로 추리하며、日辰이 金이고、生氣를 만나 空亡이거든 生氣의 冲宮으로 보고、絶命・休門이 같이 있거든 絶命宮의 數로 추리하라.

雙印이 局內에 있어 中宮을 生하거나 中宮이 己身宮數를 生하면 壽命이다.

鬼가 動하거나 日이 受生되어도 壽命이 아니오、雙鬼가 局內에서 月令에 生旺되면 역시 단명하다.

歲宮의 九金이 中宮의 鬼를 生하거나 歲宮의 九金을 生하는 者가 旺하고 日이 無氣면

天死한다.

七火나 九金이 月令의 生扶되어 居生、居旺。受生 兼旺한 가운데 歲나 日宮에 死門 絕

命이 임하면 夭死한다。歲日에 死門 絕命이 없으면 夭壽는 면하고、질병이 많이 따른다。

凶格에 劫殺이 日에 임하고、死門과 絕命을 만나면 十歲도 넘기기 어렵다。

日辰에 死門 絕命 만나는 것을 가장 凶格으로 보는 것이지만 日辰이 月令의 生旺을 만

나면 夭壽라 하지 못한다。또는 月令의 生旺이 아니라도 日이 受生된 가운데 歲나 中宮

이 日辰을 生助하면 夭壽하지 않는다。또는 雙印이 局內에 있어도 壽가 연장된다。

年月日時宮에 모두 絕命・禍害를 만난 가운데 雙鬼가 中宮에 動하면 極히 凶格이지만

이런경우는 絕處逢生의 이치가 적용되어 도리어 長壽하는 수가 있다。

年月日時에 모두 開門 福德을 만나면 百殺이 權(貴)으로 化하므로 長壽富貴한다。

어느해에 死亡하는가를 알려면 年月日時干을 합쳐 九로 除한 나머지 數(이를 干數라

한다)를 中宮에 넣고 逆行하여 陰陽遁을 구분 陽局人은 地盤의 歲干字、陰局人은 天盤

의 歲干字에 이르는 數로 추리한다。 歲干字에 이른 數가 一六이면 壬癸年、二七이면

丙丁年、三八이면 甲乙年、四九면 庚辛年 五六이면 戊己年인데 陽數는 陽年 陰數는 陰年

干으로 한다。

死亡日을 알려면 支數(年月日時를 총합 九로 除한 나머지 數)를 中宮에 넣고 九宮을

逆行하여 歸魂宮에 닿는 數가 어느 數인가를 본다。一이면 子日 二이면 巳日 三이면 寅日

四면 酉日、五면 辰戌日、六이면 亥日、七이면 午日、八이면 卯日、九면 申日、十이면

丑未日이라 한다.

時間을 알려면 支數를 中宮에 넣고 위와 같이 九宮을 逆行하여 時支宮에 닿는 數로 결정한다. 一이면 子時、二면 丑時、三이면 寅時의 例로 시간을 정한다.

⑩ 五行性理論

日辰宮(世宮、가령 寅日이면 丑寅의 艮宮이 世宮인데 艮에 一六水가 있으면 己身의 五行은 水가 된다)의 五行으로 참고한다.

○ 一六水

一水는 壬子의 陽水에 속한다.

水는 智慧를 주관하니 才智가 뛰어나고 슬기로우며 文章에 뛰어나고 大志大謀가 있다. 活氣가 양양하여 洪水가 山野에 汎濫하면서 바윗돌도 움직일만한 기세가 있는가 하면 事物의 처리에 능하고 寸刻도 멈추지 않고 활약하는 大活動家라 하겠다. 身强者는 의협심이 많고、山을 빼고 세상을 덮는 기개가 있으나 너무 지나쳐서 헛되이 정력을 소모하는 경향도 없지 않다.

天性이 淡泊하여 害物之心이 없고 남에게 은혜 베풀기를 좋아하는 美德이 있다.

어쨌든지 一水의 성질은 지혜롭고、謀計가 깊으며 寬仁하고 감정이 풍부하며 활동성이 강하지만 자칫 激怒하기 쉬운 면도 있다.

六水는 癸亥의 陰水다。

陰水는 촉촉이 내리는 부슬비와 같고 완만한 계곡에 잔잔히 흐르는 시냇물에 비유된

다。 때문에 함축성이 있고、남의 감정 깊은 곳까지 스며들어 남의 가려운것 까지도

간파한다。 활동적이 아니고、靜的인 정서면을 좋아하나 융화력이 있어 화합을 잘하고

두뇌가 明敏하다。 판단력이 정확하여 남의 計謀를 직감적으로 깨달아 이를 대처하는

데는 怒濤와 같이 勇猛性을 발휘하여 물리친다。 평소에는 침착하고 침울성이 있어 지

나치리만큼 감정에 사로잡히는 까닭에 巨視的인 眼目이 결여되기도 한다。 너무 극단

적인 감정의 지배자로서 怪傑 偉人 烈人 奇人 등이 이 命에서 많이 나오는데 潔白性이 있

고 다정다감하여 功益에 獻身努力하는 특성이 있다。

六水命이 身弱이면 우유부단할 우려가 있다。

○ 二七火

七火는 丙午의 陽火다。

七火는 南方의 火神으로 빛과 禮를 主管하므로 明德이 있고 총명하며 禮를 좋아한다

혹은 성질이 급하고 말이 급하며、한가지 일을 오래 끌고나가는 침착성이 부족하여 이

것 저것 많은 일을 企劃해서 착수해나간다。 幻術을 좋아하여 幻士가 많이 나오며 口

舌과 鬪爭을 좋아하므로 是非도 많이 따른다。 六親間이나 친구간에 不睦하는 경향이

있는가 하면 他面에는 壯麗하고 豪快하여 자질구레한 일은 떨구고 혐의하지 않는 長

點을 지니고 있다. 活潑하고 情熱的이어서 果敢한 決行力이 있고 手腕이 민첩하며 臨

事에 能小能大하다. 그러므로 남이 念頭도 못낼 大事를 성취하지만 忍耐力 부족으로

中途에 魔障만 생기면 쉽사리 포기해버리는 短面이 있다. 感情에 치우쳐 暴怒를 잘하

고 名利心이 매우 강하여 남에 讓步하려 아니한다.

二火는 丁巳의 陰火니 七火의 丙午火와 같이 맹렬하게 타오르는 불이 아닌 끄느름하

게 타고 있는 불이므로 熱과 빛은 미약하지만 持久力이 있다. 外觀은 溫微하고 安靜되

어 보이나 內心은 急燥하여 자칫 감정이 폭발하기 쉬운데도 抑制心이 강하여 표면에

잘 나타나지 않는다. 고로 表裡가 다르고 矛盾性이 내포되어 있어 자연 善無功德의

오해를 받는다. 한편 智慧가 明敏하고 辯論도 능하며 상냥하고 사람을 잘 따르고 社

交的이고 친절하다. 個中에는 虛僞的이고 輕率한 者가 간혹 있으나 대개 침착하고 人

情이 풍부하며、良心을 속이지 못하고 솔직하다.

○ 三八木

三木은 東方의 甲寅 陽木이다. 木은 仁을 주장하니 仁和하고 寬容하며 形貌도 長秀

하다. 그러나 木이 太過하면 傷利之患(財의 손해、財로 인한 厄)이 있고 木이 空亡

이면 木이 折한 상이어서 흉하다. 표면은 얌전하나 고집이 세고、思慮가 치밀한 가운

데 華麗한 風度가 있다. 理智的이고 착실하며 百折不屈의 의지로 끊임없이 노력하므

로서 상당한 발전을 기약한다. 木性의 장점을 살려 부지런히 노력한다면 雜木가운데

서 松栢이 우뚝하게 솟은것 같다。 질투심이 너무 강한것이 결점이며 利害관계에 밝아

打算的이란 말을 듣게 된다。 思考力이 깊고 人望과 信用을 重大視하므로 허튼 소리

를 잘 아니한다。

八木은 乙卯 陰木이다。 受動的이어서 外觀은 溫厚하고、 隱忍自重하여 어떠한 난관

에 봉착할지라도 동요되지 않고 견디어 나간다。 참을성이 있어 침묵을 잘 지키며 事

理를 분별하는데 능하다。 왠만한 일은 남에 의뢰하지 않고 自己의 基礎를 확립하는

수단가라 하겠다。 성질을 함부로 내지 않다가 心中에 鬱結된 감정이 한번 폭발하면 怒

氣를 폭발하며 事理整然한 言辯을 쏟아 놓는다。 異性에 대하는 감정이 깊고 즐거워한

편이나 金錢에 대한 집착이 강하여 함부로 放蕩에 빠져들지 않는다。 그리고 陰木은 비

유하건데 草木이 단단한 땅을 뚫고 나와 가뭄과 거센 비바람 속에서도 千辛萬苦를 견

디면서 滋養分을 흡수하며 成長하는 氣象과 흡사하다。

乙木은 靜思 偏屈 執念 질투 등이 대표적인 성격이라 하겠다。

○ 四九金

九金은 庚申의 陽金으로서 西方의 肅殺之氣라 한다。 金은 義를 주장하므로 비루하거

나 의롭지 못한 것을 보면 慷慨心이 생겨 희생을 돌보지 않고 義俠的인 행동을 감행

한다。 군고 씩씩하여 一刀兩斷의 男性的인 氣質이 농후하여 매사에 速戰速決을 좋아

한다。 九金이 過多하여 太强則折이라 도리어 刑殺의 厄을 면키 어렵다。 金空이면 鳴

이라 과연 찬란한 빛의 상징이오、 한번 두드리면 쟁연하게 소리를 울리는 것이니 旺金

이 火의 克을 받으면 大器를 이룬다。 고로 강예한 칼날과 같은 성격의 소유자로 서

릿발 같은 언동은 능히 무리를 압도하고 두렵게하여 통솔한다。 뿐 아니라 용기와 결

단력이 강하여 萬難을 배제한 뒤 명성을 떨친다。 단 지나치게 頑强하여 융통성이 없

는 고집불통이 될 우려도 없지 않으니 이점만 수양하면 가장 이상적인 남성적 성격의

소유자라 하겠다。

金의 性格은 誇大 自傲、焦急 太强 勇斷 銳利 등이 特性이다。

四金은 辛酉의 陰金이니 三秋的인 쌀쌀한 氣風과 온화한 성품을 겸비하였다。剛毅하

면서도 九金처럼 억세지 않고 부드러워 能柔能剛하니 사람의 마음을 이끈다。進就意

慾과 初志一貫하는 인내력이 있어 한번 마음속에 둔 일이면 서두르지만 않을 뿐 끝내

해내고야 만다。內剛하면서도 너그럽고 원만하여 생애중 별로 敵이 없으나 몇번이고

용서하다가 일단 미움을 사면 그 뒤에는 아무리 죄를 빌고 사과해도 소용이 없다。안

에는 그만큼 매서운 면이 숨겨지고 있기 때문이다。 그리고 원만한듯 하면서도 사람을

미워하고 싫어함에는 극단적인 경향이 있어 말로는 부드럽게 대하지만 상대하기를 회

피한다。 반면에 한번 좋아하는 사람에게는 그가 비록 단점이 있더라도 장점으로 보는

偏見도 농후하다。

○ 五十土

五土는 戊辰戊의 陽土다。 淳朴하고 信義가 있으며 재운이 따르는 가운데 검소하여

왠만큼 기반만 얻으면 自手成家로 致富한다。 그러나 土가 過多하면 매사에 막힘이 많

고 쇠약하면 우둔하다。

土性은 본시 堅固하고 厚重하여 萬物을 司令한다。 고로 萬物을 生長시키면서 스스

로 즐거워한다。 土는 또 萬物에 은덕을 베푸는게 근본이니 남 도와주기를 즐거워하고

恩德을 베풀며 雅量과 和親을 주장하여 많은 사람들의 흠선을 받는다。 매사에 용의주

도하고 완벽하여 윗 사람에게 신뢰받고、 아랫사람에게는 존경을 받는다。 土輕하면 쉽

게 친했다가 쉽게 멀어지는 경향이 있고、 꽁한 생각을 잘 하여 반발심을 부리기도 한

다。

특히 自負心이 강하고、 名分을 좋아하며 사람을 깔보는 경향이 있고 投機的、 昌險的

이어서 橫發橫敗한다。

十土는 己丑未의 陰土다。 陰土는 卑濕하고 中正한 土이므로 萬物을 蓄藏하는 功이

있다。 己土는 또 未開墾的인 荒野의 버려진 土에도 비유되어 地形的 환경적인 영향에

따라 크게 出世도 하고 未開한 愚夫도 된다。 고로 十土에서 傑出者도 많이 나오지만

愚蠢한 者도 많이 나온다。 비유하건데 農夫의 손으로 잘 가꿔지면 기름진 沃土가 되

지만 農夫의 손길이 닿지 못하면 荒廢되어 쓸모없는 平原의 野土가 되고 마는 것과 같

다。

表面은 온화하고 침착하며 厚德한것 같으나 內面은 기발하게 약고 利己的이며 奸計

가 있고 保守的이오 사람 차별을 많이 한다。 그러면서도 사람을 잘 사귄다。 질투심

이 강하고、실천력이 있으며 남이 상상도 못할 기발한 아이디어도 잘 내세운다。 사람

을 일단 의심한 뒤에 믿는 성질이며、한번 의심스러운 일을 보면 이후는 절대 곧이

들으려 아니한다。

土는 萬物을 싣고 滋養하는 德이 있으니 이 德을 본받아 象生을 慈悲롭게 대하고 思

義를 널리 베풀면 그 名聲이 하늘끝까지 미친다。 고로 高僧과 名僧은 이 土命에서 많

이 나온다。

(2) 身數評

主人公의 生月生日 生時를 기준한 流年太歲의 年月日時中 日支宮의 地盤數가 世요

己身이며 이 己身數 五行으로 四柱의 例대로 生克比和 및 陰陽관계를 따져 六親을 定

한다。

日辰數가 月令의 生旺되거나 宮의 生扶되거나 兼旺 受生되면 一年 身數가 大吉이오

겸하여 吉門과 吉卦를 만나면 만사 대길하여 좋은 官職이 생기고 在職者 榮轉이오、事

業은 大昌한다。

身數占에 中宮은 家庭이니 中宮과 己身이 相生 比和되면 吉하고、中宮이 己身을 克

하면 凶하며、己身이 中宮을 克하는 것은 무방하다.

動爻를 정하되 年月日時 干支數를 총합해서 六六除之로 나머지 數가 動이니 나머지가

一이면 一數動이오、二면 二數動이라 하고 또는 一이 官鬼면 官鬼動이오、二가 兄이면

兄弟動이라 한다.

己身이 吉한 중에 官鬼宮에 吉神이 임하여 發動하면 官職의 榮轉、得官、官人의 도움

등 官慶이 되지만 특히 偏官에 凶神이 임하여 發動하면 官災 疾病 橫厄이라 한다. 正官

도 凶神이 임하면 化官爲殺이 되고 偏官도 吉神을 만나면 化殺爲官 또는 化殺爲權이라

하여 官權의 吉慶이 있다. 단 己身數가 쇠약하지 않은 뒤라야 이에 해당한다. 그러므

로 要는 己身이 乘生、乘旺、居生、居旺、兼旺、受生中에 二가지 條件을 만나 世가 미약

하지 않고 吉門 吉卦와 기타의 吉星을 만나면 他宮이 아무리 不吉하여도 凶으로 보지

아니한다.

中宮이 太歲를 도와 日을 生하거나、歲가 中宮을 도와 日을 生하거나、月時宮이 中宮

을 도와 日을 生하거나、中宮이 月時를 도와 日을 生하거나、旺한 中宮이 世를 生하면

萬事 대길하다.

兼旺한 印綬가 歲나 中宮에 있거나 年月日時 가운데 어느 宮에 있어도 一年 凶厄이 없

고、厄이 이르더라도 자연 풀려진다.

年이 月宮을 生하고、月은 日宮을 生하며、日은 時宮을 生하고、時는 歲宮을 生하거나

時宮에서 日、月、歲의 차서로 相生되어가면 만사 안되는 일이 없고 몇해 묵었던 소원까

지 성취된다.

歲는 一年을 主宰하는 宮이니 歲宮이 吉해야만 一年間 吉이오、歲宮이 凶하면 一年間

凶이며、月은 月間의 吉凶이오、時는 잠시간의 吉凶을 作用하되 月의 吉凶은 八宮의 소

속된 月宮의 旺弱과 吉凶神으로 추리한다.

正月은 艮宮、二月은 震宮、三四月은 巽宮、五月은 離宮、六七月은 坤宮、八月은 兌宮

九十月은 乾宮、十一月은 坎宮、十二月은 艮宮을 보라.

歲宮이 月을 克하고、月은 日을 克하며 日은 時를 克하거나、歲가 月을 克하고、月은

歲를 克하거나、月과 日이 같이 歲宮을 克하면 一年間 憂患이 따르고 경영도 순조롭지

못하다.

歲宮이 中宮을 生하여 中宮이 日을 克하거나 中宮이 歲를 生하고、歲宮이 日을 克하

거나、日宮이 歲와 相克되면 身數 不利하다.

中宮이 克을 받거나 中宮에 凶門 凶卦 凶星이 임하면 가정이 시끄럽고 우환이 떠날날

없으며 사업의 기반이 흔들린다.

日에 官鬼와 絕命 死門이 있으면 凶厄이 많고 질병으로 고생하거나 刑厄을 면치 못한

다.

日에 七九가 있거나、庚丙이 임한 가운데 歲와 中宮의 生을 받으면 負傷、疾病、損財

등을 면키 어렵다.

驛馬가 발동하면 海外 등 먼곳으로 出行하게 되고、桃花가 발동하면 酒色으로 실패하

거나 淫行을 저지르게 되며 喪門 吊客이 발동하면 服制數가 있다. 喪門 吊客이 어느 六親에 해당하는가로 추리할 것이며、만일 喪門 吊客이 中宮에서 동하면 반드시 가족가운데 死亡人이 있는 것으로 보아야 한다.

太歲는 一年의 主人이오、君父에 비유되니 임금이 현명치 못하면 나라 백성들이 도탄에 빠지고 가정의 戶主가 不幸하면 家族이 다 같이 不幸해지므로 太歲가 길함을 요하는 것이오、中宮은 中央官廳이오 家宅에 해당하므로 家宅의 운을 보는데는 太歲와 中宮을 중요시해야 한다. 고로 世와 歲와 中宮 세 곳의 길흉으로 一年의 吉凶이 거의 판별되는 바 아무리 他宮이 좋더라도 歲·中·日이 나쁘면 소용이 없고、아무리 他宮이 나쁘더라도 歲·中·世만 生旺되고 吉門 吉卦와 吉星을 만나면 大吉이라 한다.

歲宮의 死門 絕命이 中宮의 官鬼를 生하거나、中宮이 歲宮의 死門·絕命을 生한 가운데 官鬼가 임하거나、歲나 中宮이 死門 禍害 絕命宮을 生하면 身厄이 있으리니 조심하라.

死門、禍害 絕命이 官鬼를 克하거나 空亡을 만나면 凶厄이 발생했다가 금시 해소된다 絕命 禍害는 어느 宮에 있든지 生旺 有氣하면 凶하다. 歲宮에 死門 絕命이 있고 空亡되어 日辰을 冲起하면 절대 外出하지 말아야 한다.

中宮이 絕命 및 官鬼를 生하거나 中宮이 死門이나 旺鬼를 生하면 大凶하니 出入을 조심하라.

日干宮이 居克 受克이면 生門을 만날지라도 불길하다.

父母가 발동이면 文書나 父母事、兄弟가 발동이면 兄弟事、官鬼가 발동이면 관직 및

관재 송사、우환、질병사、妻財가 발동이면 妻妾과 재물의 관한 일、孫數가 발동이면 子

孫之事라 하는데 六親宮의 吉凶 門卦로 吉凶을 추단한다。

또는 日辰宮의 天盤數 六親으로 今年中 무슨 일이 생기는가를 알아 보기도 한다。가령

天盤數가 官鬼면 官職事、官訟 憂患 疾病이오、(官은 官職、鬼는 官訟과 우환 질병)、財

면 妻나 財物之事、父母면 父母事、孫이면 子孫事、兄이면 兄弟事라 한다。

兄이 動하거나 日에 兄이 임하면 먼곳에 있는 朋友가 찾아오거나 괴이한 일이 발생하

거나 시비가 일어나거나 日에 임하거나 損財數가 있다。

馬가 中宮에 動하고 日宮의 上下(天地盤)가 六冲이면 自身이나 家宅의 變動이 있다。

日辰의 上下(天地盤)가 六冲이면 自身이나 家宅의 변동이 있다。

九金은 喪厄이오 七火는 禍殃이다。九金이 日에 임하여 泄氣되면 身病이 있고 五土가

임하면 陰年에는 身病이오 陽年에는 가정의 우환이다。

日宮이 居旺된 가운데 景門이 임하면 婚姻이나 生産의 경사가 있고、日辰이 受克된 가

운데 禍害나 絕體를 만나면 妻厄이 있거나 기타 人口가 損한다。

丙이나 庚이 日宮에 加하면 身厄이 아니면 家宅에 불안한 일이 생긴다。

기타 六親의 安否에 대해서는 四柱풀이와 같은 요령으로 推理한다。

三、格局論

(1) 九遁格

① 天遁

天遁(천둔)은 주로 興隆을 작용하는 吉神으로 生門에 天盤丙奇가 地盤丁奇와 같이 임한 것을 말한다.

이 天遁은 月의 精華를 가리움을 얻어 이룩된 것으로 行軍에 吉하고 策文을 올리는데 마땅하며, 王侯의 權에 의한 은혜가 내려진다. 그러므로 이 格은 百事가 다 興旺하고, 또는 開門에 丙奇가 임하면 天神께 기도하는 일에 매우 吉하다.

② 地遁

天盤 乙奇가 地盤 己儀를 만나 開門에 이른 것을 地遁이라 한다(혹은 開‧休‧生門이 乙奇와 같이 六合‧九地‧太陰宮에 있는 것도 地遁이라 한다) 地遁은 日精이 가리운 것이므로 尸身을 埋葬하는 일, 軍卒을 敵에게 발견되지 않도록 埋伏하는 일, 그리고 出入과 造作에 마땅하다.

休門이 丁奇와 같이 太陰宮에 임한 것을 人遁이라 한다(혹은 開·休·生門이 三奇를 만나 地盤 六合宮에 임하여도 人遁이라 한다)。人遁은 星精의 가리움을 얻은 것인데 간첩을 보내어 적의 정세를 探知하는 일과、自身의 종적을 숨기는 일、또는 귀인을 만나거나、賢人을 초빙하는데 길하고、혼인、經營 및 人材를 구해 쓰는데 모두 유리하다。

④ 風遁

乙奇가 休門이나 開門이나 生門과 같이 巽에 임하거나 丙奇가 開門과 같이 巽宮에 임한 것을 風遁이라 한다 (혹은 開·休·生門이 辛과 巽宮에 만난것) 이때 바람이 西北方으로부터 불어오는데 이를 天罡風이라 한다。바람을 順히 따라 行事함이 가하다。고로 바람을 순히하여 적군을 공격하고 바람을 살짝 들어마시어 旌旗에 내뿜으면 싸움에 유리하다고 한다。혹 이것을 巽香風이라 하여 軍卒들에게 음악을 들려주면 士氣가 振作된다。만일 바람이 東方에서 불어오면 이 바람을 雷門風이라 하는 바 이때 敵이 東方에 있거든 싸우지 말아야 한다。

바람이 東南方에서 불어오면 이를 大門風이라 하는바 적이 南方에 있으면 역시 싸우지 마라。

秘書에 이르기를 「開門과 乙奇가 巽宮에 임하거든 祈風(바람이 불어달라 기도함)하고、火攻으로 적을 쳐부수라 그리고 旌旗를 세우고 바람을 應하라」하였다。

⑤ 雲遁

乙奇가 開門이나 休門이나 生門과 같이 地盤 辛宮에 이르거나、乙奇가 開門과 같이 坤宮에 위치하면 이를 雲遁이라 한다(혹은 開門이 坤宮에 있어도 雲遁이다) 雲遁이란 구름의 精이 숨어 있는 것으로 이 법을 用하여 賊에게 我軍의 형체를 감추는데 길하다. (왜냐하면 형체가 적의 눈에는 구름과 같이 희미하게 보인다 한다)、하늘을 보아 구름이 婦人의 雙手・雙足과 같은 것이 있는데 주로 三日에 기쁨이 있어 雲遁이 임한 곳에 길하다. 白雲이 在外하고、중간에는 黑雲이 伏兵의 형상과 같으며 또는 기러기떼가 一列로 날아가는 모습과 같으면 주로 大將이 그 臨한 곳으로 나가야 길하다. 또는 앉은 개 모양이 있으면 奇兵이 埋伏되었다는 증거요 구름이 쪼각쪼각으로 되어 바람에 흩어지는 것을 보면 싸움에 大敗한다.

한편 이르기를 「乙奇와 休門이 坤宮에 임하면 비(雨)를 구하는데 좋고、營寨(영채)를 세우고 軍備를 철저하게 정비했다가 구름이 應하는 것을 보아 공격하라」하였다.

⑥ 龍遁

天盤乙에 地盤戊가 休門과 같이 坎宮에 임하거나 天盤乙奇가 地盤癸와 같이 休門과 만나 坎宮에 임하여도 龍遁이라 한다(혹은 開・休・生門이 甲壬을 만나 天心 六合과 같이 坎宮에 있어도 龍遁이다)

이 格을 놓으면 龍神에 비를 비는데 마땅하고 도적을 잡는데도 좋으며, 전쟁에 敵이
모르게 江河를 건너 水口를 막고 기관을 설치하고 伏兵시켜 적군을 공격하면 유리하다.
요는 水의 형세를 잘 파악해서 계책을 세우면 龍神의 도움을 받아 水戰에 大捷한다는
것이다.

⑦ 虎遁

艮宮에 天盤乙奇가 地盤辛儀를 만나고 休門이 임하면 이를 虎遁이라 하며, 또는 艮
宮에 辛儀가 生門과 같이 임하여도 虎遁이라 한다 (혹은 兌宮에 開門이 庚과 같이 있
어도 虎遁이라 한다.

이 格을 놓으면 亡命의 魂을 불러 위로하는 일, 곤궁에 빠진 敵을 불러들여 安心시키
는 일에 좋고, 또는 급히 적을 공격해도 반드시 이기며, 군사를 敵陳에 매복시켰다가
유격전을 벌리는 일, 또는 군사를 숨겼다가 적군 모르게 암암리에 江河를 건너가는 것
또는 요새처에 험한 地勢를 이용하여 敵과 싸우면 猛虎가 짐승을 잡듯이 큰 성과를 얻
는다.

또는 生門에 丙이 辛과 合하여도 虎遁이라 하는바 적을 공격하지 말고 방어에 힘써야
한다. 고로 山寨를 세우고 虎應을 기다리라.

丙奇가 九天과 같이 生門에 臨한 것을 神遁이라 한다 (혹은 乾宮에 開門이 있고 乙奇가 天禽·九天과 같이 임하여도 神遁이라 한다.

이 格은 神에 기도하고 神術을 行하는데 가장 좋다. 땅을 쓸고 壇을 쌓고、神壇을 세워 邪를 몰아내거나 將帥를 命하여 呼風喚雨 (비와 바람을 부름) 하고 鬼魔를 制伏하면 百神의 엄호를 얻게 되므로 神遁이라 한다. 또는 神傷을 그리거나 만들어 安置하면 神의 造化를 빌릴수 있다 한다.

⑨ 鬼遁

艮宮에 丁奇와 九地와 같이 임하거나 乙奇가 九地와 같이 杜門에 있으면 이를 鬼遁이라 한다(혹은 坎宮에 休門이 天輔 및 地盤 丁奇와 같이 임한 것)

이 格은 적의 기밀을 탐색하거나 적의 營寨를 암습하며、虛地에 伏兵을 설치하고 鬼卒를 부려 적을 공격하는데 유리하다。(丁奇가 九地宮에 들기만 해도 鬼遁이라 한다)

(2) 吉格論

① 三奇貴人陞殿格

乙奇가 震宮에 임하면 이를 「日出扶桑格」이라 한다。乙奇가 祿暇 (建祿之位)에 있는 것으로 乙卯正殿에 올라·귀격이라 한다.

丙奇가 離宮에 있으면 이를 「月照端門格」이라 한다. 즉 丙火가 旺地를 만남이니 귀인이 丙午正殿에 올라 귀격이라 한다.

丁奇가 兌宮에 있으면 丁이 西方天의 神位를 본 것이다. 즉 귀인이 丁酉本殿에 오른 상이어서 귀격을 놓는다.

② 三奇가 吉門에 오른 格

乙丙丁 三奇가 닿는 곳에 開門이나 休門이나 生門 등의 吉門을 만나지 못하면 쓸모가 없으나 開·休·生 三吉門이 乙丙丁 三奇를 만나지 못한것은 그래도 쓰는 것이니 奇보다 門의 吉함이 더 요구된다.

經에 이르기를 「生門을 등지고 死門을 向해 싸우면 百戰百勝이라」하였다. 三奇吉星은 吉門을 만나고 他의 凶格이 犯하지 않으면 最上이다. 만일 戰勢가 위급하고 모든 吉星을 만나지 못하면 무조건 하고 生門方으로 등지고 死門方을 향해 싸우라. 만일 적군의 형세가 느긋하거든 三奇가 吉門이 함께 닿는 날을 기다려 行하면 大吉하다. 싸움뿐 아니라 일반 백가지 行事에도 모두 이와 같은 用法을 準하여야 한다.

③ 三奇專使格

甲乙日에 乙奇、丙辛日에 丙奇、乙庚日에 丁奇、丁壬日에 乙奇、戊癸日에 丁奇를 만

나면 모두 吉하다。

④ 玉女守門格

甲己時는 玉女가 丙에 임하고、乙庚時는 辛、丙辛時는 乙、丁壬時는 己、戊癸時는 玉女가 壬儀에 임한다(兌宮에 丁奇와 辛儀가 있는 것도 吉格이라 한다)

⑤ 交泰格

天盤丁奇에 地盤乙奇가 同宮、地盤乙奇에 天盤丁奇가 同宮되면 大吉格이다。

⑥ 天遇昌氣格

地盤丁奇에 天盤乙奇를 만나면 만사에 형통한다。

⑦ 三奇利合格

地盤丁奇에 天盤甲儀(甲은 즉 戊儀、甲子符頭가 戊이므로 戊를 甲이라 代稱한다)

⑧ 天顯時格

甲己日에 甲戌(己)、乙庚日에 甲申(庚)、丙辛日에 甲午(辛)、丁壬日에 甲辰(壬)、戊癸日에 甲寅(癸)

이상은 行兵 戰鬪、上官、貴人拜謁、求財、遠行에 모두 吉하고、罪人은 赦免된다(甲

己日에 甲子 己巳를 얻어도 마찬가지 길적이다)

⑨ 靑龍廻首格

靑龍返首格이라고 한다。地盤丙奇에 天盤戊가 加해진 것

⑩ 飛鳥跌穴格

朱雀跌穴格이라고도 한다。地盤戊儀에 天盤丙奇를 加하면 이 格에 해당한다。

⑪ 朱雀含花格

새가 꽃잎을 물고 있는 형상인데 地盤乙奇에 天盤丙奇를 加한 것이다。

⑫ 三奇得使格

乙奇가 午나 戌宮에 위치한 것、丙이 子나 申、二宮에 임한 것、丁奇가 寅、辰 二宮

에 있는 것으로 귀격이다。

(3) 凶格論

① 悖格

丙奇가 値符(甲子戊)와 같이 年月日時干에 위치한 것이니 政治에 紀綱이 문란하다。丙

② 天網四張格

年月日時가 모두 辰戌丑未를 만나면 이를 天網四張이라 한다。

글에 이르기를 「天網四張을 놓으면 아무리 도망치려해도 길이 없다。그러나 一二綱이면

달아날 通路가 있다」하였다。가령 壬戌年 九月(戌月) 癸未日─癸丑時의 경우가 天羅地

綱이 四方으로 펼쳐 있다고 한다。

坎宮에 値符(甲子戊)가 닿고 다시 休門과 時干이 임한 가운데 日干이 離宮에 있으면 그

를(網) 높이가 九尺(離는 九)이라 한다。

天網四張을 놓으면 재액을 감당하기 어렵다。이는 時間 혹 一月사이에 厄이 있는 것으

로 만약 무리하고 外地로 나선다면 血光之厄(크게 負傷 및 큰 事故)를 당한다。

③ 地網遮格

六壬이 時干宮에서 六癸를 만나면 二網이라 하는데 出兵 및 出行에 大凶하다。

④ 高格・低格

高格은 즉 天網四張이다。天盤癸가 五六七八九宮에 加하면 대흉하다。

低格은 天盤六癸가 一二三四宮에 加하면 엉금엉금 기어나오는 상이다. 經에 「天網

四張이면 百物이 다 傷하리니 이 時期는 擧事함이 불가하다. 또는 神이 高下가 있으니

반드시 알아야 하느니라」 하였다.

⑤ 伏宮·飛宮

地盤戊儀(値符)에 天盤庚이 加하면 이를 伏宮이라 하는데 主客이 다 불리하다. 그러

므로 싸우면 양쪽이 다 크게 상한다.

飛宮은 伏宮과 天地盤이 바뀐 것이다. 즉 地盤庚에 値符戊가 임한것으로 伏宮처럼

主와 客이 함께 흉하다.

⑥ 時墓格

時間이 墓를 만난 것이다. 즉 丙戌의 墓는 乾宮(戌)이오, 壬辰의 墓는 巽宮(辰)이오

乙未의 墓는 坤宮(未)이오, 戊戌의 墓는 乾宮(戌)이오, 辛丑의 墓는 艮宮(丑)이다.

⑦ 迫·制·和·義

迫은 門이 宮을 克함이오(예를 들어 生門土가 坎宮이 든 것) 制는 宮이 門을 克하는

것(가령 生門土가 震·巽宮에 든 것)이오, 和는 門이 宮을 生하는 것(예를 들어 傷門

木이 離宮에 든 것)이오, 義는 宮이 門을 生하는 것(예를 들어 景門火가 坤·艮·中宮

에 든 것) 이다。이 가운데 迫·制 는 불리요 和·義 는 吉이다。

⑧ 二龍相比格

地盤乙에 天盤甲을 만나거나 地盤甲에 天盤乙을 만난것이니 흉격이다。

⑨ 靑龍受困格

地盤戊에 天盤甲을 加하면 木克土 克制되니 매사에 위험하고 특히 出軍과 遠行에 不利하다。

⑩ 十干相克

丙丁火가 坎宮을 만나면 火拔水地라 하여 매사에 불리요、乙奇가 坤艮土舘에 들면 木來克土요、乙奇가 乾兌宮에 들면 木入金鄕이라 만사를 중지할 것이며、乾兌宮에 丙丁火가 들면 火臨金位니 불길하고、震木·巽木宮에 庚辛金이 침입하면 金劈大林格이라 불리하다。

⑪ 伏干·飛干

伏干은 日干宮에 庚金을 加한것이고 飛干格은 庚儀에 日干이 加臨된 것이다。

⑫ 伏吟·返吟

伏吟이란 같은 宮에 天地盤奇儀가 모두 같은 것(例 戊戊 己己 庚庚)이오, 返吟은 伏

宮의 對冲宮(가령 乾이 伏吟이면 巽이 返吟)이다.

⑬ 奇墓格

奇는 乙丙丁이다. 乙丙丁이 각각 墓에 든 것으로 乙奇가 坤宮(未)、丙奇가 乾宮(戌)

丁奇가 艮宮(丑)에 들면 이에 해당한다.

⑭ 六儀擊刑格

甲子戊가 三宮、甲戌己가 二宮、甲申庚이 八宮、甲午辛이 九宮、甲辰壬이 四宮、甲寅

癸가 四宮에 들면 擊刑이라 한다.

⑮ 六儀受制格

休門水가 離火宮、傷門、杜門木이 坤艮土宮、景門火가 乾兌宮、生門・死門이 坎水宮、

驚門・開門金이 震・巽木宮에 들면 이 格에 해당하는바 간단히 말하면 門이 宮을 克하

는 것이니 이를 迫이라고도 한다.

⑯ 五不遇時格

時干이 日干을 克하면 이 格에 해당한다.

⑰ 地羅占葬格

天盤壬이 地盤壬에 加된 것이니 즉 伏吟의 하나다.

⑱ 年月日時格

이를 그냥 庚格이라고도 한다. 庚이 歲干宮에 임하면 **歲格**、 또는 **年格**이라 하고、 庚이 月干宮에 임하면 **月格**、 庚이 日干宮에 임하면 **日格**、 庚이 時干에 임하면 **時格**이라 한다.

⑲ 大格·小格

大格은 庚이 地盤癸에 임한 것이고、 **小格**은 庚이 地盤壬儀 위에 加한 것을 말한다.

⑳ 刑格·悖格

刑格이란 庚이 地盤己儀에 加한 것이오、 **悖格**이란 丙이 時干에 加한 것이다.

㉑ 青龍逃走

이 格을 青龍敗走라고도 하는데 乙奇가 地盤 辛儀에 加臨된 것이다.

㉒ 朱雀投江

丁奇가 地盤癸에 올라 앉은 것이다.

㉓ 白虎猖狂

辛金은 白虎요 乙木은 金의 冲克을 받으니 辛이 地盤乙奇 위에 加하면 金克木으로 白虎가 날뛰는 상이되어 白虎가 猖狂한다는 것이다.

㉔ 騰蛇妖嬌

癸儀가 地盤丁奇에 加한 것이다.

㉕ 熒惑入太白

熒惑은 丙火요 太白은 庚金의 별명이다. 고로 地盤庚에 丙火를 만나면 熒惑星이 太白星에 든 것이라 한다.

㉖ 太白入熒惑

地盤丙奇에 天盤庚儀가 임하면 이를 太白(庚)이 熒惑星(丙)에 든 것이라 한다.

四、應驗論

(1) 八門의 應兆

① 八門應驗

生門＝五行은 土요 별명은 左輔、이 門에서는 爭財가 일어나기 쉽고, 官星을 보면 訟詞의 징조, 嫁娶에 대길하고, 二十里 밖으로 피해 달아나면 반드시 날아가는 새를 보리니 와서 맞이하면 대길하다. 다만 무릇 출입에 生門을 만나고 吉曜가 임하면 만사를 성취한다. 만약 흉신이 있더라도 이를 물리치게 되는바 재물을 구하면 마음대로 된다

이미 生門을 본 이상에는 經營에 좋고 백사에 유통이 잘되어 계획한 바를 이룬다.

이 生門은 出入하여 즐거운 일을 만나고, 經營에는 예상 이외의 성공을 본다.

傷門＝五行은 木이오 별명은 祿存星이다. 이 門으로 출행하면 반드시 놀라운 일을 보게 되고 시끄러운 일이 생긴다. 또는 血傷의 액이 있고 재물을 구하려다 부상을 입기 쉽다. 비록 좋은 日辰을 당할지라도 면하기 어렵다. 그리고 질병、시비 등이 발생하는바 오직 무엇을 잡는 일에나 도망간 사람 잡는 일만은 좋고 그 외는 모두 좋지 않다.

杜門＝五行은 木이오 별명은 文曲이다. 이 杜門은 出行하여 귀인을 심방하거나 재물

구하는 일은 마땅하고、 피하여 달아나는 입장이면 막다른 골목에 처한다。 그러나 杜門

이 吉星을 만나면 酒食이 자연 이르고、 머물렀던 客은 돌아가며 두렵고 근심되던 일이

잘 해결된다。

景門=五行은 火요 별병은 廉貞이다。 이 門으로 출행하면 귀인을 만나고 기쁜 일이

생긴다。 만약 짐승을 쫓아 狩獵하면 큰 성과를 얻고、 官吏가 죄인 등을 逮捕하는데

길하며、 四十里 밖에서 즐거운 음악이 들린다。 景門은 少吉門으로 景致를 翫賞키 위한

출행、宴樂 등에 가장 좋고 고기잡이(낚시) 짐승 사냥 등에도 좋으며 一身上의 오락을

요하는 일에는 가장 좋다。

死門=五行은 土요 별명은 巨門星이다。 이 死門으로 出行하면 짐승을 잡아 죽이는데

마땅하고 二十里를 가면 거리에서 死傷당하는 것을 발견하게 된다。 그리고 死門方으로

들어가면 목적한 사람을 만나기 어렵고 自身이 아니면 누가 횡액 당하고 있는 것을 目

見하게 되리니 死門으로 向하는 것을 삼가야 한다。

驚門=五行은 金이오 별명은 破軍이다。 이 門은 出行、上官이 마땅치 않고 기타 모

든 일에 불길하다。 만약 驚門으로 나선다면 六・七里쯤 가서 驚怪스러운 일을 당할것

이다。 그리고 驚門方으로 도망친 사람을 찾는다던가 財物을 구하고자 하면 한갓 헛수고

에 그치고、 虛驚스러운 일만 당할 뿐이다。

開門=五行은 金이오 별명은 武曲星이다。 이 門은 出行이 大吉이니 貴人을 만나볼수

있고 구하는 재물도 목적을 이룬다。 開門方으로 三十里쯤 가면 반드시 美人을 相逢할

것이다。

休門＝五行은 水요 별병은 貪狼星이다。 繁華를 피하여 休養地를 찾아가는 일과 고귀한 신분을 만나려는데 大吉하고、 事業 求官、 求財 등을 目的으로 한 出行에는 마땅치 않다。

② 八門克應

休門＝二十里밖에 貴婦人이 남색 혹은 黃白色 옷을 입고 가는 것을 본다。

生門＝十里밖에서 公吏가 黑衣 혹은 紫衣를 입은 것을 본다。

傷門＝三十里를 가면 訟事가 일어나는 것과 黑衣人이 다쳐 피를 흘리고 있는 광경을 보게 된다。

杜門＝二十里를 가면 男女가 동행하는데 女人은 검정색 인주치마를 입었다。

景門＝三十里를 가면 갈가마귀 및 까치가 짖어대며 官事에 부딪치고 六畜이 놀라는 것을 본다。

死門＝二十里를 가면 黃黑衣를 입은 病者와 武士가 지나간다。

驚門＝二十里를 가면 놀랄일을 만나고 黑衣人이 손님들을 모아놓고 있다。

開門＝二十里를 가면 紫衣를 입은 貴人의 行次와 만난다。

○ 開門

開門이 照臨하면 奴婢와 牛羊 등 家畜이 百日안으로 돌아오며 財祿을 얻고 혼인이

성취된다. 또는 田宅이 생겨 家業이 번창하고 재물이 풍요로울 것이다. 巳酉丑年에

반드시 반가운 사람이 찾아오고 父母 祖上의 蔭德으로 자손이 벼슬하여 紫衣에 金띠를

띠고 皇恩을 입고 (벼슬하는 것) 의기양양하게 돌아온다.

○ 問=開門은 金에 속하고 金은 가을의 肅殺之氣로서 만물이 다 養盡하는 때인데

어찌하여 吉하다 하는가?

衢仙(구선)이 대답하기를 「開門의 金은 실로 만물을 肅殺하는 때다. 그러나 萬物이

다 죽었다가 다시 生하는 이치를 모르는게 아닌가,

開門의 본위치는 乾宮이다. 乾에는 亥가 있고 乾의 納甲은 甲壬이다. 金이 動하면 水

를 生하고 水가 생하면 만물이 발생한다. 고로 乾은 만물을 발생시키는 처음이 된다.

또는 乾은 天門이 되어 吉이라 한다. 만일 開門이 乙奇와 相合하면 이를 天遁이라 하

는데 日의 精이 가리운바 된다 (가리워졌으므로 遁이라 한다)

丙奇와 相合하면 月精이 가리워지고 丁奇와 相合되면 太陰이 가리워진 상이다. 무릇

백사를 도모하여 경영함에는 그 명분이 바르고 言語를 유순히 해야하니 公事 및 百事

가 길하고 편안하려니와 바르지 못한 일을 하면 반드시 남이 이를 누설하여 곤액을 당

할 것이다.

開門이 乾이나 兌宮에 들면 相氣(도우는 것) 요、坎宮에 들면 金生水라 어미가 자

식을 위함과 같으므로 출행하여 四里나 四十里쯤 가면 돼지 혹은 쥐같은 것을 보고、

六十里를 가면 귀인의 행차를 만나며 酒食이 생긴다.

開門이 艮宮에 들면 入墓요、震宮은 迫이오 四氣라 하며、巽宮은 反吟이오 離宮에

들면 金이 火의 克을 받아 불리하다.

開門으로 나간 사람은 三十里를 가면 귀인의 행차를 만나 길하고、四十里를 가면、돼

지와 말을 보게 되며 酒食을 얻고 길하다.

開門에 乙奇가 임하면 紅衣를 입은 귀인을 만나보고、丙奇가 임하면 지팡이를 짚은

노인을 만나게되며 丁奇가 임하면 竹木을 가진이를 보는데 이상은 모두 應으로서 길한

징조라 하겠다.

〔動應〕 動應이란 집을 나서서 겪게 되는 應을 말함이다. 開門에 開門을 가하면 六

里나 六十里밖에서 귀인과、또는 치고 받으며 싸우는 것을 보면 이것이 應이다.

開門에 休門을 가하면 一里나 十里밖에 가다가 네발짐승이 싸우는 것을 보고 婦人이

黑衣를 입은 모습과、文士(선비차림) 가 功名에 대해서 말하고 있는 것을 보게 되니

이것이 應이다.

開門에 生門을 가하면 집을 나서서 八里나 八十里 지점에서 女人이나 네발달린 짐승

을 만나게 되고 혹은 어떤 남자가 土地 및 재물관계로 다투는 것을 보게 된다. 이것

이 應이다.

開門에 杜門을 加하면 四里나 十四里지점에서 어떤 사람이 높은 소리로 노래하거나

혹은 僧道가 지나가는 것을 보게 되리라.

開門에 傷門을 加하면 三里나 十三里밖을 걷다가 婦人이 車馬를 따라가고, 어떤 사

람이 불장난을 치고 있는 모습을 보게 된다.

開門에 景門을 加하면 九里나 혹은 十九里 밖에서 귀인이 말을 타고 가는 것을 보게

되고、혹은 어떤이가 文書를 싸가지고 가는 모습을 보게 된다.

開門에 死門을 加하면 二里나 十二里 혹은 二十里지점에 노인이 곡하거나 혹은 땅을

파고 장사지내는 모습을 보게 된다.

開門에 驚門을 加하면 七里、十七里、七十里 지점에서 남매가 동행하는 것을 보는데

이 모두 應인 것이다.

〔靜應〕 靜應이란 出行하지 않고、집이나 사업장 직장에서 우연히 당하게 되는 應을

말한다.

開門에 開門을 加하면 귀인이 이르고 보물 및 財物이 생긴다.

開門에 休門을 加하면 귀인을 보게 되고 재수가 대통한다. 사업을 확장하거나、開業

하는데 좋고 특히 貿易、商業 出納하는데 대길하다.

開門에 生門을 加하면 귀인을 만나고 所望이 여의하다.

開門에 傷門을 만나면 변동하는 운이니 무슨 일을 개혁하거나 移徙 등에 不利하다.

開門에 杜門을 加하면 失物數가 있다. 특히 印章이나 契約文書 따위다.

開門에 景門을 加하면 주로 귀인을 만나본다. 단 文券에 관한 일은 불리하니 손대지 마라.

開門에 死門을 加하면 官訟이 일어나는데 먼저는 근심이 있고 나중에는 기쁨이다.

開門에 驚門을 가하면 놀랠일이 생긴다.

○ 金水生은 길하고 木火命은 관재 질병 손재가 있어 불리하다.

〔斷曰〕 開門에 甲(戊)을 加하면 財利와 명예를 함께 얻는다.

開門에 丙奇를 加하면 귀인을 만나고 관직을 얻는다.

開門에 丁奇를 加하면 이럴까 저럴까 갈피를 잡지 못한다.

開門에 庚儀를 가하면 出行、詞訟 및 모든 일에 두갈래가 생겨 단안을 못내린다.

開門에 辛을 加하면 암암리에 해치려는 자가 도로상에 숨어있다.

開門이 壬을 만나면 遠行中에 실물한다.

開門이 癸와 만나면 陰人에게 재물을 잃는다.

○ 開門은 벼슬아치를 만나면 일이 잘되고、사람을 만나면 이익을 얻고、求官、求財에는 뜻을 이루고、病者는 치료되고、出行에는 同伴人을 만나고、집나간 사람은 장차 돌아오고、貿易은 활발하고、移徙는 기쁜 일이 있고、귀인을 만나보는데는 잘 되고、造作에는 평안하고、기타 백사 만사에 다 吉하다.

○ 休門

休門은 資財를 모이는데 가장 좋다。牛馬와 猪羊 등 六畜을 보내주고、혼인은 남쪽에서 이루어지며 官職은 外職에서 內職으로 발령되며、水姓人을 만나면 덕이 되는데 特히 이 休門은 집에 거하여 心神을 休養하는데 가장 좋다。

○問＝休門은 坎水宮에 속하니 十一月의 冷寒期가 되어 萬物을 죽이지 않는 바가 없다。霜雪의 차가움에 純陰의 氣요、玄武의 精인지라 三光(日·月·星)이 비치지 않고 鬼邪가 거하는 宮이거늘 어찌 귀하다 하는가?

衢仙이 대답하되 「休門의 水는 진실로 至陰의 地라 하지만 실은 寶瓶宮(보병궁)이라 만물이 다 물로서 長養하여 외부에 發養하고、또는 水로서 死氣를 삼아 모든 것을 거두어 根本으로 돌아오게하여 精을 內部에 감춘다。子는 一陽이 다시 始生하는 곳이니 草木이 子(一陽)를 만나 싹이 트기 시작하는 것이므로 本源으로 歸還하는 곳이 되어 吉이 되는 것이다。

休門이 丁奇와 합하고 太陰이 임하면 이가 人遁이니 星精이 가리워진바 되어 백사가 다 길하다。震宮에 들면 旺이오、坎宮은 相이오、乾·兌宮은 生地가 되어 이상 모두길하고、坤艮과 中宮은 土의 克을 받고、巽宮은 入墓(休門은 坎이오 坎은 子요 申子辰은 辰이 墓다。巽은 辰巳宮) 離宮은 反吟(坎이 伏吟이오 伏吟의 對宮이 反吟)이 되

어 모두 불리하다. 고로 和合을 취하는바는 귀인을 만나면 길하고、 또는 和合을 취하면

만사에 다 좋다. 出行함에 五十里 지점에서 뱀이나 쥐를 보거나 水中에 黑色物이 있는

것을 보면 이것이 應이다.

〔動應〕 休門에 休門을 加하면 집을 나와 一里나 十一里 지점에 이르러 靑衣를 입은 부

부가 노래하고 있는 광경을 보게 된다.

休門에 生門을 加하면 八里、十八里 혹은 八十里 밖에 이르러 아래는 黑衣에 위는 黃衣

를 입은 婦人을 만나게 되거나 혹은 黑衣를 걸친 官吏를 만나면 이것이 應이다.

休門에 傷門을 加하면 三里、十三里 혹은 三十里 지점에서 막대(나무토막 같은 것)를

가진 사람과 만나거나 黑衣를 입은 公吏를 보는데 이것이 應이다.

休門이 杜門을 만나면 四里나 十四里、혹은 四十里 지점에서 靑衣婦人이 어린이를 데리

고 지나면서 노래하는 모습을 보게 될 것이다.

休門이 景門을 만나면 九里나 十九里、혹은 九十里 밖에서 黑衣를 입은 公吏가 노새(당

나귀、지금은 車에 비유、검정색 승용차)를 타고 가는 것을 보게 되리라.

休門에 死門을 加하면 二里、十二里、二十里 거리에서 孝服한 사람이 哭泣(哭하는 것)

하거나 綠衣人과 동행하는 모습이 보일 것이다.

休門이 驚門을 만나면 七里나 十七里、혹은 七十里에 이르러 黑衣人이 발을 두드리고、

또는 어떤 婦人이 어린애를 데리고 가는 모습을 발견할 것이다.

休門에 開門을 加하면 六里나 十六里、혹은 六十里 지점에서 나무를 치며 탄식하는 사

람을 보게 되고、 또는 짐승끼리 싸우는 것을 보게 된다。

〔靜應〕 休門에 休門을 加하면 求財와 納入、 修造 등과 귀인을 심방하는데 대길하다。

休門에 生門을 加하면 주로 女人의 재물을 얻게 되고、 귀인을 만나고자 하는 것과 기타 謀事에 비록 느리긴해도 길하다。

休門에 傷門을 加하면 官職을 얻고 慶事가 이르며 재물 구하는데 좋은데 오직 分産(재산을 나누는 일)과 무엇을 改革 변동하는데는 불리하다。

休門에 杜門을 加하면 損財하고、 失物한 것을 찾지 못한다。

休門에 景門을 加하면 謀事와 文券印章 등에 말썽이 생긴다。

休門에 死門을 加하면 文書에 관계되는 일과 官廳에 관한 일、 혹은 僧道와 관계되는 일에 불리하고、 海外旅行 등 먼 거리로 떠나는 일에 흉하다。

休門에 驚門을 加하면 凶하니 손재와 질병이 있고 깜짝 놀랄일이 발생한다。

休門에 開門을 加하면 店舖를 열고、 귀인을 만남과 재물을 구하는데 길하며 가정에는 기쁜 경사가 이른다。

○ 木命은 大利、 金人은 손재、 土命은 疾厄이오、 火命은 大凶、 丙丁戊己巳午辰戌丑未 의 火土 年月日時에 出生者는 不利라 한다。 (休門은 水니 火는 水克火요 土는 土克水가 되기 때문이다)

〔斷曰〕 休門에 甲戊를 加하면 재물이 생긴다.

休門이 乙奇를 만나면 求事에 있어 큰 일은 어렵고 작은 일은 이루어진다.

休門이 丙奇를 만나면 文書에 가장 좋고, 마음먹은 바가 성취되며 기쁨과 경사가 이른다.

休門에 丁奇를 加하면 모든 말썽과 訟事、골치거리가 없어진다.

休門이 己儀를 만나면 모든 일이 답답하고 불안하다가 늦게야 밝아진다.

休門이 庚을 만나면 文書件、訟事가 해결된다.

休門이 辛을 만나면 病이 지리하게 끌다가 낫고、失物은 찾지 못한다.

休門이 壬·癸를 만나면 송사가 길게 끌고 나간다.

○ 生門

生門에 吉星이 임하면 人丁과 재산이 번창하고 매사 여의하다. 子丑年中 三七月에 牛羊이 번성하고、牛馬가 들어오며 田業과 蚕業이 풍성하고 자손은 官職을 얻어 首都에서 근무한다. 그리고 南方 金姓人의 田土를 사들이게 되고 자손은 公卿의 지위에 오를 것이다

○ 問=生門은 艮土의 少陽方인데 어찌 吉하다 하는가?

衢仙이 대답하기를 「艮은 寅位로서 하늘은 子에 열리고 땅은 丑에 열리며 사람은 寅에 생한다 하였으니 天氣가 艮寅에 이르러 三陽이 俱足되는지라 열리고 편안함이 이로좇아 만물이 다 발생한다. 陽이 돌아오고 氣가 廻轉함은 天地의 道가 物을 生하기를 기뻐

하는 情이 있으므로 널리 만물에 仁道를 펴는 것이다. 그래서 艮宮이 지극히 길한 門이
된다」하였다.

生門이 乙奇와 合하고 또 九地가 임하면 이를 「地遁」이라 하는바 日精의 가림이 되어
吉하다. 丙奇와 合하면 月精의 가림이 되어 天遁이라 칭하며 丁奇와 合하면 이를 人遁이
라 하는데 星精의 가리운바 되어 모두 백사에 대길하다.

生門은 官職에 오르고 財物을 구하는 일이며 建物을 짓거나 수리하는 일과 六畜을 기르
는 등 만사에 대길하다. 生門方으로 六十里쯤 가다가 귀인의 車馬를 보게 된다면 正應이
니 대길하다.

生門이 乾·兌宮에 임하면 旺宮이오, 中宮은 比和로서 相이라 한다. 고로 乾·兌·中
宮에 들면 대길하다. 坎宮은 土克水니 迫宮의 凶이오, 震宮은 木克土가 되고 巽宮은 入
墓(土는 水土絕於巳 하여 胞胎法으로 辰巽이 墓가 된다) 되어 다 불리하고, 離宮은 火生
土 相生이므로 吉하다.

〔動應〕 生門方으로 出行하면 八里나 十八里 그리고 八十里 지점에서 귀인의 행차와 마
주치거나 黑衣를 입은 官吏를 보게 된다.

生門에 生門을 加하면 八里나 十八里, 혹은 八十里를 가다보면 黑衣人과 돈을 메고 가
는 사람을 보는데 이것이 應이다.

生門에 傷門을 加하면 三里나 十三里, 혹은 三十里 밖에서 방망이를 찬 순경을 보거나

혹은 어떤 사람이 흙을 파고 나무 심는 것을 보게 된다. 이것이 즉 應이다.

生門에 杜門을 加하면 四里나 十四里, 혹은 四十里 지점을 가다가 어떤 사람이 아롱다롱한 물건을 갖고 지나가는 사람과 긴 한숨을 지으며 (탄식하며) 가는 사람을 보게 될 것이다 (應) 。

生門에 景門을 만나면 九里나 十九里, 혹은 九十里 旅程에서 귀인의 행차에 많은 사람들이 따르고 있는 것을 본다。

生門이 死門을 만나면 二里나 十二里, 또는 二十里쯤 가다가 喪服입은 사람이 哭하는 것을 본다。

生門에 驚門을 加하면 七里나 十七里、혹은 七十里 지점에서 짐승을 쫓는 광경을 보고

또는 어떤 사람이 裁判에 관한 말을 주고 받는 것을 보게 된다。

生門에 開門을 加하면 六里나 十六里、또는 六十里를 가다가 귀인의 車馬를 보고 또는 뱀이 돼지를 무는 것을 본다。

生門에 休門을 加하면 一里나 十一里 또는 十里밖에 이르러 귀인의 행차를 보거나 검정색 쥐를 보게 된다。

〔靜應〕 生門에 生門을 加하면 遠行과 求財에 특히 길하다。

生門에 傷門을 加하면 주로 친구간에 불화하거나 친구의 변심이 있고 기타도 불리하다。

生門이 杜門을 만나면 음모를 당하여 곤경에 빠지고、女人의 실수로 재산을 손실한다。

生門에 景門을 加하면 주로 女子와 어린이에게 우환이 있고 文書件도 불길한데 늦게야

— 288 —

길하다。

生門에 死門을 加하면 田宅에 관한 일로 말썽이 일어나고 疾病은 낫지 않는다。
生門에 驚門을 加하면 財産문제、訟事에 관한 것이면 길하고 病人은 차도가 느리다。그
러나 기타는 길하다。
生門에 開門을 加하면 귀인을 만나 기뻐하고、구하려는 재물도 여의하다。
生門에 休門을 만나면 女人들이 있는 곳에서 돈이 생기고 기타도 길하다。
○ 火土金命은 모두 大利하고 水火命은 불리하여 厄難을 당한다。특히 甲乙寅卯年月日
時를 꺼린다。만일 壬癸生이면 膿脹이라하여 흉하다。

〔斷曰〕生門에 甲戊를 加하면 婚姻、求財와 귀인을 만나보는데 매우 좋다。乙奇를 만
나면 임신부는 出産이 느린데 결과는 좋고、丙奇를 加하면 희소식이 이르고 혼인이 성립
되며、귀인의 도움으로 관직을 얻는다。
生門이 丁奇를 만나면 혼인、재물、송사、出行에 대길하고、己를 만나면 귀인의 협조
를 받으며、庚을 加하면 재산 문제로 송사가 일어나 결국 재산을 날린다。
生門에 辛을 加하면 産婦가 身病으로 고생하다가 뒤에 일어나고、壬癸를 加하면 재산을
잃었다가 뒤에 얻는데 도적을 잡는다。단 혼인은 성립되지 않으나 기타는 다 길하다。

○ 傷門

傷門은 남에게 말할 수 없는 고민(夫婦間의 일)이 있고 瘡病(창병＝즉 性病)으로 고

생하며, 出行은 불리하고 損財、損畜을 당한다. 病人은 여러해를 낫지 않고 消息은 杜絕되며 기타의 災殃을 다 형언할 수 없다.

○ 問＝傷門은 巽宮의 木이라 春分時를 만나면 草木이 싹을 트는 것이니 이를 볼 때 당연히 吉해야하거늘 어찌하여 凶이라 판단하는지 그 자세한 내용을 묻는 바이다.

衢仙이 대답하되 「傷門의 본위치는 辰巳의 巽宮이오、辰月은 春分이니 傷門의 木은 春分의 氣다. 精液이 안으로부터 나와 밖으로 發陽하므로 근본의 泄氣가 太過하다. 그러므로 外面은 찬란하지만 內部는 虛하여 內面을 기르지 못하는 가운데 二月의 中氣때는 軟한 껍질이 霜露(서리와 찬 이슬)의 寒氣를 이기지 못하는 까닭에 傷이니 凶하지 않을 수 없느니라」 하였다.

傷門이 奇(乙丙丁)를 얻으면 오직 罪人이나 도망친 사람을 체포하는 일과 고기잡고、사냥하는 일이며、도박、그리고 꾸어준 빗돈을 받아내는데만 길하지만、官職에 나아가고、出行하고、婚姻、商賈、經營、修造、葬埋 등에는 다 불리하다.

〔靜應〕 傷門에 傷門을 가하면 변동수가 있으며 遠行하면 客中에서 큰 負傷을 당할것이니 凶하다.

傷門에 杜門을 加하면 변동이 생기고 官職은 실직되며 官罪를 범하여 구속되는 등 백사에 흉하다.

傷門에 景門을 加하면 文書、印章、信用狀의 말썽이 생기고、動搖되어 소란하며 가정에서는 울음소리가 들린다。

傷門에 死門을 加하면 주로 官事와 印章문제로 곤경을 겪고 出行은 大凶한데 病占에 이를 만나면 낫기 어렵다。

傷門이 驚門을 만나면 六親의 우환질고가 있고 혼인은 깨지며 뜻밖에 놀랠사건이 발생한다。

傷門에 開門을 加하면 귀인을 만나는데는 길하나 店舖를 열고、경영을 시작하며 기타에는 변동이 일어나 불리하다。

傷門에 休門을 加하면 대개 경영이나 직장 등의 변동이 생기고、名利에 손상이 있으며 남의 부탁은 이행하기 어렵고 仲介事는 헛수고에 그치고 만다。

傷門에 生門을 加하면 먼저는 凶하고 뒤에는 吉하니 매사에 궁극적인 곤경에 빠졌다가 絕處逢生으로 귀인의 도움을 받는다。

甲(戊)을 加하면 失物하여 찾지 못한다。

傷門이 乙奇를 만나면 재물을 구하나 얻지 못하고 도리어 도둑에게 失物한다。

傷門이 丙을 만나면 道路에서 물건이나 돈을 잃는다。

傷門이 丁을 만나면 소식이 막연하고 己를 만나면 재물이 흩어지고 우환이 발생하며、庚을 만나면 관재에 걸려 刑을 받는다。

傷門이 辛을 加하면 夫婦간에 딴 마음을 품고 서로 원망하고、壬을 만나면 盜難사건에 관련되어 獄事를 경험하며, 癸를 만나면 訟事에 걸려 억울하게 당한다.

〔動應〕 傷門이 傷門을 加하면 三里나 十三里 혹은 三十里 지점에서 두 수레가 마주쳐

서서로 먼저 가려고 승강이를 부리고 있는 광경을 보게 될 것이니 이것이 凶兆의 應이

다.

傷門이 杜門을 加하면 四里나 十四里, 또는 四十里를 가느라면 公吏와 마주치거나 사

람들이 山에서 伐木하는 것을 보게 되고 또는 婦人이 어린애를 업고 지나가는 것을 본다

傷門이 景門을 만나면 九里、十九里나 九十里에서 色衣人이 당나귀를 타고 가는 것을

본다.

傷門에 死門을 加하면 二里나 十二里、二十里 거리에서 埋葬하는 것을 보거나 喪服입

은 사람이 「애고 애고」하고 哭하는 것을 보게 된다.

傷門에 驚門을 加하면 七里나 十七里나 七十里를 가다 보면 서로 치고 받으며 싸우는

이가 있고、또는 짐승을 쫓아가는 사람이 눈에 띄며、아울러 어떤 婦人이 少女를 앞세우

고 가는 것을 보게 된다.

傷門에 開門을 加하면 六里、十六里나 六十里 지점에 이를때 어떤 사람이 담장을 무너

뜨리거나 門을 고치면서 板子에 못질하는 것을 보거나、또는 돼지 두마리가 서로 물고

뜯고 하는 모습이 보일 것이다.

傷門에 休門을 加하면 十里나 十一里를 가다가 늙은 女人이 少年과 同行하는 모습을 발

견한다.

傷門에 生門을 加하면 八里나 十八里、 혹은 八十里쯤 가다가 伐木하는 것을 보거나 흑을 파는 모습이 눈에 뜨일 것이다.

이상은 다 應이다。

○ 身命占에 水火木命은 길하고 金命은 질병이오 土命은 官訟과 刑厄이 있다。

○ 杜門

杜門은 본 위치가 巽木宮으로 災禍가 많은 凶神이다。 亥卯未 (木) 年月에 만나면 刑獄에 갇히고 六親과 生離死別이 있으며 疫疾、 落傷、 濃血病에 걸리고 害가 자손에게까지 미친다。

○ 問＝杜門은 陽木이다。 萬物이 번성하는 때어늘 어찌 凶한 門이 되는가?

衢仙이 대답하기를 「杜門은 陽木이라 初夏를 만나면 外部에 發生하여 津液이 이미 다 泄氣된다。 陽氣는 極 (六陽) 에 이르고 장차 一陰이 生하려하는 때다。 木性이 이에 이르면 힘을 굽혀 陽氣를 거두어 들이고자 하나 거두어들이지 못하고 더 生旺되려 할지라도 힘이 진하여 그 힘을 子孫(즉 木生火로 火가 子孫) 에게 洩泄하지 않을 수 없다。 陰이 伏하는 것을 기다려 그 子孫을 긴밀한 곳에 감추려해도 혹 그 자손이 傷할까 염려되는 상이어서 杜門은 小凶門이 되는 것이니라」 하였다。

杜門은 形을 감추는데 가장 적합한 방위이다. 災殃을 피하고 亂을 피하는 곳이니 出口를 막고 무엇이 도망치지 못하도록 하는 일, 도망치는 사람이나 짐승 따위를 잡는 일과 몸을 숨기고 물건을 감춰두는 일에만 마땅할 뿐 그 외에는 모두 불길하다.

〔靜應〕 杜門에 杜門을 加하면 父母의 질환으로 인해 田土를 많이 없애게 된다. 그리고 이와 같이 되면 몸을 피해 脫出하는 일은 불가능하다.

杜門에 景門을 加하면 文書件과 信用 印章件이 막히고 사내어린이가 질병을 오래 끈다.

杜門에 死門을 加하면 土地에 관한 문서가 遺失 또는 소용없이 되고 官災에 걸려 파산 지경에 이른다.

杜門에 驚門을 加하면 집안에 우환질고가 생기고 놀라운 일을 갑자기 당하며 송사가 일어난다.

杜門에 開門을 加하면 고귀한 신분과 지위가 높은 官人을 만나게 되고, 謀事는 먼저 재물을 많이 소모한 뒤에 이루어진다.

杜門에 休門을 加하면 재물 구하는데 유리하다.

杜門에 生門을 加하면 男丁과 어린이로 인해 田宅의 손해를 보고, 재물 구하는 일에는 불리하다.

杜門에 傷門을 加하면 兄弟間에 재산 싸움이 벌어지며, 손재도 면치 못한다.

杜門에 甲(戊)이 加해지면 계획한 일은 이루지 못하지만 돈 버는데는 지장이 없다.

杜門에 乙奇를 加하면 남의 재물을 구하려다가 송사가 일어난다.

杜門에 丙을 加하면 주로 文書나 契約文 따위를 잃어버리고、丁奇를 만나면 소송을 거는

사람이 있다。

杜門이 己儀를 만나면 남을 모해하다가 시비가 일어나고、庚을 만나면 女人에게 訟事를

당하여 刑을 받으며 辛을 만나면 남과 치고 받으며 싸우다가 傷害罪에 걸려들고、男丁과 小

兒에게 우환이 생긴다。

杜門에 壬을 加하면 姦淫과 盜難사건으로 곤액을 당하고、癸를 加하면 백사가 막히고 병

자는 먹지 못한다。

〔動應〕杜門으로 출행하면 三十里 지점에 남녀가 동행하면서 노래하고、六十里를 가

다가 惡人을 만난다。

杜門에 乙奇가 임하면 色衣女人과 마주치고、丙奇를 만나면 불이 나서 집을 태우거나 峰

火가 일어나는 것을 보며、丁奇가 임하면 활을 맨 사람이 말을 타고 가는 것을 본다。

杜門에 杜門을 加하면 四里나 十四里 지점에 綠衣입은 婦人이 어린이를 데리고 지나간다

杜門에 景門을 加하면 九里나 十九里쯤 가다가 色衣를 입은 임신부가 지나가거나 혹은

官吏가 붉은 말을 타고 가는 모습을 볼 것이다。

杜門에 死門을 加하면 二里나 十二里、또는 二十里 지점에서 喪服입은 사람이 울고 있

는 것을 발견한다。

杜門에 驚門이 加하면 七里나 十七里、혹은 七十里쯤 가다가 노래소리、나팔소리나 북

소리가 들리거나、재판에 관한 이야기를 듣게 된다。

杜門에 開門을 加하면 六里나 十六里、 또는 七十里를 가다가 노래소리가 들리고、 개가 돼지를 무는 것을 보게 된다.

杜門에 休門을 加하면 一里나 十一里쯤 가노라면 노래하며 놀거나 黑衣女人이 어린애를 업고 가는 것을 보게 된다.

杜門에 生門을 加하면 八里나 十八里、 멀면 八十里를 가는 도중에 돈 보따리를 지고 가거나 혹은 먹을 것을 들고 가거나 노래하며 가는 사람을 만난다.

杜門에 傷門을 加하면 三里나 十三里(멀면 三十里) 밖에서 木工이 나무토막을 들고 있는 모습을 본다.

○ 火命人은 발달하고、 水命人은 富하고、 木命은 평온하고、 金命은 질병이오、 土命은 官災를 당한다. 만일 金年月日時나 土年月日時에 出生人이라면 불길하나 水火에 속한 年月日時를 만나면 凶化爲吉이 된다.

○ 景門

景門은 血光과 官符를 맡은 神인데 田産을 팔면 재앙이 많고、 자손은 外地에서 궁지에 처하거나 심할 경우 惡死할 우려가 있다. 그렇지 않으면 六畜이 죽고 가정적으로는 生離死別이 있으리니 반드시 厄을 막음이 마땅하다.

○ 問=景門은 火에 속한다. 南方의 火가 離明의 때를 만났거늘 어찌하여 凶이라 하는강?

衢仙(구선)이 대답하되 「景門은 夏令之氣로 만물이 盛할때로 盛하여 장차 老衰해 가는

때다。死門인 坤宮에 가까워지고 또는 陽의 極盛期니 하늘의 道는 極盛하면 衰하고、物은

너무 旺하면 他를 殺하려는 마음이 생긴다。비록 上明下亮(離卦 三 의 뜻이 있는

方이지만 온전히 밝지 못하니 凶兆가 있어 오직 文書에 관한 것만 平吉하다」 하였다。

景門方을 쓰는데는 오직 國家에 관한 일로 上書하고 政策을 올리며、임금 앞에 나아가

諫하는 일이며、軍卒을 이끌고 救援하러 나가는데 길하고 그 외는 불리하다。

景門이 坤民이나 中宮에 들면 길하고 震・巽木宮은 평평하며、一水宮은 水의 克을 받

으니 迫切하고 乾・兌의 金宮은 역시 火克金으로 迫이니 大凶하다。만일 景門이 乙丙丁

三奇를 얻는다면 設計 行邪와 敵陳을 깨치는 일과 火攻으로 호령하는 일이며 論功行賞(功

을 따져 상을 내리는 일) 등에는 길하다。

〔靜應〕 景門에 景門을 加하면 文件이 未動이니 先見之明이 있다。景門에 死門을 加하

면 男小兒는 질병으로 사망하고、官訟이 발생하며、土地나 家屋때문에 다투다가 不祥事가

일어난다。

景門에 驚門을 加하면 男兒에게 우환이 생기고 기타도 흉하다。

景門에 開門을 加하면 官人은 승급되고 文書、印信 등에도 순조롭다。

景門에 休門을 加하면 文書가 유실되고 爭訟是非가 끊기지 아니한다。

景門에 生門을 加하면 婦人이 生産하는데 길하고、재물 구함에는 여의하며 出行에도 길

하다。

景門에 傷門을 加하면 姻親間의 어린이가 입씨름하며 다투다가 악화되어 분란이 일어난다.

景門에 杜門을 加하면 소중한 문서를 잃거나 파괴될 우려가 있고, 재산을 파한다. 뒤에는 좋아진다.

景門에 戊를 加하면 遠行에는 길하고, 재산문제로 송사가 발생한다.

景門에 乙奇를 加하면 송사가 이루어 지지 않고, 丙奇가 임하면 문서가 급박해져 무효되고, 丁奇를 만나면 문서와 印章에 관계되어 口舌을 듣는다.

景門에 己를 加하면 官事에 얽히고 庚을 加하면 송사가 일어나며, 辛을 加하면 女人이 송사를 걸어온다.

景門에 壬을 加하면 도둑과 관련되어 곤난을 받고, 癸를 만나면 奴婢가 온다.

〔動應〕 景門方으로 出行하면 三十里 밖에서 붉은 무늬가 있는 큰 뱀이 지나가는 것을 보고、 七十里를 가면 水火로 인해 실물한다. 그리고 이 景門으로 나가 무슨 일을 억지로 하려다가는 불리한 입장에 처한다.

景門에 景門을 加하면 九里나 十九里 또는 九十里 밖에서 문서를 들고 가는 사람을 보게 되고, 다시 불이 일어나 놀라는 광경을 본다.

景門에 死門을 加하면 二里나 十二里、二十里를 가다가 喪服입은 사람이 울고、官人이 말을 타고 가는 것을 본다.

景門에 驚門을 加하면 집을 나서서 七里나 十七里 및 七十里를 가다가 싸우며 치고 받는 광경을 보게 되거나 자신이 누구와 싸우게 될 것이니 이를 피해야 한다.

景門이 開門과 만나면 六里나 十六里, 또는 六十里 밖에서 귀인의 행차가 이르며 길을 트라고 소리치는 모습을 볼 것이다.

景門에 休門을 加하면 一里나 十里를 가다가 어떤 女人이 울면서 고기장수와 동행하는 모습을 보게 된다.

景門에 生門을 加하면 八里나 十八里 또는 八十里 지점에서 어린 소년은 소를 쫓고, 어떤 사람은 돈구러미를 지고 가는게 보인다.

景門에 傷門을 만나면 三里나 十三里, 혹은 三十里에서 色衣女人이 말이나 가마타고 가는 것을 본다.

○ 대개 火命人은 불길이오, 水命人은 평평하고 土命은 富한다. 만일 金水年月日時를 만나면 불리하다.

景門에 杜門을 만나면 四里、十四里、혹은 四十里 밖에서 老人 婦人과 젊은 부인이 검정옷을 입은 소년을 데리고 가는 모습을 본다.

　

　　○ 死門

원래 八門 가운데 死門方이 가장 흉하다. 人命에 이를 만나면 災殃이 가볍지 않으므로 조심해야 한다. 死門은 재산이 망하고 일찍 孝服을 입게 되며 기타의 喪厄이 있다.

○ 問=死門은 未申坤宮의 土에 속한다. 또는 二黑星 분야의 門인데 秋冬에 해당하는

곳으로 天地의 肅殺之氣가 이에서 비롯된다. 고로 당연히 凶星인바, 凶星은 버리고 쓰지

않음이 좋지 않은가, 모르거니와 이 門을 어찌 쓸 수 있으랴,

衢仙이 대답하되 「死門의 凶은 天地가 行令하는 것이며 크게는 肅殺의 위엄을 베풀고

자 함이다. 芳草는 빛이 누렇게 변하기 시작하고 生氣가 盡하여 내면으로는 이미 死氣가

번져가고 있으므로 凶門이 된다. 만일 奇(乙丙丁)를 얻어 相助함이 있으면 이미 死亡한

자를 吊喪하고, 刑法을 베풀며, 도적을 잡고 또는 짐승을 사냥하는데 길한 경우가 있다.

이는 하늘의 차서를 順히 따르는 것이므로 버리지 못하고 用이 되는 것이니라」하였다.

〔靜應〕 死門에 死門을 加하면 官廳에서 許可, 認可 등이 떨어지지 않고, 머므르며 氣

가 無氣되어 매사에 흉하다.

死門에 驚門을 加하면 官司에 여의치 않고 가정에는 우환질고가 따르니 흉하다.

死門에 開門을 加하면 귀인을 만나보고, 文書와 印信, 請願書를 제출하는 것에 有利하

다.

死門에 休門을 加하면 재물 구함이 불리한데 만약 僧道에게 방도를 물어 행한다면 뜻을

이룬다.

死門에 生門을 加하면 先凶後吉이니 몹시 궁박한 처지에 놓였다가 生道를 얻어 헤어난

다.

死門에 傷門을 加하면 官災가 이르리니 망녕되이 동하면 刑獄을 면치 못한다.

死門에 杜門을 加하면 犯人을 체포하거나 拘禁시키는데 마땅하고, 그 외는 매사 大凶하다.

死門에 景門을 加하면 문서와 印章과 재산문제로 官의 문초를 받는데 먼저는 막히고 뒤에는 열린다.

死門이 甲戊를 만나면 재물을 얻어도 헛된 것이오、乙奇와 만나면 구하는 바를 얻지 못하며、丙을 加하면 나쁜 소식이 이르고、丁을 만나면 老婦人의 우환이 있고.

死門에 己를 加하면 질병과 송사가 한없이 끌고 나가고、庚을 加하면 女人이 아이를 낳다가 母子가 다 흉하고、辛을 加하면 도둑에게 손재하거나 失物하여 찾지 못하고、壬을 加하면 제 스스로 송사를 일으켜 禍를 自招하며、癸를 加하면 婦女事와 婚姻事로 인해 凶厄을 당한다.

〔動應〕 死門으로 出行하면 二十里쯤 가다가 病者를 만나고、三十里에 이르면 喪服입은 사람을 보며、피 흘리는 것을 본다. 비록 三奇를 만나더라도 凶하다. 死門에 丙奇가 임하면 文書를 가진 사람을 보고、乙奇가 임하면 장사지내는 것과 초상난 것、제사지내는 것 등을 보게 되며、丁奇를 만나면 服입은 喪人이 슬게 우는 것을 본다.

死門에 死門을 加하면、二里、十二里、二十里 밖에서 두 婦人이 우는 것을 본다.

死門에 驚門을 加하면、七里나 十七里를 가다가 초상이 나서 우는 것과 혹은 죽은 짐승을 본다.

死門에 開門을 加하면 六里나 十六里、혹은 六十里에 사람이 죽어 장사지내며 우는 것과 혹은 짐승끼리 싸워 죽거나 피흘리는 것을 본다.

死門에 休門을 加하면 二里나 十二里、二十里에서 青衣를 입은 女人이 슬피우는 것을 본다。

死門에 生門을 加하면 八里、十八里、八十里 등에서 孝服을 입은 사람이 어떤 물건(生物)을 붙들고 통곡하는 것을 본다。

死門에 傷門을 加하면 三里나 十三里、三十里 거리에서 棺을 매고 가는 것을 본다。

死門에 杜門을 加하면 四里、十四里、四十里를 가다가 사람이 죽어 장사지내는 일과 채색으로된 紙物을 보게 된다。

死門에 景門을 加하면 九里나 十九里쯤 가다가 슬피 우는 소리를 듣게 된다。 가던 길을 멈추어야지 그대로 나아가면 흉변을 당한다。

○ 身命占에 死門을 만나면 孝服을 입게 되거나 自身이 病死하는 흉액이 있다。 특히 水木命과 水木 年月日時는 흉하고 기타는 평평하다。

○ 驚門

驚門은 주로 爭訟과 疫疾과 死亡의 凶兆를 불러오는 凶神이다。 丁年이나 辰年의 春節(正二三月)에 凶禍가 집안으로 들어온다。 驚門은 물고기 짐승 등을 잡거나 도망치는 사람을 잡는 일과 訟事와 도박 등에는 좋고 그외는 모두 흉하다。

○ 問=驚門은 金에 속하는데 八月의 秋令을 만나면 만물이 다 老化되고 天地가 肅殺의

위엄을 베푸는 것이므로 이 또한 버려야 하는가?

衢仙이 대답하되 「驚門은 氣가 蕭殺이 되어 生氣가 없다. 실로 흉한 門이지만 天地의 道가 好生之心을 두어 아주 죽이지 않고 다시 살린다. 완전히 죽이는 예가 있는 것은 부득이한 일이라 이 門이 비록 흉하지만 訴狀을 올리고、政策을 올리며、나쁜 사람을 잡고、물고기、짐승을 잡고、싸움터에서 疑兵策을 쓰고 伏兵 시키는데는 이 門이라야 좋으니 이런 경우에 긴히 쓰인다」하였다.

〔靜應〕 驚門에 驚門을 加하면 질병과 근심과 놀라는 일이 발생한다.

驚門에 開門을 加하면 우환과 질병과 관재수와 놀라운 일을 당하는데 단 윗 사람을 문안함에는 매우 좋다.

驚門에 休門을 加하면 일이 지연되는게 흠이지만 재물을 구하고、仲介 등 말 수단으로 돈을 버는데는 좋다.

驚門에 生門을 加하면 婦人이 과로로 인해 병환을 얻고 혹 재물때문에 근심되는 일이 있으나 결과는 吉하다.

驚門이 傷門을 만나면 상의하고 同謀하여 남을 해칠 일이 생기는데 누설되면 관재나 송사에 걸린다.

驚門이 杜門을 만나면 失意와 손재수와 놀라운 일을 당한다. 그러나 그다지 흉한 것은 아니다.

驚門에 景門을 加하면 송사가 끊기지 않고 小兒는 질병을 앓으니 흉하다.

驚門에 死門을 加하면 가정에 괴이한 일이 발생하여 말썽이 생기고 흉하다.

驚門이 六儀인 戊를 만나면 손재하고 기다리는 소식이 끊긴다.

驚門이 乙奇와 같이 있으면 재물을 구해도 얻지 못하고、丙奇를 加하면 文書、印章문제로 사건이 생기고 놀라며、丁을 만나면 소송이 오래 끈다.

驚門에 己를 加하면 사나운 개가 사람을 물어 송사가 일어날 것이오、庚을 加하면 도로가 파괴되고、도적때문에 흉액을 당하며、辛을 加하면 女人이 송사를 걸어온다.

驚門에 壬을 加하면 罪를 짓고 刑獄에 간히고、癸를 加하면 도둑이 들어 失物한다.

〔動應〕驚門으로 출행하면 三十里 지점에서 무리 새와 까치떼가 울고 六畜이 서로 충돌함을 보며 四十里를 가면 치고 싸우는 사람들을 보게 되리니 이러한 것들을 보면 길한 징조다。七十里를 가면 부상당할 우려가 있으니 절대 멀리 나아가지 마라.

驚門을 驚門을 加하면 七里나 十七里 혹은 七十里 지점에 이르러 두 女人이 떠드는 것을 보게 되니 이것이 즉 應이다.

驚門에 開門을 加하면 六里나 十六里 혹은 六十里 지점에 이르러 官吏가 人夫들을 모아 役事하는 것을 보고、爭訟을 말해주는 사람이 있을 것이다.

驚門에 休門을 加하면 一里나 十里、十一里쯤에서 靑衣를 입은 女人이 官廳에 관한 이야기를 할 것이다.

驚門에 生門을 加하면 八里나 十八里、또는 八十里에 이르러 女人이 童子와 같이 소를 쫓아가는 모습을 볼 수 있다。그 소는 무엇인가 먹으면서 달아난다.

驚門에 傷門을 加하면 三里나 十三里, 혹은 三十里를 가다 보면 男女가 떠들면서 어린이를 때리고 있다. 만일 이러한 것을 보거든 더 나아갈 생각을 말고 길을 돌아서야 한다. 그대로 가다가는 교통사고나 기타의 사고를 당하여 목숨을 뺏기거나 크게 다칠 것이다.

驚門에 杜門을 加하면 四里나 十四里, 혹은 四十里 지점에 이를때 어떤 중을 만나 그와 동행하게 될 것이다.

驚門에 景門을 加하면 九里나 十九里 또는 九十里 거리를 가노라면 우연히 색동옷을 입은 婦人을 만나 그녀한테서 官司에 관한 이야기를 듣게 되는데 이것이 應이다.

驚門에 死門을 加하면 二里나 十二里 아니면 二十里쯤 가다가 어떤 女人이 누군가 죽어서 슬피 울고 있는 것을 보게 되는데 이것이 應이니 절대 더 나아가지 말아야 한다.

○ 身命占에 관재 소송, 구설, 血光事가 동한다. 丙丁巳午 年月日時에 占치면 흉하고 甲乙寅卯年月日時占도 불리하다.

(2) 三奇適應論

① 乙奇

乙奇가 乾宮에 이르면 黃衣人이 돈보따리를 들고 지나는 것이 應이다. 六十日內로 金姓人의 재물을 얻어 크게 발달한다.

坎宮에 이르면 黑衣人이 오거나 북소리 들리는 것이 應이다. 七日만에 재물이 생길것
이다.

艮宮＝白衣人이 白衣를 싸가지고 지나거나 혹 물고기를 엮어들고 오면 이것으로 應을
삼는다. 一年內로 식구가 늘고、혹 어떤 사람이 집에서 기르는 새를 보내주는 일이 있
다면 대길하다.

震宮＝漁父나 낚시꾼이 두 소년을 데리고 오는 것을 보면 이것이 應이다. 七日 안으로
財寶가 이른다. 만일 동쪽에서 누가 죽었다는 말을 듣는다면 크게 발복한다.

巽宮＝白衣人이 말을 타고 지나가거나 혹은 어린이들이 장난치는 것을 본다면 이것이
應이다. 三年內로 귀자를 얻고 동쪽의 재물을 얻는다. 혹 동쪽집에서 火災를 입었다는
소식을 듣거나 自殺한 사람이 있다는 말을 듣는다면 운수가 대통한다.

離宮＝乙奇가 離宮에 있음이니 色衣를 입은 사람을 보면 應이다. 三七日 뒤에 횡재한
다. 만일 동쪽사람이 칼로 찔러 자살했다는 말을 듣는다면 大發한다.

坤宮＝乙奇가 坤宮에 위치함이니 三·五人의 女子가 오는 것으로 應을 삼는다. 이러한
應이 나타나면 횡재하고 六十日만에 文書의 계약을 맺으며 만일 남쪽에서 畜牛에 벼락이
떨어졌다는 말을 들으면 大發한다.

兌宮＝乙奇가 兌에 있음이니 三五人의 젊은 婦女子가 이르거나 혹 가마귀·까치떼가
있으면 이것으로 應을 삼는다. 應이 있은 뒤 三日 혹은 三十日에 木姓人의 재물을 얻어
크게 발전하는데 혹 牛馬가 생겨나면 더욱 발복한다.

乙奇가 乾宮에 이르면 이를 玉兎가 天門에 든 격이라 하여 길하다。 天衝이나 天輔가 乾에 또 임하면 未月 申酉月 혹은 庚辛申酉日에 白色구름이 일어나는 것을 볼 것이다。 이러한 應이 있으면 싸움에 반드시 이기는데 이 격을 「玉兎가 수풀에 든 격」이라 칭한다。

乙奇가 坎宮에 임하면 이를 「玉兎投天」이라 하여 길격으로 본다。 여기에 다시 天英이 一坎宮에 加하고 秋多月이나 壬亥子日에 黑色구름이 북쪽에서 일어나는 것을 보면 전쟁에 이긴다。 이를 玉兎가 샘물을 마시는 격 (玉兎飮泉) 이라 한다。

乙奇가 艮宮에 이르면 이를을 「玉兎步貴」이라하는 吉格이다。 여기에 天蓬이 또 임하면 辰戌丑未月이나 戊己辰戌丑未日에 황색구름이 일어나는 것을 보게 되리니 이것이 應이다。 주로 승리한다。

六乙이 震宮에 있으면 日出扶桑格이라는 길격이다。 여기에 天任。天芮。天禽 등이 임하고 亥子寅卯月이나 甲乙寅卯日에 靑雲이 東方에서 일어나는 것을 보면 이것이 吉應이니 특히 전쟁에 승리한다。 이를 귀인이 乙卯正殿에 오른 것이라 한다。

乙奇가 巽宮에 이르면 이를을 玉兎乘風格이라 하여 매우 吉하게 본다。 여기에 天任。天芮 등이 같이 임하고 亥子丑寅卯辰月이나 甲乙寅卯日에 靑雲이 東天에서 일어나는 것을 보면 매사 吉利하고 싸움에는 이긴다。

乙奇가 離宮에 이르면 이를 玉兎當陽格이라 한다。 여기에 天柱。天心이 같이 임하고 寅卯巳午月 혹은 丙丁巳午日에 赤色구름이 南에서 피어오르는 것이 있으면 상대방이 승리한다。

× ×

乙奇가 坤宮에 있으면 玉兎가 坤에 든 상이라하여 吉格으로 다룬다. 天蓬이 다시 二宮

에 임하고 辰戌丑未月 및 戊己辰戌丑未日에 황색구름이 북방에서 솟아오르면 一名 玉兎

暗日格이라 하는데 싸움에 승리한다.

乙奇가 兌宮에 이르면 이름을 玉女受制格이라하여 매사에 不吉하다. 여기에 다시 天沖

天輔가 加하고 未申酉戌月이나 庚辛申酉日에 白色구름이 피어오르면 이것이 應이오, 白

虎遊宮이라 하는데 매사에 길하고 싸움에는 이긴다.

乙奇가 開門을 만나면 公吏(官吏)가 지나가고, 休門을 만나면 牛馬에 나무를 실고가

는 사람을 보게 되며, 生門과 같이 있으면 쥐 두마리가 서로 물어뜯는 광경을 보고 또는

老婦人을 만난다.

乙奇가 生門을 會하면 上官 就任, 應試와 婚姻, 動土, 文券事, 安葬 등에 길하다. 應

驗은 쥐 두마리, 혹은 喪人이 지나는 것을 보게 되고, 무리 새떼, 風雲이 일어나고, 가랑

비가 내리며 車馬가 지나는 것을 보는 것이 應이니 이러한 應이 있으면 자손이 부귀한다.

乙奇가 休門을 會하면 牛馬가 지나가고, 나무가지를 들고 오는 사람을 보는게 應이다.

乙奇가 開門과 會하면 생각치않은 客이 이르거나 紅衣를 입은 公吏가 이르거든 이 모

두 吉應임을 알아야 한다.

이상은 모두 乙奇가 九宮 및 開·休生 三吉門에 이르는 경우의 應法이다.

② 丙奇

乾宮＝丙奇가 乾에 있는 것이니 옷을 감아두루고 오는 사람을 발견하거나 까치·까마귀떼가 날아오는 것을 보면 이것으로 應을 삼는다. 應이 있는 뒤 한달 안으로 과부의 재물을 얻는다. 만일 남쪽집에서 아이를 낳았다는 말을 듣는다면 크게 발복한다.

坎宮＝丙奇가 坎에 위치함이다. 눈먼 소경이 지나는 것을 보거나 또는 북쪽에서 새떼가 날아오면 이것으로 應을 삼는다. 百日이나 一年內로 생각지도 않은 재물이 생겨 이로부터 발복한다.

艮宮＝丙奇가 艮에 위치함이다. 靑衣人이 오는 것으로 應을 삼고, 또는 어린이가 몹시 울거나 童子가 손에 銅鐵로 된 그릇을 들고 있는 것을 보면 이것으로 應을 삼는다. 七日 안으로 財寶가 생기고 一年內로 白馬가 생기며 發旺할 것이다.

震宮＝丙奇가 震에 위치함이니 武士가 兵器를 들고 오거나 春에 우뢰나 북소리가 들리면 이것으로 應을 삼는다. 十日內로 골동품을 얻고 일년 안으로 귀자를 낳는다. 만일 북방에서 우뢰소리나는 것을 직접 들으면 반드시 크게 발복한다.

巽宮＝丙奇가 巽에 위치함이니 북소리를 듣거나 노래소리 음악소리를 듣는다면 이것으로 應을 삼는다. 應이 있은 뒤 七日에 色衣人이 찾아오면 횡재한다. 만일 남쪽에서 놀랜만한 사건이 생겼다는 말을 듣는다면 크게 발복한다.

離宮＝丙奇가 離에 위치함이니 노랑색을 띤 새떼가 오면 이로써 應을 삼는다. 七日이나

六十日에 田土를 사들이고　田蚕農業이 잘 된다.

坤宮＝丙奇가 坤에 위치함이니 黑衣人이 오거나 가마귀 까치가 남쪽에서 울면 이것이 應이다. 二·七月에 남쪽에서 재물을 얻으며 혹은 一年內에 牛羊을 얻는다. 혹은 子孫이 없이 죽은이의 재산을 차지하여 크게 치부한다. 만일 동쪽에서 북소리가 들려오면 더욱 길하다.

兌宮＝丙奇가 兌에 위치함이니 어떤 사람이 어린애를 안은채 지팡이를 짚고 있는 것을 보면 이것이 應이오, 또는 북소리나 풍악소리가 들리는 것도 應이니 이러한 應이 있은 뒤 七日에 재물이 생기고 年內로 人口가 늘며 집안이 발복한다. 또는 坤·艮 두 방위에서 재물을 얻어 致富한 근기를 세운다.

× ×

丙奇가 乾에 이르면 이름을 「天成天權」이라 하는바 흉격이다. 白雲이 西北 혹은 西方으로부터 와서 도우면 吉應이 되어 싸움에 이긴다. 丙이 乾에 이르고 다시 天英을 加하면 春夏月中에 赤色구름이 일어나는 가를 보라 이러한 應이 있으면 「光明不全」이란 흉격으로 敵(남)이 승리한다.

丙奇가 坎에 임하면 이름을 「丙火燒壬」이라는 길격으로 主가 승리한다. 다시 天任、天禽 天芮 등을 만나고 四季月이나 辰戌丑未日에 黃雲이 일어나면 이것이 應인데 一名 「火投水地」라 한다.

丙奇가 艮宮에 이르면 이를 「鳳入舟山」이라하여 매사에 大吉하다. 天輔·天冲이 八

宮에 加하면 黃色구름이 東北方이나 西南方에서 일어나는 것을 보리니 亥子寅卯月이나 壬癸亥子日에 이러한 구름을 보면 바로 應이다.

丙이 震宮에 이르면 「月人雷門」이라는 길격이다. 뭉게구름이 東方 혹은 東南方에서 일어나는 것을 보면 이것이 應으로 主(주인공)가 승리한다. 여기에 다시 天柱나 天任이 加하면 申酉戌月에 應한다.

丙奇가 巽宮에 加하면 이름을 「火行風起」또는 「龍神助威」라는 吉格이다. 天心 및 天柱를 加하고 未申酉戌月과 庚辛申酉日에 東南方에서 구름이 일어나는 것을 보면 곧 吉應이니 전투에 이긴다.

丙奇가 離宮에 이르면 이름을 「月照端門」이라하여 매사에 吉하다. 雲氣가 正南方에서 일어나면 吉應으로서 승리하고、天蓬이 다시 離宮에 加하고 申酉月이나 壬癸日을 만나면 貴人이 丙午正殿에 임하는 상으로 매사에 대길하다.

丙奇가 坤宮에 이르면 이름을 「子居母舍」라 하여 매사 吉하다. 고로 구름이 西南方에서 일어나면 吉應이니 승리한다. 여기에 天冲・天輔가 加臨하고 亥子寅卯月이나 甲日을 만나면 大吉하다.

丙奇가 兌宮에 이르면 「鳳凰折翅」라하여 凶格이다. 그러나 白雲氣가 西方 혹은 西北方에서 일어나면 주인공이 승리한다. 天英이 兌宮에 加하고 寅卯巳午月 및 丙日에는 客(남)이 승리한다.

丙奇가 開門을 만나면 雷聲이 들리고、노인이 지팡이를 짚고 서서 위세를 부리는 모습

을 보게 되는데 이것이 應이다。

丙奇가 休門을 만나면 음악소리가 들리러니 이것이 應이다。

丙奇가 生門을 만나면 눈병 생긴자가 누구와 다투고 있는 모습을 보게 되는데 이것이

應이다。

丙奇에 休門을 會하면 任官、赴任、科試와 嫁娶、破土、上章 立柱、上樑 등의 일에 吉

하다。五十里 내외에 북소리、군악 울리는 소리를 듣거나、가마귀、백학등이 날아오는 것

을 보면 이것이 應이니 자손이 부귀한다는 징조다。

丙奇에 開門이 會하면 노인이 지팡이를 짚고 가는 모습을 발견하게 되거나 혹은 길을

가다가 사람이 죽어 슬피우는 소리를 듣게 될 것이다。만일 이러한 일이 있으면 이것이

吉應이니 매사에 길하고 기쁜 경사가 장차 이를 것이다。

③ 丁奇

乾宮＝丁奇가 乾에 위치함이니 어떤 사람이 칼을 들고 오는 것을 보거나 혹은 말을 끌

고 지나가는 것을 보면 이것이 應이다。二·七日이나 七十日內로 흙을 옮겨 재물을 얻고

大發한다。

坎宮＝丁奇가 坎에 위치함이니 어린이를 안고 오는 사람이 있으며、동남방에서 구름비

가 이르고 림성벽 내가 어주에서 살아오던 이것이 應기다。백일 안으로 혼인의 경사가

있고 기타도 매길하다.

艮宮＝丁奇가 艮에 있는 것이니 어떤 사람이 어린이와 함께 개를 때리고 있는 것을 보

면 이것이 應이다. 七日 혹은 七十日 안으로 黃黑빛을 띤 산 물건을 얻고、반년 안으로

發旺하여 人口와 田庄이 는다.

震宮＝丁奇가 震宮에 위치함이니 靑衣를 입은 두 女人이 이르거나 혹은 남녀 부부가 오

고、혹은 黑白色 날짐승이 남쪽으로부터 날아오면 이것이 應이다. 이러한 應이 나타난

뒤 七十日內로 黃白色을 띤 산 물건을 얻고 운수가 크게 열린다.

巽宮＝丁奇가 巽에 위치함이니 어린少年이 말을 타고 지나가고(至今은 自轉車 따위를

타고 가면 이에 해당한다) 구름이 남쪽 하늘에서 일어나며 비가 내리면 이것이 바로 應

이다. 年內에 사람이 물에 빠져 죽고、婦女子는 아이를 낳다가 사망하리니 흉하다.

離宮＝丁奇가 離에 임하면 밭을 절며 지나가는 사람을 보거나 혹은 애꾸눈이 이르고、

어린이가 말을 타고 지나거든 應이라 알 것이니 이러한 應이 있은 뒤 九十日內로 불(火)

로 인해 재물이 생기고 운수가 대통한다.

坤宮＝丁奇가 坤에 위치함이니 어떤 女人이 靑衣를 입고 중과 동행하는 것을 보거나 혹

검정소가 수레를 끌고 지나가면 이것이 應이니 七十日 안으로 물(水) 때문에 큰 재산을

없앤다.

兌宮＝丁奇가 兌金宮에 위치하면 어떤 사람이 册이나 기타의 文書를 지니고 이르는 것

을 보게 된다. 이것이 바로 應이오 또는 소나 양이나 사슴 등을 이끌고 지나는 사람을 발

견하여도 應인 것이니 이러한 應兆가 있는 날부터 六十日째 되는 날에 田土를 사들이거나

가옥을 사들여 치부하고 이로부터 날로 발전하여 마침내는 大富가 될 것은 의심이 없다.

×　×

丁奇가 坤宮에 임하면 이름을「火到天門」이라 하여 매사에 吉하다. 丙丁巳午日에 赤色구

름이 南方에서 일어나면 객이 승리한다. 이를 玉女遊門 혹은 火照天門이라 한다.

丁奇가 坎宮에 있으면 朱雀投江이니 吉하다. 황색구름이 東北 혹은 西南方에서 일어나

면 客勝이다.

丁奇가 艮宮에 있으면 이를 玉女乘雲格이라 한다. 甲乙寅卯日에 靑色구름이 東方 혹은

東南方에서 일어나면 이것이 應인데 客이 승리한다. 일명 「玉女가 鬼門에서 노닌다.」한

다.

丁奇가 震宮에 있으면 「最明」이라하는 길격이다. 庚辛申酉日에 白雲이 西方 혹은 西

北方에서 일어나면 이것이 應인바 客이 勝利한다.

丁奇가 巽宮에 있으면 이름을 「美女留神」이라 한다. 혹 庚辛申酉日에 白色구름이 西

쪽 혹은 西北方에서 일어나면 이것이 應이니 客이 승리한다.

丁奇가 離에 이르면 「乘龍萬里」라 한다. 壬癸亥子日에 黑雲이 北方에서 일어나면 客

이 이긴다.

丁奇가 坤宮에 있으면 이를 玉女遊地格이라 한다. 甲乙寅卯日에 靑色구름이 東이나 東

南方에서 일어나면 客이 이긴다.

丁奇가 兌酉에 있는 경우 丙丁巳午日에 赤色구름이 南方에서 일어나면 客이 승리한다.

또는 丁奇가 兌를 만나면 天乙貴人이라 귀히 되고 丁酉正殿에 오르면 大吉하다.

丁奇가 開門을 만나면 竹杖을 든 사람이 있으리니 이것이 應이오 上官、嫁娶、赴任、立

柱、上樑 入宅에 大吉하다. 또는 큰 수레 작은 수레、白雲、포장、현수막 등을 보는 것

과 혹은 막대를 가진 사람을 보는 것이 應이니 이러한 應조가 있으면 자손이 부귀한다.

丁奇가 生門을 만나면 漁夫나 사냥꾼을 보거나 혹은 매(鷹)가 날아가는 것을 보면 應

이다.

丁奇가 休門에 들면 黑白衣입은 婦女와 二十里밖에 사냥꾼이 지나는 모습이 보이리니

이것이 應이며、奇와 吉門이 合하는 方位에 좋은 일을 만난다.

※ 客이란 가령 賊이 먼저 침입해 온다면 先動하는 賊이 主요、침공을 받는 我軍이 客

이다.

(3) 十干應驗

① 十干克應訣

○ 六甲

六甲이란 甲子戊로 天盤戊를 칭함이다.

六戊가 地盤戊에 加하면 伏吟이니 매사 불길이라 아무 일도 하지 말고 집에서 고요히

분수를 지키고 있어야 한다.

戊가 乙에 加하면 (戊乙同宮) 青龍이 含靈한 것인데 吉門을 만나면 길하고 凶門을 만나면 凶厄이 따른다.

戊가 丙과 같이 있으면 (丙戊同宮) 이는 青龍(甲은 青龍에 비유)를 돌이켜 장차 날고 자 하는 상이다. 그러므로 매사 활동에 크게 유리하다. 만일 墓(辰戌丑未)에 들면 이를 擊刑이라 하여 吉함이 凶으로 변한다.

戊가 丁奇에 加하면 (戊丁同宮) 청룡이 비쳐(丁은 火로 불빛에 비유) 밝은 상이라 귀인을 만나려하거나 名利를 구하는데 다 吉하지만 만일 墓(辰戌丑未)에 迫近하면 是非를 불러 일으킨다.

戊儀가 己에 加하면 (戊己同宮) 貴人이 獄中에 간힌 상이라 公私를 막론하고 다 불리하다.

戊가 庚에 加하면 (戊庚同宮) 이를 「値符宮」이라 하니 좋은 일이 나쁘게 변하고、나쁜 일은 더욱 가중된다.

戊가 辛에 加하면 (戊辛同宮) 青龍이 다리를 끊긴 상이라、이 경우 吉門의 生助를 받는 다면 吉하거니와 만일 이에 凶門을 만나면 損財를 당하고 발병이 생긴다.

戊가 壬에 加하면 (戊壬同宮) 龍이 天牢(사방이 막혀 음싹달싹 못하는 감옥)에 든 형상 이라 매사에 다 불길하다.

戊가 癸에 加하면 (戊癸同宮) 龍이 華盖를 만남이니 吉格을 만나면 吉하지만 凶門을 만나면 시비 구설 쟁투가 많다.

○ 六乙

六乙이란 天盤 乙奇를 칭함이다.

六乙이 地盤戊에 加하면(乙戊同宮) 陰이 陽을 害하는 (乙陰木이 克 陽戊土) 상이라, 門이 凶하면 재산이 파하고 人口가 傷한다.

乙이 乙을 加하면 (乙乙同宮) 日奇가 伏吟된 것이니 귀인을 만나보거나 名利를 구하는 일에 불리하다. 다만 분수를 지키고 움직이지 않으면 해가 없다.

乙이 丙에 加하면(乙丙同宮) 「奇儀同臨」이니 吉星을 만나면 관직을 얻거나 영전되고, 凶星을 만나면 夫婦가 이별한다.

乙이 丁에 加하면 (乙丁同宮) 奇儀同臨이니 서로 도우는 상이라 文書에 관한 것이면 특히 길하고 百事가 형통하다.

乙이 己에 加하면 (乙己同宮) 日氣가 안개 속에 든 형상이니 티끌을 흠뻑 뒤집어쓴 것과 같아 매사가 어둡고 답답하다. 게다가 凶門을 만나면 더욱 흉하다.

乙이 庚에 加하면 (乙庚同宮) 日奇가 刑을 당한 것이니 訟事로 인해 형벌을 받기 쉽고 재산의 손해를 당하며 夫婦사이에 私情을 통하는이가 있어 가정이 시끄러워진다.

乙이 辛에 加하면 (乙辛同宮) 靑龍이 놀라 달아나는 상이다. 奴僕에게 재앙이 있고 家審래의 질서가 어긋나 어지러워지고 관재 송사 시비가 일어난다.

이 손상한다.

乙이 壬에 加하면 (乙壬同宮) 日奇가 땅 속으로 들어간 형상, 높고 낮은 신분과 위 아

乙이 癸에 加하면 (乙癸同宮) 이는 華蓋라 하니 進就할 생각을 말고 山野 한적한 곳에
자취를 숨겨 修道하면 재난을 피할 수 있다. 그래야 吉하다.

○ 六丙

六丙이란 天盤 丙奇를 칭함이다.

六丙이 地盤六戊에 加하면 (丙戊同宮) 이름을 「飛鳥가 跌穴하는 格」으로서 꾀하는 일
과 백사가 여의하다.

丙이 乙에 加하면 (丙乙同宮) 日月이 함께 行하는 상이니 경영지사가 다 大吉하다.

丙이 丙에 加하면 (丙丙同宮) 이를 月奇라 하며, 또는 伏吟이니 文書의 핍박을 당하고
또는 破損되거나 유실된다.

丙이 丁에 加하면 (丙丁同宮) 이를 朱雀貴人이라 한다. 文書上에 吉하고, 보통 사람은
平坦하다. 여기에 三吉門을 만나면 天遁이라 하여 大貴한다.

丙이 己에 加하면 (丙己同宮) 이를 「大孛」라 한다. 罪囚는 刑杖을 면치 못하고 文書
는 불리한데 이에 吉門을 만나면 吉하지만 凶門을 만나면 더욱 凶해진다.

丙이 庚에 加하면 (丙庚同宮) 熒惑星 (형혹성) 이 太白星에 든 것이니 門戶가 파괴되고
도적에게 失物한다.

丙이 辛에 加하면 (丙辛同宮) 꾀한 일이 성취되고 病者는 점차 낫는다.

丙이 壬에 加하면 (丙壬同宮) 火(丙)가 天羅에 든 상이라 客地에 나가면 是非가 일어

난다。

丙이 癸에 加하면 華蓋라、 陰人이 일을 방해하고 災禍가 자주 발생한다。

○ 六丁

六丁은 天盤丁奇를 칭함이다。

六丁이 地盤戊에 加하면 (丁戊同宮) 靑龍이 여의주를 얻은 격이니 관직자는 승급되고 평상인은 발전한다。

丁이 乙에 加하면 (丁乙同宮) 이를 人遁이라 하는바 귀인은 벼슬이 오르고、 평상인은 혼인의 경사에 재물이 생긴다。

丁이 丙에 加하면 (丁丙同宮) 辛이 月을 따라서 轉함이니 귀인은 승진되고 평상인은 근심 가운데서 슬픔이 생긴다。

丁이 丁에 加하면 (丁丁同宮) 丁奇가 太陰에 든 격이라 기쁜 文書가 즉시 이르고 만사가 여의하며 기쁜 경사가 날로 이른다。

丁이 己에 加하면 불이 句陳에 든 상이라 奸謀에 빠져 곤경을겪고、 원수를 맺게 되며 女子로 인해 억울하고 원통한 일을 당한다。

丁이 庚에 加하면 (丁庚同宮) 年月日時格이라 文書件은 막혀 허사가 되지만 行人은 반드시 돌아올 것이다。

丁이 辛에 加하면 (丁辛同宮) 이를 朱雀이 入獄된 格이라 한다。 罪人은 풀려 나오지만

在職者는 관직을 잃는다.

丁이 壬에 加하면 (丁壬同宮) 이를 五神互合이라 하는바 귀인은 國恩이 있고 (벼슬 하

는 것) 訟事는 공평하게 처리된다.

丁이 癸에 加하면 (丁癸同宮) 이름을「朱雀投江格」이라 한다. 文書가 막히고 구설이 이

르며 기다리는 소식은 막연할 뿐이다.

○ 六己

六己란 天盤己儀를 칭함이다.

六己가 地盤六戊에 加하면 (己戊同宮) 이름을「大過靑龍門」이라 한다. 吉格으로서 매

사에 여의하고 上等의 人物은 기쁜 영화가 이른다. 그러나 門이 凶하면 心機만 부질없이

수고할 뿐이다.

己가 乙에 加하면 (己乙同宮) 이를「墓神不明」이라는 것으로 自身의 자취를 감추고

몸을 숨겨야만 재앙이 없다.

己가 丙에 加하면 (己丙同宮) 이름하여「火字地戶」라 하는 흉경이니 男子는 원한관계

로 서로 다투고 女人은 淫行을 저지르게 된다.

己가 丁에 加하면 (己丁同宮) 이름을 朱雀入墓라 하니 文書와 詞訟이 먼저는 잘못되다

가 뒤에는 바르게 잡힌다. 이는 平吉格이다.

己가 己에 加하면 (己己同宮) 地戶가 鬼를 만난 상이라 병든자는 일어나지 못하고 백

사를 이루지 못한다.

己가 庚에 加하면 (己庚同宮) 利格이라 하는바 訟事를 提起함이 불리하고 남의 謀害를 당할 우려가 있다.

己가 辛에 加하면 (己辛同宮) 이를 遊魂入墓라 하니 大人은 鬼害를 입고 小人도 疾病이 따른다.

己가 壬에 加하면 (己壬同宮) 地網을 높이 버린 상인데 간사한 아이와 음탕한 여자가 通姦으로 인해 殺傷事가 일어난다.

己가 癸에 加하면 (己癸同宮) 曰 地刑玄武라 하니 남녀를 막론하고 질병이 위독하거 나 詞訟에 걸려 獄殺이를 하게 된다.

○ 六庚

六庚이란 天盤庚儀를 칭함이다.

六庚이 地盤六戊에 加하면 (庚戊同宮) 이름을 「太白天乙」이라 한다. 백사불길이니 경영사가 실패로 돌아간다.

庚이 乙에 加하면 (庚乙同宮) 太白蓬星이라 하는바 물러나 休養하면 길하고 나아가 활 동하면 厄을 당한다.

庚이 丙에 加하면 (丙庚同宮) 이를 太白이 熒惑星에 든 것이라 하니 賊이 반드시 침입 할 것이다. 客의 입장에서는 나아감이 유리하고, 主體로서는 나아가면 破敗한다.

庚이 丁에 加하면 曰「停停之格」이라 하는바 사사로이 親合한 관계로 訟事가 일어난다. 그러나 門이 길하면 잘 무마된다.

庚이 己에 加하면 이를 「刑格」이라 하는 것이니 官事를 범하여 중한 형벌을 받는다.

庚이 庚에 加하면 (庚庚同宮) 이는 伏吟이오, 太白同宮이다. 관재와 횡액이 있고 兄弟가 浮動하여 공격해 온다.

庚이 辛에 加하면 (庚辛同宮) 이는 白虎干格이니 遠行에 車는 부서지고 馬는 죽으니 오도 가도 못하는 경지에 도달한다.

庚이 壬에 加하면 (庚壬同宮) 집을 나서면 길을 잃어 헤메고 男女의 소식이 막연하여 탄식만 나올 뿐이다.

庚이 癸에 加하면 이름을 「大格」이라 한다. 行人은 돌아오고, 관재 송사는 끝난다.

生産에는 産母와 胎兒가 모두 傷하리니 大凶하다.

○ 六辛

六辛이란 天盤辛儀를 칭함이다.

六辛이 地盤戊에 加하면 (辛戊同宮) 이는 困한 龍이 상처를 입은 상이라 官事로 인해 억울하게 破財를 당할 것이다. 분수를 지키고 망녕되어 動하지 마라. 그렇지 아니하면 禍殃을 면치 못할 것이다.

辛이 乙에 加하면 (辛乙同宮) 白虎가 제멋대로 날뛰는 상이니 사람이 죽고 家業은 실패

— 322 —

한다。그리고 遠行하면 불리하니 재앙을 만나거나 人馬가 모두 상한다 (교통사고 등)

辛이 丙에 加하면 (辛丙同宮) 이를 「干合孛師」 라 한다。熒惑星 (형혹성) 이 나타난

다(이 형혹성이 出現하면 國家에 哭難이 발생한다) 비를 점치면 비가 오지 않고、언제개

일까 하고 점치면 비가 온다。가뭄을 점치면 햇볕이 쟁쟁하고 경영을 점치면 재물때문에

송사가 발생한다고 한다。

辛이 丁에 加하면 (丁辛同宮)이는 「獄神이 得奇함이다」 하니 장사꾼은 이익이 많이 남

고 罪囚는 석방된다。

辛이 己에 加하면 (辛己同宮) 이를 「入獄自刑」 이라 한다。奴僕은 주인을 배반하고 訟

事는 풀려나기가 어렵다。

辛이 庚에 加하면 (辛庚同宮) 이를 「白虎出力」 이라 한다。칼날이 부딪히고 主客이 모

두 殘傷을 당한다。겸손하고 양보하고 참으면 다행이 화를 면할 수 있겠으나 강경하게 나

아가면 衣裳에 빨간 피가 뿌려진다。

辛이 辛에 加하면 (辛辛同宮) 이는 伏吟인데 公事는 재쳐두고 사사로운 일에 치중하다

가 스스로 罪名에 걸린다。

辛이 壬에 加하면 (辛壬同宮) 이를 「凶蛇入獄」 이라 한다。두 사내가 계집하나를 놓고

치열한 싸움을 벌리다가 소송까지 일어난다。먼저 움직이면 재판에서 진다。

辛이 癸에 加하면 (辛癸同宮) 이름하며 「天牢華蓋」 라 한다。日月이 빛을 잃은 상이

니 잘못되어 天網에 걸린다。움직이거나 안하거나간에 災難을 입을 것이다。

○ 六壬

六壬이란 天盤壬儀를 칭함이다.

壬이 地盤戊에 加하면 (壬戊同宮)「작은 뱀이 용이 된 격」이다. 大吉하여 남자는 出世하고 여자는 奇異한 玉童子를 낳는다.

壬이 乙에 加하면 (壬乙同宮) 이를 「작은 뱀」이라 비유하니 女人은 유순하고 男子는 탄식되는 일이 있다. 生産占에는 아들을 낳고 功名은 빛난다.

壬이 丙에 加하면 (壬丙同宮) 이름을 「水蛇入火 (물뱀이 불속에 드는 격)」라 한다. 흉격으로 官災와 刑厄이 연달아 발생한다.

壬이 丁에 加하면 송사에 正當性을 잃는다.

壬이 己에 加하면 (壬己同宮) 실뱀이 서로 엉켜 먹이를 다투는 상이니 매사에 불성이오 특히 재물의 손실이 많다.

壬이 庚에 加하면 (壬庚同宮) 太白이 뱀을 잡는 상이니 刑獄이 公正하고 正과 邪가 바르게 가려진다.

壬이 辛에 加하면 (壬辛同宮) 이를 「騰蛇가 서로 엉킨 상」이라 한다. 비록 吉門을 만났더라도 불안하고 어떤일을 도모함에는 남에게 속임을 당한다.

壬이 壬에 加하면 (壬壬同宮) 이를 「뱀이 地羅에 든 격」이라 한다. 남이 공연히 나의 안일에 간섭하고 매사가 엉뚱하게 뒤틀린다. 吉門과 吉星을 만나면 거의 틀려가던 일이 이루어지는 수가 있다.

壬이 癸에 加하면 (壬癸同宮) 이를 「어린 少女가 奸淫하는 상이란」하니 집안에서 추한 소리가 들린다. 門이 吉하고 星이 凶한 것은 禍가 바뀌어 福이 되어 興昌한다.

○ 六癸

六癸란 天盤癸儀를 칭함이다.

六癸가 地盤戊에 加하면 (癸戊同宮) 이를 「天乙會合格」이라 하여 大吉格이니 財物이 생기고 혼인이 성립되며 귀인이 도와준다. 그러나 門이 凶하면 도리어 禍가 생겨 官厄을 면치 못한다.

癸가 乙에 加하면 (癸乙同宮) 이를 「華蓋逢星」이라 한다. 귀인은 祿과 지위를 얻고 平常人은 평안하다.

癸가 丙에 加하면 (癸丙同宮) 이름을 「華蓋孛師 (화개패사) 」라 한다. 귀천을 막론하고 다 평안하고, 신분이 매우 높은이를 만나는데도 길하다.

癸가 丁에 加하면 (癸丁同宮) 이를 「騰蛇嬌」라 한다. 文書上의 말썽, 官災에 걸려 困厄을 면할수 없다.

癸가 己에 加하면 (癸己同宮) 이를 「華蓋地戶」라 한다. 男女가 기다리는 소식이 不通하니 어려움을 피하면 길하리라.

癸가 庚에 加하면 (癸庚同宮) 이를 「太白入網」이라 한다. 광폭하게 서로 다투다가 訟事까지 끌고 간다. 많은 노력이 있는 뒤에야 평안해진다.

癸가 辛에 加하면 (癸辛同宮) 이를 「網蓋天牢 (망개천뇌) 」라 한다。 訟事、 疾病、 重

罪에 걸린 경우 占에 이와 같이 나왔다면 도망치지 못한다。

癸가 壬에 加하면 (癸壬同宮) 이를 「騰蛇를 다시 보는 격」 이라 한다。 初婚 再婚을 막

론하고 子息을 두지 못하며 壽도 짧다。

癸가 癸에 加하면 (癸癸同宮) 이를 「天網이 四方으로 펼쳐진 상」 이라 한다。 行人은

同行人을 잃고、 송사에 걸린 경우는 두 사람이 다 傷한다。

時에 六甲을 加하면 하나는 열리고 하나는 단히며, 上下 교접하여 陽星은 열리고 陰星

은 단히며, 또는 孟仲月은 단히고 季月은 열린다。

時에 六乙이 加臨하면 住來가 황홀하여 神처럼 나타났다 사라진다。地盤乙과 日奇가

같이 임하면 謀事를 다 성취한다。

時에 六丙이 임하면 千軍萬卒이 호위하는 격이니 天侯의 신분이다。地盤의 丙을 加하면

天威를 떨치는데 行兵과 謀事에는 吉凶이 반반이다。

時에 六丁이 加하면 어느 곳을 往來해도 막힘이 없고 늘도록 刑厄을 만나지 아니한다。

여기에 地盤丁을 加하면 玉女와 同行하는 상이니 만사가 다 吉하다。

時에 六戊가 加하면 龍을 타고 있는 형상이다。千萬里를 橫行할지라도 내 마음대로요

누가 감히 막지를 못한다。이에 地盤戊를 加하면 이는 「天武」 라 하니 公私를 막론하

고 彼하는 일이 순조롭다。

時에 六己가 加해지면 神이 시키는것 같이 자신도 모르게 잘못을 범한다。고로 出入이

흥한데 여기에 地盤 己를 더 加하면 이는 地戶니 가만히 감추는 것이 좋다. 사사로운 일

에는 吉하고、公的인 일은 흉하다.

時에 六庚이 加해지면 大木을 끼고 다니는 형상이다. 억지로 出入을 할지라도 자연 다

툼과 말썽이 생긴다. 이에 地盤庚을 加하면 하는 일마다 다 흉하다.

時에 六辛이 加하면 거리에서 죽은 사람을 보게 되고、무슨 일을 억지로 하려 하면 재

앙이 생기고 刑罰이 따른다. 地盤辛을 加하면 天庭이라 하는바 경영사가 다 흉하다.

時에 六壬이 加하면 官吏의 금지를 받는다. 억지로 出入한다면 재앙이 이르는데 이에

地盤壬을 加하면 이를 天牢라 하는바 백사에 다 흉하다.

時에 六癸가 加하면 象人과 친근치 말고 본체만체하라 六癸가 門에 나오면 卽死한다.

地盤癸를 加하면 이를 「地網」이라 하는 것이니 活動을 중지하고 운둔생활을 하면 액을

면하려니와 움직이면 재앙이 있다.

② 十干克應法

六甲을 일명 天德이라 한다. 귀함이 유여한지라 甲丙戊庚壬의 陽日에 靑衣를 입은 男子

가 應하면 三日內로 祿을 얻고 기타도 길하다.

六乙은 僧道九流라 일면 天貴로서 高貴함을 주장하니 陽日의 陽星이면 남자 귀인이오、

陰日에 陰星이면 주로 僧道다. 應하면 八日이나 八十日에 광채로운 일과 몹시 기쁜 일

을 만날것이다.

六丙은 날으는 龍이오 色은 赤白인데 이름을 天成이라 한다。길을 걷다가 赤白馬를 탄 靑衣人을 본다면 이것이 應하는 징조이니 七日이나 혹 七十日에 財寶와 文券을 얻게 될 것이다。

六丁은 玉女로서 용모가 아름답고 衣裳이 훌륭하니 별명은 玉女다。陽日이면 키큰 女人을 만나고、陰日이면 少女를 만나는데 이것이 應(즉 징조) 이다。二十七日에 값비싼 古器를 얻을것이다。

六戊는 旗와 鎗과 바라와 북이니 별명은 天武라 한다。陽日에는 바라와 북소리가 들리면 應이오 陰日에는 노래소리가 들리면 應이다。이와 같은 應이 있으면 武人의 재물을 얻게 된다。

六己는 黃衣와 白衣에 속하는바 별명을 地戸라 한다。陽日에 黃衣人을 보고 陰日에 白衣人을 보게 되거나 혹은 一男一女가 同行하는 것을 보면 이것이 應이니 五十日 안으로 먼 곳에 사는 친척이 찾아올 것이다。

六庚은 喪服과 兵吏를 상징하는데 별명은 天利라 한다。陽日과 陽星은 兵吏요 陰日과 陰星은 孝服입은 사람이다。이상이 應하면 四十九日 이내로 文字에 관계되는 일이 생기거나 官事가 생길 것이다。

六辛은 날짐승이라 별명은 天進인데 陽日 陽星은 白色人이오、陰日 陰星은 날짐승이다 이와 같은 것을 보게 되면 이것이 應인데 一年 이내로 무엇을 소개하여(仲介) 재물을 얻는다。

— 328 —

六壬은 우뢰와 비 또는 눈을 상징한다. 별명을 天雷라 하는데 千里의 雷霆을 주동한다.

陽日에 陽星이면 거리에서 黑衣를 입은 사람을 만날 것이오 陰日에 陰星이면 白衣를 입은

사람을 보게 된다. 이와 같은 일이 있으면 이것이 應인데 이는 年內로 人口가 는다는 것

을 알으켜 줌이라 하겠다.

六癸는 妊娠婦가 기쁘게 돌아옴이니 별명은 天藏이라 한다. 陽日에 陽星은 漁父가 아니

면 사냥꾼을 만나는 것이 應이고, 陰日에 陰星은 배가 부른 妊娠婦와 마주치면 應이다.

이와 같은 應이 있으면 六十日 (二月) 이내로 반드시 구리나 거울을 얻게 될 것이다.

③ 十干應驗

六甲 (甲子戊) 은 占時에 門을 나서면 金馬와 玉堂貴人을 만난다.

六乙이 임하면 出門하여 대머리 公吏가 지나가고 弓矢지닌 사람, 혹은 말을 타고 가는

사람을 만난다.

六丙이 임하면 고을의 縣監·州牧 및 宰相의 행차를 만난다.

六丁·六巳를 만나면 出行하여 靑衣를 입은 두 女人을 만난다.

六庚·六辛·六壬이 임하면 가장 凶하니 出行이 불가하다. 이를 모르고 出門했다가는

중중한 재난과 봉착한다.

六癸가 임하면 出行하여 활을 매고 말을 탄 사냥꾼이 지나가고 혹 산속에서 隱遁하는

사람을 만난다.

① 天蓬星

天蓬星은 訟詞와 시합, 싸움 등에 威名이 萬里에 진동하는 지라 將帥가 군사를 이끌고 敵과 싸우면 크게 勝捷한다。 단 春夏라야 大吉이오 秋冬에는 半凶하다。 그리고 修造나 葬埋에는 空이니 모름지기 生門에 丙奇나 乙奇가 임하면 매사가 창성한다。

天蓬이 子時를 만나면 (子時占ㅡ以下同) 주로 닭우는 소리와 개짖는 소리가 들리고 또는 새가 수풀사이로 깃드리는 소리를 듣는다。 또는 날짐승이 北方으로 부터 와서 다투는 것을 보면 언청이가 찾아 올 것이다。 그리고 六十日 뒤의 應은 닭이 알을 낳게 될 것이니 이 應의 작용은 口舌、官災가 이르거나 재물의 손실을 크게 당할 것이다。

丑時를 만나면 그 應이 나무가 넘어지거나 꺾어져서 사람 傷하는 것을 보거나 우뢰소리가 크게 나며 비바람이 몰아칠 것이다。 이러한 應이 있은 뒤 다시 七日內에 닭이 土房에서 오리알을 낳는다。 이와 같은 應兆들이 있으면 百日 안으로 小兒가 상하고、白頭老人이 田産을 장만하여 十年간 재산을 늘리다가 다 팔아 없앤다。

寅時를 만나면 主로 靑衣童子가 꽃을 들고 오는 것을 보거나、北方에서 중이 옷보따리를 들고 오거나、또는 女人이 오는 것을 보게 되거든 이것이 應兆라 여기라、이러한 應조가 있은 뒤에는 도적이 들어 재물을 훔쳐 가고、六十日 뒤에는 뱀이 집안으로 들어와 사람을 물고、牛馬가 死傷되거나 人口가 傷한다。 그리고 三年 뒤에는 田畓을 사들인다。

卯時를 만나면 주로 누른빛 구름이 사방에서 일어나고、婦人이 鍮器를 들고 오게 되며

큰 구렁이가 길을 가르는 것을 보게 되는데 이것이 바로 應이다。 이러한 應兆가 있는 뒤

에 火音人(나다라타 받음이 나오는 姓氏) 이 재물을 보내주고、六十日 안에는 女人이 도적

에게 해를 입으며、재산이 크게 나갔다가 百日 안으로 크게 橫財한다。

辰時를 만나면 東北方에서 나무가 쓰러져 사람이 다치고、북소리가 사방에서 들리며 女

人이 紅衣를 입고 이르리니 이것이 應이다。 이러한 일이 있고 보면 뒤에 집 사방에서 까

치떼가 지저귀고 도적이 들어 돈이나 재물을 훔쳐간다。 六十日 뒤에는 다리 저는 사람이

門前에서 떼거지를 쓴다。 이 모두 應兆로서 三年안으로 귀동자를 낳고 발복한다。

巳時를 만나면 주로 곱추가 털옷을 입고 오거나 女人이 술을 들고 찾아올 것이며、또는

스승이 찾아온다。 이 모두 應으로서 百日 안으로 크게 발복하여 횡재하고 武人이면 출

세한다。

午時를 만나면 사람이 칼을 들고 山에 오르는 것을 보고、婦人이 靑衣童子를 데리고 오

는 것을 보리니 이것이 應이다。四十日 뒤에 家主가 죽고 六十日 뒤에는 개가 사람의 말을

흉내면서 집으로 들어오고 中風患者가 지랄병을 앓는다。 그리고 三年 뒤에는 家業이 왕성

한다。

未時를 만나면 童子가 말이나 소를 끌고 오며、기러기가 北方에서 날아오고、紅衣를 입

은 女人이 이르리니 이것이 바로 應이다。 이러한 應兆가 나타나면 六十日內로 도둑이 들어

귀중한 재물을 몽땅 털어간다.

申時를 만나면 물을 긷는 사람이 우산 등을 들고 오며、西方에서 어린이가 북을 치며 소리 지르는 것을 보게 되면 이것이 應이다. 二十日 뒤에 닭장안에 뱀이 들어 닭을 잡아 먹고、百日 이내로 젊은 여인이 목매어 죽는데 이는 淫行 때문이다. 官事가 일어나 가산을 탕진한다.

酉時를 만나면 주로 西方에서 말이 뛰어 오고、갈매기떼가 울면서 날아오게 되면 이것이 應이다. 百日 안으로 귀자를 낳고 재물이 大發한다.

戌時를 만나면 老人이 지팡이 짚고 오고、털보가 당대미로 만든 광우리를 들고 오며、西方에서는 雷雨가 몰아닥치리니 이 모두 應으로서 그 뒤에 흰개가 스스로 찾아오고、八十日 뒤에는 兵器를 습득하여 횡재하고 이것이 계기가 되어 부자가 된다.

亥時를 만나면 주로 어린이가 떼지어오고、服입은 女人이 오는 것을 보리니 이것이 應이다. 이러한 일이 있은 뒤 六十日에 도둑을 잡아 돈과 곡식이 생기고 三年內에 약과 부적을 팔아서 재산을 모은다.

② 天芮星

天芮星은 道를 닦고 벗과 交遊하는데 마땅한데 行方에서 만나면 불리하다. 出行과 用事는 멈추는게 좋고 造宅과 軍幕을 설치하는데는 나쁘다. 도둑에게 놀래고、우환과 근심이 있으며 小兒에게 불리하고、官吏의 심문을 받게 된다. 비록 奇門을 만났더라도 이 방위에서 좋은 일을 구한다면 소용이 없다.

天芮星이 子時를 만나면 秋冬은 길하고 春夏는 흉하다. 날짐승이 놀래고, 西南方에서 불빛이 일어나는 것을 보게 되며 두 사람이 서로 추적하는 것을 보면 이것이 應이다. 이러한 일이 있은 뒤에 고양이가 미쳐 사람을 물고, 官事가 일어난다. 六十日內로 女人이 自結한다. 秋冬에 작용되면 水音人(ㅁㄴㅂㅍ 발음이 나오는 姓氏)의 도움으로 재물이 왕하고, 婦人에게 기쁜 경사가 있다. 丑時를 만나면 西北方에서 북소리가 들려오리니 이것이 應이다. 七日 안에 거북이나 자라가 수풀속에서 나오고, 六十日에 도둑이 들고 官厄이 일어나며 많은 재산을 소모한다.

寅時를 만나면 주로 임신부가 찾아온다. 夏秋에는 도룡이를 입은 사람이 이르고, 봄에는 가죽옷을 입은 사람과 만나리니 이것이 바로 應이다. 이러한 應이 있은 뒤에 奇門의 旺相을 얻으면 六十日內로 소가 들어와 횡재하고, 관록도 얻게 되며 자손이 흥왕하여 크게 발복한다.

卯時를 만나면 色衣女人이 좋은 物品을 보내오고, 또는 귀인이 말을 타고 오며 개 두 마리가 서로 물고 싸울때 소 우는 소리가 들리리니 이것이 바로 應이다. 六十日內로 東方人이 재물을 도와준다. 개나 어린이가 傷하고 心血을 기울여 재물 모으기를 힘쓰지만 三年 사이에 婦人이 難産으로 死亡한다.

辰時를 만나면 東方에서 나무가 넘어져 사람 다치는 것을 보고, 또는 북소리를 들으며, 紅衣女人이 오는 것을 보리니 이것이 應이다. 까치가 집 주위를 맴돌며 짖는 것은 도둑

으로 인해 재물을 파한다。六十日 안으로 중풍든 사람이 거의 다 되어가는 婚事를 방해한

다。 그러나 그 혼인은 결국 성립되며、혼인하여 귀자를 낳고、재산이 발왕한다。

巳時를 만나면 婦人이 少女와 같이 오는 것을 보리니 이것이 應이다。 四十日에 土地계

약을 하게 되고 一年內에 재산이 크게 는다。

午時를 만나면 흰옷입은 언청이가 이르고、배가 부른 임신부가 지나는 것을 보게 되리니

이것이 應이다。 이런 應이 있은 뒤로 六十日에 고양이가 사람을 물고자 할 것이다。 매매

로 많은 재산을 모으고 또는 東쪽에 사는 이웃의 産業을 얻어 大發한다。

未時를 만나면 사냥꾼이 이르고、白衣입은 僧道가 茶를 가지고 오면 이것이 應이니 七

日에 가마귀나 까치가 집 근처 나무 주위를 맴돌며 운다。 一年內에 瘟疫에 걸리고 火災

로 재산을 탕진한다。

申時를 만나면 東方에서 日傘을 받고 귀인이 지나는 것을 보게 되고、僧道와 털보가 이

르리니 이것이 應이다。 이러한 應兆가 있으면 주로 소나 말이 사람을 傷한다。 그러나 百

日 안으로 水姓人의 재물을 얻고、一年內로 水牛가 집에 들어오거나 野鳥가 집안으로 날

아든다。 이런일이 있으면 재산은 점점 늘지만 家主는 疾病을 앓는다。

酉時를 만나면 西方으로 말이 지나가고、새떼가 날아가며 운다。 이것이 應이니 이러한

일이 있은 뒤에 百日內로 僧道와 作合하고 金音姓人의 재산을 얻게 되며 귀자를 낳고 발

복한다。

戌時를 만나면 지팡이를 짚은 노인이 오고、西方에서 우뢰치며 비가 몰아오며 털보가

어떤 물건을 가지고 오는데 이 모두 應이다。 그 뒤 흰 개가 스스로 찾아오고、六十日에

軍器를 습득하여 횡재하고、이것으로 인해 大發한다。

亥時를 만나면 어린이들이 떼지어 노는 것을 보게 되고、孝服한 婦人이 이르리니 이것

이 應이다。 도적으로 인해 도리어 得財하고、三年 뒤에 水藥장사를 해서 가업을 흥왕시

킨다。

③ 天衝星

天冲星은 嫁娶에 불리하고 軍營을 설치하는데도 흉하며、出行、移徙、出產 등에 재앙

이오 또는 建屋、修家、葬埋 등 만사에 다 不利한 凶星이다。

天冲이 子時를 만나면 주로 仙禽이 울고、종소리가 들리는 것이 應이다。 이러한 일이

있은 뒤에 生氣가 入宅하여 一年 뒤에 田蠶의 수입이 갑절이 되는데 新婦가 사망한 뒤 이

것으로 말썽에 오르고、재앙이 始發된다。

丑時를 만나면 雲霧가 사방에서 일어나고、婦人이 오는 것으로 應을 삼는다。 검은 고양

이가 흰 새끼를 낳고、오래 묵은 거울을 주어 이로부터 재물이 늘기 시작하며 一年 뒤에

는 중의 토지를 얻고 귀자를 낳는다。

寅時를 만나면 주로 귀인이 말이나 가마를 타고 와서 金銀을 주고 갈 것이다。 이러한

應兆가 있은 뒤 六十日에 土地文書와 六畜 또는 유리로 만든 器物을 얻는다。 암닭이 울

어 다소 재앙이 있으나 혀를 놀려 돈을 벌고 乙己丁年生이면 富貴한다。

卯時를 만나면 色衣를 입은 女人이 어면 물건을 가져오고、또는 귀인이 말을 타고、오며、개 두마리가 서로 짖으며 서로 물고 싸우며、또는 소 울음 소리가 크게 들리리니 이 모두 應이다。 이러한 應兆가 있은 뒤 六十日에 東쪽집 産業을 얻는다。 어린이가 火傷을 입는 변이 생기고、三年간 재산이 발한다。 婦人에게는 産厄이 있어 흉하다。

辰時를 만나면 물고기가 물속에서 나무 위로 뛰어오르거나、白虎가 山에서 나오며、중들이 떼지어 이르는데 이 모두 應이다。 四十日內로 黃白의 물건을 얻어 횡재하고、七十日內로 家主가 크게 다치는 厄이 있다。

巳時를 만나면 주로 牛羊이 앞을 다투어 지나가고、女人이 울며 서로 꾸짖는 것을 보게 되며、西方에서 북소리가 들려오거든 應인줄 알라、이러한 일이 있은 뒤 六十日내에 뱀이 사람을 무는 액이 있으나 닭 소 등 가축이 스스로 모여들고、女人이 契約文書를 보내오며 百日內로 귀자를 낳는다。 또는 재산이 크게 늘어난다。

午時를 만나면 동쪽 이웃집에서 불이 일어나고、白衣人이 고함치며、산새들이 몹시 우는 소리를 듣게 되리니 이것이 다 應이다。 六十日內로 값나가는 구리 골동품 器物을 얻어 횡재한다。

未時를 만나면 북소리가 들려오고、孝服입은 少年을 보게 되며、牛馬떼가 지나가고、어떤 사람이 西方에서 고함치는 것을 보게 된다。 이것이 應인바 六十日內에 白羊이 들어와 횡재하고、六畜이 흥한다。

申時를 만나면 南方에서 白衣人이 말을 타고 지나가고、吏卒이 서로 싸우는 것을 보리

니 이것이 應이다。이러한 應兆가 있은 뒤 百日內에 女子의 소개로 식구가 늘고 아울러
재산이 발한다。

酉時를 만나면 먼곳에서 편지가 오고、동쪽집에서 여우나 늑대가 소동치거나 고함소리
가 들리며、婦人이 불을 붙여들고 있는 것을 보게 되리니 이것이 應이다。이러한 應이 있
은 뒤 三年안으로 귀자를 낳고 횡재로 치부한다。

戌時를 만나면 西方에서 三・五人이 와서 어떤 물건을 찾고、또는 巫女가 나타나리니
이것이 應이다。六十日內로 닭이 나무가지에 올라 울고、먼 곳에서 편지가 오며・外人의
재물을 얻는다。또는 어린이가 소에 채어 크게 다친다。

亥時를 만나면 靑衣입은 절름발이가 이르고、동쪽 이웃집에 火災가 발생하는 것을 보면
곧 應이다。이런 일이 있은 뒤 一百日內에 고양이가 흰쥐를 잡는다。재물이 점점 늘고
人口가 생기리라。

④ 天輔星

天輔星은 백사에 大吉이다。특히 遠行、建屋、修家、葬埋 등 造葬에 복이 이르고 求官
求職、移徙、求人 등에 만사 여의하다。

天輔星이 子時를 만나면 西方에서 紅衣입은 사람이 크게 소리치며 오는 것을 보게 되리
니 이것이 應이다。만약 이러한 應이 있으면 六十日 뒤에 金姓人이 재물을 갖고 오며、원
숭이가 入室하고、寶甁이 울면 관직자는 벼슬이 오르고 선비는 벼슬을 얻으며、임신부는

귀자를 낳는다. 十二年간 興發함이 무궁할 것이다.

丑時를 만나면 어떤 사람이 칼을 들고 殺人하는 것을 보고, 개가 요란하게 짖는 것을 보면 **應**이다. 이러한 일이 있은 뒤 토끼와 들닭이 집안으로 들어온다. 六十日內로 중이

물건을 보내올 것이오 동쪽사람이 文券을 보내주며 먼곳에서 편지가 온다. 一年內에 식구가 늘고 관록에 大吉하다.

寅時를 만나면 官吏가 쇠로 만든 물건을 가져다주고, 演藝人이 어떤 물건을 보내주면 바로 應이다. 六十日에 田庄을 사들이고, 十一年에 귀동자를 낳으며, 家業이 大發한다.

卯時를 만나면 女人이 우산을 들고 오는 것을 본다. 또는 巫女가 호각을 부는 것을 보게 되면 모두 應이니 六十日內로 재물이 생기고 귀자를 낳으며 집안에 生氣가 가득하다.

辰時를 만나면 흰 양과 누른 개가 서로 싸우고, 나물장수와 기름장수가 서로 부딪혀서 발복하는 징조로 女子로 인해 公事가 진전되고 田土가 갑자기 불어난다.

巳時를 만나면 三人이 서로 치고 받는 광경을 보게 되고, 女人은 베옷을 안고 있으며 실랑이질을 하며, 白衣의 어린이가 울고, 孕婦가 오거든 應이라 생각하라. 一年內로 귀자를 낳고 재산이 大發한다.

어린이는 울고, 바람은 거세게 부는데 이것이 應이다. 六十日에 동쪽 재물을 얻고 운이 점점 열려 大發한다.

午時를 만나면 중이 어떤 물건을 가지고 있으며, 紅衣女人이 지나가는 것을 보면 이것이 應이다. 六十日에 귀인이 기이한 물건을 보내주고, 사방에서 재물과 돈이 모여들며, 一年

內로 과부의 재산을 얻어 크게 **蓄財**한다.

未時를 만나면 두 짐승이 서로 싸우는 찰라에 어떤 사람이 皮毛를 가지고 오며, 중들이

떼를 지어 지나는 것을 보면 이것이 應이다. 이런 應이 있으면 西北方人이 財를 다투는

일이 있고 이것이 원인되어 재물과 文券이 내게 돌아온다.

申時를 만나면 발을 다친 사람이 술을 들고 오는 일이 있고, 三色衣를 입은 사람이 찾

아오며, 서북에서 북소리가 들리면 이것이 應이다. 半年內에 뱀이 우물에서 나오고 白衣

人이 羊을 보내오는데 부인의 재물을 얻어 치부한다.

酉時를 만나면 주로 먼곳에서 편지가 오고, 동쪽에서 여우 늑대에 대한 이야기를 하는

사람이 있으며, 혹은 어떤이가 크게 부르짖으며 고함치는 것을 보게 되면 바로 應이다.

女人이 火物을 가지고 온 뒤 三年內로 귀자를 낳고 재운이 대발한다.

戌時를 만나면 三·五人이 같이 와서 어떤 물건을 찾고, 중·무당·박수 등이 푸닥거

리 하는 것을 보게 되리니 이것이 應이다. 六十日에 닭이 높은 나무가지 위에서 울고,

먼곳에서는 소식이 온다. 婦人의 재물을 얻어 재산이 크게 느는데 다만 어린이가 소에 크

게 다칠 것이다.

亥時를 만나면 주로 절름발이가 이르고, 동쪽에서 靑衣입은 사람이 오며, 집에서 火光

이 있는 것을 보면 이 모두 應이다. 이러한 應兆가 있은 뒤로 百日안으로 고양이가 흰

쥐를 잡고, 一年內에 토지를 사들인다.

⑤ 天禽星

天禽은 吉星으로 遠行하면 이익을 얻고 賣買하는 商人은 순조로우며 귀인을 만나 좋은 결과를 얻고 修造와 葬埋에도 대길하다.

子時占에 天禽星을 만나면 임신부가 오고 紫衣人이 찾아오리니 이것이 應이다. 이러한 應이 있은뒤 五十日에 선비가 어떤 소중한 물건을 보내준다. 三年內에 武官이 되고, 二十年에 人丁이 왕하며 금은보화가 가득해진다.

丑時에 만나면 孝婦가 白色鐵器를 들고 지나는 것을 보게 된다. 어린이들은 손벽치고 북치고 나팔불고 소리지른다. 이러한 應이 있으면 도박으로 큰 재물이 생기고, 혹 질그릇 같은 물건을 만들어 재산을 모으다가 三年內로 도둑이 놓고간 재물을 얻어 치부한다.

寅時에 만나면 닭이 울고 개짖는 소리가 유달리 시끄러운 것을 보고, 또는 道士가 방갓을 쓰고 오는 경우가 있으면 이것이 바로 應이다. 이러한 일이 있은 뒤 水姓人의 土地와 文券을 차지하게 되고 人丁이 興旺한다.

卯時를 만나면 동방에서 큰 바람이 일어나고 새들이 서쪽에서 시끄럽게 지저귀며 임신부가 지나간다. 이것이 應인데 반년 안으로 횡재하여 致富한다.

辰時를 만나면 九流人(모든 雜術꾼) 들이 고함치며 다투는 것을 보고, 동쪽에서 까마귀 까치가 울어대면 應이다. 이러한 應兆가 있은 뒤로 六十日에 어떤 중이 어떤 물건을 보내주고, 혼자 사는 사람이 귀중한 물건을 보내온다.

巳時를 만나면 목이 흰 까마귀가 떼를 지어 날아오고, 점쟁이, 도사, 무당들이 서로 치고 받으며 싸우는 것을 보거나 혹은 귀인이 말을 타고 지나는 것을 보면 바로 應이니 七十日에 아내(女人은 自身)가 귀자를 낳고, 재산이 부쩍 는다.

午時를 만나면 白衣人이 이르고, 개는 꽃을 따서 입에 물고 장난치며, 산닭이 서로 싸우거나 갑자기 風雨가 몰아오는 것을 만나리니 이 모두 應이다. 그 뒤 어떤 사람이 와서 내기(도박 따위)를 청하여 돈을 따고, 公事를 맡아 재물을 얻는데 닭이 흰 새끼를 까는 일이 있으므로 田産이 불같이 일어난다.

未時를 만나면 늙은 절름발이가 꽃을 매고 지나가는 것을 보고, 혹은 靑衣人이 부축하여 오는 경우도 있는데 이것이 바로 應이다. 이런 것을 본 뒤 六十日에 水姓人의 鐵器를 얻고, 이것으로 인해 큰 재산을 번다.

申時를 만나면 공중에서 새가 우는 것을 보거나 혹은 巫女가 종이 같은 것을 들고 오는 것과 마주치는데 이것이 應으로서 一年內로 귀자를 낳고 가운이 大昌한다. 백일 뒤에 女人이 진귀한 노리개(보석)를 주어 횡재한다.

酉時를 만나면 서쪽에서 불이 일어나 사람들이 소란피우는 것을 보게 되고, 북소리가 진동하면 곧 應이다. 一年內로 귀자를 낳고 재산이 부쩍 늘어난다.

戌時를 만나면 동북방에서 북소리가 들리고 靑衣童子가 바구니 같은 것을 들고 이른다. 이것이 應이니 六十日內로 집안으로 흰쥐가 들어오고, 우연히 과부의 재물을 얻어 발달한다.

-- 341 --

亥時를 만나면 서북방에서 여인의 웃음소리가 크게 들려오고, 서쪽에서는 나무가 꺾

어져 집이 무너지는 바람에 사람들이 함성을 지른다. 이것이 應인바 이러한 應兆가 있은

백일내에 어떤 기계 같은 것을 얻고 僧道의 재산을 얻어 치부한다.

⑥ 天心星

天心星은 신선을 구하고 仙藥을 구하는데 마땅하고, 商業人과 旅行人은 이익을 얻고

목적을 이룬다. 그리고 移徙 등 만사에 다 길하며 특히 몹시 고귀한 신분을 만난다.

子時占에 天心을 만나면 주로 사람들이 시끄럽게 다투는 소리가 나고 서북쪽에서 북소

리가 들리거든 應인줄 알라, 이러한 應兆가 있은뒤 九十日內에 얼굴빛이 붉은 사람과

合資해서 장사하면 金姓人의 골동품과 畵幅을 얻어 횡재하며, 十二年 뒤에는 農畜을 막

론하고 크게 성공한다.

丑時를 만나면 西南方에서 火光이 치솟는 것을 보고, 다리 불구자가 물건을 보내주거

든 應인줄 깨달으라. 五日內에 고양이 한쌍이 스스로 들어오는 것도 징조의 하나로서

四十日에 어떤 물건을 보내주고, 金姓人의 文券과 재산을 차지하게 된다.

寅時를 만나면 주로 물새가 날아오고, 종소리 북소리가 들리며, 靑衣女人이 바구니를 들

고 오면 이것이 바로 應이다. 이런 일이 있은 뒤 어린이가 火傷을 입고 六十日內에 公

共之事를 맡게 되며, 百日內로 金銀이 생기고 값진 古物을 습득한다. 또는 人口가 늘고

産業이 발달하며 三年內로 아내로 인해 재물을 얻고 귀자를 낳는다。

卯時를 만나면 다리불구의 婦人이 치고 받으며 싸우는 것을 보게되고、개짖는 소리、

북치는 소리가 요란하게 들리며、북쪽에서는 가마 행차가 다가오는데 이것이 곧 應이다。

七日內에 재물이 이르고、소얼굴 (牛形) 가진이가 오며、財祿이 대발한다。

辰時를 만나면 서북에서 뭉게구름이 일어나고、靑衣人이 물고기를 잡아 들고 오며、女

人이 중과 동행하여 오는 모습을 보면 이것이 應이라、이러한 일이 있은 뒤에 홀연히

훈훈한 기운이 우물속으로부터 나와 안개가 서리듯 하면 三日內에 귀자를 낳고、과거에

급제하여 부귀한다。

巳時를 만나면 女人이 갓난아이를 안고 지나가고、紫衣人이 말을 타고 지나는 것을 보

면 즉 應이오、혹 거북이 나무로 기어오르는 것을 보아도 應이다。十五日內로 먼곳의

재물을 얻고、절름발이와 사업을 합작하면 토지와 재산이 늘고 六畜이 번성한다。단 女

人이 집안을 다스리고 과부가 內堂에 앉아있는게 흠이라 하겠다。

午時를 만나면 風雨가 갑자기 몰아오고、뱀이 가는 길을 가로질러 건너가며、붉은 치

마를 입은 여인이 술병을 들고 오는 것을 본다。六十日 안으로 절름발이가 산 물건을 가

져오면 五年內로 재물이 붙어 부자가 된다。

未時를 만나면 術客「점쟁이、地師、方士 등」이 빈 그릇을 들고 지나가거나、白衣의

老人이 오면 이것이 應이다。이러한 應兆가 있은 뒤에 金姓人의 文券을 얻어 田宅을 크

게 늘린다。

申時를 만나면 占친 뒤에 僧道가 찾아오거나 징소리 북소리가 사방에서 울리고、무리

새 소리가 요란하게 들리며、紅衣입은 女人이 술을 보내온다。이 모든 것이 應인지라 三

年內에 과부가 생겨 살림을 주장한다。

酉時를 만나면 중、점쟁이、무당、예수꾼들이 火物을 가지고 서남방에서 오고 동시에

북쪽에서는 종소리、북소리가 들린다。이것이 曰應이니 七十日에 六畜이 왕성하고 벼

슬이나 재물을 얻으며 오래 끊겼던 소식이 온다。

戌時를 만나면 南方에서 「도둑이야!」하고 떠드는 소리가 들려오고、어린 소년은 소

를 끌고 온다。이것이 應인데 이러한 應兆가 있은지 백일 안으로 귀자를 낳는다。혹은

金鷄가 돌 위에서 울어대고 까닭없이 개가 짖어대면 이것도 좋은 징조로서 二年後 과거

에 급제한다。

亥時를 만나면 닭이 울어대고、개는 짖어대며、가죽옷에 털모자를 쓴 노인이 손에 鐵器

를 들고 오는 것을 보면 이것이 應으로서 七日內에 먼곳 사람이 와서 宿食을 하고 떠나

면서 많은 돈을 주고 간다。

⑦ 天柱星

天柱星은 형체를 감추는데 적합한 것이니 조용히 집에 있으면서 安靜하는게 좋다。그

러므로 遠行함이 불가하고 장사 사업상의 활동 등에 다 불리하다。이를 모르고 妄動하다

가는 큰 재앙을 만나리니 집에서 守身함이 가장 바람직하다.

子時占에 天柱를 만나면 주로 風雨가 일어나고 동쪽에서 불이 일어나며 언청이가 온다.

이러한 것을 應으로 삼는바 六十日內로 뱀이나 개가 사람을 물어 상하거나 칼날에 크게

다쳐 피를 보게 되며 재물을 크게 손해본다.

丑時를 만나면 北方에서 木手가 도끼를 든채 오는 것을 보고、나무에 金花(色이 누른

꽃)가 만발한 것을 보면 이것이 應이다. 六十日에 水星人의 재물을 얻게 된다. 그러나

三年內에 재산을 탕진하고、뱀을 잡는 땅꾼이거나、개잡는 백정이거나、개나 뱀을 놀리면

서 돈을 버는 사람이 생겨난다.

寅時를 만나면 牛馬소리가 요란하게 들리고、중이 우산이나 삿갓을 들고 온다. 그리

고 우뢰치며 비가 내리거나 까치가 지저귄다. 이것이 應인바 이러한 일이 있은 뒤에 도

둑과 관련되어 관재송사가 발생하고 이로 인해 많은 재산을 날린다. 또는 女人이 産苦

를 겪다가 사망한다.

卯時를 만나면 代木하는 것을 보고、남자는 북을 들고 黃衣老人이 호미 같은 것을 가

진 것을 보는데 이것이 바로 應이다. 六十日內에 암닭과 개가 지붕위에 오르고 一年內에

젊은 婦女가 凶死한다.

辰時를 만나면 西方에서 鐵器를 지니고 올 것이다. 이것이 應이라 作用뒤 七日內에 女

人의 재물을 얻어 三年內에 大發한다.

巳時를 만나면 검정소가 수레를 끌고、돼지가 산에 오르며、종소리 북소리가 울려오거

든 바로 應임을 알아야 한다。이 應이 있으면 二十日內로 金姓人의 財物을 얻고、六十日

內에 女人이 물이 빠지고、들짐승이 들어오면 이것도 應이니 일년내에 귀자를 낳고 사업

이 크게 발전한다。

午時를 만나면 어떤 사람이 말을 타고 옴을 본다。겨울이면 눈이 내리고、여름이면 검

정오리가 울며 날아간다。이 것이 應이라 五日內에 임신부가 질병중에 孝服을 입고 운다。

六十日內에 물가에서 오래된 골동품을 주었으나 재물의 손해가 크고、소아에게 凶厄이 이

른다。

未時를 만나면 女人이 중과 동행하여 오는 것을 보고、동북방에서 우산 같은 것을 든 사

람이 말을 타고 지나간다。이와 같은 것을 발견하면 바로 應이 있음이니 女人이 여우나

이리를 만나 크게 놀래고、재물을 크게 실패하는 등 대흉하다。

申時를 만나면 매가 새를 잡아 땅에 떨어뜨리는 것을 보게 된다。또는 靑衣人이 日率을

들고 오면 바로 應이 나타남이니 三年이내에 火災를 만나 집과 재산을 다 불태우고 망한

다。

酉時를 만나면 주로 동쪽에서 크고 작은 수레 수십대가 연락부절하는 것이 보이리니 이

것이 바로 이 占의 應이다。七十日 이내에 女人의 값진 장식물(머리에 꽂는 비녀 따위)

를 주어 횡재하고 아울러 재산이 는다。

戌時를 만나면 주로 여인이 白布를 안고 오거나 西北쪽에서 종소리나 북소리가 들리면

바로 應이다. 또는 東이나 北방에서 나무가 쓰러지며 사람을 쳐서 비명소리가 들리는데

이러한 일이 있으면 六十日내에 뱀에 물리거나 역질에 걸려 사망하거나 가산을 몽땅 탕진

한다.

亥時를 만나면 서쪽에서 종소리가 크게 들리거나 山下에서 고함소리가 들리는게 應이다

百日內에 남의집 불을 끄다가 재물을 얻어 이것을 밑천삼아 발전한다.

⑧ 天任星

天任은 吉星이므로 만사 大吉하다. 특히 婚姻과 移徙에 길하고 經營、賣買와 葬埋、그

리고 妖邪를 물리치는 일에도 좋다.

子時占에 天任을 만나면 풍우가 이르고、물가에서 닭이 울며、동남방에서 어떤 사람이

칼을 차고 지나는 일이 있으면 이것이 즉 應이라. 百日內에 婦人이 떠나가고、이상한 水星

人이 門前에 와서 시비를 건다. 재산이 물러가고、아들을 낳으면 도적이 되고、딸을 낳으

면 娼妓가 된다.

丑時를 만나면 靑衣를 입은 부인이 술병을 들고 이르거나、서쪽에서 북소리가 요란히 들

리는 것이 應이 되는바、이러한 일이 있은 뒤 반년만에 타방의 재물을 얻는다. 그리고 一

年內에 앵무새가 날아들면 입을 놀려 큰 재물을 얻고、三년뒤에 개와 고양이가 서로 물고

뜯는 일이 생긴다면 이는 科學에 급제한다는 징조라 하겠다.

寅時를 만나면 女人들이 떼를 지어 이르거나, 혹은 火에 속하는 물건을 들고 오는 사람

이 있으며, 어린이가 손뼉치며 크게 웃는 모습을 보게 되거든 바로 應인줄 알 것이다.

六十日 이내에 시루가 저절로 울고는 老人이 사망한다. 百日內에 六畜이 왕성하고, 女人

이 財寶를 지니고 와서 준다. 이로부터 田産이 부쩍부쩍 늘다가 뒤에 언청이가 혼사를 다

투다가 송사가 생겨 많은 재산을 날린다.

卯時를 만나면 노인이 지팡이를 짚고 이르며 까치가 상서로이 운다. 이것이 應인바 七

日內에 어떤 사람이 鋼鐵로 된 물건을 보내주고 六十日內에 女人이 六畜을 보내준다. 도

박장에서는 돈을 따고, 실직자는 좋은 관직을 얻게 된다.

辰時를 만나면 주로 白衣를 입은 남녀 한쌍이 동행함을 보게 되거나 혹은 임신부가 어

린애를 안고 지나가는데 이것이 應이다. 어떤 사람이 산 짐승을 보내주는바 이러한 일들

이 생기는 것은 大吉한 징조라 하겠다.

巳時를 만나면 두마리 개가 싸우는 것을 보고, 나무꾼이 땔나무를 지고 지나며, 官吏는

일산을 들고 지날 것이니 이 모두 應이다. 이러한 일들이 생긴 뒤로 六十日에는 밖의 재

물을 얻고 남쪽 사람이 물고기 생선을 선물한다. 一年內로 귀자를 낳고 아울러 부귀한다.

午時를 만나면 서쪽에서 새떼가 날아오고, 僧道와 선비차림의 사람이 동행하는 것을 보

면 이것이 應이다. 이러한 應兆가 있은 뒤로 四十日에 귀인의 財寶를 얻고, 紫衣를 입은

귀인이 入宅하니 官祿人이 생겨나고, 귀자를 낳는다.

未時를 만나면 白鳥가 서남방에서 날아오고, 북쪽에서는 종소리, 북소리가 크게 들려온

다. 이것이 應이오、또는 풍우가 몰아오는 것도 應이다。 이러한 應兆가 생긴지 七日뒤에

女人이 白衣物이나 白紙로 싼 물건을 보내주는데 주로 六畜이 왕성할 것이다。

申時를 만나면 風雨가 몰아오고、북치는 소리가 들리며 黃衣를 입은 僧을 만나는데 이것

이 應이다。 七日內에 女人이 불에 타고 財產이 패하는 등 극히 흉하다。

酉時를 만나면 주로 僧侶나 중매쟁이、무당 등이 火에 속하는 물건을 지니고 서남방에서

오고、북쪽에서는 종이나 북치는 소리가 들려온다。 이런 應兆가 있은지 七十日內에 벼슬

과 牛馬를 얻고 기쁜 소식이 이르며、계속 財運이 발한다。

戌時를 만나면 女人이 베(布)를 싸가지고 지나며、西北에서는 종소리오、북방에서는 나

무가 넘어지며 사람을 상한다。 이러한 것들이 應이니 六十日內에 뱀에 물리는 등 흉한 일

이 있다。 만약 老人이 어린이와 같이 오는 것을 보면 재앙이 사라지고 복이 온다。

亥時를 만나면 西方에서 經읽는 소리가 들리고、어떤 사람이 불에 관련된 물건을 들고 서

는 고함친다。 이 모두 應인데 一年內에 남의집 火災를 당하여 불을 끄다가 우연히 귀중

한 물건을 습득한 관계로 이를 밑천삼아 크게 발전시킨다。

⑨ 天英星

天英星은 出行、移徙、婚姻、求官、求財、商業 등 매사에 불리하다。

天英이 子時를 만나면 西北方에서 바람소리가 나고、白衣를 입은 三人이 伐木하는 것을

보게 되면 이것이 應인데 一年內에 질병이 생기고, 남이 말썽을 부려 家産을 破하며, 三年內

에 自殺하는 식구가 있고, 어린애는 끓는 물에 火傷을 입는다.

丑時를 만나면 동북방에서 巫女 박수나 僧이 오고 바람소리가 일어나는 것을 應이라 한

다. 一月內에 火災를 당하고 개가 사람의 말을 흉내내며, 백가지 피이한 일이 발생하여 死

亡의 변과 경영의 실패가 있다.

寅時를 만나면 주로 동쪽에서 兵馬떼가 달려오고, 고기잡이가 그물을 들고 지나간다.

이것이 應이니 이와 같은 일이 있은 뒤에 女人이 거리에서 재물을 줍고, 六十日內에 寡婦

의 재산을 얻게 된다. 그러나 벼락이 지붕에 떨어져 집이 무너지고 사람이 상하는 등 大

凶하다.

卯時를 만나면 어떤 사람이 호롱불을 밝혀들고 지나거나 쌀을 짊어지고 지나게 되면 이

를 應으로 삼는다. 이러한 應兆가 있으면 六十日內로 女人의 재물을 얻어 발복한다.

辰時를 만나면 西北方에서 닭이 나무위로 올라가고 女人은 어떤 물건을 들고 지난다.

이것이 應이니 七十日에 들짐승이 집안으로 들어오고 크게 발복한다.

巳時를 만나면 어떤 사람이 文書나 무슨 뚜껑비슷한 물건을 가지고 오거나 혹은 磁器를

가지고 온다. 이것이 應인바 六十日內에 異姓의 財寶를 얻고 南方人이 산(生) 물건을 보

내준다. 一年內에 귀자를 낳고 産業이 발달한다.

午時를 만나면 어떤 사람이 남쪽에서 紅衣를 입고 말을 타고 文書를 지니고 올 것이니

즉 이것이 應이다. 이러한 應兆가 있은 뒤로 六十日內로 나무나 돌에 맞아 죽거나 自縊하

게 되고, 혹은 官災에 걸려 옴싹 못한다.

未時를 만나면 임신부가 지나가고, 서북방에서 북소리가 나는 것으로 應을 삼는다. 이러

한 應이 있으면 九十日에 호주가 사망하고 年內에 疫疾로 大敗한다.

申時를 만나면 임신부가 우는 광경을 보게 되고, 서쪽에서는 종소리가 들리며 중이 어떤

물건을 들고 지나는 것을 볼 것이니 이것이 바로 應이다. 七日內로 凶厄이 크게 이른다.

酉時를 만나면 서쪽에서 시끄럽게 떠드는 소리가 들리고 까마귀와 까치가 부르짖으며 白

衣女人이 지나간다. 이것이 應이니 少女가 발병이 생기고, 百日內에 말(言語) 덕분에 재물

을 얻는다.

戌時를 만나면 여인이 옹기그릇이나 鐵物을 들고 지나는 것을 보게 되리니 이것이 應이

다. 百日內로 송사가 일어나 많은 재산을 날린다.

亥時를 만나면 女人이 火에 속하는 물건을 가지고 오거든 이것이 應임을 알라. 이러한 應

兆가 있은 뒤에 미치광이가 門前에서 야료하는 일이 생기고, 財産을 탕진하며, 심한 경우

死亡한다.

이상의 吉凶作用은 반드시 應이 있어야지 만일 應이 없으면(징조가 나타나지 않는 것)

길흉간의 작용을 아니한다.

◉ 主客의 有利不利

天蓬이 九宮에 加하면 客이 유리하다。 만일 秋冬月과 壬癸亥子日에 黑色구름이 북방에

서 일어나는 應이 있으면 客이 승리한다。

天英이 坎宮에 임하면 主가 유리하다。 만일 秋冬月이나 壬癸亥子日에 黑色구름이 正北

에서 오면 주인공이 大勝한다。

天任·天禽이 震巽宮에 있으면 主가 유리한데 만일 春夏月 혹、甲寅乙卯日에 靑色구름

이 南이나 東方에서 일어나면 主가 大勝한다。

天蓬이 坤艮宮에 위치하면 主가 유리하다。 만일 辰戌丑未月과 戊己辰戌丑未日에 黃色

구름이 東北 혹은 西南方에서 불어오면 主가 大勝한다。

天任이나 天柱가 震宮이나 巽宮에 있고 四季月 및 申酉月이나 庚辛申酉日에 白色구름이

西方으로부터 일어나면 客이 유리하다。

① 直符九星主宰論

○ 直符

直符는 値符라고도 칭하는데 九星가운데 우두머리가 된다. 五行은 火에 속하여 直符가 닿는 곳에는 百惡이 사라져 없어지므로 지극히 吉한 星이다. 두려운 것은 太白金星을 만나 入墓하면 不利하여 吉한 곳에도 吉을 作用치 못하고 凶地에 있으면 더욱 凶해진다. 天干은 甲에서 비롯되고、地支는 子에서 시작되므로 만상의 우두머리다. 甲子를 예로 든다면 六十甲子가 모두 甲子로부터 나오는 것이므로 値符라고도 하는 것이다.

○ 九天

乾金宮이 기본 위치이니 五行은 金이다. 乾의 納甲은 甲壬（乾은 亥宮이오、亥에는 甲壬이 暗藏되어 乾金甲子、壬午로 甲壬이라 한다）이니 性質이 강하고 활동을 좋아한다. 九天星이 時令을 만나면 막힘이 없어 지극히 名分이 정대하고 言行이 順當함을 주관하는데 九天星이 時令을 만나면 막힘이 없어 지극히 吉한 神이다. 만일 吉門과 奇（乙丙丁）를 만난다면 萬福이 모이고、奇를 만나지 못하더라도 凶이라 할 수 없다. 直符가 辰戌丑未宮에 드는 것을 入墓라 하는데 入墓되면 그 힘이 屈한다. 壬이 甲에서 시작하여 壬까지를 헤아리면 九번째이므로 九天이라 한 것이다.

九地의 위치는 坤土宮이다。그 성질이 靜함을 좋아하고、柔順함과 虛恭（自身을 비게 하고 공순함）을 주장하지만 生殺權을 행사하므로 吉도 작용하고 凶도 작용하는 神이다。九地는 剋制받는 것과 入墓됨을 가장 두려워한다。春夏에는 物을 生하고 秋冬에는 物을 殺하는 用이 있고 君后의 자루를 잡었다。坤의 納甲은 乙癸（坤土乙未와 癸丑）로서 乙에 서 癸까지 九位이므로 九地라 한다。乙丑을 들어 論하면 六乙이 그 가운데 있다。

○ 朱雀

朱雀은 南方의 火神이다。오로지 文明의 權을 司令하고 秦德（임금에게 나아가 直言하는 것）과 文書와 口舌 등을 주관한 神이다。朱雀이 得地（生旺地를 만난 것）하면 文書와 印章과 信用狀등의 기쁨이 있고、失時하면 是非、口舌과 소란함을 불러온다。朱雀은 位가 天에 在하여 赤鳥（즉 丙이니 丙의 納甲은 艮土（艮土丙辰）로서 旺相함이 離宮에 있다。天에 在하여 赤鳥（즉 朱雀）의 神이라 丙火에 속하여 丙寅으로 말하면 六丙이 그 가운데 있으므로 이름을 朱雀이라 한다。

○ 句陳

左句陳은 中央의 陽土로 혹은 騰蛇라고도 칭한다。성질이 완강함을 주장하는데 오로지

田土와 訟事를 맡은 神이다。甲으로부터 戊(戊는 句陳土에 해당함)까지는 다섯번째요、子

에서 辰土까지도 다섯번째다。坎의 納甲은 戊(坎水戊寅)로서 東南에 배치한다。

經에 이르기를 「知三避五라 三五가 반복하여 凶하고 완만한 氣다。지위를 어기고 長을

누르지 못하는고로 句陳이라 한다」하였다。

知三避五란 三은 生·休·開 三吉門이오 避五는 己庚辛壬癸 五陰(甲乙丙丁戊는 五陽)을

피하고 또는 傷杜景死驚의 五凶門을 피하라는 뜻이다。

右句陳은 丁火의 化氣다。陰土에 속하고 丁은 兌金의 納甲(兌金丁巳) 인데 성품이 유약

하면서도 입(口)은 毒하다。오로지 놀라움과 攻伐과 피이함을 작용하고 나쁜 것을 쫓는

일을 맡아 巽方에 위치한다。별명은 玉女라하니 六丁六甲의 神이다。丁卯를 들어 말한다

면 六丁이 모두 그 가운데 있다。

○ 六合

六合은 甲木의 化氣요 東方의 陰水다。그 性은 和平하여 오로지 婚姻、仲媒、交易、和

合 등의 일을 맡으니 六甲의 妹가 된다。庚金에 짝하여 庚의 아내가 되고、庚의 胎를 품

고 집으로 돌아간다。위치는 東方이오、東方은 震인데 震木의 納甲은 庚(震木庚子) 이라

甲으로부터 己까지는 그 數가 六이고 和合神이 되어 六合이라 한다。

○ 白虎

白虎는 西方의 庚金이다。四方을 統轄하여 그 성질이 殺傷을 좋아하므로 白虎는 오로지 兵戈、殺伐、鬪爭과 疾病、死亡、道路에 관한 일 등을 맡은 神이다。風從虎라 바람이 범을 좇아 西方에 鎭壓한다。甲에서 庚까지 七位이니 七殺이 같은 義를 취하여 이름을 白虎라 한 것이다。또 虎는 猛狼하여 무리 짐승들을 殺戮하여 공포로 몰아넣는 것이므로 殺傷을 상징 白虎라 한 것이다。白은 西方의 金色을 딴 것이기도 하다。

○ 玄武

玄武는 水의 精으로 北方의 氣를 統轄한다。그 玄武는 陰謀、賊害를 좋아하여 오로지 도적질과 도망하는 일을 司하였다。水는 黑色으로서 中央 黃土를 얻어 玄을 이룩하였으므로 玄武라 한다。

○ 太陰

太陰은 西方의 陰金이다。그 神이 陰邪함과 暗昧함과 妾婦에게 속이는 것을 좋아한다。兌의 納(丙火의 妻)은 辛이오 辛은 西方에 離의 配가 되어 兌宮을 눌러 지키고 있다。兌는 少女라 陰陽이 이에 이르러 化育이 되지 않는다。甲에서 癸까지는 그 數가 끝이오、子에서 亥까지는 그 數가 역시 막다름에 이르렀다。·太陰이란 지극히 暗昧함이니 陰의 極이라고로 太陰이라 한 것이다。

○ 太常

太常은 五行의 化氣다. 그 神이 노래와 풍악과 술마시기를 좋아하여 오로지 잔치·祭祀 衣帛、羔(염소)、雁(기러기)、술、음식 등의 일을 맡았다. 이 太常은 天禽星을 따라다 니면서 各方으로 두루 논다. 火를 만나면 火를 좋고, 金을 만나면 金에、水를 만나면 水에、 木을 만나면 木에、土를 만나면 土를 따른다. 五行으로 相合하여 그 성질이 떳떳치 못하 므로 太常이라 한다. 주로 의복、채색 孝服을 주관하여 吉도 되고 凶도 되는 神이다.

② 直符九星應驗

直符(値符)는 주로 年長者、貴人、公吏를 만나는 것과 鐵物이 應이다.

螣蛇는 주로 官事에 관련되어 골치아픈 일과 바람을 만나고、비를 맞는 것、놀라고 두 렵고 괴이한 일 등이 應이다.

太陰은 주로 賢人을 만나고、夫婦간에 淫行하는 것을 보면 應이다.

六合은 주로 彩色·수레·문서·책자·酒食·연회·오락·혼인잔치 등을 만나는게 應 이다.

白虎는 주로 巫女 의사·술객을 만나거나 死喪과 더러운것 철물을 보는게 應이다.

玄武(元符)는 주로 구름·비·도둑을 만나고 놀랜일、두려운 일 등이 應이다.

九地는 주로 女人·의복 곡식 등과 葬埋하고 짐승 달아나는 것을 보면 應이다.

九天은 주로 문서·도장·계약서·창·화재를 보는것 그리고 날아가는 새가 應이다.

天英이 坎이나 震宮에 加하고 寅卯巳午月이나 丙丁巳午日에 赤色구름이 南方으로부터
일어나면 客이 大勝한다.

天輔·天冲이 坤·艮宮에 加하면 客이 유리하다. 만일 亥子月과 甲乙寅卯日에 靑色구름
이 東方이나 東南方으로부터 일어나면 客이 大勝한다.

③ 天蓬九星의 時應

○ 子時

天蓬이 子時를 만나면 赴任、營寨를 세우는 일、訟事에 불길하다. 닭이 울고 개가 짖으며
수풀에서 새떼가 싸우거나、북방에서 큰 새가 싸우며、혹은 언청이를 만나는게 應이다.
六十日內에 닭이 알을 낳는 것을 보면 재물이 없어지리니 公正한 처사를 하면 재액을 덜
한다.

天芮星이 子時를 만나면 身旺이니 作用할 무렵에 새와 짐승이 놀래고、坤方에서 불빛이
일어나며 두 사람이 지나는 것을 보면 婚姻의 경사가 있을 징조요、돼지나 개가 사람을
물면 六十日내로 女人이 自縊(목매는 것)한다. 단 申酉戌亥子丑月이면 財物이 생기는데
水姓人이라야 길하다.

天輔星이 子時를 만나면 밤하늘에서 어떤 짐승이 울고 西方에서 紅衣나 白衣人이 부르짖

는 소리가 들리니 이것이 應이다. 造作 (집 짓고 수리하는 일) 하거나 葬埋하면 六·十日

이내에 金姓人의 재물을 얻는다. 만일 원숭이가 우는 소리나, 시루 굶는 소리가 들리면 이

역시 吉兆이니 관직이 오르거나 봉급이 오르며, 혹은 貴子를 낳는다. 여기에 乙丙丁 三奇

와 吉門을 만나면 十二年간 크게 興王한다.

天冲이 子時를 만나면 風雨가 이르고 새가 울며 종소리가 들린다. 이러한 應이 있은 뒤

집을 짓거나 葬埋하면 六十日內에 怪物이 집으로 들어온다. 田産이 몇배나 收穫하지만

新婦가 아이를 낳은 뒤 사망한다. 그리고 위험함을 무릎쓰고 범굴에서 돈을 번다.

天禽이 子時를 만나면 임신부가 이르고 紫衣를 입은 귀인이 심방한다. 이러한 應이 있

으면 집짓거나 장례지낸 뒤 六十日에 닭이나 개가 꽃잎을 물고 있는 것을 보거나 선비가

어떤 물건을 선물한다. 武人은 관직을 얻고, 농부는 財穀이 생기며, 二十年 뒤는 人丁이

크게 창성한다.

天心星이 子時를 만나면 사람들이 싸우는 것이 있고, 西北에서 북소리가 들리는 등 요

란한 소리가 들린다. 이것이 應이니 百日에 赤衣人이 와서 골동품이나 神仙圖를 소개하

고, 흰 닭이 생겨나면 十二年 뒤에 농사와 蠶業이 크게 흥한다. 단 도박따위는 손대지말

아야 하며, 公事는 지연된다.

天柱星이 子時를 만나면 큰 바람이 홀연 일어나고, 東에서 火光이 일어나며 언청이가

지나는 것이 있어야 應이다. 用事後 六十日內로 큰 뱀이 사람을 물고, 칼날로 사람을 죽

이거나 크게 상하는 사건을 본다. 이러한 應이 있으면 재산을 파하고, 어린 女兒에게 재

앙이 이른다.

天任星이 子時를 만나면 東風이 불며 비를 몰아오고、 닭우는 소리가 들리는데 이것이

應이다。 東南方에서 어떤 사람이 칼을 들고 오는 것을 보게 된다。 이와 같은 應이 또 있으

면 집을 짓거나 장사지낸뒤 百日에 신부가 떠나간다。 만일 수염이 두갈래진 木姓人이 이

르면 이로부터 田産이 줄어들고 男女가 간음한다。

天英星이 子時를 만나면 바람소리가 들리고、 三・五人이 火物을 가지고 온다。 또는 도

끼로 나무를 패거나 톱으로 나무 자르는 것을 보고、 언청이가 지나가면 이 모두 應이다。 用

事한 뒤 三年에 목을 찔러 자살하는 식구가 있거나 기타 사람이 상하거나 어린이가 불에

크게 火傷을 입는다。

○ 丑時

天蓬이 丑時를 만나면 우뢰소리가 우르렁거리며 번개불이 번쩍거리고、 나무가 넘어지며

사람을 다치며、 비바람이 정신 차릴 수가 없다。 이 모두 應이오、 닭이 오리알을 낳고 개

가 지붕에 올라서리니 역시 應이다。 어린이가 위태로움을 만나고、 三年 뒤에 머리가 흰 노

인이 어떤 물건을 팔러 온다。 가운이 한때 왕성했다가 쇠태해진다。

天芮星이 丑時를 만나면 作事할 때에 西北方에서 金鼓（징） 소리가 들릴 것이다。 이러한

應이 있으면 집을 짓거나 葬埋한 뒤 七日에 거북이 수풀속에서 나온다。 이러한 應이 있

으면 六十日內에 도둑이나 사기꾼에게 재물을 손실하고、 구설 송사가 이른다。

天輔星이 丑時를 만나면 동쪽에서 개가 짖어대며 어떤 사람이 칼을 들고 와서 싸운다.

집을 짓거나 장사지낸 뒤 상업 출행에 큰 이익을 얻고 매사에 대길하다. 흰토끼가 들어오

거나 들닭이 들어오면 六十日內에 어떤 중이 선물하는 것이 있고, 水姓人이 동남방에서

이르러 文書件을 행사한다. 一年內 生男하고 官職을 얻거나 승진한다.

天冲星이 丑時를 만나면 구름·안개가 침침하게 끼고, 어린이떼가 문전에 이르며 婦人

이 나무가지를 들고 오는 모습이 보인다. 이것이 應이오, 또는 검정고양이가 새끼를 낳

고, 묵은 거울을 줍게 된다. 一年內 중때문에 재물을 얻고 귀자를 낳는다.

天禽星이 丑時를 만나면 孝服입은 婦人이 白鐵器를 들고 오는 것을 보고, 어린이가 피

리를 불며 손뼉치고 웃는 것을 보고, 또는 북소리가 들린다. 이 모두 應인데 葬事한 뒤 도

박 등으로 돈을 따고 一年 뒤에 돈보따리를 주어 치부한다.

天心星이 丑時를 만나면 作用時에 남방에서 불꽃이 일어남을 보고, 절름발이를 만난다.

이 應이 있은지 五日內에 고양이 두마리를 보게 된다. 四十日內에 먼곳에서 어떤 물건이

들어오고 金姓人이 돈이나 문서를 내놓는다. 이로부터 관록의 기쁨이 있고 또는 장수한

다.

天柱星이 丑時를 만나면 대장군이 도끼를 들고 북쪽에서 오는데 木材를 취급하여 돈을

번다. 또는 金花(빛이 누른 꽃)가 應이니 葬事하거나 집을 지은 뒤 六十日에 재물이 생

기고 金으로 만든 器物을 얻는다. 三年 뒤에 어떤 사람이 뱀놀리는 것을 보는데 이는 吉

兆의 應이라 할수 있다.

天任이 丑時를 만나면 靑裳婦人이 다리를 절며 술병을 들고 오는 모습을 보게되리니 이

것이 應이오 半年뒤에 이름모르는 사람의 재물을 얻는다. 일년쯤되면 앵무새가 집안으로

날아드는 應兆가 있으면 입을 놀려 재물을 얻고、三年 뒤에 고양이와 개가 서로 물어뜯는

일이 있으면 科擧치르기를 권유하는 사람이 있으리니 應試해보라.

天英이 丑時를 만나면 동북방에서 巫女가 와서 방울을 울리며 굿을 한다. 用事後 一

月에 火災로 집을 태우고、一年쯤에는 농사가 크게 풍년이 들지만 괴이한 일이 많이

발생한다. 이럴 경우 서둘러 이사하라. 그렇지 않으면 가족중 누군가 죽게 될 것이다.

○ 寅時

天蓬이 寅時를 만나면 用事할 때에 靑衣童子가 의복과 나무가지를 들고 오며 북방에서

어떤 중이 방갓을 쓰고 지나가며 채색치마를 입은 여인이 지나간다. 이 모두 應이니 싸움

터에 말이 사람을 물어 크게 다치거나 죽고、三年뒤에는 재물이 왕한다.

天芮星이 寅時를 만나면 몸이 몹시 마른 임신부가 비옷을 입고 문 앞까지 이를것이오 이

때 어디선가 음악소리가 들릴것이다. 奇(乙丙丁)와 門이 旺相하면 六十日에 물소가스

스로 들어와 횡재하고、관직이 오르거나 녹봉이 오른다.

天冲이 寅時를 만나면 가마를 탄 童子가 金銀器를 가지고 온다. 二十日 뒤에 음악소리

가 질탕하게 나고、어성꾼(소 거간하는 사람)이 구경하고 섰다. 이러한 일이 있은뒤

六十日에 암닭이 울면 死亡의 凶兆다. 단 陰日生은 일단 발복했다가 다시 패망한다.

天輔星이 寅時를 만나면 官吏가 어떤 물건을 휴대하고 이른다。六十日내에 고양이가 닭

을 물고、이어서 도둑이 재물을 보내어 은혜를 갚고、얼굴빛 붉은 사람이 중개한다。이러

한 일이 있은지 十二年에 재물이 크게 발하고 귀자를 낳는다。

天禽星이 寅時를 만나면 흰개가 짖고 누른 닭이 울어대며 피립을 쓴 사람이 이른다。用

事한 뒤 六十日에 土姓人이나 金姓人이 계약문서를 내준다。

이로부터 人丁이 늘고 田業과 蠶業이 왕하여(모든 사업이 잘됨) 마침내 큰 부자가 된

다。

天心星이 寅時를 만나면 백로가 날아오고、사방에서 징소리가 들리며、黃衣를 입은 婦女

와 바구니를 든 소녀가 눈에 뜨인다。또는 불꽃이 일어나는 것을 보게 된다。이러한 일

이 있은지 六十日에서 百日안에 金脈을 발견하고、三年에 귀자를 낳으며 재물이 크게

발한다。

天柱星이 寅時를 만나면 갑자기 시끄럽게 떠드는 소리가 들리고、또는 일산을 받힌 중

이 지나가며、혹은 우뢰가 울리고、종소리 북소리가 들리는데,이러한 것이 모두 應이니 六

十日內에 도둑 맞는 일이 있고、訟事은 질질 끌어 이로 인해 많은 재산을 날리다가 늦게

야 일이 公正하게 가려지며、女人이 가슴병을 중히 앓거나 產亡한다。

天任星이 寅時를 만나면 여자들이 火物을 들고 가는 行列이 있고、童子가 가마를 두드

리며 말이 서북방에서 달려온다。장사지낸뒤 六十日쯤 되면 시루가 울고、婦女子가 落傷

으로 사망한다。그러나 百日 뒤에는 재물이 갑자기 늘어 田土를 사들이는데 언청이가 婚

事를 다투다가 패한다。

天英星이 寅時를 만나면 동쪽에서 車馬가 이르고、고기잡는 그물을 들고 가는 사람을

보게되며、혹은 사냥꾼이 지나가는데 이것이 應이다。用事한 뒤 六十日內에 남모르는 기

쁜 일이 있고、과부가 土地文券을 보내주며、百日뒤에 벼락이 집에 떨어지는 일이 있으면

이로부터 패망한다。

○ 卯時

天蓬星이 卯時를 만나면 黃雲이 일어나고 부녀자가 솥이나 냄비 등속과 곤로를 들고

오는 모습을 보며、七八人이 모여 무언가 의논하고 있는 것을 보게 된다。반달 뒤에 어

떤 사람이 재물이나 예물을 보내주고、六十쯤 된 女人이 보물을 보내주며、百日후에는 기

쁜 경사가 많이 이른다。

天芮나 天冲星이 卯時를 만나면 紅衣를 입은 부인이 재물을 보내오고、귀한 신분이 말을

타고 이르며、개 두마리가 서로 물어뜯거나 물소가 큰 소리를 내는 것등이 應이다。장사

지낸뒤 六十日에 집 동쪽이 무너지고 二年뒤에 婦女가 落胎로 인해 사망한다。

天輔星이 卯時를 만나면 우산을 받은 여인을 만나거나 巫女가 쭈레 (角—나팔 비슷한

것) 를 부는 소리가 들린다。用事 (집을 짓거나 葬事지냄、以下 用事의 뜻은 모두 이와

같음） 한 뒤 六十日에 生氣가 가정에 들어오고 女人이 姦通한다。 그

러나 田庄이 늘고 재물・土地文券이 손에 들어온다。

天禽星이 卯時를 만나면 東風이 일어나고, 무리 새떼가 사방에서 지저귀며、임신부가 지

나가고、반일쯤 뒤에는 큼직한 고양이가 앞으로 온다。 이러한 應들이 있으면 庭園에 묻

혔던 보물을 캐내고 기타 백사에 길하다。

天心星이 卯時를 만나면 作用時에 발을 저는 婦人이 어떤 女人과 싸우는 것을 보고、개

짖는 소리、북소리가 동쪽 다리위에서 들린다。用事한 뒤 七月에 재운이 발하고 三年에

는 소가 스스로 들어와 산업이 흥왕하며、軍人으로 인해 귀한 물건을 얻는다。

天柱星이 卯時를 만나면 疫疾에 걸린 女人이 칼질하는 것이 있고、승도가 일산을 들고

지나는데 女人이 그를 꾸짖는다。 이러한 應이 있거든 도둑이나 사기꾼을 주의하라。 六

十日에 화재가 일어나고、암닭이 낮에 울며 개가 지붕위에 오른다。연내에 疫疾로 죽는

이가 있다。

天任星이 卯時를 만나면 까치가 짖고、지팡이를 짚은 노인이 이른다。 이런 일이 있은

지 七日에 어떤 사람이 골동품을 가져오고、六十日에 女人의 재물을 얻는데 이것이 발복

하는 시초다。 벼슬이 오르고 녹이 오르며、백일내에 좋은 일이 생긴다。

天英星이 卯時를 만나면 말이 동쪽에서 달려오고、관리가 도둑을 잡아 끌고 오며、漁夫

가 지나고 女人이 지나는 것을 보는데 이것이 모두 應이다。 재물이 생기고 六十日에 과

부의 재물을 얻는다. 그러나 벼락이 지붕에 떨어진다.

○ 辰時

天蓬·天芮가 辰時를 만나면 동쪽에서 나무가 쓰러져 사람을 상하고 (기절한다) 북소리가 들리며, 붉은 치마를 입은 女人이 오고 까마귀와 까치가 나무에 깃드린다. 도둑이 들어 재물을 훔쳐가고, 六十日에 중풍병 환자가 이르리니 귀자를 낳고 재물이 大發한다.

天冲이 辰時를 만나면 잉어가 나무위로 뛰어오르고, 호랑이가 산에서 내려오며 중들이 떼지어 온다. 用事한 뒤에 金銀財를 얻어 집안이 부쩍 일어나고 백사가 다 성취된다. 단 七十日에 가족 가운데 크게 다치고, 一男一女가 눈이 맞아 달아난다.

天輔星이 辰時를 만나면 염소와 개가 싸우는 것이 있고, 기름장수가 지나간다. 또는 과일장수 혹은 곡물장수가 이르며, 白衣童子가 울며 어떤 집으로 들어가고, 임신부가 와서 産期를 묻는다. 用事한 뒤에 재물이 발하고 田庄이 늘며 一年에 귀자를 낳는다.

天禽星이 辰時를 만나면 동쪽에서 점쟁이·무당이 서로 싸우고, 까마귀 까치가 짖어댄다. 이것이 應兆이니 반드시 기쁜일이 생긴다. 집을 짓거나 장사지낸뒤 七·九日에 道士나 중이 와서 어떤 일을 의논한다.

天心星이 辰時를 만나면 구름이 西北方에서 일어나고, 靑衣人이 물고기를 가지고 오며, 어떤 女人이 僧道와 동행하는 것을 보게 된다. 六十日에 구름이 뭉게뭉게 피어오르면 곧 귀자를 낳거나 가족 가운데 壯元 及第하는 인물이 나온다.

天柱星이 辰時를 만나면 어떤 사람이 나무를 메고 오며, 북을 든 남자가 婦人과 동행하는 것을 보고, 노인은 호미를 들고 있다. 이런 일이 있은지 六十日에 고양이가 얼굴이 붉은 사람이 어떤 물건에 대해 설명한다.

를 낳고, 달걀에서 쌍병아리가 나온다. 북쪽 사람이 과부의 재물을 가져오고, 얼굴이

天任星이 辰時를 만나면 노인이 오고 형제들이 모였다가 헤어지며, 새가 지저귀고 개가 짖으며 黃衣人이 지나간다. 또는 어떤 남자가 골동품을 얻어 점포에서 흥정하고, 童子는 손뼉치고 있는 모습을 본다. 이 모두 應이니 六十日에 家畜관계로 송사가 일어난다.

天英星이 辰時를 만나면 서북방에서 비가 몰아오고, 닭이 나무 위에 올라서며 紅衣女人이 바구니를 든 것을 보게 된다. 用事한 뒤 七日에 怪氣가 있고, 六十日內에 血財(家畜이나 기타의 살아 있는 짐승)를 얻는다.

○ 巳時

天蓬星이 巳時를 만나면 노인이나 女子가 酒宴을 베푼다. 百日에 火物(불에 속한 물건 난로 등)을 얻고, 黃金도 얻는데 武官은 계급이 오른다. 또는 돼지가 지나가고, 뱀이 기어가는 것을 보게 된다.

天芮星이 巳時를 만나면 임신부가 이르고 무당이나 기생이 풍악을 울리며(黃衣를 입고

있다) 기러기떼가 북쪽에서 날아온다。 六十日에 과부를 만나고 고양이가 닭을 물며、소가

草屋에 들어 오리니 괴이한 일이 아닐 수 없다。

天柱星이 巳時를 만나면 소나 양이 싸우고 있을때 남쪽에서 두 女人이 이른다。 또는

새떼가 서남방에서 요란하게 지저귀는데 이것이 應이오、이 應이 있은지 六十日에는 뱀

이 닭을 물고、소가 집안으로 들어오며、여인이 재물과 土地文券을 보내온다。

天輔星이 巳時를 만나면 사람들이 서로 치고 받는 모습이 있고、女人은 베(布)를 안

고 온다。 또는 바람이 갑자기 일어나고 어린이가 비명을 지른다。 六十日內에 동쪽 재

물을 얻고、귀인이 재물을 가져다주어 재산이 速發한다。

天禽이 巳時를 만나면 오리가 울고、무당·박수·점쟁이들이 서로 욕하며 싸우고、고

귀한 신분이 말을 타고 황망이 지나간다。 七十日에 중년 婦人이 마귀를 쫓는데 이러한

應이 있으면 귀자를 낳고 가업이 창성하며、三年間 농업과 蠶業이 크게 왕성한다。

天心星이 巳時를 만나면 푸른 도포를 입은 女人이 갓난아기를 안고 지나가며、거북이

나무에 오르고 紫衣官人이 말을 타고 간다。 十五日 뒤에 사방에서 재물이 이른다。 절름

발이가 중개하는데 金姓人의 資産을 買入한다。

天柱星이 巳時를 만나면 검정소가 지나가고 종소리가 들리며、돼지가 산속으로 달아난

다。 二十日에 金屬物을 얻고、六十日에 딸자식이 水邊으로 가며、一年쯤에 고양이가 흰

쥐를 잡아온다。 뒤에 재산이 크게 발왕한다。

天任이 巳時를 만나면 개 두마리가 서로 싸우고、나무꾼이 나뭇짐을 지고 이르며、官吏

가 日傘을 들고 어린이는 손뼉친다。이것이 應이니 六十日에 관청의 재물을 얻고 남쪽

사람이 잉어를 선물한다。머지 않아 일신이 영귀하고、자식도 출세한다。

天英星이 巳時를 만나면 紅衣 입은 부인이 이르는데 대개 혼인이 아니면 구설이 생긴

다。六十日에 사냥꾼이 잡은 물건을 얻고、火姓人이 文書와 편지를 보내온다。즉 이는 갑

자기 관직을 얻어 이름을 떨치는 징조다。

○ 午時

天蓬星이 午時를 만나면 靑衣婦人이 이르고、어떤 사람이 칼을 들고 南山에 오르며、

어린이가 동북방에서 달려와 「와」하고 탄성을 지른다。六十日에 또 개가 사람말 시

능을 하고、미친 사람이 지나간다。이러한 應이 있으면 家主가 사망하고 三年뒤에는

오래된 움속에서 재물을 얻는다。

天芮星이 午時를 만나면 白衣를 입은 언청이가 소를 끌고 지나가고、임신부가 지나간다。

이러한 應이 있은지 六十日에 고양이새끼가 사람을 문다。집을 팔아 횡재하고 논과 밭이

늘며 기타의 산업이 왕한다。

天輔星이 午時를 만나면 중은 방갓을 쓰고、女人은 紅衣를 입고 찾아온다。六十日에는

귀인이 특이한 재화를 주고、서방에서 金銀을 보내주는 사람이 있으며 과부가 값있는 물

건을 갖고 온다。

天禽星이 午時를 만나면 白衣의 女人을 볼 것이오、개가 꽃가지를 물고 서로 뺏으려 싸

움하며、산닭을 발견하게 되고、동방에서 風雨가 차츰 몰아온다。이러한 應이 있은뒤 집

을 짓게 되면 六十日에 동북방의 재물이 이르고 一年內에 닭이 알을 낳으며 田土가 는다。

天心星이 午時를 만나면 갑자기 비가 몰아오고、뱀이 지나가며、붉은 치마를 입은 여인이

武士에게 술대접하는 광경을 보리니 이것이 應이다。六十日에 솥이 울고 절름발이가 산짐

승을 보내오는데 五년에 田庄을 넓힌다。

天柱星이 午時를 만나면 기러기가 서쪽에서 울며 날아오고、서쪽에서 말탄 사람이 오며、

이때 하늘에는 구름이 짙을 것이다。五日 뒤에 임신부가 사망하고 六十日內에 물속에서

天任星이 午時를 만나면 여승이 지나가고、서북에서 꾀꼬리가 날아오며、귀인의 행렬을

보게 된다。四十日에 귀인의 보물을 얻고 귀자를 낳는다。또는 童子가 말을 빌려가면 어

떤 사람이 호랑이가죽을 보내온다。

天英星이 午時를 만나면 남쪽에서 혼인잔치가 있고 사냥꾼이 활과 화살을 메고 있는 모

습을 본다。用事後 六十日에 일을 하다가 나무에 몸을 다친다。 또 火光이 크게 일어나는

것을 보면 자결하는 가족 및 물에 빠지는 厄이 있으리니 주의하라。公子가 말을 타고 가는

것을 보면 반드시 女人의 사건이 발생한다。

○ 未時

天蓬星이 未時를 만나면 어린이가 소를 끌고 지나가고、기러기나 기타의 새떼가 북쪽에서 날아오며 紅衣를 입은 女人이 지나간다. 六十日內에 도둑을 맞아 재산이 크게 줄고、분을 참지 못하다가 관재까지 부른다.

天芮가 未時를 만나면 사냥꾼 혹은 白衣道人이 茶甁을 든 모습을 본다. 이러한 應이 있은지 七日에 까마귀가 집 주위를 맴돌며 짖어댄다. 얼굴빛이 붉고 수염이 긴 사람이 다투는데 一年쯤에 瘟疫이 이르고、火災를 당하여 집을 태우고, 사람이 불에 상한다.

天冲이 未時를 만나면 서북방에서 북소리가 들리고、어린이가 孝服을 입었으며、말(馬) 이 줄지어 온다. 혹은 서북방에서 비명소리 및 크게 싸우는 소리가 들려온다. 用事한뒤 六十日에 凶惡한 자가 몽둥이를 들고 달려들 것이니 이를 피하라. 과부나 白羊이 들어오면 六畜이 왕한다.

天輔星이 未時를 만나면 개떼가 몹시 짖고、紅衣를 걸친 乞人을 보게 되며 중이 서로 말다툼을 하고、서북에서 어떤 사람이 재산때문에 다투고 있다. 이 모두가 應으로서 百日內에 문서를 얻고 金姓人이 金銀을 보내온다.

天禽星이 未時를 만나면 노인이 오고、절름발이가 과일을 지고 오며、青・黃衣를 입은 사람이 술병을 들고 온다. 장사지낸 뒤 두달쯤에 水姓人이 닭 등의 畜産物이나 鐵器를 보내준다.

天心星이 未時를 만나면 구름 안개가 몰아오고、黃衣입은 남자와 彩衣 입은 여자가 술과 안주를 가지고 어떤 어른을 대접하기 위해 가는듯 하다。六十日에 솥이 스스로 울고、절름발이가 말을 타거나 혹 수레를 타고 와서 金・銅으로 만든 칼・기물 등을 주고 간다。

天柱星이 未時를 만나면 깡마른 女人이 중과 동행하여 親分있는 사람을 찾아다니며 安否를 묻고、동북방에서 人馬가 日傘과 旗를 들고 온다。百日에 괴이한 일이 발생하는데 新婦에 관한 일이 아니면 여우・이리・피물에 관한 사건이다。

天任이 未時를 만나면 白鶴과 새떼가 서남방에서 북방으로 날아가고、風雨가 일어나며、북소리가 들린다。用事後에 七日이면 어린이에게 시끄러운 일이 발생하고、六十日에 白氣가 生하는데 이러한 應이 있으면 六畜이 잘되고、경영하는 사업이 번창하여 치부한다。

天英이 未時를 만나면 임신부가 지나가고 서북방에서 북소리가 들리며、두 사람이 서로 치하하는 모습을 본다。집을 짓거나 장사지낸 뒤 六十日에 戶主가 물에 빠지고、一年에는 疫疾에 걸리는데 재물은 발하여 말이 무성한 풀밭을 만난것과 같다。

○ 申時

天蓬이 申時를 만나면 어떤 사람이 우산을 들고 비를 피하며 서쪽에서 오고、또는 어린이가 물장난을 치며 지나가고、북소리와 고함소리、웃는소리가 왁자지껄하다。十日後에는 鶴이 깃드리고 뱀이 사람을 물어 상하니 이는 모두 흉조로서 아내가 淫行을 저지르고 부끄러워 자살하고 송사가 발생한다。

天芮星이 申時를 만나면 키가 큰 중이 동쪽에서 푸른 우산을 받쳐들고 오며, 소가 (鬪牛) 사람을 상하고, 개가 사람을 문다. 이런 일이 있은뒤 백일이 되면 水姓人이 어떤 물건을 보내오고, 一年에 물소가 집으로 들어온다. 그리고는 鵬鳥가 괴이한 일을 일으켜 온 집안에 怪疾이 발한다.

天冲이 申時를 만나면 南方에서 白衣人이 말을 타고 오고, 吏卒 (지금의 순경 및 헌병) 들이 칼을 들고 서로 찌른다. 四月 뒤에 女가 중매되며, 土地가 느는데, 과부가 도둑에게 납치되어 골치 아픈 일이 생긴다.

天輔星이 申時를 만나면 다리에 종기난 사람이 술을 들고 와서 의사에게 치료해주기를 청하고, 선비나 중·도사가 色衣를 입은 것을 보게 되며, 서쪽에서 북소리가 울린다. 여자가 돈을 크게 벌고 반년 뒤에는 뱀이 우물에서 기어나오며 어떤 사람이 牛羊을 보내온다.

天禽星이 申時를 만나면 새가 날며 부르짖고, 박수·무당이 부적을 들고 온다. 百日內에 女人이 비녀·반지·목걸이 따위를 주워오는데 新婦가 귀자를 낳고 田土는 풍년이 들며, 사업가는 크게 성공한다.

天心星이 申時를 만나면 중이나 도사의 심방이 있고, 사방에서 징소리가 울리며, 무리 새떼가 시끄럽게 지저귄다. 이어서 붉은 치마를 입은 女子가 술을 보내오는데 이 모두 日應으로서 과부가 안방을 차지하고 주장한다. 움속에서 보물을 얻고, 노인은 지팡이를 짚으며, 말은 자갈을 물고 軍人은 집에 있으며 (할 일이 없어) 병자는 낫는다.

天柱星이 申時를 만나면 作用할 무렵에 새매가 물위에서 새를 잡아 날아가다가 땅에 떨어뜨리고, 靑衣의 女人이 바구니를 들고 이른다. 일을 끝마친 뒤 百日이면 火災로 집이 망하고, 放蕩에 빠져 패가망신 한다.

天任星이 申時를 만나면 風雨가 몰아오고 세갈래로 수염난 사람이 북을 치며 온다. 뚫린 黃衣를 입은 중이나 道士가 온다. 七日에 군인이 누른 개를 끌고 오며 女人이 끓는 물을 수레에 뿌리는데 이 모두 應이다.

天英星이 申時를 만나면 집을 짓고 장사지낼 때에 임신부가 큰 소리로 울고, 서쪽에서 징소리가 들리며 승도가 방갓쓰고 헐떡거리며 지나간다. 이러한 應이 있으면 투쟁할 일이 발생하고 六十日內에 돈을 보내주는이가 있다.

○ 酉時

天蓬星이 酉時를 만나면 붉은 말이 서쪽으로 지나가고, 工匠人 또는 짐꾼 수레꾼이 지나간다. 用事後 百日에 귀자를 낳고, 중이 商業에 중개하는데 金姓人과 관계될 것이다. 三年內로 닭이 쌍알을 깨고 고양이가 흰토끼를 젖먹인다. 이 모두 吉兆로서 과거에 응시하면 반드시 及第할 것이다.

天英星이 酉時를 만나면 서쪽에서 빛이 누른 말, 수레, 가마, 일산 등이 오는 것을 본다. 과부와 수염이 많은 사람이 싸움하고 개짖는 소리가 요란하다. 水姓人이 농산물을 가져다 주고, 一年쯤에는 소가 스스로 들어오나 집안에 우환이 발생할 징조다.

天沖·天輔星이 酉時를 만나면 먼곳 사람이 문서를 가져오고, 동쪽에서 여우나 승냥이가 울며, 婦人이 불꾸렁이를 들고 오는 모습을 발견한다. 이러한 應이 있은 뒤 一年에 귀자를 낳고 횡재하며 크게 발복한다.

天禽星이 酉時를 만나면 서쪽에서 불이 일어나고 사람들이 서로 때리며 싸우는 소리가 시끄럽다. 새들이 놀라 달아나기까지 한다. 집을 지은뒤 一年쯤에 귀자를 낳고, 움속에서 재물을 캐내며 까치가 기쁜 소식을 전한다.

天心星이 酉時를 만나면 중이 오는 것을 보고, 西南方에서 불이 일어나며 북방에서는 징소리가 울린다. 또는 나귀가 울고, 官貴人의 심방이 있으며, 뱀이 들어오고, 재물과 보배가 이른다. 그리고 먼곳에서 소식이 오는데 七日에 金姓人의 女兒를 아내로 삼는다.

天任星이 酉時를 만나면 개가 大門에 오르고 少年이 손뼉치며 웃는다. 또는 누른빛여우를 보게 되고, 어린 딸이 장난치며 즐거워한다. 이런 應이 있고 六十日이 되면 귀자를 낳는다. 흰닭이 있고 婦人이 술잔을 기울이며, 먼길에서 碑石을 만난다.

天柱星이 酉時를 만나면 흰매가 비둘기를 채어가는 것을 보게 되는데 이는 사기를 당할 징조다. 靑衣人이 鐵器를 取하고 火災를 만나 집이 손상된다. 女人은 고독하게 될 것이다. 七十日에 金姓人이 재물을 보내주고 부부가 화락하며 먼곳으로 出行할 일이 있다.

天英星이 酉時를 만나면 火가 金에 들었으니 서쪽에서 집문제로 다투고, 오리와 개짖는 소리가 요란하며, 사나운 사람이 지나가고, 白衣를 입은 임신부를 만나는데 用事後

百日에 재물을 얻게 된다.

○ 戌時

天蓬星이 戌時를 만나면 作用時에 노인이 지팡이를 짚고 들어오고、서북방에서 이슬비가 내리며、세갈래로 수염난 사람이 당대미를 메고 이를때 흰개가 눈에 뜨인다. 이러한 應이 있은지 十日內에 軍器를 주어 횡재한다.

天芮星이 戌時를 만나면 황소가 걸어오고、임신부가 동쪽에서 우산을 들고 오며、사나운 개가 집밖에서 사람을 물어 상하게 한다. 一年뒤에 土姓人이 土地와 재물을 보내주고、여러 종류의 새떼가 날아간다. 또는 車輛이 들어와 똥구덩이 속에서 女人의 금비녀를 찾아낸다.

天冲・天輔星이 戌時를 만나면 三・五人이 횃불을 밝혀들고 잃은 물건을 찾고、무당・박수와 네갈래로 수염달린 사람이 지나가며、닭이 나무 위에서 운다. 이러한 應兆는 먼곳에서 기다리던 소식이 오고、어린이가 소에 받혀 액을 당한다.

天禽星이 戌時를 만나면 동북방에서 종소리 징소리가 요란하게 들리고、青衣 少女가 바구니를 들고 지나간다. 十日內에 흰거북이 나타나는데 土地 재물이 늘고、사람이 관직을 천거해주며 福이 집안에 이른다.

天心星이 戌時를 만나면 作用時에 남쪽에서 고함소리가 들리고 도둑이 놀라 달아나며、어린이가 소를 타고 온다. 이것이 應으로서 百日뒤에 귀자를 낳는다. 또는 흰개가 와서 짖고, 누른 닭이 울면 二年 뒤에 과거에 급제한다.

天柱星이 戌時를 만나면 女人이 베(布)를 안고 있는 모습을 보게되고, 북쪽에서는 큰 나무가 쓰러지면서 사람을 크게 상하며, 서쪽에서는 북소리가 울린다. 장사지낸뒤 六十日內에 뱀이 침입하여 사람을 무는데 이 모두 凶兆로서 疫疾에 걸려 해마다 사람이 죽는다.

天英星이 戌時를 만나면 作用時에 어떤 女人이 서쪽에서 白布와 火物을 들고 온다. 도둑이 獄死함을 듣고, 혹은 赤馬를 판것이 말썽이 되어 송사가 일어나고 생각치않은 재앙이 있다. 十日內에 急病이 발하고, 들닭이 집안으로 들어오면 재산이 나가기 시작한다.

天任星이 戌時를 만나면 집안에서 어린이들이 싸움질하고, 訟事가 때로 잃었나며, 가족끼리 싸우고, 개가 짖고 凶喪(젊은이가 죽는것)을 당한다. 빛이 누른 새가 날아가고 중이 오는데 귀인의 재물이 있다. 百日안으로 紫衣를 입은 高官이 찾아오면 이로부터 재물이 發旺한다.

○ 亥時

天蓬星이 亥時를 만나면 童子들이 떼지어 놀고 어떤 女人이 孝服을 입었다. 用事後에 도둑잡는데 功이 있어 많은 상금을 받고, 三年內에 道士 혹은 術客의 도움으로 돈을 벌어 치부한다.

天冲・天輔星이 亥時를 만나면 青衣를 입은 사람이 다리를 절며 오고, 東北方 人家

에서 火災가 일어난다. 이러한 應이 있은뒤 百日에 고양이가 흰쥐를 잡고, 金姓人이 土

地文書를 주는데 이로부터 妻福과 財物이 크게 발한다.

天禽星이 亥時를 만나면 西風이 일어나서 서북방에서 女人의 울음소리가 들려온다.

또는 나무가 쓰러지면서 집이 무너지고 개짖는 소리가 소란하다. 六十日에 工業人의

재물을 얻고 金姓人이 중의 재산을 소개한다. 그리고 까치가 짖어 기다리던 기쁜 소식

이 이른다.

天心星이 亥時를 만나면 닭이 밤중에 울고, 미친개가 짖어대며, 가죽모자를 쓴 노인이

손에 쇠그릇을 들고 있다.(필시 貴人이다) 이러한 일이 있은뒤 七日에 모르는 귀인이

찾아와 하룻밤 자고가며 귀중한 재물을 주고 간후 이로부터 발복한다.

天芮星이 亥時를 만나면 새가 놀라 달아나는데 秋冬이면 吉兆다. 이러한 應은 客이

와서 家宅을 주장하는 격이니 春夏에는 흉하다. 坤方에서 불이 일어나고, 二人이 돌아오

며, 고양이가 불을 내어 사람을 상하고, 임신부는 病을 앓으며, 女人은 목을 매어 자살한

다.

天柱星이 亥時를 만나면 서쪽에서 경쇠(磬) 소리가 들리고, 山밑에서 어떤 사람이

횃불을 밝혀들고 고함친다. 집을 짓거나 장사지낸뒤 불을 끄다가 재물을 얻고 이것이

자본이 되어 치부한다。百日에 닭이 괴변을 지을가 두려우니 만일 닭이 상서롭지 못한

짓을 한다면 사람이 죽는다。

天任星이 亥時를 만나면 어린이가 어떤 잘못을 저지르고 잘못했다 빌면서 종아

리를 맞는데 깔깔거리고 웃는다。 서쪽에서 바람소리 북소리가 진동하고、어떤 사람이

鐵器를 공중에 던져 많은 사람들이 크게 다친다。 우환과 복이 번갈아 이를 징조다。

天英星이 亥時를 만나면 어떤 女人이 손에 횃불을 들고 오다가 큰 거리로 나간다。

百日內에 病者가 이르러 우물로 뛰어들고자 한다。 또는 북쪽에서 나무가 쓰러지며

사람도 다치고 집도 무너뜨린다。 이러한 일이 있으면 집을 떠나 객지로 나가야만 액을

피할 수 있다。

五、 各占과 秘法

(1) 總論

이 占은 用事하기 직전의 年月日時로 布局하는 요령은 「第一篇 作局」의 四柱定法으로 當年太歲와 當月 當日 그리고 어떤 일을 着手하려거나 當時 어떤 일에 蓬着하여 吉凶과 用事方法을 알고져 할때의 時를 기준 年月日時를 定하여 四柱 및 身數 作局法과 똑같은 요령으로 하되 단 行年만 붙이지 않는다. 또는 各 占이나 秘法 항목에서 特殊한 布局法을 특별히 論한 事項은 그 항목의 요령에 따르고 기타는 모두 年月日時局(當年 當月 當日 當時의 干支) 으로 布局한다.

그런데 알아둘 것은 四柱나 身數는 主人公이 主가 되므로 日支宮을 世로 삼지만 占은 반드시 主와 客을 定하여 추리하므로 四柱나 身數法과는 다르고 항목(占目)에서 定한 用에 따라야 한다.

① 占論

奇門의 應은 先後의 때가 있고 應에는 主와 客이 있어 他(남)와 我(나)를 구분하여 추리해야 한다.

대개 三奇의 應은 事物의 시초요、吉星과 凶星의 作用은 일의 中心的 진행이며、八
門의 應은 事物의 매듭이니 이를 알고 추리하면 應이 분명치 않음이 없다.

가령 내가 어떤 사람을 찾는다면 내가 客이 되고 상대방으로 主를 삼는데 天盤으로
나를 삼고 地盤으로 상대방을 삼아야 한다. 반대로 남이 나를 찾고자 하는데는 그가 客
이 되고 내가 主가 되니 天盤은 他 (남―客) 가 되고 地盤은 내 (主) ―가 되는 것이다.

남이 나를 (天地盤관계) 生하는지、내가 他를 生하는지를 살필지니 他가 나를 克하면 내
면 내게 유리하고、내가 他를 生하여주면 他가 나보다 유리하다. 또는 他가 나를 克하면 내
게 불리하고、내가 他를 克하면 他에 불리하다.

또는 陰日 (占日이 乙丁己辛癸日에 해당) 의 天盤은 내가 되고 陽日 (甲丙戊庚日의
占) 의 地盤은 상대방으로 보는바 他와 내가 比和되면 피차간에 損益이 없다 추리한다.

奇門法에 天人地의 三才가 있다. 上盤은 天이오 中盤은 人이며 下盤은 地라 한다. 干
支數로 布局된 것을 九星이라 하여 天盤을 삼고、八門으로 中盤을 삼으며 기타의 吉凶星
으로 地盤을 삼는다. 天은 하늘을 상징하고、人은 사람을 상징하며 地는 땅을 상징하
여 天은 天時 (자연적인 어쩔 수 없는) 요 人은 人事 (사람의 잘 잘못으로 인한 것) 요
地는 환경 및 立地的 條件이라 할 수 있다.

吉凶을 占칠 때 九星을 중히 다루는 까닭은 九星이 天盤이며 吉凶이 하늘로 부터 원
因되기 때문이다. 星 (吉凶星) 이 八門을 克하면 길하고 門이 星을 克하면 凶이라 한다.

出行과 몸을 피하여 숨는데는 八門을 가장 중히 다루어야 한다. 八門은 人盤에 속

하여 動은 직접 自身이 선택하기 때문이다. 門이 宮을 克하면 吉하고 宮이 門을 克

하면 凶한 것은 宮이 人을 傷하는 형상이 되어서다.

建物을 짓거나 수리하고、墓쓰고、莎草（墓을 改修하는 일）하고 비석세우는 일과 移

徙 등에는 九宮（九星）을 중히 다루어야 하는 것은 九宮은 地盤으로 이사하고、건물

짓고、장사지내는 것 등은 모두 땅과 관계가 있기 때문이다. 그러므로 門과 宮이 相

生되면 길하고 相克되면 凶하며 比和되면 평평하다. 기타의 모든 점도 이와 같은 例

에 의하여 추리하면 모든 일이 天人이 관계되는 자는 數로 通치 않음이 없으리니 妙함

이어 이는 하늘이 사람에게 用法을 보여준 것이라 하겠다.

傳에 이르기를「奇門이 이미 天人地三盤으로 정해졌는데 上下盤의 間數가 六이다. 一

干이 있고 宮中에 奇와 儀가 있다. 上下가 相代하니 한 번 비추어보면 成格과 不成格

을 현저하게 알 수 있다. 甲이 丙을 加하고、乙이 辛을 加하는 등의 例다. 오직 主

星 아래와 飛門 안에 一干을 暗藏하니 이를 直使가 時支에 加한 法이라 하고、또는

値符의 머리에 數를 起하여 時干에 이르러 멈추는데 그 甲으로 인해 癸에 이르고、乙로

부터 癸에 이르러 八門中에 또 一干을 떠났으니 이를 飛干이라 한다.

이 飛干은 아울러 干局面의 上下盤 직에 있는 것이 노출되지 않는다. 時

支를 셈할때 甲乙을 用하여 排得하는 者가 된다. 그러므로 이를 暗藏이라 하는

바 숨은 것도 같고 나타나 있는 것도 같아 변화가 무궁하다. 단 이러한 이치를 예나

지금이나 아는이가 없다. 가령 飛門(中宮에 暗藏된 八門)이 이미 主星을 生하는 경

우에 飛門內에 홀연 庚이 날아이르면 범사에 있어 외면은 아름다와 보이지만 內面이 깔

끄럽다. 또는 飛門이 이미 主星을 克하면 백사에 대흉하다. 그런 가운데 홀연 飛門에

三奇가 날아이르면 범사에 外面은 凶하나 內面에는 암암리에 吉兆가 있는 것이니라」

하였다.

② 十二神應驗

天乙星이 門에 있으면 먼 곳으로 떠난 남편 或은 貴人의 수레나 말이 門앞에 이르러

홀연히 맞이하게 된다.

騰蛇가 門에 있으면 느닷없는 괴이한 일이 일어나 공연히 놀래어 집을 나선 사람이

目的地까지 가지 못하고 중도에서 되돌아 온다. 만일 도중에 비바람에 막히거나 까마

귀가 울면 누가 뒤쫓아 와서 拉致하려 한다.

朱崔이 門에 있으면 생각치도 않은 물건을 얻고, 멀리서 북소리가 들리며, 文書에 관한

일에는 순조롭게 이루어진다.

六合이 門에 있으면 길을 가다가 車馬를 만나 가는 길이 수월해지고, 女人이나 비단옷

입은 어린이의 희롱을 당하게 된다.

句陳이 門에 있으면 길을 가다가 구타당하는 광경을 보게 되고, 모든 일이 얽매어 되

지 않는다。

靑龍이 門에 있으면 좋은 징조가 있다。 거리에서 비단옷입은 귀인과 상봉하거나 아름다운 경치를 보게 된다。

天空이 門에 있으면 보기 凶한 물건을 路上에서 보게 되거나、중이나 女道士 같은 사람을 만나 웃으며 이야기를 주고 받게 된다。

白虎가 門에 있으면 거리에서 사람이 죽어 슬퍼하는 것을 보거나、兵杖器 등을 만나거나 檢問을 당해 놀랜다。

太常이 門에 있으면 酒食이 생기고 巫女나 女道士나 광대 (俳優) 등을 보게 되고、또는 사람의 肖像을 보게 된다。

玄武가 門에 있으면 집을 나서면서 도적을 만나 失物한다。 또는 仲介人이나 乞人을 만나리라。

太陰이 門에 있으면 작은 것을 구하려다 큰 것을 잃는다。거리에서 女人 (女子는 男子) 을 만나 淫私로 和合하기 쉽고、아니면 音樂이나 춤 등으로 질탕하게 놀며 시간을 허비한다。

天后가 門에 있으면 거리에서 어린이의 조롱을 받게 되고 어떤 婦人이 물품을 보내주며 女子가 집으로 돌아온다。

③ 十干 및 神將生克論

여 占日 日干의 貴人이 닿는 곳이 어떠한가를 본다. 가령 三月辛卯 日巳時라면 三月將

은 酉從魁다 巳에 酉를 붙여 辛日의 貴人 寅까지 順行하면 午에 戌、未에 子

酉에 丑、戌에 寅이 닿는다、이 寅은 工曺이니 寅工曺 있는 宮을 본다.

貴人에는 陰陽貴人이 있다. 이 陰陽貴人中 陰貴를 用하느냐 陽貴를 用하느냐가 문제

인데 일정한 법이 있다. 用時로 기준하는바 亥子丑寅卯辰까지는 暮貴라하며 陽貴人을

쓰고、巳午未申酉戌時까지는 朝貴라하여 陰貴人을 쓴다. 다음은 陰陽貴人을 分類한 表

이니 參考하기 바란다.

日干) 甲乙丙丁戊己庚辛壬癸

陰貴丑子亥酉未申未午巳卯 (巳午未申酉戌時에 用)

陽貴未申酉亥丑寅卯巳 (亥子丑寅卯辰時에 用)

天元은 임금、부모、남편 및 주장하는 大將、長上、高官이오 貴神은 官祿、家主、外

財요 (또는 胞、乳、腈) 요 月將은 친척 형제 붕우와 妻子 內財、卑幼 臣民、姜、孫、家

中物이다 (또는 腹、腰、腓、足 및 下方에 속함)

正月將—亥登明 二月將—戌河魁、三月將—酉從魁、四月將—申傳送

五月將—未小吉、六月將—午勝光、七月將—巳太乙、八月將—辰天罡

九月將—卯太冲、十月將—寅功曺、十一月將—丑大吉、十二月將—子神后

。干克方—日干이 方位를 克하면 이는 妻妾에 해당하는바 動하면 손재수요、어린이

및 아랫사람에게 우환이 있고、빚독촉을 받게 되며 집안에는 잔소리꾼이 있다。

。神克干=神이 日干을 克하면 官이니 動하면 官祿에 유리하여 罕人은 得官하고 有官

者는 승진하며 재운도 좋다。(단 암암리에 財가 나간다) 病人은 咽喉계통의 질환이 당

。方克干=方이 日干을 克하면 官鬼가 발동함이다。門을 나서면 관재와 송사가 발생

하고 구설 및 기타의 재난을 만나며、까닭없이 원수를 맺거나 원수를 만난다。

。干克神=干이 神을 克하면 官祿으로 본다。動하면 관직과 재물을 얻는다。 불연이

면 남의 빚독촉이 심하고 謀害가 있으며 商業에도 불리하다。

。干克將=干이 月將을 克하면 財가 된다 재물을 구하면 여의하나、妻는 우환이 있

다。 그러나 家屋이 훌륭해지고 많은 재물이 들어온다。

。干生神=日干이 神을 生하면 친한 사람이 내방하고、밖에서 훌륭한 선물이 들어

온다。

。干生將=日干이 月將을 生하면 집안의 재물이 흥왕한다。 밖에서 많은 물건을 보

내주고、육친과 화목하며 父子간에 의가 좋다。

。干生方=日干이 方位를 生하면 先祖의 隱德으로 자손이 영귀한다。 재운이 대통하

고 奴僕을 많이 거느리게 되며 은총이 하늘에서 내린다。

。神克將=神이 月將을 克하면 內賊(집안이나 가까운 친척이 도둑)이니 간사한 도

둑질이 오래간다。 이로 인해 야금야금 재물이 소모되며、소망은 이루지 못하고、어린이

에게 액이 있다。 病占에는 위험하다。

。神克方＝神이 方位를 克하면 이를 隔（막힘）이라 하니 求財에 더디고 백사에 오랜
시일이 걸려 간신히 성취한다. 怒를 참지 못하면 재앙이 발생하고, 病은 배꼽부위, 足疾
로 고생한다.

。神生干＝神이 日干을 生하면 천거를 받아 大利하고, 사람이 물건을 보내주며, 고귀한
신분을 만난다. 祭祀는 형통하고 자손은 孝行하며, 尋人에는 그 사람이 스스로 찾아온
다.

。神生將＝만사에 대길하다. 혼인은 성립되고, 선물이 들어오며, 진귀한 물건을 얻고
求財와 謀望에 유리하다. 그리고 집을 나가 소식이 없던 사람은 그 스스로 돌아온다.

。神生方＝神이 方位를 生하면 隔神（방해하는 神）이 動하여 도와주니 謀事가 비
로소 이루어지고、主翁의 은덕이 아랫사람에게 까지 미치며、부하 노복은 힘을 다하여
주인을 도우니 家業이 흥왕한다.

。將克干＝月將이 日干을 克하면 隔神이 방해한다. 이 모두 하늘이 定한 運數
로서 求財는 막히고、기타의 사업은 성공이 어렵다. 그러나 苦盡甘來로 장차 福
이 이르리니 分外事를 行하지 말고 기회를 기다리라.

。將克神＝月將이 神을 克하면 財物이 動發이니 求財에 이익이 많으나 妻는 우
환이오、求官은 희망이 없으며 身病은 고치기 어렵다.

。將克方＝將이 方位를 克하면 우환이 발생한다. 발병이 들어 걷기가 어렵고、
어린이에게 재앙이 많으며、재물과 명예와 노복이 손상되고 쟁송시비 등으로 가

정이 불안하다.

。將生干=將이 日干을 生하면 平星이라하여 吉利하다. 內外가 화합하고、妻는 賢淑하여 그 본분을 지키며、자손은 효도하니 가정이 편안하여 날로 재산이 늘어난다.

。將生神=月將이 神을 生하면 和合星이라、백사에 다 상서로와 복이 이른다. 자손은 효도하고 아내는 착하니 가정이 평하다. 재물을 풀어 빈궁한 사람을 도와주고、길을 고치고、다리를 놓는 등 많은 덕을 쌓는다.

。將生方=將이 方位를 生하면 길격이라、재백이 밖으로부터 들어오고、기쁜 경사가 이르며 가족은 화합한다. 또는 자손들이 秀拔하니 하늘의 비호를 받는 가정이다.

。方克神=方이 神을 克하면 이는 官動이라 한다. 관직과 녹을 얻고 이름을 드날린다. 그러나 이러한 일이 없으면 도리어 관재수로 刑獄을 면치 못한다.

。方克將은 外賊이라、재물이 소모되고 처첩에게 재앙이 이른다. 욕심을 많이 부리다가 失物하나 곧 찾는다.

。方生神=方이 神을 生하면 和星이라 한다. 백사가 여의하고、훌륭한 집을 새로 짓게 되며 奴僕은 主人을 위하여 心力을 기울인다.

。方生干=이를 忠孝星이라 한다. 임금과 스승과 부모가 다 훌륭하다. 귀인의 도움으로 기쁜 경사가 이른다.

。方生干=方位가 日干을 生하면 得地라 한다. 吉祥과 喜事가 이르고、혼인과 소망이 성취되며 집안이 화합하고 가업이 창성한다.

◦ 干神比和＝日干과 神이 比和되면 친척과 육친이 相合하고 매사에 일가 친척이 융합하여 원만하게 처리해나간다.

◦ 全比＝日干、神、月將이 모두 비화되면 친속 간에 利權다툼이 발생한다. 아래가 위를 엿보고 邪가 正을 업신여기니 상하가 혼동되어 분별이 없으니 대흉한 상으로 재난과 刑罰이 이른다.

◦ 神干相合＝神과 日干이 合이면 이를 宮合이라 한다. 선비는 科試에 급제하고 平人은 관직을 얻으며 謀事를 성취한다.

◦ 將方相合＝月將과 方位가 合한 것은 正合이다. 혼인은 성립되고 친구와 친척이 도와주며 만사 형통인데 오직 秋冬에는 질병을 주의하라.

◦ 方干相合＝方位와 日干이 合하면 남이 나를 모해하는 징조다. 그러나 星과 奇가 合하거나 方位와 門이 合하면 吉凶이 相半이다.

◦ 將方比和＝月將과 方位가 比和되면 이는 朋友比和의 象이다. 進退와 作爲가 모두 朋友로 인해 성취된다.

◦ 上順下生＝上이 順하고 下가 生하면 하늘이 경사를 주는 격이다. 외부사람이 좋은 물건을 보내주고 재물이 늘고 人丁이 늘며、백사에 뜻과 같고 재산이 흥왕한다.

◦ 下生上＝출행과 상업에 利를 얻고 만사가 여의하다. 특히 求官에는 좋은 관직을 얻고、관직인은 上司의 은총이 내려지며、기쁜 소식이 이른다.

◦ 上克下＝위가 아래를 克하면 이는 外克內라 外人이 詐謀를 꾸며 재물을 사기당하고

－ 389 －

윗사람은 아랫사람을 능멸하며 학대한다。 혹은 足疾로 고생한다。

。下克上＝아래가 위를 克하면 內가 外를 克함이니 아랫신분이 윗사람을 거역하고、部

下가 上官을 모욕하다가 官事를 범하여 구속될 우려가 있다。 매사에 어긋남이 많고、

우연히 손재하는 등 흉변이 이르며、 혹은 구토병으로 고생한다。

(2) 出行・訪問

① 出行占

○ 總論

日干이 닿는 곳으로 出行人을 삼는다。 (가령 甲日이면 地盤 戊가 있는 곳이오、乙日이면 乙奇가 있는 곳이다。 六儀三奇 가운데 甲이 없으므로 甲子戊하여 戊儀를 甲으로 代한다)

가는 방위에 吉門과 吉星이 임하여 日干宮을 生하면 출행하여 큰 이익을 얻는다。 或은 奇門과 吉星의 生을 받지 않고 日干宮과 比和되어도 길하다。 이와반대되면 불리한 중 다시 凶門과 凶格이 日干을 冲克하면 大凶하다。 만일 出行方이 空亡되거나 入墓되거나 日干과 年이 刑하거나 墓、空亡되는 방위는 불길하다。

또는 日辰이나 護我方 (巳身宮을 生해 주는 방위) 으로 출행하면 백사 대길하다。

官鬼方、劫殺方、泄氣方이나 空亡方 등으로 가면 出行하여 곤액을 당하거나 출행한 목적을 이루지 못한다.

子孫方、妻財方은 次吉이라 한다.

死門 絕命이 같이 있는 方位나 傷門 絕命이 있는 방위는 절대 가지 말아야 한다. 어기고 가면 大凶하다.

生門과 開門方이나 生氣 福德、天宜方도 大吉하다.

己身宮의 天盤數가 地盤數를 生하거나、地盤이 天盤을 克하면 動함이 마땅하니 出行해야 길하고、이와 반대로 天盤이 地盤을 克하거나 地盤이 天盤을 生하면 靜함이 좋으니 出行하지 말아야 한다.

年月日時로 八方에 天地盤을 布局하되 日辰의 上下가 一局의 動靜에 대한 길흉을 주관하는바 日辰의 地盤이 主요 世가 되며 天盤은 客이오、目的事 가는 方位가 되기 때문이다.

世宮에 만일 死門、傷門、驚門、杜門이 들거나 禍害、絕命이 임하면 大凶하니 출행을 그만두라.

日辰宮이 乘死 居死되고 다시 歲支가 凶星이거든 出行하지 마라.

歲(年支)가 中宮의 鬼를 生助하거나 中宮이 歲鬼를 生助하여도 凶하다.

雙金(九九나 四四) 雙火(二二나 七七)가 中宮에서 動하여 世를 生하거나 鬼가 中宮에서 動하여 日을 克하면 出行하여 凶厄를 만난다.

日이 旺하면 百殺이 침범을 못하여 厄을 당하지 않고 上下가 比和되면 出行하여 오래

머물게 되며 上下가 相生되면 吉하다。(단 上이 下를 生함이 吉로 본다)
무슨 일을 부탁하기 위한 出程이면 더욱이 上이 下를 生해야 하고、下가 上을 克하
면 凶인데 피차가 欺瞞하는 상이오、下가 上을 克하면 상대방이 감히 나를 속이지 못
한다。

木鬼는 車가 고장나고、土鬼는 거리에서 도둑을 만나고、火鬼는 질병을 얻거나 피습
당하고、金鬼는 교통사고나 질병이오、水鬼는 배를 타고 가다가 배가 뒤짚히거나 水厄
의 징조인데 이상은 鬼가 世를 克하는 경우에 한한다。

凶門에 凶卦를 만나면 死亡할 우려가 있고、杜門에 歸魂이 임하면 中途에서 되돌아
온다。

出行하여 머무는 日數는 日辰宮의 干支數로 정하되 干數는 歸家하는 日干을 추정하
고 支數는 머무는 日數를 計한다。가령 日辰宮의 天盤數가 一이면 壬日 二면 丁日、
三이면 甲日、四면 辛日、五면 戊日、六이면 癸日、七이면 丙日、八이면 乙日、九면
庚日、十이면 己日에 돌아온다 하고、地盤數가 一이면 一日、二면 二日、三이면 三日
간 머무르다 歸家하게 된다고 말할 수 있다。

이상의 推理法 外에 아래와 같은 요령으로도 出行의 吉凶을 판단한다。즉
日干은 出行하는 주인공이오 時干은 目的地 또는 길이다。日干이 時干을 克하면
출행이 유리하고、時干이 日干을 克하면 凶하니 등정하지 말아야 한다。또는 時干이
만일 가는 방위를 克하면 출행한 목적을 이루지 못한다。

時의 納音은 中道로 보는데 時의 納音이 日干을 傷(刑冲克破 등)하지 않으면 출행해도 무해하고、納音이 日干을 生하면 목적지에 이르기 전에 무슨 일이 잘 되려는 징조가 되어 보인다。 그러나 가장 꺼리는바는 日干 및 時干宮이 刑害와 絕、空亡됨이니 이와 같이 되거든 부득이 출행할지라도 주의해야 한다。

直符는 出行占에 生旺됨이 좋고、六合은 同伴이 있는 登程이다。 白虎가 임하면 부상、질병을 주의하고、朱雀、騰蛇는 文信을 얻거나 口舌을 듣고、玄武는 盜賊을 만나거나 奸謀를 당할 우려가 있으니 가능하면 집을 나서지 않는게 좋고、九地나 太陰이 用을 克制하면 길이 여러 갈래요 九天이 用을 生合하면 出行에 대길하다。

直使가 本命의 年日干에 臨하고 吉門이 되어 克을 받지 않고 時干과 生合하면 出行하여 모든 사람들이 반갑게 대해주지만 日干이 凶門에 들어 空亡되거나 返吟、伏吟이 되거나 刑冲克을 당하면 마땅치 않다。

十干은 즉 六儀와 三奇인데 奇儀는 六親관계를 주로 다루어야 한다。 財에 奇(乙丙丁)가 임하면 누구를 만나거나 어떤 일을 부탁하는데 유리하고、生我宮 즉 父母宮도 출행에 길하지만 宮鬼方은 日干을 克하는 방향이므로 凶하며、用이 刑冲되거든 그 방위로 향하지 말아야 한다。

吉凶格 = 用이 吉格을 이루면 출행하여 매사 여의하고、凶格을 이루면 되는 일이 하나도 없을뿐 아니라 도리어 곤액을 당한다。 朱雀投江(丁加癸)은 구설시비요、飛干(値符에 庚을 만남)과 伏干(庚加戊)은 道中에서 엉뚱한 일이 생겨 어려움을 당하고、刑

格（庚加己）은 盜劫과 鬪爭、부상이 있다。熒惑（丙）이 太白（庚）에 들면 火災를 당

하리니 추의하고、太白이 熒惑에 들면 행장과 휴대품을 조심하라。

占을 쳐서 不利면 遠行할 필요가 없으니 그만둘 것인데 특히 擊刑（戊臨三、己臨二、

庚臨八、辛臨九、癸臨四）되거든 행장을 꾸리지마라。用이 入墓되거나 羅綱에 들면 險

한 곳으로 접근을 말 것이며、返吟 및 伏吟이면 도중에서 進退兩難이 되리니 이 경우 直

使와 直符가 生扶되거나 奇（乙丙丁）와 吉門 吉卦를 같이 만난다면 門을 나서도 무

방하다。

○ 水陸兩路의 선택

일정한 目的地가 없이 어느곳으로 여행하면 좋을가 하는 경우와、水路로도 갈 수 있

고 陸路로도 갈 수 있는 경우 어느 길을 선택해야 좋을가를 알아 보려면 旅行하려는 年

月日時로 作局한다。

休門과 景門이 위치한 宮의 상황을 살펴 水陸中 그 하나를 擇한다。

休門이 空亡되고 天地盤의 三奇（乙丙丁）가 乘旺이면 水路가 길하고、景門에 三奇가

임하면 陸路가 吉하다。

行船에는 靑龍이 逃走（乙加辛）하고 白虎가 狙狂（창왕—날뛰는 것 즉 辛加乙）함을

꺼린다。주로 폭풍이 일어난다。

騰蛇가 임하면（癸加丁）凶하고、朱雀이 投江（丁加癸）하면 물에 빠질 우려가 있다。

또는 傷門木으로 般體를 삼는데 休宮에 加하면 둥둥 떠다니는 형상도 되고 배가 順行

하는 형상도 된다. 休門이 傷門 위에 加하면 배가 가라앉는 상이어서 水路旅行이 불

리라 한다.

景門은 陸路요 傷門木으로 車馬를 삼는다. 太白이 熒惑星에 들면 陸路出行을 꺼리

고 熒惑星이 太白星에 들면 불에 놀라게 된다.

玄武와 天蓬星은 도적에게 失物함이니 水路가 불안하고, 驚門이 傷門을 극하면 배가

깨지거나 샐 우려가 있다.

艮宮에 水가 없으면 陸路가 길하고, 休門에 景門을 加하면 路程이 사나워서 가기어

렵다. 만일 休門과 景門이 入墓(辰戌丑未) 하면 길이 막혀 旅路에 간난신고를 겪는다.

○ 언제 歸家하나?

四維 乾坤艮巽이오、또는 寅申巳亥며 驛馬가 임하는 곳과 五行의 長生宮도 된다. 出

行하던 날의 日干으로 長生이 어느곳에 닿는가를 보아 (가령 甲日이면 木이니 木長亥

로 乾亥方이 長生宮) 이 長生宮을 日支가 冲하는 날에 歸家하는 것으로 추리한다.

○ 客地에서 家庭의 安否

그 법은 오직 四維 즉 寅申巳亥(乾坤艮巽)의 長生方으로 결정한다. 예를 들어 乙

日이라면 五行이 木인데 木長生亥로 亥宮이 長生宮이다. 이 亥宮으로 가정을 정하여

이곳에 奇(乙丙丁)를 얻거나 타의 吉星이 있으면 가정이 편안하고, 奇를 만나지 못

한 가운데 凶殺이 임해있으면 가정이 불안이라 추리한다.

○ 出外하여 客舍의 安否

年月 日時로 布局한다.

日辰이 相克됨이 많거나 世宮에 凶門과 凶卦를 만나면 반드시 어려운 일을 당하게 되

리니 客舍에 (예정된) 들지 않는게 좋다.

日辰이 相生되고 吉門과 吉卦가 임하면 客舍 (여관、호텔 기타의 宿所) 에 들어 즐거

움이 있고 편안하다.

鬼가 旺한 가운데 凶門이나 凶卦를 만나면 도둑이 들 것이니 凶方에 머무르지 말아야

한다.

吉門과 吉卦 (生氣、福德、天宜) 의 방위나 護我方 (父母方) 은 吉하고 凶門 (死・

傷門) 方이나 禍害 絶命方에 들면 손재가 아니면 질병、기타의 피이사가 생기리니 들지

말아야 한다.

鬼方은 凶한데 여기에다 日이 咸池나 天罡과 같이 있으면 大凶하다.

② 訪問占

○ 總論

訪問이란 내가 他를 問安 또는 기타의 목적으로 찾아가는 일이다。 이 訪問을 귀인을

拜謁하는 일、친구를 찾아가는 일、그냥 평소에 알던 모르건 어떠한 목적으로 누구를 찾

아가는 일 등을 모두 포함한다。

相對方 (어떤 신분을 막론하고) 을 심방함에는 世宮 (日辰이 있는 宮、가령 子日이면

坎이 世宮)의 天盤이 主人公 (나)이오、日辰의 地盤數가 상대방이 된다。왜냐 하

면 내가 客이 되고 상대방이 主人이 되는 입장이기 때문이다。(고로 누가 나를 찾아

온다면 日辰의 地盤이 나요 天盤이 相對方이 된다)

訪問占에는 (出行도 마찬가지) 무엇보다도 杜門과 歸魂을 만나지 않아야 한다。杜

門은 길이 막히는 상이오、歸魂은 가다가 되돌아온다는 의미가 있기 때문이다。世方

이나 가는 方位에 杜門、歸魂이 이르거든 아예 門을 나가지도 마라、

世宮의 天盤이 受生、居生、乘生된 가운데 吉門과 吉卦를 만나면 目的人物을 쉽게 만

나 반갑게 맞이하여 목적을 순조롭게 이룬다。그러나 受克、居克、乘克되고 凶門과 凶

卦를 만나면 만나기가 어렵고 설사 만나더라도 彼我間에 의사가 대립되어 헛걸음을 하

고 만다。

또는 天地二盤이 相生比和되면 반드시 만나 和合하고 相剋冲破되면 만나지 못하거나

의사가 충돌된다。二盤이 相生比和되고 다시 吉門과 吉卦를 얻으면 흔연히 맞이하여

酒食까지 대접받는다。

地盤은 상대방이니 入墓되면 상대방이 집에 있더라도 만나주기를 꺼리거나 거절당하

고、空亡되면 그가 집에 없는 상이다。

○ 貴人을 심방할 때

貴人은 세 가지로 分類할 수 있는 것인데 하나는 관직에 있지 않더라도 사회적으로 명성이 있거나 德望이 높은 사람、또 하나는 主人公의 입장에서 절실히 必要로하는 人物이다。

官職人은 開門이 위치한 곳으로 주장을 삼고、벼슬하지 않는 귀인과、보통 官職人은 天盤 戊儀 (甲子戊) 로 귀인을 삼으며 日干을 방문하려는 주인공을 삼는다。

開門宮이나 戊儀가 節侯에 旺相되고 다시 奇 (乙丙丁) 와 吉門 吉卦를 만나 日干宮을 生하면 반드시 귀인을 만나 방문한 목적을 쉽게 이룬다。

開門 (현직 高官) 이나 天盤 戊가 (그 외의 귀인) 가 日干과 比和되면 단지 만나보는 일에만 성공한다。

天盤戊儀에 開門이 임하면 (同宮) 심방하려는 귀인이 먼저 온 손님과 相談中이므로 좀 기다려야 만날 수 있다。

開門이나 戊儀가 反吟되면 귀인이 出他中이어서 만나지 못한다。이곳에 驛馬가 있어

開門과 天盤戊가 入墓 (辰戌丑未宮、日辰의 墓에 든 것) 되면 所在를 모르는 상이오 日辰의 冲을 받아도 그러하다。

開門과 天盤戊가 入墓를 받으면 귀인에게 어떤 사건이 있어 만나보지 못하고 만날지라도 利益이 없다。

開門 및 天盤戊가 있는 宮이 日干宮을 冲克하면 귀인이 나를 좋지 않게 보는 상이므로 만나도 羞辱만 당하다。

武官은 杜門으로 主를 삼는바 吉凶은 위의 例와 마찬가지다.

○ 친구를 방문

친구나 기타 平交間을 방문하는 占에는 상대방이 있는 方位의 宮 (내가 있는 곳을 기준) 의 地盤으로 主를 삼고 世宮의 天盤數로 客 (나) 을 삼는다.

主客은 相生比和라야 만날 수 있고 相克되면 만나지 못하며, 相生比和되어 吉門 吉卦를 만나면 좋은 결과를 얻고, 凶門 凶卦가 임하면 좋지 못한 결과를 만난다.

庚이 年月日時格이면 서로 도와주지 않는다 (年月日時 庚格은 格局章에 설명함)

○ 누구와 만나려는데

休門과 時干宮을 참고한다.

즉 休門의 天盤은 만날 상대방이고 天盤 時干이 위치한 宮은 만나러 가는 主人公이

다。 (天盤 六儀 三奇字 가운데 時干이 위치한 곳、 단 甲時는 九宮內에 甲이 없으므로

戊를 甲으로 본다。 이는 甲子戊로 甲戊同으로 보는 원칙을 따름이다)

時干이 休門에 加하거나 休門이 時干宮을 生하는 가운데 乙丙丁이 있으면 만나는데

여의하고、 相克되어 乙丙丁 三奇가 없으면 만나지 못한다。 或 만나더라도 이쪽에서

생각하고 있는 목적을 이루지 못한다。

休門과 時干宮이 모두 旺相된 가운데 休門이나 時干에 凶門 凶卦나 기타의 凶神을

만나면 불리하다.

만일 休門方이 만나고자 하는 方位에 있으면 그 사람과 반드시 相逢하게 된다.

(3) 來客占

○ 來客의 善惡

訪問은 내가 他를 찾아가는 일이오, 來客은 상대방이 나를 찾아오는 일이다. 상대

방이 나를 찾아오는 占에는 내가 主가 되고 오는 상대방이 客이 된다. 그러므로 오

는 사람의 方位의 天盤으로 客 (오는 사람) 을 삼고 世宮의 地盤으로 主(我)를 삼는다.

客이 奇 (乙丙丁) 와 吉門을 얻고 主를 生하면 貴客이 이르러 有利하지만 客이 主를

克하는 가운데 凶門이나 凶卦가 임하면 凶하니 그가 찾아와 손해를 끼치리니 만나지 말

아야 한다.

驛馬가 入中한 가운데 入中한 天地盤이 世를 克하거나 日干을 克하면 속히 찾아 온다.

客이 官鬼를 띠고, 世를 띠면 오는 사람이 전염병을 묻혀오거나 도둑질 할 목적이거

나 나를 협박하여 온다.

客이 天乙貴人이나 祿馬를 띠면 貴客이오, 馬가 父母되면 尊客이거나 學者, 혹은 文

章에 관한 일로 온다. 官鬼가 凶門 凶卦면 그가 와서 시비를 걸거나 口舌이 생긴다.

客이 喪門이나 吊客을 띠고 있으면 訃告를 갖고 오는 사람이오, 桃花를 띠면 淫 男이

나 淫女가 오며、 魁罡이 임하면 僧侶가 이른다.

客이 羊刃이면 屠殺業者요、 天醫면 醫員이나 術客이 온다. 또는 客을 六親法으로 따져 누구인가를 推理한다.

또는 年月日時로 作局하며 中宮數로 오는 사람이 무엇을 가지고 오는가를 알아보기도 한다. 一六이 入中이면 水産物 및 酒飮類요、二七火면 文書、藥草、化學品、電氣品 난로 화로、성냥、라이타 등이오、三八이면 紙類 의복 食品、果實、채소、木造物이오、四九金이면 貝物、金銀、돈 鐵에 속한 것이오、五十土면 穀物、六畜、土産物 또는 土器 등을 持來한다고 추리해야 한다.

○ 손님을 請하려는 占

貴賓이나 기타의 손님을 招請하였거나 초청하려는데 그 손님이 초청해 應할지 않을 지를 알아보는데 치는 占이다.

이는 오직 直符九星의 直符星(値符라고도 함)으로 客을 삼고 天乙로 主人을 삼아 直符와 天乙관계로 추리한다.

直符(客)가 天乙宮(主)의 生을 받으면 반드시 오고、時干이 日干을 生하여도 客이 온다. 天盤이 地盤을 生해주면 客이 오고、이상과 모두 반대되면 客이 오지 않는다.

역시 年月日時로 布局한다.

直符九星、 八門、 六儀、 三奇、 天蓬九星에는 각각 소속된 分野가 있으므로 다음과 같이 分布한다.

。直符—民宅、山。太陰—女婢(여자 하인)。六合—兄弟、子女、친구。白虎、句陳—女婢、道路。朱雀、玄武—棍杖、口舌、도둑、小人。九地—暗室。九天—明堂。休門—坎宅、門路。生門—民宅門路。杜門—巽宅—門路。景門—離宅—門路。死門—坤宅—門路、。驚門—兌宅門路、。開門—乾宅門路

居、天井、房屋、。甲—棟柱、。乙—欓柱・臥塔、。丙—火香堂、。丁—부엌、。戊—場院、廢房。己—住門、井癸—변소뒤、門路

。天蓬—房屋、亭院、。天任—少男、道士、道路。天冲—長男、經理、門戶、棺。天輔—長女、僧尼、筐、。天英—中女、堂室、。天芮—老者(늙은 家族)、道路、井院、。天禽—母姨、堂室、。天柱—少女、門戶、父、叔父、則、。天心—墻

干支=日干은 人口요 時干은 家宅으로 본다. 日時가 相生하면 大吉이오、日이 時를 克하면 집에 居해도 무방하지만 時干이 日干을 克하면 가정이 불안하다.

日이나 時의 納音이 年命(年干)을 刑冲하면 재난이 있고、直符가 中宮에서 日時를 生해주면 태평하다.

直符＝家宅占에 直符가 休廢되면 불안하고、飛宮 (直符에 庚이 있는것) 의 上下에 손상됨이 없으면 가정이 무사하다。

直使＝悖宮 (丙이 時干宮에 있는 것) 과 迫宮 (門이 宮을 克함) 이 六儀를 克하면 가내에 재난이 발생하고、伏吟이나 返吟 (伏吟의 對宮) 이 있으면 天災地變의 우려가 있다。

用神 土가 刑傷되면 疫疾이 발생하고、金水用이 刑이나 休囚되면 火災가 발생하니 주의해야 하며、開門、杜門、生門、死門이 吉星을 만나지 못했거든 門 方向을 고쳐 내야한다。

奇儀＝用이 임한 三奇나 六儀의 干이 生旺되면 가정이 융창하고、刑、入墓、空亡、悖、害、休囚되면 가운이 衰退해간다。

九星의 五行으로 六親관계를 본다。九星이 六親의 生旺되고 다른 결점이 없으면 기쁜 경사가 이르지만 返吟、伏吟되거나 形、囚되면 가족에게 厄이 있으니 다른 곳으로 옮겨 살아야야한다。

九宮으로 風水學的인 吉凶을 논한다。家宅이 生旺이면 복록이 따른다。가령 日干이

吉凶格＝白虎가 門에 들면 가족 재물이 흩어지고、朱雀이 刑을 받으면 官訟이 발생하며、句陳이 門을 刑하면 재앙이오、白虎가 日、時、年干을 克하면 가정이 불안하다。

騰蛇、天蓬이 같이 있으면 鬪爭이 일어나고 어린이가 경풍、간질병을 앓는다。玄武가

天任과 만나 生旺하면 나쁜 사람이나 鬼祟가 재난을 일으킨다。

六合이 天柱와 만나면 子女들이 원망하고、太陰과 天英、景門이 會하면 婢女가 主人 남

자와 情을 통하고 家母를 업신여긴다 (남편을 독차지)

九地에 庚辛이 임하면 伏刃이라 하는바 다시 驚門이나 傷門을 만나면 모르는 가운데 손실이 있고, 九天이 丙丁을 만나면 飛蝶이라 하는바 다시 甲乙이나 天蓬을 만나면 싸움에 이긴다.

朱雀이 丙丁과 같이 있으면 시끄러운 일과 口舌이 분분하고、玄武가 壬癸와 같이 만나면 직장에서 하찮은 무리가 활개치며 으시댄다.

庚辛에 白虎를 만나면 그 흉폭성이 한층 더해지고、戊己에 句陳이 임하여 刑冲을 받으면 곧 破敗되며、白虎猖狂 (辛加乙) 이면 먼저는 凶하나 뒤에 吉이오、騰蛇妖嬌 (癸加丁)는 땅속에 든 뱀이니 모르게 음해를 당할까 두렵다.

青龍返首格 (戊加丙) 은 宅字 (風水學的인 面에서) 가 吉祥이오、朱雀跌穴 (丙加戊)은 家屋이 훌륭하고、風水法으로 바람을 감추고 生氣가 모이는 집은 遁格에 해당함이니 山勢가 보호하고 안아감는 것을 참작하여 家屋의 吉地凶地를 판단한다.

玉女守門 (甲己時는 丙、乙庚時는 辛、丙辛時는 乙、丁壬時는 己、戊癸時는 壬) 하면 가옥이 清吉하고、青龍敗走 (乙加辛) 는 房이나 행랑이 파손이며、白虎猖狂 (辛加乙) 이면 房에 들면 으시시한 감이 들고、騰蛇妖嬌 (癸加丁) 는 헛간 및 칙간이 不吉하고、朱雀投江 (丁加癸) 은 잡귀가 재난을 일으킨다.

伏吟干이 入宅하면 집안이 순탄치 못하고, 飛干은 집터가 나빠 재앙이 발생하며、伏宮은 女人의 질투로 인해 집안이 말이 아니고、飛宮은 집안에 뜻밖의 재난이 일어난다

大格（庚臨癸）이 小格（庚臨壬）이 冲하면 不利요 刑格（庚加戊）、悖格（丙加時干）은 人口가 不旺하고、熒惑（丙）이 太白（庚）에 들면 火災를 조심하고、太白이 熒惑에 들면 人口의 손상이 있다.

羅綱（辰戌）이 太旺하면 괴이한 일이 일어나고、六儀가 擊刑（戊臨三、己臨二、庚臨八、辛臨九、壬臨四、癸臨四）을 만나면 凶災가 따르며 三奇（乙丙丁）가 墓에 들면 房室이 캄캄하다.

天馬가 空亡되면 出入路가 옹색하고、返吟·伏吟、迫（門이 宮을 克함）은 다 상서롭지 못한 집이다.

吉凶格을 참작하여 六親이 어떠한 것에 해당하는가로 판단하라.

(5) 求財와 經營·賣買

① 財數占

年月日時로 作局한다.

用（求하려는 물건）이 居旺、兼旺、乘旺되면 吉하고 用이 居死 乘死되거나 受克 居克되거나 衰地에 있으면 구하는 바를 얻지 못한다.

특히 求財에는 財로 用하는바 財가 生旺되면 大吉하다。 그러나 財가 兼旺、居旺 乘

旺되면 太旺하여 도리어 불가하니 이런 경우에는 財가 泄氣되는 月日에야 재물을 얻을

수 있다。 가령 三八本財가 太旺이면 火月日을 만나야 本生火로 太旺한 기운을 順泄하

므로서 길한 것이다。

財가 居克、受克 乘克되면 그 어느 하나를 만나도 불리한데 財를 生해주는 月이나

日을 만나야 얻을 수 있다。 가령 財가 二七火라면 甲乙寅卯月日에 財物이 생긴다。

財가 絶이나 死地에 있으면 구하려해도 눈에 뜨이지 않는상이며 空亡을 만나면 헛수

고에 그치고 만다。

財가 居克 居衰 乘克 乘衰 등으로 太弱하면 大財를 얻기 어려우나 財가 生助를 받는

月日에 약간의 재물이 생긴다。

求財占에 旺한 孫이나 太歲나 中宮에서 動하여 財를 生해주면 재수가 대통하다。

〔二法〕

甲子戊로 財를 삼고 生門으로 求財方을 삼는다。 天盤 戊儀와 生門이 어느 방위에

위치하였나를 살펴 두 곳의 生克比和 관계에 의해 吉凶을 추리한다。 天盤戊儀와 生門

이 坎艮震巽에 있을 경우 陽遁이면 財가 가까운 곳에 있어 得財가 빠른데 이에 吉門과

三奇를 加하면 많은 재물을 얻는다。 만일 吉門만 얻고 乙丙丁의 三奇를 얻지 못하거

나、三奇는 만났어도 吉門을 얻지 못하면 재물은 생기되 조금밖에 얻지 못한다。또는 吉門과 三奇를 만나지 못하였더라도 空亡이나 墓、絕地에 놓이지 않고、戊儀와 生門이 地盤의 克을 받지 않으면 많지는 않아도 반드시 얻는다。

甲子戊와 生門이 각각 다른곳에 있어 一은 內에 있고 一은 外에 있으면 얻긴 하지만 時日이 걸린다。二宮이 모두 外에 있으면 千里밖 먼곳의 재물이다。

戊儀와 生門이 空亡·反吟·墓·絕을 만나고 다시 凶神凶格이 있으면 東奔西走하나 財를 얻지 못하고 도리어 말썽만 생긴다。

② 經營占

○ 同業의 吉凶

日干宮이 자신이오、時干宮을 상대방 同業者로 본다。時干宮에 奇門의 吉格을 만나 日干을 生하면 동업이 내게 有利하고、日干宮에 吉門과 吉星을 만나 時干宮을 生하면 동업이 可하되 상대방에게 더 有利하며、二宮이 比和되면 피차의 利害관계가 같다。

時干宮에 凶門과 凶卦 등이 임하여 日干宮을 克하면 상대방이 나를 해치는 상이니 절대 동업에 손대서는 안된다。

生門이 日干을 生하면 吉利하고 日干을 克하면 不利하다。또는 日干宮과 時干宮의 旺衰를 따져서도 論할 일이다。

— 407 —

○ 投資에 대하여

財宮이 居生 居旺、受生、乘生 乘旺한 가운데 遊魂과 同宮이면 事業에 자본을 投資해도 좋다.

財가 旺相한 가운데 空亡을 만나면 投資에는 길하나 돈을 빌려주거나 돈놀이 하는데 大凶하다.

官鬼宮에 開門이나 生門이 이르고 靑龍이나 福德이 임하면 事業을 확장하기 위한 투자를 해도 무방하고 투자할 일이 생긴다.

父母宮에 開門이나 生門을 만나고 靑龍이나 福德이 같이 있으면 집을 늘리거나 토지를 늘리는데 돈을 쓰게 될 것이다.

官宮이나 父母宮에 三八木이 있고 開門이나 生門이 임하며 또는 靑龍이나 福德을 만나면 林業 果樹、布帛 등 木에 해당하는 業에 투자하게 되거나 투자하면 길하다.

四九金이 官이나 父母宮에 있고 開門이나 生門에 靑龍이나 福德이 임하면 운수업이나 金融業 또는 광산업, 기계업 등에 투자하면 유리하다.

財가 有氣하고 吉門 吉卦에 貴人을 만나면 자기 수중에 자본이 없더라도 融資를 받아 投資할 수 있다.

財가 休囚되어 衰하고 凶門에 凶卦면 비록 자본이 있더라도 손에 들어오지 않거나 融資를 하려 노력해도 뜻같지 않아 아무리 投資할 마음이 간절할지라도 投資를 못하고 만다.

財宮에 傷門이나 杜門, 禍害나 絶命이 같이 있으면 融資가 안되는 것으로 단념하는게 가하나 이렇더라도 財가 有氣하여 貴人을 만나면 남이 도와줘서 融資가 가능하다.

歲가 中宮을 生하고、中宮이 官을 生하면 國家의 支援을 받아 사업을 크게 경영할 길 운이다.

太歲가 中宮을 生하거나 中宮이 太歲를 生하여 다시 父母宮의 三八木을 生하면 林業 製紙業 果樹業 紡織業 계통에 政府의 원조를 받아 손을 대게 되며 財가 有氣면 主人公 의 투자도 무난하게 진행된다. 그러나 父母宮에 杜門이나 休門이 같이 임하면 當年에 는 잘 안되지만 오랜 時日간 경영하는 사업이면 투자해도 吉하다.

○ 開占・開業

開門을 살피라. 開門이 旺相되고 吉門과 三奇 그리고 吉卦를 만나 日干宮을 生하면 大吉하다. 또는 이와 같은 開門이 比和되면 吉하고 相克되거든 보류하라.

開門이 日辰 (占日) 의 墓에 들거나 反吟되거나 空亡이나 死、絶이 임하면 不利하고

또는 開門에 凶神이 加해지면 不利요 이에 日干을 克하면 大凶하다.

○ 貿易

어떤 물건을 貿易하려는데 吉凶을 모르면 이 法에 의해 推理한다.

戊儀（甲子戊）로 資本을 삼고 生門으로 利潤을 삼는다.

生門宮이 吉卦 吉星을 만나고 戊儀宮을 生하면 利益을 많이 남기게 되고、比和되면 보통의 利益이다。 生門이 戊儀宮을 克하고 다시 凶卦와 凶星을 加하면 本錢을 없애고 戊儀宮이 生門宮을 生하면 예정된 資本보다 더 投資한 뒤에야 이익을 본다。 生門이 凶卦 凶星을 만나 墓、絕、空亡을 만나면 資本까지 모조리 없애고 만다。

③ 賣買

○ 去來의 吉凶

日干宮으로 願買人（사는 사람）을 삼고 時干宮으로 物主（파는 사람）를 삼으며 六合으로 仲介人을 삼는다。

日干이 時干을 生하면 살 사람이 나의 물건을 기쁘게 원하고、時干이 日干을 生하면 物主（물건주인）가 팔기를 간절히 원하는 상이다。

日干이 時干을 克하면 살 사람이 살 마음이 없고、時干이 日干宮을 克하면 物主가 배짱을 부린다。

六合이 日干을 生하면 仲介人이 사는 사람을 유리하게 이끌고、六合이 時干을 生하면 仲介人이 物主를 유리하도록 거간한다。

日干宮과 時干宮이 比和되면 가장 公平한 시세로 매매되고、日干、時干宮 가운데 그

하나가 空亡되면 거래가 成立되지 않는다.

○ 어떤 물건을 사려는데

値符(甲子戊)로 사려는 주인공(自身)을 삼고、天乙로 物主(물건을 가진 사람)을 삼으며 六合으로 仲介人을 삼아 상호의 生克比和를 따져 추리한다.

天乙宮(貨物主)이 吉門과 三奇 吉卦를 만나 戊儀를 生하면 그 물건을 쉽게 살 수 있고、比和되어도 거래가 잘 이루어지나、天乙이 凶門과 凶卦 凶星을 만나 戊儀를 克하면 그 물건을 살 수 없고 억지로 (高價를 주고) 산다면 손해본다.

六合宮이 天乙宮을 生하면 仲介人이 貨物主를 유리하도록 하고、六合이 戊儀를 生하면 仲介人이 이편(사려는 사람)을 유리하도록 한다. 六合이 墓에 들거나 空亡을 만나면 仲介人이 奸謀를 꾸미고 있는 상이니 그 물건을 사는 것을 그만두어야 한다.

[二法]

日干宮으로 貨主(물건 주인)를 삼고 時干宮으로 貨物(물건)을 삼으며 甲子戊儀가 資本이 되고 生門宮은 利潤이 된다.

日干宮(物主)이 時干宮(物件)을 생하면 물건 주인이 자기가 가진 물건에 애착이 많아 물건을 팔려 아니한다. 반대로 時干宮이 日干宮을 생하면 物主가 물건으로 인한 재미를 보고 있으므로 역시 내놓으려 아니한다。 時干宮이 戊儀나 生門宮을 生하면 그 물건을 買入하여 이익이 있고, 時干宮을 克하면 손해를 본다。

時干宮에 凶門 凶卦를 만나서 日干宮을 冲克하면 손해를 입고、日干宮이 時干宮을 克하면 物主가 내놓을 마음이 있어도 時日이 오래 걸리며 時干宮이 日干宮을 克하면 거래가 신속하다。

○ 家屋賣買

六儀戊로 (甲子戊) 로 家屋主를 삼고 生門으로 住宅을 삼으며 死門은 垈地가 된다。 生門과 死門이 乙丙丁三奇를 만나 戊儀를 生하면 住宅을 팔아 발달하고、生門・死門에 吉星을 만나지 못한 중에 戊儀를 生하면 손해도 없고 이익도 없으며、比和되어도 해는 없다。 生門、死門이 旺相하지 못한 중에 凶卦 凶星을 만나 六儀戊를 克하면 住宅의 賣買가 까다로와지는데 억지로 팔면 판 뒤에 실패가 있다。 또는 戊儀가 生門、死門을 生하면 매후 후회됨이 많다。

○ 사려는 물건의 품질

어떤 물건을 사려는데 그 흥정중에 있는 물건이 진짜인가 가짜인가、또는 그 품질이 좋은 것인가 나쁜 것인가를 알기 위한 방법이다。 日干宮으로 物品(사려는 대상)을 삼고、時干宮으로 願買人(사려는 사람)을 삼는다。

그러므로 日干宮이 旺相된 가운데 吉門과 三奇를 만나고 吉卦 吉星을 만나면 그 물건의 品質이 매우 좋은 것이지만 日干宮이 休囚되었거나 吉門과 三奇、吉卦 吉星을 만나지 못하면 쓸모 없는 물건이다. 時干宮이 日干宮을 生하면 그 물건의 品質 여하를 막론하고 사 두면 유리하지만 時干宮이 日干宮과 相克되거나 墓、絶、空亡을 만나면 이익이 없으니 살 必要가 없다.

④ 金錢貸借

○ 돈을 빌릴때

用은 두가지가 있다. 年月日時로 作局하여 己身宮의 地盤으로 빌리려는 主人公 (自身)을 삼고、六親法에 依하여 빌려주는 사람이 官人이면 官、朋友면 兄、尊長이면 父、年下면 孫、女人이면 八卦로 따져 老母 (坤)、長女 (巽)、中女 (坎) 少女 (兌)宮을 구분하여 해당되는 八卦宮으로 定하며、父母 兄弟 妻子 등이면 역시 六親 法에 依해 결정한다.

또 하나는 日辰宮의 天盤으로 빌리려는 사람을 삼고、地盤으로 빌려주는 상대방을 삼는다.

상대방이 나를 生해주면 돈을 빌릴 수 있고、상대방과 내가 비화되면 빌릴수는 있으나 時日이 걸리며、用과 내가 相克되면 빌릴 수 없다. 내가 空亡이면 상대방이

나를 의심하여 빌려주지 않는 상이오, 상대방 宮이 심히 쇠약하거나 空亡에 들면 그가

빌려줄 마음이 있더라도 돈이 없어 빌려주지 못한다.

○ 받을 돈

어떤 사람에게 돈을 빌려주어 받으려 하거나 받은 돈이

있을 때 돈을 받을 수 있는지 없는지를 알아보는 방법이다.

빌려준 돈이나 받을 권리가 있는 돈은 사실상 나의 재물이지만 남 (줄 사람) 이 주

어야 쓸 수 있고 주지 않으면 아무리 내 돈이지만 쓰지 못하며, 줄 사람이 能力이 없을

때는 받지 못한다. 그리고, 줄만한 能力이 있더라도 그가 즐겨 주지 않으면 받아내기

가 어렵다. 그러므로 당연히 받아야 할 나의 재물이지만 己身이 미약하거나 財가 미약

하면 먼저는 상대가 나를 깔보고 주지 않는 상이오, 재가 미약하면 내게 재운이 없음이

니 받기가 어렵다. 고로 받을 돈도 世가 旺하고 財,도 旺해야 함은 당연한 논리다.

또는 상대방이 줄만한 能力이 있거나 줄 마음이 있어야하는 것이므로 상대宮이 旺하

고, 상대宮과 世宮이 相生比和되어야 받을 수 있다. 상대가 나를 克하면 나를 깔보아

갚지 않고, 世가 상대를 克하면 나의 압력에 못견뎌 받게 된다.

상대宮이나 世宮이 空亡되어도 받을수 없다.

用 (상대宮) 정하는 요령은 前項 (돈을 빌릴때) 과 同一한데 혹은 다음과 같이도 用

을 정하여 판단하는 요령도 있다.

— 414 —

즉 天乙星이 임한 宮으로 상대방 (나에게 돈을 줄 의무가 있는 사람、債務者 등) 을 삼고 句陳에 임한 宮으로 自身 (나、또는 債權者) 을 삼는다。그리하여 句陳이 天乙宮을 克하면 가서 독촉하여야 받을 수 있고、반대로 天乙宮이 句陳宮을 克하면 심부름 간 사람이 債務者를 두려워하여 감히 추심을 못하고 되돌아오거나、債務者가 債權者를 깔보고 주지 않는 상이다。

天乙과 句陳이 相生、比和되면 서로 원만히 해결되고 (그가 能力이 있으면 받아오고 없으면 이쪽에서 연기해준다) 句陳이 天乙을 生하면 내가 사정을 보아주거나、나의 심부름꾼이 그 (債務者) 에게 뇌물 따위를 받고 독촉을 기피하는 상이 된다。

天乙宮 (債務者) 이 空亡을 만났어도 旺相을 얻어 己身을 生하면 반드시 돈을 갚고 句陳이 空亡을 만나고 己身을 生하면 債務者가 힘을 써서 갚으려 한다。天蓬이나 天乙宮이 己身을 克하면 받기 어렵다。

○ 돈을 빌려줄 경우

年月日時로 作局하여 日辰의 天干宮 (六儀 三奇 가운데 日干字가 있는 곳) 天盤數로 主人公 (돈을 줄 사람) 을 삼고、同宮의 地盤數로 相對方 (돈을 빌려달라는 사람) 을 삼는다。

만일 地盤數가 旺相하여 天盤數를 克하면 돈을 빌려가 갚지 않고、凶星이 임하여도 갚지 않는다。
地盤數가 空亡을 만나면 그가 死亡하였거나、재산이 亡한 상이어서 받을 수 없고, 墓、絕에 임하면 그가 이리저리 핑게만 대면서 갚으려 않으리니 빌려주지 말아야 한다.

(5) 農事占

○ 吉凶

◎ 直符ー農夫 禾稼、○ 騰蛇ー멸구피해、○ 太陰ー 籽粒、○ 勾陳、白虎ー牛力、灾害、

○ 朱崔、玄武ー旱災、멸구、水害、뿌리가 약함、○ 九地ー禾稻積載 ○ 九天ー場圃栽種

◎ 休門ー水灌漑、○ 生門ー봄갈이、○ 傷門ー耘田 (밭을 김매다) ○ 杜門ー苗梗 (싹과 줄기)、 景門ー한창 꽃피는 시기、○ 死門ー秋收、○ 驚門ー收割、○ 開門ー抽心、放葉、探 穗

◎ 甲ー牛力、이른벼、○ 乙ー苗木、丙ー花、○ 丁ー穗麻、○ 戊ー黍粟 (기장、서속) 棉 (목화) 豆 (콩、팥)、○ 己ー稻穀 (벼)、○ 園埂、○ 庚ー大麥 (보리)、虫、○ 辛ー小麥 (밀) 末雹、○ 壬ー紫水、늦벼、○ 癸ー열매를 수확

◎ 天蓬ー芒稻、粘稻、水災、○ 天任ー早稻早穀、景風、○ 天輔ー穀栗・福神、○ 天禽ー稼 稼 眞宰、○ 天英ー花穗、冲 早焦 (가뭄) ○ 天芮ー秀實神、○ 天柱ー虫瘟、枯焦、○ 天心ー 籽粒

◎ 一宮ー生菽、得令이면 水勢、中和、水漿、○ 二宮ー得令이면 田禾 ○ 三宮ー主麻、

失令이면 防旱災 中和면 花가 秀麗、○四宮—節은 申子辰、氣는 巳酉丑、○五宮—五穀의 總

宰、○六宮—節은 寅午戌、氣는 亥卯未、○七宮—主麥、失令 및 受克이면 虫害를 방지、

無克이면 收穫이 착실、○八宮—失令이면 備枯、○九宮—主禾、得令이면 풍년、失令이면

莠草、

門戸=곡식을 심고 씨뿌리고、꽃피고、잘되는 것은 天門이 주장하고、김매고 거둬들이

는 일은 地戸가 주장한다。陽開와 得令은 豊作이고、陰闔과 失令은 凶作을 면치 못한다。

干支=日干은 농사꾼이오、時干은 農土가 되고、納音은 農力(牛力 등)이다。

時干이 日干을 生하면 농사에 유익하고、日이 時를 克해도 길하며、時가 日을 克하면

災變이 있다。納音이 合化되면 金火가 두려운바、虫害、旱害라、木土는 무방하고 化水

는 물이 泛濫할 우려가 있다。

直符=直符와 六合은 刑傷이 두렵고 飛宮、伏宮은 生旺을 만나면 좋다。朱崔、등사、

현무 白虎宮이 休囚되어 無氣하면 좋지 않다。

直使=門이 得令하고、水를 만나며、刑格(庚加己)이 없는 가운데 用이 旺相하면 大吉

하다。

十干=五穀(秧苗花粒)의 凶年 豊年은 十干을 따라 분별하고、四季의 天時를 참고

하라。用이 擊刑을 만나지 않으면 대길하다。

九宮=九宮이 起元된 數에 속한 것을 찾아 추리한다。가령 위에서 二宮은 田禾라 하

엿으니 時令과 日月의 旺相 및 生合되면 禾穀(벼)을 심어야 길하고 刑格(庚加己) 및

孤虛되면 다른 곡식을 심어야한다.

門戶＝節候의 得令한 星이 天門、地戶에 임하여 擊刑이 없으면 농사가 풍년이오、天門이 吉하고、地戶가 凶하면 잘되었다가 열매가 不實하고、地戶가 吉하고 天門이 凶하면 봄농사에 亡에 들지 않으면 百穀이 豊作을 이루어 곡식이 창고마다 가득하고、青龍逃走 (乙加辛) 와 白虎猖狂 (辛加乙) 은 凶年이다.

吉凶格＝青龍返首 (戊加丙) 와 朱雀跌穴 (丙加戊) 은 다 길격이니 克을 받지 않고 墓나 空 震巽方에 風雲이 임하면 험난을 지낸뒤 豊作을 맛보고、地遁과 人遁格은 농사에 유리하며、 三詐와 五假는 변동이 많고、六合이 用에 이르면 모든 곡식이 비교적 豊作이다.

玉女守門 (別項참고) 이면 本屬 (예를 들어 天蓬은 芒稻、生門은 春耕、庚은 大麥 따위) 의 수확이 감소되고、三門・四戶는 農事에 부지런하다.

天喜、天恩이 天馬를 만나면 風車 水車 (바람이 심하고 물이 넘침) 요 迫格 (門이 宮을 克) 과 刑格 (庚加己) 과 騰蛇妖嬌 (癸加丁) 는 싹이 무성하지 못하고 (섭이 자라지 않음) 朱雀投江 (丁加癸) 이면 곡식을 창고에 쌓게 된다.

飛干 (日干이 庚에 加) 과 伏干 (庚이 日干에 加) 은 병충해로 흉작이오、大格(庚加癸) 과 小格 (庚加壬) 은 水災와 虫害요、刑格 (庚加己) 과 悖格 (丙加時干) 은 旱災가 심하며 年 月日時悖格 (丙이 年月日時干에 臨한것) 은 재난도 있고、豊作도 있다.

熒惑이 太白에 들면 (丙加庚) 夏穀 (밀、보리、감자、옥수수 등) 이 凶作이오、太白이 熒

感에 들면 (庚加丙) 秋穀 (가을농사 즉 벼、콩、고구마 등) 의 凶作되기 쉬우니 조심해야 한다。

五不遇格 (時干이 日干을 克하는 것) 는 한갖 心力만 허비할 따름이오 (농사가 헛수고)、六儀 (戊己庚辛壬癸) 가 刑을 받으면 곡식의 해가 있고、入墓되거나 羅網이면 농사짓는데 일손이 모자라 무한한 곤경을 당한다。

이상은 諸葛武侯의 千金秘訣 가운데 農事에 관한 論이니 參考하라。

○ 五穀의 豊凶

九宮에 위치한 門으로 추리하되 旺相과 三奇 그리고 吉門 吉卦를 만나면 豊作을 얻는다。

開門과 天心은 麥田 (보리밭) 이오、傷門과 天冲은 禾稻 (벼농사)、杜門과 天輔는 麥稷 (피、즉 기장)、또는 棉花요、景門과 天英은 靑梁 (기장)、休門과 天蓬은 豆田 (콩) 死門과 天芮는 모밀 또는 마늘 (蒜) 이 잘된다。 그런데 各門과 各星이 旺相된 가운데 三奇를 만나면 收獲을 많이 하고、旺相만 얻고 三奇를 얻지 못하면 凶作만 면한다。 그리고 宮이 空亡되거나 入墓되면 해당되는 宮의 농사가 凶作일 것이니 아예 다른 것을 심어야한다。

(6) 試驗과 官職

① 試驗

主人公의 四柱(生年月日時)에 의한 占은 當日의 年月日時 및 四柱에 의한 受驗日의 年月日時(時는 主人公의 出生時를 用한다)로 作局한다.

試驗의 목적은 크게 나누어 두 가지가 있는데 하나는 進學을 위한 學力考査, 入學試驗이고, 하나는 官職을 위한 國家考試 資格試驗, 就職의 競爭試驗이다. 다음은 試驗의 分類로 설명한다.

○ 入學試驗

官職을 위한 試驗은 官을 위주하지만, 入學을 위한 試驗은 己身宮과 父宮(父는 文이오 資格이오, 學問이다)을 위주해야 한다. 己身官이 生旺된 가운데 吉門 吉卦와 奇(乙丙丁)를 만나면 主人公의 能力이 있는 상이오, 父宮이 生旺된 가운데 吉門 吉卦와 奇(乙丙丁)를 만나 世(己身)와 生合을 이루면 首席으로 합격한다. 父宮이 己身을 克하면 試驗問題가 매우 어렵고, 己身이 父宮을 克하면 問題를 깔보거나 경솔히 다루어 실패한다.

己身이 生旺하고 父宮이 凶格이면 실력을 구비하고도 試驗을 잘 치르지 못하게 되고, 己身이 미약한 가운데 吉門 吉卦와 三奇 등 吉神을 만나며, 父宮의 吉門吉卦가 生해오면 실력에 비해 좋은 점수를 맞아 합격된다. 己身이나 父宮이 凶門 凶卦와 기타의 凶星이

— 420 —

임하거나 墓、絕、空亡에 임하면 運이 없으니 다음 기회를 기다려야 한다。

○ 就職試驗

官職을 위한 試驗은 官宮과 己身宮의 관계 및 二宮의 상황을 잘 파악해야 한다。

官宮이 乘旺 居旺 兼旺되거나 乘生 受生 居生되면 試驗에 유리하고、官宮이 乘克 居克 受克 乘衰되면 관운이 없어 試驗에 떨어진다。

官이 空亡되거나 虛宮 (空亡의 對宮) 이면 불길하다。

太歲가 中宮을 生助하여 世宮을 生하거나 中宮이 歲를 生助하여 世를 生하면 合格되고 中宮이 歲宮의 官을 生하거나 歲宮의 官을 生하는 格에 世가 凶하지 않으면 무난히 합격 취직된다。

歲宮에 開門이 임하고 生氣、福德、天宜 등이 加하여 日과 生合하면 합격이 어렵지 않다。

歲와 日이 함께 日辰宮 (世) 을 生하거나、歲가 月을 生助하여 日辰宮을 生하면 합격 되고、이와 반대 (克하는 것) 되면 試驗에 떨어진다。

○ 科試占

日干은 科擧 (司法・行政考試 및 公務員 資格試驗、職場 채용시험 및 기타의 모든 자격고시) 에 應試하는 主人公이오、時干은 主考 (運、혹은 試官) 이며、日支는 文章 및 實

力이며 時支는 試驗場所로 본다.

이 모두 日干과 刑克害 되면 不吉인데 日時의 納音으로 旺衰를 보는바 用이 納音과

生合을 이루면 試驗에 유리하지만 休囚되거나 刑克되면 불길하다.

日干이 時干을 生하면 試官에게 請託해야 좋고、日支가 日干을 生하면 무난히 합격한

다. 이에 時干과 日支가 比和되면 그 이름을 쩡쩡히 울린다 (首席合格)

오직 時間納音이 日干이나 日支를 克하는 것을 꺼리고、日時支가 刑害相克이면 應試할

必要가 없다.

直符=直符가 生合되거나 旺相을 만나면 應試해볼만 하고、朱雀、白虎가 日干을 生하

면 우등으로 합격한다. 그러나 句陳、騰蛇가 日支를 刑害하면 시험장에 나갈 必要가 없

고、年干(生年)과 日干에 九天이 임하면 여의하다.

十干=用神이 있는 宮의 六儀三奇가 擊刑되면 합격이 어렵고、三奇가 年干宮에 있으

면 합격한다.

九星=直符의 天地盤은 孤虛方을 꺼리는데 父、官宮은 生旺됨을 기뻐한다.

○ 科擧

科擧는 지금의 考試(司法、行政考試 및 기타의 國家考試)다.

値符(甲子戊)로 主考를 삼고、日干字(六儀三奇 가운데 日干에 해당되는 字)로 副

考를 삼으며、天乙과 朱雀으로 文章(實力)을 삼고、景門·丁奇 및 日干宮으로 시험치

르는 主人公을 삼는다。

値符가 日干宮을 生하거나 景門 丁奇가 同臨한 가운데 吉格을 이루면 좋은 성적으로

合格한다。 朱雀이 景門丁奇를 生하면 試驗問題가 쉽게 되나 朱雀이 景門、丁奇를 克

하면 매우 어려운 문제 (本人 기준) 가 나와 좋은 결과를 얻지 못한다。

丁奇 및 景門이 値符나 月干宮을 克하면 文章實力이 높으나 시험운이 좋지 않고、朱

雀을 克하면 역시 불리하다。

朱雀 및 日干宮이 凶하면 答이 많이 틀리고、空亡 및 墓에 들면 시험에 떨어진다。

日干이 空亡된 가운데 値符와 月干의 生을 받으면 文章이 뛰어나나 실력보다 낮은 점

수를 얻고、値符、日干、朱雀이 空亡되면 文章이 시험관의 눈에 차지 않으며 入墓되면

역시 落第된다。

○ 殿試

殿試 (전시) 는 科擧와 성격이 약간 다르다。 科擧는 國家考試法에 의한 定期的인 시

험제도이고 殿試는 그때 그때 나라의 형편에 따라 人材를 特採하기 위한 試驗제도로 定

期試驗이 아닌 考試制度라 할 수 있다。 이를 오늘날에 비유하면 부족되는 公務員을 充

當키 위해 總務處에서 특별히 시행하는 시험제도와 같은 것이다。

用은 景門과 丁奇로 文章(實力、지식)을 삼는다。 歲干宮(太歲의 天干字가 있는곳)

이 景門이나 丁奇宮을 生하고 다시 吉門 吉卦 등을 加하면 上位로 합격하고、 歲干宮이

景門、丁奇를 生하되 吉門 吉卦 吉星을 얻지 못하면 中位로 합격한다。

歲干宮이 景門、丁奇를 生하지 않고 月建의 生扶나 受生、兼生、兼旺、乘生、乘旺되면

下位로 합격한다。

歲干이 景門、丁奇를 生하지 않는데다 凶神을 加하면 시험에 落第된다。
않는가운데 返吟되거나 墓나 空亡되면 합격이 어렵고、景

門、丁奇가 歲干의 克을 받는데다 凶神을 加하면 시험에 落第된다。

○ 歲考試

歲考試란 매년 一次씩 시행하는 시험제도로 지금의 一年에 한번씩 치르는 公務員採

用試驗(九級試驗)에 비유할 수 있다。 司法・行政考試도 매년 시행하는 것이지만 考

試의 성격이 옛날 科擧試驗만큼 어려우므로 前項[科擧]에서 추리함이 옳다고 본다。

天輔星으로 시험관을 삼고 日干宮으로 應試者(主人公)를 삼는다。 그리고 丁奇는

主人公의 實力、學力이 된다。

天輔가 丁奇를 生하고 또는 日干을 生하며 다시 三吉門(生、景、開門)에 吉卦를 만

나면 최상의 길격이니 首席으로 합격한다。

丁奇가 日干宮에 들고 景門을 만나면 上位로 합격한다。

日干이 吉門을 만났으나 三奇를 만나지 못했거나 三奇는 만났어도 吉門을 얻지 못하

더라도 天輔와 比和되면 合格線에 들 수 있다。

丁奇가 空亡에 있거나 日干에 奇와 吉門을 만나지 못한 가운데 凶神 凶格이면 下位의 점수를 얻어 不合格이 되고 만다.

○ 鄕試

鄕試는 지방에서 치르는 시험으로 현재의 地方考試에 비유할 수 있다.

日干으로 應試者를 삼고 値符(甲子戊儀)로 試題를 삼으며 丁奇로 文章을 삼는다.

値符宮이 日干宮을 克하거나、天乙이 日干을 克하면 불길하다. 또는 丁奇宮이 日干宮을 克하거나 日干宮이 丁奇를 克하여도 불길하다.

丁奇가 休囚되어 심히 쇠약하면 試題가 몹시 어려워 主人公 뿐 아니라 모든 應試者들이 진땀을 빼고 많이 떨어진다.

値符에 天乙이 임하여 日干을 生하는 가운데 丁奇宮이 旺相되면 壯元으로 합격한다.

어쨌던 시험에 합격하려면 値符、天乙、日干이 相生比和되어야 하고 各宮이 生旺되며 吉門 吉卦를 만나야 한다. 이와 반대되면 희망이 없다.

○ 童試

옛날에는 未冠의 少年들의 學問과 재주겨룸을 하기 위한 시험이 있었다. 오늘날-에는 이와 비슷한 試驗制度가 없으나 참고삼아 이를 收錄하는 바이다.

天輔星으로 試驗官을 삼고、丁奇로 文章을 삼으며、日干으로 시험치르는 少年을 삼는다.

丁奇가 生年太歲 (干) 와 日干을 生하고 吉門과 吉卦를 얻은 가운데 天輔가 日干을 生

하면 上位의 點數를 따낸다.

혹 日干이나 丁奇가 吉門 吉卦 吉星을 만나 天輔의 生을 받지 않았더라도 有利한 시험

을 치른다.

丁奇와 歲干 (生年) 과 日干宮이 生旺되고 天輔의 生을 받으면 吉門 吉卦 吉星을 만나

지 못하였더라도 合格에는 지장이 없다. 그러나 이 경우 丁奇나 日干宮이 伏吟 (子子 丑

丑의 例) 이나 返吟 (伏吟의 相對宮) 되거나 入墓나 空亡되면 合格이 어렵다. 丁奇와 日

干宮이 驚門이나 傷門을 만나도 不利하며 凶宮이 年干宮이나 日干宮을 克하여도 희망

이 없다.

○ 武官試驗

値符 (甲子戊儀) 로 試官을 삼고、時干宮으로 應試者 (主人公) 를 삼는다.

甲申庚이 武器가 되고 甲午辛이 標的이 되며 景門은 技藝가 된다. 甲申庚이 임한 宮

이 甲午辛宮을 冲克하면 百發百中이오、다시 景門이 値符宮과 相克되면 실력이 모자란 것

으로 추리한다.

② 官職

干支॥時干은 印이오 日干은 官職이며 日辰納音은 品秩이다. 官印이 相生이면 大吉한

데 榮轉과 左遷은 官印이 衰旺되는 年運에 따라 영전도 하고 左遷도 한다. 傷門과 直符

를 만나면 官職을 얻기 어렵고, 傷門 値使宮이면 있는 자리가 불안하며, 가장 두려운 것

은 時干과 日干이 絕·墓·空亡되거나 刑을 만남이니 관직이 내려가거나 귀양살이 (罷職)

를 하게 된다.

直符॥値符는 品秩이니 旺相인가 休囚인가를 보아 吉凶을 論할 것이며, 무엇이 生하고

克하는가와 來宮관계를 살피라. 休囚와 入墓됨이 없으면 官錄이 구준히 발달한다.

直使는 八門으로 地方官을 論한 것이니 門의 吉凶으로 그 방위의 吉凶을 가늠한다. 즉

生、開、休門方이 赴任地면 吉하고、傷·杜·景·死·驚門方이 赴任地면 不吉이라 한다.

그러나 吉門方일지라도 刑을 만나면 刑厄의 우려가 있고, 凶格을 加하면 불리하다. 吉

格을 얻은 가운데 生을 받으면 이름을 드날리고 祿馬가 임하면 大吉하다.

十干॥주장하는 宮이 時令의 旺相을 얻으면 吉하고 奇 (乙丙丁) 儀 (戊己庚辛壬癸) 가

生合하면 귀인의 추천이 있으며 刑害에 임하면 刑罰이 두렵다. 日辰과 主官에 刑을 띠

면 橫禍요、比和되고 日干宮이 旺하거든 지나친 욕심을 삼가하고, 官宮과 印宮에 奇儀가

旺하면 官이 연전된다.

九星॥九宮인데 用이 生扶를 받으면 吉하고 用 (官) 이 克을 받으면 불리하다. 官職

의 品等은 大吉과 小吉格을 論한다. 官印은 특히 生、開、休의 三吉方인가를 보고 旺相

과　囚休를　따져　官印이　旺相되었거든　立身出世라　판단하라。

○　求官

벼슬이나　직업을　구하려는　占에는　開門과　生年歲干宮、日干宮으로　추리한다。開門이　日干宮과　生年歲干宮을　生하고　다시　乙丙丁　三奇와　吉門　吉卦를　얻으면　원하는　官職을　얻을　수　있고　開門이　生年歲干宮　및　日干宮을　克하거나　日干宮에　凶門　凶卦　등이　임하면　관직을　얻을　수　없다。

○　陞進占

陞進이란　官品（級）의　升級、職品의　榮轉、奉級의　引上、원하는　職責　등을　包含한다。언제　陞進되느냐를　알고저하면　開門으로　위주함이　可하다。開門이　生旺되고　다시　三奇와　天月德이　合하면　가까운　時日에　승진된다。이상에　歲와　月建이　吉神을　떠고　日干을　生해주면　반드시　관직이　높이　오른다。그러나　歲干과　日干宮에　吉格을　만나도　旺相되지　않거나　旺相되어도　吉格을　이루지　못하거나、혹은　旺相과　吉格을　만나도　太歲와　月建이　日干宮이나　開門宮과　相克되면　陞進　榮轉　增祿되지　못한다。

○　文武官의　陞進

開門은　文官이오　杜門은　武官으로　본다。開門이　旺相된　가운데　乙丙丁　三奇를　얻어

歲干（生年）과 日干宮을 生하면 文官이 승진되고、杜門이 旺相되어 乙丙丁 三奇를 만나

生年干이 있는 宮이나 日干宮을 生하면 武官이 승진된다.

當年의 太歲가 生年干과 日干宮을 生하면 天子의 特命으로 승진되고、月建이 日干宮과

開門을 生하면 高官大臣이 추대해주어 승진된다. 여기기 旺相을 만나면 속한 시일에 승

진된다.

開門（文官）이나 杜門（武官）이 乙丙丁 三奇를 얻지 못하여도 開門 杜門과 日干宮이

旺相되면 승진한다.

반대로 開門이 受克되면 文官이 降等되고、杜門이 受克이면 武官이 降等한다. 開門杜

門과 日干官이 空亡이면 직위가 左遷되고 日辰의 墓에 들면 과오를 범하여 問責을 받는

다.

太歲가 日干을 克하면 天子가 나를 좋아하지 않고、值符가 日干을 克하면 윗사람에게

잘못이 들추어져 問責이나 左遷하며、月干이 日干을 克하면 部署에서 問責당하는 상이다.

日干宮이 玄武와 같이 있으면 公金을 私用한 罪요、白虎가 임하면 身病으로 인해 근무

할 수 없고、朱雀을 띠면 印章 문제요、騰蛇를 만나면 맡은 일에 실수가 있는 때문이오

太陰을 만나면 罷職이오、六合 및 句陳과 同宮이면 財物관계로 左遷 또는 파직된다.

開門（文官）이나 杜門（武官）이 生旺된 가운데 乙丙丁 三奇와 기타 吉星을 加하면

問責당할 일이 있더라도 上官으로부터 용서받는다.

어떤 사람이 나를 추천하여 그 결과에 대해 알아보는 방법이다.

六儀値符宮 즉 甲子戊로 구하는 상대방을 삼고, 天乙로 추천해주는 사람을 삼으며, 日干宮으로 나를 삼는다.

天乙이 戊儀를 生하거나 戊儀가 日干을 生하면 반드시 추천을 받아들이지만 반대되면 나를 추천해주지 않거나 추천하여도 상대방이 나를 원하지 않는 상이다.

○ 赴任地를 알려면

國家나 會社에서 나를 登用하려는 경우 어느곳에 任用될가 하는 점을 알아보는 占法이다.

開門宮의 天盤數로 用을 삼는다. 開門이 己身宮(世)과 가까이 있으면 (가령 日干己身이 坎이고 開門이 乾이나 艮에 있는 것) 가까운 곳이오, 멀리 있으면 먼곳에 赴任한다.

또는 陽遁에는 坎艮震巽宮을 內四宮이라 하고, 離坤兌乾宮을 外四宮이라 하며, 陰遁에는 離坤兌乾이 內四宮이오, 坎艮震巽을 外四宮이라 하는바, 開門이 內四宮內에 있으면 가까운 곳에 부임되고, 外四宮內에 있으면 먼곳에 부임된다.

또는 地盤六儀로 九州를 分配한다. 九州는 中國의 地名이므로 우리나라는 이에 해당이 없다. 그러므로 開門이 있는 방위로 부임지의 방향을 추리하면 된다. 가령 開門이 乾方이면 西北이오, 離方에 있으면 南方, 艮方이면 東北方, 坎方이면 北方, 震方이면 東

方、巽方이면 東南方、兌方이면 西方 등으로 부임하게 된다고 추리한다。

(7) 婚姻과 妊娠

① 婚姻占

●直符―主婚（혼인할 주인공）、○騰蛇―婚姻을 권유하는 사람、○太陰―女子편의 중
매、○六合―男子편의 중매、禮物、○白虎、句陳―방해、불리함、○朱雀▸玄武―구설、거
짓말、간사한 꾀로 속임수、○九地―지연됨、女子가 먼 곳에 있음、○九天―기쁨、남자
가 헌출하게 잘생김、

●休門―中男、지연됨、○生門―少男、나이차가 많음、○傷門―男子집、長男、마음이
변함、○杜門―長女、여자집에서 약속을 어김、○景門―中女、거짓말、○死門―母、늙은
중매장이、○驚門―少女、사소한 질병、○開門―父、늙은이、화장구、

●甲―남자집의 어른、○乙―중매、잘난사위、○丙―중매、조급히 서두름、○丁―중매
유순함、○戊―예의 바름、○己―女子、돈후함、庚―간사한 말로 속임수 刑傷、○辛―중
매、紅白、○壬―중매、姑、○癸―婚期가 이름、매파、

●天蓬―살빛이 검고 키가 몹시 작음、○天任―쌍동이、아름답지 못한 용모、○天冲―
목소리가 웅대함、신체가 길고 깡마름、○天輔―富하고 후중함、용모가 영특하고 재주가

뛰어남、 목소리가 큼、 ○天芮ー班點이 있고 黃黑빛이며 허리가 굵다、 ○天禽ー용모가 단

정함。 ○天柱ー청수하고도 여원편、 목소리가 강하다。 ○天心ー보통 수려하며 能力이 있다。

○一宮ー得令이면 賢淑하고、 失令이면 방탕성이 있다。 ○二宮ー得令하면 敦厚하다。

三宮ー得令하면 거동이 당당하고、 失令하면 죽은깨가 많고 쾌하다。 ○五宮ー得令이면

月은 얼굴빛이 검은데 총명하고、 巳酉丑月은 성질이 강하고 음란하다。 ○四宮ー申子辰

길하고 失令이면 꽤 모자란다。 ○六宮ー寅午戌月에 만나면 黃赤色이오、 亥卯未月은 淸

俊하다。 ○七宮ー得令하면 名門大家의 子女요 실령하면 육친을 刑克하여 고독하다。

○八宮ー득령이면 나무랄데가 없고、 실령하면 절룸발이 ○九宮ー득령하면 늘씬하고、 실

령하면 잔병이 따르고 단명하다。

門戶ー男子집은 天門이오 女子집은 地戶가 된다。 天門、 地戶가 太陰、 六合、 九天、 九

地에 임하면 가운이 창성한다。

日時干ー日干宮은 男子요 時干宮은 女子다。 年月日時 納音의 生克으로 吉凶을 추리

할 것이며、 日과 時가 生合을 이루면 兩家의 마음이 맞아 혼인이 순조롭게 이루어지고

相克되면 成立이 안된다。 干合(日時干)하여 父나 鬼로 化하면 혼인이 성립되기 어렵

고、 孫이나 財로 化하면 성취되며、 兄으로 化하면 딴 곳에 마음을 두고있는 상이다。

日이나 時가 月令의 克冲을 받아 休囚되면 좋지 않고、 生旺되면 길하다。

直符ー男婚女嫁에 있어 太陰、 六合을 만나면 부귀하고、 生旺이면 成事되며、 騰蛇、 朱

雀은 중매의 수단에 달려있고、 句陳과 白虎는 혼담이 깨어지거나 될지라도 離婚한다。

九地는 더디고、 九天은 빠르며、 玄武는 사기성이 있다。 婚姻點에 直符星은 成不成의 열

쇠락 할 수 있다.

直使=八門인데 혼인이 되고 안되는 것을 주장하고、方位와 老陽、少陰法도 징험하라.

門이 克을 받지 않으면 길하고、休囚 및 空亡되면 헛수고에 그친다.

儀奇=六儀와 三奇(干)로 陰陽法을 따진다。男은 陽에 해당하고、女는 陰에 해당함
이 당연한 이치이므로 이와 반대되면 좋지 않다。奇(乙丙丁)는 墓에 들지 않아야 하
고 儀가 合을 이루면 결과의 吉凶이 여하튼지 성립된다。

九宮=年月日時로 作局하여 九宮에 配置된 數로서 五行을 따진다。

用에 一六水가 임하면 음탕하나 吉星을 加하여 克을 받지 않으면 유리하다。그러나
月令의 生扶를 얻지 못하거나 孤虛方(孤는 空亡、虛는 空亡의 對宮)에 들면 억지로
成婚하여 상서롭지 못한 일이 있다。

二七 火局이면 虛詐에 의한 配合인데 火局에 吉星을 얻으면 남자는 총명하고 여자는
아름답다。그러나 火가 時令을 얻지 못하고 刑이나 墓를 당하면 혼인한 뒤 얼마 안되
어 腫患으로 고생한다。

三八木局은 和柔함을 주장한다。용모가 淸秀하고 남자는 君子요 女子는 淑女다。그
러나 木局이 刑、墓、休囚、空亡、廢를 만나면 暗疾이 항시 따르거나 身體가 傷하여 행
동이 부자유하다。

四九金局은 양편이 和諧라 得令하여 冲이 없으면 佳婚이 成立되나 刑、冲、空亡、墓
를 범하면 여위거나、살빛이 검어지거나 肥大해지는 病이 있다。

門戶=즉 天門과 地戶다。門戶가 吉하면 두 가정이 모두 名門이오、門은 吉하나 戶가

凶하면 女子에게 不利하고, 이와 반대되면 男子가 不吉하며、天門、地戶가 모두凶하면 혼

인 뒤에 男女가 다 좋지 않다.

吉凶格＝靑龍返首格 (戊加丙) 을 이루면 혼인후 사위가 벼슬하거나 크게 성공하고、朱

雀跌穴 (丙加戊) 은 요조숙녀요、白虎猖狂 (辛加乙) 과 靑龍逃走 (乙加辛) 는 男女가 모

두 傷한다.

天遁 (生門에 丙加丁) 과 人遁 (休門、丁奇 太陰이 同宮) 이면 남편과 아내의 애정이

지극하고、三詐、三詐五假 (三詐는 眞詐、休詐、重詐、五假는 天假、地假、人假、神假、鬼假이

니 別頁 三詐、五假를 參考) 남편이 妾을 두게 되고、玉女守門 (別項 參考) 이면 아내

가 가정을 주장한다.

騰蛇妖嬌 (癸加丁) 는 아내의 바가지가 심하고、朱雀投江 (丁加癸) 은 중매가 불량하

여 어느 한쪽이 속아 혼인한다.

伏干・飛干은 아내가 매우 억세고、伏宮、飛宮은 남녀가 모두 억세며、大格 (庚加癸)

과 小格 (庚臨壬) 은 남자는 홀아비요、여자는 과부가 되며、刑格 (庚加己) 과 悖格 (丙

加時干) 은 남녀가 모두 성격이 사납고 강하다.

歲月格 (庚加歲月干) 은 시부모가 좋지 않고 (시집살이 시킨다) 時日格 (庚加時日

干) 은 夫婦 가운데 하나가 단명하다.

太白 (庚) 이 熒惑 (丙) 에 들면 부부가 각각 딴마음을 품고、刑擊은 성질이 광폭하고

三奇 入墓와 天羅地綱은 굽힘을 받고、反吟 伏吟과 迫은 재앙을 부른다。 (伏吟은 本

星이 本宮에 든 것이니 가령 生門이 艮宮、天蓬이 坎宮에 든 것이고 또는 庚이 庚을 만나고 甲이 甲을 만난例、反吟은 伏吟의 對冲宮이다. 迫은 門이 宮을 克하는 것이다).

○ 婚姻占 二、

庚金으로 男子의 집을 삼고 乙奇로 女子의 집을 삼으며 六合으로 仲媒人을 삼는다.

庚金宮이 乙奇宮과 相生되면 서로 마음이 있어 혼인이 이루어지는데 庚儀宮이 乙奇宮을 生하면 남자집에서 마음이 더 간절하고、乙奇宮이 庚金宮을 生하면 여자집에서 더 좋아한다. 兩宮에 모두 吉門 吉卦를 만나거나 比和되면 혼인이 成立된다.

이와 반대로 庚宮이 乙宮을 克하면 남자집에서 女子집을 꺼려 안되고、乙宮이 庚宮을 克하면 여자집에서 남자집을 싫어하여 혼인이 안된다. 이 경우 억지로 혼인을 이루면 혼인 뒤에 반드시 不幸해진다.

또는 庚金宮과 乙奇宮이 相克될지라도 二宮에 모두 吉門 吉卦가 있고 旺相하며 天乙이 역시 吉格을 이루어 相克관계를 소통 (가령 庚宮이 火이고 乙宮이 金이라면 火克金 相克인데 天乙이 土라면 火生土 土生金으로 소통된다) 하면 仲媒人의 努力으로 이루어진다.

天乙이 空亡되거나 凶門 凶卦면 仲媒가 어느 한편 (生해주는 편) 을 위해 거짓말을 하고 있는 상이오、庚宮과 乙奇宮이 相生이라도 어느 한곳에 凶門 凶卦 및 其他의 凶星이 있거나 死、墓、絕、空亡되면 이와 같은 집 (남자나 여자집) 의 환경이 좋지 않다고 보아야 한다.

또는 庚金宮이 凶格이면 男子가 일찍 죽고 乙奇가 凶格이면 여자가 일찍 죽는다고 추리한다.

또는 乙寄로 혼인할 女子를 삼고 庚金宮으로 남자를 삼는다. 乙奇宮이 庚宮을 生하면 處女가 즐겨 시집가고、乙奇宮이 庚金宮을 克하면 그 남자를 싫어하여 시집가려 아니한다. 또 庚金이 乙奇를 克하면 男子가 처녀를 못마땅하게 여기고、庚이 乙을 生하면 상대편 처녀로 아내삼기를 원한다.

또 한 방법은 직접 六親관계로 따져 남자와 여자를 정한다. 즉 財가 아내요 官이 남편이다.

財官이 모두 相旺하고 吉門 吉卦와 乙丙丁 奇를 얻으면 혼인이 大吉하다. 만일 財宮이 休囚되거나 墓、絶、空亡되면 결함이 凶格을 만난 편에 있음이니 혼인하지 말아야 한다.

남자점에는 乙奇宮이나 財宮에 吉格을 만나야 현숙한 아내요、여자점에는 官宮이나 庚金宮에 吉格 (旺相、三奇、吉門、吉卦) 이라야 훌륭한 남편감이다. 이와 반대되면 아예 취하지도 마라.

② 妊娠과 分娩

이 항목에서는 임신의 여부、 아들인가 딸인가、 언제 出産하는가 등을 알아보는 방법을 論함이다.

○ 妊娠如否

年月日時 (女子 本命의 年月日時에 의한 當年太歲의 年月日時) 로 作局하여 孫宮이 生旺되었거나、生門이나 景門을 만나 日辰의 胎에 해당하면 孕胎된 것으로 본다. 이 경우 吉卦 吉星이 임하면 胎兒가 건강하고、空亡되거나 凶卦 凶星을 만나면 胎死하거나 落胎할 우려가 있다.

孫宮이 生旺되고 三奇 및 吉門 吉卦를 만나도 孕胎라 한다. 혹은 天芮宮의 天盤數가 生旺 吉格을 만나면 妊娠이 분명하다. 단 孕胎할 可能性이 있다 생각될 경우 妊娠인가 아닌가를 알아보려는 경우에 한해서이고 기타의 目的으로 作局하였다면 위와 같더라도 임신이라 하지는 않는다.

○ 男女知法

天芮星의 地盤數로 妊婦를 삼고、天芮星의 天盤數로 胎兒를 삼는다. 天盤數가 一三五七九 陽數면 男子요、二四六八十 陰數면 女子다. 그리고 天禽이 坤宮에 임하면 雙胎라 한다.

또한 방법은 孫宮의 地盤數가 陽이면 男子며 陰이면 女兒요、孫宮의 陽數가 伏吟 (三

三 一 二등) 이면 男兒雙胎요、「陰數가 伏吟 (二二 四四등) 이면 女兒雙胎라 추리한다.

○ 分娩에 대해

坤宮으로 産室을 삼고 天芮地盤數로 産母를 삼고 天盤數로 胎兒를 삼는다. 地盤이 天盤을 克하면 出産이 임박하고、地盤이 天盤을 生하면 胎가 더 자라고 있는 상이니 分娩日이 많이 남았으며、天盤이 地盤을 生하면 胎가 母膜을 떠나기 싫어하는 상이니 出産이 느리고、天盤이 地盤을 克하면 産母가 고통을 받는다.

이상은 出産이 임박하였을 때의 경우이고、妊婦가 胎兒 및 自身의 전강을 알아보기 위한 점에는 이와 다르다.

○ 胎中安否

天芮星의 天盤은 胎兒요 地盤은 産母다. 고로 天地盤이 相生되면 大吉하고 比和되면 無事하며 相克이면 凶하다.

天盤이 地盤을 克하면 임신중 胎兒로 인해 고통이 있고、地盤이 天盤을 克하면 胎兒가 不利하다. 이 경우 奇 (乙丙丁) 나 吉門 吉卦를 만나야만 무사하고 그렇지 않으면 厄이 있다.

天盤이 地盤 墓를 만나면 胎가 腹中에서 死하고、天地盤이 모두 凶門 凶卦 凶星을 만나면 胎兒와 産母가 함께 不幸해진다.

③ 出產占

○直符─胎와 産母、○騰蛇─落胎、○太陰─産婆、○六合─男女、○句陳、百虎─産門、

産神 ○朱雀、玄武─胞衣(胎衣)의 惡濁、○九地─胎神、○九天─産神、

○休門─胎産、지연、生男、○生門─順産、男兒、○傷門─難産、男兒、○杜門─女兒、

○景門─胎安、順産、女兒、○死門─子母不利、주로 生女、○驚門─有損、女兒、○開門順

産、忌胎 (임신중이면 不利)、男兒

十干 甲乙丙丁戊己庚辛壬癸

死 午亥酉酉寅酉子巳卯申

生 亥午寅酉寅巳子申卯

養 戌未丑戌丑戌辰丑未辰

胎 酉申子亥子亥寅午巳

○天蓬─水旺氣、○天任─土旺氣、○天冲─木旺氣、○天輔─木旺氣、○天英─火旺氣、

○天芮─土旺氣、○天禽─土旺氣、○天柱─金旺氣、○天心─金旺氣

○一宮─申子辰 日時 및 甲未日 寅時에 生男、○二宮─寅申巳亥日 및 辰戌日 生男、○三

局─亥卯未日時 및 丑寅日 晝間에 生男、○四宮─申子辰이나 巳酉丑日時에 生男인데 그

렇지 않으면 杜門不出、難産의 우려、○五宮─辰戌丑未月日에 出産、쌍가마 있는 아이、

○六宮─寅午戌男은 虛驚、亥卯未女는 休囚、○七宮─亥卯未日時와 辰巳日 亥時에 生女、

○八宮 – 辰戌丑未日時에 生女, ○九宮 – 本局日時 혹은 酉日卯時, 戌亥日巳時 生女, 分娩의 근심이 없다.

門戶 = 地戶에 刑이 없으면 胎가 편안하며, 天門이 吉한 가운데 역마가 있으면 分娩의 근심이 없다. 天門、地戶에 陽星이 合하면 주로 生男하고、 陰星이 合하면 生女한다.

直符에 産母가 臨하고、六合에 子孫이 닿으면 刑의 유무와 旺相休囚로 吉凶을 판단한다.

騰蛇、白虎는 分産이 재촉되고、六合은 生産이 거의 다가온것이오、九地、太陰은 본월에 出産인데 母子가 다 편안하다고 본다.

直使 = 門으로도 男女를 알 수 있다. 門이 吉하고 陽에 속하면 玉童子요、陰門이나 陰宮은 女兒를 낳는다. 刑格 (庚加己)이나 空亡되면 克 받는 것을 매우 꺼린다. 門이 克을 받으면 낳더라도 대개는 기르기 어렵고、門이 宮을 克하면、놀랄 일이 있다. 胎 占에 온전히 吉格을 얻으면 가장 길하고, 官과 馬와 生旺은 훌륭히 될 子女를 生産한 다.

六儀・三奇 = 六儀는 産母요、三奇는 男兒를 주장하는바 生合과 刑囚의 동태를 따라서 吉凶을 판단할 것이며、胎、養、生、死法으로 時日과 胎의 安否를 추리한다. 당연히 生되는 日辰에 出産으로 보는 것이다.

九星은 陰陽으로 胎孕을 판단하고、旺相休囚는 時日을 기준한다. 胎가 死、絕、孤 虛를 만난다면 凶하다. 胎가 入墓한 가운데 生을 만나면 느리고 빠른 것을 판단하여 産期의 멀고 가까운것을 알 것이오、그 가운데 刑을 받거나 入鬼、入財、入印、化空、逢 生、化死、入墓 등을 만나면 불길하다.

九宮은 節氣에 의한 生旺休囚를 분별하라。 胎가 馬에 임하면 産室을 옮기는게 좋고,

長生宮에 馬를 만나면 分産이 쉽다。 金火가 克을 만나면 장차 出産하고、水木이 空亡

에 들면 불리하며、土가 空亡이면 반드시 落胎라 한다。

吉凶格＝靑龍返首 (戊加丙) 와 朱雀跌穴 (丙加戊) 은 出産占에 吉祥이라 판단하게 되

고、白虎猖狂 (辛加乙) 이면 産母에게 어려움이 있으며、靑龍逃走 (乙加辛) 는 胎兒에

게 불리하고、遁格 (別項 九遁格 參考) 은 길한 것으로 본다。

詐假 (三詐와 五假、別項에서 參考) 는 凶이라 단정은 못내리지만 약간 우려되는 바

가 있고、三奇 (乙丙丁) 가 使 (門) 를 얻으면 六儀 (戊己庚辛壬癸) 의 음양으로 아들

인가 딸인가를 분별한다。

玉女守門 (別項 參考) 은 男女를 막론하고 順産이오、騰蛇妖嬌 (癸加丁) 는 孕胎에

이상이 있거나 産婆가 실수할 염려가 있고、朱雀投江 (丁加癸) 은 子의 長點이며 産年

이니 男女를 막론하고 出産의 경사라 한다。

伏干 (庚加日干) 과 飛干 (日干加庚) 은 산모에게 근심이오、飛宮 (戊加庚) 과 伏宮

(庚加戊) 은 낭더라도 낭패보기 쉽고、大格 (庚臨癸) 과 小格 (庚臨壬) 은 産母와 어

린이에게 모두 위태로움이 있으며、刑格 (庚加己) 과 悖格 (丙加時干)은 妊娠中이 아니

면 出産後에 곤액이 있다。

年格 (庚臨歲干) 과 月格 (庚臨月干) 은 胎가 무겁기가 山같이 느껴지고、日格 (庚臨

日干) 과 時格 (庚臨時干) 은 집자리 (産室) 에서 어쩔줄을 몰라한다。

熒惑（丙）이 太白에 임하면 出產이 빠르고、太白（庚）이 熒惑에 들면 느리다 하지

만 이것만으로 단정하지 말고 宮의 旺弱을 따라 推理하라、

返吟、伏吟은 九星과 八門의 동태에 따라 吉凶을 決定한다。返吟이면 臨產이 피이하

고、星과 門이 모두 나쁘면 비록 出產이 속할지라도 근심이 있다。擊刑（別項參考）은 재

앙이 있고、羅網이면 出產에 불리하니 분명하려면 年命을 參考하라。天蓬은 도둑

이 玄武를 만나면 偸生（죽지 못해 어쩔수 없이 구차스럽게 사는것）이라 한다。이

天蓬이나 玄武를 만나 休囚 空亡되면 기르기 어렵고、天蓬이나 玄武를 만나지 않고 吉

門 吉神을 만나면 부귀장수한다。

(8) 疾病論

① 疾病占

各星에 소속된 疾病 및 원인 分布는 다음과 같다。

○ 直符─陽症、○ 騰蛇─두렵고 놀라 생긴 병 또는 자다가 遺精、○ 太陰─肺、피로로

인한 병、骨虛症、○ 六合─中風、癲痺、○ 句陳、玄武─胃가 뒤틀리고、吐하는 증세、道

路에서 負傷 또는 死亡、○ 朱雀、白虎─邪症、설사、崩血（피뭉치가 쏟아져 나오는것）、

○ 九地─陰症、○ 九天─落魂 ─크게 놀라 넋빠지는것）

○休門ー설사、 傷寒、 ○生門ー몸이 허는병、 눈을 상함、 ○傷門ー살갗이 땡기는 증세

또는 風寒、 ○杜門ー冷症、 喉齒질환、 胃의 風、 ○景門ー食傷 (음식의 부작용) 종기、 ○

○死門ー蠱塊 (積病)、 ○驚門ー勞病、 ○開門ー肺癰 (폐옹)、 喉舌病、

○甲ー頭面、 肝、 ○乙ー肩、 背、 膽 (쓸개)、 ○丙ー額、 背、 心、 筋肉、 ○丁ー齒、 舌

小腸、 ○戊ー脾、 ○己ー胃、 ○庚ー肺、 筋、 ○辛ー胸、 ○壬ー腎、 ○癸ー臟

○天蓬ー水의 뜬것으로 얻은 병、 ○天任ー墓鬼가 씌워 생긴병、 冷病、 ○天冲ー吊問

가서 얻은 病、 産故로 凶、 樹木怪、 절기의 전염병、 ○天英ー부엌신의 노여움으로 얻은

病、 ○天輔ー天神에게 노여움을 샀다. ○天芮ー祖上의 빌미로 얻은 병、 ○天禽ー성황신、

사당신의 노여움. ○天柱ー우물 墓로 인한것、 ○天神、 七星의 노여움을 산것

○坎宮ー血症 脈이 不利 ○坤宮ー脾胃질환 ○震宮ー火病으로 심장 가슴이 답답한 증세

病이니 따뜻이 하고 補하라. ○艮宮ー針灸로 치료하라. ○離宮ー風症、 熱病

○巽宮ー金水로 인한 風症、 ○中宮ー腹部、 ○乾宮ー木火日에 生病、 ○兌宮ー勞症、 筋骨

日干은 환자요、 時干은 질병이며 日時 納音은 醫藥이다. 人 (日干) 이 病 (時干) 을

克하면 차도가 있고、 病 (時干) 이 人 (日干) 을 克하면 병이 악화되며、 醫 (納音) 가

病을 克하면 藥을 쓰는 것이 좋고、 醫가 日干을 克하면 약을 쓰지 말아야 한다. 그리

고 모든 病에는 무엇보다도 日干이 旺하고 時干이 休囚、 空亡되어야 길하다.

直符는 病이 발생한 원인이다. 直符九星의 刑傷克制로 질병을 參考하는바 太陰、 六

合이 傷하면 情慾때문에 생긴 병이오、 句陳이나 九地가 直符를 刑하면 병이 더디고、 朱

雀、騰蛇가 直符를 制하면 병에 시달리며、白虎、九天이 直符를 刑傷하면 두렵다。

直使 (門) 는 病이 낫기도하고、더하기도하는데 **參考**하는 神이다。吉門이라도 休囚되면 病뿌리가 좀체로 뽑히지않고、凶門이라도 旺相하면 무방하다。가장 꺼리는 것은 門이 年命의 入墓됨과 年時를 刑하는 것이니 다시 吉星을 加하면 차도가 있고 凶星을 加하면 낫기 어렵다。

六儀 (戊己庚辛壬癸) 와 三奇 (乙丙丁) 의 天干字로 肝、膽、脾、胃、腎、心을 구분한다。土가 克을 받으면 脾胃가 傷함이고、金이 克을 받으면 肺疾患、木이 克을 받으면 筋脈과 肝、膽의 질환、火가 克을 받으면 腎臟과 陰虛라 한다。

九星 (天蓬九星) 의 吉凶으로 禍福을 추리한다。吉星이 임하면 재앙이 없고、凶星이 임하면 병이 위험하다。그리고 吉星이 生을 만나면 重病이라도 죽지 않고、凶星에 克을 받으면 아무리 치료해도 효과가 없다。

九宮으로 또 病의 근원과 醫藥의 효험관계를 본다。水는 疏通함이 可하고、木은 克을 꺼리고、金은 溫하게 補하고、火는 土를 두려워하는 것이니 이는 五行의 이치다。旺과 動과 比和와 刑을 따져 中和와 節氣의 寒暖燥濕을 보아 吉을 취해야 한다 (즉 藥을 이러한 원리에 의해 써야 된다는 뜻이다)

門戶 (別項에 記載 되었음) 로 外部와 內部를 치료하는바 門이 傷하면 外部를 치료해야하고、戶가 傷하면 內部를 치료할 것이며 門과 戶가 모두 상하면 內外를 다 치료해야 한다。

吉凶格=靑龍返首(戊加丙)와 朱雀跌穴(丙加戊)은 비록 吉格이로되 오직 病占에는 凶이니 年命(歲干)이 克刑을 받지 않아야만 治療될 수 있다.

白虎猖狂(辛加乙)과 靑龍逃走(乙加辛)는 凶格이로되 病占에는 吉이다. 그러나 다시 刑・迫(門이 宮을 克)되고、直符 直使가 克하면 凶으로 化하고、여기에다 地遁(開門에 乙加己)이 年命에 임하면 황천객이 된다.

鬼假(死門에 丁己癸가 地盤 九地宮에 임한 것)가 生旺하면 염라대왕이 불러가고、鬼遁(丁奇가 九地와 같이 艮宮에 임하거나、乙奇가 九地와 같이 杜門에 임한 것)이나 人遁(休門에 丁奇가 있고 太陰을 만난것)은 吉兆가 아니고、鬼假와 人假(驚門에 六合 혹은 六壬과 같이 地盤 九天宮에 임한것)되어도 좋은 징조가 아니다.

三詐(別項의 三詐法을 參考)는 병이 반복되는바 直使를 얻어 鬼를 제어하면 치료될 수 있다.

騰蛇妖嬌(癸加丁)는 鬼가 작란하고、朱雀投江(丁加癸)은 혼백이 날라다닌다.

伏干(庚加日干)과 飛干(日干加庚)은 의사가 무능하여 올바른 처방을 못하고、飛宮(戊加庚)과 伏宮(庚加戊)은 환자가 不安하고 온 가족이 놀랜다.

大格(庚臨癸)과 小格(庚臨壬)은 가슴과 명치가 답답하고 大小便이 편하지 않으며、刑格(庚加己)과 悖格(丙加時干)은 肢體와 脈胳이 서로 방해한다(불편함)

丙이 庚에 加하면 병이 악화되고 庚이 丙에 加하면 차츰 나아간다.

(丙加 年月日時干)을 만나면 묵은병、새병이 모두 발한다.

五不遇格 (別項參考) 을 만나면 장차 세상을 떠나게 되고, 六儀가 刑을 받으면 損

傷 (역시 死亡) 당하며, 入墓하고 羅綱이면 病이 오래가고 덜했다 더했다 한다.

金은 尸體요 木은 棺을 상징하는바 金이 木에 들면 尸身이 棺에 드는 격이니 차라리

편안함을 얻고, 만일 庚辛金이 甲乙木을 克하면서 中宮에 들면 재앙이 중중하다.

대개 五行法으로 旺相과 生克刑合등은 年月日時를 위주함이 가하다.

② 病의 狀態

發病한 年月日時 (혹은 占日의 年月日時) 로 作局한다.

天芮星이 있는곳으로 疾病을 삼고 生門、死門으로 病의 輕重과 生死를 추리한다.

天芮에 生門이 이르면 살아나고 死門을 만나면 病死한다.

天芮가 乾이나 兌金宮에 들면 旺相되어도 낫기 어렵고、離宮이나 中宮에 들면 질병이 오래간다. 震木이나 巽木宮에 天芮가 들면 病神이 克을 받음이니 약을 쓰지 않아도 자연 낫는다.

天芮가 坎宮에 들면 病이 休囚宮에 있음이니 병이 오래 갈지라도 결국은 치료된다.

새로 난 병에 天芮가 空亡에 들면 살아나지만 묵은 병에 天芮가 空亡에 들면 죽는다.

또는 日干宮에 天芮가 들어 死囚되거나 凶門 凶卦를 만나 三奇 (乙丙丁) 를 얻지 못하여도 病死한다.

天芮宮에 凶神을 만나면 大凶하니 비록 旺相될지라도 天芮가 歲干 (生年干) 을 冲克하면 死亡한다.

生年干과 生日干을 보아 日干이 太歲의 墓에 들어도 사망한다.

死門에 天芮가 들면 凶인데 다시 生門이 加臨되면 죽었다가 살아난다.

낫는 날은 天芮星이 있는 宮의 干數를 克하는 月이나 日로 본다.

○ 어떤 病인가

역시 天芮로 질병을 삼는다.

天芮가 離宮에 있으면 外部로는 頭病과 眼目이오 내부로는 심장병 혹은 心火로 생긴 病이다.

天芮가 坤宮에 임하면 外部는 腹部요, 내부로는 胃病 혹은 蠱脹 (고창、창자에 병균이 있는 것) 이다. 또는 外部로 피부병、오른쪽 어깨 및 오른쪽 귀의 종기다

天芮가 兌宮에 들면 咽喉 가슴 (명치) 肺에 속한다. 내부로는 咳嗽 (해수)、喘息 (헐덕거리는 것 즉 숨찬병) 으로 말하기 힘든 병이 되고、外部로는 입병、이알이、額角 (이마 양편)、오른쪽 갈비의 질환이다.

天芮가 乾宮에 들면 정갱이 (腿) 및 발이 되고 머리도 된다. 내부로는 大腸이오、또는 膀胱炎 大小便不通 壅結 (막혀 풀리지 않는 것) 의 질환이오 外部로는 궁둥이、발 筋肉 骨節痛 腫氣로 본다.

天芮가 坎宮에 들면 小腸、腎氣、丹田의 원인으로 惡寒 遺精 池瀉、泄疾、변비증、혹

은 술로 인해생긴 오래된 腹痛이오、外部로는 腎이 원인이되어 陰虛症 腫氣 疝症이다

天芮가 艮宮에 들면 내부로 脾가 원인으로 虛하고、헛배부르고、消化不良이오 外部는

허벅다리 (大腿)、발、脚氣病、手足麻痺、風濕 腫氣 등의 疾病이다。

天芮가 震宮에 들면 내부로 肝、膽에 속하는 병이니 血虛、癆症、吐血、잠자다 놀래

는 병、횡설수설 하는 질환이오 外部로는 左胁 (왼쪽 갈비) 눈이 잘 안보이거나 귀가

멍멍하여 잘 안들리는 병、瘡痛、왼쪽다리의 病 등으로 본다。

天芮가 巽宮에 들면、胃、口、膽에 속하는 질환이다. 中風으로 말못하고、肝、肺에 관

한 질환、三焦의 虛熱感傷、喘息이오、外部는 왼쪽 귀와 왼쪽 어깨、왼쪽 팔꿈치、筋肉

痛、혹은 手足이 붓고 熱이 나며 四肢가 無力하고、火로 생긴병、筋骨痛、發狂病 등으

로 추리한다。

그리고 天芮宮의 天干字로 寒熱虛實을 살피되 節候의 旺衰를 따져 病의 輕重을 論해

야 한다。

○ 求醫

天心과 乙奇로 醫員을 삼는다。 天心宮이 吉門 吉卦 및 三奇를 만나면 吉이니 主治

醫가 良醫라 하고、天心과 乙奇가 다만 旺相되고 吉格을 만나지 못하면 보통의 의사요

天心 및 乙奇가 旺相되지 않은 가운데 吉格을 얻지 못하면 庸俗 (이름없이 변변치 못

한) 의원이다。 그러나 醫員이야 어떠하거나를 막론하고 天芮 病神을 天心과

하면 반드시 치료하면 效果가 있다。 반대로 天芮가 天心과 乙奇를 克하면 아무리 良醫

가 손댄다 해도 病을 고치기가 어렵다。

(9) 訴訟·官災

① 詞訟占一

直符＝直符는 直符九星이다。 直符로 問招하는 官을 삼고、 騰蛇로 事件을 삼고、 太陰

으로 罪와 罰을 삼고、 六合으로 官吏를 삼는다。 또는 句陳은 刑杖이오、 朱雀은 訴狀 또

는 陳述을 기록한 文이오、 九地는 藏物이오、 九天은 上司다。

直使는 八門이다。 休門은 原告와 被告가 그 어느편도 有利 不利가 없고、 生門은 賂物

請託 등이오、 傷門은 問責이오、 杜門은 억울한 일을 풀지 못함이오、 景門은 事件文이 事

實과 다르게 作成된 것이오、 死門은 藏物을 증거로 잡아 官에서 호령하는 상이오 驚門은

定罪(罪가 인정됨) 및 놀라운 판결이오、開門은 公正한 審理다。

十干＝十干의 長生法으로 旺衰를 논한다。 즉 甲木은 亥에 長生이오、 乙木은 午、 丙火

는 寅、 丁火는 酉、 戊土는 寅、 己土는 酉、 庚金은 巳、 辛金은 子、 壬水는 申、 癸水는

卯에 長生을 起하여 陽順陰逆(十二支順을) 으로 沐浴、冠帶、臨官、帝旺、衰、病、死、

墓、絕、胎를 붙여 나간다.

九星＝天蓬은 陰星（坎宮）이니 陰害가 있고、天任은 판결이 오래 끌어나가고、天冲은 官이 怒하고、天輔는 罪人인 경우 特赦를 입고、天英은 꾸지람을 받고、天芮는 뇌물관계가 있고、天禽은 官人이 淸白하고、天柱는 問責을 당하고、天心은 原告는 訴가 기각되고 被告면 죄를 벗기 어렵다.

門戶＝原告는 책임이 天門에 있고 訴訟의 解明은 地戶관계다. 吉星이 天乙에 같이 있고 年命과 日干宮을 生合하면 有利하고 凶星이 句陳、白虎、傷門 등과 合同하여 年命（歲干）과 値符 値使宮을 克하면 凶하다.

論干＝日干은 原告、時干은 被告、日支는 原告측 證人이오 時支는 被告측 證人이며 納音은 審問官이다.

日干宮이 時干宮을 傷하면 被告가 시달림을 받고、日과 時가 生合을 이루면 서로 和解되고、日時가 相克되면 克을 받는 편이 불리해진다. 日支와 時支가 合을 이루면 증인끼리 장난을 치고、日時支가 刑克이면 증인 싸움이다.

日干이 時干을 克하면 원고가 理論이 能하여 피고를 괴롭히고、時干이 日干을 克하면 피고에게 원고가 이론이 떨어진다.

日支가 時支를 克하면 원고측 증인이 피고측 증인을 꼼짝 못하게 하고、時支가 日支를 克하면 피고측 증인에게 원고측 증인이 당하는 상이다.

日干 時支를 克하면 원고측 증인이 피고를 克하면 時의 干支가 休囚되거나 日干 日支의 傷함을 당하면 원고측의 告訴대로 당하게 되는데 요는 占日의 納音이 어느 편을 生克하느냐에 따라 有利 不利가 달려있다

즉 納音이 상대방을 生扶해주면 나에게 불리한 판결이 내려진다.

또 時와 日로 양편의 高低를 보는바 旺相休囚死를 가려 旺氣가 상대방을 制하면 有利하지만 囚休된 者가 旺相되어 있는 者를 克하면 부질없는 일이다.

또는 年命納音(太歲)이 어느편을 生合하고 克冲하느냐에 따라 형세를 판단 함이 좋다.

直符는 訟詞에 審制官이다. 고로 直符宮에 凶神 凶卦를 만나 旺하면 좋지 않다. 直符가 日干을 傷하면 원고가 책망을 당하고, 時干을 克하면 被告가 억울하게 당한다. 그러므로 그 어느쪽이 直符의 生을 받고 克을 받는지 直符와 日干 時干으로 소송이 이기느냐 지느냐를 알 수 있다.

官符(直符)가 父宮(生宮)에 들면 訟詞가 깨끗이 해결되고, 空亡을 만나면 訟理가 어리둥절하여 질질 끌고 간다.

朱雀、騰蛇가 直符를 克하면 判決文에 異議가 있어 논박당하고、太陰이 日이나 時干을 克하면 克 당하는 者가 問責을 받는다. 句陳、白虎가 日이나 時干을 克하면 傷한 者가 徵役刑을 당하리니 凶하다.

九地는 담당관이오 九天은 담당관의 上司가 된다. 九地가 日干이나 時干을 克하면 원고라면 訴를 제기함이 나쁘고, 피고라면 없는 罪까지 가중된다. 九天이 日時干을 生合하면 원고는 訴狀을 제출함이 좋고, 피고는 問責당하지 않는다.

다시 天乙貴人을 본다. (가령 甲戌庚이면 丑未宮) 貴人이 日干을 生하면 大吉하다

대개 用神은 克을 받지 아니해야 유리하다.

直使는 占日의 源이다. 각각 五行의 상태에 따라 판단하는바 가령 金木이 相交하면

訟事로 인해 家門이 頹하고、土木이 交援하면 田宅의 해가 있고、水火가 相激하면 姦淫

과 盜難을 조심하라. 旺相休囚는 먼저는 이기고 뒤에 지는 것이므로 凶하다.

十干=子孫 父母 財 등은 年月日時로 본다. 六親에 따라 審理하는 것을 論하는데 支

는 刑이 두렵고 干은 冲克을 두려워한다. 用의 休囚와 生旺을 살피라. 官鬼가 空亡이

면 訟理가 밝지 못하여 不可하고、己身은 旺을 요하며、父는 入墓됨을 기뻐한다. 子孫

이 生旺하면 思赦함을 받고、子孫이 身命에 임하면 비록 곤난한 처지에 빠지더라도 刑

厄을 당하지는 아니한다.

九星은 吉星과 合을 만나거나 生扶됨을 기뻐한다. 吉星이 生合하면 일이 뜻대로 되

고 凶星의 克을 받으면 刑獄을 면키 어렵다.

用（日干 및 時干）을 어떠한 干이 生해주고 어떠한 干이 克刑하는가를 살펴 用이 旺

하고 凶星이 없으면 判決이 公明하여 勝訴하지만 만일 用이 孤虛宮（孤는 空亡、虛는

空亡의 對冲宮임）에 들거나 用이 乘衰 居衰 受克 등으로 미약하면 비록 有利한 訟詞라

도 敗訴하기 쉽다.

○ 訴訟占 二

甲子戊가 있는 値符로 用하는바 値符宮의 天盤으로 原告를 삼고 地盤으로 被告를 삼

아 天盤이 地盤을 克하면 原告가 勝訴하고、地盤이 天盤을 克하면 被告가 勝訴하며、地盤

이 天盤을 生하면 被告가 和解를 願하고、天盤이 地盤을 生하면 原告가 和解할 마음이 생

기며、天地盤이 比和되면 和解하거나 時日을 오래 끌고、天地盤이 合을 이루면 和解된다

또는 景門과 驚門으로 주장한다。 景門과 驚門은 訴訟事件이 되는바 景門이나 驚門이

月令에 旺相(乘旺、乘生)되면 訟詞가 끝없이 끌게 되고、驚門 景門이 月令의 休囚(乘

衰 乘死)되면 금방 끝나며、墓에 들거나 空亡되면 訟詞가 성립되지 않는다。

또는 庚金宮이 있는 곳으로 官(裁判官)을 삼고 甲子戊가 있는 値符로 原告를 삼으며

乙奇宮으로 被告를 삼고 六合으로 證人을 삼는다。

庚儀가 닿는 五行이 値符宮 五行을 克하면 原告가 官의 問責을 받고、庚宮이 乙奇宮을

克하면 被告가 문책을 당하며、庚宮이 六合宮을 克하면 證人이 문책당한다。 만일 庚이

空亡을 만나면 訟理(裁判)가 밝지 못하여 호지부지 되고 만다。 또는 庚宮이 原告(値

符)를 生하느냐와 被告(乙奇)를 生하느냐로 有利不利를 추리하며、六合(證人)이 어

느 宮을 生克하는가로 證人이 누구를 有利하고 不利하게 하는가를 推知한다。

또한 방법은 開門으로 審問官(檢事)을 삼고、値符(甲子戊)로 原告를 삼으며、乙奇

로 被告를 삼고 六合宮으로 證人을 삼는다。

開門이 値符를 生하면 官이 原告에게 마음이 쏠리고、開門이 乙奇를 生하면 被告에게

마음이 간다。 開門이 六合을 生하면 官은 주로 證人의 말을 信任하여 판결을 내린다。

開門이 生扶를 얻은 가운데 吉門 吉卦를 얻으면 訟理가 公正하고、쇠약하거나 凶門 凶

卦를 만나면 시비를 옳게 가리지 못한다. 또는 開門이 入墓하거나 絕이나 空亡에 들

면 재판관이 흐리멍텅하여 訟詞를 다스리지 못한다.

○ 누가 囑託하나

開門으로 審問官을 삼고 値符 (六儀甲子戊가 있는 宮) 로 原告를 삼고 乙奇로 被告를

삼는다.

値符 (戊儀) 가 空亡된 가운데 開門을 生하면 原告가 官에 재판을 유리하게 해 달라

는 청탁을 하게 되고、乙奇가 空亡되어 開門을 生하면 被告측에서 官에 청탁을 넣는다

고 본다.

② 官災

○ 罪의 輕重

잘못을 범한 罪人이 官의 問招를 받을 경우 甲午辛으로 罪人을 삼고 開門으

로 審問官(지금의 搜査官、檢察) 을 삼는다. 開門宮이 甲午辛宮을 生하면 심문인이 罪

人의 정상을 불쌍히여겨 용서해주고、開門과 辛宮이 比和되면 죄를 가볍게 다루며、開

門宮이 辛宮을 克하거나 辛宮이 開門을 克하는 가운데 二宮에 凶格을 이루면 罪가 重

하게 된다. 만일 辛宮에 空亡이 들고 三奇 (乙丙丁) 과 吉門一吉卦를 加하면 罪를 용서받

는다.

○ 囚禁된 경우

어떤 罪를 짓고 拘禁되어 있을 경우에 보는 방법이다.

天盤、甲午辛으로 罪人을 삼고 地盤辛 (天獄) 壬 (地牢)、癸 (天綱) 로 刑獄을 삼는다.

日干宮에 地盤 甲午辛이 임하면 囚禁됨을 면치 못하고、天盤 甲午辛이 地盤 壬癸宮에 임하면 罪人의 실수로 罪를 범한 상이니 壬癸宮을 冲破하는 날에 出獄된다。天盤 壬癸가 地盤 甲이나 乙이나 辛에 임하면 그물이 머리를 감싼 형상이라 囚禁을 면치 못한다。또는 天盤辛이 地盤 壬癸에 임하고 墓庫宮이면 영원히 出獄을 못하고、空亡에 임하면 囚監에서 풀려난다.

○ 告發 및 訴狀、陳情書

景門에나 驚門 혹은 朱雀으로 訴狀 (고발장、진정서도 동일) 을 삼고、開門으로 해당하는 官을 삼는다。驚門이나 景門이 旺相된 가운데 乙丙丁 三奇나 吉門 吉卦를 만나면 진정 사유가 정당한데 開門의 克을 당하지 않으면 진정이나 고발 호소한 내용이 肯定的으로 받아들여진다。그러나 景門이나 驚門에 三奇 및 吉門 吉卦를 얻지 못한 가운데 開門의 克을 받으면 官이 그 不當함을 역정내어 받아들이기는 커녕 도리어 問責을 당하거나 무고죄의 죄목을 쓰게 된다.

驚門 景門 二門이 墓에 들면 진정사유가 官에서 받안들이기 모호하여 취급하지 않으

려하고、二門이 空亡에 들면 이는 진정 (호소、고발) 내용이 根本 날조된 것이므로 官

에 인정되지 못하여、開門이 入墓나 空亡되면 官이 誠意를 베풀지 않아 無效化하고 만

다.

(10) 行人占

① 行人의 安否

집을 떠나 먼 客地로 나간 사람의 安否와 돌아올 것인가를 占친다.

年命 (生年干) 및 日干으로 行人을 삼는다.

干支=行人이 오고、안오는 것을 추측하려면 時와 日을 參考한다. 時干이 日干과生

合하면 그 生合되는 방위에서 만나고、日支와 時支가 制克당하면 가다가 되돌아온다.

時支가 占日을 기준 驛馬되고、日支와 時支가 合을 이루면 出家한 사람이 돌아온다

가장 꺼리는바는 用이 死、絕、墓、空亡、刑을 만난 것이니 이 가운데 여러개가 만

나면 行人의 소식을 알 수 없다.

日辰의 納音이 年干이나 日干을 生合하면 이미 돌아오는 길이요、時의 納音이 日干納

音을 克하면 역시 行人이 登程하고、日의 納音이 時의 納音을 克하면 그가 돌아올 맘

이 있어도 여의치 않다.

直符로도 行人을 推知한다。 直符가 旺相한 가운데 日干을 生하면 돌아오는데 순탄

하고、月令에 休囚되거나 日의 刑克을 받으면 돌아오지 않는다。

空亡이 直符 뒤에 있으면 （가령 乾宮이 直符라면 中宮이 空亡） 行人이 고향을 그리워

하는 형상이다。

句陳、騰蛇、白虎가 尅制를 만나면 돌아오는 길이 지체되고、玄武、太陰이 生合하면

少女로 인해 行程의 장애를 받거나 머므르게 된다。

역마가 九地나 九天宮에 있으면 타고 오는 말 （馬） 이 속력을 가한다。 （속히 돌아온

다는 뜻）

直使（八門）로 行人의 踪跡을 추리한다。 八門이 돌아오는 방위와 合이 되면 （用이

있는 八門） 돌아오고、驚門、傷門、死門이 直使 （用이 있는 八門宮） 를 刑克하면 돌아

오지 않으며、開門、生門、景門에 奇 （乙丙丁） 가 임하여 直符가 入墓한데 있으면 상봉

한다。

日干＝用神 （日干） 이 驛馬를 만나면 行人이 돌아온다。

九星이 四正方에 거하여 生旺하면 在外居하고 入墓하여 比和면 반드시 돌아온다。 단

歸來方이 空亡이나 絶이 되면 돌아오지 않는다。

九宮의 符頭가 어느곳인가를 찾아 符頭宮이 日干宮을 生扶면 당일에 온다。

門戸는 直符와 八門이 合하는 것을 찾아보고 時、日의 驛馬가 어느宮에 해당하는가

를 보아 日干과 合하면 行人이 돌아온다。

吉凶格＝靑龍返首（戊加丙）와 朱雀跌穴（丁加癸）은 行人이 이미 行裝을 차리고 돌아

오려 한다。 단 刑을 만나면 時日이 더디고、合을 만나면 빠르다。

白虎猖狂（辛加乙）이면 머물러 오지않고、靑龍敗走（乙加辛）면 行人이 무슨일이 뜻대

로 안되어 돌아오지 않는다。

遁格이 時日과 合하면 上中元 百二十日 이내에 （出行後） 돌아오며、白虎、朱雀、騰蛇

가 會하면 書信이 이른다。

騰蛇가 九天과 같이 있으면 오는 道中에 나쁜 일을 만났고、朱雀投江（丁加癸）이면

그가 올까말까 방황하며 결정을 못 내린다。

伏宮（天盤庚儀가 値符를 만나 地盤戊儀 위에 있는 것） 및 飛宮（値符가 庚을 加한것）

은 行人이 매우 먼곳에 있어 吉凶간에 돌아오는 時日이 지연된다。

刑格（庚加己）은 피차 만나볼 인연이 없고、太白（庚）이 熒惑星에 加하면 行人이 장

차 이를것이오、熒惑（丙）이 太白에 들면 書信조차 막연하다。

用神이 擊刑（戊加三 己加二 庚加八 辛加九 壬臨五 己臨四）은 行人이 사건에 걸려 오

지 못하고、用神이 入墓되면서도 克을 받지 않으면 돌아온다 말할 수 있고、羅網（辰戌）은

고향에 돌아오지 못하며、返吟、伏吟이 刑冲을 받고 역마가 임하면 기다리는 사람이 돌

아온다。

② 待人

待人이란 집을 나간 가족이 돌아올 예정일이 지났는데도 오지 않거나 어떤 사람이 오

겠다고 약속하였거나 약속한 날짜에 오지 않을 경우, 또는 어떤 사람 (올듯한 사람) 이

오는지 안오는지와 온다면 언제 오며, 오지 않을 경우 왜 오지 못하나, 하는 점을 알아

보기 위한 占法이다.

日辰宮의 天盤으로 行人 (기다리는 상대방) 을 삼고, 日辰의 地盤數로 가정 또는 기다

리고 있는 (占치는) 주인공을 삼는다.

行人이 地盤數의 生을 받으면 계속 前進하는 상이어서 오지 않고, 天盤數가 地盤數를

生하면 後退하는 상이어서 반드시 돌아온다. 즉 日辰의 地盤數는 自身 (世) 이니 天盤

이 地盤을 生하면 天盤은 父母가 되고, 地盤이 天盤을 生하면 天盤은 子孫이 되는바 天

盤이 父母면 行人이 後退하는 상이오, 天盤이 子孫이면 前進하는 상이다.

天盤이 官鬼면 進神이므로 오지 않는데 원인은 中道에서 어떤 일에 막혀 오지 못하거

나 질병에 신음중이다. 天盤이 妻財면 退神이니 반드시 오는 것으로 본다. 그러므로

天盤이 地盤을 克하면 오지 않고, 地盤이 天盤을 克하면 돌아온다.

天盤과 地盤이 比和되면 이는 兄弟인데 天盤에 兄弟를 만나면 오는 시일이 계속 지연

된다.

歲宮이 中宮을 生하여 다시 日辰數를 生하거나、中宮이 太歲를 생하거나、歲와 月이 함

께 日을 生하거나、歲가 月을 生하고 月은 다시 日을 生하면 行人이 반드시 돌아온다.

반대로 太歲가 中宮을 도와 中이 日을 克하거나、太歲가 月支를 도와 月支가 日을 克하면 行人이 어면 장애를 받아 쉽게 돌아오지 못한다。

○ 家出人의 安否

行人의 年命（年月時四柱에 의한 당년의 年月日時）作局하되 用은 行人（집나간 사람）의 命造（生日）로 日干字가 있는 곳으로 정한다。

冬至後 陽遁（占日 기준）에는 坎艮震巽宮이 內와 近（가까운 곳）이 되고、離坤兌乾宮이 外와 遠（먼 곳）이 되며、夏至後 陰遁（占日 기준）에는 坎艮震巽宮이 外와 遠이 되고 離坤兌乾宮이 內와 近이 된다。用（日干宮、行人）이 內에 있으면 가까운 곳에 있는 상이오 外에 있으면 먼 곳에 있는 상이다。

用이 旺相된 가운데 吉門 吉卦와 乙丙丁 奇를 만나면 行人이 객지에서 몸이 건강할 뿐 아니라 그가 計劃한바를 성취하거나 많은 돈을 벌고 있는 것으로 추리되지만 用이 休囚（쇠약）되어 있으면 그가 하고 있는 일이 여의치 않거나 질병중에 있고、日干（用）이 墓나 空亡에 들고 다시 死、絕을 만나면 行人에게 不幸이 있다。

九金은 庚이오、七火는 丙이다。九나 七이 鬼가 되어 日干宮에 임하면 질병중이오、여기에 死門과 絕命이 또 임하면 大凶하니 생명이 위험하다。

○ 언제 돌아오나?

行人의 年命(나간 사람의 生年月日時)로 당년 太歲에 의한 年月日時)로 作局하여 오직 庚金(六儀)이 있는 宮을 보되 陽日이면 天盤庚을 보고、陰日이면 地盤庚을 본다.

太歲가 庚金을 生하면 一年內요、月建이 庚金을 生하면 一月내요、日辰이 庚金을 生하면 數日內요、時間이 庚金을 生하면 當日에 온다. 그러나 庚金이 乙과 合을 만나거나 몹시 미약하거나 入墓(辰戌丑未宮에 든 것) 되거나 空亡되면 오지 않는다.

(11) 尋人

① 어린이를 찾는 점

잃어버린 어린이가 남자라면 陽遁은 天盤 六合이 있는 方位요、陰遁에는 地盤六合이 있는 방위로 가서 찾아야 하고、女子라면 陽遁에는 天盤太陰이 있는 방위요、陰遁이면 地盤 太陰이 있는 방위에서 찾아야 한다.

多至後에 用이 坎、艮、震、巽宮에 있으면 小兒가 가까운 곳에 있고 離坤兌乾宮에 임하면 먼곳에 있으며、陰遁(夏至後)에 用에 坎、艮、辰、兌宮에 임하면 먼 곳에 있고 離、坤、兌、乾宮에 임하면 가까운 곳에 있으니 해당 방위의 멀고 가까운 추리대로 찾아야 한다.

用이 一六水나 坎宮이니 江、湖水、바다 근처를 찾고、用이 二七火나

離宮에 거하면 工場、注油所、仲介人 집、숯구덩이 불난 곳 등을 찾고、用이 三八木이나

震、巽木宮에 거하면 森林이나 草木이 우거진 곳、木材所 부근、산골 등을 찾고、用

이 四九金이나 乾・兌宮에 거하면 鐵工所、工場地帶、軍人部隊 부근을 찾고、用이

五十土나 坤艮宮에 거하면 農村、흙을 쌓아둔 곳、丘陵 근처를 찾아 보라.

만일 六合이나 太陰이 日干의 墓에 들면 찾기 어렵고、空亡을 만나면 다른 곳으로

옮긴 상이니 用이 있는 곳과 干合을 이룬 방위를 찾으면 된다.

② 逃亡人을 찾는 占

年月日時로 作局하여 六合으로 도망친 罪人을 삼고、傷門으로 잡으려는 사람을 삼

는다。 六合 (도망친 罪人) 이 傷門 (잡는 사람) 을 克하면 잡을 수 없고、傷門이 六

合을 克하면 잡을 수 있다。

傷門이 六合을 生하면 罪人에게 뇌물을 받고 잡는데 힘쓰지 않거나 罪人의 事情을

보아주는 상이오、六合이 傷門을 生하면 罪人이 스스로 찾아오고、六合과 傷門이 同

宮이면 지극히 가까운 곳에 있거나 서로 마주친다。

③ 달아난 奴僕

年月日時로 作局하여 달아난 奴僕이 男子라면 天蓬宮이 用이오 女子라면 天芮宮이 用

이다。 己身宮이 用을 克하면 잡을 수 있고、用이 己身을 克하면 원망을 품고 멀리 달

아나 잡을 수 없다。 天蓬이나 天芮星이 六合을 만나거나 用宮 (天蓬·天芮)의 天盤干이

干合을 만나면 다른 사람이 데려갔거나 누구에게 잡혀 있는 상이오、用이 日辰의 墓에

들면 누가 숨겨준 것이니 찾기 어렵고、用이 空亡을 만나면 이리 저리 옮겨다니는 상이

어서 역시 어렵다。

⑴2) 失物

① 찾을수 있나

물건을 잃은 것을 안 때의 年月日時로 作局한다。 (또는 잃어버린 年月日時)

用에는 두가지 법이 있는데 잃은 물건이 財物의 성격을 띠면 財宮으로 用하고、또는

金錢이면 四九金、衣服이나 靑果類 木類면 三八木、魚物이나 水에 속한 것 (液體—酒、

간장 등) 면 一六水、土에 속한 것이면 五十土、火에 속한것 (電機品、난로、化工藥品

따위) 이면 二七火로 用을 삼는다

또 한가지 用의 방법은 日干宮으로 失物한 주인공을 삼고、時干이 임한 宮으로 失物

한 물건을 삼는다。

前者의 用法에 의하면 用이 乘旺되거나 居旺되어 旺相을 이루고 있으면 그 물건이

원형 그대로 잘 보존되어 있다。 그리고 찾는다。

用宮이 空亡에 들거나 孤虛되거나 受克 居克되거나 日辰의 死、墓、絕이 되면 끝내 잃

어버린 물건이다。

一六水＝酒、醬、魚類、放水

二七火＝監、爐冶、電熱品、가스 등

三八木＝의복、비단、포목、과일、紙物、木材、苗木、家具

四九金＝金、銀、銅、鐵、刀劍創、現金、金屬類 一切

五十土＝米穀、豆太 등 農產品

文書는 父母요、재물은 妻財가 用이며、六畜은 十이 牛羊、五가 개、七이 馬、六이

돼지、四가 닭、三을 고양이로 본다。

用이 受生되거나 居生되면 잃었다가 다시 찾게 된다。

用이 空亡 居衰 居克되면 찾기 어려운데 이렇더라도 受生되면 用을 克하는 者를 克

하는 日辰이나 空亡이 나간 뒤에 노력하면 찾을 수 있다。

後者의 用法 (時干이 잃은 主物) 에 의하면 時干宮이 旺相된 가운데 日干宮을 生하

면 찾을 수 있고、時干宮이 六冲을 만나면 잃은 물건이 冲出되는 상이어서 찾을 수 있

다。 그러나 時宮이 日干宮을 克하거나 몹시 쇠약하거나 日辰의 墓、絕이나 空亡에 들

면 찾지 못한다。

또는 잃어버린 물건이 損傷되었는가 그대로 성하게 있는가를 알아보는 방법이 있으니 아래와 같다.

잃은 물건이 金、銀、銅、鐵、보석、車、機械、반지、쇠로 만들어진 것、흰 돼지 모자、개 등은 乾、兌 宮이오、水晶、珍珠 (물이나 바다 속에 있는 것이므로 水에 속함) 筆墨、毛類、細軟한 물건、돼지、水產物、液體類、검정색을 띤 물건 등은 坎宮이오、山에서 나오는 물건、玉石、器皿、신、소、고양이 검정돼지、土產物 (穀類 包含) 등은 艮宮이오、수레、배、木器、紙物、木材、衣服、布木、果、나귀、노새、토끼 등은 震巽宮이오、圖書、文化財、書畫印章、文卷、새、말、따뜻한 衣服、爐冶、電熱品、電燈、火藥類 등은 離宮、土產品 (鑛物一切) 북、象牙、羊、農產物 등은 坤宮을 보아 해당되는 宮이 有氣 (生旺되거나 吉門 吉卦가 있는 것) 하면 그 물건이 온전한 상태로 있고、無氣 (克을 받거나 死、墓、絕、空亡 및 凶門 凶卦) 하면 이미 파괴된 것으로 간주한다.

② 누가 도둑인가、

天蓬과 玄武와 鬼로 도둑을 삼는다.
(強盜나 大盜는 天蓬이 用이오、강도가 아닌 직업적인 도둑은 玄武가 用이며、일시적인 도둑은 鬼로 用한다。天蓬이나 玄武나 鬼가 旺相된 가운데 吉門·吉卦 吉星을

만났으면 도둑질에 관록이 붙은 大盜의 짓이거나 도둑이 完全無缺한 대책을 세워 잡을

수 없고, 旺相을 얻지 못한 가운데 門卦가 凶하고 星이 凶하면 좀도둑에 불과하거나

도둑질이 서툴러 踪跡을 남긴 상이어서 잡을 수 있다.

天蓬이나 玄武와 鬼가 임한 八卦宮으로 남녀와 노소 또는 六親關係에 의한 신분을

추칙할 수 있다. 乾에 있으면 늙은 男子요, 震卦에 있으면 壯年의 男子, 坎卦에 있으

면 靑壯의 男子, 艮卦에 있으면 少年男子가 되고, 坤卦는 늙은 婦人, 巽卦는 壯年의

女人, 離卦는 젊은 婦人, 兌卦는 少女로 추정하며, 또는 用 (夫蓬 및 玄武) 에 官鬼가

있으면 본 도적의 짓이오, 兄에 있으면 兄弟姉妹나 朋友 同僚 또는 동등한 또래로 추

리한다. 기타 六親도 이와 같은 요령으로 도둑의 身分을 추지한다.

또는 官鬼로 도둑을 삼는 방법도 있다. 陽鬼면 도둑이 남자요 陰鬼면 여자라 한다.

또는 도둑의 姓을 推知하는 요령도 있다. 鬼가 一六水면 水姓이오, 二七火면 火姓

三八木이면 木姓, 四九金이면 金星, 五十土면 土姓을 가진者가 도둑이다.

玄武에 乙庚이 같이 있으면 男女 合作이다.

姓의 五行은 發音五行으로 정한다. 가령 水姓이면 발음이 羽音이니 ㅁ·ㅂ·ㅍ의 脣

音 (입술소리) 으로 나오는 姓氏가 된다.

鬼나 玄武가 己身宮과 同宮이면 집안 사람이나 매우 가까운 사람이오, 己身宮 左

右에 來하면 隣近人이오, 用 (鬼나 玄武) 이 멀리 있으면 먼데 도둑이다.

法에는 두 가지가 있으므로 이를 각각 설명하니 二法을 적절히 參考하기 바란다.

[一法]

사람의 財物을 단순히 훔치는 者를 도둑이라 하고, 목숨을 뺏거나 협박하면서 탈취해 가는 者를 도적 또는 強盜라 한다. 天蓬은 殺人強盜 등 大賊이오, 玄武는 직업적인 小盜이며, 鬼는 임시적 충동에 의한 도둑으로 보는게 마땅하다. 그리고 句陳 및 孫宮은 捕盜官 (경찰、수사관)이 되고 杜門方은 도적、도둑을 체포하는 방위가 되는데 모두 天盤數로 주장한다. 句陳 및 孫 (孫은 鬼를 克하는 者)이 盜宮 (天蓬、玄武、鬼宮)을 克하면 잡을 수 있고, 盜宮이 句陳이나 孫宮을 克하면 이는 賊旺이니 잡을 수 없다. 盜賊과 捕盜人 (句陳、孫)이 比和되면 잡을 수 있는데도 捕盜人이 잡으려는 성의가 없거나 서로 팽팽히 두뇌겨룸을 하고 있어 時日이 걸리고、天蓬、玄武、鬼가 句陳에 同宮이거나 句陳宮이 盜宮을 生하면 포도인과 도둑이 잘 아는 사이거나 도둑에게 뇌물을 받고 놓아주는 상이다.

三奇 (乙丙丁)를 얻은 庚이 年格 (歲干이 庚)이면 一年內요、月格 (庚이 月干에 臨)이면 數月內요、時格 (庚이 干에 臨)이면 즉시 체포한다. 그리고 用 (天蓬、玄武、鬼ー도둑의 성격에 따라 선택)에 들면 도둑을

잡기가 아주 수월하다.

〔二法〕

鬼가 旺하면 잡기 어려우니 鬼가 쇠약한 뒤에라야 잡을 수 있다. 鬼가 杜門方에 있으면 도둑이 도망치다 막다른 길에 부딪혀 꼼짝 못하는 상이므로 어렵지 않게 잡는다

鬼는 도둑이오 孫은 捕盜官 (경찰、수사관) 이며 世는 失物한 장본인이니 鬼가 旺하거나 吉門 吉卦가 보호하고 있으면 잡을 수 없고、鬼가 미약하거나 凶門 凶卦를 만난 경우 孫보다 世가 旺하면 自身이 직접 잡고、世보다 孫이 旺하면 수사관이 잡는다.

도둑을 잡는데는 鬼가 미약하거나 鬼宮이 凶한 가운데 世가 孫과 비화되거나 孫을 生하여 鬼를 克하면 가장 잡기가 쉽다.

鬼가 居生 居旺 乘生 乘旺되거나 미약하지 않은 鬼에 吉門 吉卦가 임하면 도저히 잡을 수 없다.

孫이 居生、兼旺、乘生旺되어 中宮에서 발동하면 무난히 체포한다.

④ 도둑의 도망한 곳

玄武는 도둑이오、玄武는 水에 속하므로 一六水로 도둑을 삼는다. 또는 直符九星의 所屬神에 玄武星이 있으니 一六水나 直符九星法의 玄武로 도둑을 삼아야 하는바 玄武가

있는 방위로 도둑이 도망친 방위 또는 도둑이 숨어있는 방위로 보면 된다.

玄武가 死門・傷門이나 禍害 絶命을 만나면 玄武方을 찾아가 잡을 수 있다.

玄武數가 乘死、居死 受克되어도 잡을 수 있다.

玄武가 日辰의 墓 (가령 申子辰日이면 辰巳 巽宮이 墓) 에 들면 도둑이 깊이 (完全하게) 숨어 있으므로 찾을 수 없고、玄武가 生旺地에 있거나 吉門 吉卦를 만나면 잡을 수 없다.

玄武가 火馬 (巳가 역마인 경우) 에 있으면 비행기 편으로 멀리 달아난 상이오、水馬 (亥가 역마) 면 江이나 바다를 건너 달아나고、木馬 (寅이 역마) 면 배 (木에 속함으로) 를 타고 달아난 상이오 金馬 (申이 역마) 면 汽車나 自動車를 타고 달아난 것으로 추리한다.

玄武가 伏吟 (己身宮과 玄武가 同宮) 이면 가까운 곳에 있고 反吟 (己身宮의 對冲宮) 이면 먼 곳으로 달아났다.

太歲가 中宮을 生助하고 中宮이 己身宮 (日支宮) 을 生하거나 太歲가 中宮을 生助하여 玄武를 克하면 도둑을 잡는다.

玄武가 巽宮에 거하면 東南方 草木이 무성한 곳이오 花園、果樹園、田園、채소밭 등에 숨어 있다.

玄武가 震宮에 거하면 東方에 樹林、市場、大路邊에서 찾아보고、玄武가 坤方에 있으면 西南方 田野、시골、平地 등을 찾을 것이며、艮土宮에 있으면 東北方 山中、산골、

山城、丘陵、共同墓地、흙무더기 부근을 찾아보라.

玄武가 乾宮에 위치하면 西北方의 전쟁터、體育舘、道、郡廳소재지、高地帶 등에 있고,

離宮에 거하면 南方이나 製練所、火藥庫、電業所、변전소、기차、불에 탄 곳이오、坎宮에 거하면 北方의 江、비、湖水、海邊 또는 濕地帶、漁夫의 집에 있고、中宮에 들면 中央都市

焚火口、骨材 쌓아둔 곳 등을 찾아보면 된다.

⑴3 消息占

가족이 外地에 나가 소식을 듣고자 하거나 기타 어떤 사람에게서 와야 할 소식이 오지 않거나 누구에게 어떤 일을 부탁해놓고 그 소식을 기다리는데 쓰이는 占이다.

朱雀과 景門으로 소식의 用을 삼는다. 朱雀이나 景門宮이 쇠약하거나 凶卦 凶星을 만나면 朱雀이나 景門이 旺相하면 소식이 이르며 旺相하여

吉卦 吉星이 임하면 기쁜 소식이오 凶卦 凶星이면 좋지 못한 소식이 온다.

또는 朱雀이나 景門이 己身宮과 가까이 있으면 소식이 빠르고 己身宮과 멀리 있으면 소식이더니다.

그리고 景門이 旺相된 가운데 乙丙丁 三奇를 만나면 확실한 소식이 이르고 景門이 休囚 된 가운데 三奇를 만났더라도 朱雀을 만나지 못하면 소식이 이르되 거짓된 소식이 온다.

景門이 日辰에 入墓되고 空亡을 만난 가운데 朱雀을 만나면 風聞 (헛된 소문) 이니 믿

지 말아야 한다.

己身이 朱雀을 生하면 내가 연락을 취하거나 독촉해야 소식이 오고、朱雀이 己身을

克하면 오지 않는다. 己身이 朱雀을 克하면 소식이 오더라도 거짓이 있다.

(14) 移徙方

九宮方의 吉凶格으로 방위를 본다. 이사할 방위에 三奇 (乙丙丁)와 吉門이 있으면

그 방위에 이사함이 대길하다. 이에 天禽을 加하면 四季月 (三、六、九、十二月)이

대길하고、天輔를 加하면 寅卯巳午月이오 天心을 加하면 申酉亥子月이 대길하다. 이에

해당되지 않으면 이사에 불리하니 그만두라.

〔參考〕 또는 九宮法으로 돌려짚는 男女年命에 의한 移徙方位도 參考하라. 九宮法

移徙方位란 一天祿 二眼損 三食神 四餌破 五鬼 六合食 七進鬼 八官印 九退食이니 男子

는 震宮、女子는 坤宮에 一歲를 起하여 九宮을 順行 年命 닿는 곳을 中宮에 넣고 九宮

을 돌려짚는다.

(15) 埋葬

① 埋葬占

埋葬占이란 즉 墳墓占이다.

◉直符―무덤、 광중、 吉神結聚、 形勢의 起伏과 去向 ○騰蛇―道路、 羅城이 對案되어

去脈、 ○太陰―穴順、 地風、 ○六合―向道、 植樹、 左右 弓抱、 ○句陳、 白虎―護使 內勢

拱對、 外勢、 吉砂、 ○朱雀、 玄武―明堂、 原長水、 主山、 來龍、 ○九地―穴窩、 ○九天―向

屏障、 照臨之勢、

◉休門―壬子癸는 黃泉이 辰이니 辰戌 日時를 忌한다。 ○生門―丑艮寅이오 黃泉은 寅

에 있으니 丙寅日時를 忌한다。 ○傷門―甲卯乙에 속하고 黃泉은 申이니 庚申日時를 忌

한다。 ○杜門―辰巽巳에 속하고 黃泉은 酉가 되니 辛酉日時를 忌한다。 ○景門―丙午

丁에 속하고、 黃泉이 亥에 있으니 己亥日時를 忌한다。 ○死門―未坤申에 속하고、 黃泉

이 卯에 있으니 乙卯日時를 忌한다。 ○驚門―庚酉辛에 속하고 黃泉이 巳에 있으니 丁

巳日時를 忌한다。 ○開門―戊乾亥에 속하고 黃泉이 午에 있으니 丙午日時를 忌한다。

休門 壬子癸 黃泉在辰 辰戌日時를 忌
生門 丑艮寅 黃泉在寅 丙寅日時를 忌
傷門 甲卯乙 黃泉在申 庚申日時를 忌
杜門 辰巽巳 黃泉在酉 辛酉日時를 忌
景門 丙午丁 黃泉在亥 己亥日時를 忌
死門 未坤申 黃泉在卯 乙卯日時를 忌
驚門 庚酉辛 黃泉在巳 丁巳日時를 忌

開門　戊乾亥　黃泉在午　丙午日時를 忌

甲　黃泉艮方　庫는未　忌寅水　向忌亥流

乙　黃泉巽方　庫는戌　忌辰水　向忌丑流

丙　黃泉巽方　庫는戌　忌午水　向忌寅流

丁　黃泉坤方　庫는丑　忌未水　向忌寅流

癸　黃泉艮方　庫는未　忌丑未水　向忌巳流

壬　黃泉乾方　庫는辰　忌亥水　向忌巳流

辛　黃泉乾方　庫는辰　忌戌水　向忌辰流

庚　黃泉坤方　庫는丑　忌申水　向忌申流

己　居離

戊　居坎

◉天蓬—水形、方尖、○天任—土形、曲尖、○天冲—木形、長斜、○天輔—木形、秀麗、○天英—火形、尖虛、○天芮—土形、偏斜、○天禽—土形、方正、○天柱—金形、仰缺、○天心—金形、門窩

◉一宮—納穴水局、○二宮—四維土、○三宮—結穴木局、○四宮—節은 申子辰、氣는 巳酉丑、○五宮—節氣結穴土局、○六宮—節은 寅午戌、氣는 亥卯未、○七宮—結穴金局、○八宮—四庫土、○九宮—結穴火局、

門戶ㅡ向을 迎하고 對案에 朝함은 天門이오、擁護하고 過峽하는 것은 地戶를 본다。

門貴가 天乙貴人과 天馬를 合하면 길격이오 戶貴가 九遁과 五假를 合하면 아름답다 한다。

干支ㅡ日干은 人이오 時干은 墓地이며、納音의 藏은 山向이오 日時 兩干의 生合은 遷葬에 吉이라 한다。

地(時干)가 人(日干)을 克하면 遷葬함이 불가하다。山向인데 納音의 克을 받지 않으면 葬埋가 무방하고、이 가운데 하나라도 刑克을 만나면 改葬함이 불가하다。

日納甲은 山이오 時納甲은

山向은 克해서는 안된다。日干이 山向을 克하면 亡人이 해롭다。向과 山을 보아 合化하거나 旺으로 化하고 納音이 서로 生合하면 吉하고 또는 直符 値使가 生旺을 만나도 移葬에 吉하다。

直使ㅡ門으로 山과 向을 점친다。門이 休囚旺은 埋葬이 가합하고、休廢는 불가하며、피차(日時)가 克을 받지 않으면 向을 세워도 무해하다。

門戶가 休囚되면 改葬하라는 증거다。다만 陰陽貴人星을 보아 陽貴人이 天門에 들면 발복이 빠르고、陰貴人이 地戶에 임하면 집안이 부흥한다。天門은 吉하나 地戶가 흉하면 점점 衰退하고、地戶는 吉하나 天門이 凶하면 역시 運이 衰하며 天門、地戶가 모두 凶하면 改葬함이 可하다。

吉凶格ㅡ青龍返首(戊加丙)는 回龍顧祖(龍이 머리를 돌려 祖山을 돌아봄)라는 明穴

이오、朱雀跌穴（丙加戊）은 蛇가 龍窩에 들어 불리하며、白虎猖狂（辛加乙）이면 右水

가 返跳요、青龍逃走（乙加辛）는 左脈이 날라 달아나 氣가 흩어지니 두렵다。

遁格은 각각 取하는바가 다르다。 地遁은 地氣를 얻음이니 비상한 땅이오、假格도 취

하여 쓰는바가 다르므로 葬埋에 鬼遁이면 大吉하다。 땅이 値使를 만나면 氣脈이 멀리 퍼지고、玉

三勝之宮은 山城에 임하는 것이 묘하다。

女守門（甲乙時丙、乙庚、時辛、丙辛時乙、丁壬時己、戊癸時丁）은 호위하는 砂가 삼엄

하다。

四戶는 刑傷됨이 불가하고、直使가 日時干과 天馬、六合을 만나면 대길하며、騰蛇妖嬌

（癸加丁）는 穴情이 不實하다는 증거이니 龍이 道路 등으로 傷하지 않도록 해야 한다。

朱雀投江（丁加癸）은 案山이 낮고 元辰水가 直流하여 좋지 않고、飛干（日干이 加庚）과

伏干（庚이 日干에 加）은 歲月이 흐른 뒤에 墓地가 變革될 우려가 있으니 이 점을 유

의할 것이며、飛宮（戊加庚）과 伏宮（庚加戊）은 땅이 凶하여 墓를 쓴 뒤 개미떼가 꽝

중에 우글거리고 바람에 뚫리는 재앙이 있다。

大格（庚臨癸）、小格（庚臨壬）은 水가 朝會하지 않고 冲射하고、刑格（庚加己）은

龍穴砂水가 모두 아름답지 못하며、五不遇（時干이 日干을 克하는것）면 人口가 불안하

다。

六儀가 刑을 받으면 재물이 없어지고、入墓와 羅網은 拱護하는 山이 刑殺을 떠어 불

리하며、返吟、伏吟과 迫（門이 宮을 克하는 것）은 山과 向이 吉格을 얻을 수 없으니

取하지 못한다.

直符와 値使宮이 休囚되면 人丁과 재물이 不發하고、時干과 日干宮이 刑害하면 장사 지낸 뒤 사람이 죽는다. 日時의 納音이 用 (日干、時干) 을 克하지 않는 가운데 直符 와 値使 (門) 가 生旺되면 改葬하여도 길하다.

② 墳墓占

父母나 祖上의 墓가 吉地에 安葬인가 아니면 凶地에 安葬인가를 알아 보는 占이다.

墓가 吉하면 祖先의 영혼이 편안하며 자손이 흥왕하여 복을 누리고、조선의 영혼이 불 안하면 禍가 생겨 그 자손이 敗亡한다고 한다.

用은 死門宮의 天地二盤으로 추리한다. 즉 死門의 地盤으로 死亡人을 삼고 天盤으로 子孫을 삼는다.

死門이 三奇 (乙丙丁) 를 만나고 地盤과 相生比和되면 조상의 영혼이 편안하다는 증 거요、地盤이 天盤을 生하고 天盤에 乙丙丁 三奇를 만나면 大吉하여 조상이 편안하고 자손이 발복한다.

死門宮의 天地盤이 相克되면 父母 祖上과 子孫들이 다 不安하고、地盤이 天盤을 克 하고 奇 (乙丙丁) 를 얻지 못하면 산 사람 죽은 사람에 다 凶하다.

死門宮이 返吟이면 移葬함이 좋고、死門이 空亡이면 地氣가 없어 재앙이 이르리니 재산이 소모되고 人口가 亡한다.

또는 死門宮의 天地盤을 他에 凶格 凶星宮이 克하면 凶하고, 吉星 吉格이 生해주면

墓地가 길하다 판단한다.

(16) 天時占

値符＝直符星은 蒼空、日月、風雨、晦明이오、騰蛇는 雷、電、虹霓(무지개) 요、太陰

은 霜雪、氷凍(얼음)、陰雲(음침한 구름) 이오、六合은 잔잔한 바람、밝은 날씨요、

句陳、白虎는 雲霧 沈晦(침침한 날)、疾風、暴雨요、朱雀、玄武는 天鼓、雷電、密雲(

짙은 구름) 이오、九地는 흐렸다 하는 날씨요、九天은 맑고 깨끗한 하늘이니

旺弱 또는 空亡 등으로 추리한다。

値使＝休門은 白雲、甘露(이슬)、細雨(가랑비) 요、生門은 狂風 및 黃沙요、傷門

은 風雲과 暴雷(우뢰) 요、杜門은 무지개、벼락이요、景門은 무지개 및 붉은 노을이

오、死門은 陰風、寒疲、아지랑이오、驚門은 狂風 우뢰와 벼락이요、開門은 채색、노을

빛 우박에 속한다。

十干＝甲은 靑龍인데 찬란한 햇빛、살랑이는 바람이오、乙은 靑龍、부드러운 바람

고운 날씨요、丙은 朱雀、新月(초생달)、電光(번개빛) 이오、丁은 朱雀、찬란한

별빛、아름다운 구름이오、戊는 句陳、서리、안개、아지랑이、몽롱한 날씨、너무 건조

하거나 너무 습한 것이오、 己는 句陳이며 습기가 많은 날씨、 안개 등이오、 庚辛은 白虎

인데 된서리、 暴雨요、 壬은 玄武로 질풍과 暴雨요、 癸도 玄武인데 보슬비、 무지개 옆은

얼음으로 본다。

九星=天蓬은 烏雲 (검은 구름)、 蒼龍、 비오는 날、 怪氣 (이상한 기후) 요、 天任은 안

개、 아지랑이、 風疲요、 天冲은 風疲、 우박、 개인 날씨요、 天輔는 무지개、 고운 노을빛이오、

天英은 彩雲、 暗風、 무지개、 天芮는 안개、 흙비 黃沙요、 天禽은 晴風 맑은 바람

甘露요 天柱는 風霜、 벼락、 寒水요、 天心은 우뢰、우박、 붉은 노을로 본다。

干支=日干은 天時요、 時干은 地利며 納音五行은 陰陽의 帝王이다。 天盤이 地盤을 克

하면 바람이 수풀에서 나오고 地盤이 天盤을 克하면 안개가 짙다。

天地가 相生하거나 相合 (甲己合의 例) 하여 化神이 金이나 水면 甘露天 (단 이슬

을 먹음은 天氣) 라 하는바 날이 개인 것이 아니므로 가는 비가 짙게 내린다。 納音의

生克은 五行時令의 消息 (盛衰) 이니 가령 日干 時干이 合한 가운데 日辰의 納音五行이

生해주면 一時刻 이내에 風雨가 이른다。

直符=水局은 비를 주장하고、 金局은 추위를 몰고 온다。 만일 門이 金 (驚門、 開門)

이고 宮이 水면 飛龍이 九州에 드는 격이니 四方에 많은 비가 내린다。

土局은 비가 없는 구름이 연일 끼고、 때때로 四野에 黃沙가 일어난다。 한 겨울에

門이 金이고 直符가 土宮에 居하면 六花 (여섯모난 꽃 즉 눈을 칭함) 가 날고、 直符가

八門의 木火局에 임하면 天地가 명랑하다。 木局은 바람이오 火局은 날빛이니 春夏에 만

나면 이러한데 오직 囚墓閉가 되면 도리어 바람이 멎고 가랑비가 내린다。

値使는 각각 本宮에서 구한다。旺氣가 生門을 만나면 用을 따라서 天候를 추측한다。

三刑과 克制、反吟、伏吟은 개었다 흐렸다 하며 休囚死絕은 비록 風雨가 動할지라도 잠

시간에 걷힌다。

十干=三奇 및 六儀 (乙丙丁奇와 戊己庚辛壬癸儀) 의 干으로 흐리고 맑은 것을 추리

한다。오직 時令의 生扶를 얻지 못하고 刑、墓가 닿아도 時干에 三合을 만나면 날씨가

좋다。

九星=太陰星으로 비오고 개인 것을 판단한다。値符가 空亡을 만나면 日氣가 종잡을

수 없는데 陽宮은 날이 개이고、陰宮陰星은 어둑침침하여 비가 오고、혹은 때때로 개

었다 비오다 한다 (諸葛武侯篇을 參考하라)

九宮=날씨를 占치는데는 天乙을 주로 살피고 五行의 生克을 연구하라。즉 時令의

生扶를 얻고 얻지 못함과 生克制伏으로 陰晴을 定한다。太陰과 玄武는 陰天과 비를

맞고、六合과 白虎는 雷風이 생기며 朱雀、騰蛇는 우박이 내리거나 무지개가 서고、句

陳은 짙은 안개가 낀다。

日時月格에 刑悖 (刑은 庚加己、悖는 丙加時間) 九天、九地에 三奇 六儀의 어느 글자

에 해당하는 것과 陽은 開하고 陰은 闔 (닫힘) 하는 것으로 연구하라。

雨占에 三奇六儀와 化神 (干合化한 五行) 과 合神 (干合되는 干) 의 방위 및 時刻을

參考한다。白虎가 巽宮에 이르고 六合이 乾宮에 이르러 旺하면 바람이 일고 休囚되면

것을 알아낸다.

烟霧（연기와 안개）요 朱雀이 坎宮의 玄武에 임하면 主가 客을 勝（坎水가 離火를 克함）한 것이니 반드시 비가 내릴 것이며 太陰과 九地는 때때로 비가 내리다가 때때로 개인다.

門戶＝三門八宮에 陰陽을 분별하고 奇儀가 加한 것으로 자세히 살펴야 한다. 陽門에 陽星이 있고 三奇가 會하면 三光（日、月、星）이 명랑하고、陰門에 陰星이 會하여 三奇가 구름이나 안개로 침침하며、日月星의 三奇가 天門에 照하거나 中宮이나 乾巽宮에 照하면 도리어 風雨가 이른다. 六儀가 會하고 陰星이 來臨하며 陰勢가 地四戶를 生하거나 陰宮에 六儀가 임하면 風雨의 징조요、三奇와 陰星이 地戶에 들어 墓가 되면 날빛이 밝지 못하고 음침하다.

吉凶格＝朱雀入穴（丁加己）은 날씨가 개이고 靑龍返首（戊加丙）는 비가 온다. 또 陽宮에 얽으면 개이고 陰宮에는 비라 결정한다. 白虎猖狂（辛加乙上）이면 금시 바람이 일어나고、靑龍敗走（乙加辛）면 갑자기 비가 내리고、騰蛇妖嬌（癸加丁）는 짙은 구름이 끼어 음침하다.

朱雀投江（丁加癸）이면 豪雨가 내리고 熒惑이 白虎에 들면（丙加庚）무지개가 서고、太白이 熒惑에 들면（庚加丙）우뢰와 번개가 요란하며、庚格（年月日時干宮에 庚이 임한 것）은 개었다 흐렸다하며 비와 번개가 간간 있고、辰戌은 羅網이니 陰雲이 끼고、時日이 生하고 克하는 것으로 用（陰、晴）의 生克을 따져 개이고 비오는 것을 알아낸다.

○대개 날이 개이는가를 보려면 直符의 九天、朱雀、騰蛇、句陳、白虎와 門의 生門、

景門 死門 杜門과 天蓬九星의 天輔、天禽、天英、天芮를 주로 하여 木火局의 旺衰로 論

한다。 그리고 三奇가 位를 얻고 (生旺) 戊己가 當權 (得地) 하며 陽星이 生旺이면 날

씨가 개인다。

○비를 기다리는 占에는 九地、太陰、玄武、白虎와 門의 休、驚、開、傷門과 天蓬、天

柱、天心、天冲을 주로 하여 金水局의 旺衰로 정한다。 三奇가 虛、墓되거나 庚辛壬癸

가 旺하거나 陰星이 닫히면 반드시 비가 내린다。

× ×

天柱는 비 (雨) 요、天冲은 우뢰 (雷) 、天輔는 바람 (風) 、騰蛇는 번개 (電) 、天

蓬은 水神、甲辰壬은 龍神으로 用한다。

天禽이 旺相宮에 임하고 天柱와 甲辰壬이 一三七宮에 임하거나 惑은 地盤에 甲辰壬

이 임하면 大雨가 내린다。

天盤 甲寅癸에 地盤癸와 同宮되어 一三七宮에 임하면 작은 비가 내리고、甲辰

壬이 震宮에 加하면 이는 龍이 雷門에 오른 것이니 우뢰치며 비가 내린다。

丁奇가 騰蛇에 임하면 번개가 요란하고、여기에 凶門을 만나면 곳곳에 벼락이 떨어

진다。

甲辰壬이 墓에 들어 空亡되면 침침한 안개만 끼고 비가 오지 않는다。

겨울에는 天心星과 天任을 살펴야 한다。 이 二星이 天盤 地盤이 壬癸로 된 伏吟에 들

거나 혹 玄武나 白虎를 만나면 주로 수증기가 위로 올라가다가 응결하여 눈이 되어 내

리고、空亡과 墓에 들면 陰冷하다。다시 白虎가 猖狂(他를 沖克)하면 큰 바람이 불고

靑龍이 미약하면 바람이 불어 눈발이 휘날릴 뿐 비가 없다。

太白(庚)이 熒惑(丙)에 들면 우박이 쏟아지고、熒惑이 太白에 들면 일기가 청명하

다。

天柱가 地盤 一三七宮에 임한 가운데 壬癸를 만나지 않고 騰蛇를 가하면 무지개가 서

거나 번개만 치고 비가 오지 않으며、朱雀이 임하거나 空亡을 만나면 햇볕이 쨍쨍하고

오랜 가뭄이 든다。

○ 洪水에 대해

많은 양의 暴雨가 내리면 江河에 물이 불어 汎濫할 우려가 있다。 이럴 때 江河 가까

이 사는 사람들은 강둑이 터져 물이 덮칠까 크게 두렵고 불안한 것이므로 安危에 대해

占을 쳐보는 방법이 있다。

天蓬과 休門의 상태를 살펴야한다。 休門이 旺相되고 三奇(乙丙丁)를 얻으면 비록

물이 넘칠듯 하더라도 해가 없다。 休門이 旺相하고 庚을 만나면 洪水가 제대로 빠지지

못하고 넘쳐 흐르리니 주의해야 한다。

甲辰壬이 騰蛇를 띠면 凶龍이 물장난하는 상이니 水害가 두렵고、休門이 二五八宮에

떨어지면 水가 土의 克을 입어 (二는 坤土、八은 艮土、五는 中宮土) 범람하던 기세가

수그러지고、休門에 庚格을 만나지 않고 甲辰壬을 만나지 않으면 물이 언덕을 넘지 않는다。

休門과 天蓬은 坎水宮이므로 水勢를 보는 것이며 甲辰壬도 壬이 水에 속하기 때문이다。

(17) 其他占

○ 꿈의 吉凶

어떤 꿈을 꾸고 그 꿈이 吉한 징조인지 나쁜 징조인지 모를때 꿈을 꾼 日時 (혹은 年月日時) 로 作局한다。

用은 騰蛇宮의 六儀字와 八門을 살펴 등사가 吉門 吉卦와 같이 있으면 吉夢이라 판단하고、凶門 凶卦와 凶神을 만나면 凶夢이며、등사宮에 空亡이 들면 吉凶간의 아무 일이 생기지 않는다。

○ 까마귀가 짖을 때

까마귀가 괴이하게 짖어대는 日時 (혹은 年月日時) 로 作局한다。

天禽星이 있는 宮의 地盤六儀字로 결정한다。 만일 天禽이 위치한 地盤이 乙丙丁 三奇의 하나이고 다시 吉門과 吉卦를 얻으면 吉祥의 징조요、地盤三奇를 얻지 못한 가운데 凶門 凶卦와 기타의 凶星을 加하면 상서롭지 못한 일 이 생길 징조라 하겠다。

○ 어떤 怪物인가

알 수 없는 怪物을 우연히 발견하였거나 집안에 침입하였을 경우 그 怪物을 발견한

日時로 作局하여 오로지 騰蛇가 위치한 宮의 상태를 추리한다。

騰蛇가 坎宮에 있으면 물에서 나온 怪物이오, 艮宮이면 돌 (石) 속에서 나온 것이거

나 山의 精이오, 震宮에 있으면 木怪 惑은 狐狸 (여우 이리 따위) 요, 巽에 있으면 花

妖 (꽃의 妖精) 와 龍蛇, 離宮에 있으면 火怪、鳥怪 및 龜、蛇、坤에 있으면 老婦와 牛

羊怪 및 房屋、金、灶요、兌宮에 있으면 飛鳥、羊怪、또는 오랫동안 땅속에 묻혀있던 金

銀怪、乾宮에 있으면 猪羊、犬의 머리와 銅、鐵、器皿이며、또는 神의 願이다。 만일

騰蛇宮에 三奇와 吉門 吉卦를 얻지 못하고 凶格을 만나면、반드시 死亡의 凶변이 발생한

다。 그러나 騰蛇가 空亡을 만나면 아무런 탈이 생기지 않는다。

○ 道士를 찾는 占

山에 들어가 道士나 眞人、仙人 등을 찾아 가려는데 목적을 이룰가 하는 占에는 天芮

로 찾아가는 주인공을 삼고、天輔로 道士를 삼는다。

天輔星이 三奇와 吉門 吉卦를 얻어 天芮의 生을 받으면 반드시 道人에게 가르침을 받

고、그냥 天輔와 天芮가 比和되면 만나보기만 하게 될 뿐 道를 傳受하지 못하며、天輔

와 天芮가 相克되어 만나보지도 못한다。 그리고 陽日이면 僧道가 傳道하고 陰日이면 道

士、仙人을 만난다。

○ 賦役에서 언제 풀려나오나

나라의 役軍으로 徵集되어 간 사람이 언제 풀려나오느냐를 알고자 하면 開門으로 官

長을 삼고 日干宮으로 부역나간 사람을 삼는다。

開門이 日干을 生하면 官에서 쓸 일이 더 있어 아직 놓아주지 않는 상이오。開門이 日

干을 克하면 進退간에 官의 질책을 받으며 開門과 日干이 比和되면 退役을 허락한다。

또는 日干宮에 靑龍을 만나면 자기 마음대로 물러나올 수 있고、日干宮에 熒惑星(丙)

이 太白(庚)에 加하거나 騰蛇를 띠면 官에서 끈질기게 붙들고 있어 풀려나오지 못한

다。

○ 官廳의 부역

開門으로 官을 삼고 日干宮으로 주인공을 삼는다。

日干이 旺相된 가운데 乙丙丁의 三奇와 吉門 吉卦를 만나며、開門宮은 三奇와 吉門

吉卦 등을 만나 日干宮의 生을 받으면 반드시 國家나 社會機關에 重用되어 영화를 누린

다。 그러나 만일 日干宮이 休囚되고 三奇와 吉門 吉卦를 얻지 못한 가운데 開門의 生만

받으면 吉凶간에 평평하며、日干과 開門이 서로 冲克되면 불리하다。

○ 出張가서 어떤 待遇를 받나

天輔로 出張人을 삼고、甲子戊로 닿이하는 官長을 삼는다.

開門에 奇 (乙丙丁) 와 吉卦를 만나 天輔宮을 生하면 신분이 높은이가 맞이해주고、甲子戊나 開門이 天輔宮에 임하면 귀인이 協力해준다. 만일 開門이 旺相되지 않고 三奇를 만나지 못하면 미관말직이 迎接을 받고、開門과 天輔가 比和되면 主賓이 친근해지고、相克되면 主賓이 不和한다.

만일 天輔가 墓에 들거나 開門이 墓에 들면 불길하고、空亡을 만나면 아무도 迎接하는 사람이 없다.

○ 스승과 弟子관계

天輔로 스승을 삼고 天芮로 弟子를 삼는다. 天芮가 天輔宮을 生하면 제자가 스승을 구하려는 마음이 간절하고、天輔가 天芮를 生하면 스승이 弟子에게 자기의 제자가 되어주기를 바란다.

天輔가 天芮宮을 克하면 스승이 弟子로 받아들이기를 꺼리거나 그 弟子를 미워하고、天芮가 天輔를 克하면 弟子가 스승을 깔보거나 그 스승한테서 배우기를 싫어한다.

天芮가 旺相된 가운데 乙丙丁 三奇와 吉門 吉卦를 얻으면 弟子가 스승에게 厚한 사례를 하는 상이며、天芮가 三奇와 吉門 吉卦를 만나지 못하거나 休囚되면 그 書堂이 텅빈 상이다. 天芮가 空亡이나 墓에 들면 스승 弟子 관계가 맺어지지 않는다.

— 486 —

○ 땅을 파도 좋은가

땅을 파서 물을 구하거나 물길 (水路) 을 트는데는 開門으로 주장한다。

開門이 旺相되고 乙丙丁 三奇를 얻으면 땅을 파내도 해가 없고、開門이 返吟되거나

墓에 들면 땅을 파지 말아야 한다。 그리고 開門에 太白殺 (庚金) 이 있는 가운데 甲辰

壬이 旺相되어있으면 大凶하다。

○ 避亂占

國亂이 일어났거나 기타의 일로 避身하게 될 경우 오직 杜門으로 결정한다。

杜門이 어느 宮에 들었는가를 보아 杜門方으로 피해야 좋다。 또는 杜門宮의 六儀三

奇가 어떠한 글자인가를 볼 것이니 가령 戊儀가 있다면 귀인이 도와주게 되고 乙丙丁

三奇가 있으면 피난길에 막힘이 없다。 庚이 임하면 木을 안고 가야만 재난을 면한다。

杜門에 辛이 있으면 天賦이고 壬은 天牢가 되어 도망치기 어렵고、杜門宮에 地盤癸가

있으면 이는 天綱이라 불길하나 坎艮宮의 杜門은 무방하다。 三四尺의 木을 누르고도

망하라。

杜門이 乾이나 兌宮에 위치하면 살살엎드려 기어가고、도망하는 방위가 艮이나 離宮이

거나 혹은 땅 높이가 八九尺이거든 빨리 달아나야 한다。 만일 杜門이 震巽方에 들면

도망할 수가 없고、杜門이 乾、兌宮에 들면 金克木이니 도망하다가 결국 잡히고 만다。

그러나 이러한 경우 乙丙丁 三奇와 吉卦 吉神이 임하면 구원해 줄 사람이 있다。

○ 求人占

求人이란 사람을 구하는 일인데 여기에서 구하는 사람의 의의는 자기가 부릴 사람
즉 가정에서는 일꾼 (下人) 이나 家庭婦、料理士、庭園士、심부름꾼 등이고 사회의 事
業主라면 社員、職員、部下 등 자기의 명령으로 움직여주는 사람을 구하는 일이다.
値符 (甲子戊) 로 구하려는 주인공을 삼고 天芮가 있는 宮으로 일꾼을 삼는다. 만
일 天芮宮이 値符를 生하면 그 일꾼이 들어와 주인에게 이익을 주고, 두 宮이 比和되
면 일꾼이 좀 고분고분한 맛이 없이 억센듯 하며、天芮가 値符를 克하면 일꾼이 주인
을 업신여기거나 배반한다.

天芮宮에 玄武나 天蓬을 만나면 주인의 물건을 훔치거나 손해를 끼치는 者요、青龍
을 띠고 있으면 잘못을 저질르고 도망친다.

天芮가 騰蛇와 같이 있으면 病者요、太白 (庚) 을 만나면 건방지고 흉악하며、이에
値符를 克하면 주인의 권세를 뺏으려하거나 주인을 배신한다. 天芮가 壬癸水와 같이
坎宮에 들면 그가 음란하며 주인과 奸淫하고、丙이 庚 위에 加하면 게으르고 어리석
다.

○ 官職占

官職中 잘못이 있을 때
値符로 管轄機關 및 上官을 삼고 開門으로 官職을 삼는다.
開門宮이 値符宮의 克을 받고 休囚되며 凶星을 加하면 구속을 당해 문초 받고、旺

相하면 罷職되며、吉星을 만나면 左遷된다。 그러나 開門宮이 値符宮의 克을 받지 않고
도리어 生을 받으면 잘못이 무사하게 마무리된다。

○ 指示한 일의 運速

六丁宮과 値符宮이 相生되면 지시를 내린 일을 속히 이행하고、相克이면 더디다。 또
는 六丁이 어느 宮에 위치하는가를 살펴 日干支로 施行되는 날을 추정한다。

○ 新任官의 人品

새로 赴任한 官長이나 上司의 人品과 人的事項을 알아보려면 開門으로 新任官을 삼
아야 하는바 九星은 新任官의 心性을 보고、開門宮의 天盤干은 分野를 삼는다。
만일 開門이 吉星과 같이 있으면 좋은 인물이오、凶星과 같이 있으면 惡人이다。
開門에 天輔가 있으면 心性이 優雅하고、天任은 仁慈하고、天心은 착하고 정직하며、
天禽은 忠厚한 君子요、天冲은 성질이 강하고、天英은 性急하고、맹렬하며、天芮는 간
사하고 凶惡한 인물이다。
어느 地方의 인물인가는 開門方으로 추리한다。 예를 들어 乾宮이면 西北地方이오 坎
宮이면、北方、艮宮에 있으면 東北方出身의 인물이라 한다、

○ 官司의 緩急

어떤 일을 官에서 나에게 命令 혹은 맡겼을 경우 독촉의 급하고 느린 것을 알아보려

면 時干으로 나를 삼고 日干으로 官長을 삼으며、 丁奇로 公文을 삼고 值符로 관청에서

보낸 官吏를 삼는다。

值符宮이 天乙宮을 克하고 丁奇가 地盤에 임하면 官의 독촉이 느긋하다。 值符宮이 天

乙을 克하고 值使가 外地에 임하면 그 독촉이 급하다。 만일 值符가 擊刑（戊가 三宮

己가 二宮、 庚이 八宮辛이 九宮、 壬이 四宮、 癸가 四宮） 되면 宮吏가 매우 까다로와 곤

난을 받고、 乙丙丁 三奇에 임하면 마음씨가 후한 사람이다。

만일 值符와 天乙이 相生되면 官長이 나를 好感으로 기쁘게 대해주고、 相克되면 怒氣

를 띠고 대한다。

○ 鳥雀이 짓는 징조

참새 따위가 요란히 지저귀면 그 日時로 作局하여 吉兆인지 凶兆인지를 알아본다。

朱雀星이 臨한 宮의 狀況을 살핀다。 즉 朱雀이 어떤 門과 어떤 奇儀（六儀와 三奇）

에 임하였나로 吉凶을 가늠하는 것이다。

開門이 奇（乙丙丁）를 얻으면 반가운 벗이 찾아오거나 먼 곳으로 나간 가족이 돌아

오고 혹은 酒食이 이른다。 （이 모두 開門宮으로 결정하되 人盤은 人事에 속하니 天地

盤을 推知하라）

休門이 奇를 얻으면 주로 기쁜 일이 생기거나 희소식이 이르고 혼인의 경사가 있당

生門이 奇를 얻으면 토지와 재물 육축이 늘어나고、만일 이상의 門이 克을 받거나 凶星을 만나고 奇가 墓에 들면 하등의 吉兆로 볼 수 없다。景門에 吉格을 만나면 근심된 소식이 이르거나 약간의 우환이 생겨난다。

○ 船主의 善惡

배를 타고 航海하려는 船員이 자기가 타는 배의 船舟가 어떠한 사람인가를 알아보려면 震宮을 보아야 한다。震宮에 天輔、天心、天禽 등이 있으면 마음씨가 매우 좋은 사람이오、天冲、天任星이 있으면 보통 좋은 사람편에 속하고、天英、天芮、天蓬이나 杜門을 만나면 그 船主는 좋지못한 사람이니 배를 타지 마라。

六、平生運 및 身命占

年月은 父母요、月干은 兄弟요、日干은 己身이며 時干은 子孫 또는 妻妾으로 본다

여자는 乙丁宮의 庚을 남편으로 본다。

또는 離宮은 머리와 얼굴에 속하고、乾과 艮宮은 두 발이오、坤과 巽은 두 어깨와 귀

요、兌와 震은 양쪽 손이며 坎은 陰部 및 腎으로 보고 中宮은 심장과 腹部로 본다。

이상 九宮의 強弱과 吉凶星으로 榮枯盛衰를 판단하는바 旺相에 乙를 얻으면 부귀하

고、死囚墓絶에 임하면 지극히 빈천하다。

格局은 輕重을 분별하고 命運으로 그 得失을 판단하라。

맨 먼저 孤虛(孤는 空亡宮、虛는 空亡의 冲宮)와 旺相으로 吉凶의 구분을 하여 입

을 열되 반드시 旺相休囚는 月令을 主로 삼아야 한다。

太白(庚儀)이 乾(老父)이나 坤(老母)에 들면 早失父母요、太白이 兄弟宮에 들

면 동기간끼리 원수와같이 여기며、日奇(日干이 있는 곳의 三奇)가 刑을 입으면 상처

수요、時干宮이 이러하면 자식을 두기 어렵다。

生門은 生産 즉 産業이니 奇의 유무와 生克을 따져 成敗와 得失을 가려야 한다。生

門宮에 太白 (庚儀) 이 들어 冲을 만나면 父母 祖上의 터를 버리고 고향을 떠나는 사람이오、 克을 받으면 물려받은 遺産을 모조리 없앤다.

生門이 外 (冬至後는 離坤兌乾이 外요、夏至後는 坎震艮巽이 外다) 에 있고 日干宮 (己身) 이 內 (冬至後는 坎艮震巽이 內요 夏至後는 離坤兌乾宮이 內다) 에 있으면 반드시 고향을 떠나야만 발달하지만、己身이 外에 있고 生門이 內에 있으면 비록 부모 조상에게 물려받은 재산이 있더라도 모조리 없앤다.

만일 己身宮도 內에 있고 生門도 內에 있으면 평생 편안히 복록을 누리고、己身과生門이 모두 外에 있으면 故鄕을 멀리 떨어져나가 自手成家로 産業을 일으킨다.

日干이 孤 (空亡) 를 만나고 時干이 虛 (空亡의 對冲宮、가령 坎이 空亡이면 離가 虛宮) 만나면 少年에 의지할 곳이 없게 되고、반대로 時가 孤를 만나고 日이 虛에 임하면 노래에 홀로 사는 신세가 된다.

年命 (年干) 이 冲克을 받으면 거리에서 乞食하고、日干이 絶、墓에 임하면 얼굴을 펼 날이 없고、旺한 財가 官鬼를 生하면 질병 우환 재앙이니 반드시 孫이 官鬼를 制御해야 액을 면한다.

天輔가 旺相을 만나 奇 (乙丙丁) 와 吉門宮에 임하면 學問이 발달하여 文職 (敎授 學者 行政官) 이오、天冲이 旺相된 가운데 奇와 吉門을 만나면 將이 되어 威嚴을 國境에 떨친다 (敵兵을 물리치고 大功을 세우는 武將이 된다)

天禽은 본래 中宮의 吉星이다。 天禽에 三奇와 吉門을 만나면 지위가 百官의 으뜸이오、 天英은 右弼로서 吉格과 합하면 한 나라의 으뜸가는 功臣이다。

天柱에 奇와 吉門 吉卦를 만나면 諫官 (임금이 잘못하는 것을 直言하는 職責、지금은

言論人에게 비유할 수 있다) 이오、天芮는 吉門과 吉格을 만나도 貴를 얻지 못하고 그

냥 평탄한 생애를 보낼 뿐이다。

天蓬의 기본 위치가 北垣 (坎宮) 으로 吉門 吉格을 만나면 叛逆하는 亂賊이 된다

開門에 奇 (乙丙丁) 를 얻으면 文宮이오、傷門이 月令에 旺相되면 武官으로 출세하고

生門에 奇를 얻고 吉卦가 임하면 石崇의 富를 누리며、景門에 奇와 吉格을 얻으면 文學

으로 명성이 높고 驚門에 吉格을 加하면 辯說이 能하다。

乾宮에 開門을 만나면 늦게 宮職을 얻고、死門이 奇와 吉卦를 얻으면 刑官으로 출세

한다。

吉星과 三奇 (乙丙丁) 에 吉卦를 같이 만나면 이른바 吉局이 형성됨이니 富豪의 命이

오 吉局을 얻지 못하면 平常한 인물이다。

開門에 天心을 만나 生旺되면 醫術、卜術로 유명하고 만일 死囚되어 無氣하면 손재주

로 근근히 生活해나간다。

休門에 天蓬星은 같은 坎宮의 神인데 生旺되면 兵營의 將校나 惑은 변변치 않은 官吏

요、死囚되면 兵卒이나 賊人이다。

生門、天任은 같이 艮土位의 神이니 生旺이면 田地가 많고、月令의 氣를 얻지 못하면

工匠人 惑은 農夫다。

傷門과 天冲은 震宮의 木星이다。有氣 (月의 生旺) 면 兵卒을 거느리는 지휘관이오

休囚死되면 馬夫에 불과하고、杜門과 天輔는 巽宮의 木星인데 有氣면 벼슬 없는 선비요

墓、絕을 만나면 僧道가 되거나 山林에 묻혀 사는 平常人이다。

景門과 天英은 離宮의 火神이니 有氣면 威烈한 선비오、無氣하거나 吉局을 놓지 못하

면 노동자의 신분이며、死門과 天芮는 坤宮의 土星인데 有氣면 한 고을의 方伯이오 墓

에 들거나 空亡을 만나면 고독하고 빈궁한 사람이다。有氣란 月令의 生旺과 吉卦 吉星

이 임한 것이오 無氣란 月의 生旺을 만나지 못하거나 死、墓、絕、空亡되거나 吉格을 만

나지 못함이니 맨 먼저 八門宮의 旺衰를 분별하여 有氣無氣를 가늠해야 한다。다시 論

하거니와 天蓬이 時令을 타면 (月의 生旺된 것) 國境을 지키는 장수요、地利 (宮의 吉

格) 를 잃으면 軍卒 感은 도적의 신분에 불과하다。

天任이 旺相하면 田土와 奴僕과 車馬가 즐비한 부자요、克을 받으면 농촌의 농사꾼이

아니면 산골의 나무꾼이다。

天冲이 有氣하면 武藝로 귀히 되고 時令 얻지 못하면 수레꾼、뱃사공 등의 신분이다。

天輔는 左輔인데 有氣면 文官으로 귀히 되고 失時하면 僧道、畵工、俳優가 된다。

天英은 火를 司令하는 神으로 離方에서 生旺되면 文勞을 잡아 권세를 누리지만 失時

하면 못난이가 되거나 집없는 건달의 신세다。

天芮는 根本 二黑星 (坤을 二黑星이라고도 함) 인데 生旺을 이루면 용맹을 좋아하여

깡패 무리의 우두머리가 되거나、無氣하면 남의 종노릇을 하거나 工人이 된다。

天柱는 兌宮의 七赤인데 有氣면 辯說이 당세에 으뜸이오、冲克을 만나 無氣면 배우、

樂士 및 기타 천한 직업의 재주꾼이다。

天心은 乾의 六白宮이다。 有氣면 한 지방의 우두머리요、墓나 空亡을 만나면 術客으로

명예를 얻고 재물을 얻는다。

天盤 戊가 地盤 丙에 앉은 것을 靑龍返首라 하는데 이렇게 되면 작은 고을의 縣令（

邑長、面長） 이오 丁奇에 戊를 加하면 부호가 된다。

辛에 乙을 加하면 이를 白虎猖狂이라하는데 凶頑하고 포악무도한 깡패、건달의 명이

다。

乙奇가 辛儀 위에 加하면 이는 靑龍逃走라 하는바 나약한 인물로、아내로 인해 敗를

당하고 혹은 꼽추나 못난이의 상이다。

丁奇가 癸에 加臨하면 이를 朱雀投江格이라 하니 末職에서 書記나 經理職을 맡는다。

癸가 丁奇에 加하면 이를 騰蛇妖矯라 하는바 마음이 악독하다。 小人이 이格을 만나

時令을 잃으면 眼盲 耳聾의 장애자가 되기 쉽고、生旺이면 火災를 만나 火傷을 크게

입는다。

庚金이 丙火 위에 加하면 이는 太白이 熒惑星에 든 格이니 活動力이 왕성하나 먼저

는 빈궁하고 뒤에 富한다。

熒惑（丙） 이 太白（庚） 에 들면 집에 재물이 없어 빈궁하다。

太白（庚） 이 天乙과 相合되면 成敗가 다단하고、太白과 天乙이 同宮이면 兄弟間에

다투며、太白이 天蓬과 同宮이면 항시 아내의 질병이 있다。또는 太白과 天蓬이 同臨하

면 가정을 잘 다스리지 못하여 淫亂으로 인한 醜聞이 밖에까지 퍼져나간다。

庚儀가 癸 위에 있으면 이를 大格이라 하는바 四海八方으로 돌아다니는 사람이오、庚

이 壬 위에 있으면 이를 小格이라 하니 잠시 淸貧하다。

年月日時 四格 (年格은 庚이 歲干宮에 임한 것、月格은 庚이 月干宮에 임한 것、日格

은 庚이 日干宮에 임한 것、庚格은 庚이 時干宮에 임한 것) 은 六親으로 推理하는 것이

니 어떠한 宮에 六親이 닿는 것을 보아 生克과 吉凶神 관계를 推測해야 한다。

辛은 天賊이오 壬은 地牢라 하니 辛壬이 己身宮에 임하면 低質的인 인간이오、억울한

심정을 펴기 어려운 神이다。

癸는 天綱이니 마땅히 高低를 보아、高한 者 (生旺에 吉神) 는 華蓋가 되어 귀격이라

하고、바탕이 低한 者 (休囚와 凶神) 는 天綱이 몸을 얽어매는 상이므로 적막 빈한하고

고독한 命이다。

또는 玉女가 守門 (甲己時에 丙、乙庚時에 辛、丙辛時에 乙、丁壬時에 己、戊癸時에

壬을 만난 것) 하면 아내가 남자를 따라 달아난다。 乙丁은 妻妾이니 누구를 親하고 누

구를 親하지 않는가를 살펴보아야 한다。

乙奇가 入墓하면 아내가 자식을 낳지 못하고、乙奇가 위에 있으면 妻妾이 화목하며、

丁奇가 乙에 加하면 호못한 아내를 둔다。

특히 天心은 空亡을 꺼리는바 吉格을 이루면 吉한 작용을 하지만 凶格을 만나면 곤액

이 심하다。 여기에 墓絕에 놓이면 지극히 빈궁한 생애를 보낼것이다。 生旺과 生克과 吉凶星으로 推理하라。

(2) 身命占

身命占이란 主人公의 性品과 人格、생김새 그리고 富貴貧賤과 吉凶의 有無를 推知하는 占이다。

主人公의 生年月日時로 作局하되 主로 己身宮의 吉凶神으로 판단하고 五行의 旺衰 및 他宮과의 生克관계 등을 살펴야 한다。

値符＝○ 直符는 氣概가 雄偉하고 羊唇虎皮 ○騰蛇는 奸邪하고 마음이 독한데 虛驚된 일이 자주 발생 ○太陰은 機謀가 깊어 눈 앞일보다 멀리 생각하는 면이 있다。 小人의 暗害를 주의해야 한다。 ○六合은 자상하고 실거운데 남의 말에 잘 感하여 마음이 움직인다。 친구의 도움이 있다。 ○句陳과 白虎는 과감하고 용맹하여 투쟁심이 강하다。 운질상으로 路上에서 크게 負傷할 우려가 있다。 ○朱雀、玄武는 巧辯이 있고 文章과 말솜씨에 能하다。 운질상으로는 소송과 시비가 있고 陰人의 邪計에 빠질 우려가 있으며 詐欺당할 것을 조심해야한다。 ○九天은 自負心이 강하고 虛張聲勢 (큰소리 치기를 잘 하는것) 험난과 장애가 따른다。 ○九地는 深機가 있고 혹은 음험하기 이를데 없다。 ○九天은 自負心이 강하고 虛張聲勢 (큰소리 치기를 잘 하는것) 험난과 장애가 따른다。 ○九地는 深機가 있고 혹은 음험하기 이를데 없다。 ○...를 좋아한다。 평생 이동이 많다。

値使＝休門은 모든 일이 처음에는 막히다가 열리고 귀한 신분을 만나보게 된다。 尸身을 永定하는데 길함。 ○生門은 生産을 作用하는 門이니 生男生女와 事業經營에 대길하다。 한 번 일어서면 모든 사람들이 깜짝 놀랄만한 일을 성취한다。 安葬은 隨時로 할 수 있다。 ○損傷의 의미가 있으니 負傷 등에 주의하라。 漁業이나 獸獵 (사냥) 에 종사하면 대길하다。

○杜門은 남 모르게 隱居하는데 가장 좋다。 分을 지키고 妄動치 않음이 좋고 敵을 막고、 기타의 침해를 막는데 길한 문이다。 ○景門은 文書、原稿、請願狀 등을 제출함이 좋고 고귀한 신분을 만나보는데 좋다。 消息占에 대길하다。 ○死門은 自結하는 厄을 주의하라。 단 재물을 쌓아 두고、吊喪가는일、國家에서 死刑囚를 執行하는 일은 좋다。 ○驚門은 肅殺之氣로 威勢를 떨치는데 마땅하다。 訟詞에 유리하고、虛驚된 일을 당한다。 ○開門은 遠大한 포부가 성취된다。 遠行에 유리하고 修造、賣買에 대길하다。 ○乙은 姉

十干＝甲은 十干의 우두머리로 父兄과 師友 그리고 高人君子를 상징한다。 ○丁은 女孫 使喚 媒妁 (仲媒人) 妹、僧道、藝術人 ○丙은 兒童、外甥、佐、詩人黑客、○庚은 祖父、將帥、軍官、○戊는 妾、馬、빠른 걸음、○己는 妻、婢農夫、士人、工人 ○壬은 母、仲介人 舟人、脚、産婆、○癸는 ○辛은 祖母 陶冶、工人、尼 (女僧)

九星＝○天蓬은 黑鬚人 (검은 수염이 짙은 사람) 肥鈍、용맹、沈滯 ○天任은 난쟁이 절룸발이 奸邪한 者、박수、무당 ○天冲은 모습이 으젓한 사람、말솜씨가 좋은 者、奇樂 ○天輔는 人物이 淸秀하고 文雅하며 和順함 ○天禽은 단정하고 忠良正直하다。 ○天芮는 살

빛이 검고 매우 倭小한 체구, 아니면 뚱보, 고집장이요, ○天英은 대추빛 얼굴 푸른수

염, 대머리요, ○天柱는 체격이 장대하고 雄狠하며 험악하고 강폭하다 ○天心은 얼굴이

넓직하고 二重턱, 귀가 큰데 과단성이 있고 구변이 能하다.

九宮=○一이 得令하면 才名이 雙全하고、失令하면 풍류에 방탕한다。○二가 得令하

면 고매하고 관후한 인물이오 失令하면 분주한 생애를 지낸다。○三이 得令하면 총명

하고、失令이면 有始無終이다。○四가 得令하면 富貴하고 失令하면 成敗가 다단하다

○五가 得令 (辰戌丑未日) 하면 길하고、失令하면 불리、○六이 得令하면 權歲를 잡고

失令하면 깡패、부랑아、○七이 得令하면 위명을 떨치고、失令하면 첨상스러워

사람을 상한다。○八이 得令하면 청수한 인물이오 失令하면 匠人、궤휼한 꾀로 남을

속여 이익을 얻는다 ○九가 得令하면 能히 象人을 통솔하고 失令하면 비굴하다。

門戶=○榮貴는 天門에 있고、富厚는 地戶에 매었다。天門 地戶가 陽宮에 合하면 이

익을 얻고 軒昂한 人品이오、貴히 되며、天門 地戶가 陰과 合하면 간험스러운 小人이다。

干支=日干은 身이오 時干이 命이니 納音으로 運氣를 定한다。身에 傷克이 없으면

吉하고 納音이 生扶하면 事業을 성취한다。化한 五行 (化土 化金의 例) 이 時令을 얻

고 刑傷이 없으면 名望이 높아 뭇사람이 공경하여 한번 보기를 원한다。가장 두려운

바는 身命이 休囚됨이다。 만일 身命이 休囚되면 祖業을 탕진한다。納音은 身命의 墓

에 드는 것을 꺼리는바 一生 성패가 자주 번복되고 壽限도 길지 못하다。

騰蛇가 金을 만나면 입술의 질병이오 혹은 물에 빠지는 액을 당한다。

太陰이 쇠약하면 부끄러운 辱을 당하고 六白宮 (乾宮) 에 임하면 陰謀를 입어 곤경에 처한다.

句陳이 卯宮에 들면 公事로 요란함이 있고、甲庚을 만나면 宮의 問責을 당한다.

白虎가 天柱와 같이 驚門宮에 임하면 刀劍의 厄이 두렵다.

朱雀이 杜門이나 驚門에서 만나면 시끄러운 일이 생긴다.

玄武가 乾宮에 居하면 一生 불안하다.

九地가 杜門이나 死門에 임하면 일생 명성을 얻지 못한다.

九天이 生門이나 開門에 있으면 出世하여 변화무쌍한 재간을 부린다.

○ 總訣

甲乙木은 寅卯月을 만나면 영귀하고、丙丁火는 巳午月에 盛하고、戊己土는 辰戌丑未月이오、庚辛金은 申酉月、壬癸水는 亥子月을 만나면 발달이 비상하다.

만일 甲이 己를 얻으면 中正이 되고、乙이 庚을 만나면 剛柔相濟가 되며、丙辛合이 있으면 威權을 떨치고、丁壬이 만나면 仁壽의 合이오、戊癸가 만나면 小小한 인간이다

八宮이 서로 합하면 뛰어난 富貴를 누리고、各宮이 서로 편당을 지어 대치하면 鄙劣한 인물이다.

年月日時를 살펴봄이 可한바 青龍返首 (戊加) 는 人事가 순조롭고、朱雀跌穴 (丙加戊) 이면 명성을 드날린다.

遁格 (天遁、人遁 등의 例) 을 이루면 權道로 임기응변에

能한 材木이니 詐를 만나도 자신이 能히 감당하여 급박한 일을 당했을때는 도리어 功을 세운다.

太白（庚）이 熒惑（丙）에 들거든 外敵을 방비할 것이며、熒惑이 太白에 들면 원수나 적이 스스로 敗亡한다。 青龍逃走（乙加辛）는 身厄을 예방하고、白虎猖狂（辛加乙）이면 事物이 이상하게 어긋난다。

天羅（辰）와 地綱（戌）은 出入이 不宜요、六儀가 擊刑（戊臨三、己臨二、庚臨八、辛臨九、壬臨五、癸臨四）이면 凶한 재앙이 각각 이르고、三奇（乙丙丁）가 入墓（辰戌丑未）면 謀事가 여의치 않다。

返吟、伏吟은 언짢은 일이 자주 생기거나 슬픈 일이 있고、吉凶門이 相克、相刑하면 상서롭지 못한 일이 생기며、天馬가 吉門에서 命宮（時干）에 만나면 일생 재앙이 없다。

造化를 점칠때는 모름지기 그 本命行年이 生氣法으로 무슨 卦인가를 살필것이며、또는 本命이 時令을 얻었는가 잃었는가로 평생의 吉凶을 결정하라。 다음은 그 本日干支의 納音과 時干支의 納音과의 生剋比和관계를 보아 당시의 吉凶이며 사업의 興敗를 판단한다。

또는 直符가 어떤 宮에서 시작되었나를 보아 本宮의 六親을 살피고、旺相休囚生克관계를 보라。

子（丙）孫이 父（甲）宮에 들고、妾（戊）이 妻（己）位에 양보함을 中宮으로 좇아 참작하면 자연 消息을 알 수 있다。 다시 直使를 살펴 눈 앞의 당한 일의 吉凶을 정하고、 年命의 合으로 그 변화의 神妙함을 본다。

만약 父母가 그 子女를 점친다면 子가 어느 宮에 들었는가로 그 宮의 동태를 점치고、 남편이 아내 占을 친다면 妻星이 있는 宮으로 처의 성격과 착하고 착하지아니한 것을 알게 되며、 다시 門戶의 개벽과 三甲陰陽을 자세히 보면 그 玄妙한 이치를 깨달을 수 있게 될 것이다。

七、日辰의 吉凶과 神殺

(1) 日辰의 吉凶

① 吉神日

○ 天赦日

赦란 풀린다는 뜻으로 罪를 용서받고 구금에서 풀려나오며 어려운 고비에서 탈피되는 吉神日이다.

春ー戊寅日 夏ー甲午日、秋ー戊申日、冬ー甲子日

이 天赦가 開門을 만나면 眞天赦라하여 더욱 길한데 단 五月의 甲午日과 十一月의 甲子日은 그 效力이 없다 한다.

○ 天德日

만사에 대길하다. 다음과 같다.

正月丁 二月申 三月壬 四月辛 五月亥 六月甲

七月癸 八月寅 九月丙 十月乙 十一月巳 十二月庚

○ 天德合

天德日과 干合 또는 支合되는 날인데 天德과 마찬가지로 백사에 대길하다.

正月壬、二月巳 三月丁 四月丙 五月寅 六月己

七月戊 八月亥 九月辛 十月庚 十一月申 十二月乙

○ 月德日

이 月德日도 造葬、出行、婚姻、移徙、會親友、祈福 등、만사 대길하다.

正五九月은 丙、二六十月은 甲、三七十一月은 壬、四八十二月은 庚

○ 月德合

月德과 干合되는 날인데 月德日과 마찬가지로 만사 대길하다.

正五九月은 辛、二六十月은 己、三七十一月은 丁、四八十二月은 乙、

○ 天貴日

이 天貴日은 귀인을 만나 보는 일、관직을 구하는 일 上章、就任 및 諸事에 길하다.

春—甲乙日、夏—丙丁日、秋—庚辛日、冬—壬癸日

○ 天喜日

이 天喜日은 出行、移徙、婚姻、宴會、進人口 上章、就任 등 매사에 대길하다。

七月辰 八月巳 九月午 十月未 十一月亥 十二月子

正月戌 二月亥 三月子 四月丑 五月寅 六月卯、

○ 天成日

이 天成日은 造葬、開業、移徙、就任、契約、賣買 約婚 등 諸事에 吉利하다。

七月未 八月酉 九月亥 十月丑 十一月卯 十二月巳

正月未 二月酉 三月亥 四月丑 五月卯 六月巳

○ 天富日

이 天富日은 開業、求財、出行、移徙、祈福宴會、建屋、修家 등 매사에 길리하다。

七月戌 八月亥 九月子 十月丑 十一月寅 十二月卯

正月辰 二月巳 三月午 四月未 五月申 六月酉

② 凶神日

○ 紅紗日

이 紅紗日은 특히 嫁娶를 忌한다。

寅申巳亥月—巳　子午卯酉月—酉、辰戌丑未月—丑

○　黃沙日

이날은 祈福、出行、移徙、嫁娶、就任 등을 忌한다.

寅申巳亥月—午日　子午卯酉月—寅日、辰戌丑未月—子日

○　往亡日

이 往亡日은 出行、上官、行船、就任、嫁娶、進人口 求醫療病을 忌하는데 다음과 같다.

正月寅　二月巳　三月申　四月亥　五月卯　六月午
七月酉　八月子　九月辰　十月未　十一月戌　十二月丑

○　天翻地覆時

正月—巳亥時　二月—辰戌時、三月—寅申時、四月—巳未時
五月—申酉時　六月—子午時、七月—酉亥時、八月—辰戌時
九月—卯酉時、十月—辰午時、十一月—寅未時　十二月—巳卯時

○　重喪日

이 重喪日은 安葬과 殯草、破、移葬 등을 忌한다.

正七月─甲庚日、二八月─乙辛日 三六九 十二月─戊己日、四十月─丙壬日 五十一月

壬丙日 또는 每戊己辰戌丑未日

○ 十惡大敗日

매사를 忌한다。

甲己年─三月戊戌日 七月癸亥日 十月丙申日 十一月丁亥日

乙庚年─四月壬申日 九月乙巳日

丙辛年─三月辛巳日 九月庚辰日 十月甲辰日

丁壬年─無忌 (大敗日 없음)

戊癸年─六月己亥日 (或은 丑日)

○ 出行周堂圖

四孟月 (正、四、七、十月) 은 堂房에 初一日을 붙여 時計 반대방향으로 逆行하고,

四仲月 (二、五、八、十一月) 은 初一日을 天盜에 붙여 時計方向으로 順行하며、四季月

(三、六、九、十二月) 은 朱雀에 初一日을 붙여 역시 시계방향으로 順行하여 해당되는

날자의 神으로 吉凶여부를 가린다。

다음에 周堂神의 吉凶을 설명한다。──四孟月 (寅申巳亥月)

順陽=出行하여 좋은 사람을 만나고 가는곳마다 일이 잘 이루어진다。

─ 508 ─

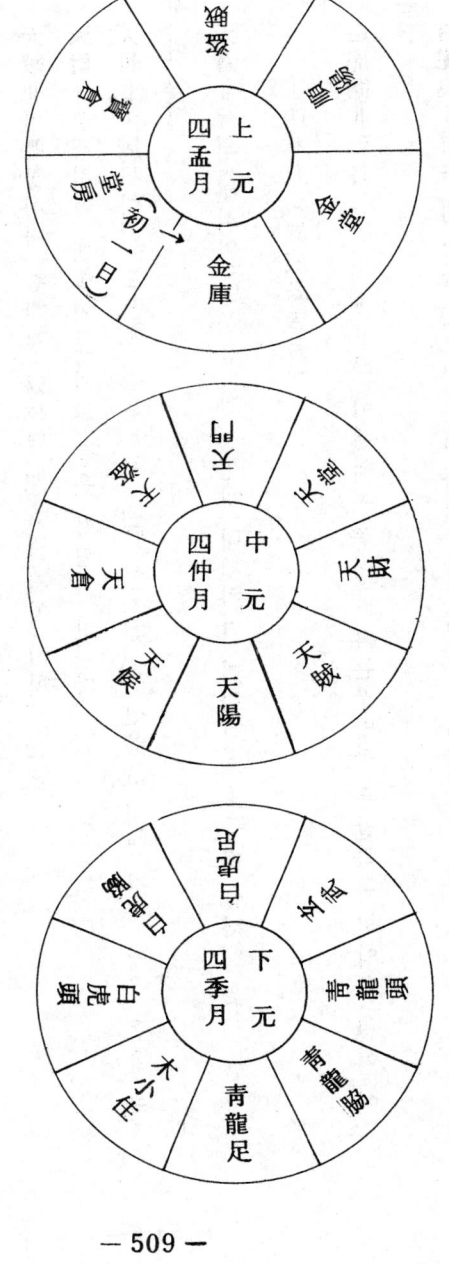

堂房＝출행하여 재물이 생긴다.

金庫＝凶하다. 그러므로 출행하여 목적을 이루지 못하고 도리어 잃는 것이 있다.

金堂＝범사에 대길하다

寶倉＝출행하여 이익이 있으리니 대길하다.

盜賊=출행하여 이익은 고사하고 도리어 失物한다.

─四仲月(子午卯酉月)─

天門=출행하여 매사가 순조로우니 가는곳마다 마음먹은대로 된다.

天盜=출행하여 구설이 따르고 구하는 재물은 얻지 못하며 기타 모두 凶하다.

天堂=구하는바를 다 얻으니 만사형통한 날이다.

天陽=재물 구함이 여의하고, 혼사도 이루어지며 매사가 순조롭다.

天賊=가는곳마다 손해가 있느니 門을 나서지 마라.

天財=출행하여 재물이 생기고 좋은 사람과 만난다.

天候=大凶하다. 모르고 출행하면 凶厄과 손재 구설을 만나며 심한 경우 몸을 크게 다친다.

天倉=특히 관직의 임무를 띤 출장에 대길하며 기타에도 소득이 있다.

─四季月(辰戌丑未月)─

白虎頭=海外 등 먼 곳으로 여행해도 좋다. 가는곳마다 통달하고 이익을 많이 얻는다.

白虎脇=어느 방위를 막론하고 길하며 특히 재물 구하는일에 좋다.

白虎足=먼곳은 가지마라. 매사에 되는 일이 없다.

玄武=구설、 손재가 따르고 매사 되는 일이 없다.

青龍頭＝卯時에 집을 나서면 대길하며 구하는 바를 얻는다。

青龍胸＝출행이 길하다。매사가 여의하니 여행한 목적을 순조롭게 이룬다。

青龍足＝출행이 불가하다。관직에 관한 일、재물을 얻는 일 모두 실패한다。

朱雀＝출행하여 시비 구설이 따르고 여행한 목적을 하나도 이루지 못한다。

○ 伏斷日

이 伏斷日은 오직 作厠과 斷乳에만 좋고 그외는 모두 불길하다。특히 出行、出軍、上官、婚姻、行船、立柱、上樑에 大凶하다。

子日虛宿 丑日斗宿 寅日室宿 卯日女宿 辰日箕宿 巳日房宿 午日角宿 未日張宿 申日鬼宿 酉日觜宿 戌日胃宿 亥日壁宿、

이상 虛、斗、室宿 등은 二十八宿名이다。그런데 이 伏斷日을 알려면 먼저 二十八宿이 日辰에 닿는 것을 알아야 한다。간단한 요령은 寅午戌日에 木曜日이면 二十八宿의 符頭(맨 처음 시작되는 것)인 角宿이니 차례로 亢底房心尾 箕斗牛女虛 危室壁 奎婁胃昴畢觜參、井鬼柳星張翼軫의 순서로 쳐나 가면 된다。위 表는 二十八宿早見表다。가령 申子辰日에 火曜日이면 翼宿이오 巳酉丑日에 金曜日이면 婁宿에 해당한다。

다음은 伏斷日을 早見表로 作成한 것이니 쉽게

日辰 ＼ 曜日	月	火	水	木	金	土	日
申子辰日	畢	翼	箕	奎	鬼	底	虛
巳酉丑日	危	觜	軫	斗	婁	柳	房
寅午戌日	心	室	參	角	牛	胃	星
亥卯未日	張	尾	壁	井	亢	女	昴

日辰 요일 伏斷日	子	丑	寅	卯	辰	巳	午	未	申	酉	戌	亥
伏斷日	日	木	火	土	水	日	木	月	金	火	土	水

가령 子日에 日曜日을 만나면 虛宿이니 伏斷日이오、丑日에 木曜日을 만나면 斗宿이니 伏斷日이며、寅日에 火曜日을 만나면 室宿이니 伏斷日이다.

③ 吉方法

○ 出行吉方

正月 = 大月이면 寅方이오 小月이면 申方이 길하다.

二月 = 大月이면 子方이 좋고、小月이면 卯方이 길하다.

三月 = 大月이면 酉方이 길하고、小月이면 辰方이 대길하다.

四月 = 大月이면 巳方이오 小月이면 亥方이 길하다.

五月 = 大月이면 午方이오 小月이면 子方이 길하다.

六月 = 大月이면 未方이 가장 좋고、小月이면 丑方이 길하다.

七月 = 大月이면 寅方으로 향하고 小月이면 申方으로 출행함이 좋다.

— 512 —

八月∥大月이면 午方이고 小月이면 卯方이라야 대통한다。

九月∥大月이면 卯方이 길하고 小月이면 辰方이 적합하다。

十月∥大月이면 子方이 유리하고 小月에는 巳方으로 출행함이 길하다。

十一月∥大月이면 午方이 길하고 小月이면 申方이 길하다。

十二月∥大月이면 未方이 길하고、小月이면 戌方이 가장 유리하다。

단 壬戌 庚申 辛巳의 三日은 三殺日이며 七殺이니 출행을 꺼리고 癸卯日은 截路空亡이니 出行에 大凶하다。

○ 靑龍吉方

장기 바둑、내기、스포츠 등에 있어 靑竜、天目、天門 地耳 地戸 華蓋 등에 해당하는 방위에 앉거나 이 방위에서 적(상대방)을 공격하면 돈을 많이 따게 되거나 승리한다。

아래 定局表를 參考하라

句中＼吉方	甲子旬	甲戌旬	甲申旬	甲午旬	甲辰旬	甲寅旬
青龍	子	戌	申	午	辰	寅
天目	丁卯	丁丑	丁亥	丁酉	丁未	丁巳
天門	辰	寅	子	戌	申	午
地耳	癸酉	癸未	癸巳	癸卯	癸丑	癸亥
地戶	巳方	卯方	丑方	亥方	酉方	未方
華蓋	酉方	未方	巳方	卯方	丑方	亥方

가령 甲子旬中이면 子(靑龍)、丁卯、辰、癸酉、巳、酉方이 吉하다。

○ 黃黑道日時

黃道는 吉神이오 黑道는 凶神이다。十二神 가운데 靑龍、明堂、金匱、大德、玉堂、司命은 모두 黃道의 吉神이고 天刑、朱雀、白虎、天牢、玄武、句陳은 모두 黑道의 凶神이다。

子午日은 申에、丑未日은 戌에、寅申日은 子에、卯酉日은 寅에 辰戌日은 辰에、巳亥

日은 午에 각각 靑龍을 起하여 明堂、天刑、朱雀、金匱、大德、白虎、王堂、天牢、玄武、司命、句陳의 차서로 十二支를 順行한다。 다음 表를 參考하라。

十二神 / 日辰	子午日	丑未日	寅申日	卯酉日	辰戌日	巳亥日
(黃) 靑龍	申	戌	子	寅	辰	午
(黃) 明堂	酉	亥	丑	卯	巳	未
(黑) 天刑	戌	子	寅	辰	午	申
(黑) 朱雀	亥	丑	卯	巳	未	酉
(黃) 金匱	子	寅	辰	午	申	戌
(黃) 大德	丑	卯	巳	未	酉	亥
(黑) 白虎	寅	辰	午	申	戌	子
(黃) 王堂	卯	巳	未	酉	亥	丑
(黑) 天牢	辰	午	申	戌	子	寅
(黑) 玄武	巳	未	酉	亥	丑	卯
(黃) 司命	午	申	戌	子	寅	辰
(黑) 句陳	未	酉	亥	丑	卯	巳

위 表는 日辰으로 時와 方位를 보도록 되었는데 月로 日辰을 보기도 한다。 가령 子午月은 申日이 靑龍黃道요、酉日이 明堂黃道이며 戌日은 天刑黑道가 된다。 또는 子午日은 申時가 靑龍黃道요 酉時가 明堂黃道라 하고、또 子午日은 申方이 靑龍黃道方이오 酉方이 明堂黃道方이라 한다。 그러므로 이 黃黑道法은 月로 日辰을 대조하고、日辰으로 時間 및 方位를 보기도 한다。

三德이란 陽德 陰德 人德을 총칭한 말인데 다음과 같다.

陽德方＝子丑寅日─丙方、卯辰巳日─庚方、午未申日─壬方、酉戌亥日─甲方

陰德方＝子丑日─乙方、寅日─庚方、卯辰日─庚方、巳日─壬方、午未日─辛方、申日─甲方、酉戌日─癸方、亥日─丙方

人德方─子日庚方、丑日辛方、寅日乾方、卯日壬方、辰日癸方、巳日艮方、午日甲方、未日乙方、申日巽方、酉日丙方、戌日丁方、亥日坤方

百事를 경영함에 遠行하면 貴人을 만나고 諸事에 大吉하다. 요령은 陰德方으로 나가 陽德方으로 들고 人德方으로 간다. 이렇게 하면 피난할 경우 화액을 면하는 것이며、陽德方에서 나와 人德方으로 따라가면 비록 험악한 일을 만날지라도 이것이 변하여 좋은 일로 바뀐다.

○ 喜神方

이 喜神方은 出行에 大吉하고、시합、내기도박 (바둑、장기、화투 등)에도 이 방위를 向하고 앉으면 매우 유리하다.

甲己日─寅卯方、乙庚日─辰戌方、丙辛日─申酉方、丁壬日─午未方、戊癸日─巳亥方

○ 六甲青龍

하라。

이상과 같이 靑龍을 起하여 十二神 및 十二支順을 붙여나간다。 아래 早見表를 參考

甲子旬中ㅡ子、甲戌旬中ㅡ戌、甲申旬中ㅡ申、甲午旬中ㅡ午、甲辰旬中ㅡ辰、甲寅旬中ㅡ寅、

外는 凶神이다。 定局은 다음과 같다。

虛의 十二神으로서 이 가운데 靑龍、明堂、太陰、天門、地戶、天庭은 吉神에 속하고 그

소속된 神은 靑龍、蓬星、明堂、太陰、天門、地戶、天獄、天庭、天牢、天藏、陽孤、陰

旬中日 十二神	靑龍	蓬星	明堂	太陰	天門	地戶	天獄	天庭	天牢	天藏	陽孤	陰虛
甲子旬中	子	丑	寅	卯	辰	巳	午	未	申	酉	戌	亥
甲戌旬中	戌	亥	子	丑	寅	卯	辰	巳	午	未	申	酉
甲申旬中	申	酉	戌	亥	子	丑	寅	卯	辰	巳	午	未
甲午旬中	午	未	申	酉	戌	亥	子	丑	寅	卯	辰	巳
甲辰旬中	辰	巳	午	未	申	酉	戌	亥	子	丑	寅	卯
甲寅旬中	寅	卯	辰	巳	午	未	申	酉	戌	亥	子	丑

第三篇　用兵術과　百方秘法

一、用　兵　章

(1) 諸星起法과　定局

① 奇儀附法

奇는　乙丙丁이오　儀는　戊己庚辛壬癸다。

陽遁은　九宮을　順布하고　陰遁은　九宮을　逆布한다。

먼저　陰陽　및　局인가를　(日字로)　알아　一局이면　坎一宮、二局이면　坤二宮、三局이면 震三宮、四局이면　巽四宮、五局이면　中五宮、六局이면　乾六宮、七局이면　兌七宮、八局 이면　艮八宮、九局이면　離九宮에　甲子戊를　붙여　己、庚、辛、壬、癸、丁、丙、乙의　순 서로　陽局은　順布하고　陰局은　逆布한다。

　　陽局

多至一七四　小寒二八四　大寒三九六　立春八五二　雨水九六三　驚蟄一七四

春分三九六　清明四一七　穀雨五二八　立夏四一七　小滿五二八　芒種六三九

陰局

夏至九三六　小暑八二五　大暑七一四　立秋二五八　處暑一四七　白露九三六
秋分七一四　寒露六九三　霜降五八二　立冬六九三　小雪五八二　大雪四七一

가령 多至는 一七四라 하였는데 맨위 一은 上元이오, 가운데 七은 中元이오, 아래 四
는 下元이다 上中下元法은 다음을 參考하라.

上、中、下元表

上	中	下	上	中	下	上	中	下	上	中	下
甲子	己巳	甲戌	己卯	甲申	己丑	甲午	己亥	甲辰	己酉	甲寅	己未
乙丑	庚午	乙亥	庚辰	乙酉	庚寅	乙未	庚子	乙巳	庚戌	乙卯	庚申
丙寅	辛未	丙子	辛巳	丙戌	辛卯	丙申	辛丑	丙午	辛亥	丙辰	辛酉
丁卯	壬申	丁丑	壬午	丁亥	壬辰	丁酉	壬寅	丁未	壬子	丁巳	壬戌
戊辰	癸酉	戊寅	癸未	戊子	癸巳	戊戌	癸卯	戊申	癸丑	戊午	癸亥

이 上中下元法을 간단히 따지는 요령은 이러하다. 甲己子午卯酉는 上元이오 甲己寅申巳亥는 中元이며, 甲己辰戌丑未는 下元인데 甲己子午卯酉란 甲子 甲午와 己卯己酉는

己酉日부터 五日간은 上元에 속한다는 뜻이고、甲己寅申巳亥가 中元이란 甲寅 甲申과

己巳 己亥日부터 五日간은 中元이며、甲己辰戌丑未가 下元이란 甲辰 甲戌과 己丑 己未日

부터 五日간은 下元에 속한다는뜻이다。

② 直符星附法

直符星은 直符、騰蛇、太陰、六合、句陳、朱雀、九地、九天의 八星이다。이 直符星

을 붙이는 법은 두가지가 있는데 아래와 같다。

第一法은 時間符頭(가령 丁酉旬中이면 甲午旬中이오、甲午辛이라 辛이 있는 宮이 時

間符頭)에 直符를 起하여 陽局은 八方을 順布하고 陰局이면 八方을 逆行한다。

甲子旬中은 戊、甲戌旬中은 己、甲申旬中은 庚 甲午旬中은 辛、甲辰旬中은 壬甲寅旬中

은 癸가 時間符頭다。

第二法은 六儀三奇字 가운데 時干(用時) 字가 있는 곳에 直符를 붙여 위 八神의 차서

대로 八方에 배치한다。

○ 日時五子元

日干으로 時를 돌려짚는 요령인데 이를 일반적으로 「時頭法」이라 한다。

甲己日은 甲子、乙庚日은 丙子、丙辛日은 戊子、丁壬日은 庚子、戊癸日은 壬子、

坎宮에 甲子를 붙여 三日씩 머므른 뒤 九宮順으로 六十甲子를 배치하되 (단 中宮은 건너뛴다) 日辰 닿는 곳이 休門이다. 일단 休門이 정해지면 生、傷、杜、景、死、景、開의 순서로 八方에 배치한다.

가령 甲子 乙丑 丙寅 과 戊子 己丑 庚寅日 과 壬子 癸丑 甲寅日은 坎宮이 休門이다. 아래 表를 參考하라.

日辰	休門	生門	傷門	杜門	景門	死門	驚門	開門
甲癸壬庚己戊丙乙甲 寅丑子寅丑子寅丑子	坎	艮	震	巽	離	坤	兌	乾
丁丙乙癸壬辛己戊丁 巳辰卯巳辰卯巳辰卯	坤	兌	乾	坎	艮	震	巽	離
庚己戊丙乙甲壬辛庚 申未午申未午申未午	震	巽	離	坤	兌	乾	坎	艮
癸壬辛己戊丁乙甲癸 亥戌酉亥戌酉亥戌酉	巽	離	坤	兌	乾	坎	艮	震
壬辛庚戊丁丙 寅丑子寅丑子	乾	坎	艮	震	巽	離	坤	兌
乙甲癸辛庚己 巳辰卯巳辰卯	兌	乾	坎	艮	震	巽	離	坤
戊丁丙甲癸壬 申未午申未午	艮	震	巽	離	坤	兌	乾	坎
辛庚己丁丙乙 亥戌酉亥戌酉	離	坤	兌	乾	坎	艮	震	巽

이는 太乙九星이다。 太乙九星의 순서는 太乙을 符頭로하여 攝提、軒轅、招搖、天符、

靑龍、咸池、太陰、天乙인데 이 가운데 太乙、靑龍、太陰、天乙은 吉星이고 天符、軒轅、

은 平하며 攝提、招搖、咸池는 凶星이다。

甲子旬中─艮 甲戌旬中─離 甲申旬中─坎
甲午旬中─坤 甲辰旬中─震 甲寅旬中─巽

가령 甲子旬中이면 艮宮에 太乙을 붙여 離宮에 攝提、坎宮에 軒轅、坤宮에 招搖、震

宮에 天符、巽宮에 靑龍、中宮에 咸池、乾宮에 太陰、兌宮에 天乙의 식으로 九宮을 順行

한다。

太乙은 求財와 만사에 형통하고, 攝提는 투쟁과 시비요, 軒轅方은 出外하여 놀랠일을

당하고, 招搖는 가는곳마다 피를 보며, 天符는 고기잡고, 獸獵 (사냥) 하는데 유리하고,

靑龍은 가는곳마다 재백이 풍족하고, 咸池는 官災가 두렵고, 太陰은 婦女가 결혼에 유리

하며, 天乙方으로 向하면 귀인을 만난다。

○ 大八門逐日出行法

이 法은 節氣와 日辰으로 따지는데 아래와 같은 原則에 의한다。

多至에서 立春前은 甲子를 坎에 起한다。

雨水에서 穀雨前은 甲子를 兌에 起한다。

穀雨에서 夏至前은 甲子를 巽에 起한다。

夏至에서 處暑前은 甲子를 離에 起한다。

處暑에서 霜降前은 甲子를 震에 起한다。

霜降에서 冬至前은 甲子를 乾에 起한다。

이상의 原則으로 甲子日을 붙여 一宮에 三日씩 (예…乙丑 丙寅까지) 머므른 다음 九宮順으로 자리를 옮기되 (三日씩) 단 中宮이 순서에 들면 건느고 그참 乾宮으로 옮겨 계속 九宮順을 배치한다。 그리하여 日辰이 닿는 곳에 休門을 붙여 八方順으로 八門을 배치한다。

節氣＼八門＼日辰								
甲寅	癸丑	壬子	庚寅	己丑	戊子	丙寅	乙丑	甲子
丁巳	丙辰	乙卯	癸巳	壬辰	辛卯	己巳	戊辰	丁卯
庚申	己未	戊午	丙申	乙未	甲午	壬申	辛未	庚午
癸亥	壬戌	辛酉	己亥	戊戌	丁酉	乙亥	甲戌	癸酉
			壬寅	辛丑	庚子	戊寅	丁丑	丙子
			乙巳	甲辰	癸卯	辛巳	庚辰	己卯
			戊申	丁未	丙午	甲申	癸未	壬午
			辛亥	庚戌	己酉	丁亥	丙戌	乙酉

清明 春分 驚蟄 雨水								立春 大寒 小寒 冬至							
開門	驚門	死門	景門	杜門	傷門	生門	休門	開門	驚門	死門	景門	杜門	傷門	生門	休門
坤	離	巽	震	艮	坎	乾	兌	乾	兌	坤	離	巽	震	艮	坎
坎	乾	兌	坤	離	巽	震	艮	離	巽	震	艮	坎	乾	兌	坤
巽	震	艮	坎	乾	兌	坤	離	艮	坎	乾	兌	坤	離	巽	震
乾	兌	坤	離	巽	震	艮	坎	巽	震	艮	乾	兌	坤	離	巽
離	巽	震	艮	坎	乾	兌	坤	兌	坤	離	巽	震	艮	坎	乾
艮	坎	乾	兌	坤	離	巽	震	坤	離	巽	震	艮	坎	乾	兌
震	艮	坎	乾	兌	坤	離	巽	坎	乾	兌	坤	離	巽	震	艮
兌	坤	離	巽	震	艮	坎	乾	巽	震	艮	坎	乾	兌	坤	離

立秋 大暑 小暑 夏至								芒種 小滿 立夏 穀雨							
開門	驚門	死門	景門	杜門	傷門	生門	休門	開門	驚門	死門	景門	杜門	傷門	生門	休門
巽	震	艮	坎	乾	兌	坤	離	震	艮	坎	乾	兌	坤	離	巽
乾	兌	坤	離	巽	震	艮	坎	兌	坤	離	巽	震	艮	坎	乾
離	巽	震	艮	坎	乾	兌	坤	坤	離	巽	震	艮	坎	乾	兌
艮	坎	乾	兌	坤	離	巽	震	坎	乾	兌	坤	離	巽	震	艮
震	艮	坎	乾	兌	坤	離	巽	巽	震	艮	坎	乾	兌	坤	離
兌	坤	離	巽	震	艮	坎	乾	乾	兌	坤	離	巽	震	艮	坎
坤	離	巽	震	艮	坎	乾	兌	離	巽	震	艮	坎	乾	兌	坤
坎	乾	乾	坤	離	巽	震	艮	艮	坎	乾	兌	坤	離	巽	震

大雪 小雪 立冬 霜降								寒露 秋分 白露 處暑							
開門	驚門	死門	景門	杜門	傷門	生門	休門	開門	驚門	死門	景門	杜門	傷門	生門	休門
兌	坤	離	巽	震	艮	坎	乾	艮	坎	乾	兌	坤	離	巽	震
坤	離	巽	震	艮	坎	乾	兌	震	艮	坎	乾	兌	坤	離	巽
坎	乾	兌	坤	離	巽	震	艮	兌	坤	離	巽	震	艮	坎	乾
巽	震	艮	坎	乾	兌	坤	離	坤	離	巽	震	艮	坎	乾	兌
乾	兌	坤	離	巽	震	艮	坎	坎	乾	兌	坤	離	巽	震	艮
離	巽	震	艮	坎	乾	兌	坤	離	巽	震	艮	乾	兌	坤	離
艮	坎	乾	兌	坤	離	巽	震	乾	兌	坤	離	巽	震	艮	坎
震	艮	坎	乾	兌	坤	離	巽	離	巽	震	艮	坎	乾	兌	坤

⑤ 日家九星法

甲子戊는 艮、甲戊己는 離、甲申庚은 坎、甲午辛은 坤、甲辰壬은 震、甲寅癸는 巽宮에

각각 붙여 六儀 (戊己庚辛壬癸) 와 三奇 (乙丙丁) 를 九宮에 붙인다.

⑥ 大金剛神値日

二十八宿 가운데 角、亢、奎、婁、鬼、牛、星의 七宿에 해당하는 날을 金剛殺 또는

七殺日이라 한다.

出軍을 가장 꺼리며 遠行에는 도둑이나 나쁜 사람을 만나 고생하고、經營 및 求財事

와 기타 백사에 불리하다. 또는 배를 타면 배가 침몰되고、매매는 안되며、穿井은 물이

나지 않고、求官求職과 혼인 이사 安葬을 범하면 재물이 차츰 줄어든다.

⑦ 其他

○ 二十八宿 陰晴法

角宿＝陰雲이 왕래하다가 개인다。

亢宿은 大風이 불고、 모래가 휘몰아온다。

氐房心尾=바람소리가 일어난다。

箕斗宿=짙은 구름과 안개가 끼고 안개같은 비가 내린다。

奎宿은 날빛이 휘황하게 개이고 胃婁는 음냉하여 비소리가 요란하다。

昴畢=날씨가 맑다。

觜參井=大風이 일어난다。

鬼宿=처음은 음냉하다가 뒤에 개인다。

柳星宿=雲霧가 짙게 끼어 침침하다。

張翼=日氣가 청명하다。

○ 每月凶星

正七月은 開日 (正月은 立春後子日、 七月은 立秋後午日)

二・八月은 收日 (二月은 驚蟄後子日 八月은 白露後 午日)

三・九月은 危日 (三月은 清明後亥日、 九月은 寒露後巳日)

四・十月은 執日 (四月은 立夏後戌日、 十月은 立冬後辰日)

五・十一月은 平日 (五月은 芒種後酉日、 十一月 大雪後卯日)

六・十二月은 除日 (六月은 小暑後申日、 十二月은 小寒後寅日)

○ 太陽出沒方

이는 太陽이 뜨는 방위와 지는 방위의 대략이다。 단 이는 中國을 기준한 것이므로
우리나라에서는 약간의 차이가 있다는 점을 알아두어야 한다。

正九月＝乙方에서 나와 庚方으로 진다。

二八月＝卯方에서 나와 酉方으로 진다。

三七月＝甲方에서 솟아 辛方으로 진다。

四六月＝寅方에서 솟아 戌方으로 진다。

五月＝艮方에서 솟아 乾方으로 진다。

十一月＝巽方에서 솟아 坤方으로 진다。

十・十二月＝辰方에서 솟아 申方으로 진다。

○ 定寅時法

이는 옛날 時計가 없을 때 寅時를 定하는 法인데 官衛에서 漏水（물 떨어진 분량으로
時間을 測定한） 치는 소리로 民間에 시간을 알렸다 한다。 지금은 正確한 時計가 있어
이 法이 必要치 않으나 原文에 있으므로 참고삼아 이를 記載한다。

正九月에는 五更四點을 칠 때가 寅時요、 二五八月은 五更二點에 寅時요、 三七月은
平明（東이 트일 무렵）에 寅時요、 四六月은 해가 뜨기 전이 寅時요、 五月은 해가 三丈

위로 솟으면 寅時라 하고、十月과 十二月은 四更二點이 寅時요 十一月은 四更初에 寅

時로 들어선다。

이 法은 사실과 誤差가 많다。그러므로 이 法을 적용해서는 안된다。

(2) 秘法應用

① 八門應用法

賣買하려면 生門方으로 나가는게 좋고 罪人 등을 체포하거나 물고기、짐승 등을 잡

는데는 死門方이 유리하며、遠行에는 開門方이라야 大吉하다。

君王 및 고귀한 신분을 謁見(알현)하려면 休門方이 유리요、金錢 등을 거둬들이는

데는 傷門方이 적합하고、몸을 숨기거나 물건을 감추는데는 杜門方이 좋으며、도망간 사

람、도망친 짐승을 捕捉하려면 驚門方이 유리한데 詞訟에도 길하고、策文을 올리고 酒食

을 구하는 것은 景門이라야 한다、

또는 귀인을 만나고 官에 參與하는 일은 開門을 用하고、財利를 구함에는 休門이오、

피난하고、관직 구하는 일은 生門이라야 순조롭다。

빌려준돈 받는데는 傷門이오、사람을 찾거나 故人을 만나려면 景門으로 가야하며、고

기잡고、사냥함은 死門이오。도둑이나 범인을 잡는데도 역시 死門方으로 향해가야 유

리라 하며、杜門方은 失物을 찾지 못하고 도망간 사람도 찾아내지 못하지만 다만 자신이 남의 눈을 피하여 踪跡을 감추는 일이나 어떤 소중한 물건을 남이 모르게 깊히 감춰두고자 하는데는 八門가운데 杜門方이라야 가장 안전하다。

이와 같이 八門은 그 用이 다른 것이다。

② 五假法

乙丙丁 三奇가 합하여 아래로 地盤 九天宮에 임하면 이름을 「天假」라 한다。乙은 天德、丙은 天威、丁은 太陰인데 무릇 이 三奇가 임하면 陣中에 이로운 일이 있고 귀인을 拜面하는 일과 經營에 大吉하다。

杜門에 丁己癸가 合하여 아래로 地盤 九地에 임하면 이름을 「地假」라 한다。이렇게 되면 自身의 자취와 몸을 숨기는데 매우 좋다。

杜門이 丁己癸와 合하여 아래로 地盤太陽宮에 임하면 역시 「地假」라 하는바 어떤 사람을 시켜 비밀 등을 探知 (간첩행위) 시키는데 좋다。또 六合宮에 이르면 이 역시 「地假」라 하니 도망하고 숨고 몸을 피하는데 좋다。

傷門이 丁己癸를 合하여 아래로 地盤 九地位에 임하면 이름을 「神假」라 한다。葬埋에 길하고、이 방위에 몸을 숨기면 남이 알지 못한다。

驚門이 六壬과 합하여 아래로 地盤 九天位에 임하면 이름을 「人假」라 한다。이 方

— 531 —

위로 도망친 사람을 찾아가 잡으면 좋다。 만일 太白이 熒惑星 (형혹성) 으로 들면 그

아래에서 반드시 체포할 것이다。

死門이 丁이나 己나 癸와 合한 가운데 地盤 九地宮에 임하면 이름을 「鬼假」라 한다

이렇게 되면 죽은이를 위하여 佛供을 올리는데 길하다。

이상을 「下臨三隱宮」이라고도 하는데 즉 地盤의 三吉門이다。

이상의 五假法은 각각 그 쓰일 목적에 따라 적당한 방위를 선택해서 사용하기 바란다。

위에서 乙丙丁 三奇와 合한다 함은 乙이나 丙이나 丁과 合한다는 뜻이지 三奇가 모두

합친다는게 아니다。

③ 三詐法

무슨 일이든지 進行하는데는 開門、休門、生門의 三吉門과 乙丙丁 三奇를 取用함이 가

장 좋고 또는 陰神을 취하여 相助토록 하는 것을 三詐라 한다。

地盤의 九地와 太陰과 六合 三神이 三奇를 生助하면 이를 陽門이 도움을 얻었다 하는

것이며 다시 地盤을 얻어 相助하면 대길하다。

만일 開門이나 休門이나 生門 등 三吉門에 乙丙丁의 三奇를 合하고 地盤에 太陰이나

九地나 六合을 만나지 못하면 이는 門의 길함은 있으나 遁이 없음이오 陽은 奇는 있으

나 陰이 없는것이라 하여 매사에 七分의 이익만 있게 된다.

開、休、生 三吉門에 乙이나 丙이나 丁과 合하고 아래로 地盤 太陰宮에 들면 거듭 吉

門을 얻은셈이니 이 門과 宮이 서로 도우는 것을 當하면 이를 「眞詐」라 하여 은혜를

베풀고、隱居하고 祈禱하고 神仙을 구하는데 大吉하다.

開、休、生 三吉門이 乙丙丁 三奇와 合하고 아래로 地盤 六合宮에 들어 다시 吉門을

만나면 이를 「休詐」라 하는바 藥을 짓고 符를 쓰며 祈禱함과 재앙을 물리치고 福을 구

하는 일、祭祀 등에 大吉하다.

開、休、生 三吉門이 乙丙丁 三奇와 合하고 아래로 地盤 九地에 위치하여 다시 吉門

의 도움을 얻으면 이를 「重詐」라 하는바 敵의 항복을 받고 軍兵을 첨가하며 사람을

들이는 일、재물을 받아들이는 일、襲爵(父母나 祖上의 덕으로 子孫이 父母 祖上의

벼슬을 이어 받는 것)과 관직을 받는 일 등에 길하다.

그리고 이상의 三詐에 해당되된 遠行과 嫁娶와 商業、經營 등 백사에 모두 大吉하다.

④ 九遁變化法

이 九遁法은 주로 用兵에 사용한다.

開門이나 休門이나 生門 등 三吉門이 天盤 丙奇가 地盤 丁奇에 임한 것을 「天遁」이

라 하는바 이는 月精의 가리운것을 얻음이오、 혹 地盤 九地나 太陰에 임하면 이 또한

天遁이라 한다。 이 天遁이 되면 자취를 감추고 몸을 숨기는데 매우 좋다。 여기에다

만일 天德、月德、天恩 天赦 日干祿 등 喜神이 加臨하면 백사 大吉하다。 朱雀을 만나

면 문서와 獻策 등에 유리하고、 騰蛇를 만나면 의혹스런 일이 있고、 청봉을 띠면 財物

의 기쁨이오、 白虎나 玄武를 만나면 재액 질병 손재 수가 있어 全吉이라 하지 못한다。

만일 六丁六甲의 呼風喚雨 (호풍환우—바람을 일으키고 비를 부르는 것) 하는데 이 天

遁法을 이용하면 가장 좋다。

開門이나 休門이나 生門 등 三吉門이 乙奇와 합하고 아래로 地盤의 六合이나 九地나

太陰宮에 들면 이 모두 地遁이라 하여 日精의 가리워짐이라 한다。 伏兵 (敵 모르게 軍

士를 埋伏시키는 것) 하고 謀事와 기타의 백사에 大吉하다。 여기에 만일 朱雀을 加하

면 오직 사람을 속이고 이간질하는데 마땅하고 (이는 나쁜 일이지만 戰略으로는 行할 수

있다) 騰蛇를 만나면 남을 유혹하는데 좋으며、 太常을 만나면 酒食을 얻거나 경사 잔치

에 초대받는다。 靑龍을 타면 재운이 대통하고、 白虎를 만나면 싸움에 이기고、 玄武를 만

나면 도적질과 남의 정보를 탐지하는데 좋고、 句陳을 만나면 매사에 지장을 초래한다。

地道의 吉을 얻으면 건물을 짓거나 수리하는 일과 埋葬 또는 무엇을 숨기는데 길하다。

開門이나 休門이나 生門 등 三吉門이 乙丙丁 三奇와 합하여 地盤의 六合宮에 같이 위

치함을 「人遁」 이라 하고、 또는 生門이 三奇와 같이 太陰과 生門에 임하고、 乙奇가 九

地宮에 임하면 人遁이니 祿과 기타의 喜神을 첨가하면 재물이 이르고 謀計가 뜻대로 된

다. 그리고 朱雀을 띠면 소송에 이겨 재물을 얻고、 騰蛇를 만나면 악몽과 邪魔에 시달

리고、 白虎가 임하면 배타는 일이 위태롭고、 玄武를 만나면 失物한다。 만일 天輔나

天柱星이 임하면 비가 내리고、 天冲은 우뢰요、 天英은 번개인데 病占에는 생명이 매우

위태롭다。

開門이나 休門이나 生門이 乙奇와 合하고 地盤六辛에 임하여 巽宮에 들면 이를 「風

遁」이라 한다。 이에 天冲이나 天輔를 만나면 바람을 비는 것 (祈風) 은 순조로우나

行船과 消息은 불리하다。 만일 군사를 이끌어 敵陣에 火攻法을 쓴다면 大勝할 것이다。

開、休、生門 가운데 하나가 乙奇를 만나 아래로 六辛宮에 임하면 이를 「雲遁」이라

한다。 生門이 天芮와 합하여 아래로 地盤 九地와 같이 坤宮에 위치하면 이 역시 雲遁

이라 한다。 겨울에는 눈을 빌고 (祈雪—戰略의 하나) 여름에는 비를 비는 것 (祈雨)

에 좋다。 만일 白虎를 만나면 우박이 내리고、 등사나 朱雀이 들으면 가뭄이 들며、 억

지로 구하면 火災를 당한다。 行兵時에 敵陣을 暗襲하는데 大吉이니 敵에게 발각되지

않기 때문이다。

開門이나 休門이나 生門 등 三吉門의 하나가 天心星과 甲壬六合을 坎宮에 같이 만나

면 이를 龍遁이라 한다。 또는 休門에 乙奇를 만나 坤에 위치하거나、 開門이 戊儀와 같

이 地盤 九地星과 同臨하거나、 休門과 丁奇가 地盤 九地와 같이 坎宮에 위치하면 이 모

두 龍遁이라 한다。 이 방위에 비를 빌면 반드시 응하고、 水戰은 승리한다。 다시 靑

龍이나 玄武、 神后를 만나면 장마가 심하고、 敵의 奸計에 빠지거나 盜賊이 침입하리니

예방하라。

開門에 庚(甲申庚)을 만나고 아래로 兌宮에 위치하면 이를 「虎遁」이라 한다。 또

는 休門이 乙奇와 같이 地盤六辛을 만나 艮宮에 임하거나、 혹은 生門이 辛을 만나고

地盤 乙과 같이 艮宮에 임하면 이 모두 虎遁이다。 이 방위에 바람을 빌고(祈風)、 鬼

邪를 좇고 安宅하는 것과 行船과 敵을 불러들이고 險地를 공격하고、 賊의 基地를 쳐부

수는데 유리하다。 만일 軍營을 정돈하고 伏兵을 설치하면 敵이 감히 正視하지 못할 것

이다。

開門에 乙奇를 만나고 天心이나 天禽星을 합하여 九天이 있는 乾宮에 임하면 이를

「神遁」이라 한다。 또는 生門에 丙奇가 임하고 天禽이나 天心星을 합하여 地盤 九天

宮에 위치하면 이 역시 神遁이라 한다。 이 방위에 神을 몰고 將帥를 내보내며 計策을

쓰면 神이 암암리에 도와 승리로 이끈다。 行兵에 神將을 만들어 敵을 치면 유리하고

祭祀를 지내면 神이 흠향하여 영험을 얻는다。 만일 白虎를 띠면 雷劫이 있으리니 주의

해야 한다。

休門이 天輔星을 만나고 地盤 丁奇와 같이 坎宮에 임하면 이를 鬼遁이라 한다。 또

는 生門이 太陰과 같이 地盤 丁奇宮에 임하거나、 生門이 九地를 만나 地盤 丁奇宮에

임하면 이 모두 鬼遁이라 한다。 이는 戰路를 찾고 敵軍의 정세와 적군이 주둔하고 있

는 곳을 정탐하며 간첩을 침투시키고、 유언비어를 퍼뜨려 적을 혼란에 빠뜨리거나

적군이 의심을 품고 갈피를 못잡도록 하는데 유리하다。 가정사에 있어 鬼神 따위의 작

난이 있거든 부적 등을 써서 이를 물리치는데 신효하고 기타는 이 **鬼遁**을 쓰면 다 不吉하다.

⑤ 孤虛方用法

孤는 즉 空亡이오、虛는 空亡의 對冲方인데 아래와 같다.

甲子旬中＝戌亥宮이 孤요 辰巳宮이 虛、

甲戌旬中＝申酉宮이 孤요 寅卯宮이 虛、

甲申旬中＝午未宮이 孤요 子丑宮이 虛、

甲午旬中＝辰巳宮이 孤요 戌亥宮이 虛、

甲寅旬中＝子丑宮이 孤요 午未宮이 虛、

黃石公이 이르기를 『孤를 등지고 虛方을 치는 것은 일개 女人이 열사람의 남자를 대적할 수 있고、十人이 時의 孤를 用하면 百人을 당할 수 있다. 그러므로 敵이 十人이면 時孤를 用하고、百人이면 日孤를 用하며 千人이면 月孤를 用하고 萬人이면 年孤를 쓴다.』

다시말하여 時孤는 一當十이오、日孤는 一當百、月孤는 日當千人、年孤는 一當萬이라 한다. 그러나 時孤가 가장 효험이 있다는 것이다.

註 年孤란 太歲에 의한 孤虛法이오 月孤는 月建기준、日孤는 日辰기준、時孤란 시간을 기준해서 孤虛（孤는 空亡、虛는 對宮）

法을 쓴 것이다。가령 己卯時라면 甲戌旬中이오、甲戌旬中은 申酉가 空亡이니 申酉方이

孤方이고、寅卯方이 虛方이다。이를 時孤라 한다。

○　博奕의　勝負

내기 (장기、바둑、화투) 및 試合 (스포츠 따위) 에는 모름지기 孤虛法을 用하는게 좋

다。六甲旬中의 孤方을 등지고 虛方을 치면 이기고、이와 반대로 虛方을 등지고 孤方을

상대하면 진다。또는 三奇와 吉門 (開、休、生) 을 擇하여도 좋다。만일 天罡이 임하

면 남이 이기고 내가 진다。

⑥　五帝旺氣坐向方

正五九月—南方 (北向으로 싸우면 승리한다)
二六十月—東南 (西를 향하고 싸우면 승리한다)
三七十一月—北方 (南을 향하고 싸우면 승리한다)
四八十二月—西方 (東을 향하고 싸우면 승리한다)

⑦　險地에서 벗어나는 法

經에 이르기를 「九山 (겹겹으로 된 산) 과 河水가 높고 깊으면 絕이오、山길이 높고

험하여 침침하면 天牢라 하고 人跡이 긇긴곳을 天羅라 한다。 그리고 蒹葭(겸가) 는

衆草요 漢은 못이며 險은 疾인데 높고 낮은 山水의 경지다。 天井은 구렁과 낮은곳이다

(다시 말해 天井이란 低陷하고 四方에 樹林이 무성하여 병풍처럼 둘러친 곳、) 이러한

곳들은 兵卒이 옮겨다니기 困難하다。 敵이 이로운 방위에서 침입해오거든 즉시 天時

를 보아 만일 陽時令이면 士卒이 左便을 향하여 크게 소리를 지르도록 하고 징소리를 울

리면서 먼저 공격한다。 만일 陰時令이면 士卒들에게 명하여 말방울소리도 울리지 않고

쥐소리도 들리지 않도록 조용히하여 수레며 말을 멈추고 가만히 엎드려 기다렸다가 敵

이 만일 四面으로 에워싸고 공격해오면 軍馬를 세갈래로 나누어 一隊는 月德方에、一隊

는 生神方 (月建에 開를 만난것、또는 生門方、時가 冲하면 死氣라 한다)에서 공격하

며 一隊는 大將이 이끌고 天乙方에서 공격하면 大勝한다。」 하였다。

月德方＝未에 正月을 붙여 順行한다。 (二月은 申이 月德 三月은 酉가 月德)

日德方＝正月을 亥에 붙여 逆行한다 (二月은 戌이 日德、三月은 酉가 日德)

⑧ 亭亭과 百奸

亭亭은 天乙貴人方이다。 그 方位를 등지고 敵을 공격하면 유리하다。 天乙貴人方 따

지는 요령은 月將을 用時에 加하여 順行으로 當日干의 貴人이 닿도록 한다。 가령 正月

庚日午時라면 正月將은 亥登明이오、庚日의 天乙貴人은 未宮이다 (亥子丑寅卯辰時는 暮

貴라하여 陽貴를 쓰고、巳午未申酉戌時는 朝貴라 하여 陰貴를 쓴다。 이 例는 午時이므

로 庚日의 陰貴인 未를 取한다) 즉 午時에 亥 (登明、正月將이므로) 를 붙여 順行하면

未에 子神后가 닿는다 庚日의 未는 貴人이니 貴人이 子方에 위치함이라 子方을 등지고

午方을 공격하면 승리한다

또한 例로 三月乙日의 辰時에 用事라 가정하자。 三月將은 酉從魁요、乙日의 貴人은

子申宮이다。 辰時는 暮貴로 陽貴人을 쓰는 原則에 의하여 乙日의 陽貴人 申을 取한다。

즉 辰에 三月將인 酉를 붙여 順行하면 巳에 戌、午에 亥、未에 子、귀인인 申이 丑에 닿

으니 이 例는 丑을 등지고 未方을 공격해야 승리한다는 뜻이다。

白奸이란 天의 奸人이다。 巳亥로 合하고 寅申으로 格을 이룬다。 合에 해당하는 時는

등지고 格에 해당하는 時는 귀인 (亭亭) 을 등지고 白奸을 向하여 싸운다。 白奸은 月將

에 時를 붙여 寅午戌이 될때 寅申巳亥를 만나면 이것이 白奸이다。 가령 正月雨水 後는

太陽이 亥宮 (亥登明) 을 지난다。 午時에 用事라면 亥를 午에 붙여 順行하는바 寅午戌

인 午에 亥 (寅申巳亥中) 가 닿으므로 午方이 白奸方인 것이다。

또 한가지 법은 寅午戌日은 白奸이 亥요、亥卯未日은 白奸이 寅이오、申子辰日은 白奸

이 巳요 巳酉丑日은 白奸이 申方이라 한다。

（辰）　　**子丑寅卯辰巳午未申酉戌亥子丑寅卯辰日**

또는 亭亭方　巳午未申酉戌亥子丑寅卯辰日

⑨　六甲神應用秘法

○　總論

甲子旬中의 神名은 「王文卿」이라 한다. 兵符를 가지고 壇에 올라 軍令을 내린다.

元帥로서 계책을 운용하고 用兵하는 것과 糧穀을 輸送하는 일을 명령한다. 만일 兵士

를 일으키고、軍糧을 운반할 때 그 神名（王文卿）을 부른 뒤 六十步를 나아가서 左轉하

여 太陰中으로 들어가면 그 효험이 신비로울 것이다.

甲戌旬中의 神名은 「何利通」이라 한다. 山林을 베어 길을 내고、江을 막기 위하여

둑을 쌓을 때 이 神名을 부르면 일이 순조롭고 사고가 발생하지 않는다. 그러므로 이

러한 일을 장차 行하려할 즈음에 「何利通」이라 부르면서 六十步를 가다가 左轉하여 太

陰으로 들어가면 도로가 뚫리고、江河의 제방이 튼튼하게 축조된다.

甲申旬中의 神名은 「蓋神」이라 한다. 만일 入山하여 범、이리、노루、토끼 멧

돼지 등을 사냥할 때 神名（蓋神）을 부르면서 六十步를 나아가다 멈추고、左轉하여 太

陰中으로 들어가면 모든 짐승들이 마음대로 달아나지 못한다.

甲午旬中의 神名은 靈光이다. 軍營（兵事가 주둔하는 곳）을 설치하고、軍卒의 상태

를 巡視하거나 전투에 임할때 위 神名을 부르면서 左轉하여 太陰中으로 들어가면 營

寨는 비밀이 누설되지 않고 싸움에는 이긴다.

甲辰旬中은 神名을 「含章」이라 한다. 관직을 구하거나、將帥를 선임하거나 政事

에 임하고、任地에 赴任할 때 그 方向을 향하고 神名을 부르면서 六十步를 가다가 左

轉하여 太陰中으로 들어가면 대길하다.

甲寅旬中은 神名을 「監兵」이라 한다. 兵卒의 士氣를 진양시키고 위엄을 과시하

거나 兵卒을 훈련시키고、賊을 소탕하거나 行軍、征伐할 때 그 방위를 向하여 神名을

부르면서 六十步를 가다가 左轉하여 太陰中으로 들어가면 大吉하다. 또는 出行時와

邊方을 안무할때 이 방법을 쓰면 유리하고 도적은 起動을 못한다.

이상은 六甲이 五行尊神을 관할하는 까닭에 어떤 일이든지 行事할 때에 「相制」라

는 두글자를 써서 몸에 지니면 대길하다.

대개 六甲은 안으로 五行을 관장하여 動應함이 方所가 따로 없고、五行을 갖추어

生克作用하는 道가 있다. 왼손은 天을 상상하고、오른손은 地를 法받았다. 神靈은

靜함을 좋아하므로 五行의 相制를 用하는 것이니 運化의 道가 겸하지 않음이 없다.

만일 出兵時에 大將이 왼손바닥에 朱砂로 「强」字를 써서 주먹을 쥐고 六十步를 行

하다가 멈추고는 左轉하여 太陰中으로 들어가면 어렵지 않게 승리하는 비결법이다.

귀인을 만나려하거나 관직을 얻고자 할때는 왼손에 天字를 쓰고、만일 商業과 謀事의

成敗며 交友、和合、嫁娶、文券 등의 일에는 「和」字를 쓰며、入山하여 짐승을 사냥

하려는 경우는 「獅」字요、江이나 바다를 건느려는데 파도가 크게 일어나 배가 전복

되려는 위험한 찰라에 당황하지 말고 왼손에 「戌」字를 쓸 것이며、會社나 官廳의

우두머리가 무리를 거느려 順從토록 하려는데는 「强」字요、江을 건느거나 洪水를

다스리는데는 「土」나 「戌」字를 쓰고、入山하여 道를 求하려는데는 龍字를 쓰면

모든 일이 순조로와진다. 値符方에 임하거든 六十步를 行하다가 左轉하여 太陰中으

로 들어가라. 이는 五行을 制勝하는 妙用이다.

行軍・出行時에 「神」字를 부르면서 太陰中으로 들면 大吉하다.

무릇 出行時에 가는 방향에서 그 神을 부르면서 六十步를 가다가 左轉하여 太陰中

으로 入한다.

○ 十二支辰 陰神名

出入할 때 그 시간에 소속된 神의 명칭은 다음과 같다.

甲時—天福神（王文卿）、乙時는 天德神（龍文卿）、丙時는 天威神（杜唐中卿）、

丁時는 玉女神（季遊田）、戌時는 天武神（司羊羊）、己時는 明堂神（紀遊卿）、庚

時는 天刑神（郭元陽、郭陽之）、辛時는 天庭神（高于强）、壬時는 天牢神（王祿卿）、

癸時는 天獄神（爰光、子光）이다.

○ 遁甲門戶神名

— 543 —

門을 나서거나 어떤 일을 行하려할때 이 法을 쓰면 大利하다.

甲子旬의 門名은 徐議요 戶名은 公孫齊인데 이 門戶名을 부르면서 옷고름을 풀고

가면 大吉하다.

甲戌旬의 門名은 天可요 戶名은 徐可라 하늘을 바라보고 큰 소리로 門戶名을 부르

면 大吉하다.

甲申旬의 門名은 司馬光이오 戶名은 石戰이니 이 門戶名을 부르면서 옷을 풀고 가면

길하다.

甲午旬中의 門名은 石家요 戶名은 子可라 門戶名을 부른 뒤 옷을 풀고 빠르고 힘차

게 걸어가면 길하다.

甲辰旬中의 門名은 公孫錯이오、戶名은 司馬勝이라 한다. 門戶名을 부르면서 머리

를 풀었다가 다시 매고 가면 길하다.

甲寅旬中의 名은 公孫光이오 戶名은 司馬强이라 허리띠를 풀고 가면 길하다.

大將이 출입하거나 行兵 (군사를 움직임) 할 때는 多少를 불문하고 가고 멈추는

방위는 반드시 法度가 있으니 文으로 法을 삼는다. 大將이 士卒을 정렬하고 太陰

中으로 들어가면 門戶의 神名을 부른 뒤 아래의 呪文을 외운다.

「모갑유급 청신좌아 우아익아 무사적인 명명상아 복아개아 오병추절 무령지아,

某甲有急 請神佐我 佑我匿我 無使敵人 冥冥傷我 覆我蓋我 五兵推折 無令至我

당아자사 사아자망 사적인 명명묵묵 시아미혹 위아란기혼백 사적인 불감기념

當我者死 使我者亡 使敵人 冥冥默默 視我迷惑 爲我亂其魂魄 使敵人 不敢起念」

이상과 같은 呪文을 외운 뒤에 士卒들에게 명하여 왼편으로 돌아 곧게 가도록 하되

뒤를 돌아보지 못하게 하여 六癸 아래에 숨도록 한다.

○ 六甲陰符法

글에 이르기를 「大將이 된 사람은 敵을 상대할 경우에 陰符法을 써서 敵을 誅殺하

라」하였다. 그러므로 「남에게 千金을 줄지언정 六甲의 陰符法은 가르쳐주지 말라」는

속담도 있다.

天地間에 이 道 (陰符法) 가 가장 영험하다. 金匱에 감추어서 心中에 극히 귀하게 여

기고 올바르지 못하고 邪惡한 자에게는 절대 알려주지 않아야 하며 가벼이 누설해서는

안된다. 만일 이 法行하는 것을 몰래 염탐해 보는자는 소경이 되고, 몰래 듣는자는 疫

疾에 걸린다 하였다.

이와 같이 영명한 六甲陰符를 만들려면 반드시 지성으로 齋戒 (몸을 깨끗이하고 마음

을 바르게 가지는 것) 하고 天福을 받아야지 조금치라도 不正不潔하고 不敬스럽게 한다

면 어떻게 陰符法의 영험을 바랄 수 있겠는가 하였다.

陰符를 만드는 사람은 月食하는 日時에 桐木 (오동나무) 이나 杜荊 등과 나무의 陰方

枝 (陰方으로 뻗은 가지)、혹은 栢木 (잣나무) 의 中心을 취하여 길이 九寸二分에 三

分두께로 만들어 雌黃으로 바르고 像을 만들어 그 이름을 像 (神像) 의 아랫부분에 쓰고、

부적을 붙인 뒤에 비단주머니에 넣는다。이것을 大將이 몸속 깊이 차고 다니다가 用兵

할때에 本旬의 陰神 (가령 甲子旬中이면 丁卯兎首) 의 符를 주머니 속에서 꺼내

어 交戰時에 이것으로 敵軍을 향해 가리키면 敵이 흩어져 달아나고 감히 交戰할 마음을

두지 못한다。

—六甲陰神—

甲子旬의 陰神은 丁卯兎首요 人身의 名은 孔林族이며 字는 文伯이다。

甲戌旬의 陰神은 丁丑牛首요 人身의 名은 梁邱叔 (혹은 梁邱 또는 梁邱仲) 이라 한다。

甲申旬의 陰神은 丁亥猪首요 人身의 名은 陸成 (一名 陸成陸) 이며 字는 文公이라 한다。

甲午旬의 陰神은 丁酉鷄首요 人身의 名은 費揚이며 字는 文通 (혹은 靑陽多) 이라 한다。

甲辰旬의 陰神은 丁未羊首요 人身의 名은 玉屈奇며 字는 文卿이라 한다.

甲寅旬의 陰神은 丁巳蛇首요 人身의 名은 許咸이며 字는 巨卿이라 한다.

나무를 취할 때 먼저 재계한 뒤 술 一斗와 鹿脯(사슴을 잡아 脯를 떠서 말린것) 三斤과 소금 一盞(한접시)을 차려놓고 白茅(차리, 즉 왕굴이나 띠풀로 만든 자리)를 깔고 杜荊(취하려는 나무) 앞에서 「百兎之神(이는 甲子旬中에 적용, 만일 甲戌旬中이면 百牛之神) 與子俱遊、變化其身、以子所指、莫不服者、謹淸酌美脯、及鹽 등 物、顧歆饗之」라는 呪文을 읽은 뒤 再拜한다. 이와 같은 절차를 세번 되풀이한 뒤에 그 木을 취하여 정결하게 취급하되 더러운것이 묻지 않도록 하고 婦人과 닭、개 등의 눈에 띄지 않도록 해야 한다.

이 陰符를 몸에 지니려면 먼저 五日간 재계 해야 한다. 재계하는 요령은 蘭을 끓인 물에 목욕하고、魚肉(비린 고기와 누린 고기) 등을 먹지 말것이며、정결한 음식만을 먹고、또는 五辛之物(파、마늘 따위)을 먹지 않아야 한다. 六甲日(甲子、甲戌、甲申、甲午、甲辰、甲寅日)을 擇하여 神의 이름을 쓰고 한 밤중에 네모진 壇을 만들어 行事한다. 壇은 一丈二尺의 正方形으로 하고、外浮土가 十二丈이 되게 하며 十二辰을 상징하는 十二方에 門을 내어 열어놓고 대바구니(三尺넓이)를 만들어 四方에 려놓고、六陰符 五色으로 칠하여 (각각 三尺五寸) 壇上에 올려놓고 술 석잔、脯二斤、소금 一盞을 진설하고 띠풀(왕굴도 可)로 만든 자리(돗자리)를 깔고 北向으로 꿇어앉아 四方의 支辰名과 六甲陰符神名과 門戶神을 부르고 제사를 올린다.

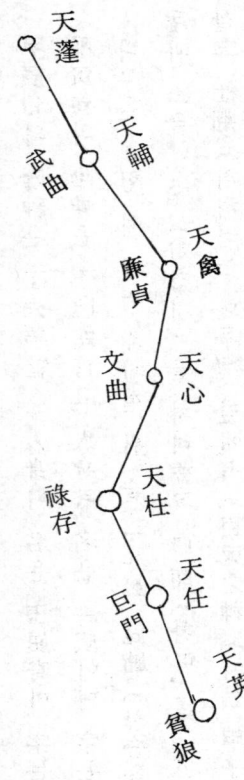

天蓬 / 破軍
天輔 / 武曲
天禽 / 廉貞
天心 / 文曲
天柱 / 祿存
天任 / 巨門
天英 / 貪狼

가령 甲子旬中에 이를 行한다면 甲子旬은 陰神이 丁卯兎首요 人身名은 孔林族 字는
文伯이며 門名은 徐議요 戶名은 公孫齊다 (六甲陰神 및 遁甲門戶神名을 참고, 위에
기록하였음) 東向하여 再拜한 뒤 神名을 부르고 다시 再拜한다. 그리고는 呪文을
외우고 이상의 절차를 행한 뒤에 錦囊에 陰符를 넣어 몸에 지니고 다니면 鬼가 不
侵하고、 싸움에 임하여는 敵을 向하여 陰符로 가리키면 敵이 自滅한다. 갑자기 壇
을 만들고 못하게 되면 다만 庭中에서 行하거나 혹은 野外의 정결한 곳에서 行하여
도 무방하다.

⑩ 眞人步斗法

經에 이르되 대개 步斗法을 行하면 神靈을 通한다. 한 밤중 별빛이 반짝이는 밑
에서 판판한 땅을 가려 깨끗이 쓸고 땅을 그어 北斗七星을 형상하되 별과 별 간격
을 三尺으로 한다. 天蓬은 天罡을 從하여 차례로 펴나나간다. 河魁 前에 逆으로
天英을 立하고 北
斗呪를 노래한다.
天英까지 읽고 먼저
왼발을 들어 呪文을
외우면서 차례로 발

면 神과 통하게 될 것이다. 단 邪惡한 자에게는 이 법을 알으켜주지 말아야지 함부로 누설하면 재앙을 받고, 또는 누가 이 법을 알려고 숨어서 본다면 그 사람의 눈이 멀게 된다.

— 呪文 —

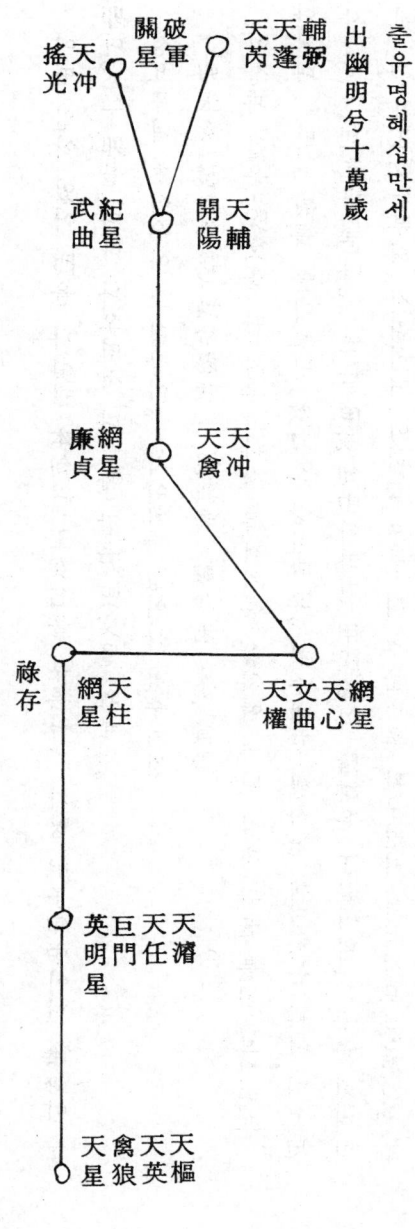

斗要妙兮十二神 (두요묘혜십이신)　承光明兮元武陳 (승광명혜원무진)
氣髣髴兮如浮雲 (기방불혜여부운)　七變動兮上應天 (칠변동혜상응천)
知變化兮有吉凶 (지변화혜유길흉)　入斗宿兮過天關 (입두수혜과천관)
合律呂兮治甲乙 (합률려혜치갑을)　履天英兮度天任 (이천영혜도천임)
清冷淵兮陸淩沈 (청냉연혜육능침)　柱天柱兮擁天心 (주천주혜옹천심)
從此度兮登天禽 (종차도혜등천금)　依天輔兮望天冲 (의천보혜망천충)
入天芮兮出天蓬 (입천예혜출천봉)　斗道通兮剛柔濟 (두도통혜강유제)
出幽明兮十萬歲 (출유명혜십만세)　添福祿兮流後世 (첨복록혜유후세)

기방불혜여부운　칠변동혜상응천
지변화혜유길흉

搖光　天冲
關星　破軍
天蓬　天芮　輔弼
武曲　紀星
開陽　天輔
廉貞星　天冲　天禽
祿存
網星　天柱
天文　天心　網星
權　曲
英明星　巨門　天任　天濟
天禽星　天狼　天英　天樞

어떤 일이 있어 門을 나설때 本旬의 玉女名을 부른다。 가령 甲子旬中이면 陰神이 丁卯다。 丁卯를 따라 나오면서 다음과 같은 呪文을 외운다。

정묘옥녀 호아우아 무령상아。 시아자, 청아자 반수기앙
丁卯玉女 護我佑我 無令傷我 視我者 聽我者 反受其殃

이상과 같은 呪文을 다 외우고나서 목적지를 향하여 가되 절대 뒤를 돌아 보아서는 안된다。 만일 뒤를 돌아보면 效力이 상실되고、 법수대로 행하면 해당하는 神이 따르면서 항시 보호해 준다。 또는 甲戌旬中이라면 甲戌旬의 陰神은 丁丑이다。 주문 첫머리에 「丁丑玉女」부터 시작하여 이하는 모두 위 주문대로 외우면서 목적지로 향한다。

⑪ 三奇 및 孤虛神呪

• 乙奇神呪 ＝ 天帝威神 誅滅鬼賊 六乙相扶 天道贊德 吾令所行 無攻不克 急急如玄女律令
을기신주 천제위신 주멸귀적 육을상부 천도찬덕。 오령소행 무공불극。 급급여현녀률령

• 丙奇神呪 ＝ 吾德助天 前後遮邏。 青龍白虎 左右驅魔。 朱雀道前 使吾會他。 天威助我 六丙陰痾 急急如律令
오덕조천 전후차라 청룡백호 좌우구마 주작도전 사오회타 천위조아 육병음가 급급여률령

•丁奇神呪=天帝弟子、部令天兵。賞善罰惡 出幽入冥。來護我者 玉女六丁。有犯我
천제제자 부령천병 상선벌악 출유입명 내호아자 옥녀육정 유범아

者 自滅其形。急急如律令
자 자멸기형 급급여률령

•孤虛神呪=天靈靈地靈靈。孤虛孤虛神、擧意如吾意 神不離吾左右。急急如律令
고허신주 천영령지영령 고허고허신 거의여오의 신불리오좌우 급급여률령

•出三奇門呪=經에 이르기를 六乙門에 나설때 禹步(한발작 두발작 또박 또박 느리게 걷는 것)를 세 발자욱 걷고 呪文을 외운다. 그 주문은 아래와 같다.

白虎白虎除道路 當前瞽路愼物誤 有德之士來相助 出幽冥冥交相助 急急如九天玄女律令

•出之丙門呪=禹步로 세걸음 걷고 아래와 같은 呪文을 외운다.

前有天罡揚威武 當從青龍與白虎 行註天天賊及天魔 敢有不從伏天斧 急急如九天玄女元君律令
전유천강양위무 당종청룡여백호 행주천천적급천마 감유부종복천부 급급여구천현녀원군률령

•出六丁門呪=禹步로 세걸음 걷고 다음과 같은 呪文을 외운다.

玉女玉女名神母 呼而問之道吾所 當從斗杓入斗理
옥녀옥녀명신모 호이문지도오소 당종두표입두리

청냉지연다신초 소이자장물경오。 급급여구천현녀원군률령。

清冷之淵多神草、 所以自障勿驚誤、 急急如九天玄女元君律令

經에 이르기를 『三奇吉門 (乙丙丁과 開、休、生門) 으로 나올때 혹 일이 급하여

呪文을 미처 외우지 못할 경우에는 그냥 걸어가되 마음속으로 믿음을 갖고 조

심스럽게 걸으면서 뒤를 돌아보지 않으면 靈驗이 있느니라』하였다。

무릇 呪文을 외울때는 반드시 禹步로 걸으면서 오른손으로 四획을 縱橫으로

굿고 왼손으로 五획을 橫으로 그은 뒤 (卌 모양이 됨) 다음과 같은 呪文

을 외운다。

— 呪 文 —

사종오횡 육갑육정。 현무재도 치우피병 좌현남두 우패칠성 사마멸륜 귀수잠형

四縱五橫 六甲六丁。 玄武載道 蚩尤避兵 左懸南斗 右佩七星 邪魔滅輪 鬼祟潛形。

우불감범 시오자맹 급급태상도조 철사상제률령。

于不敢犯 視吾者盲。 急急太上道祖 鐵師上帝律令。

이상과 같은 呪文을 외운 뒤에 乙奇나 丙奇나 丁奇의 神呪를 외우면서 행하

되 절대 뒤를 돌아보지 말아야 한다。

「참고」 單日行은 東西로 五橫 (三三) 하고 南北으로 四直 (三) 하며 (卌)

雙日行은 東西로 四橫 (三三) 하고 南北으로 五直 (三) 한다 (卌)

○ 呪 文

우왕멸도　오령감행　사종오횡　친우비병。　당오자사　피오자생　오유천하　환귀고

禹王感道　吾令感行　四縱吾橫　蚩尤備兵。　撞吾者死　避吾者生。　吾遊天下　還歸故

향

鄉。　敬請南斗六郎　北斗七星　五奉　太上老君急急如律令

경청남두육랑　북두칠성　오봉　태상노군급급여률령

⑫ 玉女反閉局

地戶	天門	玉女	(日辰)
乙	丙	庚	子
乙	丙	辛	丑
庚	丙	乾	寅
丁	庚	壬	卯
丁	庚	癸	辰
壬	庚	艮	巳
辛	壬	甲	午
辛	壬	乙	未
甲	甲	巽	申
癸	甲	丙	酉
癸	甲	丁	戌
丙		坤	亥

陰陽 二遁에 奇門出入이 없으면 곧 玉女反閉局을 用하여 出行하면 대길하고、

奇는 있으나 開·休·生에 吉門이 없으면 奇와 門을 얻었다 할수 없다。

장수된 자는 반드시 이 法을 알아서 萬全을 기해야 한다、 대개 乙丙丁 三

⑬ 伏匿藏形法 (형체를 감추는 법)

伍子胥 (오자서) 가 말하기를 『엎드려 숨고 몸을 남의 눈에 띄지 않게 감추려

면 靑龍 (여기에서는 六甲을 칭함) 을 타고 天蓬星 (六乙) 을 거쳐、明堂 (六丙)

을 지나 太陰 (六丁) 에 엎드리고、天門 (六戊) 으로 나와 地戶 (六己) 로 들어

가서는 天刑(六庚)을 치고(伐)、天庭(六辛)을 판단하고 天牢(壬)에 붙이

고 草를 取하여 半을 꺾어 人中을 막고、半은 天藏(癸)에 入하고 天藏으로부

터 나아가 月厭方으로 달아나라」하였다、(月厭方은 正戌 二酉 三申 四未 五午

六巳 七辰 八卯 九寅 十丑 十一子 十二月은 亥方이다)

가령 甲日 甲子時에 몸을 숨기려한다면 맨 처음 甲子에 起하여 丑寅方을 거

쳐 卯方에 엎드렸다가 辰方으로 나와 巳方으로 들어가서는 풀(草)을 베어 半

으로 나누어서 半은 人中을 막고、半은 卯地에 두고 酉地로 들어가 나오되 보

는 사람이 없다、太陰을 지날때 呪文을 외우는데 그 呪文은 다음과 같다、

○呪文

천번지복 天翻地覆
구도개색 九道皆塞
유아방래 有我方來
지차이극 至此而極
시아자 視我者。
추아자망 追我者亡
오봉구천현녀도모원군 吾奉九天玄女道母元君

律令
룰령

이상과 같은 呪文을 외운뒤 天藏(癸)으로 들어가되 절대 뒤를 돌아보면 안 된다、

庚은 天獄이오 辛은 天庭이며 壬은 天牢이니 모두 避身하기에 적당하다、조

심하여 그 방위에 숨고 다른곳으로 향하지 마라 붙잡힌다。

⑭ 九勝法

黃帝 말하기를 『行兵時에 天目方을 등지고 地耳方으로 향하라』하였다。天目과

地耳方은 아래와 같다。

甲子旬中은 天目이 庚午。 地耳는 戊辰

甲戌旬中은 天目이 庚辰 地耳는 戊寅

甲申旬中은 天目이 庚寅 地耳는 戊子

甲午旬中은 天目이 庚子。 地耳는 戊戌

甲辰旬中은 天目이 庚戌。 地耳는 戊申

甲寅旬中은 天目이 庚申 地耳는 戊午

또는 六甲은 靑龍位요、六丁은 天目、癸는 地耳며 華盖요、六戊는 天門、六己는
地戶라 한다。또는 六甲旬中에 庚을 天目이라 하고、戊은 地耳、丙은 三刑이다。

무릇 敵의 營寨를 공습할 때 사람은 물론 귀신도 모르게 하려면 六丁位나

太陰位를 좇아 들어간다。또는 敵陣을 습격하는데는 天目、地耳나 天門・地戶・

靑龍・華盖・九天位로부터 들어가 劫하면 매우 유리하다。

⑮ 卜螺法 (소라점)

밭가운데서 붉은 소라 (아마 달팽이가 아닌가 생각된다) 를 구하여 (婦人과 喪

人 또는 닭과 개를 보지말아야 한다) 소라 두개를 쟁반가운데 놓아두고 쟁반

중앙에다 縱으로 一直線을 그어 왼편을 我軍을 삼고、오른편을 敵陣을 삼는다。

또는 소라 두개 가운데 내편과 상대편을 표시해 놓고 쟁반에다 二寸쯤 물을

부은뒤 『田螺舞舞 能知風雨 賊若來遇 入我境界 田螺索索 風雨不着 賊若不來 各

守城郭』이라는 呪文을 외우고는 하늘이 밝기까지 기다려 그 소라의 동태를 살

피는데 賊이라 표시된 소라가 我陣 (왼편) 에 들었으면 賊과 전쟁을 피하고 다

만 튼튼히 지키기만 하는게 좋고、我軍이라 표시된 소라가 敵陣 (오른편) 에 들

었거든 急히 적을 攻擊하라 승리한다、

또는 節氣에 따라 소라의 머리가 어느 방위로 向하였는가로 吉凶을 豫測할수

있다。

봄에는 소라의 머리가 東으로 향하면 大利하고、南으로 向하면 놀라움이 있으

며、西로 향하면 적이 침입해오고、北으로 향하면 무사하다。

여름에는 소라의 머리가 東을 향하면 小吉이오、南으로 향하면 大利하고、西로

향하면 적이 침입하고、北으로 향하면 대경실색할 일이 있다。

가을에는 소라의 머리가 西로 향하면、大利하고、南으로 향하면 神의 도움이

있고 東으로 향하면 재물을 얻고 北으로 향하면 굳게 지키는게 좋다。

겨울에는 소라의 머리가 北으로 향하면 大利하고、西로 향하면 안전하고、南으로 향하면 공격에 유리하고、東으로 향하면 약간 놀랠 일이 있으니 城을 固守함이 좋다。

甲乙日에 소라의 머리가 東으로 향하면 賊이 급히 침입하리니 싸움이 불리하고、南으로 향하면 五日內로 적이 오며、西로 향하면 十四日에 적의 침입이오、北으로 향하면 적이 오지 않는다。

丙丁日에 소라의 머리가 南으로 向하면 敵軍이 九日만에 물러가고、西로 향하면 十一日 뒤에 물러가고、北으로 향하면 당일에 내침하여 적과 交戰이 있게 되나 我軍이 이기고 賊이 敗走한다。

戊己日의 占은 소라의 머리가 어느 방위로 향하거나를 막론하고 다만 굳게 지키는 것이 좋다。

庚辛日에 소라의 머리가 西로 향하면 彼我가 같이 평평하고、北을 향하면 적이 흩어지며、南을 향하면 賊이 오다가 다시 물러가고、東을 향하면 적이 侵攻해 들어와 大援戰이 벌어진다。

壬癸日에 소라의 머리가 南을 향하면 적이 왔다가 敗退하고、西로 향하면 적이 오지 않으며、東으로 향하면 각각 一方을 지키고、北으로 향하면 得도 害도 없다。

出軍하여 軍卒들에게 疫疾이 전염되어 死亡者가 많이 발생하거든 바람이 불어 오는 방향으로 죽은 사람의 頭骨을 불살라 뿌리면 방지된다.

⑰ 居靑龍法

出兵에 있어 먼저 天門으로 나와 地戶에 들고 太陰을 지나 靑龍位에 居한다. 經에 이르되 「처음으로 出兵할 경우 天門 六戊로 나가고 地戶 六己로 들어가 며 太陰六丁을 지나 靑龍 六甲에 居한다」하였으니 그 밑에 居하면 百戰百勝할 것이다. 가령 冬至後 上元 甲己日의 夜半은 甲子라 처음 起兵할 때 天門인 辰地로 나와 地戶 己地로 들어갔다가 太陰 午地를 지나 靑龍 子地에 居하면 百戰百勝한다.

(참고) 甲己日의 子는 甲子로 靑龍이오, 丑은 乙이오, 寅은 丙, 卯는 丁, 辰 은 戊, 巳는 己, 午는 庚, 未는 辛, 申은 壬, 酉는 癸, 戌은 甲, 亥는 乙에 해 당한다. 기타 乙庚日은 丙子, 丙辛日은 戊子, 丁壬日은 庚子, 戊癸日은 壬子가 時의 符頭니 모두 甲己日의 例에 準한다.

⑱　遊門法

出兵하여 敵을 攻擊함에는 遊門方을 택하면 좋다고 한다。

正	二	三	四	五	六	七	八	九	十	十一	十二
天門 申	酉	戌	亥	子	丑	寅	卯	辰	巳	午	未
百死 酉	戌	亥	子	子	丑	寅	卯	巳	午	未	申

⑲　地兵法

行軍과 敵陣을 向해 가는데는 地兵方을 범하지 말아야 한다。地兵方은 아래와 같다。

甲子旬中은 寅方、甲戌旬中은 子方、甲申旬中은 戌方
甲午旬中은 申方、甲辰旬中은 午方、甲寅旬中은 辰方

또는 丙時를 범하지 말아야 하니 丙時란 丙寅 丙子 丙戌 丙申 丙午 丙辰으로 甲己日의 寅時、乙庚日의 子時、戌時、丙辛日의 申時、丁壬日의 午時、戊癸日의 辰時가 된다。

⑳　黃旛虎尾

싸움에는 **虎尾方**을 등지고 黃幡方을 향하여 공격하면 유리하다.

（年支）	子	丑	寅	卯	辰	巳	午	未	申	酉	戌	亥
虎尾	戌	辰	丑	戌	未	辰	丑	戌	未	辰	丑	
黃幡	辰	丑	戌	未	辰	丑	戌	未	辰	丑	戌	未
虎尾	戌	未	辰	丑	戌	未	辰	丑	戌	未	辰	丑

㉑ 雷公

雷公이란 六庚의 별명이다. 庚은 또 天刑이오 백가지 凶神이 모이는 곳이므로 매사에 피하는게 좋다. 특히 싸움에는 雷公（庚）이 있는 방위를 범하면 兵卒과 將師가 많이 死傷한다.

甲子旬中은 午（庚午）、 甲戌旬中은 辰（庚辰）、 甲申旬中은 寅（庚寅）
甲午旬中은 子（庚子）、 甲辰旬中은 戌（庚戌）、 甲寅旬中은 申（庚申）

㉒ 井泉知法

물이 있는 곳을 알아내는 방법이다.

軍士를 높은 언덕이나 山에 駐屯하였다가 敵의 포위를 당하면 가장 타격을 먼저 받는 것이 물이다. 근처에 냇물이나 샘물이 없어 食水가 떨어지면 큰

문제다。 이럴 경우 磁器를 땅에 엎어 놓고 그 둘레를 빵돌려 흙으로 막아

놓았다가 새벽에 그 磁器를 제껴보아 만일 물방울이 있으면 부근에 물이 있다는

증거이니 그 밑을 파면 물을 얻을 것이다。 그러나 물방울이 맺지 않았으면

가까운 주위에는 물길이 없음이니 다른 곳에 옮겨놓고 다시 같은 방법을 되풀

이 하라。 한번에 물이 있는 곳을 찾으려면 磁器를 여러군데 설치하여 어느

것에 물방울이 맺혔는가로 쉽게 水源을 찾아낼 수 있는 것이다。

㉓ 五行相制貪法

이 法을 行할시는 지성스런 마음으로 閉氣 (呼吸을 잠시 멈추는 것) 했다가

東方의 生氣를 길게 들어마신 뒤에 손바닥에 품어내고는 아래 해당되는 글자를

손바닥에 쓰고 즉시 앞으로 나아가되 뒤를 돌아보지 아니한다。

● 高官을 만나려 할때… 「天」字

● 婚處를 구하려면、「合」字

● 賣買에는 「利」字를 쓴다。

● 出行할 때는 「通」字를 쓴다。

● 장기 바둑 내기 등에는 「乾」字

● 밤길을 걸을때는 「魁」字

● 여러 사람 있는 곳에 들어설때는 「遜」字

- 陣中에 들어설때는 「强」字
- 間病을 갈때는 「鬼」字
- 술을 마시게될 때는 「少」字
- 山에 들어서려면 「子」字
- 물에 들어서려면 「土」字 혹은 「戊」나 「龍」字를 쓴다。

㉔ 三勝宮

第一勝은 天乙宮에 上將이 居하고、用兵時는 그 天乙宮의 對冲方을 攻擊하면 百戰百勝한다。 단 生門位에 앉고、死門位는 앉지 말아야 한다。

第二勝은 九天宮에 上將이 居하고、用兵時는 九天宮의 對冲方을 치면 비록 敵勢가 强할지라도 我軍을 당해내지 못한다。

第三勝은 三奇를 만난 生門宮에 上將이 居하고、用兵에는 死門方을 향하여 공격하면 百戰百勝한다。

㉕ 五不擊宮

敵을 공격함에 있어 敵을 치지 못하는 다섯가지 忌함이 있으니 다음과 같다。

第一은 天乙宮을 치지 말아야 한다。(단 甲申庚이 天乙宮에 임한 경우는 공

— 562 —

격해도 좋다)

第二는 九天宮을 치지 못한다.

第三은 生門方을 공격하지 못한다.

第四는 九地宮을 공격하지 마라.

第五는 玉女宮을 침공하지 마라.

이상의 원칙을 무시하고 敵을 攻擊했다가는 敵이 有利하고 我가 不利하여 반드시 死傷者가 많이 생긴다.

㉖ 五陰五陽時

三元經에 이르기를 甲乙丙丁戊는 五陽時로 客이 되는게 좋다. 먼저 發兵하여 이는 陽은 飛躍하여 멈추지 않는 원리를 用함이다.

旗를 높이 받쳐들고 북을 울리며 기세등등하게 공격해나가면 客히 大勝한다.

己庚辛壬癸의 五陰時는 主가 되는게 有利하다. 旗를 옆으로 뉘고, 북소리를 멈추며, 숨소리조차 죽여 고요히 侵攻해오는 客을 기다렸다가 敵(客)이 가까이 오면 맞아 싸우라 大勝한다. 이는 陰은 伏하고, 靜하여 형체를 나타내지 않는 원리를 利用함이다.

무릇 奇門은 一時(支)에 한차례 바뀌는 것이니 有利不利를 우선 알아서 用兵해야 한다.

만일 天盤 甲申庚이 地盤月奇인 丙方에 加했다면 그 軍營을 공격해오고 要塞地를 쳐부시는 일을 방어해야 한다。특히 夜間에는 반드시 수비를 군게 하되 매 一更에 一次의 명령과 一次의 作戰계획을 세워 守備하라。만일 작전계획이 잘못되거나、軍令이 어긋나면 奸敵이 몰래 쳐들어 온다。이렇게 되거든 즉시 八門內에 遁法을 써서 兵卒을 매복하고 조용히 기다렸다가 敵이 暗襲해오면 理伏軍이 일제히 내달아 적을 무찌른다。

㉗ 德威之時

葛洪이 이르기를 「六丙이 威勢가 되고 六甲이 德이 되니 客이 되는게 이롭다。軍士를 호령하여 敵國으로 攻略해 들어가면 개도 짖지 않고 말도 울지 않는다。車를 돌이키고 바퀴를 멈추어 萬里를 횡행할지라도 敵은 감히 이편이 두려워 대항을 못한다。만일 나에게 향해 싸우려 한다면 그 스스로 멸망한다。게다가 만일 天兵(王이 보내준 軍士)이 와서 도와주면 적은 더욱 놀라고 두려워 쩔쩔매게 된다。그러므로 用兵하여 敵國을 공격하는데는 客이 되어야만 大勝하고 主가 되면 不利하다。만일 客이 못되고 主가 되거든 先動하지 말고 다만 城門을 닫고 군게 지키면서 때를 기다리는게 최선이다。」하였다。

㉘ 天輔之時

三元經에 이르기를 「天輔時를 얻으면 비록 罪過 (잘못、실수) 가 있더라도 별탈이 생기지 않는다。 고로 금시 날벼락이 떨어질듯 하다가도 하늘의 赦 (용서) 함을 받게 된다」 하였다。

天輔時는 아래와 같다。

甲己日—己巳時、乙庚日—甲申時、丙辛日—甲午時、丁壬日—甲辰時、戊癸日—甲寅時

㉙ 奇門飛斗法

일이 급박하여 미처 奇 (乙丙丁) 와 吉門을 얻지 못할 경우에는 이 법을 사용하면 좋다。

飛斗法은 禹步 (圖表대로 발자욱을 내딛는 것) 를 떼면서 팔을 휘두르고 다음과 같은 呪文을 외운다。

천원지보　육률구장　출행대길　영보안강　소제흉악　삭거재앙　인래추아　엄기양
天圓地步　六律九章。　出行大古　永保安康。　掃除凶惡　削去災殃　人來追我　掩其兩

목　마래추아　절기사족　소구수의　함원종심　오봉구천현녀
目。　馬來追我　折其四足　車來追我　斷其輪輻。　所求遂意　咸願從心。　吾奉九天玄女

급급여률령
急急如律令

陽斗 甲丙戊庚壬 陰斗—乙丁己辛癸

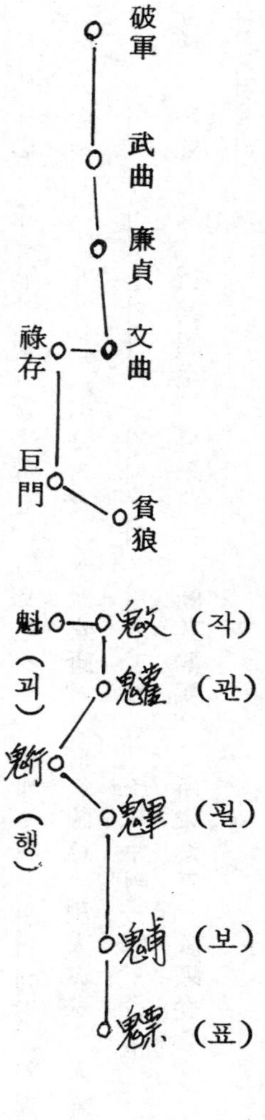

破軍
武曲
廉貞
文曲
祿存
巨門
貪狼
魁 (괴)
(행)
(작)
(관)
(필)
(보)
(표)

㉚ 眞人門六戊法

兵事에 있어 出軍하거나、宿營하거나 安營(軍營을 튼튼히 設置함)하거나、軍士를 주둔할 때 不意에 있을지도 모를 禍를 피하고 逃難하는데 이 法을 사용하면 귀신도 감히 접근을 못한다。

그 방법이란 六甲旬中 六戊土에 用刀하고 鬼門을 좇아 左로 行하여 둥그렇게 땅을 그은 뒤 그 중앙에다 흙 一斗를 六戊上 여섯곳에 나누어 놓고 刀를 원래 흙을 취했던 곳에 두고 아래와 같은 呪文을 외운다。

태산지양 항하지음 도적불기 호랑불침
泰山之陽 恒河之陰 盜賊不起 虎狼不侵

성곽불완　페이금관　천흉만악　막지감간　급급여률령
城郭不完　閉以金關　千凶萬惡　莫之敢干。　急急如律令

이상과 같은 呪文을 외운 뒤에 中幕 중앙에 처하여 나가지 말고 있다가 다음날 行하는데 칼을 빼어 흙을 헤치고 출발해야 한다。 만일 칼로 흙을 헤치지 않으면 그 神이 退去하지 않는다。 이 六戊法의 효험을 시험해보려면 어미소와 송아지를 구하여 어미소를 중앙에 놓아 두고、송아지를 線(둥그렇게 그은 線) 밖에다 떼어 놓아두라。 그 송아지는 절대 어미소가 있는 線 안으로 들어가지 못한다。 송아지를 들여보내려면 한쪽의 戊土(흙무더기)를 제거하면 송아지는 즉시 제거한 곳으로 들어갈 것이다。

(2) 呪文과 符法

① 天逢呪

천봉천봉　구원살중　　오정도사　고력북옹　　칠정팔령　태상호흉　　장노거액　수파
天逢天逢　九元殺重。　五丁都司　高力北翁。　七政八靈　太上皓凶。　長顱巨額　手把
견종　미집삼신　엄가기룡　위검신왕　참사멸적
牽鍾。　未集三神　嚴駕夔龍。　威劍神王　斬邪滅跡。

자기승천　단하혁충　　탄마식귀　횡신음풍　창설록치　사목노옹　　천하력사　위남어

紫氣乘天　丹霞赫衝。　吞魔食鬼　橫身飲風。　蒼舌綠齒　四目老翁。　天下力士、威南禦

흉　　천취격려　위북함풍　삼십만병　위아구중　벽시천리　거각불상　감유소귀　차

天驟激戾　威北啣風　三十萬兵　衛我九重。　辟屍千里　袪却不祥。　敢有少鬼　次

凶。

래견형　　확천대부　참귀오형　염제력혈　북두연고　사맹파해　천유감수　신검일하

來見形。　鑊天大斧　斬鬼五形。　炎帝瀝血　北斗燃膏。　四盟破骸　天猷減數　神劍一下

만귀자소　　급급여률령

萬鬼自消。　急急如律令

② 九星八門符

九星 (天逢九星) 과　八門에　소속된　神符는　다음과　같다。

●天逢·休門符　　●天芮·死門符　　●天中·傷門符

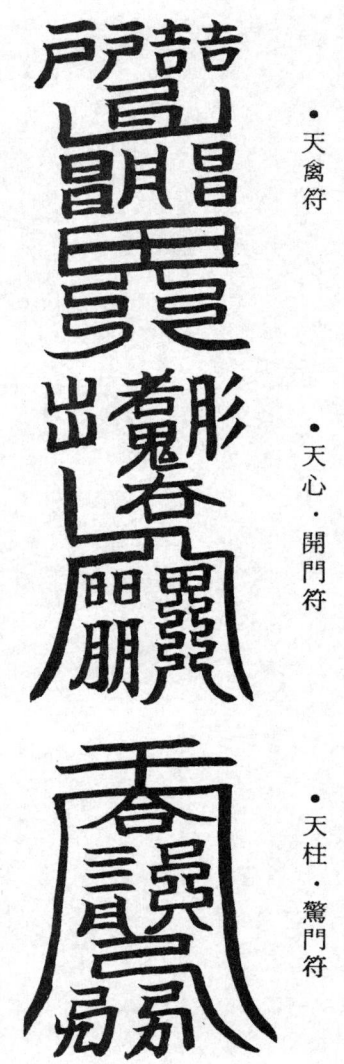

・天禽符

・天心・開門符

・天柱・驚門符

・天英・景門符

・天任・生門符

・天輔・杜門符

③ 禹步法

이 禹步法은 兵事에만 쓰이는게 아니라 百事에 다 活用해도 좋다.

처음 시작할 때 마음을 가다듬어 正中(차렷자세) 하게 선다。 오른편 발을
앞으로 한발자욱 떼어놓으면 왼편 발은 자연 뒤에 있다。 다음에 왼편 발을
앞으로 나가고、 다음은 또 오른편、 발을 내딛고、 다음은 왼편 발을 떼어 오른편
발과 가즈런히 하는데 여기까지가 第一禹步라 한다。
다음을 오른편 발을 전진하고、 다음에 왼편 발을 전진한다。 여기까지 第二禹步
라 한다。
다음은 좌우의 발을 합한 뒤에 먼저 왼편 발을 전진하고、 다음은 오른편 발
을 전진하며 다음은 왼편 발을 떼어 오른편 발과 나란히하는데 이것을 第三禹
步라 한다。
또는 다음과 같은 禹步法이 있으니 그림을 참고하라。

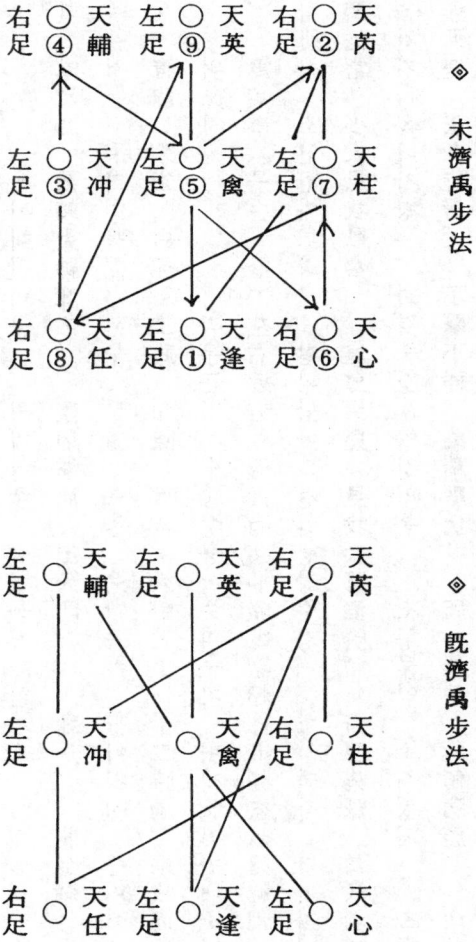

◇ 未濟禹步法

◇ 旣濟禹步法

④ 玉女返閉局

經에 이르기를 玉女返閉法을 行할 때 室內나 庭園안 좁은 곳에서는 六步(여섯걸음)요 野外 넓은 곳에서는 六十步가 규정이며, 더 먼곳으로 나간다면 혹 百二十步로 하는 수도 있다. 어쨌던지 六步 六十步、六百步 등으로 準하는바 이상의 형편에 의해 六步나 六十步를 걸어나가다가 그 자리를 표시해 놓는다。

길이 一尺二寸쯤 되는 算가치 여섯개를 손에 들고 심호흡으로 旺氣를 흠뻑 들어마신 뒤 叩齒三十六通 (위아래 이를 딱딱 하기를 三十六번) 하고나서 마음속으로 소원하거나 계획한 일을 생각한 뒤 몸을 돌이켜 旺氣神이 있는 방위를 등지고 서서 다음과 같은 呪文을 외우면 대길하다.

維某年某月某日某時 （유○년○월○일○시）

某（姓名을 부름） （모）

好學長生之術 （호학장생지술）

行不擇日 （행불택일）

今欲遊行 （금욕유행）

某處（가는곳） （모처）

爲某事（어떤 일로） （위모사）

欲賴大神庇佑。 （욕뢰대신비우）

畫地擊局 （획지격국）

出天門、 （출천문）

入地戶。 （입지호）

開金闕 （개금궐）

乘玉女。 （승옥녀）

謹請 （근청）

啓天地父母 （계천지부모）

六丁十二神 （육정십이신）

靑龍逢星、 （청룡봉성）

明堂天土玉女六武之神。 （명당천토옥녀육무지신）

玉女 靑龍 朱雀 白虎 玄武 句陳 六合 六甲六丁 十二時神 乘我而行至某處（가는곳） （옥녀 청룡 주작 백호 현무 구진 육합 육갑육정 십이시신 승아이행지모처）

爲某事（무슨 일） （위모사）

左右近方 （좌우근방）

隨行隨共 （수행수공）

隨臥隨起 （수와수기）

辟除盜賊鬼魅消亡。 （벽제도적귀매소망）

君子見之 （군자견지）

喜樂倍常 （희락배상）

小人見我歡喜。 （소인견아환희）

皇皇男兒 （황황남아）

見我兵將酒獎。 （견아병장주장）

百惡鬼賊 （백악귀적）

當我者亡。 （당아자망）

今日禹步 （금일우보）

上應天罡 （상응천강）

玉女侍傍。 （옥녀시방）

下擊不祥 （하격불상）

萬精壓伏。 （만정압복）

所向無缺 （소향무결）

所値病瘥。 （소치병차）

所攻者達。 （소공자달）

所擊 （소격）

자파 (者破。) 소추자경 (所推者傾。) 소구자득 (所求者得。) 소원자성 (所願者成。)

제왕대신 (帝王大神) 이천석장이 (二千石長吏) 견아자 (見我者) 애여적자 (愛如赤子。)

금일소청 (今日召請。) 옥녀지신 (玉女之神) 수아이진 (隨我而進)

일체의 出行과 用事할 때에 吉方吉時를 얻지 못할 경우에는 이 法을 쓰는게 좋다。八卦圖를 그려 東西南北과 八千十二神을 記錄한다。

⑤ 北斗呪

매번 한발자욱씩 떼어놓고 아래와 같은 呪文一句를 외운다.

백기혼둔 관아형 우보상최합등명
百氣混沌 灌我形、禹步相催合登明

천회지전보칠성 섭강이제구령 아지
天廻地轉步七星 躡罡履齊九靈。亞持

복요중사경 중재소멸장생 아득장생
伏妖衆邪驚、衆災消滅長生。我得長生

아득장생
我得長生

我得長生

지성스러운 마음으로

星斗를 밟은 뒤에 아래의

後呪을 또 외운다.

─ 後 呪 ─

六甲九章 天圓地方、　육갑구장 천원지방
四時五行 青赤百黃。　사시오행 청적백황
太乙爲師 日月爲光。　태을위사 일월위광
禹步治道 蚩尤　우보치도 치우
避兵 青龍扶轂　피병 청룡부곡
白虎伏行。　백호복행
熒惑前引辟不祥　형혹전인벽불상
北斗誅伐去降凶殃　북두주벌거항흉앙
五神從我 周遊八方。　오신종아 주유팔방
當我者死、 疾我者亡。　당아자사 질아자망
左社右稷 寇盜伏藏　좌사우직 규도복장
行者有喜。　행자유희
留者有福 萬神護我　유자유복 만신호아
永除盜 賊　영제도 적
急急如律令。　급급여률령

이라 한다.

玉女는　八干（甲乙丙丁庚辛壬癸）과　四維（乾坤艮巽）로　左行（時計針方）한다。

가령　子日이면　玉女가　庚에　닿는데　玉女를　타고　가게될　경우　아래와　같은

呪文을　외우면　大吉하다。

경상옥녀

庚上玉女（이는　子日인　경우고、丑日이면　辛上玉女、寅日이면　乾上玉女라　한다）

속래호아　무령백귀상아　인막견아　견아자이위속신　독개아문이개타입지호　급급여률

速來護我　無令百鬼傷我　人莫見我　見我者以爲束薪　獨開我門而開他入地戶　急急如律

령。

令。

敵陣에　잘못　들어가　포로가　될　염려가　있을　경우에는　天門으로　나와　地戶로

들어갔다가　玉女方을　타고　나오는데　이때는　다음과　같은　呪文을　외운다。

락락역역　행불택일　반불택시　험두소지　여인구지　천지반복　중심소가　개득여의

諾諾譯譯　行不擇日　反不擇時　險斗所指　與人俱之　天地反覆　中心所歌　皆得如意

사여미혹　이동위서　이남위북　유지아자　사여미부득견　급급여률령

使汝迷惑　以東爲西　以南爲北　有知我者　使汝迷不得見　急急如律令

이상의　呪文을　다　외우고는　풀을　베어　地戶門을　막고　간다。（一心으로　정성

스럽게 三번 玉女名을 부른다)

길을 잃었을 경우 다음과 같은 玉女呪를 읽는다。

玉女玉女 天神至靈 護我保興傳我、 行到某處 (어느곳) 窈窈冥冥 莫覩其形、 人不得
옥녀옥녀 천신지령 호아보홍부아 행도모처 (어느곳) 요요명명 막도기형 인부득

聞其人 鬼不得聞其精 善我者福 惡我者殃。 百邪鬼賊 當我者死、 值我者亡 千萬人中、
문기인 귀부득문기정 선아자복 오아자앙 백사귀적 당아자사 치아자망 천만인중

見我者喜、 急急如律令奉行
견아자희 급급여률령봉행

⫶⫶⫶⫶ 모양으로 (四縱五橫) 금을 그어 諸惡을 禁한다는 마음으

또는 칼로 땅에 먼저 이를 일곱번 딱딱 두드려 (叩齒七通) 北斗天罡을 應

로 주문을 외우는데 呪文은 아래와 같다。

하도록 한다。

四縱五橫 萬惡潛形 吾去千里者回、 萬里者歸 阿我者、 叱我者亡、 自愛其殃、 急急如律
사종오횡 만악잠형 오거천리자회 만리자귀 아아자 질아자망 자애기앙 급급여률

令
령

⑦ 十二局 天門、地戶、玉女、定局

日辰　子　丑　寅　卯　辰　巳　午　未　申　酉　戌　亥

天門　丙　丙　丙　庚　庚　庚　壬　壬　甲　甲

地戶　乙　乙　庚　丁　丁　壬　辛　申　癸　癸

玉女　庚　辛　乾　壬　癸　艮　甲　乙　巽　丙　丁　坤

(4) 符法

① 六甲神符

甲子神君의 號는 飛天大帝요 또는 將軍이다。그 神은 鼠首人身(머리는 쥐와 같고 몸은 사람을 닮음)인데 귀가 一丈九尺이며 陽光天壘의 宮에 거하여 九萬九天九百神將을 거느리고 忠孝로운 마음이 있어 不仁不義한 자를 九天青青之下에 誅殺한다。

● 甲子符

● 符式＝長은 一尺九寸、넓이는 三寸一分으로 하여 青黑紙에 朱砂로 쓴다。

甲戌神君의 號는 **掩郎**이오 또는 **司獄將軍**이라 한다. 그 神은 개의 머리 (犬首)에 사람의 몸이며 女子의 상이다. 그 성질이 술을 좋아하는데 天隍天癒宮 (서황천구궁)에 거처한다. 이 神은 神兵 五萬五千五百五十을 거느려 正將 (正義로운 將帥)을 기쁜 마음으로 도와주고 惡賊을 斬한다. 身長은 一丈六尺이오

• 甲戌符

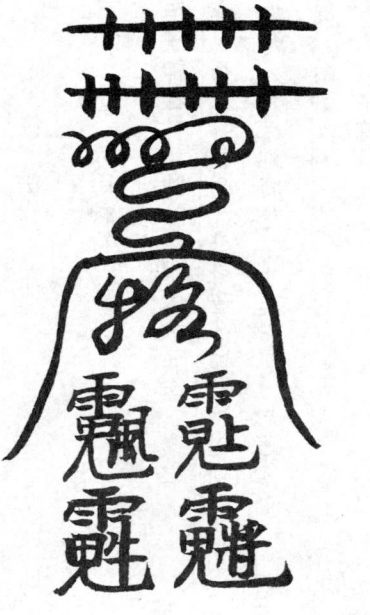

九天靑黃 아래에 編綰 (윤관) 한다.

• 符式은 長이 一尺六寸이오 넓이 二寸九分인데 黃紙를 구김살없는 이 잘 펴서 朱砂로 그린다.

甲申神君의 號는 六府神이오 이름을 健報將軍이라 한다. 猴首人身 (사람의 몸에 원숭이 머리)에 身長이 二尺五寸의 短身이다. 그 성질이 단것을 잘먹고 滛行을 좋아하는데 天鉞宮 (천월궁)에 거하면서 神兵 七萬七千七百七十을 거느리면 유순한 사람을 즐겨 도와

주고, 이치에 어긋나는 자를 격파한다.

• 符은 넓이 二分七寸에 길이는 一尺五寸으로 하되 白紙를 잘 펴서 朱砂로 그리고 九天靑白을 編綰한다.

●甲申符

●甲午符

써야 한다。

甲午神君의 號는 平水將軍이라 한다。 이 神君의 모양은 馬首人身（사람의 육신에 말의 머리를 닮음）에 말의 머리를 닮음）에 키는 一丈九尺이고 성질이 가장 맹렬하여 속히 부르는 것이 좋지 않다。 살찐 개와 女子를 좋아하고 말고기는 싫어한다。 神兵九萬九千 九百九十를 거느려 靑紅下를 綺紹하는데 특히 착한 人間이 원수 갚는 일에 즐겨 협조한다。

● 符式은 길이 一尺九寸에 넓이 三寸二分의 靑紙나 紅紙를 깨끗하고 판단히 하며 黑丹砂로 써야 한다。

— 579 —

甲辰神君의 號는 平蠻將軍인데 그 神의 형상은 龍身人首(사람의 얼굴 모습에 龍의 몸)이오 身丈은 一丈九尺이다。 성품이 淸高한데 順從하면 좋으나 거스리면 禍를 입는다。 東南方에 居하여 참다운 자를 즐겨 도와주고、妖氣와 惡人을 소탕한다。 이 神은 神兵 五萬五千五百五十을 거느리고 靑黃下에 編縮한다。

• 甲辰符

• 符式은 長이 一尺九寸에 三寸九分이 되는 靑黃紙를 잘 펴서 朱砂로 쓴다。

甲寅神君의 號는 六孼將軍이오 이름은 灌佳郞이라 한다。 그 神의 형상은 虎首人身(범의 머리에 사람의 몸)인데 키는 一丈이 넘는다。 성질이 가장 조급하나 강한 자를 누르고 약한이를 도와주며、正義로운 일을 도와주고 邪惡한 자를 제거한다。 天苑之位에 居하고 六吉宮에 놀며 神將 七萬七千七百七十을 거느리고 靑黑下를 編縮한다。

• 符式은 靑色紙를 구김살이 없이 잘 펴서 長이 一尺八寸、넓이 二寸七이 되게 하여 朱砂를 곱게 갈아 위 보기와 같은 符를 쓴다。

·甲寅符

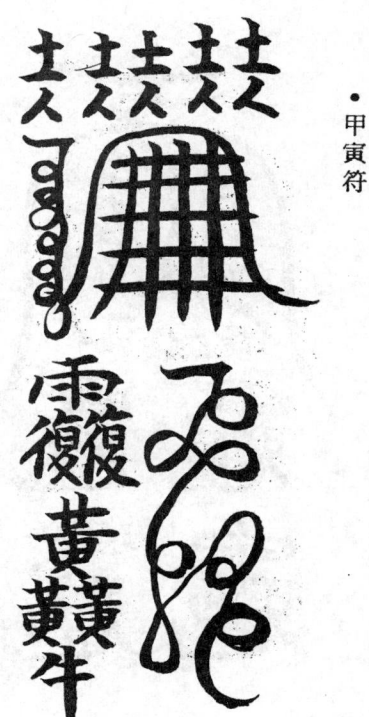

雷復黃藁牛

이상은 모두 六甲神符다。釼

訣을 用하고 左右 大脂로 天

罡을 막고 劍을 잡고 가부좌

를 하고 앉아서 六甲呪를 黙

念한다。七番을 외운뒤 東方

을 向하여 숨을 크게 들어마시

고 神筆(부적쓰는 붓)에 들

어마신 호흡을 주입(내뿜는다)

하고는 天池水(정결한 물)一

瓶을 用하여 符를 불에 태운 재를 天池가 담긴 瓶에 넣고는 不吉한 방위의

凶神을 눌러 凶이 吉로 化하게 한다。

呪文은 아래와 같다。

② 六丁符

오호 갑자신 급래속거 원군증오신 두강묘석길병 소봉 태상노

吾呼 六君元陽 甲子神(隨時)、 急來速去 顧君証吾身 蚹蚫蚭蛪蛴 召奉 太上老

군 급급여률령

君 急急如律令

육군원양

丁卯神君의 號는 六將軍인데 형상은 卯首人身(토끼의 머리에 사람의 몸)으로

·丁卯符

·丁丑符

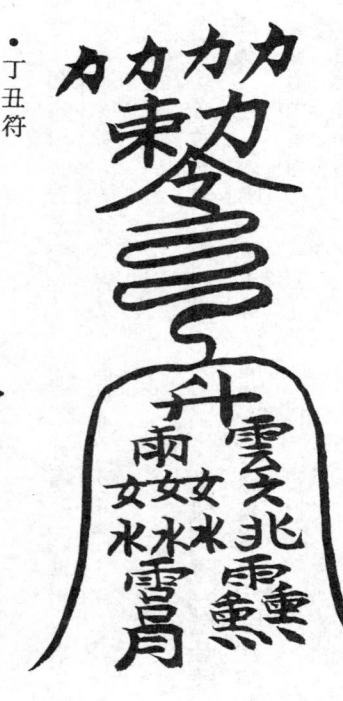

키는 一丈六尺에 성품이 柔和하다。 九天雷火의 權을 맡아 神兵 六萬六千六百六十을 거느려 邪를 몰고 鬼를 斬하며, 眞人을 補佐하는데 鈴錫靑赤下에 居한다。

·符는 長이 一尺六寸에 三寸三分의 靑紅紙를 잘 펴서 硃砂로 쓴다。

丁丑神君의 號는 奕將軍이니 牛首人身(소의 머리에 사람의 몸)에 신장이 一丈八尺이오 天漢宮에 居하여 水利의 권리를 잡아 水戰을 좋아하는데 神兵 八萬八千八百八十을 거느려 賊兵을 誅斬한다。

• 符는 길이 一尺八寸에 넓이 五寸三分의 黃繒(누른 비단)을 잘 펴서 朱砂

로 쓴다。

丁亥神君의 號는 塗將軍(도장군)이오 형상은 猪首人身(돼지머리에 사람의 몸) 키는 一丈四寸이다。 성질이 米食을 좋아하고 술을 먹는다。 이 神은 急히 請함이 불가하니 서두르지 마라。 天皇宮을 지키면 서 神兵 四萬四千四百四 十人을 거느려 順한자를 도와주고 거슬리는자를 誅斬한다。

• 符는 길이 一尺四寸에 넓이 二寸九分의 紅 黑繒(붉고 검은 비단)을 판판히 펴서 紅朱砂

• 丁亥符

로 쓴다。

丁酉神君의 號는 飛將軍이라 한다。 그 神의 형상은 鷄首人身(닭의 머리에 사람의 몸)에 키가 一丈六尺이오 성품이 가장 험악하여 함부로 범하지 못한다。 술과 고기를 즐겨먹고、육박전을 좋아하며 水戰은 싫어한다。 營菜(영채)를 劫

• 丁酉符

• 丁未符

六十㔾炎

㔾力十炎同

六十菫同旦㽲

六東炎張琴杜圭

炎同旦㽲圭

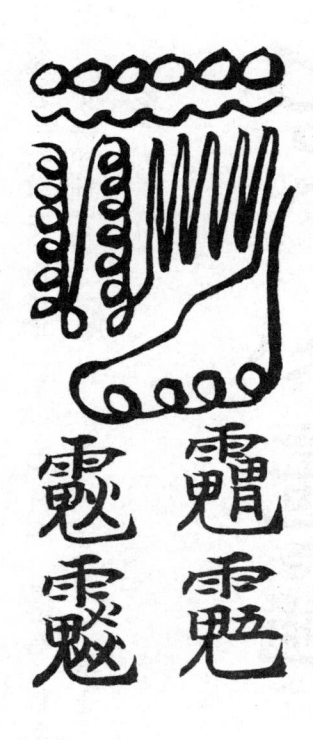

黽黿

黿黿

黿黾

하고 軍壘(賊軍의 보루)
를 깨뜨리며 달아나는이를
쫓고 패하여 달아나는 군
사를 잘 추격한다.

• 符는 길이 一尺六寸에
넓이는 三寸一分의 赤繒(
붉은 비단)을 잘 펴서
朱砂로 쓴다.

丁未神君의 號는 將軍이
오 그 神은 羊首人身(양
의 머리에 사람의 몸)이
오 키는 一丈八寸인데 菓
品(과품·과일)과 채소의
類와 매운것을 즐겨 먹고
陰雨를 싫어한다. 南極宮
에 주둔하여 神兵 八萬八
千八百八十을 거느렸으니
포로를 잡고 敵陣을 깨치

는데는 敵이 당해내지 못한다。

● 符는 길이 一尺八寸에 넓이 三寸一分의 赤黃繒을 판판하게 대려 朱砂로 쓴다。

● 丁巳符

丁巳神君의 號는 陳將軍이오 형상은 蛇首人身(뱀의 머리에 사람의 몸)에 키가 一丈四寸이다。성품이 가장 독랄하여 경솔히 불러들이지 못하며、六畜의 物을 즐겨먹고 싸움에는 水陸戰 어느것이든지 꺼리지 않는다。天屛宮에서 神兵 四萬四千四百四十을 거느리고 있으니 잃은 城을 회복하고 陣을 무찌르는데 변화가 무쌍하다。

● 符는 長이 一尺四寸九分에 넓이 二寸九分의 紅繒에다 黑丹砂로 쓴다。

이상의 六丁符는 斗訣을 用하여 左手의 大指로 天地를 막고(손가락으로 하늘과 땅을 가리키며 막는 시늉을 한다) 斗(七星步斗法)를 밟아가며 가부좌하고 앉아서 아래의 六丁神呪를 七번 외운 뒤에 南

方을 향하여 심호흡으로 크게 한번 숨을 들어마셨다가 神筆 (부적쓰는 붓) 에다
吹하고 부적을 쓴다。

○六丁神呪

六丁神兵　八卦之精　推例神將　安在吾身。
육정신병　팔괘지정　추례신장　안재오신

開呪速至　百事通靈　無事不報　不得勅令。
개주속지　백사통령　무사불보　부득칙령

吾奉　九天玄女　急急如律令
오봉　구천현녀　급급여률령

七星步斗法

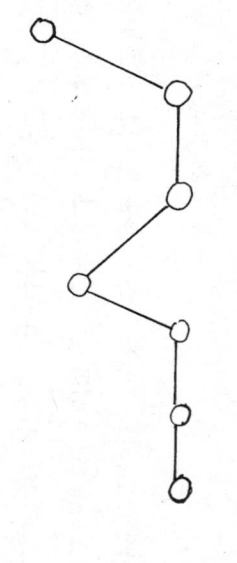

步斗呪

載兵自亂　逢賊誅斬　燒劫寇營　隱藏吾兵
재병자란　봉적주참　소겁규영　은장오병

運吾日氣　蚩尤七星　天罡大聖　助我破軍
운오일기　치우칠성　천강대성　조아파군

急急如律令
급급여률령

(5) 用兵과 戰術

① 安營法

六甲＝青龍、大將이 居한다。

六乙＝蓬星、**旗皷**를 설치한다。

六丙＝明堂、副將이 居한다。

六丁＝太陰、이 방위로 出入하며 軍卒의 정세를 살피고 隱慝한다。

六戊＝天門이오 軍門이니 吉事로 出入한다。

六己＝地戶니 伏兵하고 凶事로 出入한다。

六庚＝天獄、馬草를 쌓고 軍糧을 둔다。

六辛＝天庭、生殺 등 諸事를 판결 처리한다。

六壬＝天牢、軍糧이며 武器 등을 저축함이 좋다。

六癸＝華蓋、天藏、難을 피하려면 太陰方으로 나와 天藏方으로 가라。

三元經에 이르기를 「대개 將兵들이 사방으로 나오고、군사를 통솔 兵營을 주둔하는데는 반드시 法에 따라해야 한다。 六甲으로 머리를 삼아 十時에 한차례 변경시켜야 한다。 혹은 歲月에 의해 따르고 六甲을 취하여 推排하는 것이다」하였다。

즉 大將은 靑龍方（甲方）에 居하고、**旗皷**는 蓬星方（乙方）에 두며、士卒은 明堂方（丙方）에 居하도록 하고 伏兵은 太陰方（丁方）이라야 가하다。 또 軍門은

天門方（戊）이오、小將（副將）은 地戶方（己方）이오、斬伐（軍法을 어긴자를 처벌

하는 일）은 天獄方（庚方）이오、判決은 天庭方（辛）이오、糧儲（軍備를 저축하는

것）는 天牢方（壬方）이오 退陣은 天藏方（癸方）이라야 안전하다。

② 安宮法

乾甲離壬寅戌은 貪狼이 艮丙辛에 있고、坤乙坎癸申辰은 탐랑이 坤壬乙에 있고、

巽辛兌丁巳丑은 탐랑이 乾甲庚에 있고、艮丙震庚亥未는 탐랑이 巽艮丁에 있다。

③ 忌陰符

乾甲兌丁巳丑은 乙庚을 忌하고、坤乙坎癸申辰은 丙辛을 忌하고、離壬寅戌은 丁壬을

忌하고、震庚亥未는 戊癸를 忌하고、巽辛艮丙은 甲己를 忌한다。

註＝甲己 乙庚 丙辛 등은 太歲요、乾甲兌丁巳丑 등은 方位라 하겠다。

④ 十二月將 用法

子神后（十二月將）　丑大吉（十一月將）　寅功曹（十月將）　卯太冲（九月將）

辰天罡（八月將）　巳太乙（七月將）　午勝光（六月將）　未小吉（五月將）

○ 出軍의 吉凶을 알려면 다음과 같다。

天罡이 巳에 임하면 天地門이다。月將을 時에 加하여 順行으로 天罡에 이르는 곳이 天地門이다。예를 들어 正月將은 亥登明인데 午時라면 午에 登明을 붙여 未에 神后 申에 天地門이다。大吉、酉에 功曹、戌에 太冲、亥에 天罡이니 正月午時에 用事라면 亥가 天地門이다。이는 天罡이 亥에 임한 것이라 한다。이 天地門에 닿는 방위로 出軍하여 敵과 싸우면 大勝하여 千里의 길을 연다 하였다。

天罡이 午에 임하면 軍士를 내지 말고 帳中에서 거문고나 타면서 때를 기다리는게 좋다。

天罡이 未에 임하면 天地가 小通함이니 出軍에 길하다。

天罡이 申에 있으면 天地가 迫爭하는 상이므로 用兵을 꺼린다。

天罡이 酉에 임하면 天地가 閉塞하는 때다。모르고 出軍하면 車馬가 傷한다。

天罡이 戌에 임하면 士卒이 傘隔이니 서로간의 和氣를 상하여 단합을 이루기 어려우므로 出軍이 불가하다。

天罡이 亥에 임하면 天窄(하늘이 좁아짐)이라 하여 이를 모르고 用兵하면 軍卒과 兵馬가 놀라고 두려워 용기를 잃는다。

天罡이 子에 임하면 魂魄이 불안이라 行軍하는 道中에 흉액이 있다。

天罡이 丑에 임하면 小通이라 出軍三十里에 순조로와 반드시 大勝한다。

다。

天罡이 寅에 임하면 出行에 大吉하고 出軍하여 敵과 싸운다면 반드시 大捷한

天罡이 卯에 임하면 閉塞이라。出軍이 불가하고 오직 葬埋에는 유리하다。

天罡이 辰에 임하면 이는 天地가 모두 閉塞됨이라 軍士를 내지 말고 오직 營寨에

서 편안히 쉬도록 하는것이 마땅하고 망녕되이 動軍한다면 무참한 패배를 당할것이다。

○ 行軍하다가 迷路나 갈래길에 봉착하여 길을 찾지 못할 때

出行 또는 出軍하여 가는 도중에서 세갈래길을 만나면 어떤 길이 좋고 나쁜

가를 알 수 없어서 방황한다。이럴때 正時로 占을 친다。

天罡이 四孟(寅申巳亥)에 加하면 왼편길이 좋고、四仲(子午卯酉)에 加하면

가운데길이 좋으며、四季(辰戌丑未)에 加하면 오른편길이 좋다。이 法에 의해

吉路를 가려 行하면 用兵에는 大勝하고 기타는 구하는바를 반드시 이룩한다。

가는 길이 두갈래가 된 경우는 日干宮이 길하거든 왼쪽으로 가고、時干宮이

길하거든 오른쪽길을 택하여 행하라。

가령 七月申時라면 七月은 巳太乙將이다。巳將을 地盤申에 붙여 順行하면 酉

에 勝光、戌에 小吉、亥에 傳送、子에 從魁、丑에 河魁、寅에 登明、卯에 神后、

辰에 大吉、巳에 功曹、午에 太冲、未에 天罡이 닿는다。未는 四季에 해당하므

로 오른쪽 길이 通하였다 한다。또한 例로 九月의 巳時라면 九月의 卯太冲을

地盤巳에 붙여 順行한다。즉 巳에 卯太冲이오 午에 辰天罡이며、午는 四仲(子

午卯酉)에 해당하므로 가운데 길이 通하였다 한다. 고로 이 경우는 가운데길

로 들어서야 大吉하다.

○敵情을 탐지하려면 天目 (大吉과 小吉)으로 정하고 비밀은 地耳 (太冲·從魁)

로 정한다.

○江을 건너려면 우선 길흉을 점치되 하늘에 三河가 있으니 壬子癸요 땅에

三井이 있으니 卯酉辰이다. 月將을 時에 붙여 돌려집는데 一河가 井에 임하면 卯가

반드시 배가 뒤짚힌다. 가령 亥登明將에 卯時라면 月將亥를 卯에 붙여 卯가

亥요 辰에 子가 닿으니 이는 一河가 井에 임한 것이 되어 (子는 河요 辰은

井이다) 江河를 건너다가 배가 뒤짚힌다. 또는 太冲이 日辰에 임하면 風雨가

이르고、神后가 辰戌丑未에 加하면 吉하다.

○적군의 식량을 겁탈하거나 食水를 찾는데 我軍이 敵이 운반해가는 軍糧을

겁탈하려면 大吉·小吉에서 軍旗를 찾고、물을 구하는데는 小吉이나 太冲方에서

찾아야 한다. 小吉·太冲은 井泉 (우물물)을 맡은 神이기 때문이다.

○敵陣에서 使者가 와서 어떤 말을 하는데 그 말이 거짓인가 진실인가를 알

려면 日辰을 보라. 日干은 客이오 時는 主人이니 만일 日干이 時干을 克하면

그 使者의 말이 거짓이고、時干이 日干을 克하면 使者가 나를 두려워하여 감히

거짓을 꾸미지못하는 것이라 추리하게 된다.

○敵陣에 포위되었을 경우 뚫고 나가는 방법이다.

만일 我軍이 敵에게 포위되었다면 너무 급히 서둘러 벗어나려 하지 말고 當

月의 月將을 時에 붙여 天罡方을 찾아야 한다. 가령 月將이 亥에 있고 午時

라면 午에 亥登明을 붙여 順行한다. 즉 午에 登明、未에 子神后 申에 丑大吉、

酉에 寅功曹、戌에 卯太冲、亥에 辰天罡이니 이 경우는 亥方으로 뚫고나가면 무

사하다는 것이다. 그런데 만약 이 방위에 敵의 守備가 강화되었다면 三宮(亥

의 三宮은 亥子丑임) 가운데서 亥方을 제외한 子方이나 丑方을 찾아 뚫고나가면

된다.

○敵軍이 어디 숨었는지 그 위치를 알려면 天目 닿는 곳을 찾으면 된다.

天目은 正二三月은 辰、四五六月은 未、七八九月은 戌、十・十一・十二月은 丑인데

月將을 時에 붙여 天目 닿는 곳까지 짚어나간다. 가령 正月巳時라면 正月將은

亥登明이니 亥를 巳에 붙여 順行하면 巳에 亥、午에 子、未에 丑、申에 寅、酉

에 卯、戌에 辰(正月은 辰이 天目이므로) 이 닿으니 戌이 天目方이라 敵軍이

戌方에 숨어있다 간주한다.

○我軍을 敵이 모르게 後退시키려면 敵軍의 형세가 太强하여 도저히 대적하지

못하게 될 경우에는 일단 軍卒을 敵이 모르게 빼돌렸다가 다음 기회를 노리는

것이 현명하다. 그렇다면 어느 방위로 피하면 좋은가、마땅히 天罡方으로 정하

는게 마땅하다. 이 天罡方은 月將을 時에 붙여 天罡에 해당하는 글자(支)의

방위를 택하는데 天罡은 辰이니 만일 四孟地(寅申巳亥)에 辰이 임하거든

右路로 피하고 四仲地（子午卯酉）에 辰天罡이 임하거든 中路로 피할 것이며、四

季地（辰戌丑未）에 辰天罡이 임하면 左路로 빼돌려야 한다.

八月은 辰天罡이니 卯가 그참 辰天罡이라 四仲에 해당이니 中路로 피할 것이며、

十月未時라면 十月將은 寅功曹라 未에 寅을 붙여 順行하면 申에 卯太冲、酉에

辰天罡이니 酉는 四仲으로 역시 中路를 택하여 피하는게 좋다.

또 한가지 방법은 天三門과 地四戶法을 用해도 좋다. 天三門은 從魁（酉）

小吉（未） 太冲（卯）이오 地四戶는 除・定・危・開라 三門은 月將을 時에 加하

여 順行으로 찾아내고 地四戶는 建星을 時에 加하여 除定危開가 닿는 방위를

찾아낸다. 단 이상의 天三門과 地四戶에 해당하더라도 旺方은 피해야 한다.（

旺方은 봄에 東方、여름에 남방、가을에 서방、겨울에 북방이다）

또는 大吉과 神后方도 길하다. 大吉은 紫房이오、神后는 華盖라 하는바 紫房

과 華盖는 능히 만물을 깊히 감추는 이치가 있는 까닭이다.

⑤ 天氣論

○ 猛將氣

氣가 아래에서 올라가 하늘과 連하면 그 아래（氣가 발생하여 올라간 하늘

바로밑） 名將이 있다는 증거다. 抱朴子가 말하기를 「猛將의 氣는 火勢와 같

고 張弓 (활시위를 팽팽하게 당겨 화살이 나가기 직전) 과 같으며 혹은 분가루

와도 같고、혹은 검푸르기가 山林과 竹木과도 같고、혹은 紫氣가 門上樓처럼 보

이기도 하고、혹은 위는 검고 아래는 붉어 旗旌과도 같고、혹은 氣가 발하여

점점 구름모양이 되다가 변하여 山形과도 같고、혹은 그 구름모양의 氣가 꿈틀

거리는 뱀이나 龍、혹은 범같이 생겨 殺氣가운데 있는것도 같고、혹은 안은 희

고 겉으로는 붉은 氣가 둘러있는 것도 같고、혹은 가운데가 검고 앞은 赤氣로

도 되어있기도 하고、혹은 불이 일어나면서 피어나는 연기모양도 같은 것을 모

두 猛將氣라 하는데 我軍이 승리하는 氣로서 速戰하면 大勝한다。

○伏兵氣

敵과 我軍、兩軍이 서로 대치하고 있을때 전후좌우에 赤氣가 서려있으면 이것

을 伏兵氣라 하여 敵兵의 埋伏이 있다는 증거다。

구름이 紛紛하고 綿綿이 서로 이어나가면 이는 車兵이나 騎兵이 매복됨이오

풀자리에 있는것 같은 氣는 적은 兵力이 埋伏된 것이다。

白氣가 분분하여 樓閣처럼 보이면 萬兵이 숨어 있고、軍中 머리 위에 黑氣가

洋洋(넓게 퍼진것)한 가운데에 赤氣가 黑氣에 싸여있거나、혹은 구름이 절구공

이 모양같거나、혹은 赤雲 가운데 검은빛 구름이 뭉쳐있어 사람이 그 검은구름

가운데 있는것 같거나、혹은 山岳 밖에 검은 구름은 앞에、흰 구름은 뒤에 있

는 것은 다 伏兵氣라하여 敵이 반드시 埋伏되었다.

○陰謀氣

白氣가 떼지어 行하고、혹은 무리 羊 떼가 陣을 쳐서 몰아오는 모양과 같거

나、혹은 日月이 몽롱하여 빛을 발하지 못하면 營內에서 士卒끼리 內亂을 일으

킨다.

혹은 검은빛 깃발을 날리면서 營中에서 나가는 것 같으면 반드시 陣內에서 陰

謀가 있다는 징조다.

혹은 旗모양의 黑氣가 我陣에서 일어나면 逆賊이 敵과 내통하여 음모를 꾸미

고、혹은 음침한 밤에 月出함은 임금이 臣下를 모함하여 害하려는 징조다.

혹은 주야를 막론하고 日氣가 음침하거나 혹은 陰日이 十日간을 계속하거나、

겨울이 아닌데도 陰風이 어지럽게 일어나면 君臣간에 奸謀가 있고、또는 兩國이

서로 戰爭을 도모한다.

黑氣가 遊行하여 五色을 띠고、我軍위에 임하면 賊이 奸臣과 음모를 꾸미다가

스스로 실패하여 죽고 만다.

대개 敵兵이 갑자기 이르게 되면 반드시 赤雲이 번쩍거리며 일어나게 되고、

혹은 赤氣가 旗같거나 혹은 赤雲이 무지개나 개모양 같거나、엎어진 배와 같아

온 천하에 번지거나、百雲氣가 펼쳐 놓은 베(布) 같이 생겨 丑未方으로 지나가

고、혹은 그 구름의 넓이가 六七丈이 되어 東西로 天地上下에 뻗치면 兵火가

일어나는데 赤氣가 더욱 심하다。 이러한 구름이 靑色이면 國家的으로 중요한

위치에 있는 신분이 死亡하고、白氣가 오이넝쿨 같거나 仙人의 衣裳과 같이 생

겨 千萬갈래로 맺어지며 없어지는듯 하다가 다시 일어나 八九丈가량 되고 連

結하여 끊어지지 않으면 千里밖에서 敵兵이 侵入해온다。

혹은 붉은 무지개가 개모양 같고、네가닥이 서로 모아 사람의 行列이 끊기지

않는 모양같거나、혹은 쑥빛같은 구름이 위에는 구름이 있고、아래는 이슬비

같은 것이 中天에서 降下하여 我陣으로 들어오거나、혹은 黑雲이 敵方으로부터

와서 我軍을 덮는듯 하거나、사람 형상의 赤雲이 城邑 위에 떠서 맴돌거나、혹

은 四方을 둘러보아도 구름이 없는데도 하늘 중앙에서 구름이 일어나 胡人이

벌려선 것 같고、혹은 붉은빛 절구공이와 같고、혹은 火色구름이 人形 같거나、

혹은 旌旗가 펄럭이는 것 같은 등등의 것은 모두 敵軍이 갑자기 침입하여 我

軍을 습격한다는 징조다。

陣前에 黑氣는 음모가 있고、靑氣는 兵卒이 배반하며、赤色은 兵士들이 굶주리

고 黃色은 느닷없는 被襲을 당할 징조이니 주의하라。

○軍勝氣

앞은 붉고 뒤는 흰 氣가 나타나면 軍勝氣라 한다。 旌旗를 내두르는것 같은

白雲이 있거나、 혹은 日月의 무리 (해무리·달무리) 같은 氣色이 새가 날아오듯

다가오거나、 혹은 赤白氣가 연속되어 피어오거나、 혹은 雲霧가운데 싸움닭이 있는

것 같고、 혹은 三匹가량의 비단을 펼쳐놓은것 같거나、 혹은 一匹 비단모양이 되

거나、 五馬가 꼬리를 내려뜨린 모양、 雲氣가운데 赤馬가 있는、 붉은 절구공이가

白雲속에 들어있는듯、 혹은 검은 구름속에 사람이 있는듯、 또는 도끼를 든 모습

의 人形、 혹은 뱀이 머리를 들고 기어오르는듯、 엎어놓은 배도 같고、 작은 언덕

山林의 나무、 범이나 이리가 웅크린 모습、 누각처럼 생겼거나、 혹은 靑黃氣가 섞

이거나、 혹은 五色구름이 실을 뽑아내는것 같은 모양 등등이 모두 軍勝氣로서

百戰百勝한다。

天氣를 보아 敵城을 攻擊하지 못하게 될 氣가 있다。 靑黃色 구름이 그 城

上에 떠있거나、 白雲이 城中에서 南北을 좇아 나오거나、 혹은 白氣가 중앙으로

나오고 靑氣가 北으로 들어와 四方 먼곳에 왕래하거나、 절구공이 모양의 靑雲이

外로 향하거나 日暈 (해무리) 에 靑赤氣가 中央에서 사방으로 퍼져나가거나、 몽롱

한 氣가 城을 에워싸거나、 旌旗형상의 白雲이 城위에 서리거나、 붉은 노끈、 소머

리 (牛頭) 모양의 靑雲이 있거나、 烟火같은 氣가 中으로 좇아 我軍쪽으로 들어

오는 등등이 있으면 공격해서는 안된다。

또는 雲色이 日干을 克해도 안되는 것이니 甲乙日에 白雲、 丙丁日에 黑雲、 戊

己日에 靑雲、庚辛日에 赤雲、壬癸日에 黃氣가 일어나도 攻擊을 그만두어야 한다。

또는 城은 克해서 가한 것이 있고 克하지 못할 경우가 있다。

赤氣가 城上에 있는 가운데 四面에 黃氣가 둘러있으면 그 城이 장차 항복하

게 되고、城中에 누가모양으로 氣가 모이거나、붉은 무지개가 外로 좇아 들어오

면 三日에 함락시킬 수 있다。

日暈(해무리)이 서고、白虹(흰무지개 모양의 구름)이 해무리를 건너지르거나、

몽롱한 안개가 城으로 들어가고、白氣가 뒤로 좇아 들어오면 공격해도 좋다。

赤黑氣가 여우나 이리가죽 같고、혹은 赤氣가 衆人들의 머리와도 같고、날으는

새와 같아 東南으로 향해가면 攻城함이 불가하다。

氣가 西北을 向하고 혹은 구름모양이 三牛와도 같고、白蛇가 城을 向해 가는

것 같거나、혹은 靑氣가 上赤下白하여 햇빛이 가리워있으면 明日에 西南風이 불

것이니 城을 공격하면 필히 이기고、城中에서 氣가 나왔다가 다시 들어가면 사

람이 달아나고자 하는데 이 경우 兩軍의 형세가 비슷하여 我軍은 西에 있고、

賊軍은 東에 있으면 我軍이 이기고 이와 반대되면 我軍이 敗한다。氣가 안정되

면 軍中도 안전하고 氣가 흩어지면 軍中이 어지럽다。甲乙日은 東方의 靑氣가

왕성하고、기타도 이에 準한다。

(6) 五音風

五音이란 宮商角徵羽다。 바람에는 각각 소속됨이 있으니 하나는 바람의 形勢로 五音을 구분함이오、하나는 日辰에 의해 바람이 五音으로 구분되는 것이며 또 하나는 방위 (바람이 불어오는 곳) 에 의해 宮商角徵羽의 陰陽風으로 구분한다。

○ 五音風의 應驗

宮聲은 土에 속하는데 바람소리가 웅장하고 맹렬하여 우뢰소리、큰 북치는 소리와 같고 혹은 굴 속에서 소가 울고 羊이 우는 소리와 같다。 勢가 사나와 능히 나무가 부러지고 지붕이 헤쳐지며 흙먼지가 몰아쳐 온다。

이러한 바람이 불어오면 한 나라의 통치자인 임금 (국가의 원수) 의 마음이 두렵고 불안하여 神에게 도움을 바래고 장차 兵亂이 일어날까 염려되어 불안하다。

이러한 바람이 宮日 (庚子 庚午 戊寅 戊申 丙辰 丙戌日은 陽宮日이오、辛丑 辛未 己卯 己酉 丁巳 丁亥日은 陰宮日이다) 에 宮方 (子午方) 에서 불어오면 山이 꺾이고、언덕이 무너지며、烈風이 角方 (巳는 陽角、午는 陰角方) 에서 몰아오면 멸구 (螟蟲) 가 죽고、商方 (辰은 陽商、戌은 陰商方) 에서 오면 큰 비가 내리며、만일 폭풍이 徵方 (丑寅은 陽徵요 未申은 陰徵) 에서 불어오면 이리 (狼) 떼가 作害하고、羽方 (卯는 陽羽요 酉方은 陰羽) 에서 불어오면 大雨가 내리고、

날씨가 몹시 추우며 朝廷에는 大臣에게 흉액이 생긴다。

商聲은 五行이 金에 속하는데 바람소리가 마치 무리를 잃고 혼자 방황하는 羊의 소리와 같고、혹은 종을 치는듯 웅장하며、또는 수백마리의 새떼가 모여드는 소리와도 같다。혹은 鳴咽(오열)하며 슬피 우는소리와도 같고、흐르는 물소리와도 같아 왠지 사람의 마음을 구슬프게 하는 바람이다。이 바람은 지붕을 헤치고 (옛날 草家는 거센 바람이 불면 지붕이 잘 걷혔다) 나무 중동이 꺾어지는데 이는 宮方(子午方)의 바람에 한해서인데 이러한 바람이 불면 兵火가 일어날 징조다。급히 令을 내려 關門을 봉쇄하고 전쟁에 쓰일 糧穀・武器를 비축하고 兵卒을 모집 訓練시켜야 한다。辰戌方(商)에서 商風이 불어오면 조정의 不和로 大臣이 官服을 많이 벗고、關門이 不實하며、大將이 직위를 물러남에 外兵이 侵入한다。巳亥方(角)에서 불어오면 나라에 國喪이 있고 將帥가 현직에서 물러나 兵卒이 싸울 수가 없으며、丑未・寅申方에서 (徵) 불어오면 통치자가 일으킬 일이 있으며、子午方(宮)의 商風은 나라에 근심이 있고 兵事를 兵卒을 動하나 주로 凶하고、卯酉方(羽)에서 불어오면 大雨가 내리고、二線에 있는 兵卒이 해산할 염려가 있다。

角聲風은 五行이 木이다。바람의 형세가 千萬人이 목소리를 합쳐 아우성치는 소리도 같고、많은 사람들이 슬픈 노래를 합창하는것 같이 왠지 처량한 생각이 드는 바람이며 꿩이 슬프게 우는 듯이 들린다。바람의 형세는 능히 나무가 꺾이고 지붕이 걷히는데 이러한 바람의 징조는 敵兵이 城邑에 침투해 들어온다.

角風이 辰戌方 (商) 에서 불어오면 몰래 侵入한 敵兵의 만행이 심하고 (게릴라전)

宮中에는 귀한 신분이 질병중에 있으며 土木工事는 興한다. 卯酉方 (羽) 에서 불

불어오면 들판에 굶주린 백성들이 많고 (흉년이 들어), 丑寅未申方 (徵) 에서

어오면 蠶絲가 흉작이어서 品貴하고, 火災가 많이 발생한다. 子午方 (宮) 에서

일어나면 나라에 不祥事가 있고, 巳亥方의 角風도 不吉하다.

徵音은 五行이 火에 속하는데 말떼가 달려가는 것과 같고, 큰 불이 「우우」

하고 일어나는 소리와도 같으며, 묶어놓은 돼지가 꽥꽥거리는 소리와도 같다.

이러한 바람이 지붕을 세게 불어오면 火災가 자주 발생하고, 妖魔가

장난하며 國境에 急한 일이 생기거나, 나라안에 폭동이 일어나 行兵할 징조다.

徵日 (丙寅丁卯 丙申丁酉 戊子 己丑 戊午 己未 甲辰 乙巳 甲戌 乙亥日) 에 丑

未寅申方 (徵) 에서 불어오면 火災가 발생하고, 임금 (國家元師) 에게 근심되는 일

이 있으며, 巳亥方 (角) 에서 불어오면 火災가 있고 土木工事를 많이 하게 되며,

큰 가뭄이 있다는 징조다. 子午方 (宮) 에서 불어오면 喪厄이 있어 울음소리가

나고, 큰 절에 불이 일어날 징조요, 辰戌方 (商) 에서 불어오면 軍卒끼리 싸움이

벌어지고, 卯酉方 (羽) 에서 불어오면 나라의 보물이 國外로 빠져나갈 징조이며,

雷震이 크게 일어나면 外國에서 달갑지 않은 使臣이 온다.

羽音風은 五行이 水에 속한다. 바람소리가 큰 북을 치는 것 같고, 사슴이

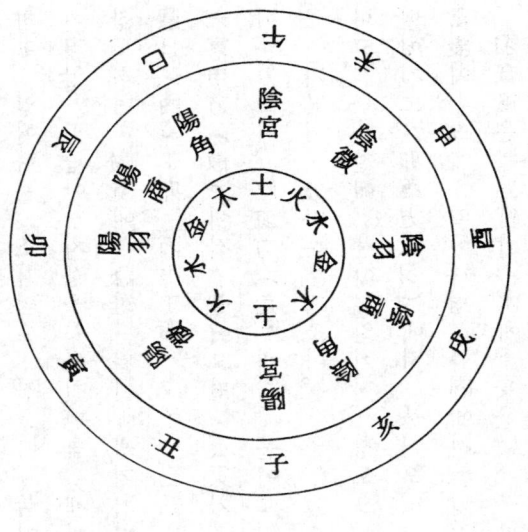

새끼를 잃고 구슬피 우는 소리와도 같으며, 물결이 크게 격동하는 소리와도 같은 게 羽音風이니 형세는 능히 지붕을 헤치고 나무를 쓰러뜨린다. 이러한 바람이 불면 兵火가 일어날 징조로서 백성들은 눈치채고 귀중품을 사들이기에 여념이 없다. 羽日(甲寅 乙卯 甲申 乙酉 壬辰 癸巳 壬戌 癸亥 丙子 丁丑 丙午 丁未日)에 子午方(宮風)에서 이러한 羽音風이 불어오면 폭풍과 大雨가 함께 몰아오고 寒冷한 기운이 五穀을 상하며, 卯酉方(羽風)에서 불어오면에

(徵)에서 불어오면 나라에 근심거리가 있으며 위싼 敵兵이 물러가지 않는다.

○日辰의 五陰風

陽宮風＝庚子 庚午 戊寅 戊申 丙辰 丙戌日의 바람.

陰宮風＝辛丑 辛未 己卯 己酉 丁巳 丁亥日의 바람.

陽商風＝甲子 甲午 壬申 壬寅 庚辰、庚戌日의 바람.

陰商風＝乙丑　乙未　癸卯　辛巳　辛亥日의　바람。

陽角風＝戊辰　戊戌　庚寅　壬子　壬午日의　바람。

陰角風＝己巳　己亥　辛卯　癸丑　癸未日의　바람。

陽徵風＝丙寅　丙申　戊子　甲辰　甲戌日의　바람。

陰徵風＝丁卯　丁酉　己丑　乙巳　乙亥日의　바람。

陽羽風＝甲寅　甲申　壬辰　壬戌　丙子　丙午日의　바람。

陰羽風＝乙卯　乙酉　癸巳　癸亥　丁丑　丁未日의　바람。

다음은　바람이　불어오는　方向으로　五音風을　정하는데　아래와　같다。

子方風＝宮土의　陽風이며　帝王의　징조를　주관한다。

丑寅方風＝徵火의　陽風이며　가뭄을　주관하고、寺刹　口舌과　관계　있다。

卯方風＝羽水의　陰風인데　비와　안개와　관계　있다。

辰方風＝商金의　陽風인데　將帥　官史　士卒에　관한　것을　주관한다。

巳方風＝角木의　陽風인데　질병・우환을　주관한다。

午方風＝宮土의　陽風이며　女人　后妃에　관한　것을　주관한다。

未申方風＝徵火의　陰風인데　哭人、士者、文書、驛馬　등을　주관한다。

酉方風＝羽水의　陰風인데　霜雪과　雷電、무지개　등을　주관한다。

戌方風＝商金의　陽風인데　小將과　兵刃에　관한　일이다。

亥方風＝角火의　陰風인데　死喪과　器泣의　징조라　한다。

○五陰風의 징조

宮日에 子方에서 일어나면 山隆이니 임금이 죽고 땅이 動하면 가뭄이 들며 土木工事할 일이 많이 생긴다。

午方에서 일어나면 가뭄이 심하고 地震이 일어나는데 子午時에 일어나면 風雨가 몰아치다 멈추었다 한다。

丑寅方이나 未申方에서 일어나면 宮風이 徵火를 動함이니 火燭과 土上에서 보물이 나오고 兵火가 일어난다。 未申丑寅時를 만나면 義兵이 활약하게 되고 나라에서 특별한 詔命이 있다。

卯酉方에서 일어나면 宮이 羽를 動함이니 大雨가 내리고 大臣이 弄走한다。 가뭄에 羽(卯酉時)를 加하면 즉시 赦免令이 내리고 五穀이 豊作된다。

宮日에 辰戌方에서 불어오면 宮이 商을 動함이라 軍兵이 움직일 일이 있고 辰戌時를 만나면 商이 거듭됨이니 兵亂이 있을 징조다。

宮日에 巳亥方의 바람이 불어오면 宮動角이니 전쟁이 일어날 징조요、客兵이 損傷되고 人命이 喪한다。

徵日에 子方에서 바람이 불어오면 가뭄이 들고 火土에 관한 일이 생긴다。 宮闕 및 寺刹을 건축하게 되고、災殃이 陰宮(內宮)에서 일어나 太子에게 질병이 발생한다。 時가 徵(丑未、寅申時)를 만나면 大地에 火災가 일어나고、丑寅方에서 불어오면 조정에 두려운 일이 있고 火災가 발생하며、野獸가 집에 달려들어 害를

끼치고、宮殿 및 寺刹이 불탄다。또는 國家의 元師와 重臣에게 우환이 있고 큰 가뭄

이 든다。

徵日에 未申方에서 불어오면 六畜이 많이 죽고、辰方風이 불어오면 갑작스런

兵火가 발생하며、戌方에서 불어오면 一日間의 戰爭이 일어난다。辰時에 불어오

면 大臣에게 厄이 있고、국가 원수에게도 凶兆다。

日占으로 國事를 점칠때 卯方風이 불어오면 사방에 사건이 발생하고、雷電이

일어나고 우박이 쏟아지며 조정에 불안한 일이 있다。또는 火災가 많이 일어

나고 오랑캐가 침입해온다。

酉方의 바람은 보물이 발견되고、雷電이 일어나며 敵侵이 있다。

巳方의 바람은 兵亂과 死傷者가 생기고、亥方의 바람은 國境이 兵火로 크게 놀란다。

羽日에 子方의 바람이 불어오면 경제가 발전하고、변방에는 土木工事가 시작되

며、天候는 大雪이 내리리나 雷電이 일어난다。

午方에서 불어오면 寒波와 雷電으로 穀物을 상하고、큰 土工事가 있을 징조。

丑寅方의 바람이 불어오면 兵亂이 있어 나라에서 急令이 내리고、大臣들이 不

和하며 나라 안 여러곳의 도로가 파손된다。

未申方에서 불어오면 大臣에게 큰 액이 있고、우박의 피해가 있다。만일 五

十日 後에 大雨가 南方으로부터 몰아오면 나라에 人命이 많이 죽고、憂患질병이

발생한다。

바람이 卯酉時에 일어나면 敵이 水中에 모이는 상인데 卯方에서 불어오면 당

일에 응하고 酉方에서 불어오면 夜間에 이러한 일이 응한다.

辰方에서 바람이 불면 敵兵이 城을 에워싸고, 변방에 급한 일이 일어나며, 大

雨가 내려 軍을 동하는데 불리하다.

商日에 바람이 子方에서 불어오면 兵火의 우려가 있고 疫疾이 발생한다.

午方의 바람이 불어오면 급변이 있고 賊兵이 北에서 침입한다.

바람이 未申·丑未方에서 불어오면 敵이 에워싸도 싸움은 걸지 않고, 가뭄이

심할 징조다.

戌方에서 불어오면 변방(國境)을 지키는 大將이 죽는데 적은 숫자의 敵兵이

西쪽 國境에서 말썽을 부리며, 조정에는 약간 어려운 일이 있다.

戌方에서 바람이 불어오면 흉년이 들어 곡식이 귀해지고, 七日間의 兵亂이 있

다.

巳方에서 불어오면 갑작스런 敵의 침입이 있고, 戌方에서 불어오면 人命이 자

주 죽거나 國土가 廢하여 土木工事가 크게 일어난다.

角日에 子方에서 바람이 불어오면 나라의 經濟가 침체되어 統治者는 日興을

도모한다.

午方에서 불어오면 貴人(國家的으로 유능한 人物)이 죽고, 土木工事를 하게된

다.

丑未·寅申方에서 불어오면 나라의 有能한 정치가에서 액이 있고 蟲害로 五穀이 흉작이다.

卯酉方에서 불어오면 백성들이 서로 다툼을 많이하고、大雨가 내리며 國境에는 敵의 侵入이 있고 土木工事를 크게 한다.

辰戌方에서 불어오면 急兵이 있을 징조다.

巳方에서 바람이 불어오면 국경에 兵亂이 일어나서 많은 兵卒이 死傷한다.

亥方에서 바람이 불어오면 국가의 중요한 人物이 죽는다. 角日 亥方風이 巳亥時에 일어나면 도둑이 발생하고 賊의 침입이 있으며 백성들이 굶주림에 허덕인다.

(7) 軍中應驗論

이는 黃石公의 奇門七十二局軍中應驗神符經이다.

① 乙奇

第一局=乙奇가 天輔와 같이 休門에 임하면 이름하여 飛龍在天 (날으는 용이 하늘에 있음) 이라 한다. 주로 장군이 千里地方에 나간 경우 西方이 이로우니 그 方位로 進兵하거나 營寨를 설치함이 좋다. 門을 나서면 새 두마리가 나란히 날으는 모습을 보리니 이것이 응으로서 기이한 功을 얻게 될 것이다。

陽五局에 甲己日의 亥時는 九地神이 없고、陽三局의 乙庚日 丙戌時는 다만 玄

武神이 없으며、陰三局에 丙辛日 戊子時와 陽三局의 甲己日 乙亥時는 天輔가 있다。

第二局＝乙奇가 九天과 天柱 二星과 같이 生門宮에 임하면 이를 靑雲得路（푸

른 구름이 길을 얻음）이라 하는바 三번 出軍에 大勝하고 적병의 머리 五千과

百里의 땅을 얻는다。

出門하자 늙은 女人이 길 왼쪽으로 지나가고、五里쯤 가서는 어떤 사람이 술

과 음식을 들고 와서 맞이하여 대접하는 일이 있으면 이 모두 吉應으로서 勝

戰의 조짐인 것이다。

第三局＝乙奇가 天任・太陰과 같이 傷門에 臨하면 이를 太陰當權（태음이 權座

에 앉음）이라 한다。 주로 大將이 兵卒를 이끌고 陣門을 나서면 勝利하여 많

은 戰利品을 얻는다。 軍士를 行할때 坎宮으로 나가면 五百里 밖에서 구름이

머리 위를 덮을듯이 낮게 끼고 西方에 북치고 풍악소리가 들린다면 이것이 좋

은 應으로서 매우 유리하다。

第四局＝乙奇가 値符・天英星과 같이 杜門宮에 임하면 이를 霹靂雷電全（벼락과

번개가 치는것）이라 한다。 이렇게 되면 副將이 出戰하고 大將은 營안에서 쉬

는 것이 좋다。 싸우면 四十里의 땅을 얻고 首級 五十餘를 취할 것이다。

兌宮으로 나가면 道士를 만나고 本營에서는 旗가 꺾이는 應兆가 있으면 大

利하다。

陽六局의 丙辛日 乙未時와 陰二局에 乙庚日 乙酉時면 더욱 應이 분명하다。

第五局=乙奇가 六合과 같이 景門에 임하면 이를 天馬馳星格이라 한다。行軍에

있어 兌宮으로 나가고 巽宮에 兵營을 설치하면 異人이 妙計를 낼 것이오 軍馬

를 얻게 된다。

門을 나서자 大風이 일어나고 五百里 지점에서 大雨가 몰아오면 吉應이니 싸

움에 크게 승리한다。

陽八局은 戊癸日 乙卯時로 天柱星이 應이오 陰一局은 戊癸日 乙卯時로 同局은

天芮다。

第六局=乙奇가 白虎·天心과 같이 死門에 임하면 이를 五虎臨門(오호임문)이

라 한다。이렇게 되거든 巳方으로 나가고 午宮에 앉으라。大將이 싸움에 이

겨 城을 얻고 敵軍의 首級과 車馬·財帛 등 많은 戰利品을 얻을 것이다。

出門하여 紫雲氣가 보이고、三里를 가서 노란 우산을 쓴 사람을 보게되면 이

것이 應으로서 大利하다。

第七局=乙奇가 太陰·天禽과 같이 驚門에 임하면 이를 月出天衢(월출천구—달

이 하늘거리에 나옴)라 한다。行軍에 乾宮으로 나가 巳宮에 營寨를 안치함이

좋으며 城을 공격함에는 西方이 유리하고、땅을 뺏는데는 東南이 좋다。

門을 나서면 三人이 동행하고、까치가 짖으며 매가 날으는 것을 보면 應으로

서 大利하다。

第八局＝乙奇가 九天·天輔와 같이 開門에 임하면 이를 大陰得令이라 한다。天子가 御駕로 친히 征伐에 나서면 四夷를 服從시키고、不法者들을 모조리 제압

한다。

陰三局에 甲己日의 乙丑時가 더욱 적응된다。

第九局＝乙奇가 天柱와 같이 休門에 임하면 이를 白虎揚威(백호가 위세를 떨침)라 한다。이렇게 되거든 賊의 진영을 습격하여 糧草를 뺏고 이어서 賊兵

을 무찌르면 大勝할 것이다。

坎宮으로 出軍하여 巽宮에 駐屯시키면 主將이 功을 크게 세운다。出門하며 三里를 가면 靑雀이 울면서 날으고、道中에서 불이 일어나는 것을 보면 이것이

應이니 大吉하다。

第十局＝乙奇가 九天·天柱星과 같이 生門宮에 임하면 이를 天羅地網이라 한다。大將이 군사를 이끌고 출동하면 百戰百勝이니 千里의 넓은 땅을 얻으며 가는 곳

마다 유리하다。軍士를 출동할 때 西北方에서 큰 바람이 불어오고、東北方

에서 우뢰소리가 나면 大利하다。

陽三局에 丁壬日 乙巳時와 陰八局에 甲己日 乙亥時면 應히 더 정확하다。

第十一局＝乙奇가 太陰·天柱와 같이 傷門에 임하면 이를 六合同春이라 한다。

군사를 출동시키면 손해가 있으니 이런 경우에는 先動하지 말고 弓弩手를 매복시켰다가 적이 침공해 오거든 東西에서 내달아 치면 大利하다。行軍時 黃雲이

사방에서 일어나면 吉兆이다。

第十二局＝乙奇가 太陰·天柱와 같이 杜門宮에 임하면 역시 第十一局과 거의 같음。

第十三局＝乙奇가 九天·天禽과 같이 景門宮에 임하면 이를 喜鵲爭巢(까치가 둥우리를 다투는 격)라 한다。火攻함이 유리하고 賊의 진영을 습격하면 兵器 및 기타의 戰利品을 얻는다。

軍士를 처음 출동하기 위해 營門을 나설 때는 午時나 未時라야 길한데 三里쯤 가다가 토끼가 뛰어가는 모습을 보면 大吉하다。

第十四局＝乙奇가 朱雀·天任과 같이 死門宮에 임하면 이를 鳥占高枝(새가 높은 가지에 앉은 격)이라 한다。군사를 출동하면 士卒들의 士氣가 떨어지고 마음이 흩어져 軍律이 行해지지 않고 賊과 싸울지라도 功을 세우지 못한다。

軍卒를 이끌고 營門을 나서서 기러기 떼가 南에서 날아오는 것을 보게 되면 불길한 징조다。

陽九局의 乙庚日 丙子時의 占이면 더욱 그러하다。

第十五局＝乙奇가 騰蛇와 같이 驚門宮에 임하면 이를 黃龍升天格(황룡이 하늘

에 오르는 격)이라 한다。 이 격을 얻으면 出兵하여 水戰은 유리하고、陸戰은 마땅치 않다。 水戰을 行하면 東風이 불어 天候的인 도움이 있으리니 이럴때 火攻하면 大勝한다。

軍士를 이끌고 營門을 나와 五百里쯤 가다가 紫雲을 보게되면 대길하다。

第十六局=乙奇가 太陰・天蓬과 같이 開門宮에 임하면 이를 天虎司衡(천호사형)이라 한다。 이 격을 만나면 공격하지 말고 군게 지키는 것만이 최선이다。 부득이 出軍하려면 巽方으로 향하되 丁甲方에서 符를 써서 불태우면 凶厄을 면할 것이다。 行軍하는 道中에 구름이 太陽을 가리움이 있으면 不利한 징조다。

第十七局=乙奇가 九天・天芮와 같이 休門宮에 임하면 이를 天樞直日(천추직일)이라 한다。 行軍하려면 乾宮으로 나와 未宮에 屯營하면 길하다。 敵城을 공격함이 불리하나 만일 大寒節이면 攻城해도 有利하다。 出門하여 五色衣 입은 사람이 이르는 것을 보면 大利하다。

陽三局에 甲己日 乙亥時는 더욱 作用力이 강조된다。

第十八局=乙奇가 太陰・天沖과 같이 生門宮에 임하면 이름을 白露橫江格이라 한다。 坎宮으로 나와 午宮으로 가면 좋으며、符를 태운 재를 물에 타서 뿌리라。 水戰이면 首級 二千과 舟車 百乘을 얻을 것이다。

門을 나서자 白魚가 배 안으로 뛰어드는 일이 있으면 大吉한 징조다。

第十九局=乙奇가 六合・天禽과 같이 傷門宮에 임하면 이를 風散百花格(바람에

백화가 흩어지는 격)이라 한다. 이 격을 이루면 장수가 군사를 이끌고 나감

이 불리하고 主將에게 특히 불길한데 어기고 出軍하면 兵士를 잃고 배가 뒤집

히는 액이 있을 것이다.

出門하여 惡風이 불어오거나 西風이 불어오면 出師에 불길한 징조이니 군사를

움직이지 마라. 만일 일이 급하여 부득이 出兵할 경우거든 六甲符를 태워 물

에 타서 뿜으면 凶禍를 면한다.

第二十局=乙奇가 天輔・白虎와 같이 杜門宮에 임하면 이를 虎嘯生風格 (호수생

풍격)이라 한다. 軍士를 움직일때 艮寅으로 나가고 巳宮에 營을 주둔함이 좋

고 陸戰이라야 유리하다. 五十里 밖에 伏兵이 있으리니 前進하지 말고 물러나

야 한다. 門을 나설때 소경이 지나는 것을 보면 약간 유리해진다.

第二十一局=乙奇가 九天・天任과 같이 景門宮에 임하면 이를 飛蛾撲花 (비아박

화)라 한다. 이렇게 되면 敵과 對陣하여 죽음을 무릅쓰고 싸워서라도 城을

지키고 적을 破해야 한다. 특히 敵의 反間之計를 주의하라. 門을 나서서 횐

개가 길앞에 이르면 불길한 징조이니 주의를 요한다.

第二十二局=乙奇가 朱雀・天柱와 같이 死門宮에 임하면 이를 白尸橫野 (백시횡

야)라 하는 흉격으로 出師에는 좋지 않으니 군게 지켜야 한다. 營壘를 튼튼

히 하고 西北 두 방위를 守備하라. 賊이 營寨를 劫할 것이다. 午時는 더욱

불리하다.

陽遁朱雀은 陰遁玄武와 同宮이다。 陰六局에 乙庚日 乙酉時면 더욱 작용력이 분명하다。

第二十三局=乙奇가 騰蛇・天任과 같이 驚門宮에 임하면 이를 昆蟲變化格 (곤충변화격) 이라 한다。 西方으로 出兵하면 水陸戰을 막론하고 다 유리하므로 능히 城地를 깨뜨리고 敵將을 사로잡게 된다。 營門을 나설때 白雲이 공중에 떠있고 三里쯤 가다가 이슬비를 만나면 싸움에 大利한 징조다。

第二十四局=乙奇가 天任・直符와 같이 開門에 임하면 이를 天門大開格 (천문이 활짝 열림) 이라 한다。 大將이 군사를 이끌고 나가면 城地와 敵將의 首級을 얻는다。 營을 出發할 때 坎宮으로 나가면 북치는 소리가 들리고、野人 (시골에 벼슬 없이 사는 사람) 이 獻策 (이길 수 있는 계책을 말해줌) 하면 大勝한다。

陽八局에 己巳日 乙丑時와 陰四局에 戊癸日 乙卯時、陰七局에 戊癸日 乙卯時가 더욱 작용이 분명하다。

② 丙 奇

第二十五局=丙奇가 六合・天芮와 같이 休門宮에 임하면 이를 五星聚會格이라 한다。 大將이 군사를 이끌고 싸움에 나갈때 坤宮으로 나가 巽宮에 營을 세우

라。賊兵 五千의 首級을 베고 훌륭한 賊將 하나를 얻는데 天文地理에 밝은
人物이니 성의를 베풀어 迎入함이 좋다。
出師에 大雪을 만나고、봄에 이슬비가 내리며、개 두마리가 西에서 오는것을
보면 이것이 應이니 大吉하다。

陰九局에 丁壬日 丙午時면 더욱 분명하다。

第二十六局＝丙奇가 朱雀・天任과 같이 生門宮에 임하면 이를 如魚得水（물고기
가 물을 얻은격）이라 한다。大將이 出師함이 불리하여 주로 兵卒이 火攻이나
화살에 많이 상한다。만일 일이 위급하거든 坎宮으로 피하되 丁甲符를 써서
用하면 凶厄이 吉로 변할 수가 있다。군사를 이끌고 營門을 나설때 彩色물건
을 가진 사람이 오는 것을 보면 불리한 징조라 생각하라。

第二十七局＝丙奇가 直符・天心星과 같이 傷門宮에 들면 이를 得出天羅（천라에
서 벗어남）라 하는데 大將이 軍士를 움직여 남방으로 나와 正北에다 營을 세
우면 처음은 불리하나 午時를 만나 戰勢가 유리해지고 兵器 등 戰利品을 많이
얻게 된다。道中에 靑衣道人이 計策文을 내거든 이를 따르라、大利하다。

第二十八局＝丙奇가 値符（즉 直符）・天芮와 같이 杜門宮에 들면 甲己日에는
이를 六甲逢時라 하는데 出軍하여 약간 손상이 있고 士卒은 氣가 떨어진다。
그러나 午時에 出兵하면 大利하여 賊의 城地와 土地를 점령하게 되고 人心을
얻는다。出門한지 五日에 어떤 婦人이 色衣를 입고 오는 것을 보면 좋은 징

조로 謀事에 大利하다.

陽八局에 丙辛日 丙申時가 더욱 분명하다.

第二十九局=丙奇가 句陳・天蓬과 같이 景門宮에 임하면 이를 魚龍變化格이라는 길격이다. 將帥가 出師하여 單騎로 突進하여 敵將의 首級 수십을 얻는다. 坤宮에 軍營을 안치하고、軍士를 出動할때 仙風道人 (신선처럼 생긴 道士) 을 만나면 좋은 결과가 있으리라.

陽遁은 句陳이오 陰遁에는 白虎이며、陰八局에 丙辛日 丁酉時라야 正應이다.

第三十局=丙奇가 句陳・天英과 같이 死門에 들고 午未時를 만나면 이름하여 寶鏡重磨 (훌륭한 거울을 닦고 닦음) 라 한다. 大將이 出軍하여 敵과 싸우면 먼저는 敗하나 뒤에 승리하여 五千里의 넓은 땅을 얻는다. 震宮으로 向하면 黃衣道人이 말을 타고 이르는데 이러한 應兆가 있으면 大利하다.

陽二局에 丙申時와 陰二局에 丙辛日 戊戌・己亥時가 正應이다.

第三十一局=丙奇가 太陰과 같이 驚門宮에 임하면 이를 蛇入龍穴 (뱀이 용의 구멍에 들어가는 격) 이란 길격이다. 장수가 군사를 이끌고 敵의 城地를 공격하면 數萬의 金銀寶貨를 얻는다. 군사를 이끌고 敵을 치러 나설때 西方에서 북소리가 들리고、白雲이 斗牛星 (北斗星) 을 가리우며 青雲이 머리 위를 덮은듯 하면 吉兆로서 大利하다.

陽九局에 戊癸日 丙辰時가 正應이다.

第三十二局＝丙奇가　六合과　같이　開門宮에　들면　이를　鴻鵠冲天（홍곡충천─기러

기가　하늘　높이　솟아오름）이라　한다。　장수로서　軍士를　내어　敵을　치면　大勝

하여　적장의　旗을　넘어뜨리고、敵國의　땅을　많이　뺏는다。　出門하여　동남방에서

무지개가　서서　天市垣을　冲射하면　매우　길리하다。

陰五局에　丁壬日　丙午時는　正應이다。

第三十三局＝丙奇가　騰蛇・天芮와　같이　休門宮에　들고、壬子時를　만나면　天罡擇

地（천강택지）라　한다。　장수가　싸움에　임하여　먼저는　흉하고　뒤에　吉하니　士

卒이　약간　弓矢의　상함이　있으나　吉時에　逆轉으로　승리하여　敵의　영토를　뺏고

많은　적병을　斬殺한다。　營門을　나와　三里쯤　가다가　日氣가　흐려지며　이슬비가

내리면　吉兆로　본다。

第三十四局＝丙奇가　九地・天任과　같이　生門宮에　임하면　이를　蛇入燕巢（사입연

소─뱀이　제비집에　들어감）라　한다。　出軍이　좋지　않으니　그만두라。　敵의　伏

兵이　몰래　營內에　잠입하여　副將을　해치고　달아날　징조다。　營門을　나와　三里

를　가면　南方에서　북소리가　들리거든　즉시　후퇴하라。　軍卒의　士氣가　꺾여　싸

워도　勝算이　없다。

第三十五局＝丙奇가　六合・天輔와　같이　傷門宮에　들면　이름을　天門大開（천문이

크게　열림）라　한다。　장수는　군사를　이끌고　震宮으로　나와　敵을　공격하면　敵

의　피수를　사로잡고、수많은　적병을　무찌르는　功을　얻는다。　行軍時　黑氣가　震

宮에서 나부끼는 것을 보면 大利하다.

第三十六局=丙奇가 六合·天任과 같이 杜門宮에 임하면 이를 枯木逢春格(마른 나무가 봄을 만난 격)이라 한다. 이렇게 되면 일단 싸우다가 실패한 것으로 보는데 敗殘兵을 수습하여 다시 攻擊하면 이번에는 大勝한다. 行軍時에 營門밖 三里 지점에서 갈가마귀가 울며 날아가는 것을 보면 좋은 조짐이다.

第三十七局=丙奇가 九天·天芮와 같이 景門宮에 임하면 이를 蛟龍失水(교룡실수—용이 물을 잃음)라 한다. 出師에 불리하니 그만두라. 모르고 出動하면 車馬를 상하고, 기타의 장애로 곤경에 처한다. 만일 일이 위급하거든 兌宮을 향하여 나가고 水路를 따라 가면 액을 면할 것이다. 行軍하여 營門을 나와 日氣가 몹시 뜨겁고, 十里 거리에서 북소리가 들리면 大利하다.

第三十八局=丙奇가 朱雀·天輔와 같이 死門宮에 임하면 이를 天冲臨陣(천충임진)이라 한다. 敵과 싸우기 위해 出兵할 때 震方으로 나가면 大勝하여 敵이 九十里를 달아나고, 首級 四千과 敵將 一人을 잡는다. 營을 나와 行軍時에 서북방에서 雷聲이 들리면 二十里에서 大利함이 있다.

第三十九局=丙奇가 値符·天芮와 같이 驚門에 임하고, 卯未日을 만나면 이를 風雲聚會格(풍운취회격)이라 한다. 大將이 出師함에 있어 西北을 버리고 東南으로 나아가 軍卒을 埋伏했다가 모르고 오는 敵을 습격하면 敵兵의 首級 五百을 얻는 戰果를 본다. 行軍時, 三里밖에서 들새들이 날아오는 것을 보면 大利

한 징조다.

陽二局에 甲己日 丙寅時와 陰二局에는 乙庚日 丙子時가 正應이다.

第四十局=丙奇가 九天·天芮와 같이 開門宮에 임하면 이를 群羊縛虎（군양박호）라 한다. 辰戌日時에 出兵하면 大敗하여 士卒 三千을 잃으리니 이 점을 유의하라. 그리고 行軍時에 혹 범을 만나면 大凶한 징조다.

第四十一局=丙奇가 太陰·天蓬과 같이 休門宮에 임하면 이를 天日照臨이라 한다. 전투에 유리하니 싸우면 승리한다. 出軍하면 敵의 猛將 一人과 三十里의 땅을 얻고, 아무리 견고한 城이라도 깨칠 수 있다. 行軍에 艮宮으로 나가 坤宮 위치에다 軍幕을 설치하면 유리하다. 군사를 출동하여 五百里 지점에 이를 때큰 風雨가 몰아오면 吉兆라 하겠다.

陽二局에 戊癸日 丙辰時와 陰八局에 戊癸日 丙辰時가 正應이다.

第四十二局=丙奇가 六合·天冲과 같이 生門宮에 임하면 秋風西起（가을바람이 서쪽에서 불어옴）라 한다. 兵卒를 움직일때 艮宮으로 나가고 兌宮에 營을 설치하라. 그리고 四方路에 伏兵을 두어 오는 敵을 무찌르면 騎兵 五百을 살해하거나 사로잡는다. 단 水戰은 불리하다. 營門을 나와 行軍時에 어떤 사람이 地圖를 내줄 것이니 전쟁에 큰 도움이 될 것이다.

第四十三局=丙奇가 朱雀과 같이 傷門宮에 임하고 午未日을 만나면 이를 河魁奪魄（하괴탈백─하괴에게 혼을 빼앗김）이라 한다. 主將이 군사를 거느려 離宮

으로 나가고 營은 坎宮에 설치함이 유리하다. 水戰을 하면 敵의 戰艦 여러척

을 뺏는 戰果를 세운다. 出門하여 行軍時에 서쪽에서 불이 일어나는 것을 보

면 大利하다.

第四十四局＝丙奇가 九天・天心과 같이 杜門宮에 들고 申子辰日을 만나면 이를

天乙司冲（천을사충）이라 한다. 장수가 군사를 이끌고 兌宮으로 나가 震宮에다

軍營을 세우고 적과 싸우면 五千里의 넓은 땅을 얻는다. 軍門을 나와 黃衣人

이 남쪽에서 와서 어떤 有利한 情報를 일러줄 것이다.

第四十五局＝丙奇가 太陰・天英과 같이 景門宮에 들면 火炎崑岡（화염곤강―산에

불꽃이 일어남）이라 한다. 大將이 군사를 이끌고 百里밖에 나와 敵의 營寨를

쳐부수고 首級 七百名을 베는 전과를 세운다. 營門을 나설때 黃衣人이 서쪽에

서 오는 것을 보면 大吉한 징조다.

陽二局에 癸酉日 丙辰時와 陰七局에 戊癸日 丙辰時가 正應이다.

第四十六局＝丙奇가 六合・天柱와 같이 死門宮에 들고 卯未日時를 만나면 이를

天河轉運（천하전운）이라 한다. 군사를 움직이는게 불리하니 그만두라. 억지로

出兵하면 士卒과 車馬를 잃는다. 出門時에 가랑비를 만나며 三百里쯤 가서

새떼가 북쪽에서 날아오면 이는 凶兆가 된다.

第四十七局＝丙奇가 朱雀・天任과 같이 驚門宮에 임하면 이를 太乙得令이란 길

격이니 出師하여도 좋다. 敵을 공격하면 城廓을 뺏고 싸울때마다 반드시 勝戰

한다。 만일 驚蟄節에 行軍할 경우 거리에서 黃雲이 巽方에서 일어나고 있으면 대길하다。

第四十八局 ‖ 丙奇가 句陳・天心과 같이 開門宮에 임하고 雨水前일 경우 이를 河魁値時 (하괴치시 — 하괴가 당번되는 때) 라 한다。 出軍하여 敵과 싸우려면 水戰을 펼쳐라。 매우 유리하여 敵의 勇將을 포박할 것이다。 行軍時에 서쪽에서 북소리가 들리면 매우 좋은 징조다。

陽八局에 丙辛日 丁酉時와、陰四局에 丙辛日 丁酉時와 陽一局에 丙子日 甲午時면 正應이다。

③ 丁 奇

第四十九局 ‖ 丁奇가 值符・天任과 같이 休門宮에 들고 丑未日時를 만나면 이를 雨露滄江 (우제창강 — 비가 푸른 강위에서 개임) 이라 한다。 大將이 出師하여 動兵함에는 우선 坎宮으로 나와 坤宮에다 軍營을 설치한 뒤 敵을 공격하면 敵의 營寨를 빼앗고 軍糧을 불살라 적으로 하여금 곤경에 처하도록 하며、특히 伏兵計를 쓰면 大勝한다。 行軍하여 三里쯤 가다가 西風이 불어오며 가는비가 내리면 大利한 징조다。

陽七局에 乙庚日 丁丑時와 陰四局에 戊癸日 丁巳時가 正應이다。

第五十局＝丁奇가 太陰·天禽과 같이 生門宮에 임하면 勝光爭位 (승광쟁위) 라
한다。 이런 경우 出師하면 불길하여 大將에게 재앙이 있고 士卒들도 우환이
이른다。 그러므로 물러감이 可하고、前進하면 凶하다。 특히 出門할 때 北風이
크게 일어나거든 급히 退却하라 不吉한 징조다。

第五十一局＝丁奇가 六合·天任星과 같이 傷門宮에 임하면 이를 群鷄化鳳格 (군
계화봉격—닭이 봉황으로 변한 격) 이라 한다。 戰爭에 임하거든 軍士를 내되
震宮으로 出軍하여 離宮에다 營寨를 설치한 뒤 交戰하면 敵兵 五百騎를 파할
것이며、午時에는 다시 大勝한다。 行軍時에 노인이 어린이의 손을 잡고 와서
大將 보기를 원하거든 만나주라 매우 有利한 말을 듣게 된다。

第五十二局＝丁奇가 朱雀과 더불어 杜門宮에 들고 寅卯日時를 만나면 이를 火
煉金丹格 (화련금단격—불로 금단을 단련시킴) 이라 한다。 大將은 군사를 움직일
때 兌宮으로 나가면 먼저는 凶하나 뒤에는 길하다。 軍門을 나와 行軍할 때
어떤 婦人이 어린이를 안고 걸어오며、갈가마귀떼가 짹짹거리며 날아오는 것을
보면 매우 길한 징조다。

陽四局에 甲己日 丁卯時와 陰四局에 甲己日 丁卯時、陽二局에 丙辛日 戊子時면
正應이다。

第五十三局＝丁奇가 句陳·天禽과 같이 景門宮에 임하면 이를 鼠落糠盤 (서락강
반—쥐가 좁쌀을 담은 쟁반에 떨어짐) 이라 한다。 出師에는 우선 승리하나 뒤

에는 실패하므로 大功을 세우기 어렵다。 맨 처음 出門할 때 四方에서 불이

일어나는 것을 보면 불길한 징조이니 動兵을 멈춰야 한다。

第五十四局 ‖ 丁奇가 九天·天英과 같이 死門宮에 들고 子午日時를 만나면 이를

孤舟渡江格（고주도강격）이라 한다。 大將은 군사를 이끌고 戰地에 나갈때 坎宮

으로 나가 震方에 兵營을 설치한 뒤 接戰하라。 敵將 三人과 敵兵 三千의 首

級을 베는 전과가 있다。 만약 天子나 임금 자신이 군사를 이끌고 나온 경우

에 이 格을 만났다면 萬國을 복송시킬 수 있다。 出兵時에 南方에서 五色구름

이 피어오르는 것을 보면 매우 大吉한 징조라 하겠다。

第五十五局 ‖ 丁奇가 六合·天心과 같이 驚門宮에 임하면 이를 太歲坐營（태세좌

영）이라 한다。 將이 大兵을 이끌고 一線에 나가면 大勝한다。 이런 경우에

敵과 싸운다면 敵兵을 거의 소탕하고 敵의 領土 千里를 빼앗는다。 처음 出軍

時 남쪽에서 큰바람이 일어나고 머리위 하늘에 白雲이 떠 있으면 大吉한 징조

다。

第五十六局 ‖ 丁奇가 値符·天輔와 같이 開門宮에 임하면 이를 豹變南山（표변남

산）이라 한다。 길격으로서 主將이 군사를 움직여 敵을 공격하면 크게 승리한

다。 처음 出兵할 때 巳宮으로 나가 震宮에 營을 안치하면 有利하다。 行軍時

（食前） 북방에서 두 어린이가 같이 오는 것을 보면 吉兆라 한다。

陽三局에 乙庚日 丁丑時와 陰九局에 戊癸日 丁巳時가 正應이다。

第五十七局＝丁奇가 太陰·天蓬과 같이 休門宮에 들고 丁未時를 만나면 이를 雷震百里（뇌진백리—우뢰가 백리까지 울려나감）라 한다。大將이 出師할 때 이 格을 얻으면 가장 吉하다。만일 出兵하여 震宮으로 나가 싸우면 二百里 敵土를 얻고 首級 五百人을 베는 戰功을 세운다。처음 出門할 때 紅衣를 입은 婦人이 서쪽에서 오면 大利한 징조다。

陽七局에 丁丑日 丙戌時와 陰三局에 丁丑日 丙戌時가 더욱 正應이다。

第五十八局＝丁奇가 六合·天輔와 같이 生門宮에 임하면 이를 六合臨陣（육합임진）이라 한다。主로 大將이 出師하면 大勝하는데 처음 行軍時에 離宮으로, 나가고 震宮에 兵營을 설치한 뒤 敵을 공격하되 반드시 적의 머리를 칠 것이며 後尾를 공격해서는 안된다。

처음 營門을 나설때 닭이 우는 소리가 들리면 吉兆라 하겠다。

第五十九局＝丁奇가 六合·天輔와 같이 傷門宮에 임하면 역시 第五十八局과 모두 같음。

第六十局＝丁奇가 六合·天心과 같이 杜門宮에 임하면 이를 玉女反面이라 하는데 大將이 敵을 征伐하기 위해 出師할 때 巽方이 不利하나 營寨은 巽方에 설치해야 한다。出兵하여 五百里 지점에서 微風細雨（바람이 살랑거리며 부슬비가 내리는 것）를 만나고 十里를 더 가다가 敵이 來戰하면 不利하다。

陰三局에 丁日 庚子時가 더욱 그러하다。

第六十一局＝丁奇가 朱雀・天任과 같이 景門宮에 임하면 이를 六丁沖陳이라 한다。 장수로서 군졸을 거느리고 出動할때 西方으로 향하고 營을 설치할때 敵이 가까이 이르리니 미리 北方에 군사를 埋伏시켜 두면 침입하는 적을 모조리 소탕하고 아울러 세 고을의 敵地를 얻는다。 出門時에 공중에서 五色구름이 있고、 三里를 가다가 돼지떼를 보게 되면 戰聞에 大吉한 징조다。

第六十二局＝丁奇가 太陰・天任과 같이 死門宮에 임하면 이름하여 金剛掃地（금강소지）라 한다。 兵事가 있어 군사를 出動시키려면 처음 南으로 向해 가다가 震宮에 營을 안치하라。 먼저는 어려움이 있으나 뒤에 戰勢가 뒤짚혀 賊의 首級 五千을 얻을것이다。 처음 出動할 무렵에 어떤 術士가 計策을 말하면 싸움에 크게 유익하다。

第六十三局＝丁奇가 九天・天輔와 같이 驚門宮에 들면 이를 河洛星祥（하락성상）이라 한다。 만일 出師하려거든 南方으로 향하고 東方에 營寨를 세우라。 적을 공격할 때는 震方으로 향하면 三日만에 개가를 부를 수 있다。 行軍時 三里쯤 가다가 東南方에 瑞氣가 비치면 大吉한 징조다。

第六十四局＝丁奇가 九天・天禽과 같이 開門宮에 임하면 이를 太白垂光（태백수광）이라 한다。 出師하면 승리하여 戰利品을 많이 얻는다。 出軍時에 震方으로 나가고 陣은 乾方에 설치하라。 五里쯤 가면 매（鵲）가 울고、 二百里를 行軍하면 어떤 사람이 器物 拾得하는 모습을 볼것이다。 이것이 應으로서 대길한 징조라 하겠다.

第六十五局=丁奇가 天蓬과 같이 休門宮에 임하면 이를 熒惑生光 (형혹생광) 이

라 한다. 出師하여 敵과 싸우려할 때 처음에 離方으로 行軍하다가 坎宮에 陣

營을 설치하라. 火攻을 쓰면 쉽게 敵을 破하고 적의 上將을 사로잡는다. 出

門時에 黃衣人이 北에서 오면 불길한 징조이니 旗를 뉘고 숨기도록 하라.

第六十六局=丁奇가 値符・天輔와 같이 生門宮에 임하면 이를 羅猴過都 (나후과

도) 라 한다. 出軍은 敵方向으로 그냥 行進하다가 坤宮에다 兵營을 세우라.

對敵하여 敵軍 三十騎를 무느트고 동시에 五百里 땅과 千餘의 首級을 얻을 것

이다. 처음 出軍할때 큰 風陣을 만나면 불길한 징조이니 즉시 퇴각하라.

第六十七局=丁奇가 朱雀・天心과 같이 傷門宮에 임하면 이를 月孛當空 (월패당

공) 이라 한다. 出師에 不利하니 되도록 그만두라. 부득이 出兵하였다가 戰勢

가 위급하거든 鬼掌符水를 북방에다 뿌리면 곤액을 면할 수 있다. 行軍길에

三里를 가다가 西北方에서 다리저는 사람이 이르러 情報를 제공해주면 大利하다.

第六十八局=丁奇가 句陳・天禽과 같이 杜門宮에 임하면 이를 月德臨門이라 한

다. 이런 때는 上將은 陳營에 남고 副將이 군사를 이끌고 나가면 大勝하여

五千里의 땅을 취한다. 처음 出軍時에 兌宮에다 兵營을 설치한 뒤 東으로 나

가다가 西로 向할 것이며 道中에 雷聲을 듣게 되면 大吉한 징조다.

第六十九局=丁奇가 九天・天任과 같이 景門宮에 임하면 이를 天德照門이라 한

다。大將보다 副將이 出動함이 좋다。行軍하여 五百里쯤 가다가 적의 伏兵을 만나거든 싸우지 말고 일단 물러가라。二里를 가면 東方에 火光이 있으리니 이는 불리한 징조라 조심해야 한다。

第七十局=丁奇가 九地・天柱星과 같이 死門에 임하면 이를 陰陽不交라 한다。 凶格으로 大將이 出師하면 弓矢에 맞아 厄을 당할 우려가 있다。出軍에 북방은 불리하고 서남방이 유리하며 坐營은 艮方이라야 좋다。이와 같이 하면 재앙을 면할 수 있다。行軍하여 三里를 가다가 어떤 官吏가 公務로 오는 것과 마추치게 되면 이는 吉兆라 하겠다。

第七十一局=丁奇가 九天・天任과 같이 驚門宮에 임하면 이를 三台得位라 한다。 出師하면 大勝하리니 망서릴 필요가 없다。처음 艮方으로 出軍하고 坎宮에 坐營한 뒤 妙策을 세워 敵을 공격하라。千乘의 車馬와 千里의 땅을 얻는다。出門할 때 가는비가 오면 이는 대길한 징조로 본다。

第七十二局=丁奇가 句陳・天輔와 같이 開門宮에 임하면 瑞生九鼎(서생구정)이 라 한다。大將이 出師하면 大勝하여 敵의 城地를 취하고 上將의 首級을 얻어 大功을 세운다。行軍時에 三里 지점에서 白雲이 서북방에서 피어오르고、東方에 서 바람이 일어나면 大吉한 징조이니 마음 놓고 用兵해도 좋다。

天冲으로 武士(入營한 主人公)를 삼고 値符(甲子戊儀)로 指揮官을 삼는다.

値符가 天冲을 生하거나 天冲이 値符를 生하면 一面如久로 서로 친밀해진다.

그러나 天冲과 値符가 相克되면 서로 和合을 못이루는 형상이니 지휘관의 눈에

들지 않아 出世에 지장이 크다.

그리고 天冲과 値符가 相生된 가운데 奇(乙丙丁)와 吉門 吉卦를 만나면 入

營하면서 지휘관의 고임을 받아 重責을 맡는다.

② 攻擊과 守備

庚儀로 攻擊者를 삼고 天禽으로 防御하는 者를 삼는다. (내가 敵을 공격하건

내가 방어하는 입장이건 마찬가지다)

庚儀가 旺相된 가운데 開門을 얻으며 中宮의 生扶를 받으면 敵城을 어렵지

않게 陷落시킬 수 있다.

天禽의 地盤數가 旺相되어 吉門을 얻으면 敵城을 파할 수 없고, 방어하는 입

장이라면 敵의 공격을 쉽게 막아낸다.

天禽이 生門 開門 景門 등을 얻어 旺相된 가운데 丙奇를 加하면 守備하는

입장에서는 敵의 공격이 두렵지 않고, 天禽이 休囚되고 다시 吉門을 만나지 못

하며 庚金이나 天蓬이 旺相되면 城을 지킬 수가 없다。

③ 敵의 情勢

多至後는 坎艮震巽으로 內를 삼고、離坤兌乾으로 外를 삼으며、夏至後는 離坤兌

乾으로 內를 삼고、坎艮震巽으로 外를 삼는다。內는 我軍이오、外는 敵軍인데

敵이 外에 있으면 敵의 侵攻이 없고 內에 있으면 來侵할 기미가 있는 것으로

추리한다。

外가 克을 받으면 敵의 兵營에 異常이 생겨 不安하므로 스스로 놀라 달아나

고、庚儀가 外宮을 극하는 가운데 天蓬과 白虎를 만나면 大接戰이 벌어진다。

庚이 九天을 만나면 敵軍이 위세당당하게 북을 치며 侵攻해 올 것이오 庚이

九地를 만나면 旗幟를 감추고 북소리를 죽이며 살금살금 暗襲해 올 것이다。

만약 敵이 國境이나 友軍陣營內에 侵入하였을 경우 敵이 언제 물러나느냐를

占친 결과 六庚이 內四宮에 있으면 좀체로 물러가지 않고、外四宮에 있으면 敵

이 물러나는 것으로 본다。 그리고 모든 것을 庚과 地盤의 干支、年月日時로

準한다。 庚이 年에 加하고 만일 太白이 熒惑星에 들면 (庚은 太白이오 丙을

熒惑星이라 하니 庚이 丙위에 있는 것) 敵이 來侵이라 하는데 外四宮에

들면 侵入하지 않는것이라 한다。 이와 반대로 熒惑星(丙)이 太白(庚)에 들

면 敵이 물러난다 보지만 內宮에 있으면 물러나지 않는다 보아야 한다。

④ 敵을 막을 수 있는가

時干宮으로 敵을 삼고 時支宮으로 我軍을 삼아 生克관계를 본다。 즉 時支宮의 地盤數가 値符(戊)의 克을 받거나 時支宮에 庚과 玄武가 임하면 城 지키는 것을 포기해야 하고、値符天盤이 地盤의 克을 받으면 역시 城을 지키기 어려우니 속히 물러나 피해야 한다。 그러나 만일 時支宮이 値符의 生扶를 받거나 値符가 時干宮을 극하면 敵이 몇번을 두고 侵攻해 올지라도 이기지 못하고 물러갈 것이므로 城을 지켜도 안전하다。

⑤ 戰爭의 勝敗

景門과 驚門으로 주장한다。 景門은 敵陣을 破하는데 마땅하고 亂을 평정하는데 적합하다。 驚門을 주요시함에는 値符(戊儀)가 있는 宮을 위주하고 庚이 닿는 宮으로 客을 삼는다。

値符宮이 庚宮을 克하거나 庚宮보다 旺하면 싸움에 이기고、庚宮이 値符宮을 극하거나 値符보다 旺하면 敵이 승리한다。

驚門 景門이 庚宮을 生해주면 敵이 이기고、値符(主)와 庚宮(客)이 相生되

거나 合을 이루면 和解된다. 値符와 庚이 모두 旺相되고 서로 相克되지 않아

그 세력이 비등하면 양쪽이 서로 두려워하여 싸우지 못하고 물러간다.

庚이 値符가 되면 이는 敵과 我가 同宮됨이니 양쪽의 勝敗를 가릴 수 없다.

日干에 庚을 加하면 勝算이 있고、庚이 日干을 加하면 敵이 승리한다. 가령

穀雨上局이면 陽九局인데 丙辛日 壬辰時에 天柱가 値符되어 위로 六庚을 띠면

被我가 同宮됨이니 서로 두려워 싸우기를 회피하게 된다.

(9) 變用法

① 主客論

太公이 말하기를 主客은 動과 靜이 한결같지 않고 변화를 측량할 수 없으므로 주객은 不定之象이라 한다. 혹은 行軍에 있어 「먼저 動하는 것으로 主를 삼고、뒤에 應하는 것으로 客을 삼는다」하고、혹은 「動한 것으로 客을 삼고、靜한 것으로 主를 삼는다」하며、혹은 먼저 소리치는 것으로 客을 삼는다」고도 하였다. 또는 「天盤으로 客을 삼고、地盤으로 主를 삼는다」는 등 設이 분분하여 종잡을 수가 없다. 그러나 成敗와 勝負를 결정함에는 반드시 主客이 분명하게 가려져야 추리가 가능한 것이다. 가령 兵卒을 출동시키거나 무리를 움직일때는 我(主人公)로 客을 삼는데 상대방의 입장에서는 그가 主가/된다.

혹 賊의 소굴과 적이 침입하는 城郭으로 主를 삼는다.

혹은 陽으로 客을 삼고、陰으로 主를 삼으며、혹은 客이 바뀌어 主가 되고、

主가 바뀌어 客이 되는수도 있다.

만일 將帥를 뽑거나 賢人을 구하는 경우와 兵卒을 불러모으고 말(馬)을 탄

다거나 친구를 만나는 것 등에는 내가 客이 되고 상대방이 主가 된다.

상대방이 나를 만나러 오거나 나를 구하고자 할 때와 혹은 상대방은 나를 아

는데 나는 상대방을 모르는 때는 상대방이 客이오 내가 主가 된다.

兩便이 서로 對陣하거나 양편이 대적하고 있지 않을때는 主客을 다시 정해야

한다. 主는 目的物、目的人이 되고 客은 그 目的의 動態에 따라 이해관계가

있는 사람이다.

戰法에 賊과 交戰하려할 때 만일 敵勢가 유리하다 판단되거든 이쪽에서 먼저

창칼을 휘두르고 북치고 징을 울리면서 放砲(砲 소리를 내는것) 하고 함성을

질러 敵으로하여금 劫을 먹고 士氣가 죽도록 해야 하고、반대로 我軍이 유리할

경우는 오직 旗幟를 감추고、징소리、북소리를 멈추며 조용하게 軍士를 매복했다

가 결정적인 시기에 攻擊하면 大勝한다.

무릇 兵卒을 출동함에는 먼저 敵이 駐屯하고 있는 곳이 어디인가(敵情)를

살피되 發兵할 때는 적보다 먼저 이곳의 動態를 눈치채도록하여 먼저 客이 되

지 말아야 한다. 대개 主는 유리하고 客은 不利한 까닭이다. 그러므로 臨戰

할 때는 主客을 잘 판단해서 기회를 기다렸다가 出動해야 한다.

我軍이 主가 되건 客이 되거나를 막론하고 이편에서 不利라 생각되면 그대로

固守함이 좋고、혹 전세가 급박하거나 敵의 포위를 당해 위급하거든 計策을 써

서 적을 물리쳐야 한다.

開門・六戊와 혹 天馬를 이용하거나 符文 (아래에 있음) 을 사용하거나 呪文

(아래에 있음) 을 외워야 한다.

나라의 首都・府、縣 (道廳・郡廳・邑・面 등) 과 家宅、그리고 官訟에 관한 일、

墳墓、事業・名利・婚姻・出行・失意・逃走・捕捉 등은 地盤으로 主人公을 삼고 天

盤으로 客을 삼는다. 人間萬事의 형태를 일일이 論키 어렵거니와 대략적으로

말한다면 天盤이 地盤 (主) 을 生合하는 것이 가장 좋고、地盤이 天盤을 生合하

는 것이 次吉이 된다. 客이 主를 生하면 구하는바가 여의하고、主가 客을 生

하면 財物이 흩어지고、매사가 지연되며 主客이 比和되면 어떤 일을 行하거나

그만두거나를 막론하고 뜻대로 된다. 그러나 主가 客을 克하면 반은 실속이

있고、반은 허사가 되며 까닭없이 실패하여 끝마무리를 못하고 만다. 客이 主

를 克하면 싸움에는 패하고 謀事와 經營은 이루지 못할뿐 아니라 도리어 재앙

을 초래한다. 그러므로 奇門法을 잘 이용하는 사람은 먼저 主와 客을 정한

뒤에 일의 吉凶을 占치는 것이다. 만일 현재 主가 유리하면 내가 主가 되고、

客이 有利하면 내가 곧 客이 된다.

혹은 進으로 客을 삼고 不進으로 主를 삼는데 主人公의 마음에 있으니 (무엇

으로 主客을 삼건) 한가지 이치만으로 무엇이 主고 무엇이 客이라 하지 마라.

② 總法 (天機前篇)

奇門으로 매사를 판단함에는 먼저 天象을 본 뒤에 미세한 부분까지 살펴야

한다. 모든 妙가 나의 一心의 運用에 있으니 잘 알지못하면 안된다.

가령 天盤九星과 三奇·八門이 金에 속하고, 地盤의 모든 星이 木이면 이 金

木이 客이 되어 來傷함이니 主로 싸움이 일어나는데 이 경우는 客이 되는 편

이 유리하니 用兵에 먼저 포를 울리고 함성을 울리면 士卒들의 기세가 올라서

싸움에 大勝한다. (이 경우는 動하는 것이 客이 되고, 客이 有利이므로 먼저

動하여 客이 되라는 뜻이다. 원칙상 전쟁에 主客이란 내가 主가 아니오 敵이

客이 아니고 누가 먼저 動하느냐에 따라 主客이 정해지는 원리라 하겠다)

求事 (經營과 謀事)와 請願과 交易 등은 客金이 主木을 克하면 실패와 놀넬

일과 근심되는 일이 있고, 出行人은 暗昧한 일에 처하고 도둑을 만나며, 오직

行人만은 즉시 돌아온다. 만일 金이 旺하고 木이 미약하면 그 액화가 더한층

가중된다. 만일 天盤金이 衰·墓·死·絕地에 있으면 이는 無氣한 金이므로 木

을 克하지 못한다. 木이 時令의 生旺을 만나면 해가 없고, 金이 無氣라도 木

이 時令의 衰·墓·死·絶地에 놓이면 凶이라 한다.

天盤木이 地盤火에 놓이면 木生火라 客이 主를 生하니 戰爭이 유리하고 一切

의 경영사가 모두 여의하다。重木이 生旺宮에 있으면 生을 貪하는 木이 되어

木多火滅의 원리가 적용되므로 火가 꺼지는 상이므로 自滅하게 된다。木이 衰

宮에 있거나 기타로 木이 미약하면 枯木이 生火하는 상이라서 兵事를 포함해서

매사에 다 유리하다。

地盤金에 天盤木을 加하면 客이 主를 生함인데 土旺하거나 重土가 되면 비록

土金이 相生이라하나 土多金埋의 원리가 적용되어 적병이 埋伏하였거나 아니면

영웅이 실패하고、혹은 忠烈人이 굴욕을 당한다。

天盤木이 地盤金에 加하면 이는 主가 客을 克傷함이라 旗幟를 내리고、북소리

를 죽이며 적의 눈을 피해 달아나라。적군이 대승하고 아군이 패한다。뿐

아니라 謀事에 크게 실패하고 有始無終이오 오직 求名、求官과 官事의 得失、出

行 등에만 유리하다。

天盤金이 地盤土에 加하면 主가 客을 生함이라 이럴 때는 客이 武威를 떨치

면서 기세등등하게 軍卒을 몰아 싸움에 임하라 客兵(먼저 動하는 者)이 大勝

한다。그러나 기타의 모든 일은 고생이 많은데 많은 노력이 있는 뒤에야 편

안함을 얻을것이다。

③ 作用의 妙理

妙用하는 法은 오직 年月日時의 四干에 있으니 九宮에 임하여 吉格을 이루면

吉利함을 알 수 있다。 밝은 임금、 어진 신하、 훌륭한 부모、 착한 자식、 현숙한

처첩 등등 구분과 有德無德이며 奴婢 친척관계며 기타 인간만사의 길흉을 推知

할 수 있는 것이다。

年干은 나라로 치면 임금（統治者）이오 가정으로는 父母가 되고、月干는 국가

적으로는 大臣 宰相（지금의 總理와 各部長官）이오、가정적으로는 伯叔父母로 보

며、日干은 사회적으로는 朋友요 가정에서는 兄弟姉妹가 되고 時干은 妻妾과 子

女 또는 奴婢에 해당하고、軍部에서는 士卒이며、社會的으로는 部下가 된다。

年干―君王、父母

月干―大臣、宰相、伯叔父母

日干―朋友、兄弟姉妹

時干―士卒　部下、妻妾、子女、奴婢

만일 天盤의 年干宮에 吉星이 임하거나 門이 宮을 生하거나 上下가 相合을

이루면 國泰民安（나라가 태평함）하고 君臣과 父子가 和睦하고 壽福康寧를 누리

지만 年干宮에 凶格을 만나거나 冲克을 받으면 四海에 兵亂이 일어나고 가정이

불안하며 骨肉이 다투거나 禍敗가 있고 기타의 재난 우환 경황지사가 연달아

생겨난다。

月干이 天盤과 相生되고 宮이 吉格에 合하면 국가적으로나 忠臣烈士가 輔國安

民(나라를 잘 다스려나감)하고、重臣들이 나라에 功을 세워 加官進祿하며 가정

적으로는 친척화목에 相扶相助로서 만사가 여의하려니와 月干의 克制를 당한데다

凶格을 이루면 小人과 奸臣이 專權하여 나라를 그르치고、休官·罷職에 가정적으

로는 六親이 헤어지고 貧苦로 奔波(이리 저리 방황하며 떠돌아 다님)하게 된

다。

日干이 天盤八門과 生合되고 吉格을 얻으면 형제화목에 기쁜 경사가 자주 이

르며、사회적으로는 친구의 도움이 많고 자신은 心身이 편안하며 경영은 순조롭

다。그러나 日干이 克을 받거나 凶格을 만나면 주로 형제가 刑傷을 당하고、

六親이 不和요 몸이 고달프고 재앙을 초래한다。

時干이 天盤과 生合된 가운데 吉格을 얻으면 처첩이 어질고 자식은 착하며

奴僕가 주인에게 충성하며、사회적으로는 士卒의 士氣가 왕성하고 部下는 책임을

완수한다。 그러나 時干이 冲克을 받거나 흉격을 만나면 자식이 刑傷되거나 父

子간에 不和하며 奴僕가 주인을 배반하고 달아난다。將帥가 이와 같이 만나면

士卒이 軍紀가 문란해서 저의끼리 亂을 일으킨다。

六庚(庚儀)이 年月日時干 위에 加하거나 年月日時干이 庚에 加하거든 그 庚

이 어느곳(年月日時 가운데)의 干上에 加했는가로 보아 某人의 吉凶을 알아낸

다。여기에 凶格을 합하면 더욱 흉하여 골육이 불화하고 自身도 困苦하다。

가령 陽三局 (冬至後 三局) 에 甲己日의 丁卯時는 時干이 九宮인 離宮에 임하고

開門을 만나며 甲子戊와 天冲이 震宮에 있으며 驚門과 庚儀가 坤二宮에 든다。(庚

은 中宮에 들지만 出坤하는 원칙에 의하여 坤에

庚이 임한다) 己日은 飛干格 (日干이 庚에 加하면 飛干이라 한다) 주로 兄弟

가 不和하고 친구간에 의가 나빠지며 재앙과 곤액이 있다。

또한 例로 陽遁九局에 乙庚日 丙子時라면 靑龍返首格이니 (天盤戊가 地盤丙에

加臨) 기쁜 일이 집안에 이르고 몸이 편안하며 朋友의 도움이 있고 謀事가 여

의하다고 추리한다。

④ 臨機變用法

사람은 만물의 靈長이오 모든 일의 感通하는 것은 그때 그때의 動靜變化에

있으니 그 人事와 器物 (재물) 을 취하여 兵事의 勝敗와 인간만사의 得失과 事

物의 成敗를 推知해야 한다。

한 나라의 將이 된 신분으로서 兵卒을 이끌고 用兵할 때 軍馬를 발동시키고、

營寨를 세우는 일이며、人間事에 있어 得失과 離合이며 器物을 얻는 것등을 日

辰에 따라 변통해서 어느날의 싸움하면 결과가 어떠하며、어느 때 (日時) 에 敵

이 어느 방위로 侵入해 오는 것이며、我軍을 어느 방위에 埋伏해야 하는 것이

이며、어느 日時에 승리해서 凱歌를 부를것인가를 推算해야 한다。이는 兵事에

관한 것이오 人事로 말하면 人生의 壽天窮達이 어떤지를 推理해내야 한다。

이상과 같은 兵事・人事의 吉凶을 알고자하면 本命의 年月日時로 作局（布局）

하여 六儀三奇와 九宮・八門・九星 등의 상황으로 이 모든 것을 알 수 있는

것이다。

어떤 物의 破損과 成敗와 耐久性 등을 알려면 그 물건을 얻은 日時나 물건

을 발견한 日時로 作局하고、혹은 그 물건의 생김새（大小와 長短과 方圓 등）

로 五行에 소속시켜 配合과 遁甲의 여하를 살피면 그 물건의 性質과 品質의

선악과 保存性을 豫測할 수 있다。

또는 兵事에 있어 軍營의 動態로도 應兆를 예측할 수 있다。즉 어떤 물건이

쓰러진다든가 거꾸러지고、파괴되고、떨어지는 것과 혹은 징소리 북소리 등이며、

言語와 투쟁과 金鼓나 軍樂의 음향으로도 길흉을 占칠 수 있고、혹은 잠깐 주

고 받는 몇마디 말이며、事物의 얼핏 눈에 먼저 뜨이는 것、무슨 소리가 얼핏

들려오는 것을 징조로 삼아 길흉을 알 수 있는 것이다。요는 내마음（主人公）

이 어떤 事物、어떤 소리에 靈感的으로 떠오르는가로 占치되 일단 먼저 예감에

잡혔거든 한가지로만 결정하고 이것 저것 잡다한 것을 취하여 占치지 말아야

한다。만일 어떠한 조건을 취하여 占친 결과 맞지 않는다 해서 다시 다른

것을 취하여 占친다면 이 占은 믿을 수가 없다。이는 내 마음이 專念되지

못하여 吉凶의 應驗이 없는 것이다.

事物과 소리로 占치는 요령을 例로 든다면 一字나 一點、一物、一聲、一人、一

獸、一個 등 一의 숫자는 子時로 定하고、二면 丑時、三이면 寅時、이렇게 數와

十二支順을 正比例로 適用한다.

가령 甲己日에 甲子時를 遁起(甲子를 붙여 따져나가는 것)하여 칠 경우 十

三數를 얻었다면 맨 먼저 丙子時(甲子에서 十三번째는 丙子다)를 適用하고、숫

자가 많은 경우 子時(甲己日의 例로)를 만났다면 그 數의 늘어남에 따라 戊

子・庚子・壬子를 適用한다. 예를 들어 甲己日에 十五數가 나왔다면 十三數가

丙子時니 十五는 戊寅時에 해당하므로 甲己日 다음날 戊寅時가 應하는 日時요

甲己日에 二十七數를 얻었다면 甲子(甲己日은 甲子時부터 시작하므로) 丙辛日의

庚寅時가 吉凶間 응하는 日時다. 甲己日의 例 뿐이 아니라 乙庚日은 丙子時、

丙辛日은 戊子時、丁壬日은 庚子時 戊癸日은 壬子時부터 쳐서 그 事物로 인해

얻은 數대로 六十甲子順을 따져나가면 當日 혹은 며칠 뒤 몇시에 應하는가를

알 수 있다.

軍部의 指揮官(小隊・中隊・大隊・聯隊・師團長)이 占을 친다면 주인공의 本命

으로 布局하여 吉凶 어느격에 合하는가로 吉凶과 勝敗를 판가름해야 한다.

⑤ 遁甲神機賦

兩儀（六儀의　天地盤）가　主使되고　三才가　나누어　吉凶의　格을　이룬다。

甲（즉　戊儀）이　丙에　加하면　青龍返首（甲은　青龍이니　甲木이　丙火를　生함）

요　丙이　戊에　加하면　飛鳥跌穴（丙은　朱雀）이라　하는데　廻首（青竜返首）는　기

쁨이고　跌穴（丙加戊）은　疾病이　이른다。

몸이　허약하거나　負傷당하는　것은　白虎猖狂（辛加乙）때문이오、乙이　辛에　加하

면　이를　青龍逃走（敗走라고도　함）라　하는데　財物이　흩어진다。

癸加丁은　勝蛇妖嬌요　丁加癸는　朱雀投江格이라　한다。

生門에　天盤丙과　地盤丁을　만나면　이를　天遁이라　하니　行兵에　유리하고、開門

에　天盤乙奇와　地盤己가　임하면　이는　地遁이니　埋葬에　길하며、休門이　丁奇를

만나고　太陰이　또　있으면　이는　人遁이니　軍營을　敵이　모르게　설치하는데　유리

하다。

伏干格은　庚이　日干위에　임한　것이오　飛干格은　日干字가　庚에　加한　것이며、

直符에　庚이　있으면（庚加戊）伏宮格이라　하고　飛宮格은　地盤庚에　天盤直符（戊

加庚）에　임한　것이다。

大格은　庚이　癸에　임한　것、小格은　庚이　壬에　임한　것이며、刑格은、庚이　己

위에　앉은　것이다。

時가　日干을　克하면　五不遇格이니　재앙이　발생하고、丙奇가　時干에　임하면　悖

格이니　災禍가　일어나며　三奇가　値使（開・休・生門）를　만나면　모든　慶喜事가

이른다。

六儀가 擊刑（戊臨三、己臨二、庚臨八、辛臨九、壬臨四、癸臨四）되면 백가지 흉액

이 이른다。

太白이 熒惑에 들면（天盤庚이 地盤丙을 만난것） 賊이 즉시 침입해오고、熒惑

（丙）이 太白（庚）에 들면 賊이 곧 물러가며、地羅遮障（壬이 時干癸에 加한

것）하면 前進이 불리하고、天網四張（年月日時가 모두 辰戌丑未로 된것）이면 달

아날 길이 없다。

直符와 天乙이 같이 있으면 急難을 만나리니 直符方으로 피하다。

太陰은 형적을 감추는데 마땅하고、六合은 숨어서 謀議하는 장소에 적당하며、

九天方은 武威를 떨치고、九地宮은 兵馬를 숨기는데 안성마춤이다。

宮이 門（八門）을 克하면 이를 門迫이라 하고、門이 宮을 克하면 이를 宮迫

이라 한다。 가령 生門은 土神인데 震宮이나 巽木宮에 임하면 木宮이 土門을

克하는지라 門迫에 해당하고、景門이 乾이나 兌金宮에 들면 景門火가 金宮을 克

하니 宮迫에 해당한다。 吉門이 迫을 당하면 吉한 효력이 상실되고、凶門이 迫

을 당하면 흉액이 더욱 가중된다。

⑥ 易數總斷

三才는 天地人과 龍虎・風雲 및 鬼神이다。 中宮土는 中에서 生하여 各 神位

에 붙고、八卦는 推行하여 八門에 벌려 놓았다。一中의 조화가 天地와 四帷에

現露(나타남)하였으니 위로 升降하며 飛躍하고 中으로 推測하여 쫓기도 하고

피하기도 하며、神을 감추기도 한다。또는 時期를 맞추어 出行・修造(건물을

짓고 수리하는 일) 埋葬 등의 길한 것으로 쫓아가고 흉한 것을 피하려는데

目的이 있다。

예나 지금을 통하여 그 몇사람이 軒轅氏(黃帝)의 一千八百가지 制度와 張子

房(漢代의 人物)의 十八局法을 바르게 알아 應用할 수 있겠는가、法이 실로

심오한 관계로 지혜를 짜내어 神妙한 원리를 통철하고、微妙한 이치를 깨우쳐야

한다。四十八格을 推知하기 어려우니 내가 지금 옛것을 풀이하여 이 册字을

著述하였다。

易數의 미묘한 것을 通한다면 그 하나도 오착이 없겠으나 보통의 지혜로는

알지 못하여 추리가 불가능한데도 마치 걸어서 天階에 오르려는 사람과 같다。

天冲・天輔・天禽・天任・天心은 星中에 가장 길한바 이에 三奇(乙丙丁)를 加

하면 온갖 상서로운 일이 발한다。值符와 値使는 冲克당하는 것과 撃을 꺼리

고 八門 가운데 開門・休門・生門은 上吉의 門이다。

대개 節候의 生克比和와 休囚生旺을 살필것이며 奇와 門의 형세를 살펴 길흉

을 논하라。修造와 葬埋의 龍穴・開墓・斬草와 經營・賣買와 動作과 方向을 선

택하는 占에 吉格에 부합되거든 망서리거나 주저할 필요가 없이 取用하되 다만

行에 지성을 다하면 발복이 무궁할 것이다.

三奇가 使(門)의 길격을 얻으면 用함이 가하고、六甲을 이루면 매사

에 도움이 많다。乙이 戊午와 만나고 丙이 子申과 만나며 六丁과 玉女가 龍

虎를 타며、三奇가 六儀에 앉으면 이름을 玉女守門이라 한다。(格論에는 玉女守

門은 甲己時가 丙、乙庚時가 辛、丙辛時가 乙、丁壬時가 己、戊癸時가 壬을 만난

것이라 하였다)

戊子・己卯 庚午와 丙午 丁酉 乙卯는 陰私事(남모르게 하는 私的인 일)에

유리하고、和合事 및 宮中에서 宴樂을 베푸는 일에 마땅하다。

三奇가 入墓(辰戌丑未宮)되면 作事에 불리하니 매사를 進行하기보다는 뒤에

있을 危難을 막는게 좋다。

五不遇時(時干이 日干을 克함)가 되면 더욱 不吉인데 이를 또 日月損明(日

月이 빛을 잃음)이라 하여、백사에 다 흉하니 경솔히 행하지 마라。

直符星은 七神을 統率하니 엎드려 적이 모르게 숨는데 유리할 뿐 兵卒을 움

직여서는 안된다。

太陰과 六合은 廻避하는데 좋고、勝蛇와 句陳은 田土事에 관계되며、白虎는 西

方의 凶殺이오、玄武는 도둑이니 玄武方으로 遠行함이 좋지 않다。

天乙과 戊儀는 급하면 神을 從하고 느리면 門을 從한다。

天三門과　地四戶는　묻거니와　그대는　어느곳에　있다　하는가　(사람을　찾을때　이

방위로　向하라는　뜻임)

太冲·小吉·從魁는　이것이　天三門이다。　出行하는　길이오　地四戶는　除·危·定

·開인데　作爲와　動用이　이를　取한다。

太陰·六合·太常은　본시　地私門이라　三吉門이　만일　奇門과　相照하면　出門과

擊事에　기쁨이　重重하며、太冲·天馬는　眞貴人이니　難을　만났거든　이곳으로　은폐

하는게　무사하다。　만일　天馬方으로　行한다면　호랑이와　이리떼가　왕래할지라도

용케　피해진다。

太陰이　奇(乙丙丁)와　吉門을　만나면　경영사가　이루어지고、六丙과　生門과　六

戊는　天遁이오、開門에　乙奇와　己儀가　加하면　地遁이며、休門에　丁奇와　같이　太

陰이나　六合宮에　임하면　人遁이니　은거하고　修道하는데는　이보다　낳은　법이　없

고　백사에　다　길하다。　乙辛은　龍이오　休門이　坎宮에　임하면　龍遁이니　龍神께

기도하고、가뭄에　비를　빌며　水戰을　벌리는데　마땅하며、辛乙은　虎라　生門에　虎

遁을　만나면　오랫동안　山에　은거하는데　좋다。

六乙이　辛을　加하고、休門과　合하면　水氣生風이니　風遁이오、六乙이　辛을　加하

여　生門과　같이　艮宮에　임하면　원래　坤土의　龍遁이다。　生門이　丙奇와　같이

九天宮에　임하면　이는　神遁이다。　이것이　福이오　福을　비는데　좋고、天乙이　만

일　九地에　加臨되면　鬼遁이라　하는바　賊情을　염탐하고　敵을　암습하면　탄로가

안되므로 목적을 이룬다.

六儀擊刑格은 어찌 그리 흉한가、直符刑이 時와 同하니 子卯・戌未 申寅・辰午

는 自刑이오、時日의 門星에 伏吟이 있다.

休門에 다시 休門을 만나거나、天蓬이 다시 天蓬을 만나거든 망동하지 말고

분수를 지키면서 안정해야 재물의 모손을 방지한다. 그렇지 않으면 하찮은 일

에도 손해가 막심하다.

反吟에 門과 直符가 相冲이면 창고를 열어 빈궁한 이를 구원하라. 經營과 出

動과 興工은 해가 있다. 여기에 吉門과 吉星이 加해지면 災刑만은 면하게 된

다.

宮이 門을 극하면 (制) 재물 많은것이 도리어 화가 되고、門이 宮을 克하면

(迫) 鬼遁이니 吉門이 迫을 만나면 질병이 발생하고、凶門이 迫을 만나면 흉

액이 측량할 수 없이 많다.

丙이 日干과 直符에 加하면 悖逆이라 紀綱이 문란하여 나라는 어지럽고、가정

은 인륜을 어긴다.

庚이 本歲月日時에 加하면 이를 庚格이라하여 재앙이 생겨난다.

丙이 庚에 加하면 熒惑이 太白에 들었다함이니 도적이 물러가려 하고、庚이

丙에 加하면 太白이 熒惑에 들었다함이니 도적이 침입한다는 소식이 들어오고

敵勢의 凶獰하기가 측량할 수 없다.

庚이　直符에　加하면　天乙이오、直符가　庚에　加하면　天乙飛라　한다。이것이

一宮（坎）에　임하면　野戰이　있고、刑（庚加六己）이　一宮에　임하면　國防에　총력

을　기울일　것이며、庚이　癸에　加해도　國防에　힘쓰라。庚이　壬에　加하

면　이를　小格이라　하는바　역시　마찬가지다。

甲이　己에　加하면　刑이며　道路格이오、日干이　庚에　加해지면　飛干이라　한다。

六庚이　乙丙丁　三奇에　加하면　불리한데　이　경우　만일　動하거나　出行하면　되

돌아올　기약이　없다（大凶）

六癸가　丁에　加하면　이를　勝蛇妖嬌라　한다。근심과　놀라움과　당황되는　일이

연달아　일어나니　언제나　멈추랴。

六丁이　癸에　加하면　朱雀投江이라　명칭한다。奸頑함이　비할데　없고　訟事로

관청에　드나든다。

辛이　乙에　加하면　이를　白虎猖狂이라　하니　두렵고　놀랍다。自身과　六親이

傷害되고、乙이　辛에　加하면　青龍逃走라　놀랍고　두려운　일이　발생하고、재물도

흩어진다。

甲이　丙에　加하면　이는　青龍廻首格이니　기쁜　일이　중중하고、丙이　甲에　加하

면　飛鳥跌穴（朱雀跌穴）이니　百事를　도모함에　모두　성취한다。

天盤이　動하면　占치는　주인공이　客이오、地盤이　안정（動하지　않은것）하면　主

가　된다。星과　宮과　奇와　門의　刑克　유무를　보아　길흉을　판단하고、日月의

旺休生克으로 그 방위의 雲氣色을 분별한다。 가령 天蓬이 九宮 旺相月에 加하
되 秋多에는 壬癸亥子日을 만나는게 길하고、北方의 黑氣는 客이 有利요 天英이
一宮에 임하여 多月의 北方은 도리어 不利하다。 그 외도 이와 같은 요령에
의해 추리하라。

人이 時方에 있는 것은 자세히 살펴야 한다。 寅時부터 午時까지는 五陽時로
甲乙丙丁戊가 합하면 길하여 출행하면 유리하고、혼인·이사 등에도 길하다。 未
時부터 亥時까지는 五陰이니 己庚辛壬癸가 합하면 修造와 謀事에 取用하면 순조
롭고、祈福하고 難을 피하는데도 유리하다。

十干六甲은 宗主가 된다。 三奇가 五陽에 있으면 客이 되는게 유리하고、三奇
가 五陰에 만나면 主가 되는게 유리하다。

乙德이 왕래하면 황홀하기가 神과 같다。 출행하면 술과 좋은 음식을 만나고、
장사는 이익이 많으며、혼인·이사 등에 다 좋다。 오직 시비와 성내는 일을
조심해야 관재를 면한다。

丙子月의 奇는 天威라 하는데 火氣가 金을 녹이는 상이므로 兵亂이 일어나지
않는다。 상업 출행에 좋고、신선을 만난다。

六丁玉女는 太陰의 精이니 出入이 길하여 귀인을 만나 청탁하는 일과 상업·
혼인 經營에 길하고 그 외는 길흉이 반반이다。

六戊가 開·休·生 三門을 만나면 흉액이 발생하지 않는다。 萬里來龍을 뉘라

서 멈추게하랴 (왕성한 운세와 자연의 힘은 막을 수 없다는 뜻) 大馬는 울지 않는 법이다. 출행·매매에 재물이 생긴다.

己가 六合을 만나면 機謀가 누설되지 않아 造化의 신비와 출입과 관직 구하는 일, 백사에 유리하나 도망하는 입장이면 흉하다.

庚이 時干宮에 加하면 不利하다. 모르고 억지로 무슨 일을 하면 능욕을 당하고 刑獄에 갇힌다. 매매는 거리에서 망실하고 백사에 흉하리니 이럴 때는 아무것도 하지 말고 가만히 있는것만이 상책이다.

六辛이 時干에 加하면 문에 나서 범을 만나고 이로운 일이 없다. 억지로 出門하면 天庭에 죄를 짓고 刑을 당한다. 間病·혼인·상업 등 매사에 흉하다.

壬이 時干에 加하면 天牢라 하니 흉함을 무릅쓰고 出門하면 번뇌가 생긴다. 병자는 간신히 연명하고, 도망자는 관리를 만나 시비가 생기며 백사 불리하다.

癸는 藏이니 時干에 만난 경우 문을 나서면 찾는 사람을 찾지 못하고, 질병은 침중해진다.

⑦ 九宮所忌

震宮에 甲子를 붙여 巽·中·乾·兌·艮·離·坎·坤으로 九宮을 順行하여 日辰이 中宮에 닿으면 移徙에 불리오. 乾宮日은 床을 베풀지 말고 (祭床 등을 설치하지 않음) 兌宮日은 우물을 파거나 고치는데 꺼리고, 艮宮日은 僧堂(중이 거처하는 房)을 만들지 말고, 離宮日은 大門(출입문)을 내거나 만들어 세우지 말고, 坎宮日은 水浦(물똘·개울)를 내지 말고, 坤宮日은 嫁娶에 불리하고, 震宮日은 厨房을 수리하지 말고, 戊辰日은 山野에 드는 것을 꺼린다.

가령 甲子日이면 震宮이니 부엌을 손대지 못하고, 乙丑日은 巽宮이니 山野로 가지 말것이며, 丙寅日은 中宮이니 移徙를 꺼리고, 丁卯日은 乾宮이니 床을 설치하지 않으며, 戊辰日은 乾宮이니 우물을 고치지 아니하고, 己巳日은 艮宮이니 僧堂을 만들지 아니하며, 庚午日은 離宮이니 大門을 만들어 세우는데 꺼리고, 辛未日은 坎宮이니 水溝를 내지 못하며, 壬申日은 坤宮이니 婚姻에 꺼린다.

忌 嫁娶	壬申 辛巳 庚寅	己亥 戊申 丁巳	
忌 造作大門	庚午 己卯 戊子	丁酉 丙午 乙卯	
忌 山野入	乙丑 甲戌 癸未	壬辰 辛丑 庚戌	己未
忌 修井	戊辰 丁丑 丙戌	乙未 甲辰 癸丑	壬戌
忌 移從	丙寅 乙亥 甲申	癸巳 壬寅 辛亥	庚申
忌 修厨	甲子 癸酉 壬午	辛卯 庚子 己酉	戊午
忌 設度	丁卯 丙子 乙酉	甲午 癸卯 壬子	辛酉
忌 溝洫파는일	辛未 庚辰 己丑	戊戌 丁未 丙辰	己巳
忌 作僧堂	己巳 戊寅 丁亥	丙申 乙巳 甲寅	癸亥

二。 諸葛武侯用兵秘法

이 秘法의 原名稱은 「金函玉鏡圖 (금함옥경도) 」라 하는바 中國 後漢때의 名
參謀 (軍師) 인 諸葛孔明이 創案하여 活用한 用兵法의 하나라 한다.

이 金函玉鏡圖에 대해서 武睦王 岳飛 (名將이었음) 는 다음과 같이 讚하였다.

이 金函玉鏡은 蜀漢의 軍師인 諸葛孔明 (字는 孔明, 名은 亮) 이 著述한 것이
다.

漢나라 末葉에 黃巾賊의 난리가 일어남에 이를 討伐하기 위해 온 天下의
豪傑들이 일어났다. 曹操、孫權、周瑜 등 여러 장수들은 그 用兵함이 孫吳의 兵
法보다 나을만한 名將들이었고、오직 孔明은 蜀主、劉備를 도와 兵의 孫權과 魏
의 曹操를 상대로 여러번 싸우는데 적은 숫자로 수십배가 넘는 敵을 능히 이
길 수 있었던 것은 다름이 아니고 모두 이 金函玉鏡에 기록되어 있는 秘法으
로 用兵했기 때문이다 하였다.

이 秘書 (金函玉鏡) 의 근원은 저 옛날 聖王인 黃帝軒轅氏가 蚩尤와 싸울때
이길 수가 없어 苦心하다가 齊戒하던중 하늘이 감응하여 九天玄女로 하여금 구
원해주도록 하였다. 九天玄女는 軒轅氏를 도울때 六丁의 玉女神을 몰아 敵을
격파하였다. 원리인즉 遁甲法으로 旬內의 日辰과 時間을 따라 八門으로 吉凶을
정하고、內外로 勝負를 분별하여 秘及을 記錄하여 世間에 傳해져 온것을 孔明
이 龍門山 굴속에서 우연히 이 秘及을 얻게 되었던 것이다. 그리하여 이 法

으로 用兵해본 결과 勝利하니 吳·魏軍의 장수들이 그 神出鬼沒하는 孔明의 用

兵術에 찬탄을 금할 수가 없었던 것이다. 그리하여 이 秘書를 孔明 자신도

매우 기이하게 여겨 世上에 傳해지도록 하였다 한다. 그런데 이 秘書의 圖式

은 孔明 자신이 좀더 상세하도록 일일이 陰陽二局에 의한 六十甲子日과 每日

十二時全圖局을 달고、九星과 八門의 吉凶을 明示하여 行兵에 選擇이 용이하도록

풀이해 놓았으므로 이를 活用해본 자들은 그 應이 놀라웁도록 정확하여 이를

「金函玉鏡圖」라 명칭하였다.

이 圖式이 자세하고 명확하여 他의 遁甲書를 능가할 뿐 아니라 그 神妙함이

측량키가 어렵다.

孔明이 말하기를 「이 글은 用兵에 吉한 日辰이면 行軍에는 물론 大利하지만

일간 인간사에 의한 出行 등 선택에도 마찬가지로 유리하다」하였다.

그러므로 이 法이 世傳하면서 將帥들마다 이를 보배처럼 간직하고 아꼈으므로

실지로는 아는 이가 많지 않다. 이제 나는 兵書를 배운지 二十年에 武經七書와

六韜三略、그리고 七寶新書、六旨、金鏡靑囊 등 모든 兵法을 연구 活用하여 보았

으나 유독 孫子兵法과 이 金函玉鏡圖로 體用을 삼아 用兵한즉 그 微奧함이 타

의 追從을 不許한다. 고로 함부로 전하거나 남용해서는 안된다.

이러한 까닭에 終南山의 黃岩老人 風朝와 本朝의 大將 狄青의 집에 숨겨두었

던 本 圖式을 꺼내어 이를 抄錄해서 後世의 明哲한 忠謀之士에게 傳해서 이

① 九星落局法

九星이란 太乙 攝提 軒轅 招搖 天符 靑龍 咸池 太陰 天乙이다.

• 多至後 陽局은 艮宮에 甲子日을 붙여 一宮에 一日씩 九宮을 順行하고、夏至後 陰局은 坤宮에 甲子를 붙여 一日씩 九宮을 逆行하여 當日辰에 닿는 宮에다 다시 太乙을 붙여 陽順 陰逆으로 九星順次를 배치한다.

日辰을 쉽게 따져나가는 요령은 다음과 같다.

多至後는 甲子艮 甲戌離 甲申坎 甲午坤 甲辰震 甲寅日에 巽宮이다.

가령 丙申日이라면 甲午旬中이니 甲午는 坤이라 陽局 順行이니 甲午坤 乙未震 丙申日은 巽이다. 巽에 太乙을 붙여 中에 攝提、乾에 軒轅、兌에 招搖、艮에 天符、離에 靑龍、坎에 咸池、坤에 太陰、震에 太乙이 임한다.

夏至後는 甲子를 坤에 붙여 逆行이니 甲戌坎、甲申離、甲午艮、甲辰兌 甲寅乾에 닿는다. 가령 夏至後 己酉日이라면 己酉는 甲辰旬中이니 甲辰兌로 逆行하면 乙巳乾、丙午中、丁未巽、戊申震 己酉가 坤이라. 고로 己酉日이 닿는 坤에 太乙을 붙여 逆行九宮하면 坎에 攝提、離에 軒轅、艮에 招搖、兌에. 天符、乾에 靑龍、中에 咸池、巽에 太陰、震에 天乙이 위치한다.

冬至後（陽局）　日辰分布

甲午 丁卯 丙子	乙酉 癸卯 壬子	辛酉
甲戌 乙丑 癸未	壬辰 辛丑 庚戌	己未
甲寅 丁亥 乙巳	癸亥	
壬申 辛巳 庚寅 戊申	戊戌 丁酉 丙午 乙卯	丁巳
庚午 己卯 戊子	丁酉 丙午 乙卯	
甲辰 戊子 乙未 丙戌	壬戌 丁丑 戊辰 癸丑	
辛未 庚辰 己丑	戊戌 丁未 丙辰	
甲申 丙寅 乙亥	壬寅 辛亥 庚申	
甲子 癸酉 壬午 己酉	辛卯 庚子 己酉 庚申	戊午

夏至後（陰局）　日辰分布

戊寅 己巳 乙巳	甲寅 丁亥 癸亥	乙巳
甲戌 癸酉 乙丑	壬辰 辛丑 庚戌	己未
甲子 辛卯 丙子	癸酉 庚子 戊午	戊午
丁丑 戊辰 甲辰 癸丑	壬戌 丙戌 乙未 丙午	甲辰
庚午 己卯 戊子 乙卯	丁酉 丙午 乙卯	壬戌
戊辰 己卯 乙未	庚午 丁酉 甲辰	
乙酉 丙子 壬子	丁卯 癸卯 甲午 辛酉	
丁卯 甲戌 癸未	乙丑 壬辰 辛丑 己未	
戊寅 乙巳 甲寅	己巳 丙申 丁亥 癸亥	

기타도 우선 多至後(陽局順) 夏至後(陰局逆)를 구분하여 이와 같은 요령으로 太乙九星을 배치한다.

• 太乙在乾圖

(多至後)

太陰	招搖	青龍
咸池	天乙	攝提
軒轅	天符	太乙

(夏至後)

招搖	咸池	天乙
天符	攝提	軒轅
太陰	青龍	太乙

• 太乙在坎圖

(多至後)

招搖	天乙	攝提
軒轅	天符	咸池
太陰	太乙	青龍

(夏至後)

咸池	攝提	天乙
太陰	青龍	招搖
軒轅	太乙	天符

• 太乙在艮圖

(多至後)

攝提	咸池	天乙
太乙	軒轅	天符
青龍	太陰	招搖

(夏至後)

天符	天乙	咸池
青龍	招搖	攝提
太乙	太陰	軒轅

• 太乙在震圖

(多至後)

攝提	咸池	天乙
太乙	軒轅	天符
青龍	太陰	招搖

(夏至後)

攝提	招搖	天乙
青龍	太陰	太乙
咸池	軒轅	天符

● 太乙在巽圖 （冬至後）

太乙	青龍	太陰
天乙	攝提	招搖
天符	咸池	軒轅

（夏至後）

太乙	天符	軒轅
攝提	天乙	咸池
青龍	招搖	太陰

● 太乙在離圖 （冬至後）

天符	太乙	軒轅
招搖	青龍	太陰
天乙	攝提	咸池

（夏至後）

青龍	太乙	太陰
咸池	天符	軒轅
攝提	天乙	招搖

● 太乙在坤圖 （冬至後）

軒轅	太陰	太乙
攝提	招搖	青龍
咸池	天乙	天符

（夏至後）

太陰	軒轅	太乙
天乙	咸池	天符
招搖	攝提	青龍

● 太乙在兌圖 （冬至後）

咸池	軒轅	天符
青龍	太陰	太乙
攝提	招搖	天乙

（夏至後）

招搖	太陰	青龍
天符	軒轅	太乙
天乙	咸池	攝提

● 太乙在中圖 （冬至後）

天乙	天符	咸池
太陰	太乙	軒轅
招搖	青龍	攝提

（夏至後）

攝提	青龍	招搖
軒轅	太乙	太陰
咸池	天符	天乙

이상의 太乙九星 가운데 太乙、 靑龍、 太陰、 天乙은 吉星이오 軒轅 招搖는

平星이며 天符와 咸池는 凶星이다。

② 八門起法

이 法은 먼저 用日이 冬至後 陽局인가 夏至後 陰局인가를 구분하고、 日

辰이 甲丙戊庚壬 陽干日인가 乙丁己辛癸 陰干日인가로 다음 요령에 의해

八門을 배치한다。

• 冬至後 陽局이면

甲子・戊子・壬子日은 坎宮이 休門

丁卯・乙卯・辛卯日은 坤宮이 休門

庚午・甲午・戊午日은 震宮이 休門

癸酉・丁酉・辛酉日은 巽宮이 休門

庚子・丙子日은 乾宮이 休門

己卯・癸卯日은 兌宮이 休門

壬午・丙午日은 艮宮이 休門

乙酉・己酉日은 離宮이 休門이다。

이와 같이 해당되는 宮에 休門을 붙여 陽干日은 生・傷・杜・景・死・驚

開門의 차서로 八方을 順布하고 陰干日은 八方을 逆布한다.

가령 丙申日이라면 甲午에서 三日을 묶어 보는 법이므로 (甲午・乙未・丙申) 震宮이 休門이다. 陽干日이니 巽에 生門、離에 傷門、坤에 杜門、兌에 景門、乾에 死門、坎에 驚門、艮에 開門이 위치한다. 또한 예로 辛丑日이라면 庚子 辛丑 壬寅日까지 한묶음으로 보는바 辛丑은 陰干日이므로 乾宮에 休門을 붙여 兌에 生門、坤에 傷門、離에 杜門、巽에 景門、震에 死門、艮에 驚門、坎에 開門 식으로 八方을 逆布한다.

※甲子 戊子 壬子란 甲子에서 三日(甲子 乙丑 丙寅) 戊子에서 三日(戊子 己丑 庚寅) 壬子에서 三日(壬子 癸丑 甲寅日까지)을 같은 묶음으로 보라는 뜻이다. 기타도 모두 같은 例다.

● 夏至後 陰局이면

甲子 戊子 壬子日은 離宮이 休門
丁卯 辛卯 乙卯日은 艮宮이 休門
庚午 甲午 戊午日은 兌宮이 休門
癸酉 丁酉 辛酉日은 乾宮이 休門
丙子 庚子 甲子日은 巽宮이 休門
己卯 癸卯 丁卯日은 震宮이 休門
丙午 壬午日은 坤宮이 休門이다.

乙酉 己酉日은 坎宮이 休門이다。

夏至後의 例도 休門宮의 위치한 冬至後와 다를 뿐 休門宮에 시작하여 生・傷・

杜・景의 차서로 陽日은 八方을 順布하고 陰日은 八方을 逆行하는 것은 마찬가

지다。

이상의 요령을 간단히 설명하면 다음과 같다。

冬至後日은 坎에、甲子日을 붙여 三日씩 머므른 뒤에 坤・震・巽・乾(단 中宮

은 건너뛴다)・兌・艮・離宮의 九宮 순서로 돌려짚어 日辰이 닿는 곳에 休門을

붙여 陽干日은 生・傷・杜・景・死・驚・開門의 차서대로 八方을 順布하고 陰干

日이면 逆布한다。夏至後는 離宮에 甲子를 붙여 三日씩 머므른 뒤에 艮

・兌・乾・巽(中宮만은 건너뛴다)・震・坤・坎의 九宮 반대순으로 日辰이 닿는

곳까지 짚고、日辰 머므는 곳에 休門을 起하여 生・傷・杜・景・死・驚・開門의

八門차서를 陽日干이면 八方을 順布하고、陰日干이면 八方을 逆布한다。

日辰													二遁 陰陽干日	八門
辛亥。乙酉 丙戌 丁亥・己酉・庚戌	戊申。壬午 癸未 甲申・丙午 丁未	乙巳。己卯 庚辰 辛巳・癸卯 甲辰	壬寅。丙子 丁丑 戊寅・庚子 辛丑	己亥。癸酉 甲戌 乙亥・丁酉 戊戌	丙申。庚午 辛未 壬申・甲午 乙未	癸巳。丁卯 戊辰 己巳・辛卯 壬辰	庚寅。甲子 乙丑 丙寅・戊子 己丑						陽日／陰日	門
夏至後 冬至後	夏至後 冬至後	夏至後 冬至後	夏至後 冬至後	夏至後 冬至後	夏至後 冬至後	夏至後 冬至後	夏至後 冬至後							
坎	坤	兌	乾	巽	震	坤	坎						陽日	休門
坎	坤	兌	乾	巽	震	坤	坎						陰日	休門
艮	兌	乾	離	坎	艮	坤	艮						陽日	生門
乾	離	坎	艮	震	兌	巽	乾						陰日	生門
震	乾	巽	離	坎	艮	兌	震						陽日	傷門
兌	巽	乾	坎	離	坤	震	兌						陰日	傷門
巽	坎	離	坤	艮	震	乾	巽						陽日	杜門
坤	艮	震	兌	乾	巽	坎	坤						陰日	杜門
離	艮	坤	兌	震	乾	坎	離						陽日	景門
離	艮	坤	兌	震	乾	坎	離						陰日	景門
坤	震	兌	乾	巽	坎	震	坤						陽日	死門
巽	坎	離	坤	艮	兌	乾	巽						陰日	死門
兌	巽	乾	坎	離	坤	巽	兌						陽日	驚門
震	乾	巽	離	坎	艮	兌	震						陰日	驚門
乾	離	坎	艮	坤	兌	坤	乾						陽日	開門
艮	兌	震	巽	乾	離	震	艮						陰日	開門

③九星論

太乙은 水神인데 出門하여 黑衣人을 만난다。太乙은 貴人을 만나고자 하는데 와 婚姻에 길하다。

門中에 太乙을 보면 貪狼이라 한다。장기・바둑 및 기타의 내기를 하면 돈을 따고 혼인은 좋은 인연을 만나며、出行하여 막힘이 없고、귀인을 만나려는데 는 賢人을 만난다。

攝提는 土神이다。死門과 같이 있으면 大凶하다。門을 나서서 老婦가 슬피 우는 것을 보거나 농부가 밭가는 것을 보면 불길한 징조다。
遠行하면 일이 얽혀 되는 일이 없고、耕作은 소가 상한다。相生宮에 있으면 무방하나 相克을 만나면 재앙이 있다。

太乙이 死門과 만나면 老婦가 통곡한다。求財 및 혼인이며 기타 매사에 좋지 않고、물건을 은닉하거나 몸을 숨는데는 좋다。

軒轅은 木神이다。누구를 만나려 出行한다면 十五里 밖에서 만난다。
出入하면 매사가 순탄치 못하고 질질 끌고 나간다。相生이면 재액이 더디게 오고 相克이면 우환과 고뇌가 있다。

博奕 등 내기는 돈을 잃는다。

招搖 = 밖에서 二人의 친한이를 만나고、또는 婦人을 만나는게 應(징조)인데

― 661 ―

구설이 이르고 꿈자리가 사납다。隣近家에서 솥이 울면 불길한 징조다。

招搖가 當門하면 백사에 성취되며、相克이면 길에서 장애에 부딪히고 女人에게

구설을 듣는다。

天符는 土神에 속하며 또한 五鬼宮과 동일하다。 天符가 當門하면 陰女가 간

사한 음모를 꾸민다。

相克이면 좋은 일이 없고 行客은 歸期가 연장되며、찾는 사람은 거처를 알수

없다。

天符는 본시 凶神이나 만일 敵과 싸우는 일、出軍、軍糧輸送 하는 일 등이면

유리하다。

青龍은 乾宮의 金神이다。 거리에서 醫員을 만나거나 술꾼들이 거리에서 내기

장기나 바둑 두는 모습을 보게 되면 바로 應이다。

門內에서 青龍을 만나면 求財에 이롭고、술과 음식을 만나며、기타 좋은 일이

중중하다。 博奕은 이기고、相生이면 財運이 왕하며 克破되어도 해롭지는 않다。

특히 귀인을 만나고 軍營을 설치하는 일이며 凡百事에 다 유리하다。

咸池는 金神인데 특히 行軍하여 敵을 破하는 일은 불가하다。 咸池를 만나면

재사에 不宜요、相生이면 무해하나 相克이면 危難이 이른다。

咸池方에 앉아 博奕 등 내기는 지고、財物 구하는 목적이면 빈손으로 돌아

오며、出師는 士卒들이 劫부터 먹고 달아나기에 바쁜데、반복하여 逆風이 세차게

분다。

太陰은 土神이다。 門을 나와 六七里를 가면 어린이가 羊을 끌고 오리니 이

러한 것을 보면 吉應으로서 求財가 여의하고 기타도 吉利하다。

當門하여 太陰을 보면 모든 재앙이 침입을 못한다。 六七里를 行하다가 친분

의 심방을 받는다。 이것이 應이니 칼을 거두는게 좋다。 즉 싸움에는 軍士를

돌려세우라。 回軍時에 伏兵이 있으려니 조심해야 한다。

天乙은 火神이다。 門을 나와 三十里쯤 가느라면 여러가지 色衣를 입은 婦人

이 어린이를 안고 지날 것이다。 이 應이 있으면 백사에 吉利하다。

門에 天乙星을 만나면 매사 순조롭고 재물과 음식이 생기며 가는곳마다 반겨

맞이한다。 求婚에도 길하고、會合하면 타협이 잘 되며、出軍하여 敵과 싸워도

勝利한다。

④八門吉凶

休門은 坎宮의 水神이오、일명 貪狼이다。 求財에 유익하고、귀인을 만나는데

좋으며、公私를 막론하고 다 여의하다。

出行에 동행이 있으면 서로 도웁고 嫁娶에 길하며、오나 가나 재물과 음식이

진진하다。

生門은 艮宮의 土神이며 一名 左輔라 한다。 이 門에서 재물싸움을 하면 官災 수가 있고 嫁娶에 불리하다。 門을 나와 二十里쯤 가다가 새가 앞으로 날아오면 좋은 징조이니 매사 여의하다。

出入에 生門方을 用하면 귀인을 만나고 만사가 성취되며, 특히 求財에 많은 재물을 얻는다。 그러나 生門宮에 凶神이 임하면 일이 어긋나 순조롭지 못하다。

傷門은 震宮의 木神이오 一名 祿存이다。 出行에는 반드시 놀랍고 괴이한 일을 만나 시끄러워지고、 自身이 아니면 남이라도 다쳐 피 흘리는 광경을 볼것이다。 특히 疾病이 두렵고 불의의 재앙을 조심해야 한다。 그리고 傷門은 자주 是非가 생기리니 出門한 뒤 禍厄을 조심하라。 다만 도망간 사람을 잡는다든가 물고기・짐승 따위를 잡는데는 유익하다。

杜門은 巽宮의 木神이오 一名 文曲이라 한다。 이 門은 出行이 좋고 貴人을 만나는 일과 求財에도 좋다。 단 도망가 숨는이를 만나면 그가 발악하게 될 것이니 누굴 잡는다든가 찾는 일은 그만 두라。

杜門이 타의 吉星을 만나면 茶酒를 대접받고、 매사 잘 이루어지며、 특히 經營에 유익하다。

景門은 離宮의 火星이오 一名 廉貞이라 한다。 이 門은 출행하여 귀인을 만나고、 도박은 이기며、 捕盜、 狩獵 등에도 좋은데 出門하여 四十里를 가면 노래하고 춤추며 즐기는 광경을 보리니 이것은 吉兆라 하겠다。

遠行하고、기타 出入함에 이 門을 用하면 유익하다。生도 없고 克도 없으면 吉도 凶도 아니지만 만일 辰方의 景門이 惡星을 만나면 계획과 마음먹은 일이 꽉 막히고 만다。

어쨌든 景門은 喜悅을 상징함이니 出入마다 즐거움을 불러온다。특히 觀光旅行에는 가장 理想的인 門인 것이다。

死門은 坤宮의 土神이오 一名 巨門星이다。이 死門은 生物을 죽이는데 마땅하므로 漁獵과 狩獵은 大吉하고 (잡히는 상대는 九死一生의 살 가능성도 없다) 捕捉에도 유리한데 出門하여 二十里쯤 가다가 死傷者를 보게 되면 바로 死門의 應이다。

귀인을 만난다거나 求謀에 死門으로 들어가면 헛수고에 그치며, 出行에는 殺傷事가 일어나는데 自身이 그러한 일을 저지르거나 아니면 他人에게 자신이 당할 우려가 있다。어쨌거나 死門의 作用은 生을 죽이고 상한다는 의미가 있으니 백사불길이라 하겠다。함부로 向하지 말아야 한다。

驚門은 乾宮의 金神이오 一名 破軍이라 한다。이 驚門은 두렵고 놀라운 일이 발생한다는 門이므로 出行에 凶하다。만일 出門하여 驚門方으로 六七里를 가면 반드시 놀랍고、당황한 일을 보게 되고、또 사나운 개와 마주칠 것이니 이러한 應兆가 있거든 급히 발길을 돌려야한다。

찾는 사람、찾는 물건을 목적으로 驚門方으로 간다면 찾는 사람 물건이 다

있을 것이다。 다시 吉星을 만난 가운데 刑克으로 변하면 도망치는 사람이 너

무나 놀라 魂이 빠지듯 한다。 自身이 도망치는 입장이라도 그러하다。

開門은 乾宮의 金神이오 一名 武曲星이라 한다。 이 門은 出行 上官 (벼슬자

리에 나가는 것) 求財、 귀인을 만나는 일이며、 무엇을 避해 가는데 (逃亡者의 입

장도) 모두 吉利하다。 開門方을 向하여 三十里쯤 가면 어떤 婦人이 色衣를

입고 지나가리니 이것이 바로 應이다。

開門은 만사 통달이오、 특히 出入往來에 가장 길하다。 다시 吉星을 加하면

어느곳을 가든지 기쁨이 있으리라。

×

休門이 靑龍을 만나면 백가지 謀計가 다 성취한다。 求財에는 百倍의 이익이

×

오、 出軍하여 敵과 싸우면 敵의 銳氣를 꺾는다。

休門이 太乙을 만나면 百事에 興旺한다。 싸움에는 士卒들이 勇猛해지고、 兵營

은 敵의 눈에 띄이지 않으며、 貴人을 만나는 일、 官職에 나아가는 일、 모두 유

익하다。

休門이 天乙을 만나면 出入과 求財에 순조롭고、 酒食을 대접받으며、 귀인을 만

나 좋은 德을 입는다。

生門이 靑龍을 만나면 귀인을 만나는 일、 求官 求財와 백사에 형통한다。 장

사나 經營은 이익이 千倍요、 出入하면 가는곳마다 歡待를 받는다。

生門이 太乙을 만나면 복록이 이르고 소원이 성취된다。 求財에 여의하고 出

行하면 목적을 순조롭게 달성한다。

生門이 天乙을 만나면 만사 형통이니 出入에 是非가 없고 出師하여 敵과 싸

우면 勝利한다。

開門이 靑龍을 만나면 名利를 구하는데 다 유리하고、出行大吉하여 가는곳마다

근심이 없으며、귀인을 만나 소망을 부탁하면 흔연히 들어줄 것이다。

開門이 太乙을 만나면 매사 길리하다。將帥가 出軍하여 賊의 營寨를 습격하

면 大勝하여 戰利品을 얻고 기타 經營에도 여의하다。

開門이 天乙을 만나면 出軍하여 用兵하여도 근심이 없다。求事와 經營에 유

익하고、求官 求職에도 길하며 귀인이 도와 소원을 이룬다。

○**休門方**은 귀인이 나를 기다리고、○**生門方**은 遠行과 혼인에 가장 길하며、

○**杜門方**은 쫓기는자의 입장에서 몸을 숨기는데 가장 합당하고、**求財**

와 誤樂 觀光에 가장 좋다。○**傷門方**은 빌려준돈 받는데 유리하고、○**景門方**은 求財

威勢를 떨쳐 상대의 氣를 꺾는데 효과적이고、○**死門方**은 捕虜와 狩獵 등 무엇

이든 잡는데만 좋으며、○**開門方**은 天地四方에 遍踏하는 일、혹은 危地에서 도망

치는데 유리하다。

⑤ 九星飛宮斷

太乙은 본시 吉神이지만 坎宮의 安靜之神이므로 軍士를 움직이면 不利오、城門을 굳게 닫고 지키는데는 가장 좋다。

攝提는 재난을 일으키는 凶神이다。 절대 出軍을 범하지 말아야 하고、個人事도 杜門不出이 상책이다。 망녕되이 動하면 다리의 負傷을 크게 입거나 재액을 당한다。

軒轅은 艱難辛苦의 凶神이다。 暗으로 손하고、表面으로 상하며 出行하여 火厄을 만나는 등 百事不幸하다。

招搖가 中宮에 드는 것을 가장 꺼린다。 아무리 勇猛과 智謀가 뛰어난 英雄名將일지라도 心力만 허비할뿐 成功이 어렵다。 그러므로 이 이치를 아는이는 부질없이 敵과 無謀한 交戰을 하려 아니한다。

天符가 만일 坎方에 임하거든 出軍은 물론 出行에도 크게 꺼린다。 부득이이 方位를 犯하려거든 祈禱하고 符를 지녀야 凶厄을 면한다。

靑龍은 求財에 여의하고 出入은 때를 잘 이용하면 소원을 성취하며、出兵하면 大勝이오、修造와 婚姻은 萬福이 이른다。

咸池는 凶神惡殺이니 出門하여 뱀과 범이 거듭거듭 해를 끼친다。 北方의 遠近地에 단 우물이나 못을 파는데는 좋으나 다른 일을 行하면 負傷하거나 슬픈 일이 생긴다。

太陰은 水의 精이다。 出入에 장애가 없이 평탄하고、出行하여 女人을 만나면 좋은일이 있으며 行兵에도 길하고 백사에 대통한다.

天乙은 본시 貴人星이니 귀인을 만나 소원을 청하는데 길하고、事業 謀事에는

利益이 많으며 出入하면 身命에 天의 은혜가 내린다.

또는 ○太乙은 백사 형통이오、○攝提는 도처에 凶厄을 만나고、○招搖는 出入

할때 風雨를 만나고、○軒轅은 치고 받고 싸우는 것과 어린이가 피흘리는 것을

보고、○靑龍은 재물의 기쁨이 많고、○天符는 禽獸 사냥하는데 좋고、○咸池는

官厄이 이르고、○太陰은 暗財（남모르는 재물）가 생기고、○天乙은 백사에 대통

하니 구하는바를 얻는다.

⑥諸葛武侯 金函玉鏡圖

다음은 六十甲子別 陽陰局別로 八門九星을 배치한 그림이다.

● 冬至後　甲子日

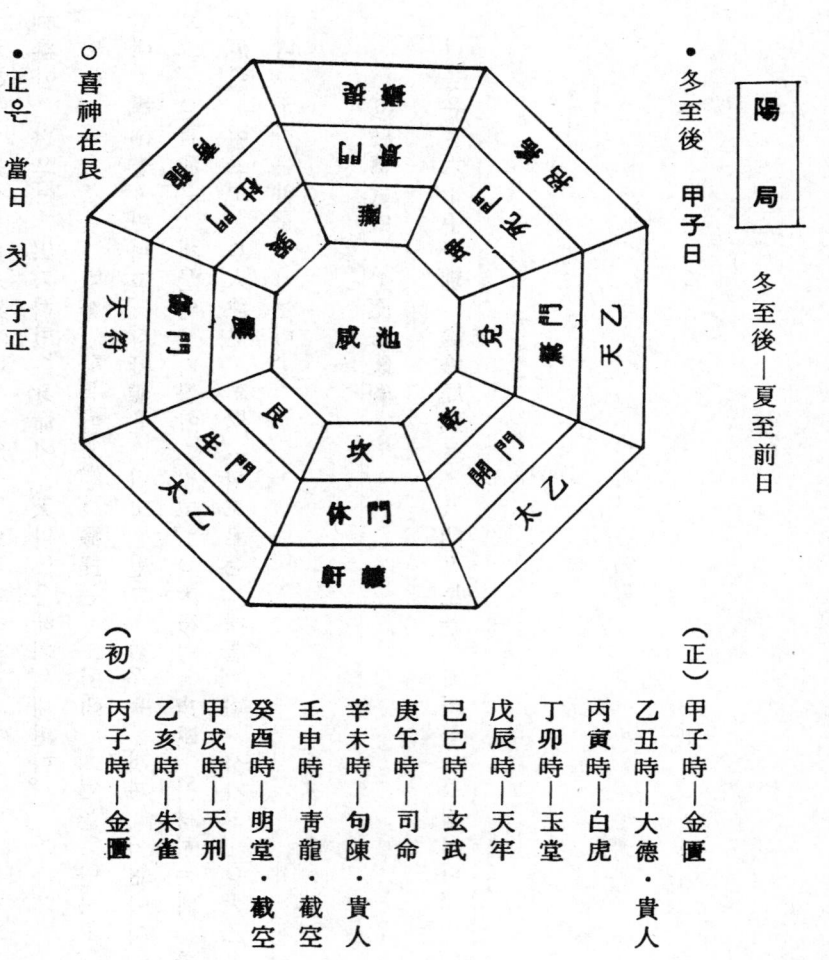

○ 喜神在艮

● 正은　當日　첫　子正

● 初는　當日夜　子初임

(正)
甲子時—金匱
乙丑時—大德・貴人
丙寅時—白虎
丁卯時—玉堂
戊辰時—天牢
己巳時—玄武
庚午時—司命
辛未時—句陳・貴人
壬申時—青龍・截空
癸酉時—明堂・截空
甲戌時—天刑
乙亥時—朱雀
(初)
丙子時—金匱

• 多至後　乙丑日

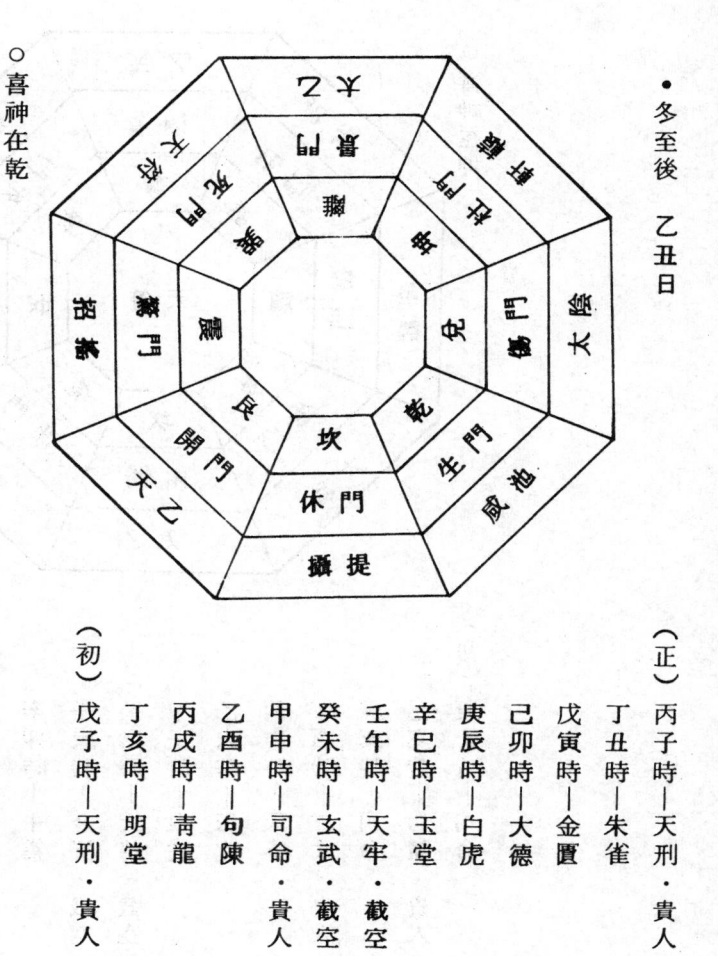

（正）

丙子時―天刑・貴人

丁丑時―朱雀

戊寅時―金匱

己卯時―大德

庚辰時―白虎

辛巳時―玉堂

壬午時―天牢・截空

癸未時―玄武・截空

甲申時―司命・貴人

乙酉時―句陳

丙戌時―青龍

丁亥時―明堂

戊子時―天刑・貴人

（初）

○ 喜神在乾

青龍・明堂・金匱・大德・玉堂・司命은 모두 黃道니 吉

天刑・朱雀・白虎・天牢・玄武・句陳은 모두 黑道니 凶

• 貴人은 天乙貴人, • 截空은 截路空亡임 凶 (以下同例)

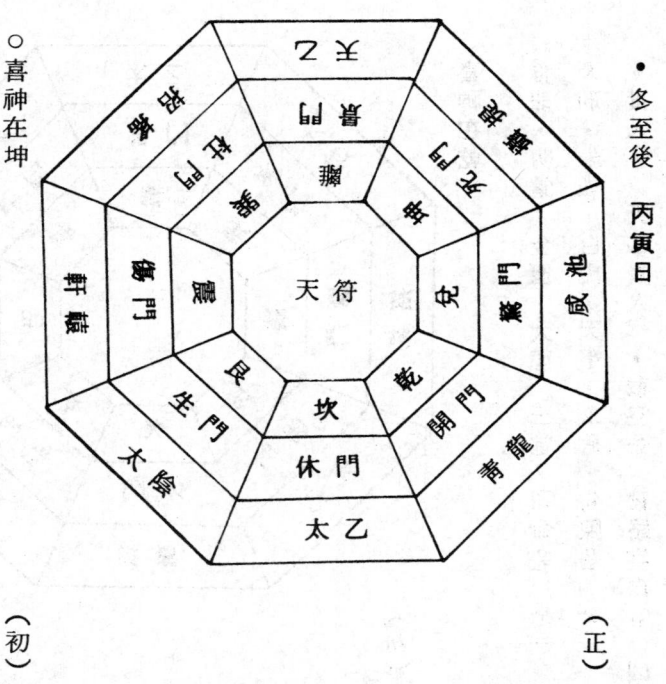

○喜神在坤

（正）
戊子時—青龍
己丑時—明堂
庚寅時—天刑
辛卯時—朱雀
壬辰時—金匱・截空
癸巳時—大德・截空
甲午時—白虎
乙未時—玉堂
丙申時—天牢
丁酉時—玄武・貴人
戊戌時—司命
己亥時—句陳・貴人

（初）
庚子時—司命

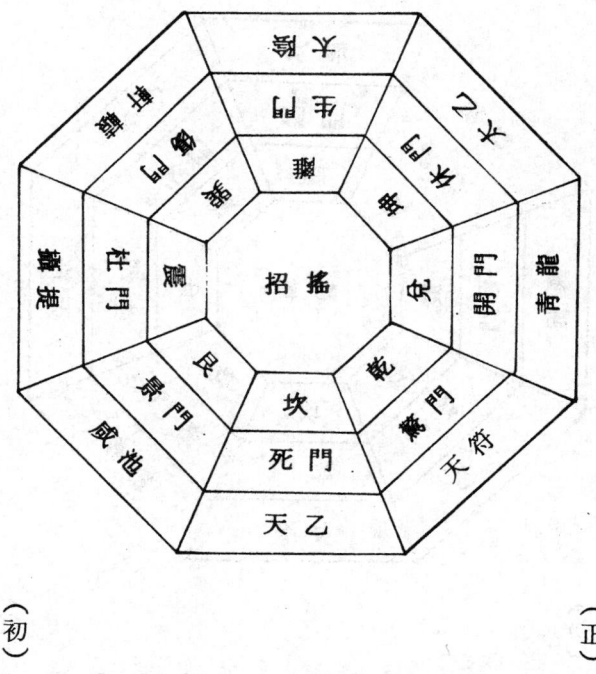

● 冬至後　丁卯日

○ 喜神在離

（正）

庚子時―司命

辛丑時―句陳

壬寅時―青龍・截空

癸卯時―明堂・截空

甲辰時―天刑

乙巳時―金匱

丙午時―朱雀

丁未時―大德

戊申時―白虎

己酉時―玉堂・貴人

庚戌時―天牢

辛亥時―玄武・貴人

（初）

壬子時―天牢

● 冬至後　戊辰日

○ 喜神在巽

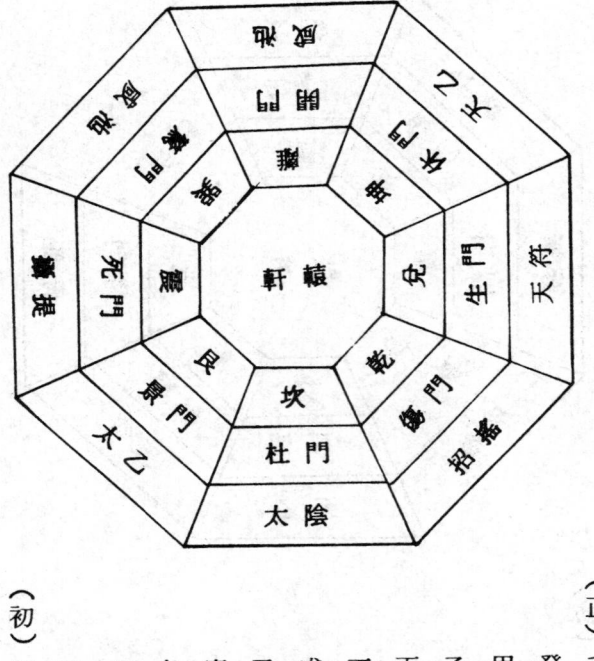

（正）
壬子時—天牢・截空
癸丑時—玄武・貴人
甲寅時—司命
乙卯時—句陳
丙辰時—青龍
丁巳時—明堂
戊午時—天刑
己未時—朱雀・貴人
庚申時—金匱
辛酉時—大德
壬戌時—白虎・截空
癸亥時—玉堂・截空

（初）
甲子時—白虎

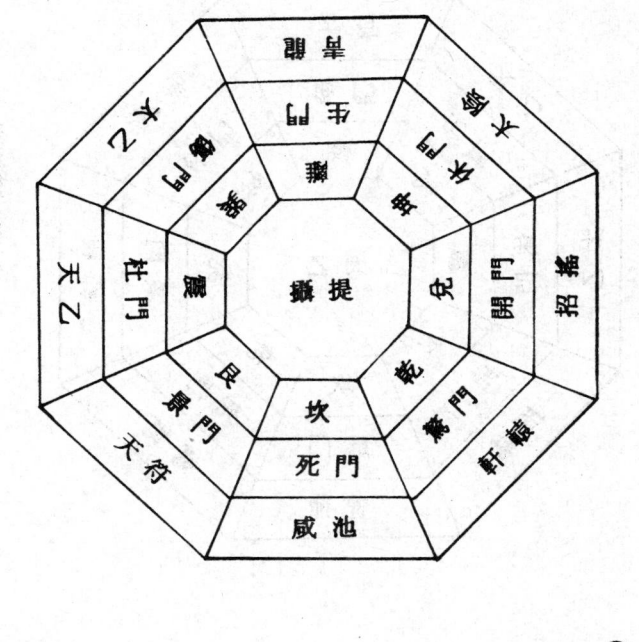

● 冬至後　己巳日

○ 喜神在艮

（正）

甲子時—白虎・貴人

乙丑時—玉堂

丙寅時—天牢

丁卯時—玄武

戊辰時—司命

己巳時—勾陳

庚午時—青龍

辛未時—明堂

壬申時—天刑・貴人・截空

癸酉時—朱雀・截空

甲戌時—金匱

乙亥時—大德

（初）

丙子時—金匱・貴人

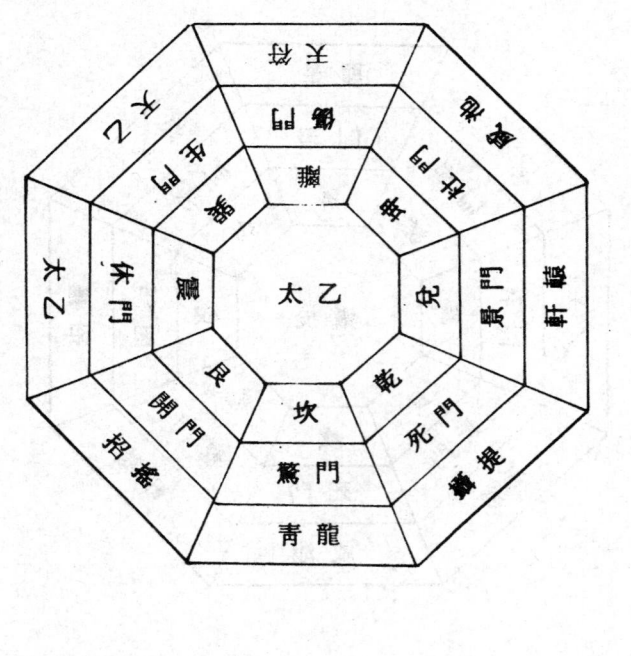

○喜神在乾

（正）
丙子時—金匱
丁丑時—大德・貴人
戊寅時—白虎
己卯時—玉堂
庚辰時—天牢
辛巳時—玄武
壬午時—司命・截空
癸未時—句陳・貴人・截空
甲申時—青龍
乙酉時—明堂
丙戌時—天刑
丁亥時—朱雀

（初）
戊子時—天刑

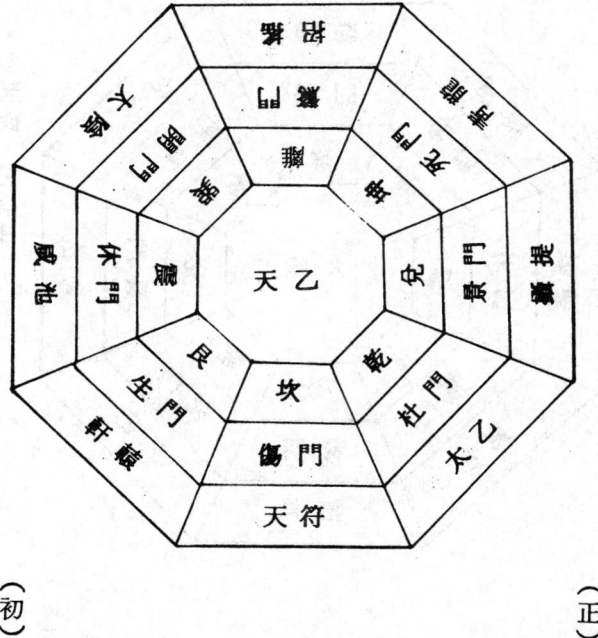

○喜神在坤

● 冬至後　辛未日

八卦図中央：天乙

乾　兌　坎　艮

門：景門・驚門・杜門・開門・生門・傷門・死門・休門

天符・軒轅・風池・大陰・招搖・青龍・太乙・攝提（外周の神）

（正）
戊子時—天刑
己丑時—朱雀
庚寅時—金匱・貴人
辛卯時—大德
壬辰時—白虎・截空
癸巳時—玉堂・截空
甲午時—天牢・貴人
乙未時—玄武
丙申時—司命
丁酉時—句陳
戊戌時—青龍
己亥時—明堂
（初）
庚子時—青龍

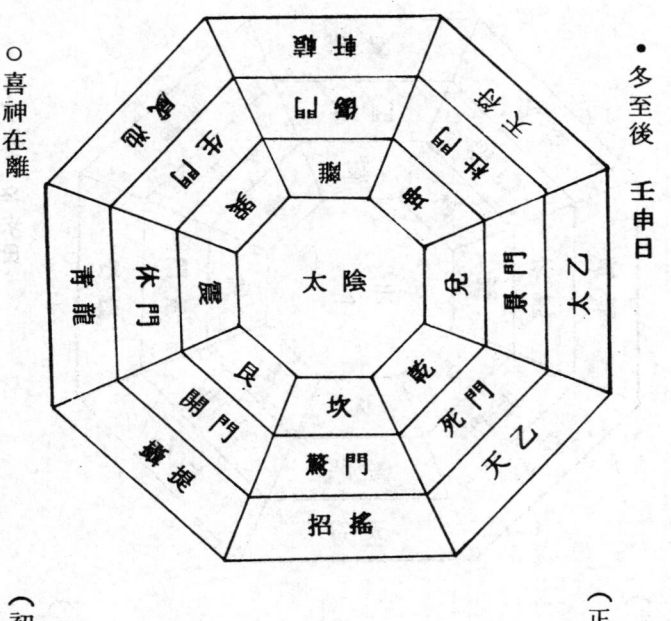

● 冬至後　壬申日

○ 喜神在離

（正）
庚子時—青龍
辛丑時—明堂
壬寅時—天刑・截空
癸卯時—朱雀・貴人・截空
甲辰時—金匱
乙巳時—大德・貴人
丙午時—白虎
丁未時—玉堂
戊申時—天牢
己酉時—玄武
庚戌時—司命
辛亥時—句陳

（初）
壬子時—司命

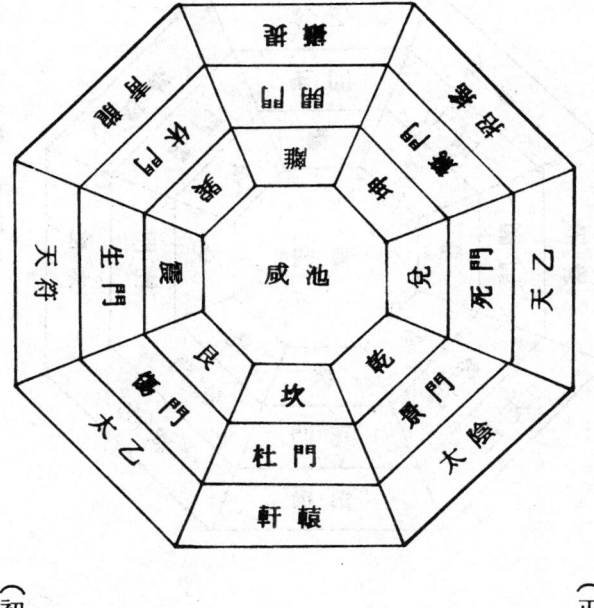

• 冬至後　癸酉日

○ 喜神在巽

（正）
壬子時—司命‧截空
癸丑時—句陳‧截空
甲寅時—青龍
乙卯時—明堂‧貴人
丙辰時—天刑
丁巳時—朱雀‧貴人
戊午時—金匱
己未時—大德
庚申時—白虎
辛酉時—玉堂
壬戌時—天牢‧截空
癸亥時—玄武‧截空

（初）
甲子時—天牢

○喜神在艮

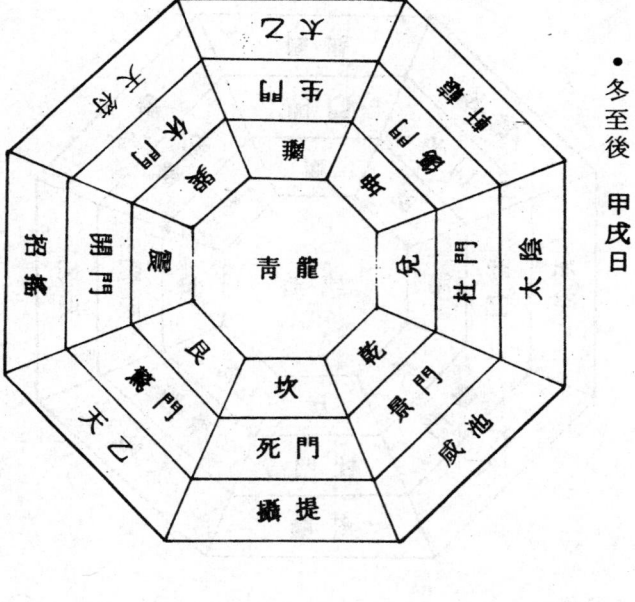

（正）甲子時—天牢

乙丑時—玄武・貴人

丙寅時—司命

丁卯時—句陳

戊辰時—青龍

己巳時—明堂

庚午時—天刑

辛未時—朱雀・貴人

壬申時—金匱・截空

癸酉時—大德・截空

甲戌時—白虎

乙亥時—玉堂

（初）丙子時—白虎

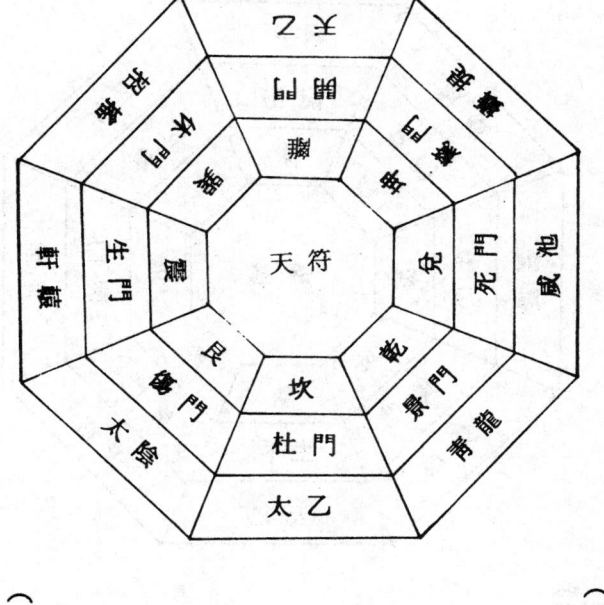

• 冬至後　乙亥日

○喜神在乾

（正）丙子時—白虎·貴人

丁丑時—玉堂

戊寅時—天牢

己卯時—司命

庚辰時—玄武

辛巳時—勾陳

壬午時—青龍·截空

癸未時—明堂·截空

甲申時—天刑·貴人

乙酉時—朱雀

丙戌時—金匱

丁亥時—大德

（初）戊子時—金匱·貴人

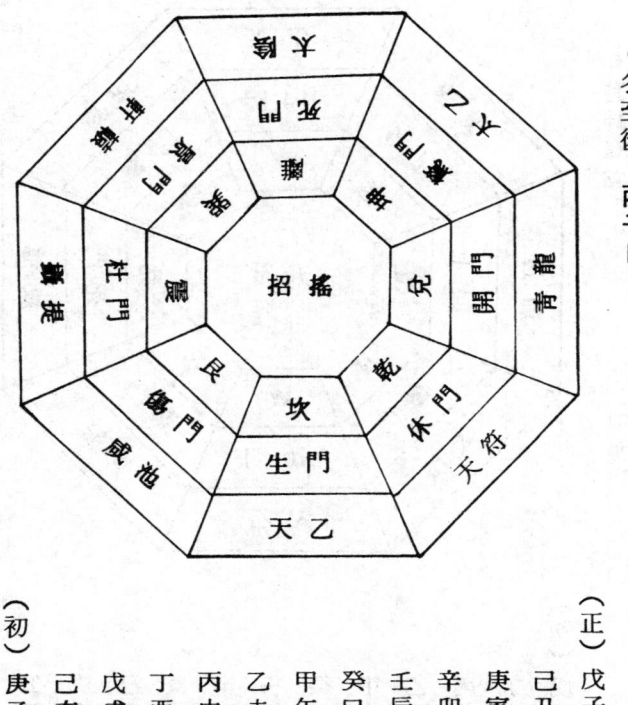

● 冬至後　丙子日

○ 喜神在坤

（正）
戊子時—金匱
己丑時—大德
庚寅時—白虎
辛卯時—玉堂
壬辰時—天牢・截空
癸巳時—玄武・截空
甲午時—司命
乙未時—句陳
丙申時—青龍
丁酉時—明堂・貴人
戊戌時—天刑
己亥時—朱雀・貴人

（初）
庚子時—天刑

● 冬至後　丁丑日

○ 喜神在離

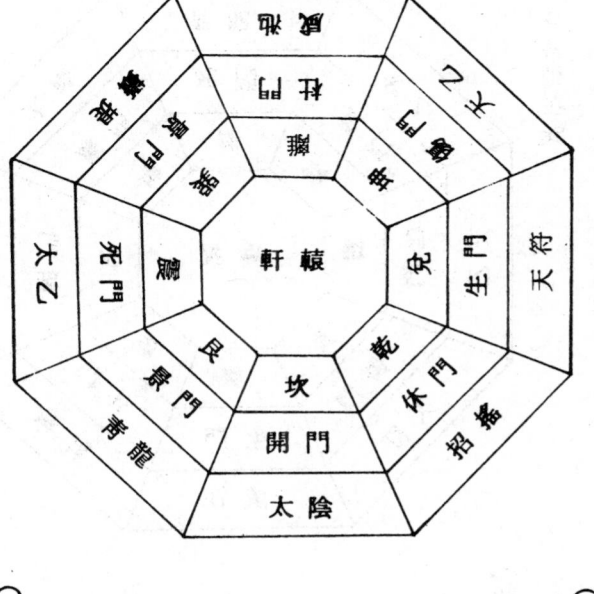

（正）
庚子時—天刑
辛丑時—朱雀
壬寅時—金匱・截空
癸卯時—大德・截空
甲辰時—白虎
乙巳時—玉堂
丙午時—天牢
丁未時—玄武
戊申時—司命
己酉時—句陳・貴人
庚戌時—青龍
辛亥時—明堂・貴人

（初）
壬子時—青龍・截空

○ 喜神在巽

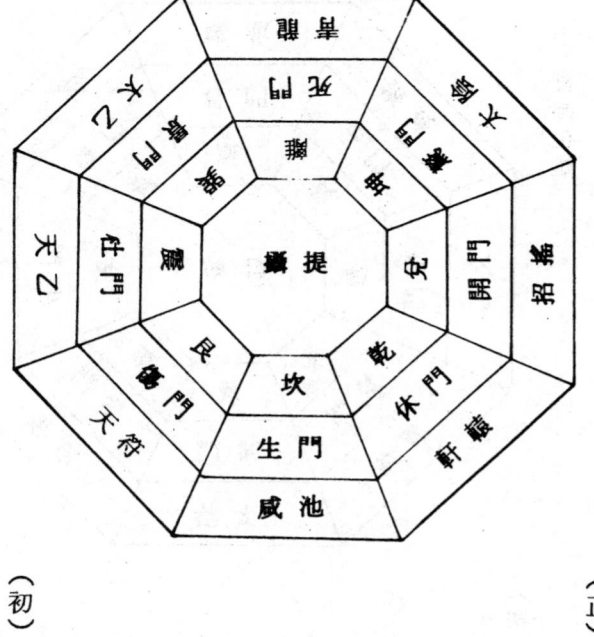

（正）
壬子時—青龍・截空
癸丑時—明堂
甲寅時—天刑
乙卯時—朱雀
丙辰時—金匱
丁巳時—大德
戊午時—白虎
己未時—玉堂・貴人
庚申時—天牢
辛酉時—玄武
壬戌時—司命・截空
癸亥時—句陳・截空
（初）
甲子時—司命

● 冬至後　己卯日

○ 喜神在艮

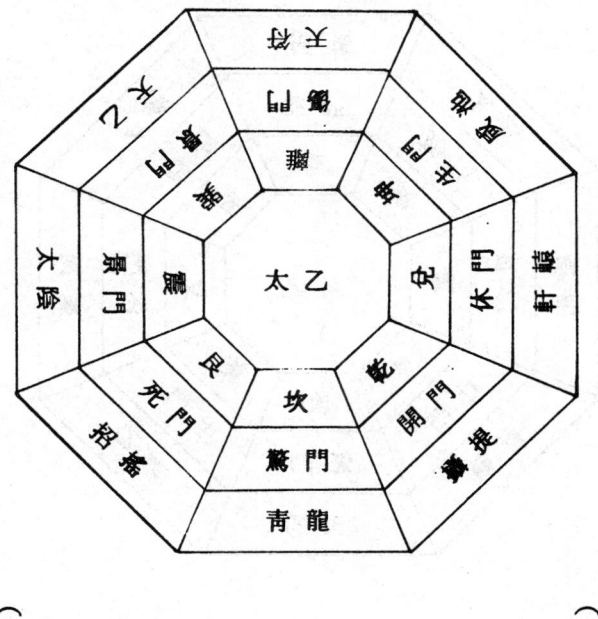

（正）
甲子時—司命・貴人

乙丑時—句陳

丙寅時—青龍

丁卯時—明堂

戊辰時—天刑

己巳時—朱雀

庚午時—金匱

辛未時—大德

壬申時—白虎・貴人・截空

癸酉時—玉堂・截空

甲戌時—天牢

乙亥時—玄武

（初）
丙子時—天牢・貴人

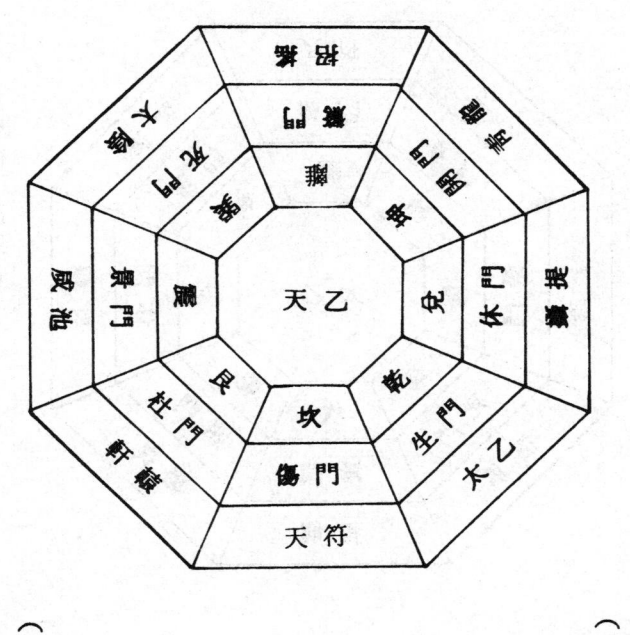

● 冬至後　庚辰日

○ 喜神在乾

（正）
丙子時─天牢
丁丑時─玄武・貴人
戊寅時─司命
己卯時─句陳
庚辰時─青龍
辛巳時─明堂
壬午時─天刑・截空
癸未時─朱雀・貴人
甲申時─金匱・截空
乙酉時─大德
丙戌時─白虎
丁亥時─玉堂

（初）
戊子時─白虎

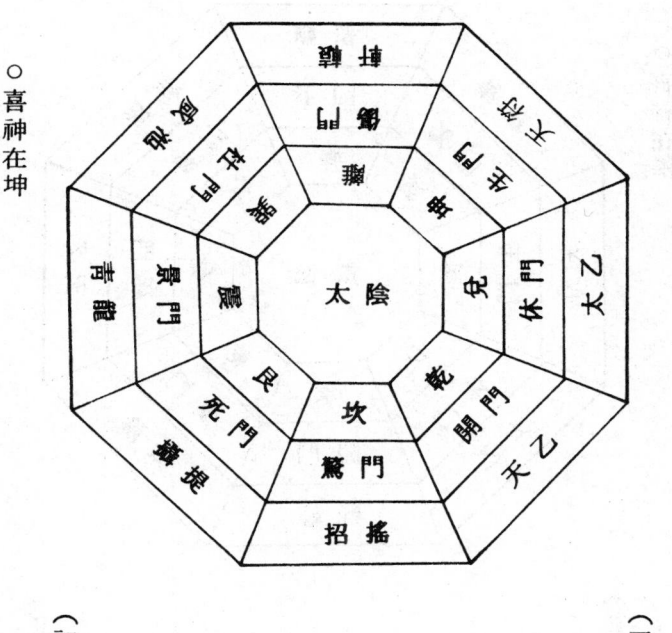

●冬至後　辛巳日

○喜神在坤

（正）
戊子時—白虎

己丑時—玉堂

庚寅時—天牢・貴人

辛卯時—玄武

壬辰時—司命・截空

癸巳時—句陳・截空

甲午時—青龍・貴人

乙未時—明堂

丙申時—天刑

丁酉時—朱雀

戊戌時—金匱

己亥時—大德

（初）
庚子時—金匱

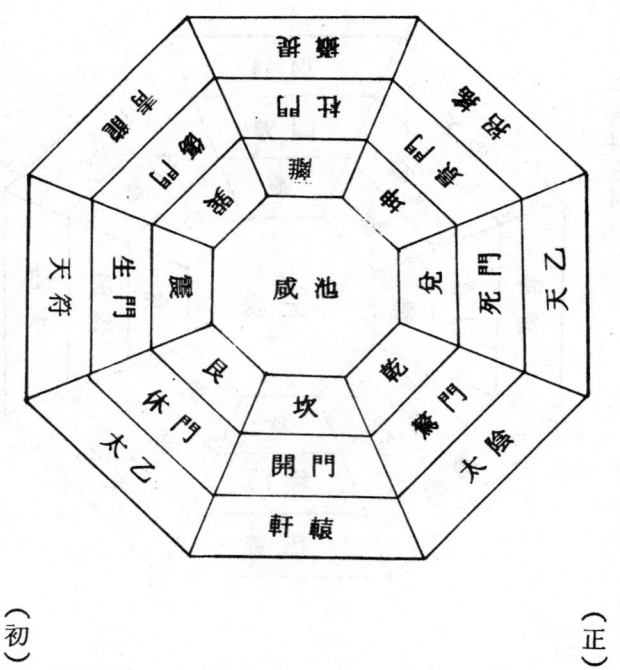

● 冬至後　壬午日

○ 喜神在離

（正）
庚子時—金匱
辛丑時—大德
壬寅時—白虎・截空
癸卯時—玉堂・貴人・截空
甲辰時—天牢
乙巳時—玄武・貴人
丙午時—司命
丁未時—句陳
戊申時—青龍
己酉時—明堂
庚戌時—天刑
辛亥時—朱雀

（初）
壬子時—天刑・截空

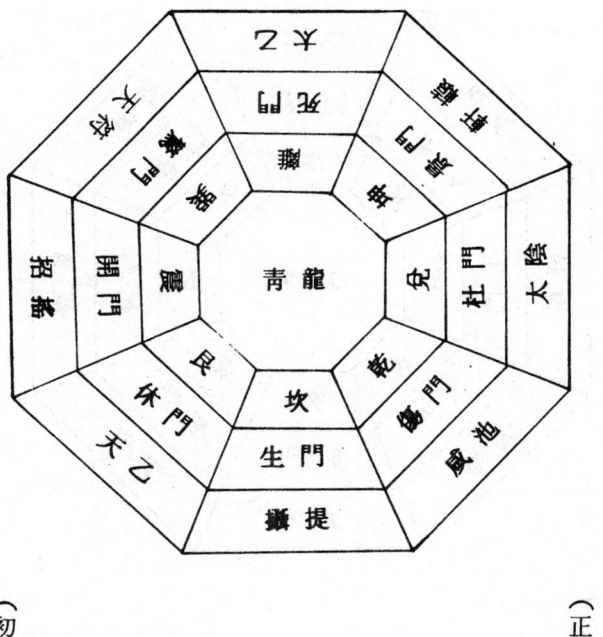

● 冬至後　癸未日

○喜神在巽

（正）
壬子時—天刑・截空
癸丑時—朱雀・截空
甲寅時—金匱
乙卯時—大德・貴人
丙辰時—白虎
丁巳時—玉堂・貴人
戊午時—天牢
己未時—玄武
庚申時—司命
辛酉時—句陳
壬戌時—青龍・截空
癸亥時—明堂・截空

（初）
甲子時—青龍

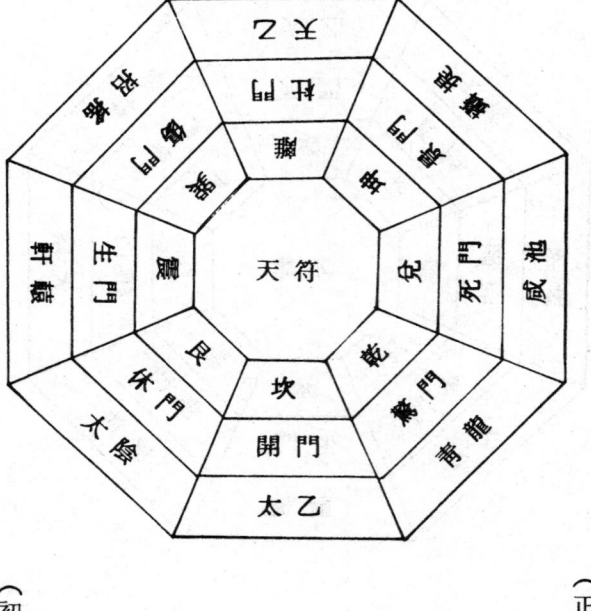

● 冬至後　甲申日

○喜神在艮

（正）

甲子時—青龍

乙丑時—明堂・貴人

丙寅時—天刑

丁卯時—朱雀

戊辰時—金匱

己巳時—大德

庚午時—白虎

辛未時—玉堂・貴人

壬申時—天牢・截空

癸酉時—玄武・截空

甲戌時—司命

乙亥時—句陳

（初）

丙子時—司命

― 一 ―

― 690 ―

● 冬至後　乙酉日

○喜神在乾

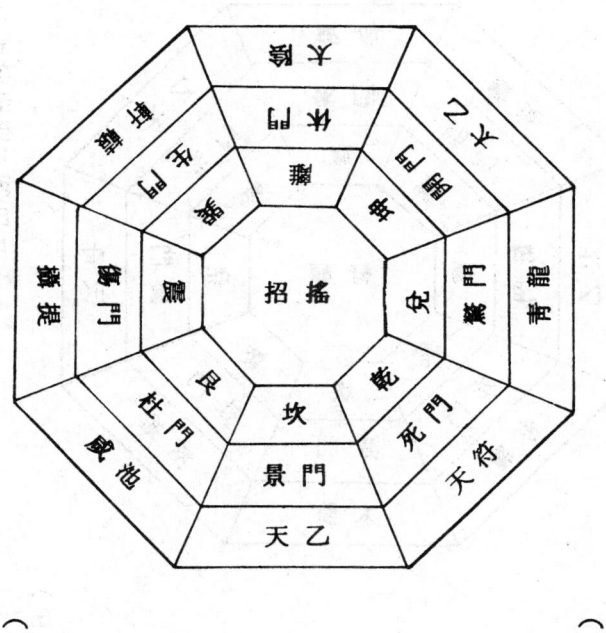

（正）

丙子時—司命・貴人

丁丑時—句陳

戊寅時—青龍

己卯時—明堂

庚辰時—天刑

辛巳時—朱雀

壬午時—金匱・截空

癸未時—大德・截空

甲申時—白虎・貴人

乙酉時—玉堂

丙戌時—天牢

丁亥時—玄武

（初）

戊子時—天牢・貴人

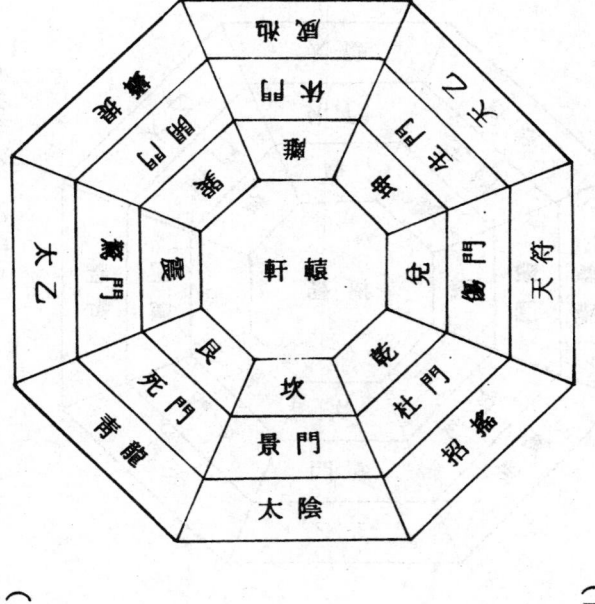

○喜神在坤

（正）
戊子時—天牢
己丑時—玄武
庚寅時—司命
辛卯時—句陳
壬辰時—青龍・截空
癸巳時—明堂・截空
甲午時—天刑
乙未時—朱雀
丙申時—金匱
丁酉時—大德・貴人
戊戌時—白虎
己亥時—玉堂・貴人

（初）
庚子時—白虎

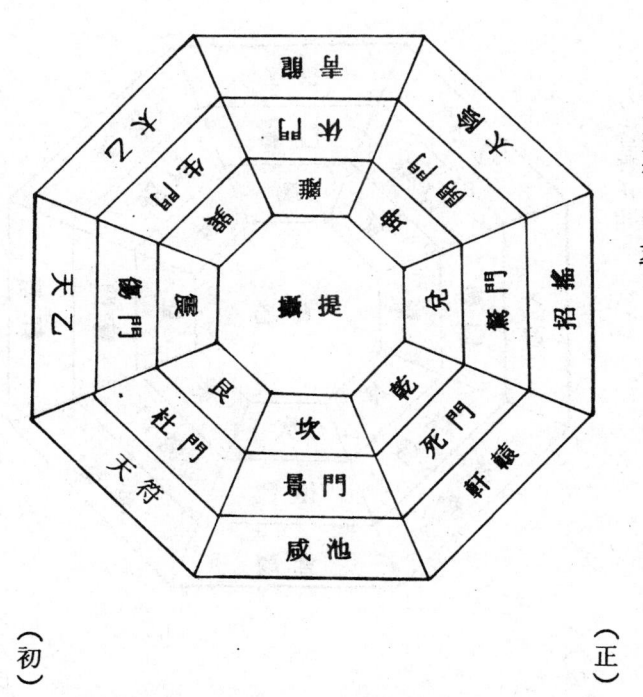

○喜神在離

（正）庚子時—白虎

辛丑時—玉堂

壬寅時—天牢・截空

癸卯時—玄武・截空

甲辰時—司命

乙巳時—句陳

丙午時—青龍

丁未時—明堂

戊申時—天刑

己酉時—朱雀・貴人

庚戌時—金匱

辛亥時—大德・貴人

（初）壬子時—金匱・截空

― 693 ―

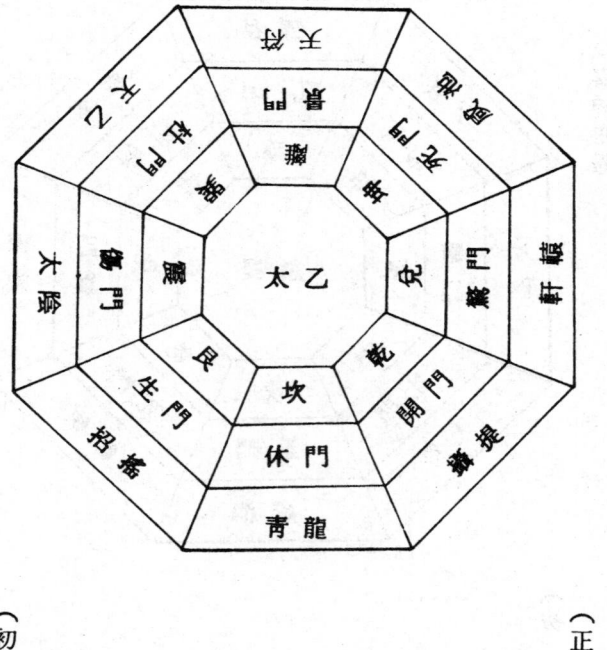

● 冬至後　戊子日

○ 喜神在巽

（正）
壬子時—金匱・截空
癸丑時—大德・貴人
甲寅時—白虎
乙卯時—玉堂
丙辰時—天牢
丁巳時—玄武
戊午時—司命
己未時—句陳・貴人
庚申時—青竜
辛酉時—明堂
壬戌時—天刑・截空
癸亥時—朱雀・截空

（初）
甲子時—金匱

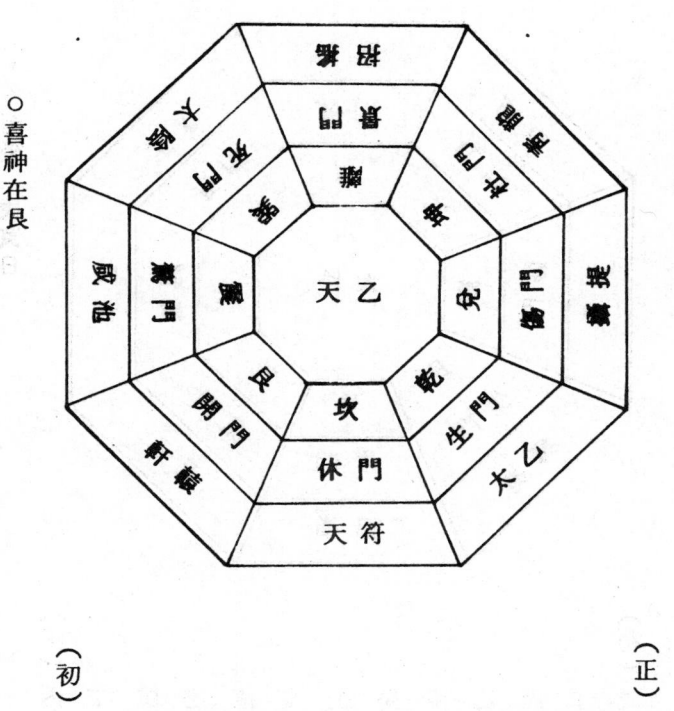

（正）甲子時─天刑・貴人

乙丑時─朱雀

丙寅時─金匱

丁卯時─大德

戊辰時─白虎

己巳時─玉堂

庚午時─天牢

辛未時─玄武

壬申時─司命・貴人・截空

癸酉時─句陳・截空

甲戌時─青龍

乙亥時─明堂

（初）丙子時─青龍・貴人

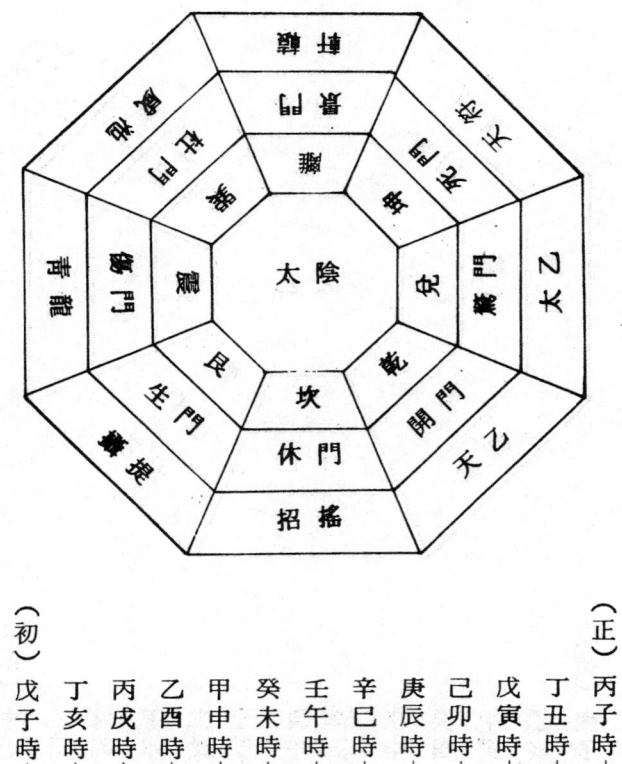

● 冬至後　庚寅日

○ 喜神在乾

（正）

丙子時―青龍

丁丑時―明堂・貴人

戊寅時―天刑

己卯時―朱雀

庚辰時―金匱

辛巳時―大德

壬午時―白虎・截空

癸未時―玉堂・貴人・截空

甲申時―天牢

乙酉時―玄武

丙戌時―司命

丁亥時―句陳

（初）

戊子時―司命

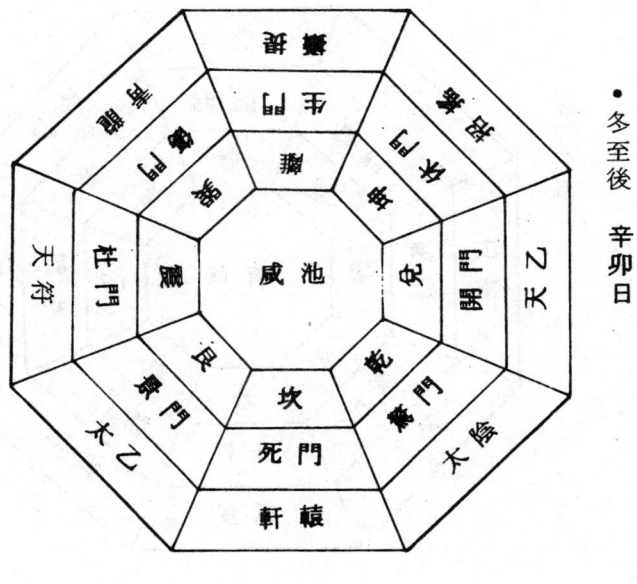

○ 喜神在坤

（正）戊子時―司命

己丑時―句陳

庚寅時―青龍・貴人

辛卯時―明堂

壬辰時―天刑・截空

癸巳時―朱雀・截空

甲午時―金匱・貴人

乙未時―大德

丙申時―白虎

丁酉時―玉堂

戊戌時―天牢

己亥時―玄武

（初）庚子時―天牢

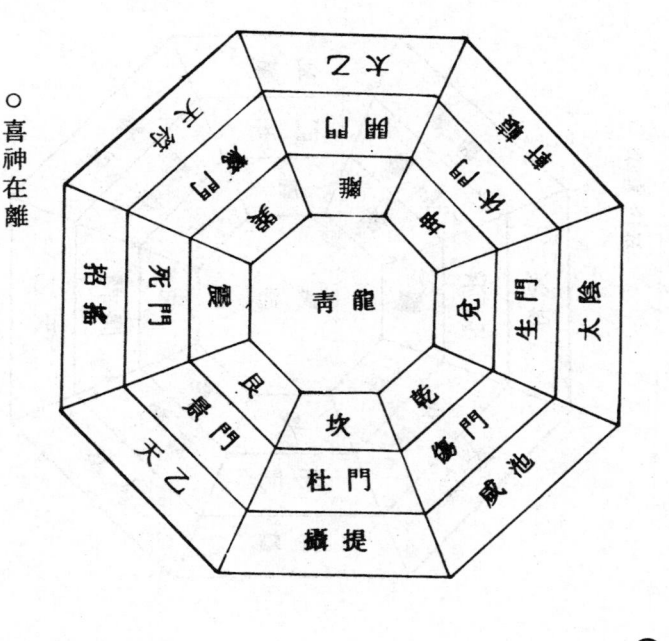

（正）庚子時—天牢
　　辛丑時—玄武
　　壬寅時—司命・截空
　　癸卯時—句陳・貴人・截空
　　甲辰時—青龍
　　乙巳時—明堂・貴人
　　丙午時—天刑
　　丁未時—朱雀
　　戊申時—金匱
　　己酉時—大德
　　庚戌時—白虎
　　辛亥時—玉堂

（初）壬子時—白虎・截空

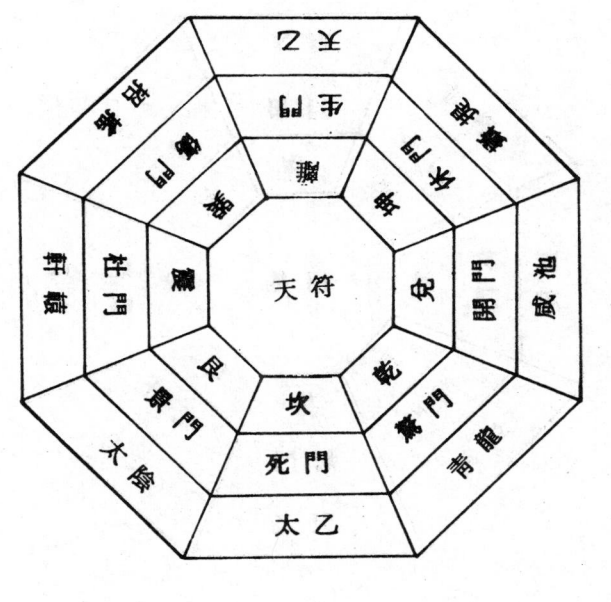

● 冬至後　癸巳日

○ 喜神在巽

（正）
壬子時—白虎・截空
癸丑時—玉堂・截空
甲寅時—天牢
乙卯時—玄武・貴人
丙辰時—司命
丁巳時—句陳・貴人
戊午時—青龍
己未時—明堂
庚申時—天刑
辛酉時—朱雀
壬戌時—金匱・截空
癸亥時—大德・截空

（初）
甲子時—金匱

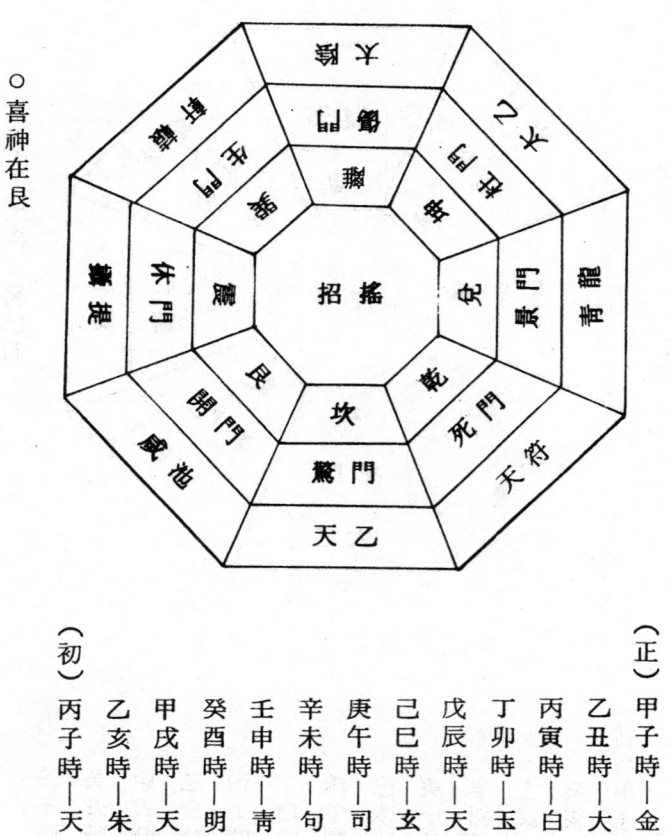

○喜神在艮

● 冬至後　甲午日

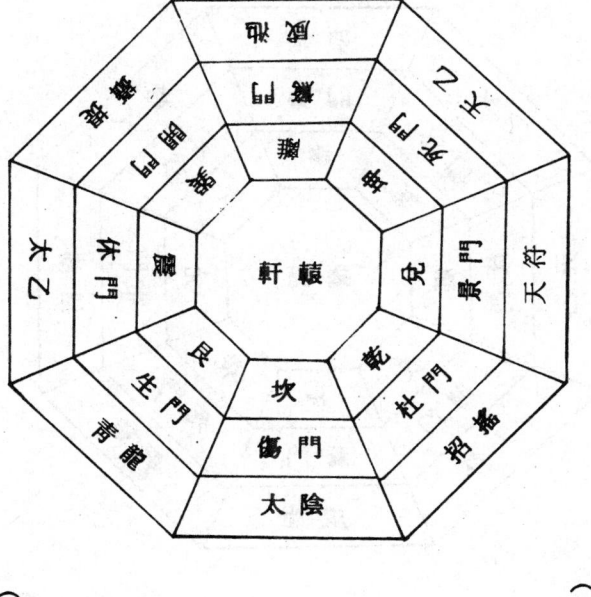

○喜神在乾

（正）
丙子時—天刑・貴人
丁丑時—朱雀
戊寅時—金匱
己卯時—大德
庚辰時—白虎
辛巳時—玉堂
壬午時—天牢・截空
癸未時—玄武・截空
甲申時—司命・貴人
乙酉時—句陳
丙戌時—青龍
丁亥時—明堂
（初）
戊子時—青龍・貴人

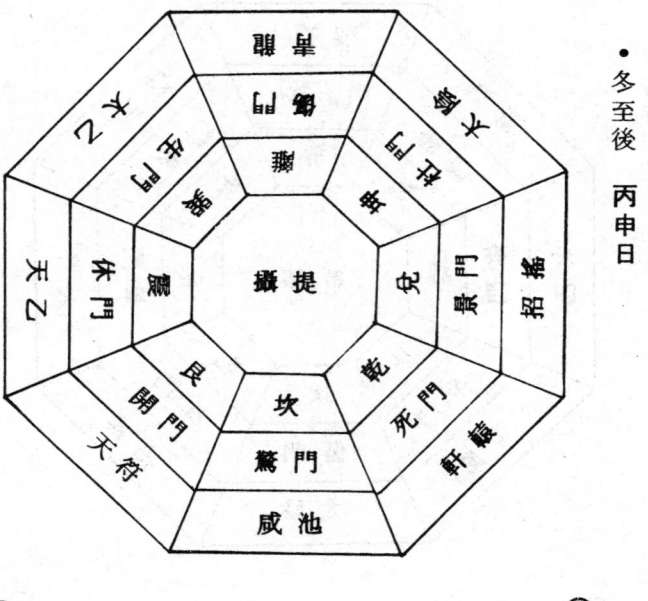

● 冬至後　丙申日

○ 喜神在坤

（正）
戊子時—青龍
己丑時—明堂
庚寅時—天刑
辛卯時—朱雀
壬辰時—金匱・截空
癸巳時—大德・截空
甲午時—白虎
乙未時—玉堂
丙申時—天牢
丁酉時—玄武・貴人
戊戌時—司命
己亥時—句陳・貴人

（初）
庚子時—司命

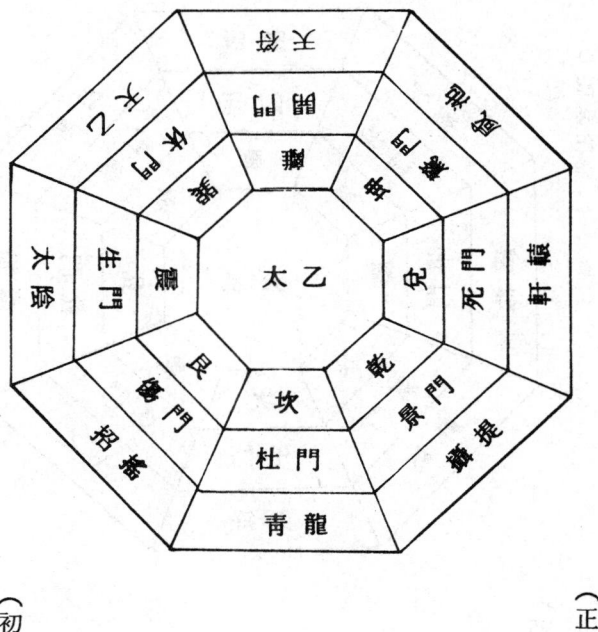

● 冬至後　丁酉日

○ 喜神在難

（正）庚子時—司命
辛丑時—句陳
壬寅時—青龍・截空
癸卯時—明堂・截空
甲辰時—天刑
乙巳時—朱雀
丙午時—金匱
丁未時—大德
戊申時—白虎
己酉時—玉堂・貴人
庚戌時—天牢
辛亥時—玄武・貴人
（初）壬子時—天牢・截空

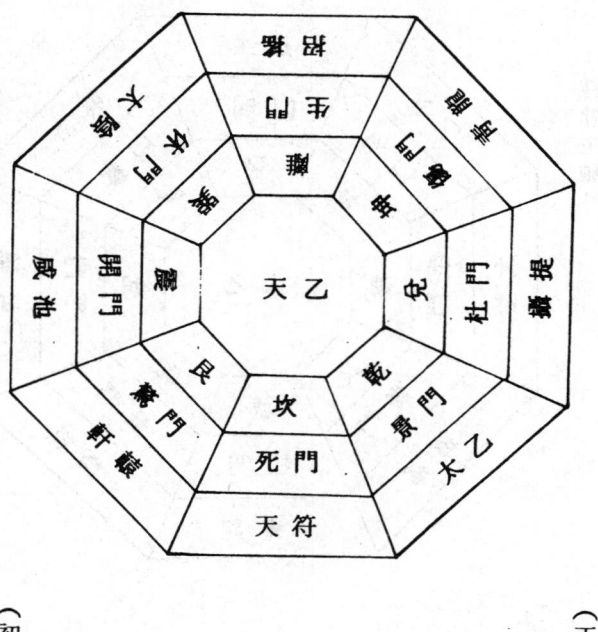

○ 喜神在巽

（正）壬子時—天牢・截空

　　　癸丑時—玄武・貴人

　　　甲寅時—司命

　　　乙卯時—句陳

　　　丙辰時—青龍

　　　丁巳時—明堂

　　　戊午時—天刑

　　　己未時—朱雀・貴人

　　　庚申時—金匱

　　　辛酉時—大德

　　　壬戌時—白虎・截空

　　　癸亥時—玉堂・截空

（初）甲子時—白虎

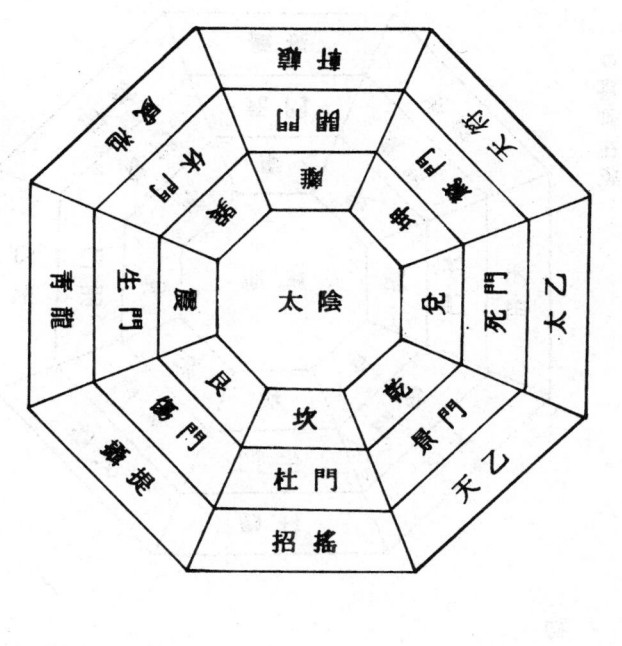

● 冬至後　己亥日

○ 喜神在艮

（正）甲子時—白虎・貴人

乙丑時—玉堂

丙寅時—天牢

丁卯時—玄武

戊辰時—司命

己巳時—句陳

庚午時—青龍

辛未時—明堂

壬申時—天刑・貴人・截空

癸酉時—朱雀・截空

甲戌時—金匱

乙亥時—大德

（初）丙子時—金匱・貴人

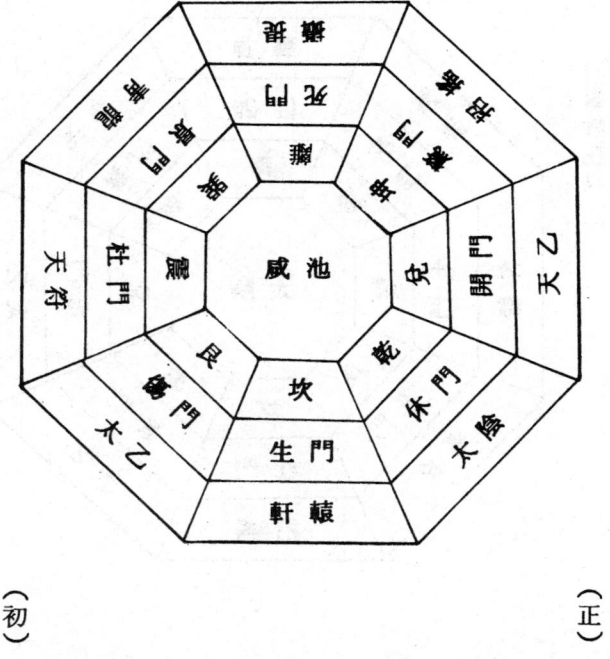

● 冬至後　庚子日

○ 喜神在乾

（正）
丙子時—金匱
丁丑時—大德・貴人
戊寅時—白虎
己卯時—玉堂
庚辰時—天牢
辛巳時—玄武
壬午時—司命・截空
癸未時—句陳・貴人・截空
甲申時—青龍
乙酉時—明堂
丙戌時—天刑
丁亥時—朱雀
（初）
戊子時—天刑

● 冬至後　辛丑日

○ 喜神在坤

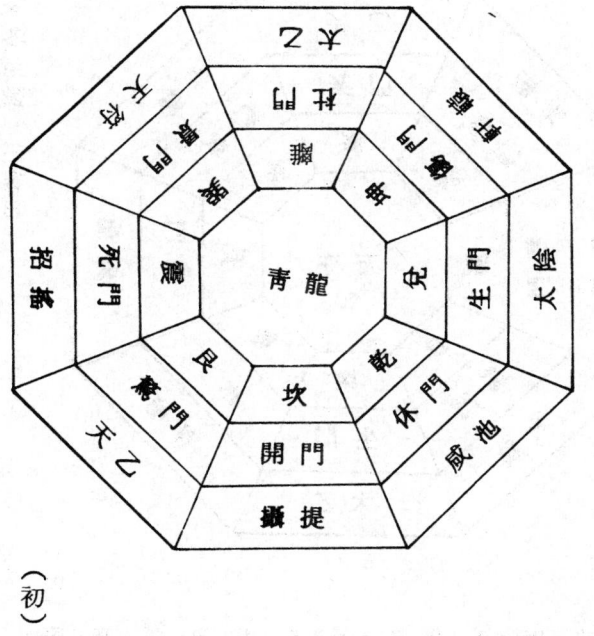

（正）
戊子時—天刑
己丑時—朱雀
庚寅時—金匱・貴人
辛卯時—大德
壬辰時—白虎・截空
癸巳時—玉堂・截空
甲午時—天牢・貴人
乙未時—玄武
丙申時—司命
丁酉時—句陳
戊戌時—青龍
己亥時—明堂

（初）
庚子時—青龍

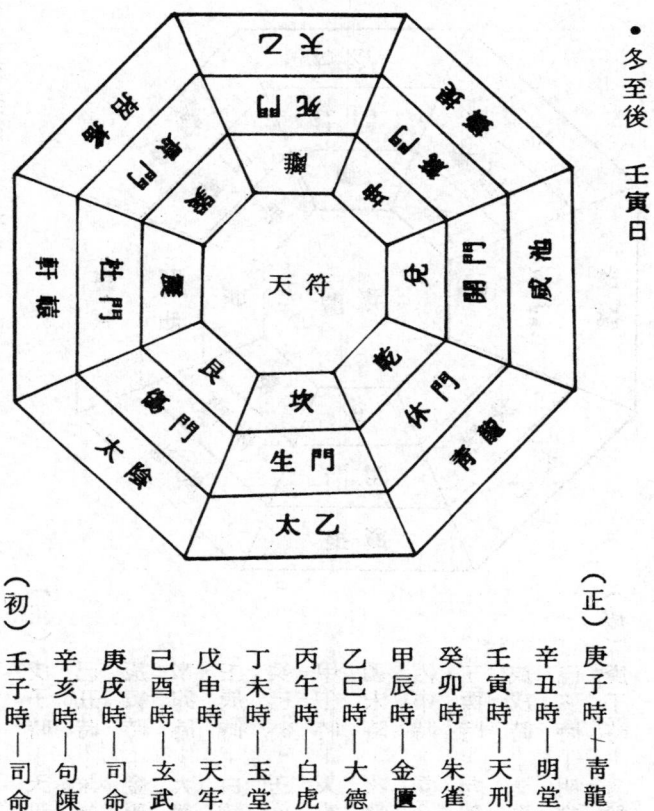

● 冬至後　壬寅日

○ 喜神在離

（正）
庚子時—青龍
辛丑時—明堂
壬寅時—天刑・截空
癸卯時—朱雀・貴人・截空
甲辰時—金匱
乙巳時—大德・貴人
丙午時—白虎
丁未時—玉堂
戊申時—天牢
己酉時—玄武
庚戌時—司命
辛亥時—句陳
（初）
壬子時—司命・截空

○喜神在巽

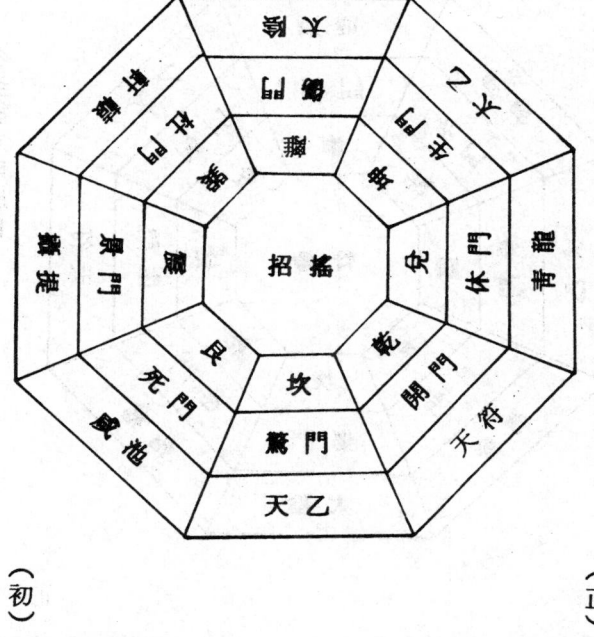

（正）
壬子時—司命・截空
癸丑時—句陳・截空
甲寅時—青龍
乙卯時—明堂・貴人
丙辰時—天刑
丁巳時—朱雀・貴人
戊午時—金匱
己未時—大德
庚申時—白虎
辛酉時—玉堂
壬戌時—天牢・截空
癸亥時—玄武・截空

（初）
甲子時—天牢

○ 喜神在艮

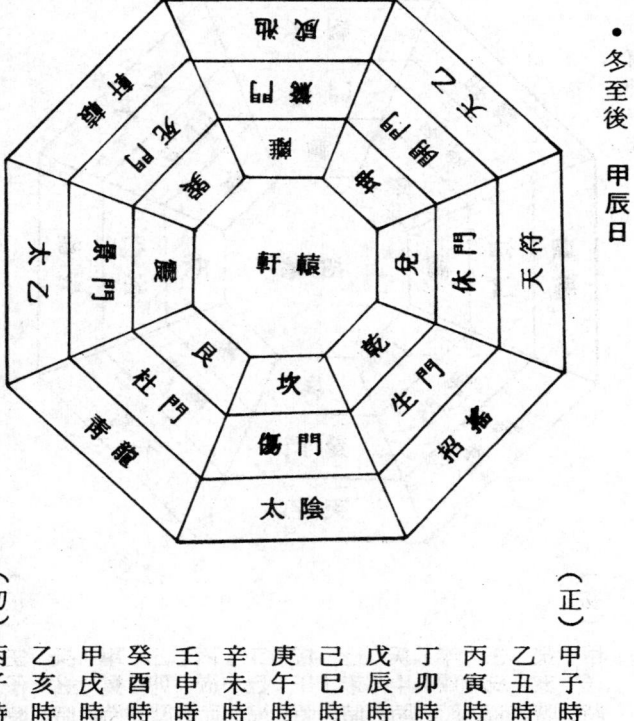

（正）
甲子時—天牢
乙丑時—玄武・貴人
丙寅時—司命
丁卯時—句陳
戊辰時—青龍
己巳時—明堂
庚午時—天刑
辛未時—朱雀・貴人
壬申時—金匱・截空
癸酉時—大德・截空
甲戌時—白虎
乙亥時—玉堂
（初）
丙子時—白虎

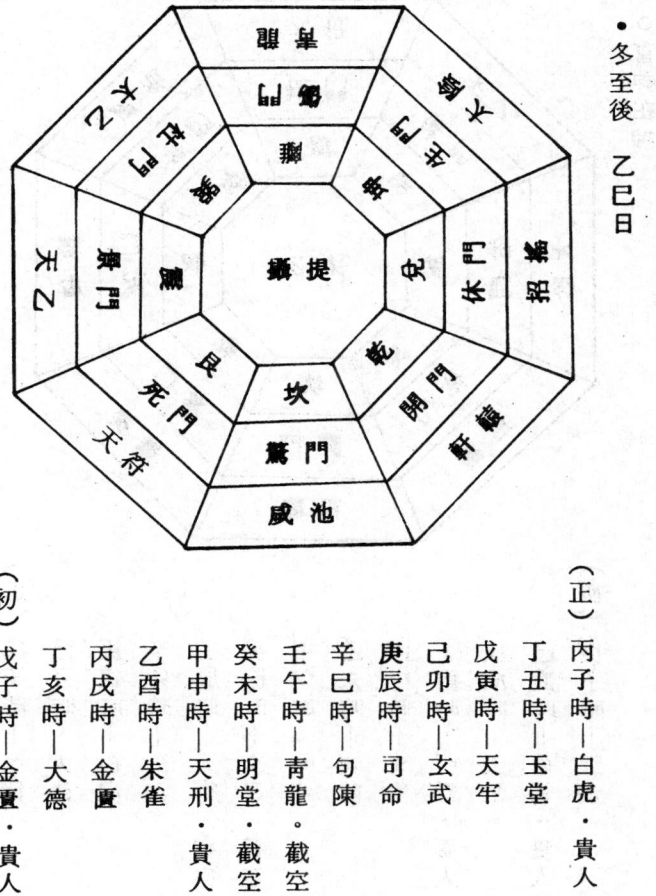

○喜神在乾

（正）丙子時—白虎・貴人

丁丑時—玉堂

戊寅時—天牢

己卯時—玄武

庚辰時—司命

辛巳時—句陳・截空

壬午時—青龍・截空

癸未時—明堂・截空

甲申時—天刑・貴人

乙酉時—朱雀

丙戌時—金匱

丁亥時—大德

（初）戊子時—金匱・貴人

○喜神在坤

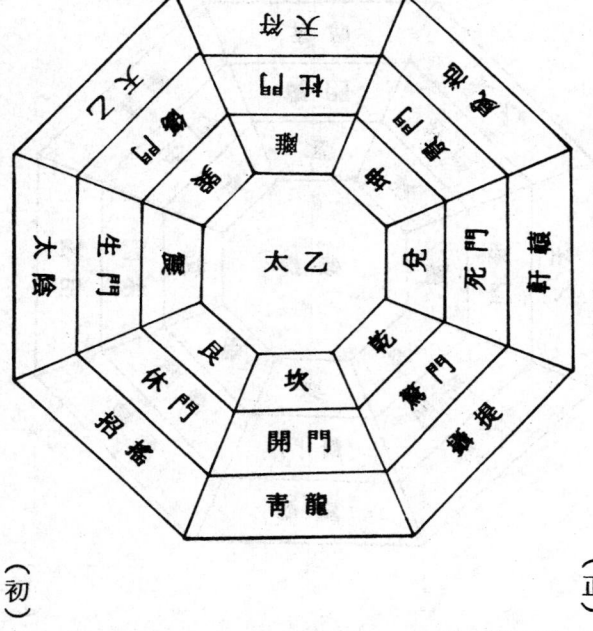

（正）
戊子時—金匱
己丑時—大德
庚寅時—白虎
辛卯時—玉堂
壬辰時—天牢・截空
癸巳時—玄武・截空
甲午時—司命
乙未時—句陳
丙申時—青龍
丁酉時—明堂・貴人
戊戌時—天刑
己亥時—朱雀・貴人
（初）
庚子時—天刑

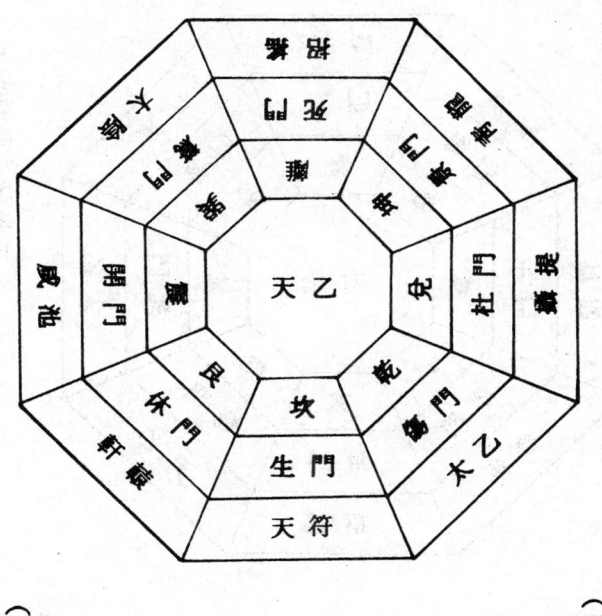

○ 喜神在離

（正）
庚子時—天刑
辛丑時—朱雀
壬寅時—金匱·截空
癸卯時—大德·截空
甲辰時—白虎
乙巳時—玉堂
丙午時—天牢
丁未時—玄武
戊申時—司命
己酉時—句陳·貴人
庚戌時—青龍
辛亥時—明堂·貴人

（初）
壬子時—青龍·截空

● 冬至後　戊申日

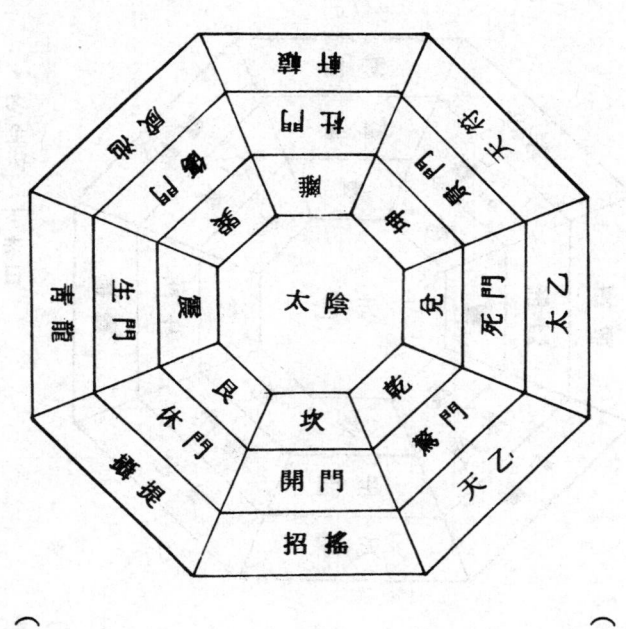

○ 喜神在巽

（正）
壬子時―靑龍・截空
癸丑時―明堂・貴人
甲寅時―天刑
乙卯時―朱雀
丙辰時―金匱
丁巳時―大德
戊午時―白虎
己未時―玉堂・貴人
庚申時―天牢
辛酉時―玄武
壬戌時―司命・截空
癸亥時―句陳・截空

（初）
甲子時―司命

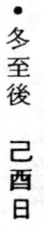

○喜神在艮

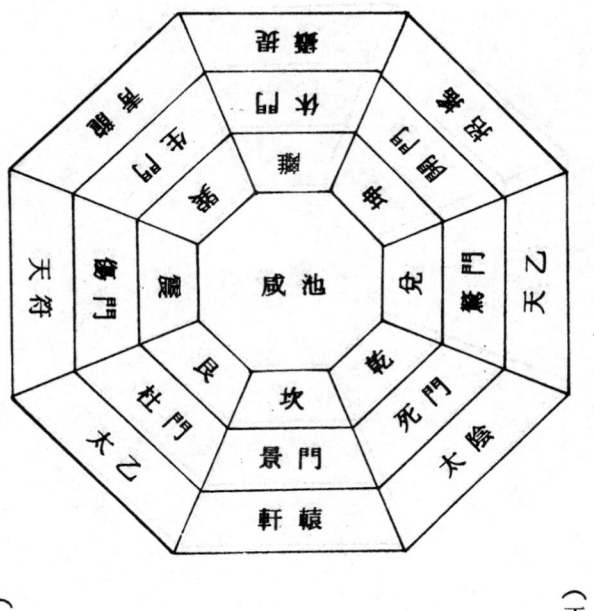

（正）
甲子時―司命・貴人
乙丑時―句陳
丙寅時―青龍
丁卯時―明堂
戊辰時―天刑
己巳時―朱雀
庚午時―金匱
辛未時―大德
壬申時―白虎・貴人・截空
癸酉時―玉堂・截空
甲戌時―天牢
乙亥時―玄武

（初）
丙子時―天牢・貴人

○喜神在乾

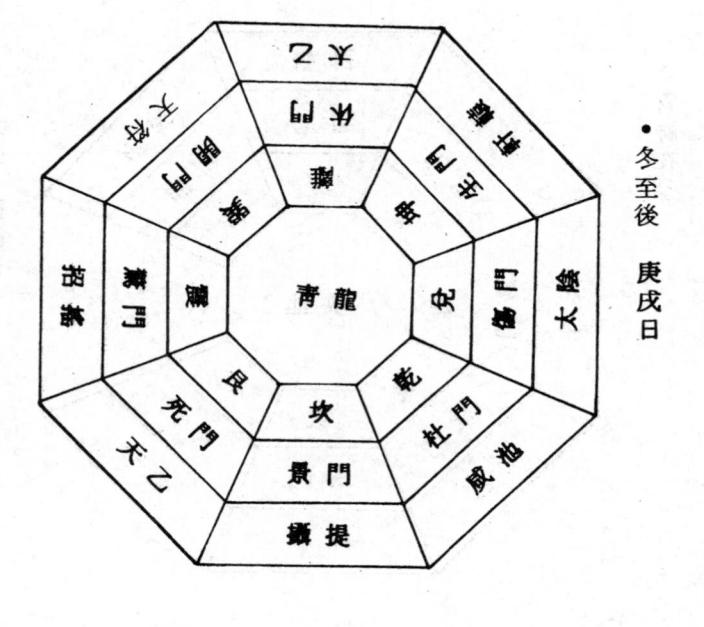

（正）丙子時—天牢

丁丑時—玄武・貴人

戊寅時—司命

己卯時—句陳

庚辰時—青龍

辛巳時—明堂

壬午時—天刑・截空

癸未時—朱雀・貴人・截空

甲申時—金匱

乙酉時—大德

丙戌時—白虎

丁亥時—玉堂

（初）戊子時—白虎

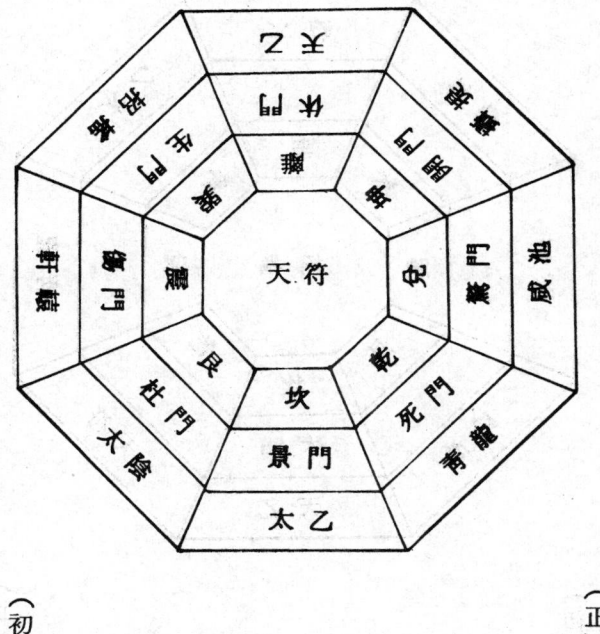

○喜神在坤

（正）
戊子時—白虎
己丑時—玉堂
庚寅時—天牢・貴人
辛卯時—玄武
壬辰時—司命・截空
癸巳時—句陳・截空
甲午時—青龍・貴人
乙未時—明堂
丙申時—天刑
丁酉時—朱雀
戊戌時—金匱
己亥時—大德
（初）
庚子時—金匱

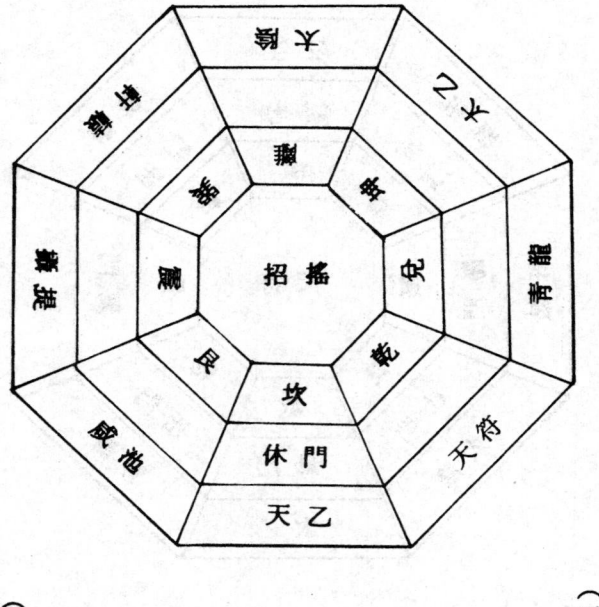

● 冬至後　壬子日

○ 喜神在離

（正）庚子時―金匱
辛丑時―大德
壬寅時―白虎・截空
癸卯時―玉堂・貴人・截空
甲辰時―天牢
乙巳時―玄武・貴人
丙午時―司命
丁未時―句陳
戊申時―青龍
己酉時―明堂
庚戌時―天刑
辛亥時―朱雀
（初）壬子時―天刑・截空

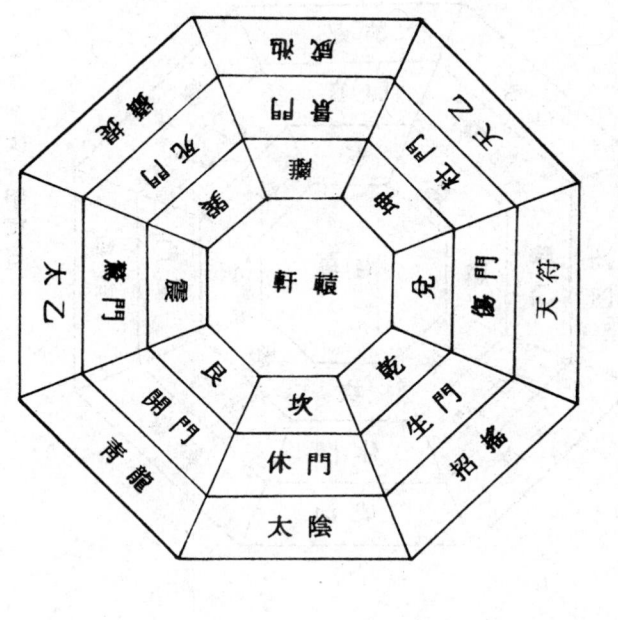

● 冬至後　癸丑日

○ 喜神在巽

（正）
壬子時―青龍・截空
癸丑時―明堂・截空
甲寅時―天刑
乙卯時―朱雀・貴人
丙辰時―金匱
丁巳時―大德・貴人
戊午時―白虎
己未時―玉堂
庚申時―天牢
辛酉時―玄武
壬戌時―司命・截空
癸亥時―句陳・截空

（初）
甲子時―青龍

○ 喜神在艮

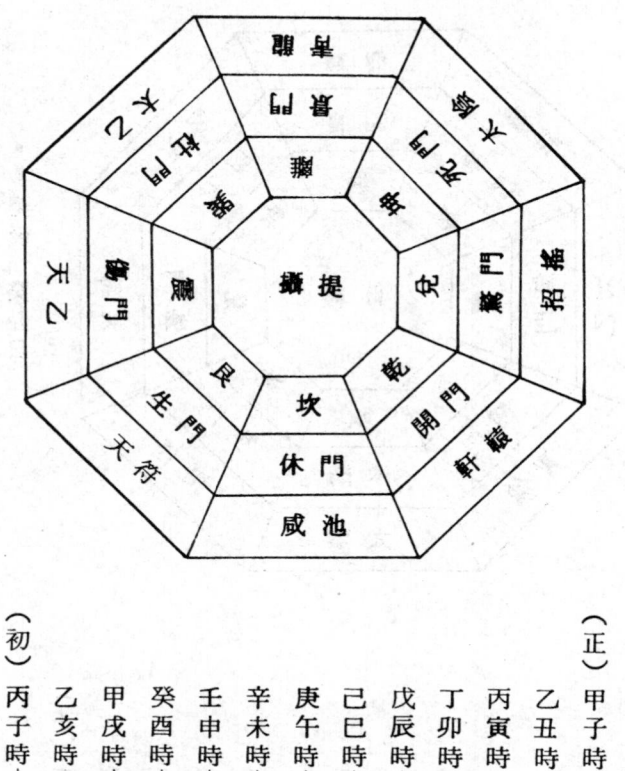

（正）甲子時―青龍

乙丑時―明堂・貴人

丙寅時―天刑

丁卯時―朱雀

戊辰時―金匱

己巳時―大德

庚午時―白虎

辛未時―玉堂・貴人

壬申時―天牢・截空

癸酉時―玄武・截空

甲戌時―司命

乙亥時―句陳

（初）丙子時―司命

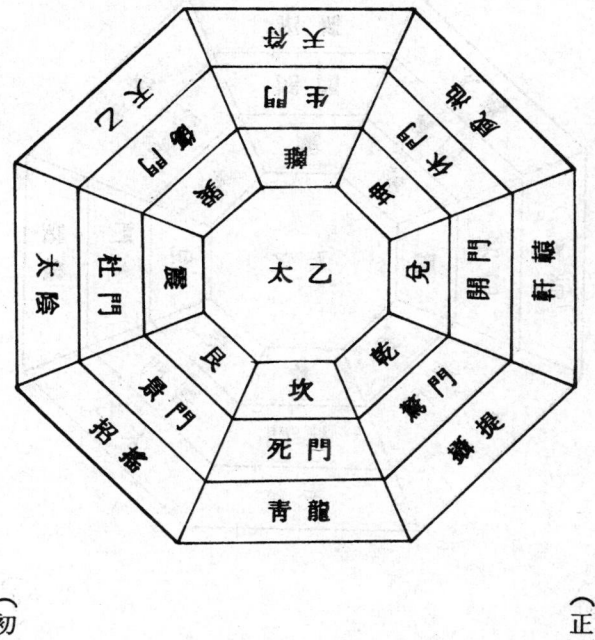

• 冬至後　乙卯日

○ 喜神在乾

（正）丙子時—司命・貴人

丁丑時—句陳

戊寅時—靑龍

己卯時—明堂

庚辰時—天刑

辛巳時—朱雀

壬午時—金匱・截空

癸未時—大德・截空

甲申時—白虎・貴人

乙酉時—玉堂

丙戌時—天牢

丁亥時—玄武

（初）戊子時—天牢・貴人

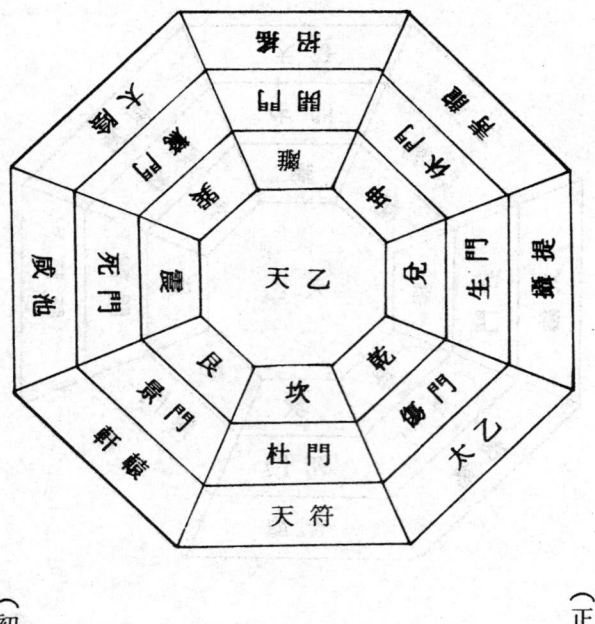

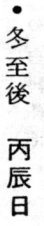

● 冬至後　丙辰日

〇 喜神在坤

（正） 戊子時—天牢
　　　 己丑時—玄武
　　　 庚寅時—司命
　　　 辛卯時—句陳
　　　 壬辰時—青龍・截空
　　　 癸巳時—明堂・截空
　　　 甲午時—天刑
　　　 乙未時—朱雀
　　　 丙申時—金匱
　　　 丁酉時—大德・貴人
　　　 戊戌時—白虎
　　　 己亥時—玉堂・貴人

（初） 庚子時—白虎

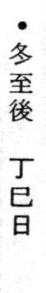

多至後　丁巳日

○喜神在離

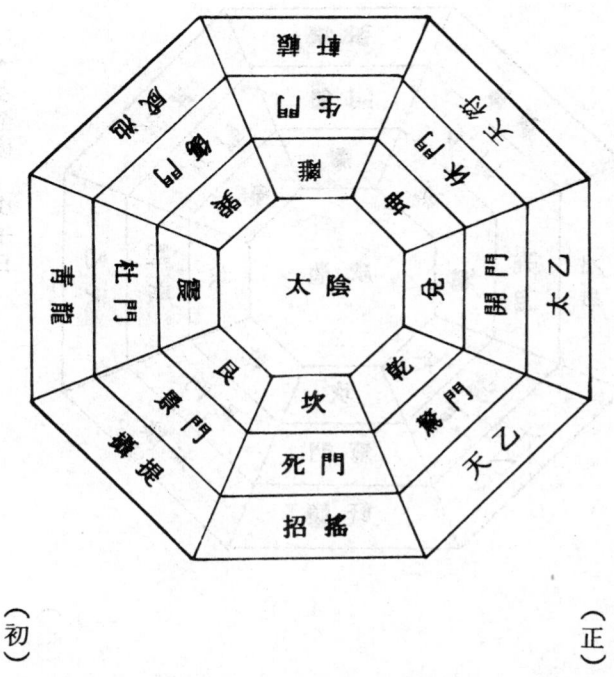

（正）

庚子時—白虎
辛丑時—玉堂
壬寅時—天牢・截空
癸卯時—玄武・截空
甲辰時—司命
乙巳時—句陳
丙午時—青龍
丁未時—明堂
戊申時—天刑
己酉時—朱雀・貴人
庚戌時—金匱
辛亥時—大德・貴人

（初）

壬子時—金匱・截空

○喜神在巽

● 冬至後　戊午日

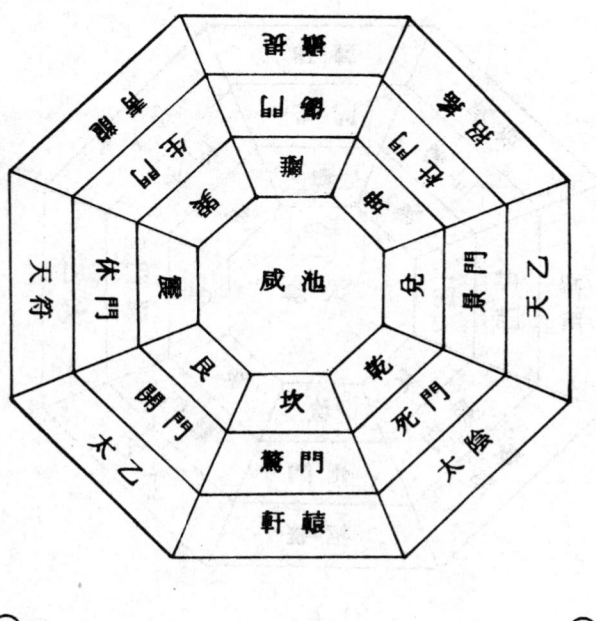

（正）
壬子時—金匱・截空

癸丑時—大德・貴人

甲寅時—白虎

乙卯時—玉堂

丙辰時—天牢

丁巳時—玄武

戊午時—司命

己未時—句陳・貴人

庚申時—青龍

辛酉時—明堂

壬戌時—天刑・截空

癸亥時—朱雀・截空

（初）
甲子時—天刑

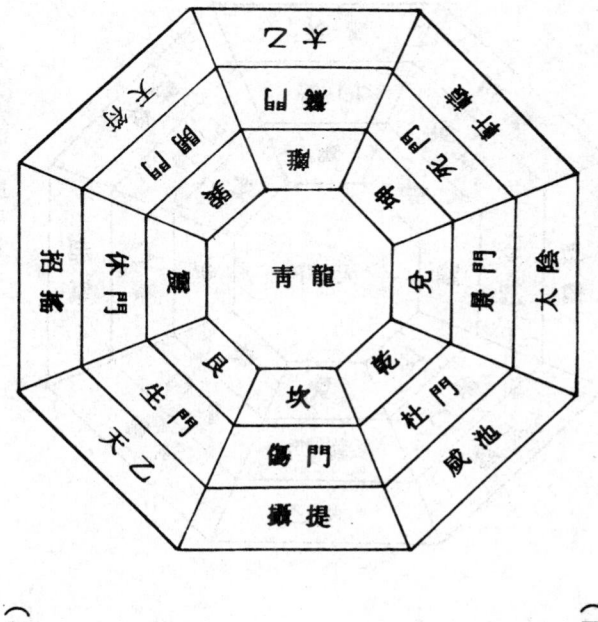

● 冬至後　己未日

○喜神在艮

（正）
甲子時—天刑・貴人

乙丑時—朱雀

丙寅時—金匱

丁卯時—大德

戊辰時—白虎

己巳時—玉堂

庚午時—天牢

辛未時—玄武

壬申時—司命・貴人・截空

癸酉時—句陳・截空

甲戌時—青龍

乙亥時—明堂

（初）
丙子時—青龍・貴人

○ 喜神在乾

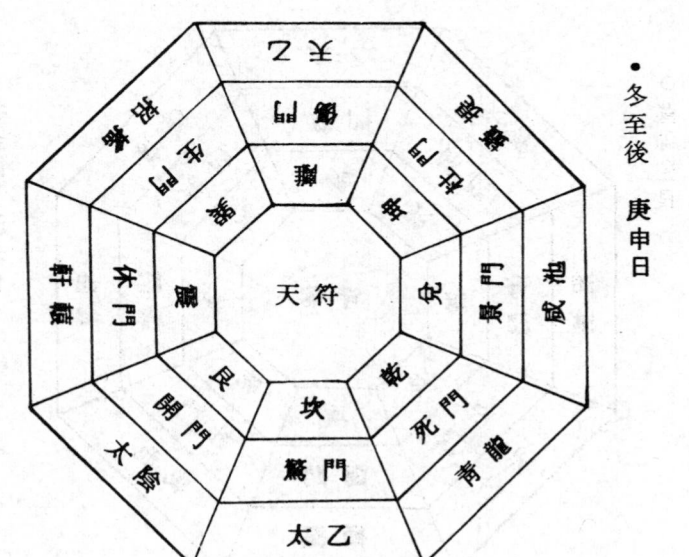

（正）
丙子時―青龍

丁丑時―明堂・貴人

戊寅時―天刑

己卯時―朱雀

庚辰時―金匱

辛巳時―大德

壬午時―白虎・截空

癸未時―玉堂・貴人・截空

甲申時―天牢

乙酉時―玄武

丙戌時―司命

丁亥時―句陳

（初）
戊子時―司命

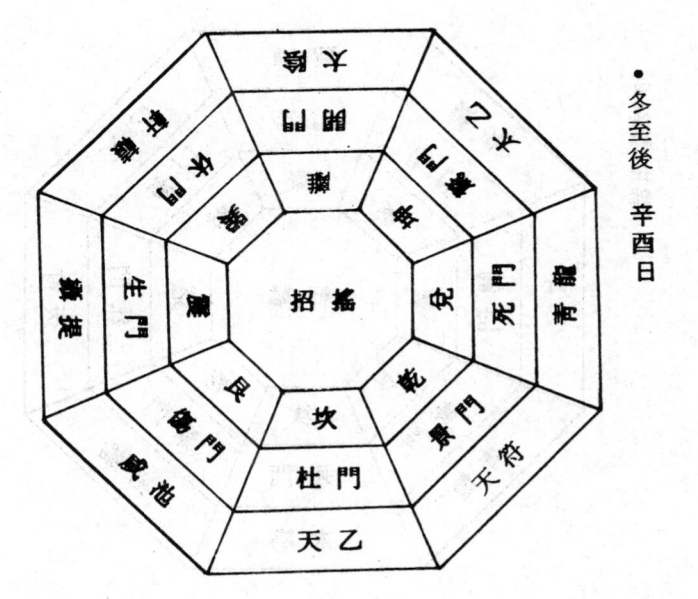

・冬至後　辛酉日

○喜神在坤

（正）戊子時―司命

己丑時―句陳

庚寅時―青龍・貴人

辛卯時―明堂

壬辰時―天刑・截空

癸巳時―朱雀・截空

甲午時―金匱・貴人

乙未時―大德

丙申時―白虎

丁酉時―玉堂

戊戌時―天牢

己亥時―玄武

（初）庚子時―天牢

—727—

● 冬至後　壬戌日

○ 喜神在離

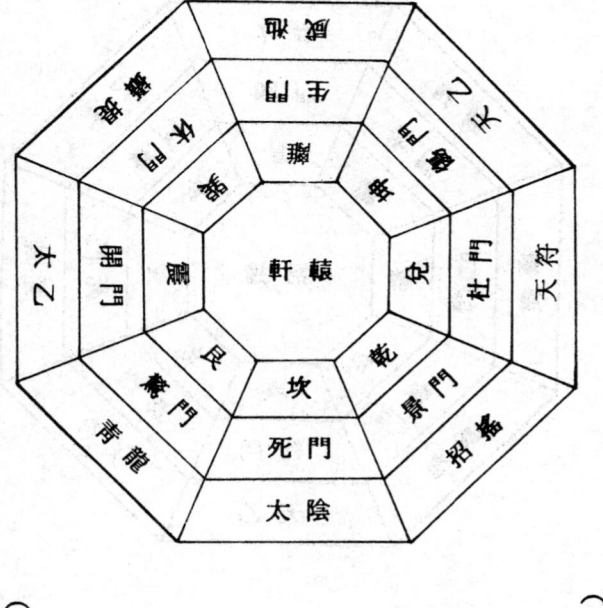

（正）
庚子時—天牢
辛丑時—玄武
壬寅時—司命・截空
癸卯時—句陳・貴人・截空
甲辰時—青龍
乙巳時—明堂・貴人
丙午時—天刑
丁未時—朱雀
戊申時—金匱
己酉時—大德
庚戌時—白虎
辛亥時—玉堂

（初）
壬子時—金匱・截空

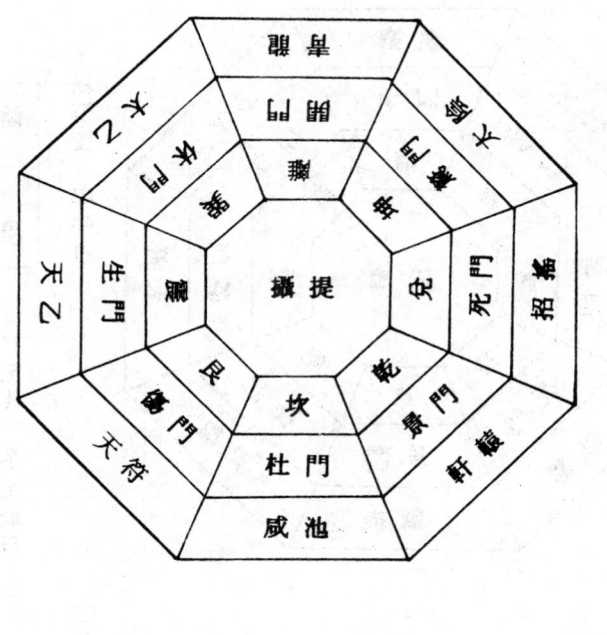

● 冬至後　癸亥日

○ 喜神在巽

（正）
壬子時―白虎・截空
癸丑時―玉堂・截空
甲寅時―天牢
乙卯時―玄武・貴人
丙辰時―司命
丁巳時―句陳・貴人
戊午時―青龍
己未時―明堂
庚申時―天刑
辛酉時―朱雀
壬戌時―金匱・截空
癸亥時―大德・截空

（初）
甲子時―金匱

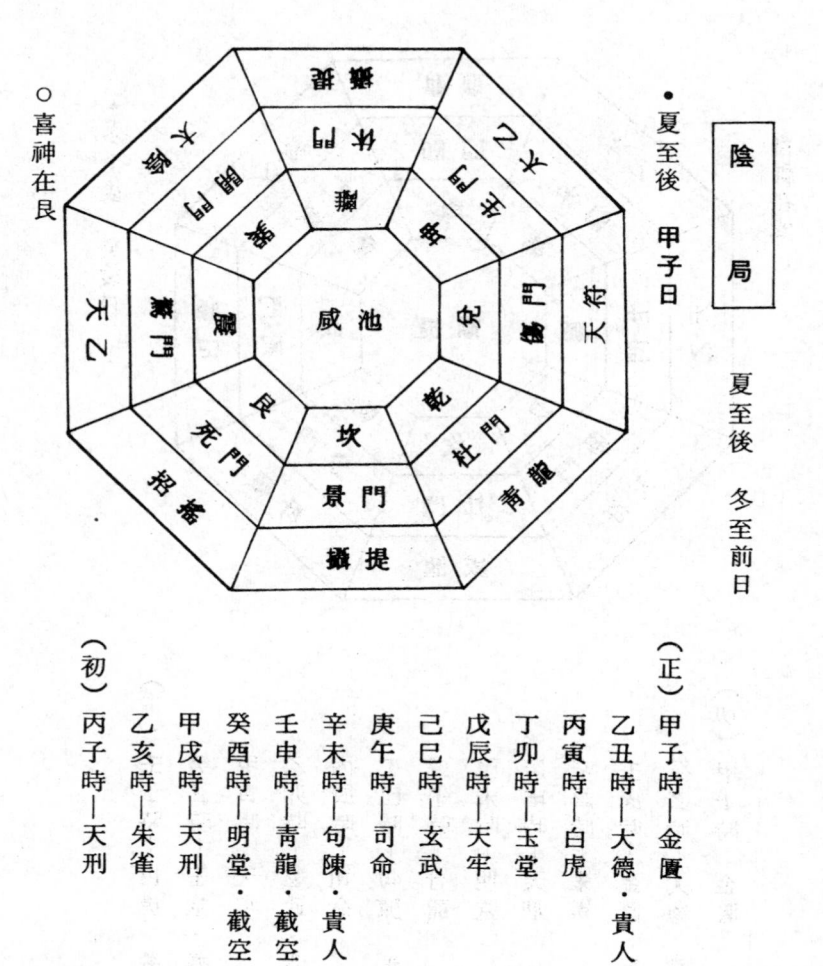

陰　局

夏至後　冬至前日

● 夏至後　甲子日

○喜神在艮

（正）甲子時—金匱

乙丑時—大德・貴人

丙寅時—白虎

丁卯時—玉堂

戊辰時—天牢

己巳時—玄武

庚午時—司命

辛未時—句陳・貴人

壬申時—青龍・截空

癸酉時—明堂・截空

甲戌時—天刑

乙亥時—朱雀

（初）丙子時—天刑

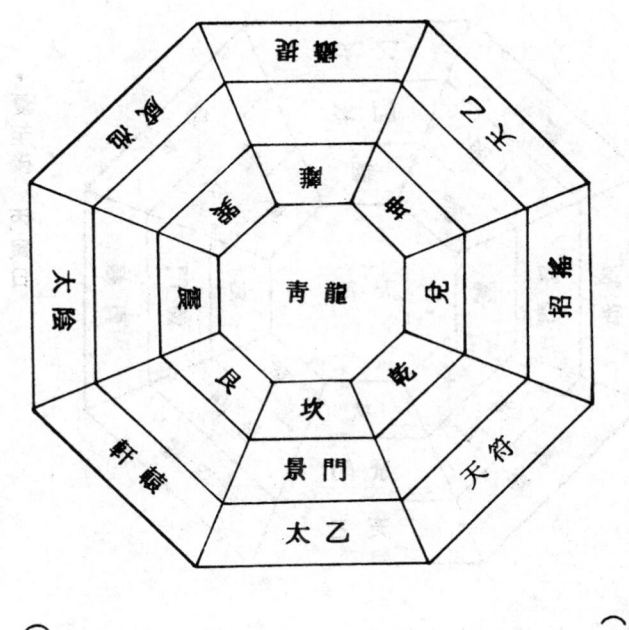

● 夏至後　乙丑日

○ 喜神在乾

（正）丙子時—天刑・貴人

　　　丁丑時—朱雀

　　　戊寅時—金匱

　　　己卯時—大德

　　　庚辰時—白虎

　　　辛巳時—玉堂

　　　壬午時—天牢・截空

　　　癸未時—玄武・截空

　　　甲申時—司命・貴人

　　　乙酉時—句陳

　　　丙戌時—青龍

　　　丁亥時—明堂

（初）戊子時—青龍・貴人

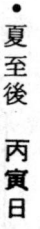

• 夏至後　丙寅日

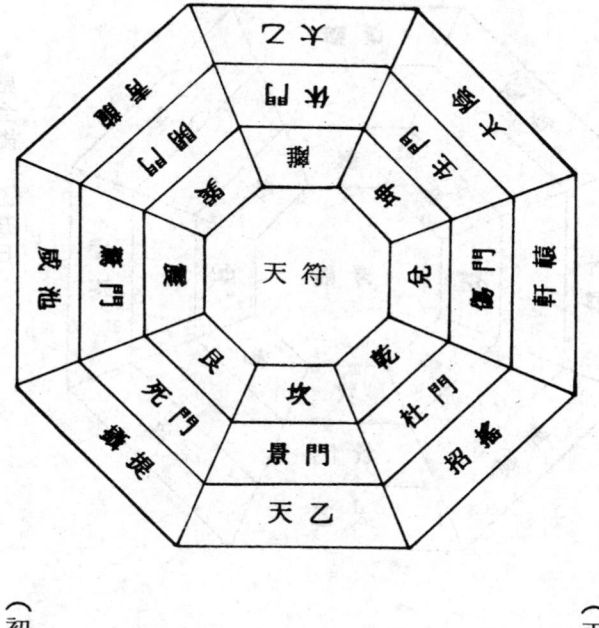

○ 喜神在坤

（正）
戊子時—青龍
己丑時—明堂
庚寅時—天刑
辛卯時—朱雀
壬辰時—金匱・截空
癸巳時—大德・截空
甲午時—白虎
乙未時—玉堂
丙申時—天牢
丁酉時—玄武・貴人
戊戌時—司命
己亥時—句陳・貴人

（初）
庚子時—司命

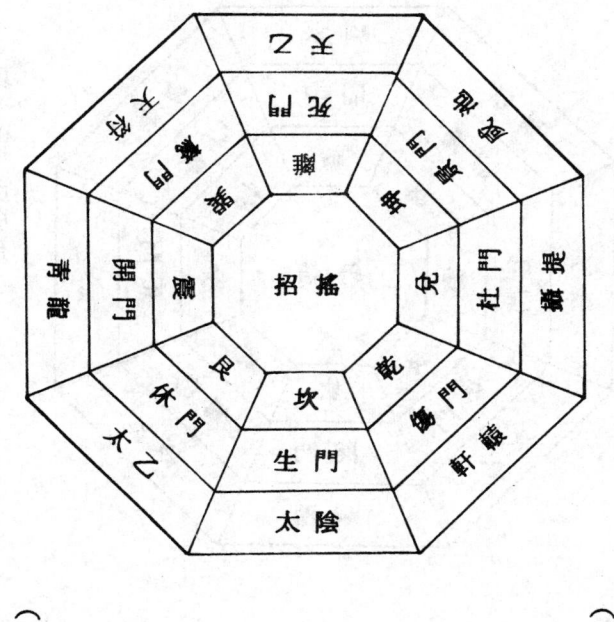

● 夏至後　丁卯日

○ 喜神在離

（正）庚子時—司命

辛丑時—句陳

壬寅時—青龍・截空

癸卯時—明堂・截空

甲辰時—天刑

乙巳時—金匱

丙午時—朱雀

丁未時—大德

戊申時—白虎

己酉時—玉堂・貴人

庚戌時—天牢

辛亥時—玄武・貴人

（初）壬子時—天牢・截空

－ 733 －

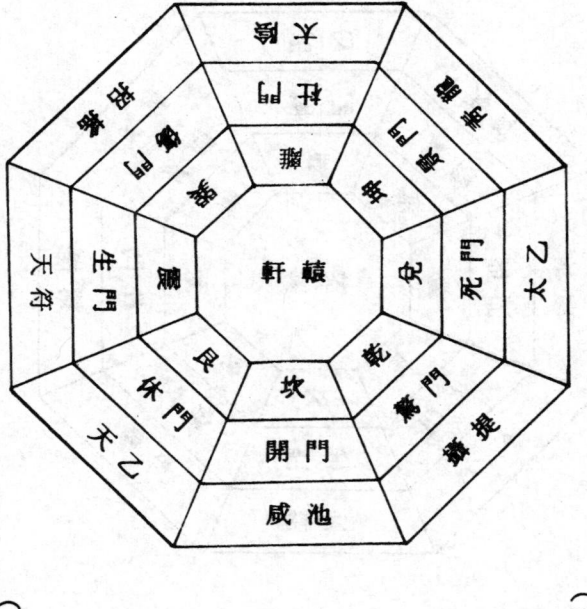

・夏至後　戊辰日

○喜神在巽

（正）
壬子時—天牢・截空
癸丑時—玄武・貴人
甲寅時—司命
乙卯時—句陳
丙辰時—青龍
丁巳時—明堂
戊午時—天刑
己未時—朱雀・貴人
庚申時—金匱
辛酉時—大德
壬戌時—白虎・截空
癸亥時—玉堂・截空

（初）
甲子時—白虎

• 夏至後　己巳日

○喜神在艮

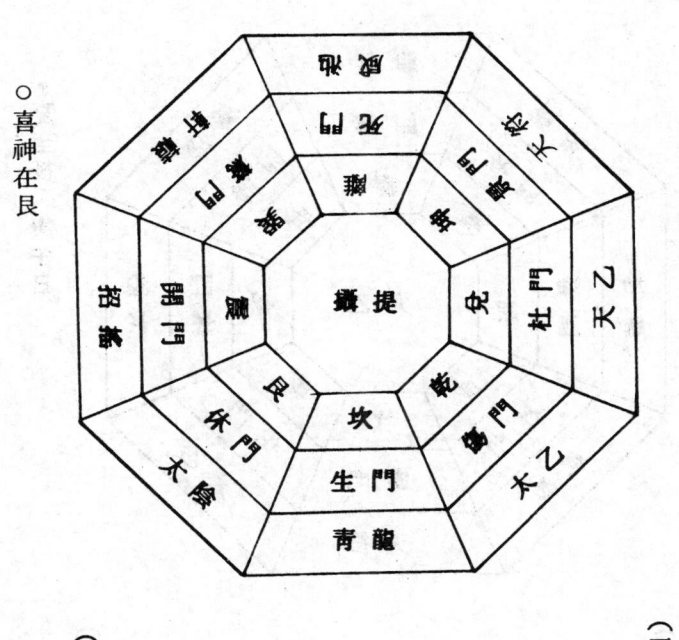

（正）
甲子時—白虎
乙丑時—玉堂・貴人
丙寅時—天牢
丁卯時—玄武
戊辰時—司命
己巳時—句陳
庚午時—青龍
辛未時—明堂・貴人
壬申時—天刑・截空
癸酉時—朱雀・截空
甲戌時—金匱
乙亥時—大德
（初）
丙子時—金匱

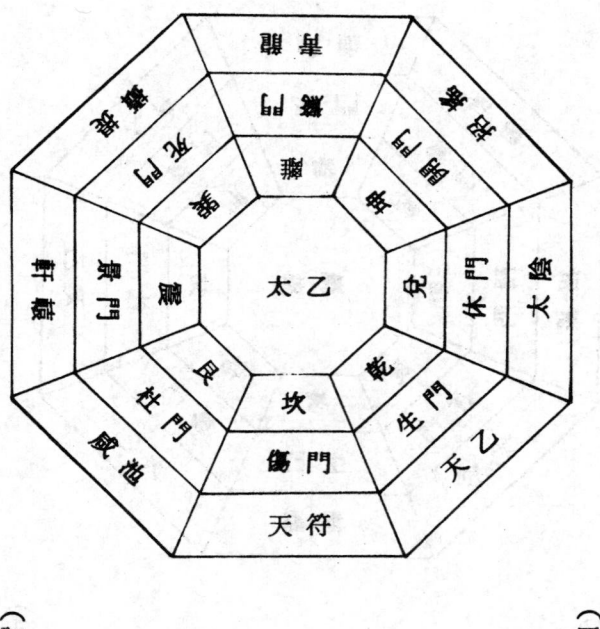

● 夏至後　庚午日

○ 喜神在乾

（正）
丙子時—金匱
丁丑時—大德・貴人
戊寅時—白虎
己卯時—玉堂
庚辰時—天牢
辛巳時—玄武
壬午時—司命・截空
癸未時—句陳・貴人・截空
甲申時—青龍
乙酉時—明堂
丙戌時—天刑
丁亥時—朱雀

（初）
戊子時—天刑

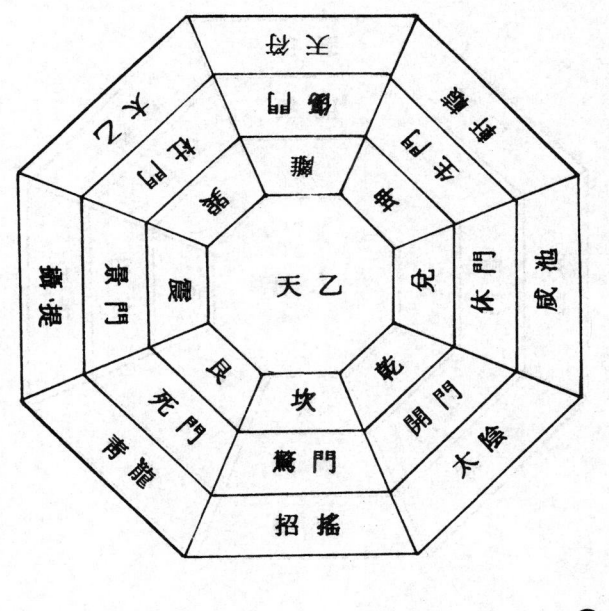

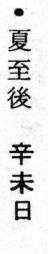

夏至後　辛未日

○喜神在坤

（正）
戊子時—天刑
己丑時—朱雀
庚寅時—金匱・貴人
辛卯時—大德
壬辰時—白虎・截空
癸巳時—玉堂・截空
甲午時—天牢・貴人
乙未時—玄武
丙申時—司命
丁酉時—句陳
戊戌時—青龍
己亥時—明堂

（初）
庚子時—青龍

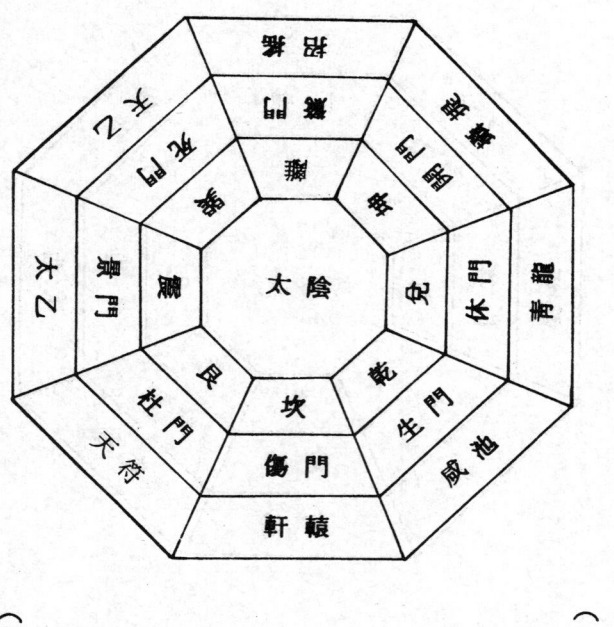

● 夏至後　壬申日

○ 喜神在離

（正）
庚子時—青龍
辛丑時—明堂
壬寅時—天刑・截空
癸卯時—朱雀・貴人・截空
甲辰時—金匱
乙巳時—大德・貴人
丙午時—白虎
丁未時—玉堂
戊申時—天牢
己酉時—玄武
庚戌時—司命
辛亥時—句陳

（初）
壬子時—司命・截空

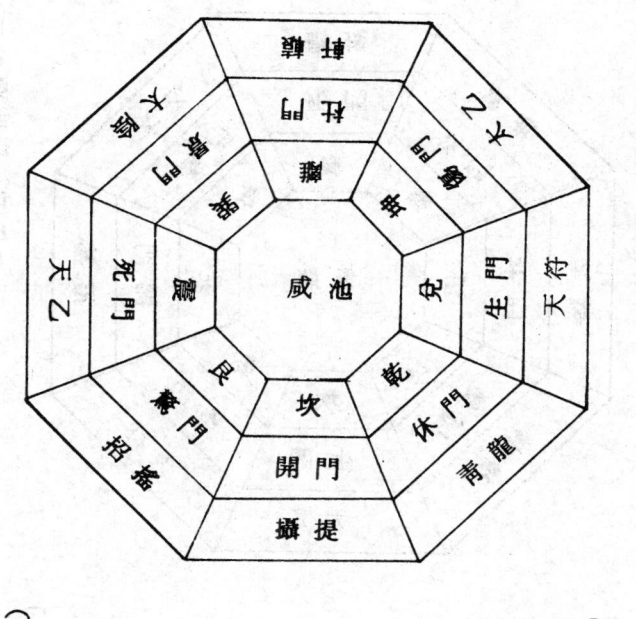

● 夏至後　癸酉日

○喜神在巽

（正）
壬子時—司命・截空
癸丑時—句陳・截空
甲寅時—青龍
乙卯時—明堂・貴人
丙辰時—天刑
丁巳時—朱雀・貴人
戊午時—金匱
己未時—大德
庚申時—白虎
辛酉時—玉堂
壬戌時—天牢・截空
癸亥時—玄武・截空

（初）
甲子時—天牢

○ 喜神在艮

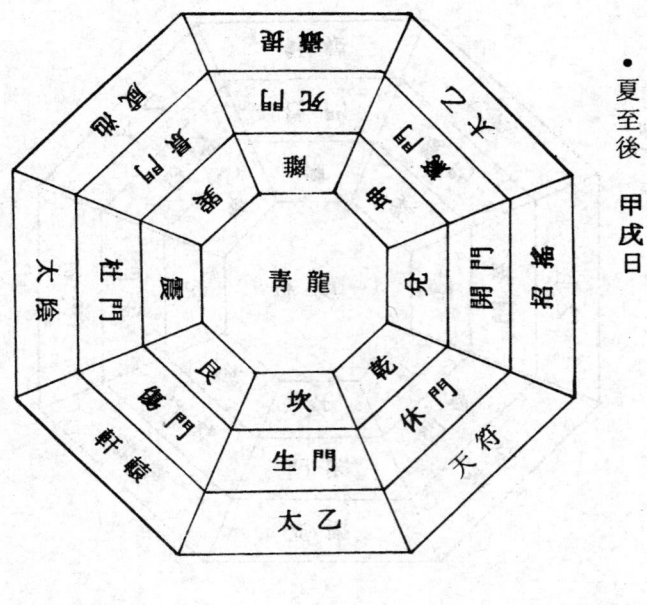

（正）甲子時—天牢
乙丑時—玄武・貴人
丙寅時—司命
丁卯時—句陳
戊辰時—青龍
己巳時—明堂
庚午時—天刑
辛未時—朱雀・貴人
壬申時—金匱・截空
癸酉時—大德・截空
甲戌時—白虎
乙亥時—玉堂
（初）丙子時—白虎

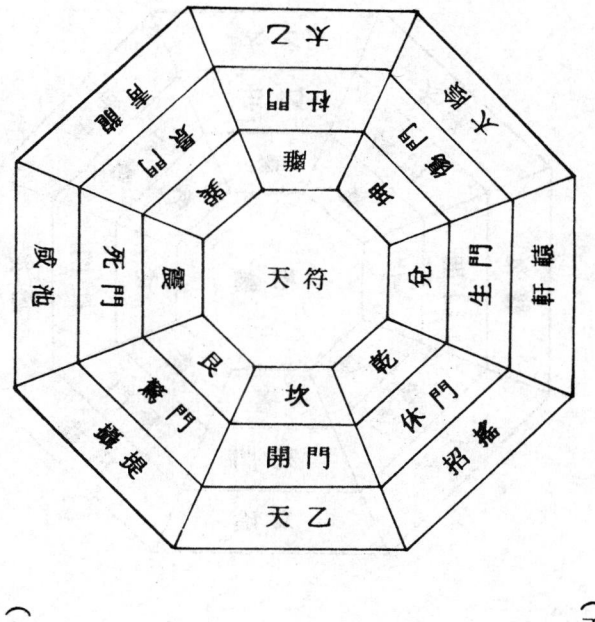

● 夏至後　乙亥日

○喜神在乾

（正）
丙子時—白虎・貴人・
丁丑時—玉堂
戊寅時—天牢
己卯時—玄武
庚辰時—司命
辛巳時—句陳・截空
壬午時—青龍・截空
癸未時—明堂・截空
甲申時—天刑・貴人
乙酉時—朱雀
丙戌時—金匱
丁亥時—大德

（初）
戊子時—金匱・貴人

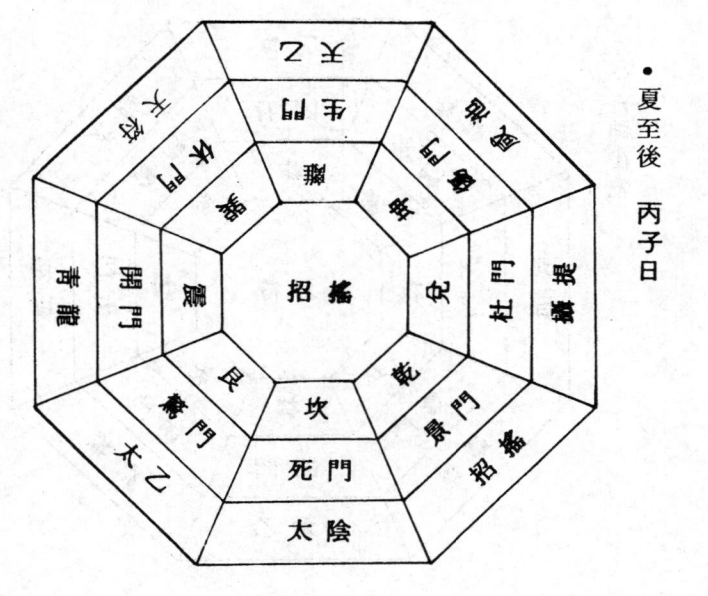

○ 喜神在坤

（正）
戊子時—金匱
己丑時—大德
庚寅時—白虎
辛卯時—玉堂
壬辰時—天牢・截空
癸巳時—玄武・截空
甲午時—司命
乙未時—句陳
丙申時—青龍
丁酉時—明堂・貴人
戊戌時—天刑
己亥時—朱雀・貴人

（初）
庚子時—天刑

・夏至後　丁丑日

○喜神在離

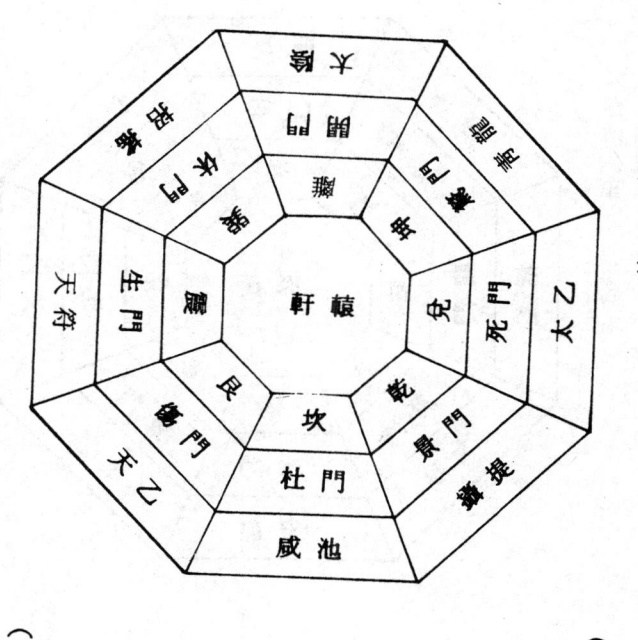

（正）庚子時—天刑

辛丑時—朱雀

壬寅時—金匱・截空

癸卯時—大德・截空

甲辰時—白虎

乙巳時—玉堂

丙午時—天牢

丁未時—玄武

戊申時—司命

己酉時—句陳・貴人

庚戌時—青龍

辛亥時—明堂・貴人

（初）壬子時—青龍・截空

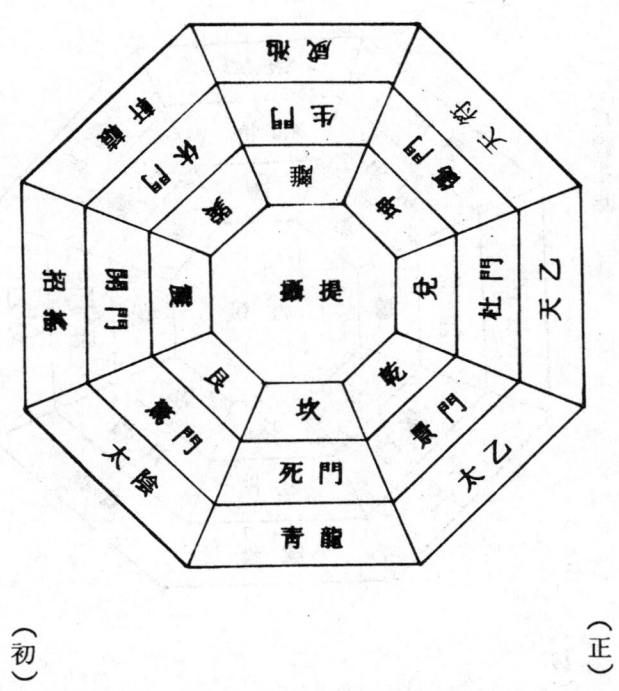

○喜神在巽

（正）
壬子時—青龍・截空
癸丑時—明堂・貴人・截空
甲寅時—天刑
乙卯時—朱雀
丙辰時—金匱
丁巳時—大德
戊午時—白虎
己未時—玉堂・貴人
庚申時—天牢
辛酉時—玄武
壬戌時—司命・截空
癸亥時—句陳・截空

（初）
甲子時—司命

● 夏至後　己卯日

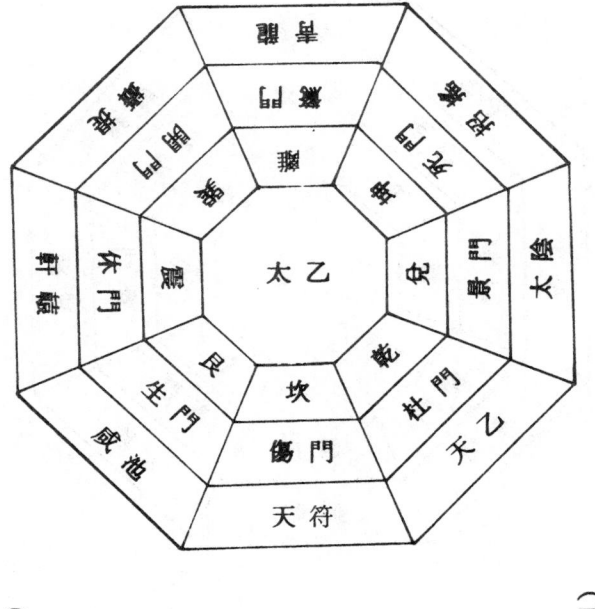

○ 喜神在艮

（正）甲子時—司命・貴人

乙丑時—句陳

丙寅時—青龍

丁卯時—明堂

戊辰時—天刑

己巳時—朱雀

庚午時—金匱

辛未時—大德

壬申時—白虎・貴人・截空

癸酉時—玉堂・截空

甲戌時—天牢

乙亥時—玄武

（初）丙子時—天牢・貴人

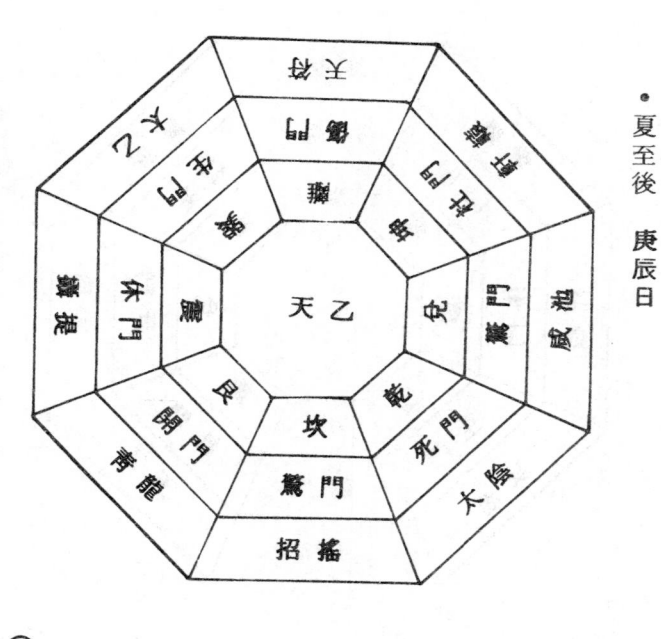

○喜神在乾

・夏至後　庚辰日

（正）
丙子時—天牢
丁丑時—玄武・貴人
戊寅時—司命
己卯時—句陳
庚辰時—青龍
辛巳時—明堂
壬午時—天刑・貴人・截空
癸未時—朱雀
甲申時—金匱
乙酉時—大德
丙戌時—白虎
丁亥時—玉堂

（初）
戊子時—白虎

○喜神在坤

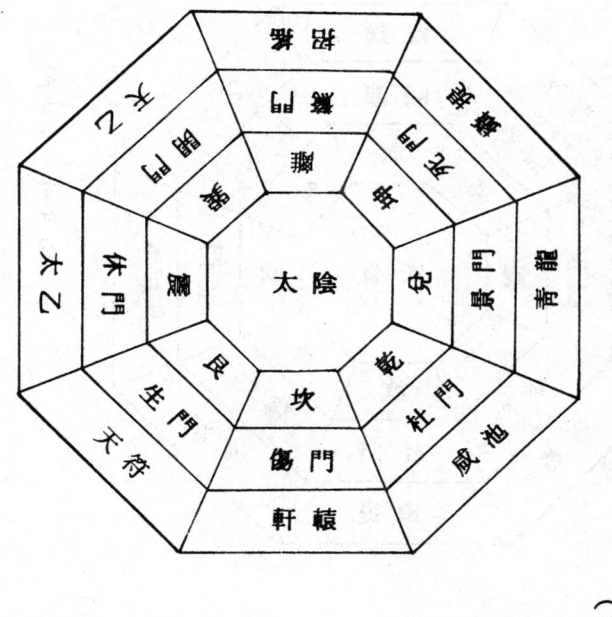

太乙　天乙

休門　生門

天符

招搖

驚門　開門

震　離

艮　坎

軒轅

傷門

杜門

乾

太陰　兌

景門

威池

青龍

（正）
戊子時—白虎
己丑時—玉堂
庚寅時—天牢・貴人
辛卯時—玄武
壬辰時—司命・截空
癸巳時—句陳・截空
甲午時—青龍・貴人
乙未時—明堂
丙申時—天刑
丁酉時—朱雀
戊戌時—金匱
己亥時—大德
（初）
庚子時—金匱

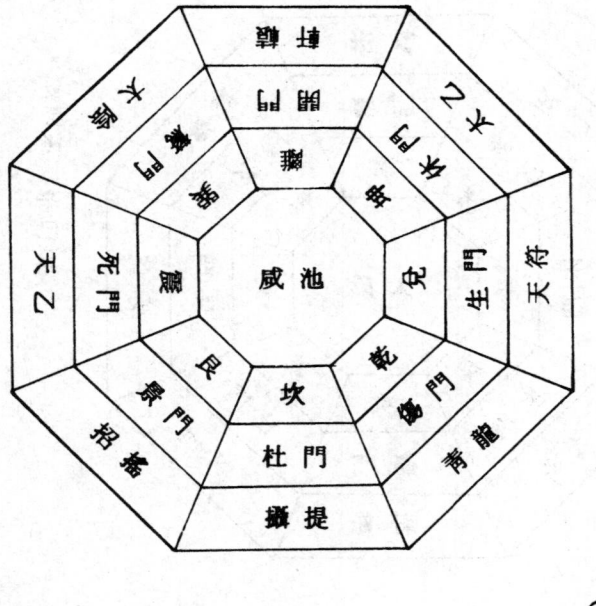

●夏至後　壬午日

○喜神在離

（正）
庚子時—金匱
辛丑時—大德
壬寅時—白虎・截空
癸卯時—玉堂・貴人・截空
甲辰時—天牢
乙巳時—玄武・貴人
丙午時—司命
丁未時—句陳
戊申時—青龍
己酉時—明堂
庚戌時—天刑
辛亥時—朱雀

（初）
壬子時—天刑・截空

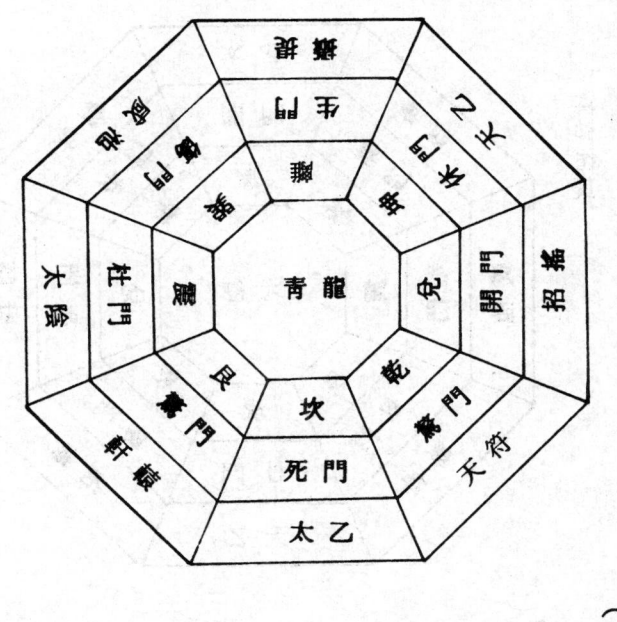

○喜神在巽

（正）
壬子時—天刑・截空
癸丑時—朱雀・截空
甲寅時—金匱
乙卯時—大德・貴人
丙辰時—白虎
丁巳時—玉堂・貴人
戊午時—天牢
己未時—玄武
庚申時—司命
辛酉時—句陳
壬戌時—青龍・截空
癸亥時—明堂・截空

（初）
甲子時—青龍

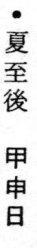

● 夏至後　甲申日

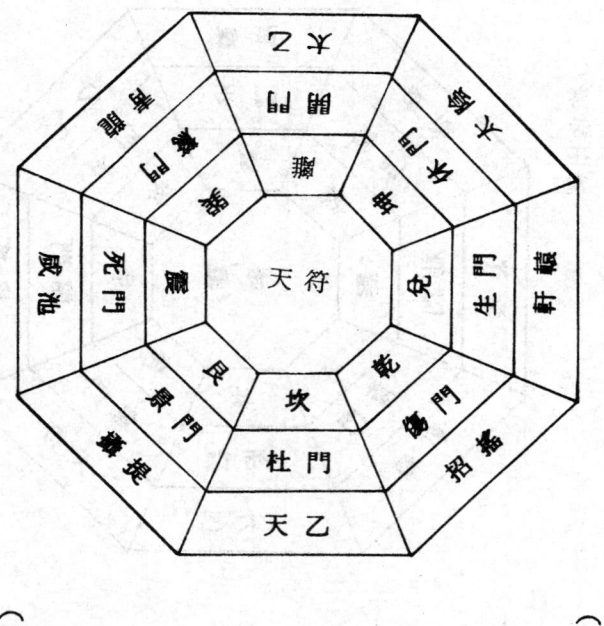

○ 喜神在艮

（正）
甲子時―青龍

乙丑時―明堂・貴人

丙寅時―天刑

丁卯時―朱雀

戊辰時―金匱

己巳時―大德

庚午時―白虎

辛未時―玉堂・貴人

壬申時―天牢・截空

癸酉時―玄武・截空

甲戌時―司命

（初）
乙亥時―句陳

丙子時―司命

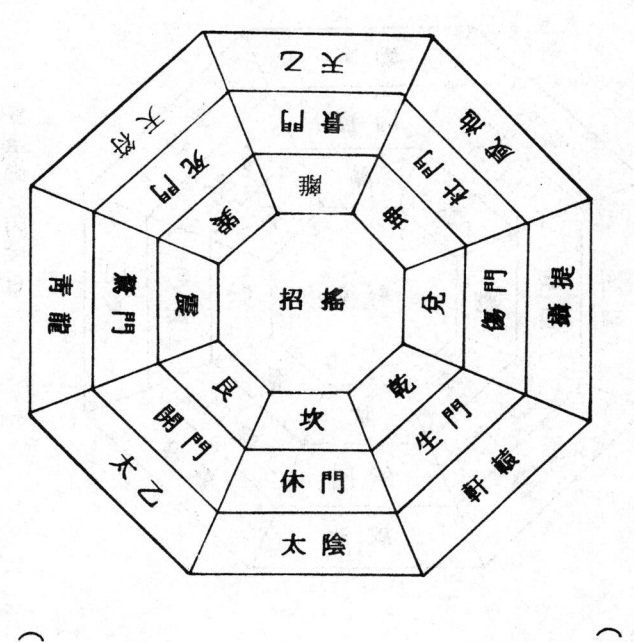

● 夏至後　乙酉日

○ 喜神在乾

（正）
丙子時—司命・貴人
丁丑時—句陳
戊寅時—青龍
己卯時—明堂
庚辰時—天刑
辛巳時—朱雀
壬午時—金匱・截空
癸未時—大德・截空
甲申時—白虎・貴人
乙酉時—玉堂
丙戌時—天牢
丁亥時—玄武

（初）
戊子時—天牢・貴人

○喜神在坤

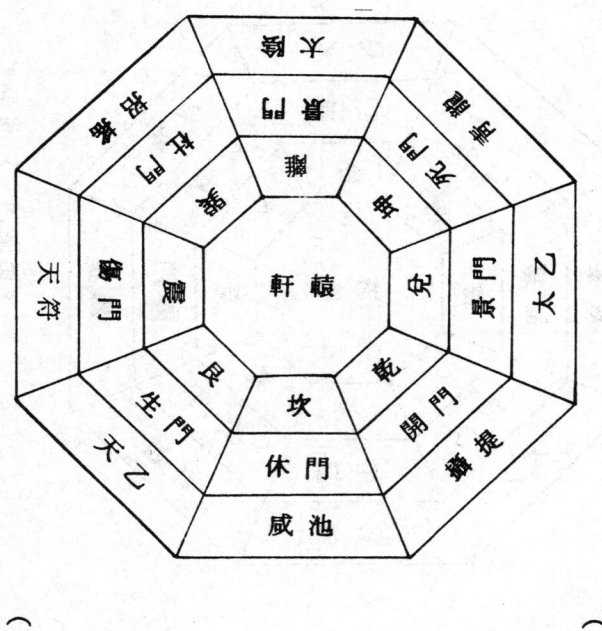

（正）
戊子時—天牢
己丑時—玄武
庚寅時—司命
辛卯時—句陳
壬辰時—青龍・截空
癸巳時—明堂・截空
甲午時—天刑
乙未時—朱雀
丙申時—金匱
丁酉時—大德・貴人
戊戌時—白虎
己亥時—玉堂・貴人

（初）
庚子時—白虎

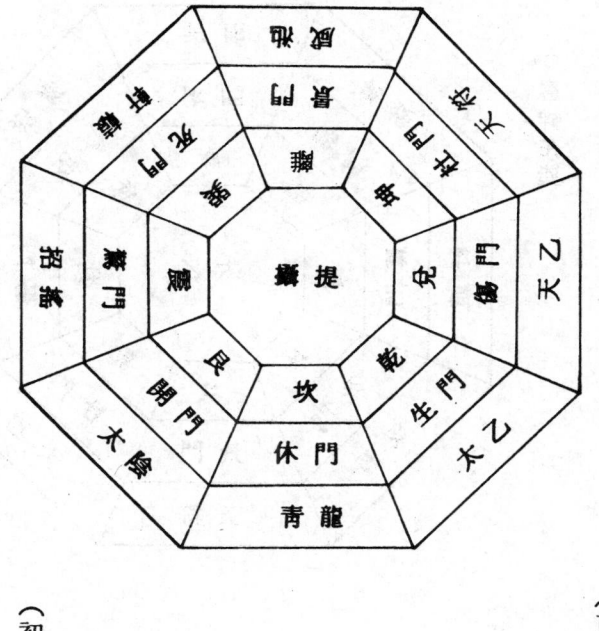

○ 喜神在離

（正）

庚子時—白虎

辛丑時—玉堂

壬寅時—天牢・截空

癸卯時—玄武・截空

甲辰時—司命

乙巳時—句陳

丙午時—青龍

丁未時—明堂

戊申時—天刑

己酉時—朱雀・貴人

庚戌時—金匱

辛亥時—大德・貴人

（初）

壬子時—金匱・截空

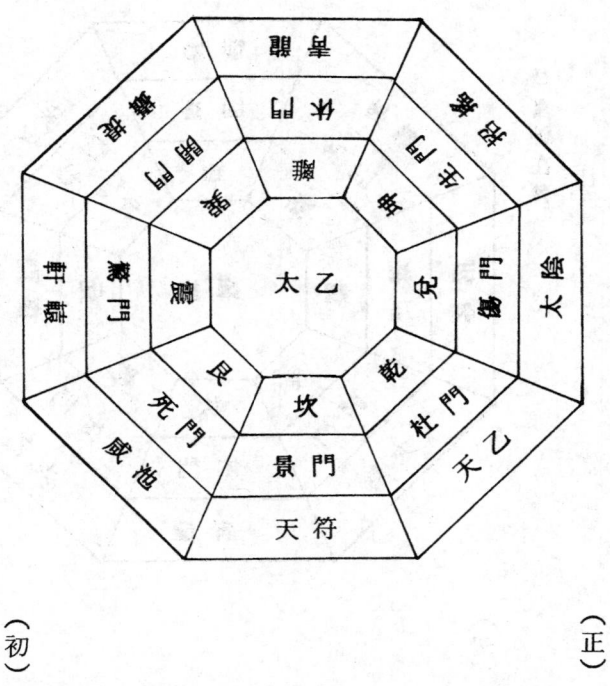

○喜神在巽

（正）
壬子時―天刑・截空

癸丑時―朱雀・貴人・截空

甲寅時―金匱

乙卯時―大德

丙辰時―白虎

丁巳時―玉堂

戊午時―天牢

己未時―玄武・貴人

庚申時―司命

辛酉時―句陳

壬戌時―青龍・截空

癸亥時―明堂・截空

（初）
甲子時―天刑

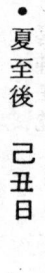

● 夏至後　己丑日

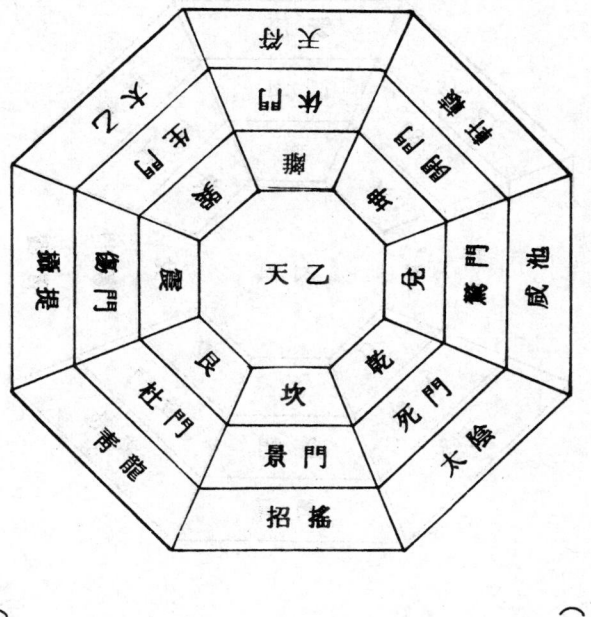

○喜神在艮

（正）
甲子時—天刑・貴人

乙丑時—朱雀

丙寅時—金匱

丁卯時—大德

戊辰時—白虎

己巳時—玉堂

庚午時—天牢

辛未時—玄武

壬申時—司命・貴人・截空

癸酉時—句陳・截空

甲戌時—青龍

乙亥時—明堂

（初）
丙子時—青龍・貴人

● 夏至後　庚寅日

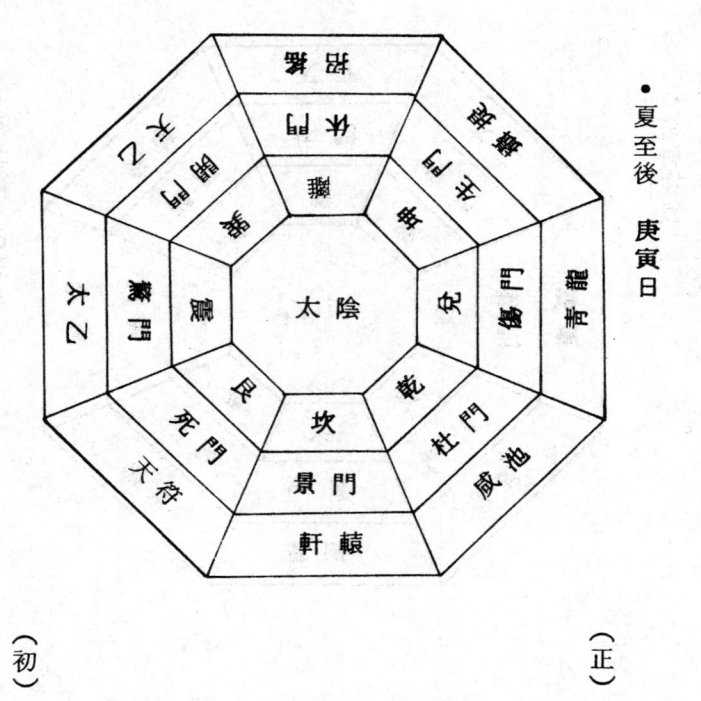

（正）丙子時―青龍

丁丑時―明堂・貴人

戊寅時―天牢

己卯時―朱雀

庚辰時―金匱

辛巳時―大德

壬午時―白虎・截空

癸未時―玉堂・貴人・截空

甲申時―天牢

乙酉時―玄武

丙戌時―司命

丁亥時―句陳

（初）戊子時―司命

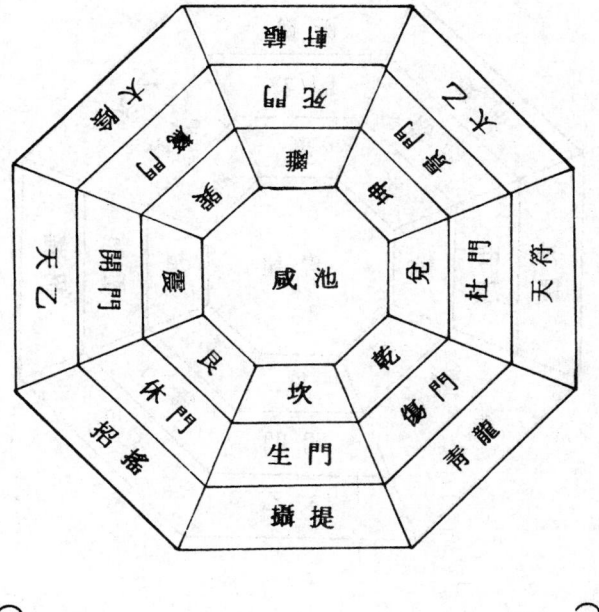

● 夏至後　辛卯日

○ 喜神在坤

（正）戊子時—司命

己丑時—句陳

庚寅時—青龍・貴人

辛卯時—明堂

壬辰時—天刑・截空

癸巳時—朱雀・截空

甲午時—金匱・貴人

乙未時—大德

丙申時—白虎

丁酉時—玉堂

戊戌時—天牢

己亥時—玄武

（初）庚子時—天牢

 ● 夏至後　壬辰日

○ 喜神在離

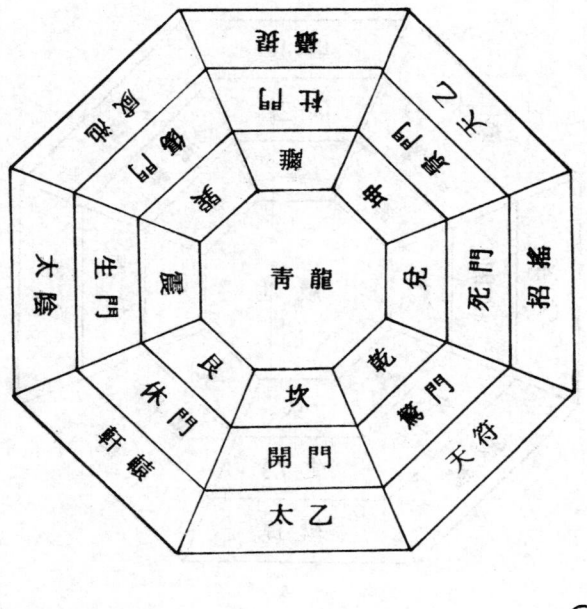

（正）
庚子時—天牢
辛丑時—玄武
壬寅時—司命・截空
癸卯時—句陳・貴人・截空
甲辰時—青龍
乙巳時—明堂・貴人
丙午時—天刑
丁未時—朱雀
戊申時—金匱
己酉時—大德
庚戌時—白虎
辛亥時—玉堂

（初）
壬子時—白虎・截空

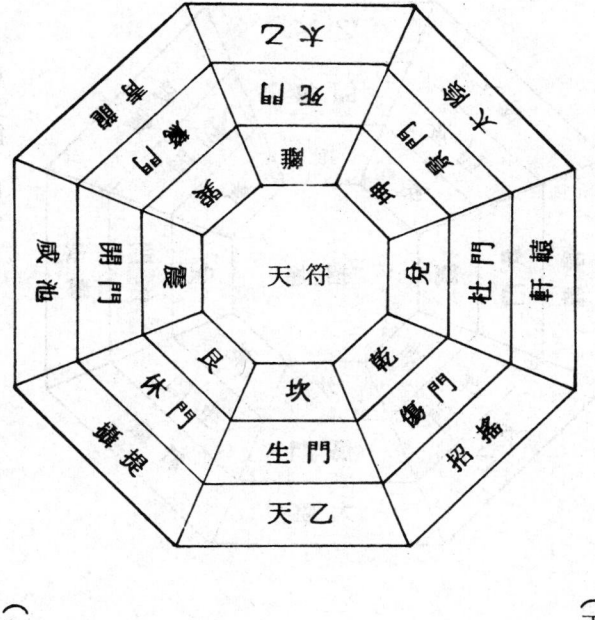

• 夏至後　癸巳日

○喜神在巽

（正）壬子時―白虎・截空

癸丑時―玉堂・截空

甲寅時―天牢

乙卯時―玄武・貴人

丙辰時―司命

丁巳時―句陳・貴人

戊午時―青龍

己未時―明堂

庚申時―天刑

辛酉時―朱雀

壬戌時―金匱・截空

癸亥時―大德・截空

（初）甲子時―金匱

― 759 ―

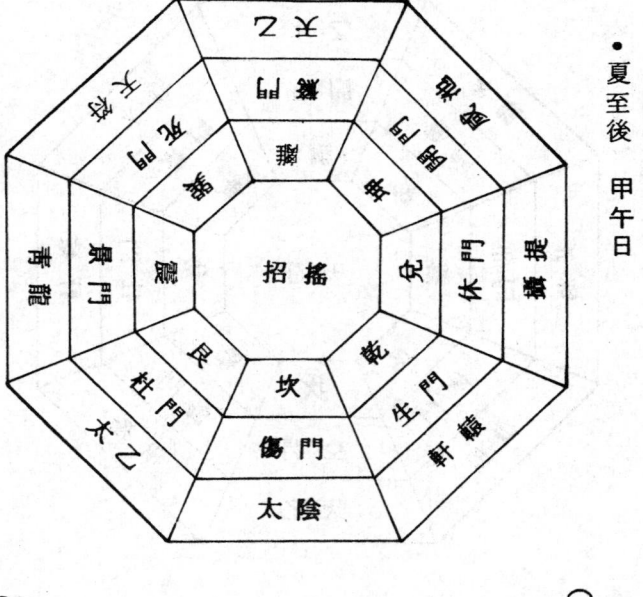

● 夏至後　甲午日

○ 喜神在艮

（正）
甲子時—金匱
乙丑時—大德・貴人
丙寅時—白虎
丁卯時—玉堂
戊辰時—天牢
己巳時—玄武
庚午時—司命
辛未時—句陳・貴人
壬申時—青龍・截空
癸酉時—明堂・截空
甲戌時—天刑
乙亥時—朱雀

（初）
丙子時—天刑

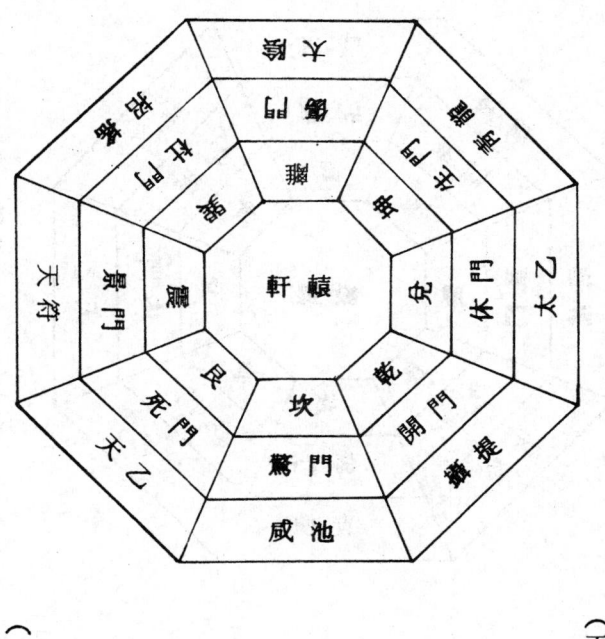

● 夏至後　乙未日

○喜神在乾

（正）丙子時—天刑・貴人
　　　丁丑時—朱雀
　　　戊寅時—金匱
　　　己卯時—大德
　　　庚辰時—白虎
　　　辛巳時—玉堂
　　　壬午時—天牢・截空
　　　癸未時—玄武・截空
　　　甲申時—司命・貴人
　　　乙酉時—句陳
　　　丙戌時—青龍
　　　丁亥時—明堂
（初）戊子時—青龍・貴人

● 夏至後　丙申日

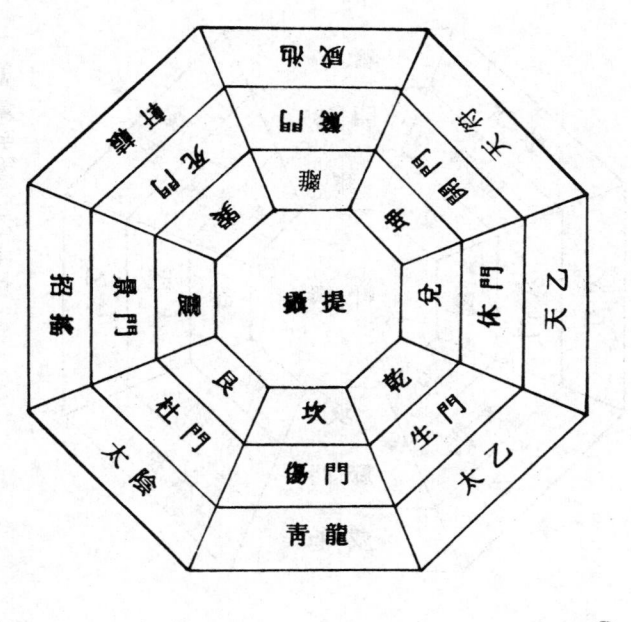

○ 喜神在坤

（正）
戊子時—青龍
己丑時—明堂
庚寅時—天刑
辛卯時—朱雀
壬辰時—金匱・截空
癸巳時—大德・截空
甲午時—白虎
乙未時—玉堂
丙申時—天牢
丁酉時—玄武・貴人
戊戌時—司命
己亥時—句陳・貴人

（初）
庚子時—司命

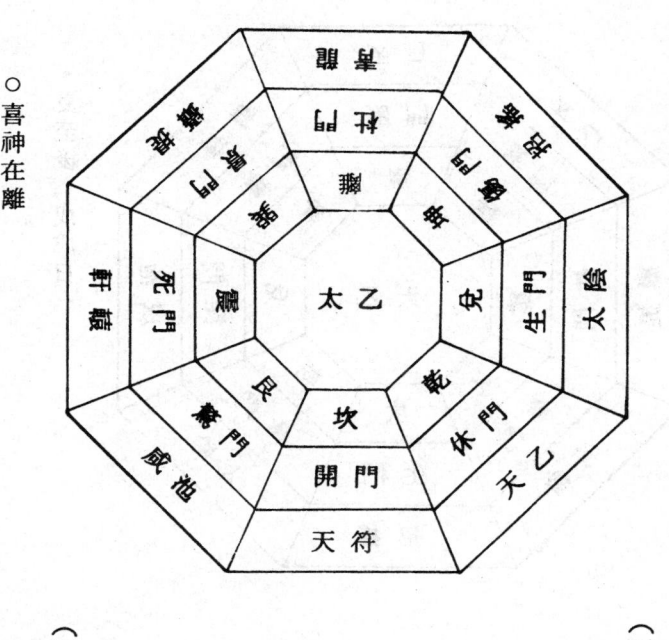

● 夏至後　丁酉日

○ 喜神在離

（正）
庚子時—司命
辛丑時—句陳
壬寅時—青龍・截空
癸卯時—明堂・截空
甲辰時—天刑
乙巳時—金匱
丙午時—朱雀
丁未時—大德
戊申時—白虎
己酉時—玉堂・貴人
庚戌時—天牢
辛亥時—玄武・貴人

（初）
壬子時—天牢・截空

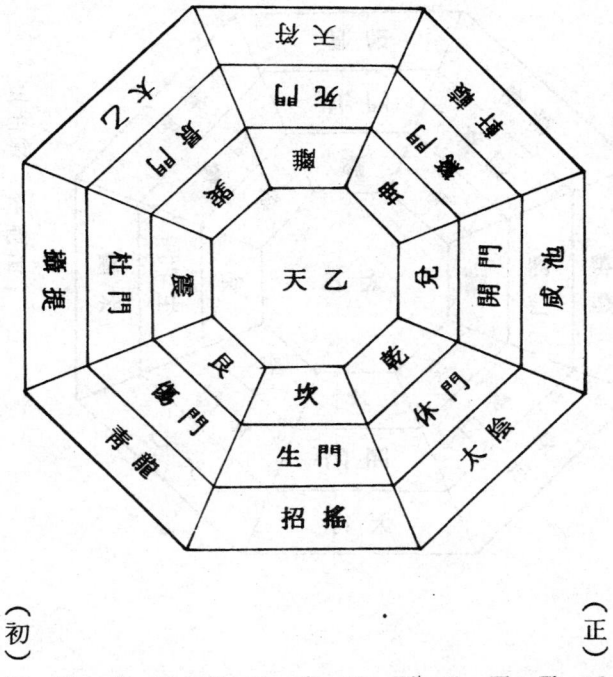

● 夏至後　戊戌日 ──

○喜神在巽

（正）
壬子時―天牢・截空
癸丑時―玄武・貴人・截空
甲寅時―司命
乙卯時―句陳
丙辰時―青龍
丁巳時―明堂
戊午時―天刑
己未時―朱雀・貴人
庚申時―金匱
辛酉時―大德
壬戌時―白虎・截空
癸亥時―玉堂・截空

（初）
甲子時―白虎

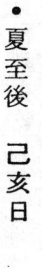

● 夏至後　己亥日

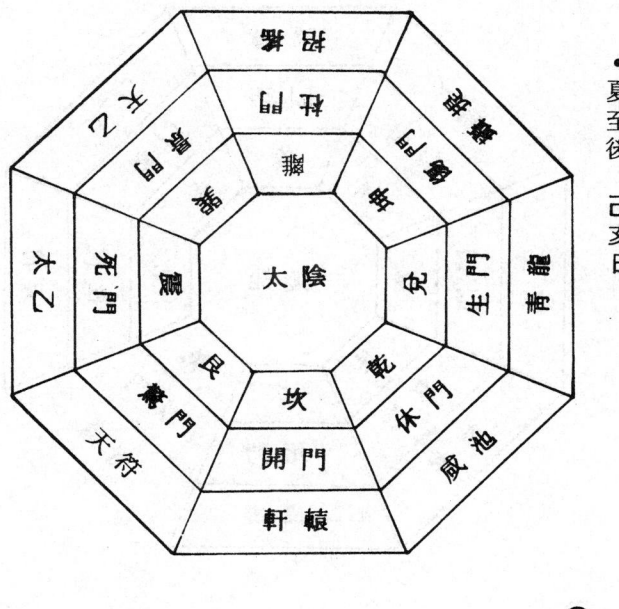

○ 喜神在艮

（正）甲子時―白虎・貴人

　　　乙丑時―玉堂

　　　丙寅時―天牢

　　　丁卯時―玄武

　　　戊辰時―司命

　　　己巳時―句陳

　　　庚午時―青龍

　　　辛未時―明堂

　　　壬申時―天刑・貴人・截空

　　　癸酉時―朱雀・截空

　　　甲戌時―金匱

　　　乙亥時―大德

（初）丙子時―金匱・貴人

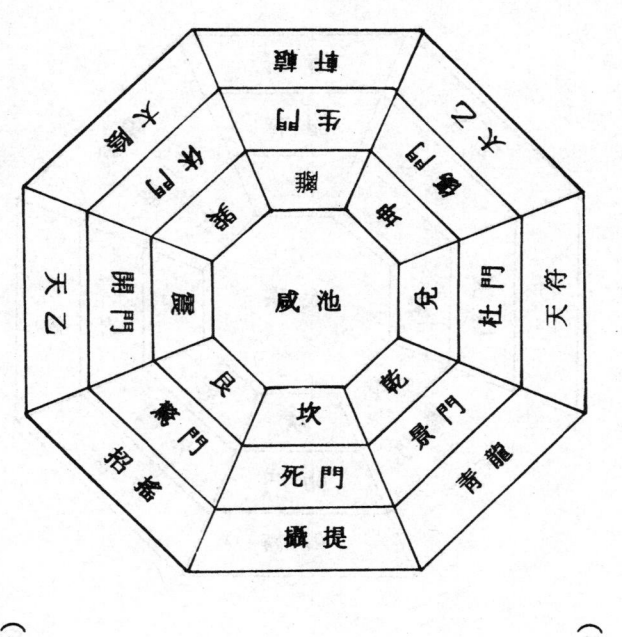

● 夏至後　庚子日

○喜神在乾

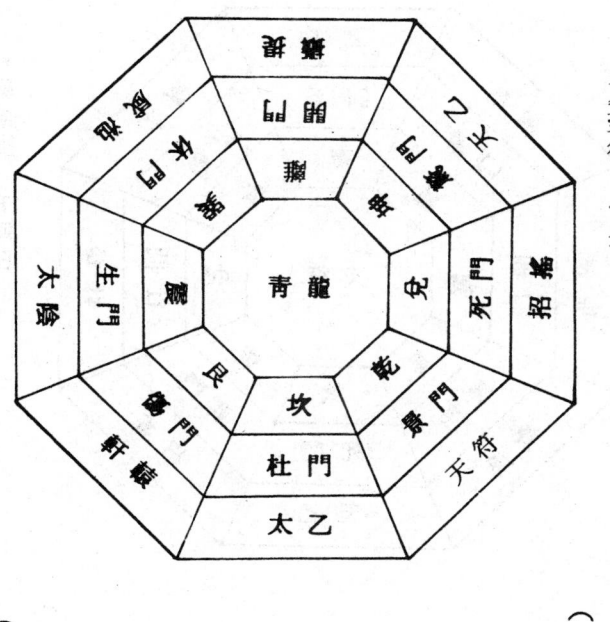

・夏至後　辛丑日

○喜神在坤

（正）
戊子時—天刑

己丑時—朱雀

庚寅時—金匱・貴人

辛卯時—大德

壬辰時—白虎・截空

癸巳時—玉堂・截空

甲午時—天牢・貴人

乙未時—玄武

丙申時—司命

丁酉時—句陳

戊戌時—青龍

己亥時—明堂

（初）
庚子時—青龍

● 夏至後　壬寅日

○ 喜神在離

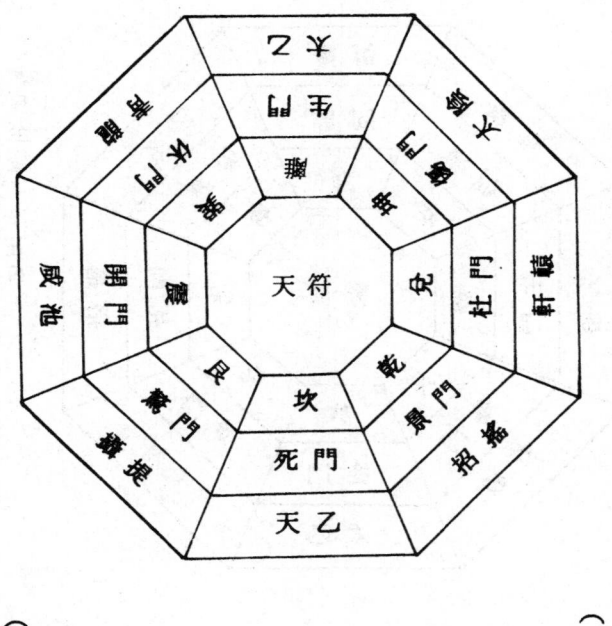

（正）
庚子時—青龍
辛丑時—明堂
壬寅時—天刑・截空
癸卯時—朱雀・貴人・截空
甲辰時—金匱
乙巳時—大德・貴人
丙午時—白虎
丁未時—玉堂
戊申時—天牢
己酉時—玄武
庚戌時—司命
辛亥時—句陳
（初）
壬子時—司命・截空

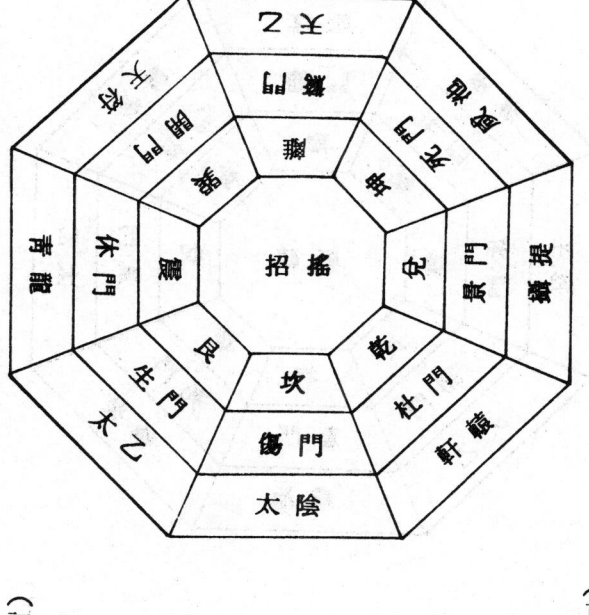

● 夏至後　癸卯日

○ 喜神在巽

（正）
壬子時―司命・截空
癸丑時―句陳・截空
甲寅時―青龍
乙卯時―明堂・貴人
丙辰時―天刑
丁巳時―朱雀・貴人
戊午時―金匱
己未時―大德
庚申時―白虎
辛酉時―玉堂
壬戌時―天牢・截空
癸亥時―玄武・截空

（初）
甲子時―天牢

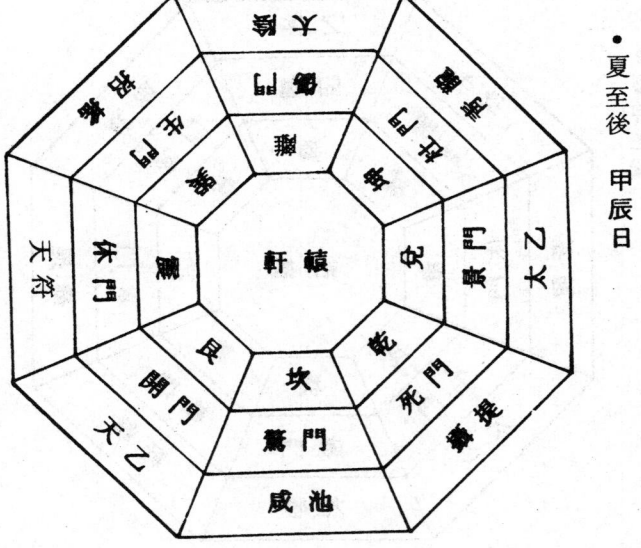

● 夏至後　甲辰日

○喜神在艮

（正）甲子時—天牢

乙丑時—玄武・貴人

丙寅時—司命

丁卯時—句陳

戊辰時—青龍

己巳時—明堂

庚午時—天刑

辛未時—朱雀・貴人

壬申時—金匱・截空

癸酉時—大德・截空

甲戌時—白虎

乙亥時—玉堂

（初）丙子時—白虎

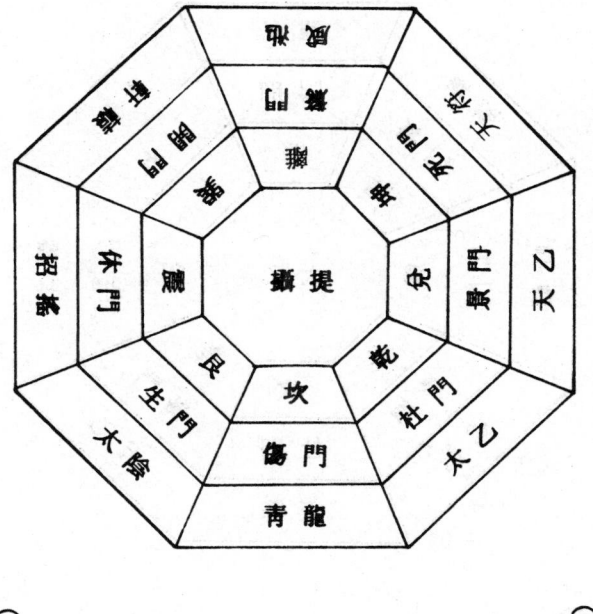

○ 喜神在乾

（正）
丙子時―白虎・貴人
丁丑時―玉堂
戊寅時―天牢
己卯時―玄武
庚辰時―司命
辛巳時―句陳
壬午時―青龍・截空
癸未時―明堂・截空
甲申時―天刑・貴人
乙酉時―朱雀
丙戌時―金匱
丁亥時―大德

（初）
戊子時―金匱・貴人

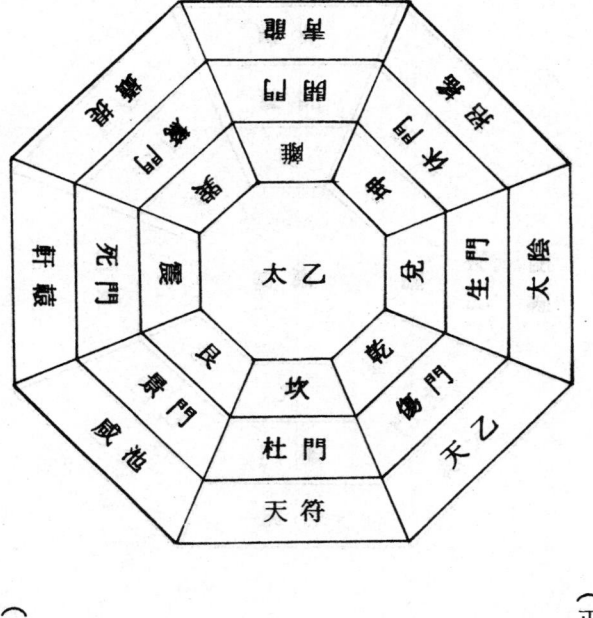

● 夏至後　丙午日

○ 喜神在坤

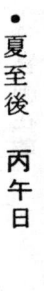

（正）戊子時—金匱

己丑時—大德

庚寅時—白虎

辛卯時—玉堂

壬辰時—天牢・截空

癸巳時—玄武・截空

甲午時—司命

乙未時—句陳

丙申時—青龍

丁酉時—明堂・貴人

戊戌時—天刑

己亥時—朱雀・貴人

（初）庚子時—天刑

－772－

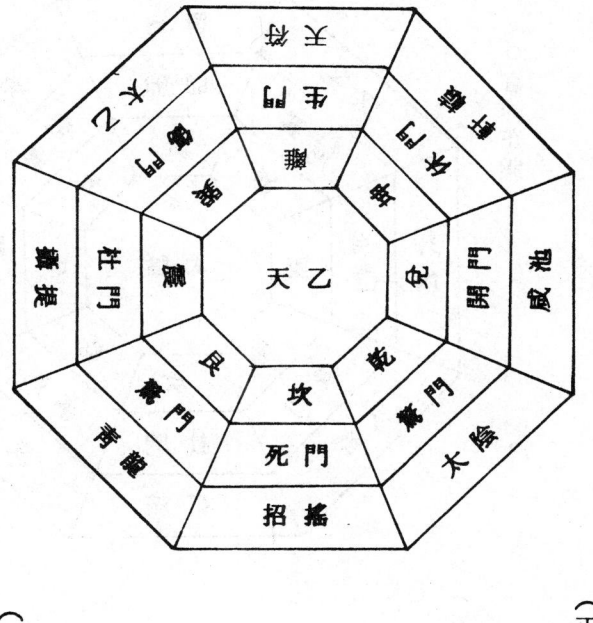

○喜神在離

•夏至後　丁未日

（正）庚子時—天刑

辛丑時—朱雀

壬寅時—金匱・截空

癸卯時—大德・截空

甲辰時—白虎

乙巳時—玉堂

丙午時—天牢

丁未時—玄武

戊申時—司命

己酉時—句陳・貴人

庚戌時—青龍

辛亥時—明堂・貴人

（初）壬子時—青龍・截空

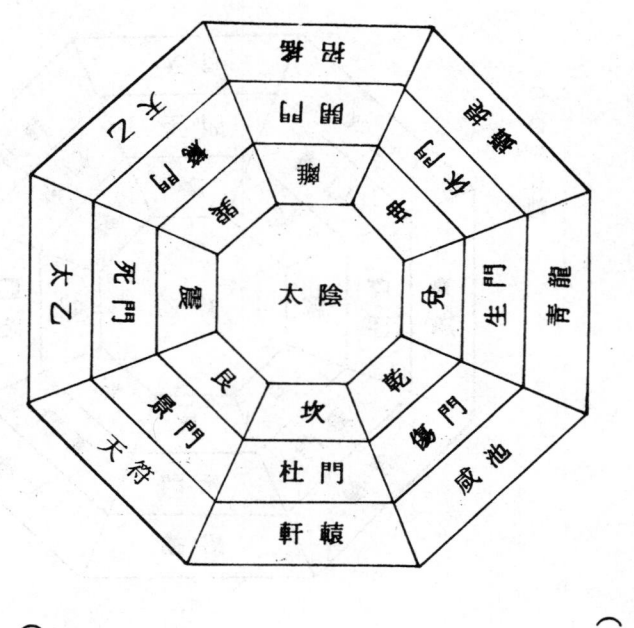

● 夏至後　戊申日

○喜神在巽

（正）

壬子時—青龍・截空

癸丑時—明堂・貴人

甲寅時—天刑

乙卯時—朱雀

丙辰時—金匱

丁巳時—大德

戊午時—白虎

己未時—玉堂・貴人

庚申時—天牢

辛酉時—玄武

壬戌時—司命・截空

癸亥時—句陳・截空

（初）

甲子時—司命

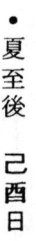

● 夏至後　己酉日

○喜神在艮

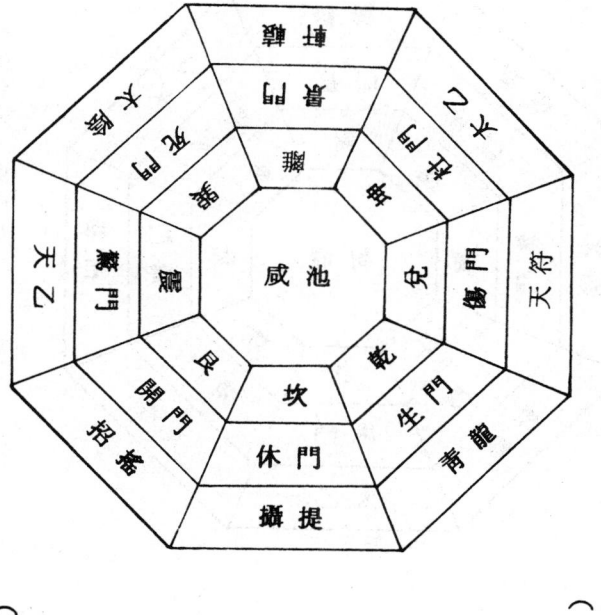

（正）甲子時—司命・貴人

乙丑時—句陳

丙寅時—青龍

丁卯時—明堂

戊辰時—天刑

己巳時—朱雀

庚午時—金匱

辛未時—大德

壬申時—白虎・貴人・截空

癸酉時—玉堂・截空

甲戌時—天牢

乙亥時—玄武

（初）丙子時—天牢・貴人

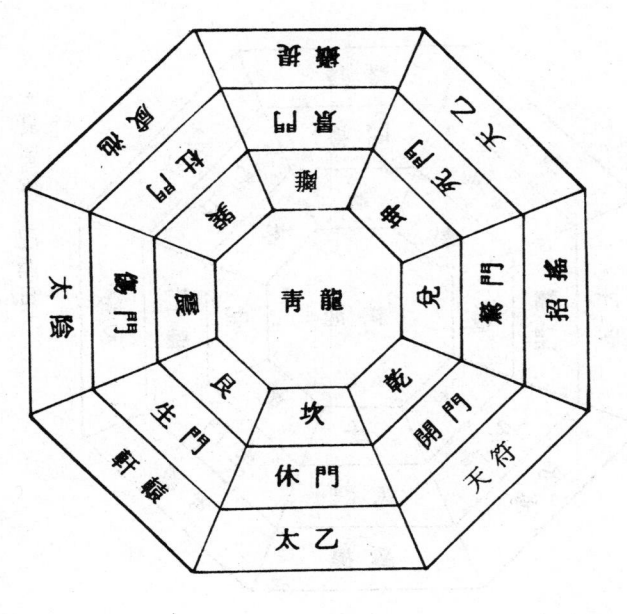

● 夏至後　庚戌日

○ 喜神在乾

（正）丙子時—天牢

丁丑時—玄武・貴人

戊寅時—司命

己卯時—句陳

庚辰時—青龍

辛巳時—明堂

壬午時—天刑・截空

癸未時—朱雀・貴人・截空

甲申時—金匱

乙酉時—大德

丙戌時—白虎

丁亥時—玉堂

（初）戊子時—白虎

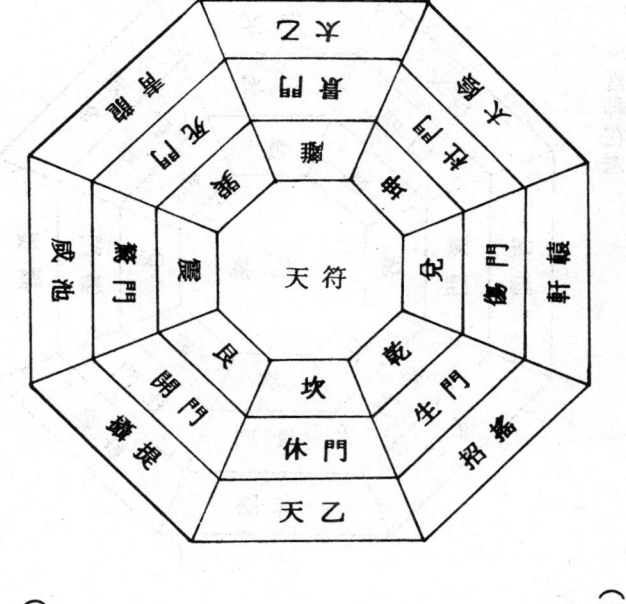

● 夏至後　辛亥日

○喜神在坤

（正）戊子時―白虎
己丑時―玉堂
庚寅時―天牢・貴人
辛卯時―玄武
壬辰時―司命・截空
癸巳時―句陳・截空
甲午時―青龍・貴人
乙未時―明堂
丙申時―天刑
丁酉時―朱雀
戊戌時―金匱
己亥時―大德
（初）庚子時―金匱

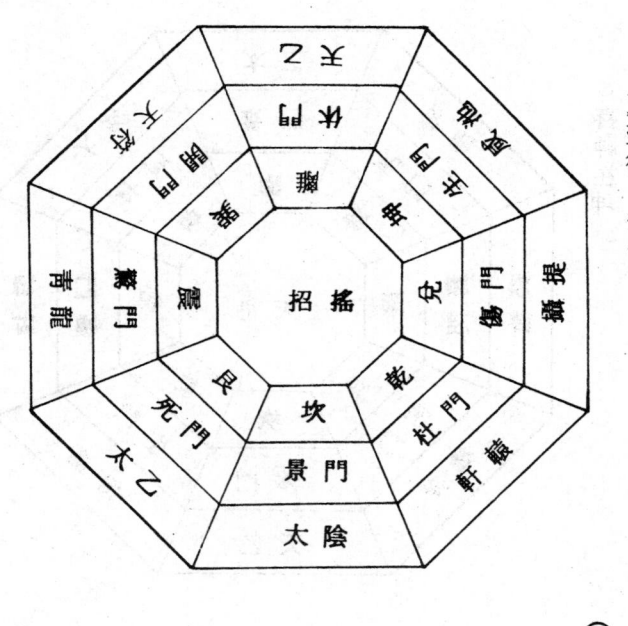

• 夏至後　壬子日

○喜神在離

（正）庚子時―金匱

辛丑時―大德

壬寅時―白虎・截空

癸卯時―玉堂・貴人

甲辰時―天牢

乙巳時―玄武・貴人・截空

丙午時―司命

丁未時―句陳

戊申時―青龍

己酉時―明堂

庚戌時―天刑

辛亥時―朱雀

（初）壬子時―天刑・截空

― 778 ―

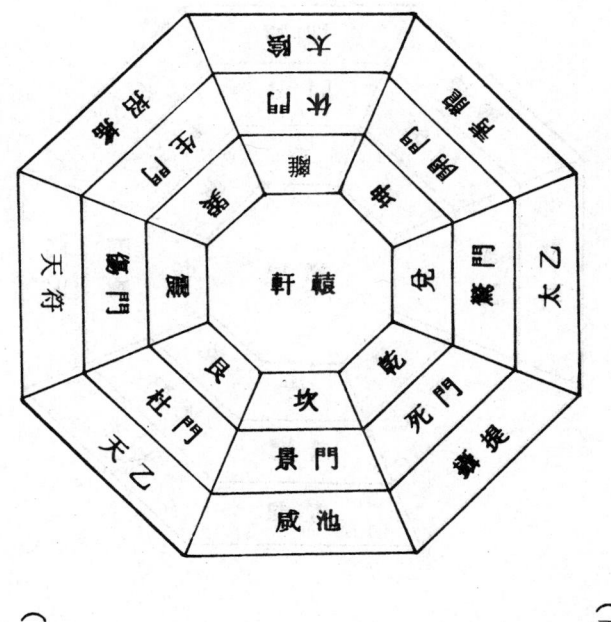

● 夏至後　癸丑日

○ 喜神在巽

（正）
壬子時—天刑・截空
癸丑時—朱雀・截空
甲寅時—金匱
乙卯時—大德・貴人
丙辰時—白虎
丁巳時—玉堂・貴人
戊午時—天牢
己未時—玄武
庚申時—司命
辛酉時—句陳
壬戌時—青龍・截空
癸亥時—明堂・截空

（初）
甲子時—青龍

○ 喜神在艮

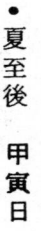
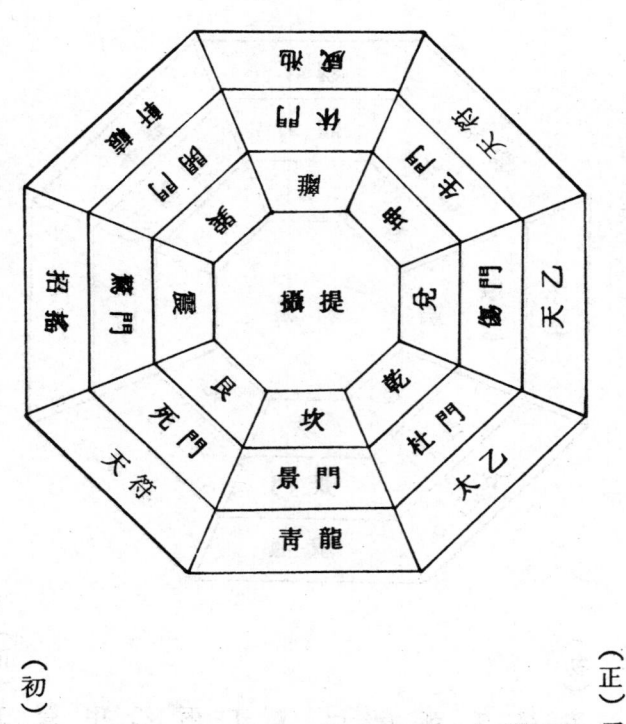

（正）
甲子時―青龍
乙丑時―明堂・貴人
丙寅時―天刑
丁卯時―朱雀
戊辰時―金匱
己巳時―大德
庚午時―白虎
辛未時―玉堂・貴人
壬申時―天牢・截空
癸酉時―玄武・截空
甲戌時―司命
乙亥時―句陳

（初）
丙子時―司命

● 夏至後　乙卯日

○喜神在乾

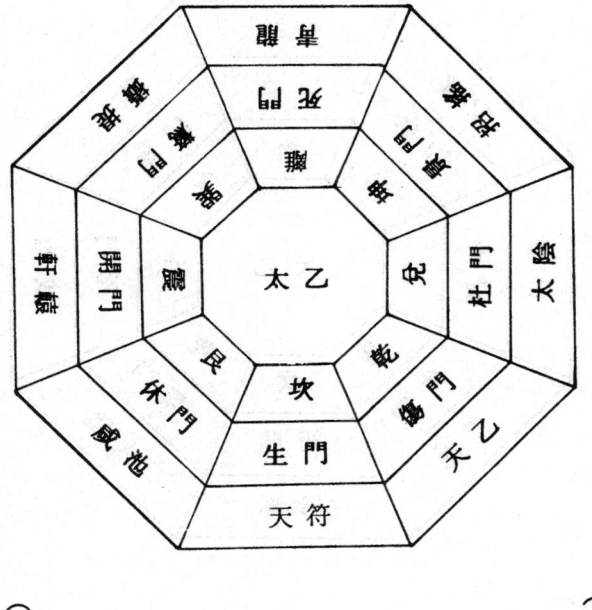

（正）丙子時—司命・貴人
丁丑時—句陳
戊寅時—青龍
己卯時—明堂
庚辰時—天刑
辛巳時—朱雀
壬午時—金匱・截空
癸未時—大德・截空
甲申時—白虎・貴人
乙酉時—玉堂
丙戌時—天牢
丁亥時—玄武

（初）戊子時—天牢・貴人

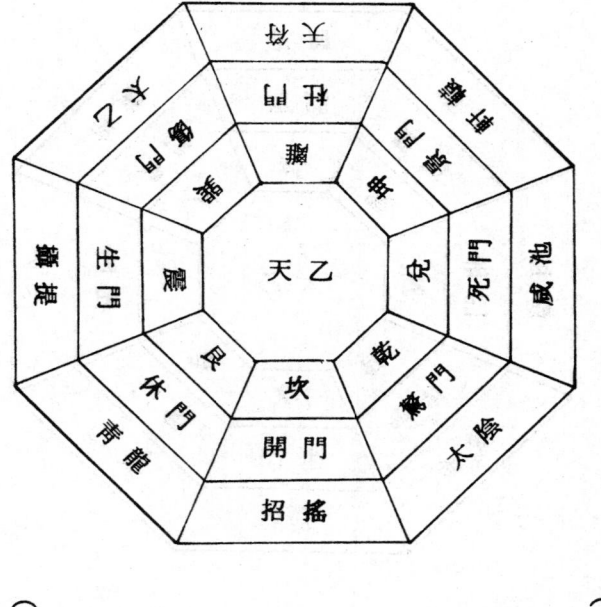

● 夏至後　丙辰日

○喜神在坤

（正）戊子時—天牢
　　　己丑時—玄武
　　　庚寅時—司命
　　　辛卯時—句陳
　　　壬辰時—青龍・截空
　　　癸巳時—明堂・截空
　　　甲午時—天刑
　　　乙未時—朱雀
　　　丙申時—金匱
　　　丁酉時—大德・貴人
　　　戊戌時—白虎
　　　己亥時—玉堂・貴人
（初）庚子時—白虎

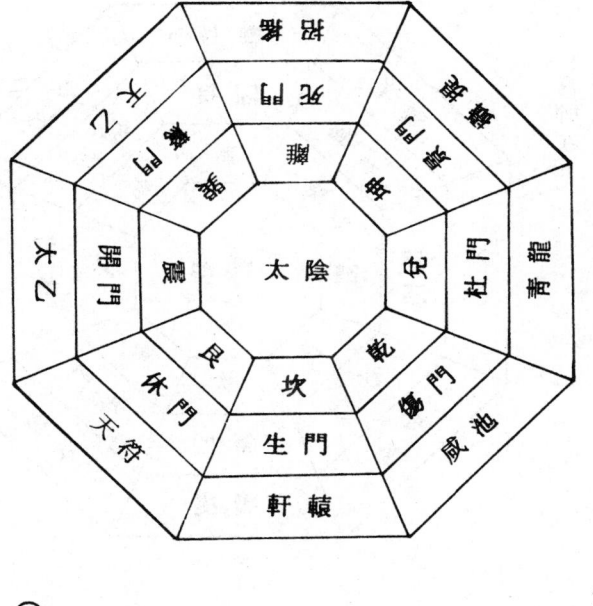

● 夏至後　丁巳日

○ 喜神在離

（正）

庚子時―白虎

辛丑時―玉堂

壬寅時―天牢・截空

癸卯時―玄武・截空

甲辰時―司命

乙巳時―句陳

丙午時―青龍

丁未時―明堂

戊申時―天刑

己酉時―朱雀・貴人

庚戌時―金匱

辛亥時―大德・貴人

（初）

壬子時―金匱・截空

● 夏至後　戊午日

○喜神在巽

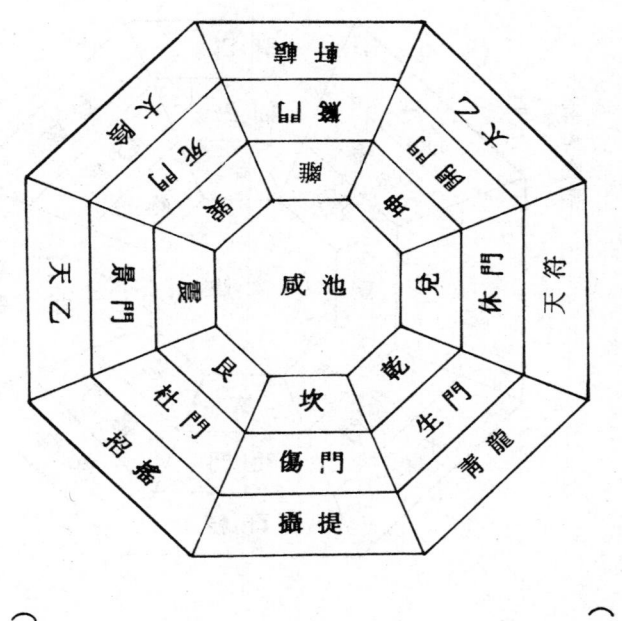

（正）
壬子時—金匱・截空
癸丑時—大德・貴人・截空
甲寅時—白虎
乙卯時—玉堂
丙辰時—天牢
丁巳時—玄武
戊午時—司命
己未時—句陳・貴人・
庚申時—青龍
辛酉時—天刑・截空
壬戌時—明堂
癸亥時—朱雀・截空

（初）
甲子時—天刑

○喜神在艮

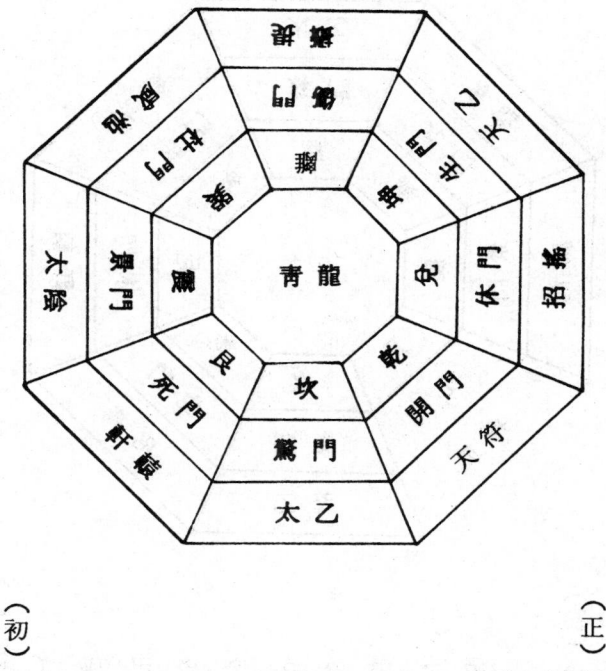

（正）
甲子時—天刑・貴人
乙丑時—朱雀
丙寅時—金匱
丁卯時—大德
戊辰時—白虎
己巳時—玉堂
庚午時—天牢
辛未時—玄武
壬申時—司命・貴人・截空
癸酉時—句陳・截空
甲戌時—青龍
乙亥時—明堂
（初）
丙子時—青龍・貴人

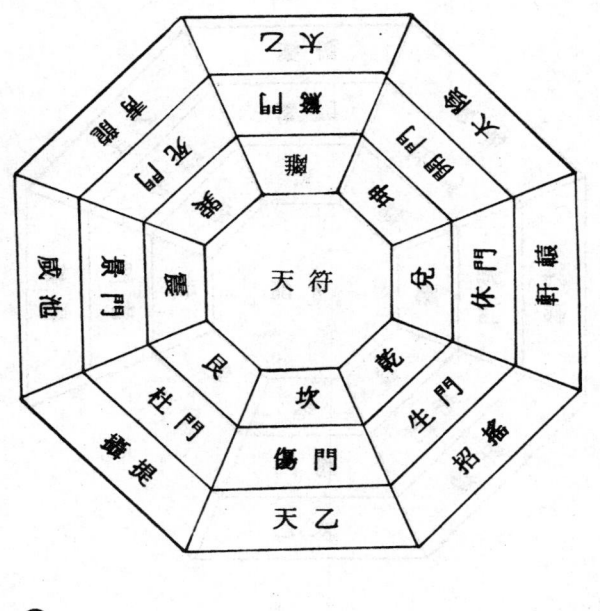

● 夏至後　庚申日

○ 喜神在乾

（正）

丙子時—青龍

丁丑時—明堂・貴人

戊寅時—天牢

己卯時—朱雀

庚辰時—金匱

辛巳時—大德

壬午時—白虎・截空

癸未時—玉堂・貴人・截空

甲申時—天牢

乙酉時—玄武

丙戌時—司命

丁亥時—句陳

（初）

戊子時—司命

○喜神在坤

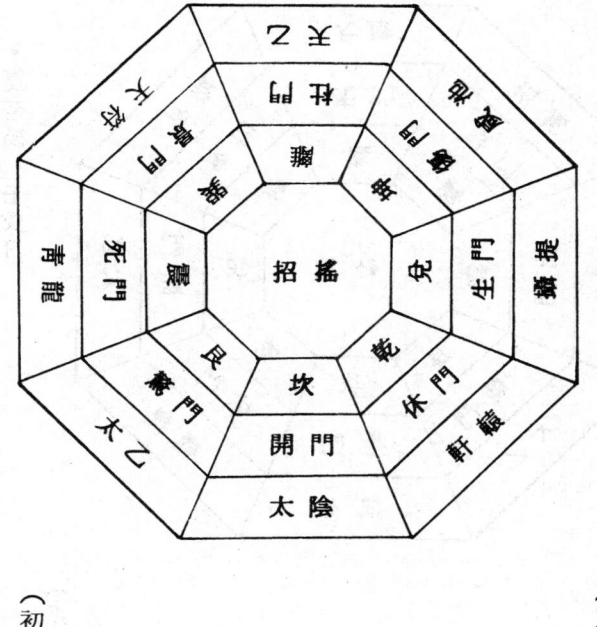

（正）戊子時—司命

己丑時—句陳

庚寅時—青龍・貴人

辛卯時—明堂

壬辰時—天刑・截空

癸巳時—朱雀・截空

甲午時—金匱・貴人

乙未時—大德

丙申時—白虎

丁酉時—玉堂

戊戌時—天牢

己亥時—玄武

（初）庚子時—天牢

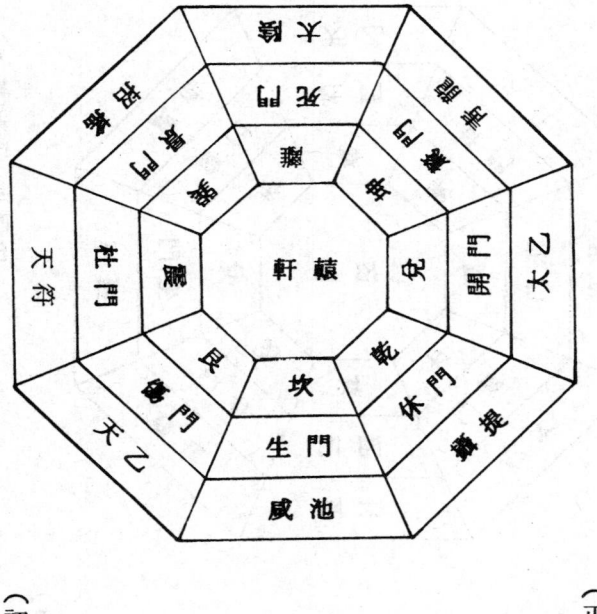

● 夏至後　壬戌日

○ 喜神在離

（正）
庚子時—天牢

辛丑時—玄武

壬寅時—司命・截空

癸卯時—句陳・貴人・截空

甲辰時—青龍

乙巳時—明堂・貴人

丙午時—天刑

丁未時—朱雀

戊申時—金匱

己酉時—大德

庚戌時—白虎

辛亥時—玉堂

（初）
壬子時—白虎・截空

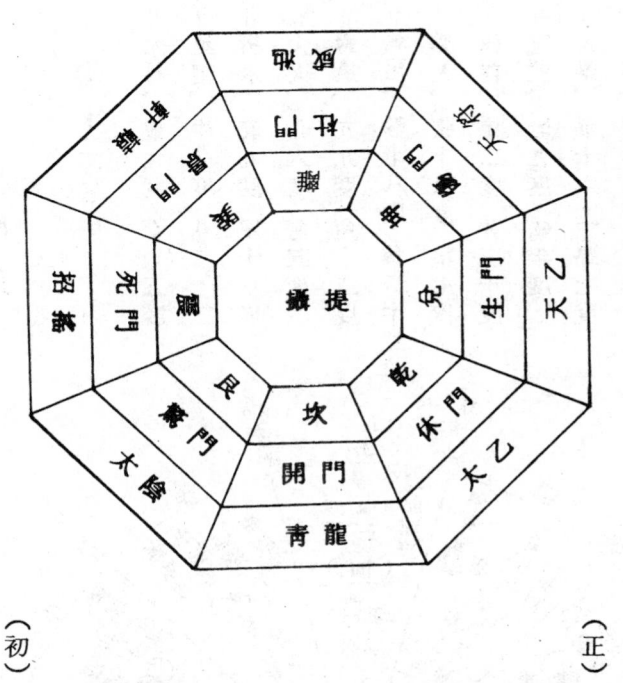

○ 喜神在巽

（正）
壬子時—白虎・截空
癸丑時—玉堂・截空
甲寅時—天牢
乙卯時—玄武・貴人
丙辰時—司命
丁巳時—句陳・貴人
戊午時—青龍
己未時—明堂
庚申時—天刑
辛酉時—朱雀
壬戌時—金匱・截空
癸亥時—大德・截空

（初）
甲子時—金匱

一、原理

① 十二宮分野

子＝元枵、　虛九度　女十五度
丑＝星紀、　牛七度　斗二十三度
寅＝析木、　箕九度　尾十八度
卯＝大火、　心六度　房五度
辰＝壽星、　亢九度　角十二度
巳＝鶉尾、　軫十八度　翼二十度
午＝鶉火、　張十八度　星七度
未＝鶉首、　鬼二度　井三十度
申＝寬沈、　參九度　觜半度
酉＝大梁、　畢十六度　昴七度
戌＝降婁、　婁十二度　奎十七度
亥＝娵訾、　室九度　壁九度

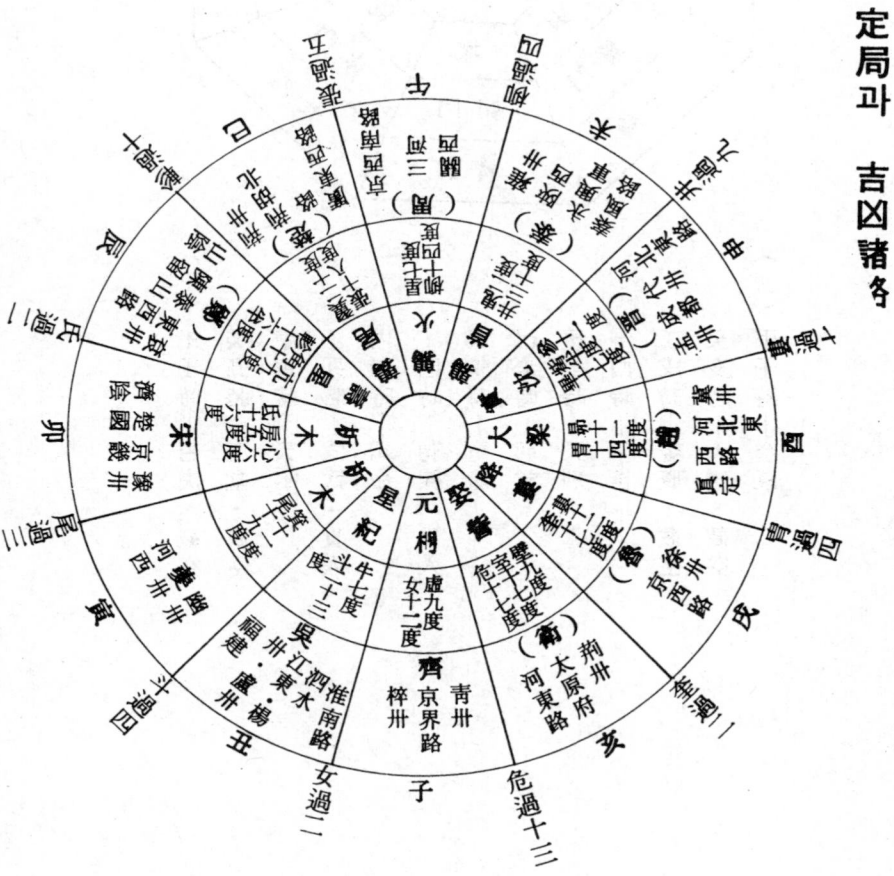

이상의 十二宮分野에는 齊·淸州 梓州·吳 淮南·泗水 江東 등의 中國地名이 記載되었으나 이는 中國本土를 기준하여 十二宮에 地域을 배치한 것이므로 우리 韓國의 地理條件과는 하등의 관련이 없어 地名을 삭제하였다.

그리고 下에 十二宮分野圖가 있는데 그 마찬가지로 地名이 中國으로 되어 記載할 필요가 없겠기에 本文에는 있으나 收錄하지 않는다. 그러므로 十二宮分野와 十二宮圖는 사실상 같아야 하는데도 약간씩 차이점이 있어 의문이 간다.

② 河圖·洛書

○ 河圖

伏羲氏때에 龍馬가 이 그림을 지고 河(黃河)에서 나왔다 하는데 그 原理는 이러하다.

天一이 生壬水하여 北에 居하매 地六癸水가 合成하고、天三이 生甲木하여 東에 居하매 地八乙木이 合成하고、天五가 戊陽土를 生하여 中央에 居하매 地十己陰土가 合成하고、天七이 丙陽火를 生하여 南에 居하매 地二丁陰火와 合成하고、天九가 庚陽金을 生하여 西에 居하매 地四辛金이 合成하였으니 甲乙丙丁戊己庚辛壬癸의 十干(天干)이 이에서 나왔다. 一三五七九의 陽數는 生數라하고 二四六八十의 陰數는 成數라하여 陰陽과 數의 奇偶

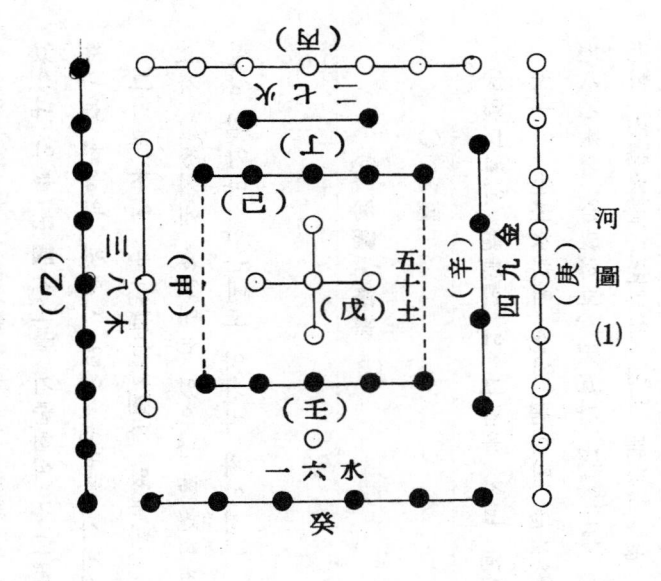

河圖 (1)

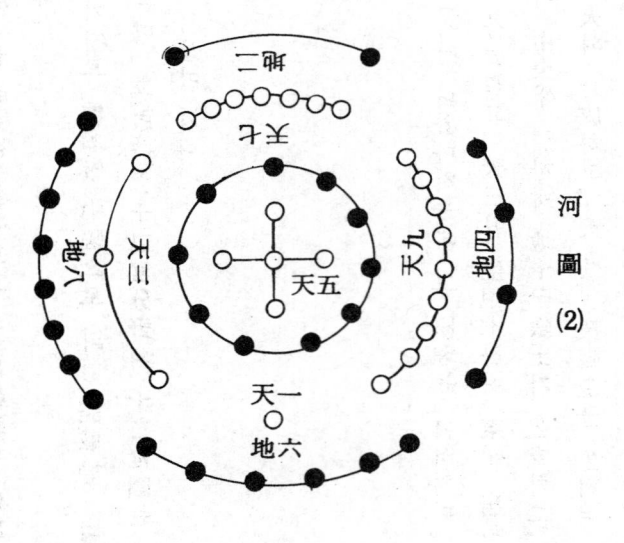

河圖 (2)

巽 四綠 (辰巳)	離 九紫 (午)	坤 二黑 (未申)
震 三碧 (卯)	五黃 (中)	兌 七赤 (酉)
艮 八白 寅丑	坎 一白 子	乾 六白 戌亥

가 生成하여 각각 위치를 定함이다。

天數(奇數 一三五七九)의 合이 二十五요、地數(偶數二四六八十)의 合이 三十이니

合이 五十五다。伏羲氏는 이 河圖를 보고 先天八卦를 그렸으니 이것이 天地造化에 의한

萬象의 절대불변하는 體인 것이다。

○ 洛書

夏의 禹王때에 神龜가 洛水에서 아래와 같은 그림을 지고 나왔는데 그 義는 이러하다。

離九火를 이고(戴)、坎水一을 밟고 왼편은 震木三이오 오른편은 兌金七이며、坤土二

는 오른편 어깨요、巽木四는 왼편 어깨에 있고、乾金六은 오른편 발이오、艮土八은 왼편

발에 위치하고、土五는 中央에 居하였으니 一三七九의 天陽數는 子午卯酉 四正에 있고、二

四六八의 地陰數는 艮坤乾巽의 四維方에 위치하였다。이 義를 또한 분석하면 一白이 子

에、二黑이 未申宮에、三碧이 卯宮、四綠이 辰巳、五黃이

中宮、六白이 戌亥、七赤이 酉、八白이 丑寅、九紫가 午宮

에 위치하여 이것이 바로 九宮의 基本原理가 된 셈이다。

이 九宮을 卦에 배합하면 坎이 一宮이오 坤이 二宮、震이

三宮、巽이 四宮、中이 五宮、乾이 六宮、兌가 七宮、艮이

八宮、離가 九宮이니 八門方과 九宮·九星이 이 洛書의 義

에서 나온 것이다。그리하여 冬至後 陽遁은 九宮을 順行

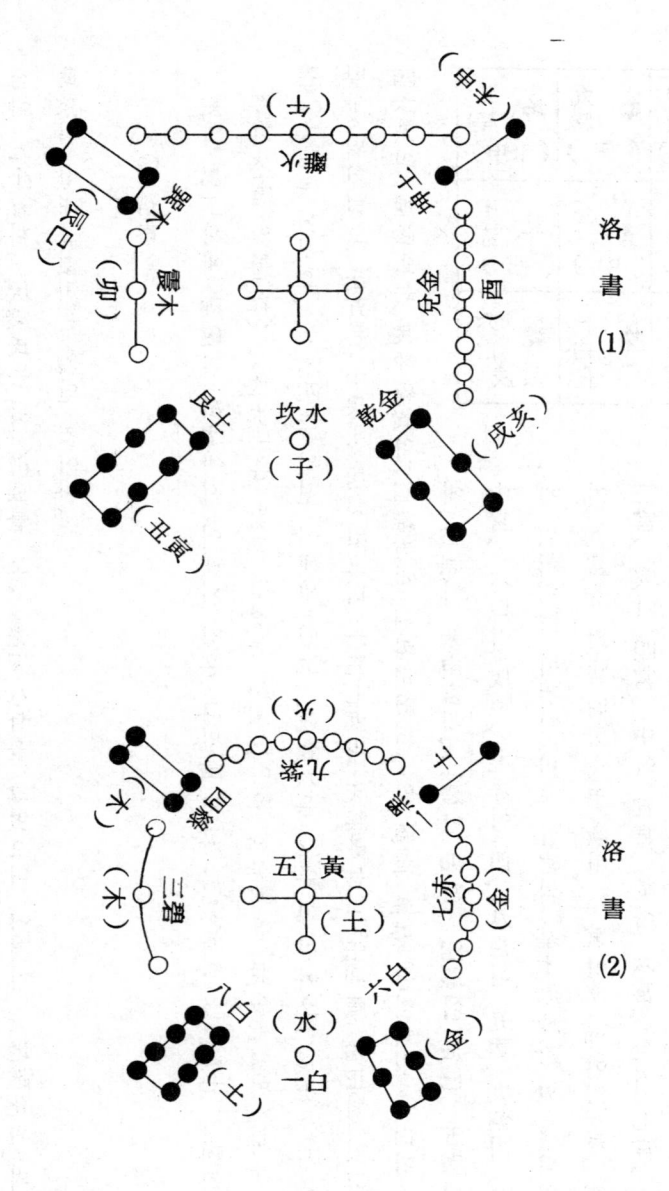

洛書(1)

洛書(2)

先天은 宇宙萬象의 本體요、後天은 萬物萬象이 변화하는 用이다。河圖가 先天의 體라면 洛書는 後天의 用을 나타낸 것이니 儀義는 河圖로 先天八卦를 그렸고、文王은 洛書로서 後天八卦를 그려 비로소 宇宙와 萬象이 生成死滅 변화하는 體用이 體係的인 定立을 이룩한 것이라 하겠다。

伏義의 先天圖는 乾이 上、坤이 下이니 乾坤으로 天地의 위치가 정해지고、西北間에 있는 艮은 山이오、東南間에 있는 兌는 못(澤)이니 山과 못이 기운을 통한다 함이오 東北間의 震은 우뢰요、西南間의 巽은 바람인데 우뢰와 바람이 서로 부딪친다。함이며

③ 先後天八卦圖

하고、夏至後 陰遁에는 九宮順을 逆行하니 夏의 禹王이 이 원리를 적용 水土를 (治水) 평정하고、箕子는 이로써 洪範九疇를 만들었으며、周의 文王은 이 원리로 後天八卦를 작성하여 周易이며 奇門遁甲 등 神妙莫測한 모든 法과 王政의 敎化、兵法 陣法이며、出行、造葬、婚姻 등 인간백사를 모두 이 原理를 根으로 삼지 않은 것이 없으니 그 妙用은 실로 크다 아니할 수 없는 것이다。

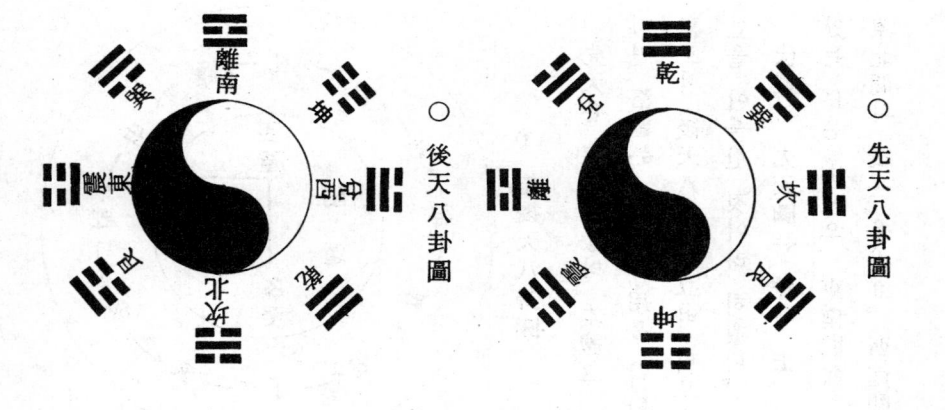

○ 先天八卦圖

○ 後天八卦圖

西의 坎은 물이요、東의 離는 불인데 물과 불이 서로
충돌하지 않는다 하는 것이다.

後天八卦는 周의 文王이 創作한 것이라 한다。天地
萬物을 창조하고 주재하는 하느님 (즉 造物主) 은 맨
처음 만물이 始生하는 봄에 東쪽 震方에서 나와 봄과
여름이 교체되는 東南間 巽方에서 南쪽 離方에서 生成되는 만물을 정
돈하고、만물이 무성하는 여름에 南쪽 離方에서 형체
가다 발달된 것을 보고、여름과 가을이 교체되는 때
西南間 坤方에서 일을 하여 만물을 양성해 놓고、만물
이 結實하는 西쪽 兌方에서 收穫되는 것을 기뻐하고、
가을과 겨울이 교체되는 때 西北間 乾方에서 陰陽 두
기운이 交戰하는 것을 조화시키고、만물이 휴식하고
歸藏되는 겨울에 北쪽 감방에서 수고하고、겨울과 봄
이 교체되는때 東北間 艮方에서 이미 死滅된 만물이
다시 새싹이 이룩되도록 한다。

二、定局

① 天門·地戶

天門은 十二神將의 太冲、小吉、從魁를 쓰니 이르되 天三門이오, 地戶는 建除十二神

가운데 除·危·定·開를 쓰니 즉 地四戶라 한다.

○ 十二神將

子神后、丑大吉、寅工曹、卯太冲、辰天罡、巳太乙、午勝光、未小吉、申傳送、酉從魁、

戌河魁 亥登明

이상은 十二支에 속한 十二神將인데 天月將(月에 속한)은 다음과 같다.

正月—雨水後 登明將、 二月—春分後 河魁將、 三月—穀雨後 從魁將

四月—小滿後 傳送將、 五月—夏至後 小吉將、 六月—大暑後 勝光將

七月—處暑後 太乙將、 八月—秋分後 天罡將、 九月—霜降後 太冲將

十月—小雪後 工曹將、 十一月—冬至後 大吉將、 十二月—大寒後 神后將

(節氣日 時間까지 계산해야 한다)

用法은 月將神을 用時(어떤 일을 시작하는 시간)에 붙여 十二神將과 十二支의

차서대로 順行하여 太冲·小吉 從魁가 닿으면 이것이 바로 天三門이다. 가령 四月 小

滿後 辰時에 出行한다면 四月 小滿後는 傳送이다. 이 傳送을 辰에 붙여 順行하면 巳

에 從魁、午에 河魁、未에 登明、申에 神后、酉에 大吉、戌에 功曹、亥에 太冲、子에 天罡、丑에 太乙、寅에 勝光、卯에 小吉이다。그러므로 이 例는 巳(從魁)、亥(太冲)、卯(小吉) 宮이 天三門의 길격이다。

○ 建除十二神

正月(立春後)는 寅、二月(驚蟄後)은 卯、三月(清明後)은 辰、四月(立夏後)은 巳、五月(芒種後)은 午、六月(小暑後)은 未、七月(立秋後)은 申、八月(白露後)은 酉、九月(寒露後)은 戌、十月(立冬後)은 亥、十一月(大雪後)은 子、十二月(小寒後)은 丑에 建을 붙여 除・滿・平・定・執・破・危・成・收・開・閉의 차서로 十二支를 順行한다。다음 一覽表를 참고하라。

閉	開	收	成	危	破	執	定	平	滿	除	建	區分
小寒後	大雪後	立冬後	寒露後	白露後	立秋後	小暑後	芒種後	立夏後	清明後	驚蟄後	立春後	月別
丑	子	亥	戌	酉	申	未	午	巳	辰	卯	寅	正
寅	丑	子	亥	戌	酉	申	未	午	巳	辰	卯	二
卯	寅	丑	子	亥	戌	酉	申	未	午	巳	辰	三
辰	卯	寅	丑	子	亥	戌	酉	申	未	午	巳	四
巳	辰	卯	寅	丑	子	亥	戌	酉	申	未	午	五
午	巳	辰	卯	寅	丑	子	亥	戌	酉	申	未	六
未	午	巳	辰	卯	寅	丑	子	亥	戌	酉	申	七
申	未	午	巳	辰	卯	寅	丑	子	亥	戌	酉	八
酉	申	未	午	巳	辰	卯	寅	丑	子	亥	戌	九
戌	酉	申	未	午	巳	辰	卯	寅	丑	子	亥	十
亥	戌	酉	申	未	午	巳	辰	卯	寅	丑	子	十一
子	亥	戌	酉	申	未	午	巳	辰	卯	寅	丑	十二

○ 天氣將

正月—雨水後壬　二月—春分後乾　三月—清明後戌　四月—小滿後庚

五月—芒種後申　六月—小暑後未　七月—立秋後午　八月—白露後巳

九月—寒露後辰　十月—立冬後卯　十一月—大雪後寅　十二月—小寒後丑

○ 地氣將

正月—立春後子　二月—驚蟄後亥　三月—清明後戌　四月—立夏後酉

五月—芒種後申　六月—小暑後未　七月—立秋後午　八月—白露後巳

九月—寒露後辰　十月—立冬後卯　十一月—大雪後寅　十二月—小寒後丑

十二神將圖

巳 太乙·騰蛇	午 勝光·朱雀	未 小吉·太常	申 傳送·白虎
辰 正罡·句陳	上은 將		酉 從魁·太陰
卯 太冲·六合	下는 神		戌 河魁·天空
寅 功曹·青龍	丑 大吉·天乙	子 神后·天后	亥 登明·元武

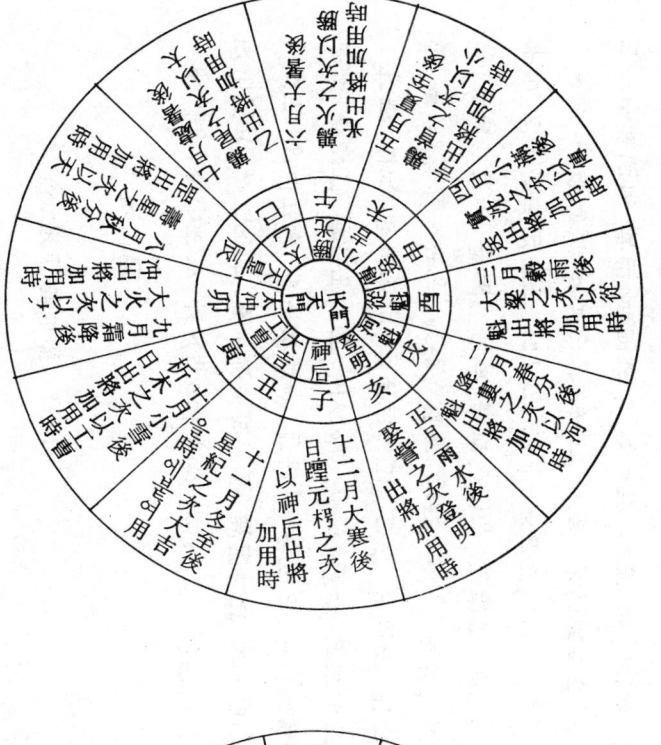

天三門圖

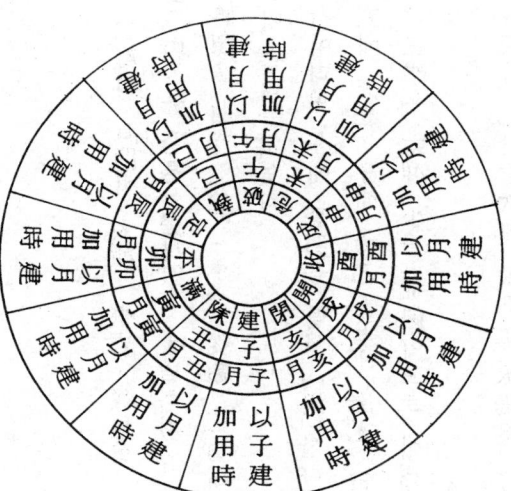

地四戶圖

正月—娵訾之次（亥）　二月—降婁之次（戌）　三月—大梁之次（酉）

四月—實沈之次（申）　五月—鶉首之次（未）　六月—鶉火之次（午）

七月—鶉尾之次（巳）　八月—壽星之次（辰）　九月—大火之次（卯）

十月—析木之次（寅）　十一月—星紀之次（丑）　十二月—元枵之次（子）

② 天門地戸論

○ 天三門

天乙이 會合하면 女人이 私淫을 통한다. 乙丙丁 三奇와 吉門이 太冲·小吉·從魁의

天三門과 합하거나 除·危·定·開 地四戸와 합하면 出入은 물론 遠行에도 大吉하다.

歌에 이르기를 『本月將을 時支에 加하여 十二月將順을 順行 太冲·小吉 從魁 三方에

닿는 방위가 吉하며, 이 三方은 특히 禍를 피하는데 좋다』하였다.

가령 正月 雨水後는 登明將이다. 만약 午時서 出行이라면 午에 登明을 붙여 順行한다.

즉 未에 神后·申에 大吉, 酉에 功曹, 戌에 太冲, 亥에 天罡, 子에 太乙, 丑에 勝光, 寅

에 小吉, 卯에 傳送, 辰에 從魁, 巳에 河魁가 된다. 三門은 太冲 小吉 從魁이므로 이경

우는 戌·寅·辰方이 吉方이 되는 것이다.

또는 太陽過宮을 보아야 한다. 가령 大寒後日에 日辰이 元枵之次에 닿으면 太陽은 子

다. 子神后로 神后를 用하는 時支에 붙여 順行으로 天三門 (太冲·小吉·從魁)을 찾아내

야 한다

○ 地四戸

月建으로 用時에 起하여 順行한다. 가령 正月 (立春後) 未時에 用事한다면 未에 建을

붙여 十二神을 順行한다. 즉 未에 建, 申에 除, 酉에 滿, 戌에 平, 亥에 定, 子에 執,

丑에 破、寅에 危、卯에 成、辰에 收、巳에 開、午에 閉가 되니 地四門은 除定危開라

申(除)・亥(定)・寅(危)・巳에 地四戶가 된다。여기에 乙丙丁 三奇가 임하면 대

길하고 다시 開・休・生門의 三吉門을 얻으면 더욱 아름답다。

③ 地私門

六合・太陰・太常을 地私門이라 한다。

○ 貴人法

十二貴人＝丑貴人　巳騰蛇　午朱雀　卯六合　辰句陳　寅靑龍　戌天空　申白虎　未太常

子玄武　酉太陰　亥天后

天乙貴人＝甲戊庚丑未　乙己子申　丙丁亥酉　辛寅午　壬癸巳卯

甲	乙	丙	丁	戊	己	庚	辛	壬	癸
陽貴未	申	酉	亥	丑	子	丑	寅	卯	巳
陰貴丑	子	亥	酉	未	申	未	午	巳	卯

內盤의 乙巽丙丁坤庚은 朝貴를 用하고 辛乾壬癸艮甲은 暮貴를 用한다。그리고 外盤의

亥로부터 辰까지는 陽貴 소속이니 順行함이 옳고、巳로부터 戌까지는 陰貴 소속이니 逆

行한다。

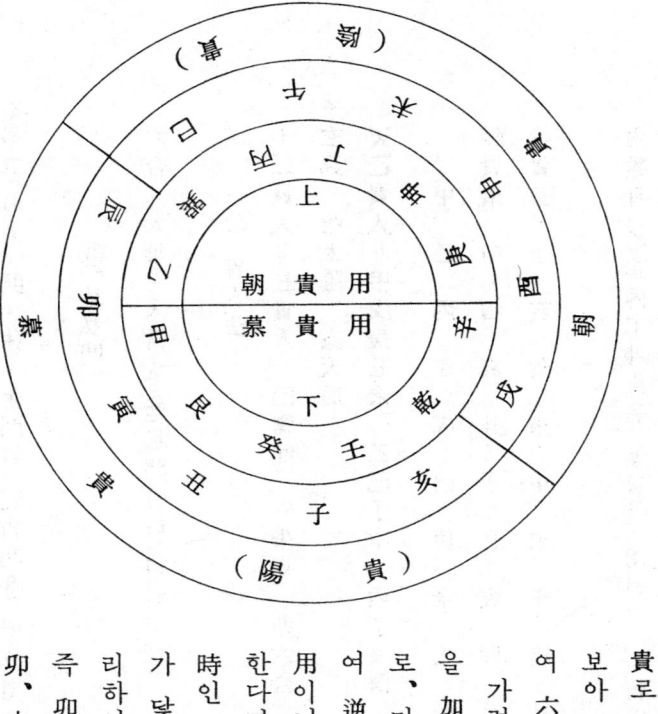

가령 正月 雨水後는 太陽이 娵訾之次에 있다

正月將은 亥登明이니 亥를 用時上에 붙여 朝貴 暮

貴로 陰陽을 정하고 亥 또는 天乙貴人이 닿는 곳을

보아 陰陽支를 구분하고 陽은 順行하고 陰은 逆行하

여 六合 太常 太陰이 있는 방위를 구한다.

가령 甲日의 卯時에 行事한다면 卯에 亥登明

을 加하여 順行한다. (卯는 陽貴에 해당하므

로, 만일 午時에 行事한다면 午에 亥登明을 붙

여 逆行한다) 그리고 甲日의 陽貴(卯時는 陽貴

用이니 日干의 陽貴를 用한다. 만일 陰貴에 속

한다면 甲日의 陰貴 丑을 用한다)는 未이니 用

時인 卯에 붙여 未가 이를때까지 順行하고, 未

가 닿는 곳에 丑貴人을 붙여 또 順行한다. 그

리하여 六合 太陰 太常이 드는 宮을 引用한다.

즉 卯에 亥、辰에 子、巳에 丑、午에 寅、未에

卯、申에 辰、酉에 巳、戌에 午、亥에 甲日의

陽貴인 未가 닿으므로 이 亥에 다시 丑貴人을

붙여 順行하면 子에 巳騰蛇、丑에 午朱雀、寅

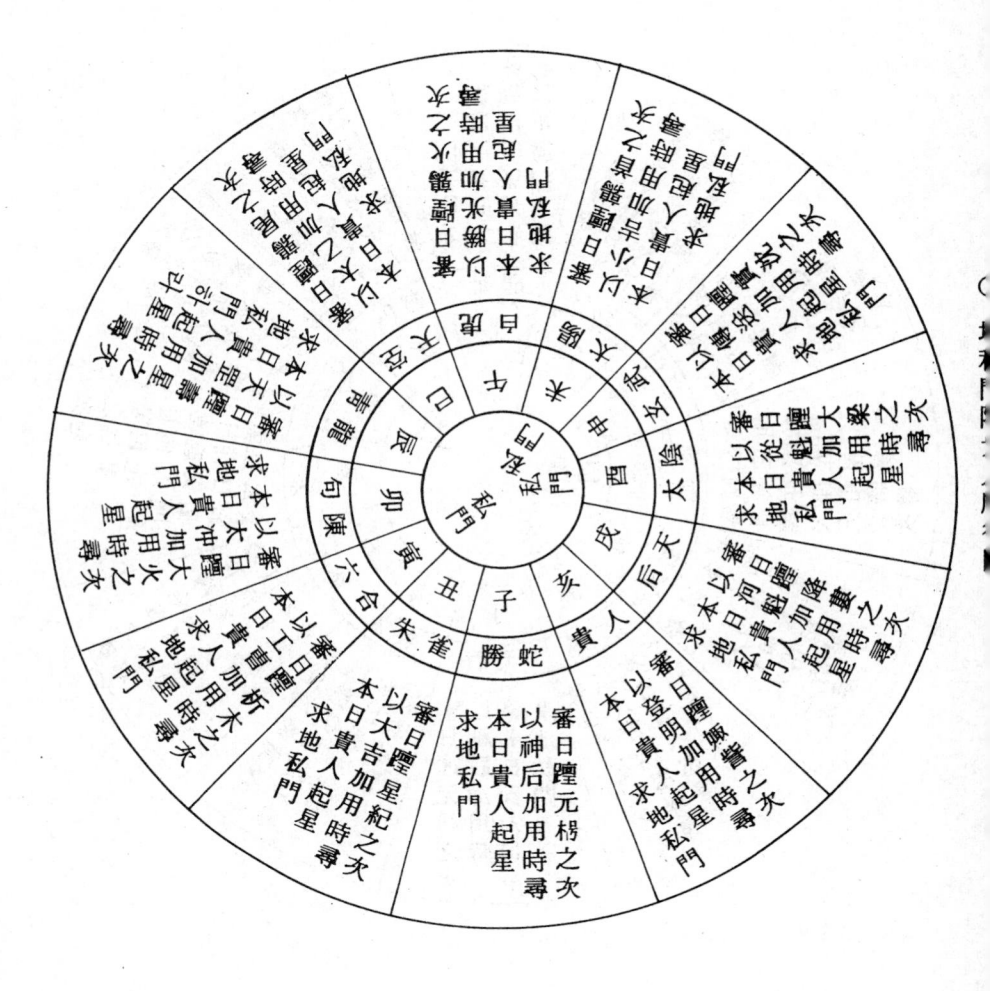

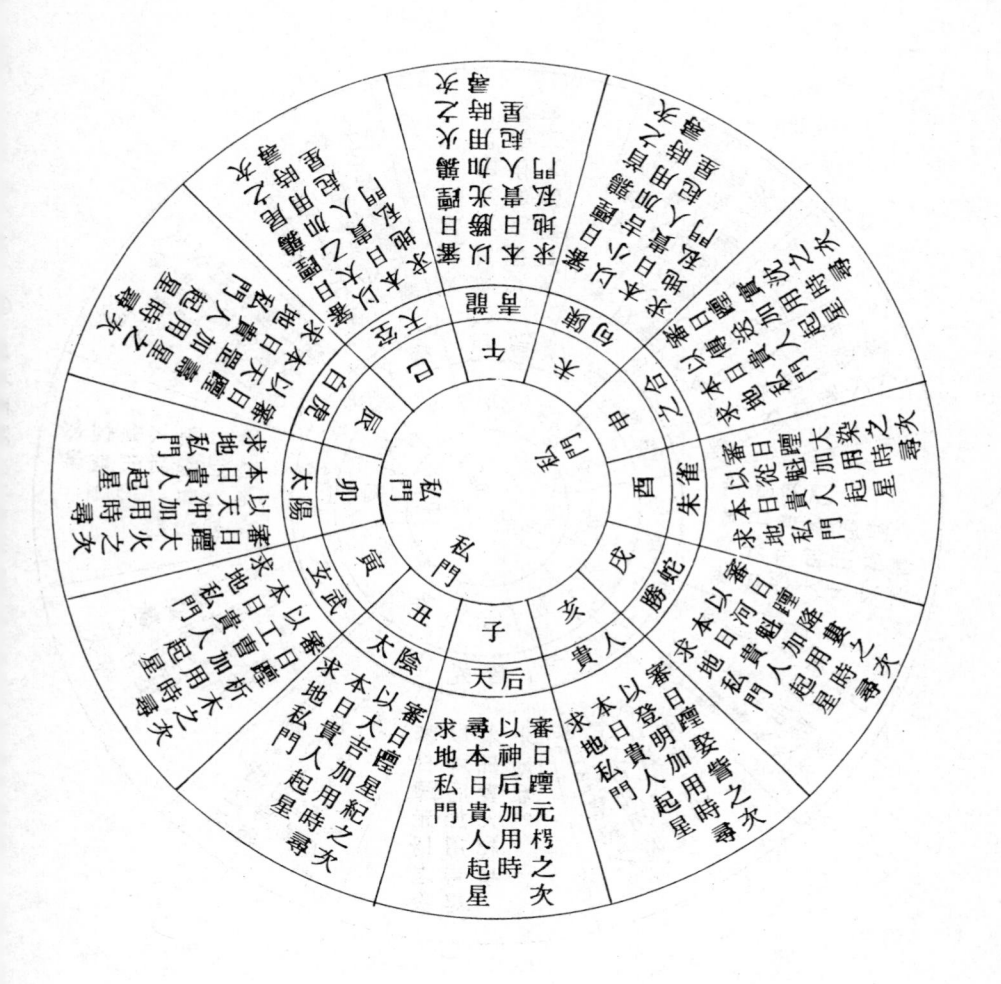

에 卯六合、卯에 辰句陳、辰에 寅吾龍、巳에 戌天空、午에 申白虎、未에 未太常、申에

子玄武、酉에 酉太陰、戌에 亥天后가 닿는다。 그러므로 이 예는 卯（六合）、未（太常）

酉（太陰）宮의 吉方을 取用하게 되는 것이다。

또한 例로 甲日의 午時에 用事한다고 가정하자、午는 上의 朝貴요 陰貴라 甲日의 陰

貴 丑으로 하고 또는 逆行한다。 午時에 亥（登明이므로）를 붙여 丑까지 逆行하면 巳

에 戌、辰에 酉、卯에 申、寅에 未、丑에 午、子에 巳、亥에 辰、戌에 卯、酉에 寅、用

의 陰貴인 丑에 申이 닿는다。 이곳에 다시 丑貴人을 붙여 逆行하면 未에 巳사、午에 朱

雀、巳에 六合、辰에 句陳、卯에 青竜、寅에 天空、丑에 白虎 子에 太常、亥에 玄武 戌

에 太陰、酉에 天后이니 이 예는 巳（六合）・子（太常）戌（太陰）의 三方이 大吉이라

한다。

이상의 요령을 다시 한번 간단히 정리해보자。

① 月과 日과 時로 위주하는바 月로 月將을 찾고、日은 귀인（天乙貴人）을 보고 時

는 符頭를 삼는다。

② 正月 （雨水後—以下 모두 本月의 中氣後로 用）이면、亥登明、二月이면 子河魁、

三月이면 丑從魁、四月이면 寅傳送、五月이면 卯小吉、六月이면 辰勝光 七月이면 巳太

乙、八月이면 午天罡、九月이면 未太冲、十月이면 申功曹、十一月이면 酉大吉、十二月

이면 戌神后이니 이 月將에 속한 支（가령 九月 霜降後면 未太冲이니 未가 月將에 속

한 支）를 用時에 붙여 （가령 辰時에 用事면 未에 辰을 붙인다） 朝暮貴와 陰陽貴（時로）

를 따져 陽이면 日干貴(天乙貴人)의 陽貴를 쓰고、陰이면 日干貴의 陰貴를 쓰되 陽이

면 順行하고 陰이면 逆行한다。

③ 즉 위 요령으로 日干貴人이 닿는 곳에 다시 丑貴人을 붙여 陽順陰逆(十二支順을)

으로 巳騰蛇 午朱雀 卯六合、辰句陳、寅靑竜、戌天空、申白虎、未太常、子玄武、酉太陰

亥天后의 順을 붙여 六合・太常 太陰이 닿는 方을 求한다。

④ 黃黑道十二神

陰陽局(冬至・夏至後)을 관계치 않고 月로 日、日로 時를 起하여 다음과 같은 요령
에 의한다。

子午月 및 子午日은 靑龍이 申

丑未月 및 丑未日은 靑龍이 戌

寅申月 및 寅申日은 靑龍이 子

卯酉月 및 卯酉日은 靑龍이 寅

辰戌月 및 辰戌日은 靑龍이 辰

巳亥月 및 巳亥日은 靑龍이 午

이상과 같이 靑龍을 붙여 明堂、天刑、朱雀、金匱、大德、白虎、玉堂、天牢、玄武、司

命、句陳의 차서대로 十二支를 順行한다。가령 子와 午月 또는 子日이나 午日이면 靑龍

을 申에 起하여 酉에 明堂、戌에 天刑、亥에 走雀、子에 金匱、丑에 大德、寅에 白虎、

卯에 玉堂、辰에 天牢、巳에 亥武、午에 司命、酉에 句陳이 된다。아래 조견표를 참고
하라。

(月·日并用)

		午子	未丑	申寅	酉卯	戌辰	亥巳
青龍黄道	(吉)	申	戌	子	寅	辰	午
明堂黄道	(吉)	酉	亥	丑	卯	巳	未
天刑黑道	(凶)	戌	子	寅	辰	午	申
朱雀黑道	(凶)	亥	丑	卯	巳	未	酉
金匱黄道	(吉)	子	寅	辰	午	申	戌
大德黄道	(吉)	丑	卯	巳	未	酉	亥
白虎黑道	(凶)	寅	辰	午	申	戌	子
玉堂黄道	(吉)	卯	巳	未	酉	亥	丑
天牢黑道	(凶)	辰	午	申	戌	子	寅
玄武黑道	(凶)	巳	未	酉	亥	丑	卯
司命黄道	(吉)	午	申	戌	子	寅	辰
句陳黑道	(凶)	未	酉	亥	丑	卯	巳

가령 子午月이면 申日이
青龍黄道요 子日이면 申時
가 青龍黄道라 한다。또
는 丑未日은 戌日、丑未日
이면 戌時가 青龍黄道다。

青龍 明堂 金匱 大德 玉堂
司命은 모두 黄道이니 吉
하고、그외는 모두 黑道이
니 凶이라 한다。

⑤ 天乙貴人

위 圖表에서 貴人이란 즉 天乙貴人이다。天乙貴人은 다음과 같은 원칙으로 정해진다。

甲戊庚日―丑未 乙己日―子申、丙丁日―亥酉、辛日―寅午、壬癸日―巳卯

이 天乙貴人法을 다음과 같이 五言節句로 작성하여 기억하기 쉽도록하는 요령도 있다。

甲戊庚午羊、乙己鼠猴鄉 丙丁猪鷄位 六辛逢馬虎 壬癸蛇兔藏 此是貴人方

⑥ 截路空亡

이 截路空亡（절로공망）은 出行・行軍등에 길이 막혀 곤난을 당한다는 凶神으로서

무조건 壬癸時를 만나면 截路空亡이다。壬癸時는 다음과 같다。

甲己日申酉時、乙庚日午未時、丙辛日辰巳時、丁壬日寅卯時、戊癸日子丑戌亥時

甲己日 申酉時는 壬申・癸酉요、乙庚日 午未時는 壬午 癸未요、丙辛日 辰巳時는 壬辰

癸巳요、丁壬日 寅卯는 壬寅 癸卯요 戊癸日 子丑戌亥는 壬子 癸丑과 壬戌 癸亥가 되어

壬癸의 水를 만났으므로 이를 截路空亡이라 한다。

이 喜神方은 百事에 吉利한 방위인데 아래와 같다.

甲己日—艮宮　乙庚日—乾宮　丙辛日—坤宮　丁壬日—離宮　戊癸日—巽宮

가령 甲子 甲戌 甲申 甲午 甲辰 甲寅日과 己巳 己卯 己丑 己亥 己酉 己未日은 艮宮

에 喜神이 임한다는 뜻이다.

◉ 五不遇時

時干이 日干을 克하는 것을 말한다. 가령 甲乙日에 庚午 辛未時를 만나면 時干 庚辛

金이 日干 甲乙木을 克하므로 이에 해당한다.

甲乙日庚辛時、 丙丁日壬癸時、 戊己日甲乙時、 庚辛日丙丁時、 壬癸日戊己時

즉 甲日에 庚午 辛未時、 乙日에 庚辰 辛巳時、 丙日에 壬辰、 癸巳時、 丁日에 壬寅 丁

卯時、 戊日에 甲寅 乙卯時、 己日에 甲子 乙亥時、 庚日에 丙子 丁丑 丙戌 丁

亥時、 辛日에 丙申 丁酉時、 壬日에 戊申 己酉時、 癸日에 戊午 己未時가 모두 五不遇時

에 해당하는 凶한 시간이다.

◉ 五行生克例

五行 및 五行의 生克관계를 논한 것으로 方位五行과 天干五行에 대한 것은 아래와 같다.

東方甲乙木　南方丙丁火　西方庚辛金　北方壬癸水　中央戊己土

甲乙木生丙丁火、丙丁火生戊己土、戊己土生庚辛金、庚辛金生壬癸水、壬癸水生甲乙木

（木生火　火生土　土生金　金生水　水生木）

甲乙木克戊己土、戊己土克壬癸水、壬癸水克丙丁火　丙丁火克庚辛金　庚辛金克甲乙木

（木克土　土克水　水克火　火克金　金克木）

◉ 九宮順逆圖

○ 地支八宮配置圖

巽四 辰 巳	離九 午	坤二 未 申
震三 卯	中五	兌七 酉
艮八 寅 丑	坎一 子	乾六 戌 亥

○ 多至後順局圖

巽四 甲 寅	離九 甲 戌	坤二 甲 午
震三 甲 辰	中五	兌七
艮八 甲 子	坎一 甲 申	乾六

○ 夏至後逆局圖

巽四	離九 甲 申	坤二 甲 子
震三	中五	兌七 甲 辰
艮八 甲 午	坎一 甲 戌	乾六 甲 寅

巽四 辛酉 癸酉	離九 己酉 乙酉	坤二 乙卯 辛卯 丁卯
震三 戊午 甲午 庚午	中五	兌七 己卯 癸卯
艮八 丙午 壬午	坎一 壬子 戊子 甲子	乾六 庚子 丙子

巽四 丙子 庚子	離九 壬子 戊子 甲子	坤二 丙午 壬午
震三 己卯 癸卯	中五	兌七 戊午 甲午 庚午
艮八 乙卯 辛卯 丁卯	坎一 己酉 乙酉	乾六 辛酉 丁酉 癸酉

冬至後 陽局은 坎에 甲子를 起하여 乙丑 丙寅 三日을 둔 뒤에 坤二宮으로 옮겨 丁卯 戊辰 己巳로 역시 三日을 두면서 九宮을 順飛하되 단 中宮은 건너뛴다.

夏至後 陰局은 離宮에 甲子를 起하여 三日씩 머무르면서 九宮을 逆飛하되 역시 中宮 은 건너뛴다. 가령 冬至後는 乾宮에 丙子 庚子라 하였는데 이는 丙子에서 三日인 丁丑 戊寅日과 庚子에서 三日인 辛丑 壬寅日까지 포함되었다는 뜻이다. 기타도 모두 이에 準한다.

— 813 —

위 諸葛武侯金凾玉鏡圖를 보면 六十甲子日別로 一日에 一圖씩을 그려 八門·九星을 按排한바 陽順陰逆까지 구분 圖表로 보면 一目瞭然하나 너무 복잡한 감이 든다。내가 軍營에 있을때 二至 (冬至와 夏至) 의 陰陽과 二週의 順逆으로 百二十局 (冬至 夏至 각 六十圖) 을 陰陽 雨儀에 會歸하도록 한바 三日에 一門씩 옮긴다。가령 冬至後 甲子 乙丑 丙寅 三日은 坎宮이오、丁卯 戊辰 己巳 三日은 坤宮에 옮기는 例다。九星遁甲 (甲子戊의 例) 을 陽順陰逆으로 구분 硃砂로 點을 찍어 魚珠가 섞이지 않도록 한다。帖을 만들되 左右로 접을수 있도록하여 가지고 있으면 馬上이나 陳中에서 편리하게 참고할 수 있다。고로 이를 篇末에 收錄하여 이 法을 用하려는 분들에게 도움이 되고자 하는 바다。

蜀鼎道人　信吾　劉任偉甫識

◉ 靑龍吉方

	甲子	甲戌	甲申	甲午	甲辰	甲寅
靑龍	子	戌	申	午	辰	寅
天目	丁卯	丁丑	丁亥	丁酉	丁未	丁巳
地耳	癸酉	癸未	癸巳	癸卯	癸丑	癸亥
天門	辰	寅	子	戌	申	午
地戶	巳	卯	丑	亥	酉	未
華蓋	酉	未	巳	卯	丑	亥

天目・地耳方은 賭博 등에 등을 지고 앉으며、求財등 百事에 다 吉하다。

◉ 陰陽貴人方

	甲	乙	丙	丁	戊	己	庚	辛	壬	癸
陽貴	未	申	酉	亥	丑	子	丑	寅	卯	巳
陰貴	丑	子	亥	酉	未	申	未	午	巳	卯

三、諸格局

① 吉格

○ 三詐格

開・休・生을 三吉門이라 한다. 모든 일에 이 三吉門 만나는 것을 가장 기뻐하지만 만일 어쩔 수 없이 이 三吉門을 用하지 못할 경우에는 乙丙丁 三奇라도 얻어야 한다. 또는 陰神이 相助하면 이를 三詐라 한다.

地盤에 九地・太陰・六合이 奇 (乙丙丁) 와 만나면 吉해진다.

開・休・生 三吉門이 乙丙丁과 합하고 地盤에 太陰・六合・九地가 없으면 이는 無遁 이니 全吉이라 할수 없다.

○ 五假法

景門이 乙丙丁 三奇와 합하여 아래로 地盤 九天宮에 임하면 이를 天假라 한다. 乙은 天德이오 丙은 天威요 丁은 太陰이라 별명한다. 天假를 얻으면 貴人을 만나는일 사업 등에 大吉하다.

杜門이 丁己癸를 합하여 아래로 地盤九地宮에 임하면 이를 地假라 한다. 逃亡 避難 探私 등에 유리하다.

傷門이 丁己癸와 합하여 아래로 地盤 九地宮에 임하면 이를 神假라 한다。埋葬과 무

엇을 감추는데 이를 用하면 남이 알지 못한다。

驚門이 六合과 같이 아래로 九天宮에 임하면 이를 人假라 한다。逃亡人을 逮捕하는데

吉하며 만일 太白（庚）이 熒惑（丙）에 임하면 그 밑에서 捕獲한다。逃亡치는데

死門이 丁己癸와 같이 아래로 地盤 九地宮에 임하면 이를 鬼假라하는바 逃亡치는데

유리하다。

○ 九遁格

生門宮에 天盤丙奇가 地盤丁奇에 임하면 이를 天遁이라 한다。

開門宮에 天盤丙奇와 地盤丁奇가 임하면 이를 人遁이라 한다。

乙奇가 休門이나 開門을 만난것、巽宮에 生門이 임한것、開門이 丙奇와 같이 巽宮에 든것、開門이 乙奇와 같이 巽宮에 임한것 등은 모두 風遁이라 한다。

乙奇가 開・休・生門과 같이 地盤 六辛宮에 임하거나、그냥 開門이 坤宮에 들면 이를 雲遁이라 한다。

休門이 天盤乙奇와 같이 地盤六甲위에 앉고 坎宮에 들면 이를 龍遁이라 한다。

天盤乙奇가 地盤辛에 앉아 艮宮에서 休門을 만나거나、辛儀가 生門과 같이 艮宮에 들

면 이를 虎遁이라 한다。

丙奇가 生門을 만나고 九天을 합하면 이를 神遁이라 한다。

生門이 丁奇와 같이 九地를 만나 艮宮에 임하거나、乙奇가 九地와 같이 杜門宮에 임한

것、또는 丁奇가 九地와 같이 開門宮에 들면 이를 鬼遁이라 한다。

이상과 같은 遁格을 이루면 軍士를 潛伏시키거나 기타 自身의 踪跡을 숨기는데 가장

좋다。

三奇入墓＝乙・丙奇가 乾宮（戌）、丁奇 乙奇가 艮宮에 든것

三奇貴人座殿格＝乙奇가 震宮에 임하면 日出扶桑格이오、丙奇가 離宮에 임하면 月照

端門格이며、丁奇가 兌宮에 임하면 丁見西方天이라 한다。

三奇上吉門格＝乙丙丁 三奇가 開・休・生 三吉을 만나지 못하면 用을 못하지만 三吉

門은 三奇를 만나지 못하더라도 用할 수 있다。고로 三奇보다 三吉門의 效用이 더 크

다 하겠다。

三奇專使格＝甲乙日에 乙奇、乙庚日에 丁奇、丙辛日에 丙奇、丁壬日에 乙奇、戊癸日

에 丁奇를 만나면 모두 吉格이라 한다。

玉女守門格＝甲己時에 丙、乙庚時에 辛、丙辛時에 乙、丁壬時에 己、戊癸時에 壬、을

만난것、

交泰格＝乙奇가 地盤 丙奇나 丁奇에 加한 것으로 大吉하다。

天遁昌氣格＝丁奇가 地盤乙奇에 임한것

三奇利合格＝天盤丁奇가 地盤甲（戌）위에 앉은 것、

天顯時格＝甲己日에 甲戌時、乙庚日에 甲申時、丙辛日에 甲午時、丁壬日에 甲辰時 戊
癸日에 甲寅時가 이에 해당하며 또는 一例를 들어 甲己日의 甲己時니 甲子 己巳時도 이
에 포함된다。

飛鳥跌穴格＝이를 朱雀跌穴이라고도 하는데 天盤丙奇가 地盤乙奇上에 임한것을 칭한
다。

青龍回首格＝天盤戊儀가 地盤丙奇에 加臨한것、

朱雀含花格＝天盤丙奇가 地盤乙奇上에 임한것、

三奇得使格＝乙奇가 午戌宮、丙奇가 子申宮、丁奇가 寅辰宮에 있으면 이에 해당한다。

② 凶格

悖格＝丙奇가 値符 및 時干上에 임하거나、丙이 丙을 만나거나、丙이 年月日時干에
임한것

天網四張格＝年月日時가 辰戌丑未 四字로 이루어진것（辰年 未月 辰日 丑時 등 어쨌
거나 辰戌丑未 四字 가운데서 年月 日時를 만난것）인데 이 凶格을 이루면 逃人은 四
方의 通路가 막혀 꼼짝 못한다고 한다。年月日時中 二網（辰戌丑未中 二個만 年月日時
中에 있는것）이면 二路는 막히고 二路는 通하였다。한다。 休門 및 値符가 時干癸와
같이 坎宮에 있거나 日時 二干이 같이 坎宮에 임하면 이를『地網이 九尺높이에 펼쳐졌
다』하는 것으로 出入을 삼가야지 어기고 出行하면 大凶하다。

地網遮格=六壬이 時干六癸上에 임하면 이를 「二網이 길을 막는격」이라하여 出行함이 不利하다。

高格=즉 天網四張이니 여기에다 天盤六癸가 五六七八九宮에 임하면 더욱 凶하다。

低格=天盤六癸가 一二三四宮에 임하면 영금영금 기어가는 상이라 한다。經에 이르기를 「天網四張이면 百物이 자연 傷하니 이때 어떤 일이든 行하면 不利하다」하였다。

伏宮格=天盤六庚이 値符 즉 地盤戊儀에 임하면 主客이 다 불리하며 싸우면 양쪽이 다 傷한다。

飛宮格=値符(戊)가 六庚에 加하면 역시 彼我를 막론하고 다 凶하다。

時墓格=丙戊時는 乾宮、壬辰時는 巽宮、辛丑時는 艮宮、乙未時는 坤宮、戊戌時는 乾宮이 時의 墓宮이다。

迫·制·和·義格=門이 宮을 克하면 迫이오、宮이 門을 克하면、制요、門이 宮을 生하면 和요、宮이 門을 生하면 義라 한다。이 가운데 迫·制는 凶格이고、和·義는 吉格이다。

二龍相比格=六甲(甲子戊)이 地盤乙奇上에 加臨된것、

青龍受困格=六甲이 地盤六戊에 加한것이니 이 宮에서 用事하면 위태롭다。

火被水地=六丁이 地盤乙宮에 든것이니 諸事를 行하지 마라。

木入金鄕=乙奇가 六七宮에 임하면 이에 해당하는바 諸事不宜라 한다。

火臨金位=丙丁火가 乾兌宮에 임한것이니 凶格이다。

金鍥大林＝庚辛金이 震巽木宮에 들면 「쇠로 나무를 쪼갠다」는 凶格이다.

木來克土＝乙奇가 坤이나 艮宮에 들면 木이 宮을 극하여 不利하다.

伏干格＝庚이 日干宮에 加한 것

飛干格＝日干이 庚에 加한 것

伏吟格＝本星이 本宮에 隱伏된 것, 예를 들어 子가 子宮, 丑이 丑宮에 있는 것임, 또는 値符가 本宮을 만난것

反吟格＝伏吟의 相對宮, 즉 子가 伏吟이면 午가 反吟이다.

奇墓格＝三奇가 墓에 든것, 즉 乙奇가 未申坤宮, 丙奇가 戌亥乾宮, 丁奇가 丑寅艮宮에 임한것,

六儀擊刑格＝甲子戊 値符가 三宮, 甲戌己 値符가 二宮, 甲申庚이 八宮, 甲午辛이 九宮 甲辰壬이 四宮, 甲寅癸가 四宮에 임하면 擊刑이라 한다.

六儀受制格＝休門이 地盤傷門과 같이 離宮에 임한것, 生門이 死門과 같이 坎宮에 임한것, 驚門이 震宮이나 景門이 乾이나 兌宮에 임한것, 杜門이 坤이나 艮土宮에 든것, 巽宮에 임한것은 모두 이에 해당한다.

五不遇時格＝時干이 日干을 克한것이니 甲乙日에 庚辛時, 丙丁日에 壬癸時, 戊己日에 甲乙時, 庚辛日에 丙丁時, 壬癸日에 戊己時면 이에 해당한다.

地羅占葬格＝天盤壬儀가 地盤壬儀에 加臨된것,

歲格＝庚이 地盤歲干字가 있는 宮에 임한것,

月格＝庚이 地盤 月干字가 있는 곳에 임한것、

日格＝庚이 地盤의 日干字上에 임한것、

時格＝庚이 地盤 時干字上에 임한것、

年月日時格＝歲格・月格・日格・時格을 합칭한 것인데 위와 같고、혹은 庚年（歲格）

庚月（月格）庚日（日格）庚時（時格）를 칭하기도 한다。

大格＝庚이 地盤 癸字上에 임한것

小格＝庚이 地盤 壬字上에 임한것

刑格＝天盤庚이 地盤己와 같이 있는것

悖格＝丙이 時干字가 있는 宮에 임한것、

靑龍逃走＝天盤乙奇가 地盤辛儀와 같은 宮에 있는것、

白虎猖狂＝天盤辛이 地盤乙과 같은 宮에 있는 것

騰蛇妖嬌＝天盤癸가 地盤丁과 同宮、

朱雀投江＝天盤丁이 地盤癸와 同宮에 있는것、또는 丁이 坎宮에 든것、

熒惑入太白＝天盤丙이 地盤庚上에 임한것、

太白入熒惑＝天盤庚이 地盤丙上에 있는것、

③ 其他吉凶格

玉兎入天門＝吉、乙奇가 乾宮에 임한것、

火到天門 ‖ 吉、 丙丁巳午日에 赤雲이나 赤氣가 南方에서 일어나면 大吉한 징조、

丙火燒壬 ‖ 吉、 丙氣가 坎宮에 든 것、

玉兎步靑 ‖ 吉、 乙奇가 艮宮에 든 것、

鳳入舟山格 ‖ 吉、 丙奇가 艮宮에 있는 것、

玉女乘雲格 ‖ 吉、 六丁이 艮宮에 든 것、

日出扶桑格 ‖ 吉、 乙奇가 震宮에 임한 것、

月入天門格 ‖ 吉、 丙奇가 震宮에 임한 것、

日最明 ‖ 吉、 丁奇가 震宮에 든 것、

玉兎乘風格 ‖ 吉、 乙奇가 巽宮에 든 것、

火行風起 ‖ 吉、 丙奇가 巽宮에 든 것、

美女留神格 ‖ 吉、 丁奇가 巽宮에 든 것、

月照端門 ‖ 吉、 丙奇가 離宮에 든 것、

乘龍萬里 ‖ 丁奇가 離宮에 든 것이니 吉格이다。

玉女가入坤中宮 ‖ 乙奇가 坤이나 中宮에 든 것이니 吉格이다。

子居母舍 ‖ 吉、 丙奇가 坤宮에 든 것、

玉女遊地 ‖ 丁奇가 坤宮에 든 것、 吉

玉女受制 ‖ 凶、 乙奇가 兌宮에 든 것

鳳凰折翅 ‖ 凶、 丙奇가 兌宮에 든 것、

虛法＝日辰의 空亡宮이 孤요、 空亡의 對宮이 虛方이다。 즉

甲子旬中은 孤가 戌亥、 虛는 辰巳宮

甲戌旬中은 孤가 申酉、 虛는 寅卯宮

甲申旬中은 孤가 午未、 虛는 子丑宮

甲午旬中은 孤가 辰巳、 虛는 戌亥宮

甲辰旬中은 孤가 寅卯、 虛는 申酉宮

甲寅旬中은 孤가 子丑、 虛는 午未宮

黃石公이 말하기를 「孤方을 등지고 虛方을 공격하면 女子 一人이 男子 十人도 對敵

할 수 있을만큼 매우 유리하다。 하였다。

亭亭・白奸方은 아래와 같다。

（日辰）	亭亭方	白奸方
子	巳	巳
丑	午	申
寅	未	亥
卯	申	寅
辰	酉	巳
巳	戌	申
午	亥	亥
未	子	寅
申	丑	巳
酉	寅	申
戌	卯	亥
亥	辰	寅

伏宮＝凶、 庚이 値符（甲子戊）에 加臨된것

門迫＝門이 宮의 克을 받는것、 예를 들어 休門水가 坤、 艮土宮에 들면 土克水로 門이

宮의 克을 받으므로 이를 門迫이라 한다。

宮迫＝宮이 門의 克을 받음, 가령 坎宮에 生門土나 死門土가 임하면 土克水로 坎宮水

가 生死門土의 克을 받는다.

三勝宮＝天乙이 直符 九天 生門宮에 같이 임한것이니 用則 吉이다.

天三門＝月將에 時를 붙여 돌려짚되 太冲・小吉・從魁에 닿는 時가 이에 해당한다.

地四戶＝月建 (建除十二神法으로 그달의 建 즉 月建임)에 時를 붙여 順行하여 除・

定・危・開가 임하는곳,

地私門＝吉, 天乙貴人이 닿는 곳 (가령 甲日이면 丑未가 貴人)에 多至後는 順行, 하

고 夏至後는 逆行하여 六合・太陰・太常에 닿는 곳이다.

이상 天三門、地四戶、地私門에 관한 定局과 圖表가 앞에 자세히 收錄되었으니 그 항

목에서 理解바란다.

九星受制＝天柱・天心이 九宮、天冲、天輔가 六七宮、天蓬이 二八宮、天芮・天禽이

三四宮、天英이 一宮에 들면 이에 해당한다.

門復・門反・가령 生門土가 艮土宮에 들면 本門이 本宮에 든 것이니 門復이오, 生門

土가 坤土의 對宮에 들면 이를 門反이라 한다.

(八門)	門復	門反
生	艮	坤
傷	震	兌
杜	巽	乾
景	離	坎
死	坤	艮
景	兌	震
開	乾	巽
休	坎	離

陰陽과 順逆의 妙理는 올바르게 알기 어려운데 多地 夏至 陰陽局에 따라 多至後 陽局은 一宮에서 九宮까지 順行하고、夏至後 陰局은 一宮에서 九宮까지 逆行하도록 되었다。만약 이러한 陰陽順逆의 원리를 통철하게 안다면 天地와 宇宙萬物의 이치가 도시 손바닥 가운데 있는 것이다.

옛날 黃帝인 軒轅氏가 蚩尤(치우) 라는 凶賊을 討伐하는데 涿鹿(탁록—地名)에서 싸움이 붙었으나 끝날 날이 없이 勝敗를 반복하게 되었다。그러던중 하루는 꿈에서 天神授符를 얻어 齊戒하고 壇에 올라 祭祀한 뒤 이를 터득해서 蚩尤를 滅했다는 傳說이 있다.

夏禹氏 때에 神龍(神龜)이 洛書를 지고 洛水에서 나오고、彩鳳은 奇書를 물고 碧雲속에서 나오매 風后에게 명령하여 洛書와 奇書의 원리를 풀어 文章으로 작성하였으니 이것이 바로 遁甲奇門의 起源이 된 것이다.

그 당시에는 一千八百數制를 用하다가 太公이 七十二局으로 删하였고、漢代에 와서는 張子房이 陰陽 각 九局을 합친 十八局으로 布局해서 精藝한 지경에 이르렀다。먼저 손바닥 위에 九宮을 排하고 縱橫十五圖(坎一) 中五 離九가 十五요、巽四 中五 乾六이 十五요、艮八 中五 坤二가 十五요、艮八 震三 巽四가 十五요、巽四 離九 坤二가 十五요、坤二 兌七 乾六이 十五요、乾六 坎一 艮八이 合 十五數다)다음은 八卦를 상징 八

坤二	兌七	乾六
離九	中五	坎一
巽四	震三	艮八

節로 나누고 一氣가 三으로 되어 正宗을 삼았다。그리고 陰陽 二遁

으로 順逆을 구분해서 一氣를 三元 (一氣는 十五日이오 五日에 一元

씩 上中下 三元이 된다) 으로 定한 묘리를 사람마다 칙량키 어렵다。

즉 甲子에서 戊辰까지 五日을 上元 一元으로 하여 己巳부터 癸酉日까

지 一元이니 즉 中元이오、甲戌에서 戊寅日까지 一元이니 즉 下元이

다。이렇게 甲子부터 五日을 上元으로하여 中元 下元씩으로 갈마들어 나간다。이렇게

하다보면 一年에 約 五日씩 남아 (六十甲子日이 陰陽 上中下元을 합치면 六元이오 六元은

으로 一年 三百六十五 四分之一이라는 週年度數와 十五日 三元을 갈마들면 자연적

三百六十日間이므로 약 五日 四分之一이 남는다) 八九年에 一坎潤局을 두는 것이므로

자연 接氣와 招神法을 적용하여 潤局으로 誤差를 바로 잡아나가는 것이다。

九宮과 九宮法을 알고、八門이 九宮에 行하는 法을 따라야 한다。九宮에 甲子戊가

임하는 곳이 値符宮의 八門을 値使라 한다。

値符는 騰蛇・太陰・六合・白虎・玄武・九地・九天인데 時干符頭 (가령 壬午時면 甲戌

旬中이니 甲戌己하여 己儀가 時干符頭임) 에 起하여 陽順陰逆으로 八方을 배치하고、値

使 (八門) 는 日의 陰陽局을 구분하여 定局대로 배치한다。六甲이란 戊己庚辛壬癸인데

이를 六儀라하고 三奇는 乙丙丁을 칭한다。

多至後 陽遁에는 六儀를 順行 (가령 陽六局이면 六乾宮에 甲子戊를 붙여 己庚辛壬癸

를 九宮順次로 붙인다) 하고、三奇는 逆布 (乙丙丁을 丁丙乙로 붙임) 하며、夏至後 陰

遁에는 六儀를 逆布（가령 陰三局이면 三震宮에 甲子戊를 붙여 己庚辛壬癸를 九宮을 逆

布）하고、三奇는 順布（乙丙丁順으로 九宮을 順布）한다。

吉門에는 우연히 三奇를 만나면 만사에 형통하니 어떤 일을 行해도 좋다。여기에다

다시 地의 吉凶神 가운데 어떤 神이 同臨하고、生旺休囚를 따져 加減해서 논하면 吉凶

이 더욱 분명하다。

三奇가 吉門을 얻으면 吉門의 작용이 더욱 강해지고 六甲（六儀）이 吉을 얻지 못하

면 吉門이 奇를 얻어도 吉한 효력이 감소된다。만약 남모르게 和合할 일이라면（男女

의 愛情인듯）그대는 오직 이러한 이치로 推斷하라。

天三門과 地四戶란 어떤 법칙에서 나왔는가、大冲・小吉 從魁는 天三門이니 私私로이

出行하는데 좋고、地四戶인 除・危・定・開는 당당히 擧事하는데 모두 이를 用한다。

六合・太陰・太常은 三星이 다 地私門이라 한다。이에 다시 乙丙丁 奇와 開・休・生

吉門을 만나면 出門하여 만가지 일이 모두 欣快하게 이루어진다。그리고 出行에는 太冲

과 天馬는 가장 좋은 것으로 혹 갑자기 難을 만났더라도 묘하게 피해진다。그리고 오

직 天馬宮하나만을 택하여 天馬方으로 나간다해도 눈앞에 釰戟이 빛발치는 위험이 있을

지라도 두렵지 않다 하겠다。

三宮은 生氣요 五宮은 死氣라 한다。고로 勝利는 三宮에 있고、衰敗는 五宮에 있다。

능히 三에서 놀고 五를 피할줄 알면 造化의 참 기틀을 터득함이라 할 것이다。

伏吟은 가장 凶한데 伏吟이란 가령 天蓬은 본시 坎宮水神으로 다시 坎宮에 임한 것

이오、天蓬이 對宮인 天英宮에 들면 이를 反吟이라 한다。天蓬뿐 아니라 生門이 艮宮

（反吟은 坤宮） 傷門이 震宮에 임한 것 등도 모두 伏吟이라 한다。伏吟 返吟宮에 다시

凶星을 加하면 비록 奇（乙丙丁）와 門（開。休・生）을 만날지라도 매사에 大凶하다。

六儀擊刑은 어찌하여 大凶인가、가령 甲子戊가 震宮、甲戌己가 二宮 甲申庚이 八宮、

甲午辛이 九宮、甲辰壬이 四宮、甲寅癸가 四宮에 드는 것인데 원리는 支刑이 되어서다。

즉 甲子戊가 三宮은 子가 卯이니 子卯刑이오、甲戌己가 二宮은 戌이 未宮이니 戌刑未

요、甲申庚이 八宮은 申이 寅이니 申刑寅이오、甲午辛이 九宮은 午가 午宮이니 午午

가 自刑이오、甲辰壬이 四宮은 辰이 辰宮이니 辰辰이 自刑이오、甲寅癸가 四宮은 寅이

巳宮이니 寅刑巳가 되는 까닭이다。

三奇入墓를 자세히 살피라、甲乙日의 未宮、丙日 戌宮의 例요、乙奇가 戌宮、丙奇도

戌宮、丁奇가 丑宮은 각각 陰陽干 長生法으로 奇가 墓宮에 든 것이다。또는 時干이 墓

宮（甲時 未宮、乙時 戌宮、丙戌時 戌宮、丁己時 丑宮 庚時 丑宮 辛時 辰宮、壬時 辰宮

癸時 未宮）매사를 行하는 中에 장애가 따른다。

五不遇時면 龍이 造化를 잃은 상인데 이를 「日月이 光明을 잃은 格」이라 한다。즉

時干이 日干을 克한 것으로 가령 甲乙日에 庚辛時 丙丁日에 壬癸時를 만난 例니 매사에

이 時를 피해야 한다。

乙丙丁 三奇가 開休生 三吉門을 만난 가운데서 다시 太陰을 만나면 大吉이나 이렇게

局을 이루기는 쉽지 않다。이 奇와 門과 太陰 세가지 가운데 二位만 만나도 吉이니

用事와 出行과 物을 隱藏하는데 뜻을 이룬다。여기에 다시 値符와 値使의 有利힘을 믿

나면 出師에 大吉하다。이렇게 이룬 宮을 등을 지고 對宮을 치면 百戰百勝한다。

天乙(天乙貴人이 아님)이 있는 宮은 大將이 居하는데 좋다。그러므로 天乙宮의

對冲宮을 공격하면 大勝한다。가령 天乙値符가 天英과 같이 離宮에 있으면 坎宮 天蓬

宮을 공격하라는 뜻이다。

三奇가 甲乙丙丁戊 五陽宮에 있으면 이는 客의 氣勢가 高強하고、己庚辛壬癸가 五

陰宮에 있으면 主가 有利하니 彼我와 主客을 구분하여 用해야 한다。先動者는 客이오

後動者는 主가 된다。가령 내가 먼저 敵을 치러 出動하면 내가 客이오、敵이 먼저

攻擊하면 敵이 客이다。원리는 目的物 目的事를 主로 하기 때문이니 무조건 自身을

主로 해서는 안된다。

直符 前三位는 六合이오 太陰은 前二位며、後一宮은 九天、後二宮은 九地가 된다。

九天宮에서는 揚兵(기세 상당하게 숨기지 않고 軍卒의 士氣를 振揚시키는 것)에 좋

고、九地宮은 조용하게 兵士를 숨기거나 營寨를 설치하는데 좋으며、伏兵은 太陰方이

마땅하고、六合은 逃亡하는데 가합하다。

天地人이란 天遁 地遁 人遁이다。天遁은 月精華가 임하는 宮이오 地遁은、日精이 紫

雲에 가리워진 것이며、人遁은 太陰이다。丙奇가 生門에 임하여 地盤 六丁을 만나고

六合을 合하면 이는 天遁이 分明하고、開門에 天乙이 임하여 乙奇가 地盤 六己에 앉

으면 地遁이며、丁奇가 休門과 같이 太陰宮에 임하면 이를 人遁이라 한다。이 三遁

이 어느宮에 닿는가를 알면 形身을 감추고 踪跡을 숨기는데 매우 좋다。

庚을 太白이라하고 丙을 熒惑星이라 별칭한다。六庚이 丙에 加한것을 熒惑이 太白에 들었다 한다。太白入熒惑은 敵이 곧 來侵

하고 熒入太白이면 賊이 곧 退去한다。

丙이 時干宮에 加하면 悖格이오、庚이 年月日時干 어느宮에 加하거나 庚格이라 한다。

庚格은 敵을 가까이 말고、悖格은 亂逆이 있다。

丙이 天乙에 加하면 伏悖라하고、天乙이 丙에 加하면 飛悖라 한다。庚이 日干에 加하면 伏干이오、日干이 地盤庚에 加하면 飛干格이다。伏干 飛干이 坎宮에 임하면 野戰이 벌어

진다。

庚이 値符戊와 天乙에 加하면 伏宮이오、値符戊가 庚에 加하여 天乙을 만나면 飛宮이

라 칭한다。

天盤庚이 地盤癸에 加하면 大格이오、庚이 壬에 加하면 小格이며、庚이 地盤己에 加

하면 刑格인데 이 모두 좋지 않다。

庚이 壬에 加하면 上格이오、庚이 年月日時에 만나는것도 크게 꺼린다。六庚이 三奇에 加함도 不利하니 이렇게 만나고도 고집하고 出兵한다면 軍士를 되돌아오게 할수 없다。

六癸가 地盤丁에 加하면 騰蛇妖嬌요。丁奇가 地盤癸에 加하면 朱雀投江이라 한다。六

乙이 辛에 加한것을 靑龍逃走、六辛이 乙에 加하면 白虎猖狂인데 이 네가지는 모두 凶

格으로서 백사에 손을 떼야한다。

丙이 甲에 加하면 飛鳥跌穴이오、甲이 丙에 加하면 靑龍返首로 이 二格은 吉格으로 매

사는 十中八九 성취한다.

八門中에 開・休・生門이 吉門인데 이 三吉門은 諸事에 순조롭다.

傷門은 捕獵(짐승을 사냥하는것)에 유리하고、杜門은 形身을 숨기거나 무엇이든지 남

의 눈에 뜨이지 않도록 가리는데 마땅하며、景門은 投書(文書를 보내는것)와 敵陣을 깨

치는데 좋고、驚門은 賊이나 罪人을 체포하는데 功을 세우고、死門은 吊問과 死刑囚를 行

刑하는데 좋다.

天蓬・天任・天冲과 天輔 天禽은 陽星이오、天英 天芮 天柱 天心은 陰宿에 속한다. 이

가운데 天輔 天禽 天心은 上吉星이오、天冲 天任은 小吉星이며 天蓬과 天芮는 大凶星이고、

天英 天柱는 小凶星이다. 大凶星과 小凶星은 無氣(生旺되지 못한것)하면 도리어 吉하

고、吉星이 生旺을 만나면 무슨 일을 펴하거나 성공하며、吉星이 囚休沒廢되면 마음놓고

前進하지 못한다.

이상 九星의 五行을 알려면 九星의 本宮이 각각 어느곳인가로 定한다. 天蓬은 坎宮의

水星이오、天英은 坤宮의 土星、天冲은 震宮의 木星、天輔는 巽宮의 木星、天禽은 中宮의

土星、天心은 乾宮의 金星、天柱는 兌宮의 金星、天任은 艮宮의 土星、天英은 離宮의 火

星이다. 고로 이상의 五行으로 旺相休囚와 輕重을 판별한다. 가령 天蓬은 坎宮의 水星이

다. 子午月은 旺이오 寅卯巳午月은 休囚라 하니 기타도 旺衰를 이 예와 같이 결정한다.

神은 作用이 吉凶間에 急하고 門은 느리며、三詐와 五假가 반복이면 天道가 형통이라

한다。

十干은 六儀와 三奇의 총칭인데 入墓와 休囚는 좋은 일에 위태롭고、月令에 生扶됨을

가장 기뻐한다。

天目은 客이오 地耳는 主가 된다。 六甲을 推合하는데 이치에 어긋남이 없게 해야한다

그대에게 권하노니 英明한 才士는 이 玄機를 잃지 말고 九星의 作用을 밝히 터득하라。

宮이 門을 克하면 이는 制요、迫이 아니며、門이 宮을 克하면 이를 迫이라 하여 凶格

이 된다。 天網四張은 도망갈 길이 막히고、一二網이 低하면 二路는 트인다。 三四宮에

임하면 廻避하기 어렵고 八九宮에 임하면 西東이 트인다。

陰陽의 順逆은 妙하기 무궁하다。 節氣가 推移하니 時候가 不定하게 된다。 二至가 으

뜸되고 九宮을 만들어 三元이 超神接氣되고 六儀가 廻環하며、八卦가 두루 돌아다니며 九

宮을 순환한다。 만일 陰陽의 이치를 通達하면 天地의 지극한 이치가 一掌中에 있다。 다만

이러한 眞妙訣을 어진이가 아니거든 傳하지마라。

奇門遁甲秘笈大全　終

◆ 원 저 ◆

제 갈 공 명

◆ 편 역 ◆

한 중 수

| 비전 사주기문둔갑대전 | 정가 38,000원 |

2014年 10月 15日 인쇄
2014年 10月 20日 발행

원 저 : 제 갈 공 명
편 역 : 한 중 수
발행인 : 김 현 호
발행처 : 법문 북스
　　　　〈한림원 판〉
공급처 : 법률미디어

152-050
서울 구로구 경인로 54길 4
TEL : (대표) 2636-2911, FAX : 2636~3012
등록 : 1979년 8월 27일 제5-22호
Home : www.lawb.co.kr

▌ISBN 978-89-7535-300-0 (93180)
▌파본은 교환해 드립니다.
▌본서의 무단 전재·복제행위는 저작권법에 의거, 3년 이하의
　징역 또는 3,000만원 이하의 벌금에 처해집니다.